赵树国 著

明代北部海防体制研究

山东人民出版社
国家一级出版社 全国百佳图书出版单位

图书在版编目(CIP)数据

明代北部海防体制研究 / 赵树国著. —济南：山东人民出版社，2014.8
ISBN 978-7-209-08680-6

Ⅰ. ①明… Ⅱ. ①赵… Ⅲ. ①海防—研究—中国—明代 Ⅳ. ①E294.8

中国版本图书馆 CIP 数据核字(2014)第 206479 号

责任编辑：杨　刚

明代北部海防体制研究
赵树国　著

山东出版传媒股份有限公司
山东人民出版社出版发行
社　址:济南市经九路胜利大街 39 号　邮　编:250001
网　址:http://www.sd-book.com.cn
市场部:(0531)82098027 82098028
新华书店经销
山东临沂新华印刷物流集团印装

规　格　16 开(170mm ×240mm)
印　张　40.5
字　数　726 千字
版　次　2014 年 8 月第 1 版
印　次　2014 年 8 月第 1 次
ISBN 978-7-209-08680-6
定　价　68.00 元

序　一

中国是一个幅员辽阔、地跨陆海的文明古国，在其东部，自南而北，有海南、广西、广东、澳门、香港、台湾、福建、浙江、上海、江苏、山东、河北、天津、辽宁等14省（市、自治区、特别行政区）面临大海，拥有一条长达18000多千米曲折而漫长的大陆海岸线。中国濒海地区的人们从很早就有海洋意识，他们渴望探求海洋的奥秘，留下了诸如“海上神山”、“海外仙药”的传说与《山海经》一类的著作。秦时方士徐福还曾率领数千童男女出海寻求不死之药，秦始皇、汉武帝也多次出巡海上。后来，中国人不断渡海出洋，把中国的物质文化和精神文化传播到海外，形成了举世闻名的海上丝绸之路，涌现出一批杰出的历史人物，如唐朝历经磨难终于东渡日本成功的鉴真和尚、明朝初年率领船队远涉西洋的郑和，他们宣传中国的先进文化，也吸收了外国的优秀文化，对促进中外友好和加强中外文化交流做出了积极的贡献。

海防是国家安全的重要组成部分，在通过海上交通加强中外关系的同时，人们也开始意识到海防的重要性。早在春秋、战国时期，濒海诸国之间就发生了海上战争，最初的海防也相应出现，不过那时的海防是临时性的、小规模的、不系统、不完备的。这种状况持续的时间很长。中国海防的真正发展是从元明时期，确切说主要是从明朝开始的。明朝建立后，面对倭寇的严重威胁，明太祖朱元璋在中国东部沿海一带建立起以卫所、巡检司为核心的一套系统、完善的防御体系，有效地抗击了外敌的入侵，此后沿海海防体系逐渐常规化、系统化。

本书所探究的北部沿海包括山东、河北、天津、辽宁四省市，这个地区濒临渤海及黄海北部，海岸线北起今辽宁省丹东市的鸭绿江口，南至鲁、苏交界的绣针河口，全长6100千米，约占全国大陆海岸线的三分之一，是一段具有重要战略意义的海防线。自从永乐年间明成祖迁都北京后，北部沿海的海防地位日渐重要，承担起了保卫首都的重任。明朝统治者不断加强该地区海防力量，成效显著，在抗击外侮中取得了一系列胜利，如永乐年间刘江在辽东望海埚战役中对入侵倭寇进行了歼灭性打击，确保了此后沿海地区百余年的平安。清朝建立后，在明朝的基础上对当地海防又做了一些改革和调整。但鸦片战争后，由于国力不断下降，清朝统治者对这一地区海防未能给予足够的重视，导致在近代史上列强军队多次从容出入，海防安全荡然无存。直至新中国成立后，方才切实加强了这一地区的防御。

海防安全，至关重要。明清时期，中国面临的海上威胁日益严重，明清两朝为此多方部署、苦心经营，有得有失，其中的经验和教训值得认真总结。在今天，东亚又出现了复杂而严重的形势，例如日本妄图侵占我国的钓鱼岛，变幻莫测的朝鲜半岛形势、南海某些国家肆意扩张其海域以及美国对亚太地区的威胁等，都是对当下中国海防的严峻考验。中华民族是一个热爱和平的民族，但并不意味着应该忽视海防力量。从这个意义上说，加强海防史研究就非常有必要了。近年来，海防史研究出现了不少成果，但总体而言，还存在明显的“南热北冷”现象。主要体现在，海防史研究的成果或为时间跨度较长、涉及范围较广的概述性论著，或者集中于东南沿海的浙江、福建、广东、台湾等地，对北部沿海的环渤海地区研究非常薄弱，现有的一些成果主要围绕辽东望海埚战役、天津三卫创建、威海卫战役、胶澳设防等具体问题展开，或者仅关注山东一地，尚嫌不够全面、系统。环渤海地区为京畿要地，是首都北京的海上门户，海防地位至关重要，内部各省同气连枝，相互之间关系密切，是一个有机的整体，不可分割。从总体上研究明代北部沿海海防，既可以推动学术发展，还可以在一定程度上为今天的海防建设提供有益的借鉴。因此可以说，赵树国博士新著《明代北部海防体制研究》一书，不仅有学术价值，而且有现实意义。

总之，我认为这部书是目前为止学术界第一部专门研究明代中国北部海防的著作。全书体系完整，条理清楚，史料翔实，论证充分。作者通过对大量的文献资料（包括档案、实录、正史、政书、野史、笔记、文集、地方志、家谱等，其中有些是罕见的资料）及田野考古和社会调查所得资料（包括考古发掘、文物、碑文、遗址、遗迹等）的仔细梳理，按照明代北部海防体制发展的内在规律，分洪武时期、永乐至宣德时期、正统至万历初年、援朝御倭战争时期、万历末至天启、崇祯时期五个阶段，对明代北部海防体制的发展历程做出了比较清晰、明确的勾勒，做到了“面”的展开。同时，作者对于明代北部海防中的一些重要问题加以深入探讨，如沿海卫所设置时间、海防职官的设置及其职掌、海防设施（如墩、堡、炮台等）的修建等，做到“点”的深入。最后，作者对明代北部海防体制的利弊得失进行了分析总结，为后人提供了有益的借鉴。我希望树国同志在此基础上，再接再厉，进一步对明代海洋文化与中外关系等问题，从深度、广度上加以研究，取得更多的成果，作出更大的贡献。

是为序。

安作璋

2014 年 8 月 6 日

序　二

赵树国博士的学术专著《明代北部海防体制研究》的问世，的确是一件值得庆贺的事。

如所周知，中国地处亚欧大陆东部，濒临太平洋，是一个拥有18000多千米大陆海岸线的海洋大国。早在上古时期，先民们便活跃于辽阔的东部沿海地区，这不但有考古发掘为证，如在辽东半岛、山东半岛、长山群岛、庙岛群岛等地发现了众多的贝丘遗址，而且在文献中也有记载，如《世本》中记载的黄帝时期版图“东至于海”，《尚书·禹贡》中也有“海岱维青州”、“淮海维扬州”之说，表明在传说时代人们活动的足迹已经到达海洋。中国人从很早就开始认识海洋，并探索海洋的奥秘，这在北部沿海地区表现得非常明显。在春秋时期，孔子曾发出“道不行，乘桴浮于海”的慨叹。战国时期，齐国的思想家邹衍又提出了“大九洲”说，描绘了一个想象中的海外世界，展现出当时人们对于海外世界的向往。此外，北部沿海——主要是山东半岛北部蓬莱等地特有的海市蜃楼奇观及由此衍生出来的海外神山传说，又直接推动了燕齐方士们求仙的热情。

在人们对海洋的不断认知过程中，海上力量逐渐发展起来，海上防御也随之产生。早在春秋、战国时期，东部沿海诸国的海上力量已经得到很大程度的发展，北部沿海的齐国成为与东南沿海的吴国、越国齐名的海上强国，最初的海防活动也从此展开。公元前485年，吴国派大夫徐承率领水军从海上攻打齐国，齐国进行相应的防御，最终挫败吴国，这便是北部沿海比较早的海防活动。

秦汉以后，北部沿海地区的海上活动一直持续不断地进行着，秦始皇、汉武帝曾经多次东巡海上，在求仙、封禅的同时，也有巡视海疆的目的。

秦朝方士徐福还以为秦始皇求取仙药的名义率领童男童女出海，并一去不返，据说到达了现在的韩国和日本。西汉时期，汉朝与朝鲜关系交恶，汉武帝派楼船将军杨仆率军，渡海攻打朝鲜，并取得胜利。魏晋南北朝时期，北部沿海地区的割据政权也非常重视海上安全。如在三国时期，盘踞辽东的公孙渊与南方吴国的孙权就经常从海上联系。魏太和六年（232），孙权派将军周贺等人率军与公孙渊联系，结果熟悉海事的魏国汝南太守田豫事先设伏于山东成山，乘吴国水军停泊休整之际将其击败。隋唐时期，朝廷在此设置了强大的水军。隋炀帝三次征伐高丽，山东都是重要的水军基地。唐朝建立后，唐太宗、唐高宗又多次派大军从山东沿海的莱州、东莱、乌胡镇等处渡海征伐高丽，后又在山东沿海地区建立起防御机构，如天宝元年（742），设东莱守捉、东牟守捉。北宋时期，山东水军兵力有所提高。宋仁宗时，设置登州澄海水军弩手两指挥，并升登州的厢军平海水军两指挥为禁军，用于海疆防御。此外，还在今天的山东蓬莱水城设巡检，名刀鱼巡检，有水兵300人，戍沙门岛，以备契丹，每年仲夏驻守在鼍矶岛，秋冬返回岸上。南宋时期，宋、金双方曾经在山东半岛南侧的唐岛海域发生过一次大战。1161年，金海陵王完颜亮派水军从山东出发，进攻浙江沿海。南宋朝廷则派李宝率领水军北上，双方于山东半岛南侧的唐岛遭遇，金朝水军被全部歼灭。

元朝建立后，定都北京，称为元大都。元朝国力之盛，世所罕见。但倭寇自从南宋开始入侵后，至元代也开始猖獗起来。由于定都北京，山东半岛和辽东半岛海上地位凸显，二者合抱形成守卫京畿的门户，可以有效地控制渤海的进出。所以，元朝在东南沿海地区，包括山东半岛建立起海防军队。

明朝建立前后，倭寇屡屡进犯山东沿海。朱元璋为了加强海防，先后在该地区设立卫所、巡检司，统领军队备倭。永乐年间，明成祖迁都北京之后，环渤海地区战略地位凸显，山东半岛与辽东半岛合抱，形成一个独立的防御单元，成为拱卫京畿、防御海上威胁的前沿阵地，明朝政府因此在这一地区增设了不少卫所。同时，为提高海防指挥体制的运转效率，明朝政府又陆续设置了众多海防官署，如备倭都司、海防道等，使北部海防体制逐步得到完善和加强。

树国于2008年9月考入南开大学历史学院，在我名下攻读博士学位。这部著作正是在其博士学位论文基础上修改完成的。树国聪慧好学，善于思考，当确定以“明代北部海防体制研究”为博士论文题目后，便废寝忘食，夜以继日，阅读和搜集大量相关的原始文献资料，在前人研究的基础上，运用辩证唯物主义和历史唯物主义的观点方法，对明代北部海防体制的建立、巩固、完善、调整过程及特殊时期的变化进行了比较系统、全面的分析和研究。其中对明代北部海防发展演变、北部海防建设成败得失、北部海防建设对后世海防的影响以及北部海防建设对北方沿海地区的开发等方面的研究，提出了颇有见地的观点。在2011年夏天的博士论文答辩中，这篇论文得到了答辩委员的一致好评，被认为“选题新颖，视角独到，具有重要学术价值和现实意义。……填补了相关研究之空白。论文资料翔实，逻辑严密，书写规范，表达流畅，是一篇深见功力的优秀博士论文”。这部洋洋洒洒70余万字的书稿，应该说是树国努力的结晶。在此，我衷心希望树国在今后的学术研究中，继续攀登新的高峰，不断推出新的成果。

李小林

2014年6月6日

目　录

绪　论

一、选题缘由与研究对象

（一）选题缘由

中国地处亚洲东部、太平洋西岸，负陆面海。在其东部，自南而北，有海南、广西、广东、澳门、香港、台湾、福建、浙江、上海、江苏、山东、河北、天津、辽宁等14省（市、自治区、特别行政区）临海，拥有一条长达18000[①]多千米曲折而漫长的大陆海岸线。其中北部沿海包括山东、河北、天津、辽宁四省市——即明代的山东、北直隶、辽东，濒临渤海及黄海北部，海岸线较长，北起今辽宁省丹东市的鸭绿江口，南至山东、江苏交界的绣针河口，岸线全长6100千米[②]，约占全国海岸线的三分之一，是一段具有重要战略意义的海防线。

早在南宋时期，倭寇即已开始零星入侵中国东南沿海。至元代，倭寇入犯频繁起来，成为中国面临的主要海上威胁。为此，元朝政府采取了一系列措施，试图遏制其入犯。明朝建国后，倭寇又频繁入侵东南沿海，且在有明一代几乎并未停止，因此防御东南沿海的倭患，便成为明朝海防的重要内容。其实，在明代，倭寇对于北部沿海的山东、北直隶、辽东等地也时有入犯，有时还比较严重。因此，明朝政府对于北部海防也非常重视。

北部沿海地区战略地位较为重要，自永乐年间明成祖朱棣迁都北京后，该地区海防地位凸显，天津成为京师的海上屏障，辽东半岛与山东半岛深入渤海之中，与海中长山、庙岛诸岛构成了一道拱卫京畿、防御海上威胁的天然防线。因此，北部海防除承担防御外敌入侵、保障人们生命财产安全这一海防共同任务以外，还有一个特殊而重要的任务，那就是拱卫京畿。

---

① 《中国大百科全书》总编辑委员会、《中国地理》编辑委员会：《中国大百科全书·中国地理》，北京：中国大百科全书出版社1993年版，第640页。

② 据《全国海洋经济发展规划纲要》提供的最新统计数字，见《中华人民共和国国务院公报》2003第18号，总号1089。

“拱卫京畿”是明代北部海防发展的一条主线。如果说洪武时期，朱元璋在辽东、山东设置沿海卫所、巡检司等，仅为明朝政府加强海防建设的一般性措施的话，那么永乐时期，朱棣在环渤海内部、地近京畿的北直隶及辽东陆续设置诸多沿海卫所，就已经具有了拱卫京畿的特殊意义。永乐以后，明朝政府也一直关注京畿地带的海防安全，如援朝御倭战争期间，明朝政府在派兵出征的同时，还通过不断设官遣将、调集兵马加强北部沿海天津、辽南、山东半岛的海防力量，其目的即在于此。在后来的明清战争中，明朝政府也非常重视北部海防，重点建设天津、登莱、东江镇，并将其纳入到统一的辽东战略规划中，力图借此在拱卫京畿的同时，从海上牵制女真势力，并恢复辽东。由上可见，在海防事宜中，北部诸省彼此相连，密不可分。因此，有必要将其合为一个整体加以研究。

自永乐迁都北京以迄今日，北部海防均具有重要的战略意义。反观明初以至今日的历史，其中不乏经验、教训。如在明后期万历朝的援朝御倭战争中，明朝政府通过加强北部海防建设，派遣军队入朝作战，将侵朝日军限制在国境以外，力保东邻安全，应当说是成功的。但在清代，北部海防却并未得到实际加强。这一时期，国际形势已经发生巨大变化。经历过工业革命的欧洲殖民者，武器装备已远非昔日可比。第一次鸦片战争期间，英军绕过重兵布防的广东、福建一带，挥军北上，因北部沿海的山东、辽东、天津一带海防力量薄弱，京师缺乏强有力的海上屏障，英军得以长驱直入，道光帝被迫签订“城下之盟”。后来，八国联军侵华，与清政府签订《辛丑条约》，其中拆除大沽炮台即是条款之一，目的就是削弱京畿海防力量，为其侵略扫清障碍。鸦片战争以来，西方殖民者、日本侵略者的军舰曾多次穿过北部海域逼近京城，迫使清政府签订不平等条约。教训可谓惨痛！今日，中国人民解放军设立北海、东海、南海三大舰队，北海舰队驻扎青岛，即负责山东以北的海域防护。

长期以来，学术界多从其他侧面切入研究该地区海防，如倭寇问题、援朝御倭战争、明清战争等，或者专门研究其中某一区域，如山东一省，却缺乏将北部沿海作为一个整体加以研究者。明代南、北海防体制因面临对象、承担任务不同而有很大不同，若要把握其特点，必须在同类型的较大范围内加以考察。因此，本书以整个北部沿海地区为考察对象，以“拱卫京畿”为主线，以其中发生的重大事件为切入点，试图厘清明代北部海防体制的基本史实，以揭示明代北部海防的总体发展趋势，并探讨其得失。

（二）研究对象

1. 北部

本书题为“明代北部海防体制研究”，其中“北部”一词是一个相对模糊的概念，需要加以界定。

本书所指的“北部”，就行政区划而言，主要是指今天的山东、河北、天津、辽宁，即明代的山东、北直隶、辽东。之所以将北部数省合为一个整体加以研究，乃是因为由于地理形势所限，山东、北直隶、辽东三省构成了一个从海上拱卫京畿的独立单元，且其内部关系错综复杂、不可分割。同时，由于面临对象、承担任务的不同，这一地区的海防与东南沿海有很大不同。将其作为一个整体研究，有助于揭示出一种不同于东南沿海海防的新面貌。

本书专注于海防，所以更多的关注该区域内的沿海地区，或者本不在沿海但却与海防事宜有关的地区。如山东，沿海青、登、莱三府为海防前线，是本书关注的重点。但是，在援朝御倭战争时期，明朝政府为防止倭寇入侵、劫掠运河一带，于济宁设立海防游击。因此，济宁虽非沿海州县，但济宁海防游击仍是本书探讨的内容。又如北直隶一带，正统至嘉靖时期曾设立众多督、抚、兵备道，如保定巡抚、顺天巡抚、蓟州兵备道、天津兵备道等，这些督抚、兵备道本不是专为防海而设，但在援朝御倭战争及明清战争时期，因形势紧迫，他们也大多负起海防责任，因此也是本书探讨的内容。与此同时，有些沿海州县，如北直隶沧州、盐山等，由于地处渤海内部，且缺乏优良港口，有明一代，几乎未受到海上威胁，海防建置也不健全，对于这样的地区，本书则从略论述。

概括而言，本书探讨的空间为北部沿海省份之沿海州县，以及与海防事宜有关的特殊内陆地区。

2. 海防体制

关于海防的定义，已经有不少学者加以界定①。本书所探讨的海防体制，主要是指海防机构、海防设施的建置，海防官员的配备，以及与其相关的一些问题，如政府的海防活动和大臣、士人的海防建议等。

---

① 范中义认为：“海防是指为防御从海上入侵的敌人，为保卫国家的主权、领土完整、安全和海洋权益所采取的政治、经济、军事、文化、外交等措施和斗争。”（范中义：《明代海防述略》，《历史研究》，1990年第3期。）后来，杨金森与范中义又进一步完善了对海防的定义，指出“海防是为维护国家主权、领土完整和安全，国家海洋权益，防备外来侵略而进行的军事、政治、外交、经济、科技和教育方面的建设和斗争。因此，海防史研究对象包括四个方面：①最高领导集团进行海防的动机、意向和决策过程；②涉及海防事务的重要人物和海防思想；③海防建设；④海防斗争。海防史研究是一个庞大的系统工程。从海防通史的层次说，它可以包括研究海防形势、海防与国家安全、海防政治和外交、海防与社会发展、海防建设、海防战略和海防思想、重大海防斗争等；从海防专业史的层次说，它应该包括海防史各个分支学科，如：海防思想史、海防政策史、海防力量发展史、海防经济史、海防装备发展史、海防教育史、海防后勤（支应）史、海军（水师）史、地方海防史、海防斗争史等”。（杨金森、范中义：《中国海防史》，北京：海洋出版社2005年版，前言第5页。）（接下页注）

二、以往学术研究状况

明代北部海防体制是一个内涵明确而外延较广的题目，既是海防史研究的重要内容，同时又与诸如倭寇、援朝御倭战争、明清鼎革战事等事件不可分割，还与明朝政府的一些制度建设，如官制、兵制调整等密不可分，同时因其地域性特点，又与北部诸省的地方史研究息息相关。因此，综合以上各个方面而言，研究成果非常丰富，难以一一胪列。本处仅择与本书相关者加以介绍，具体可分为以下几个方面。

（一）海防史研究相关成果

高新生《中国海防史研究述评》一文，从海防史学术梳理、海防思想、海防建设、海防战争、海防战略、海洋权益、中外海权比较、海防教育、海防社会、海防文化、海防地理等方面，分门别类地对2005年以前中国海防研究状况加以总结，指出了此前海防史大多数成果主要集中于晚清以至现代，明代以前较少，以及地方海防史的研究成果多集中于闽台地区，北方地区较少的问题①，基本反映了近些年海防史研究的现状。笔者拟在高文的基础上，择与本书内容相关者加以论述。

在海防史研究的众多成果中，一些著作、文章虽以全国海防为研究对象，时间也并非专注于明代，但对于研究明代北部海防仍具有重要意义。杨金森、范中义著《中国海防史》，主要探讨了明代以来中国海防状况，几乎涉及海防的方方面

（接上页注）高新生认为："海防的概念应该是一国为保卫国家主权、领土完整和安全、捍卫国家管辖海域的权利，维护国家合法的海洋权益，防御敌人从海上来的侵略，以及在沿海地区、岛屿、领海、内水、毗连区、专属经济区及整个管辖海域乃至部分中、远海所采取的一切措施和行为活动的统称。"（高新生：《海防的起源和海防概念研究述评》，《中国海洋大学学报》，2010年第2期。）除此之外，《辞海》也对"海防"一词做了界定。1979年版《辞海》对此定义为："海防，为保卫国家主权、领土完整和安全，防备外来侵略，在沿海和领海内所采取的一切军事措施。"（《辞海》，上海：上海辞书出版社1979年版，中册，第2154页。）1999年版《辞海》对此做了一些修订，定义为："海防，国家为保卫主权、领土完整和安全，维护海洋权益，防备外敌入侵和人员、物资非法进入，在沿海和海疆进行的防卫和管理活动的统称。"（《辞海》，上海：上海辞书出版社1999年版，中册，第2634页。）

笔者认为：海防当为，政府为防御海上入侵之敌（既有国外敌对势力，亦包括国内敌对势力），为保卫国家主权、领土完整、安全和海洋权益所采取的诸种措施。海防作为一种军事、政治行为，应当具有以下三个特点。首先，防御时间的长期性。"防"与"战"不同，在战争中，兵贵神速，强调的是快。而防则不然，因不知对手会在何时、何地发动进攻，所以应需长期保持警惕状态，这样才能应对敌人的突然进攻，真正达到防御的目的。其次，对手的明确性。若要实现有效防御，首先需明了防御对象，这样才能有的放矢。海防亦然，只有明确具体海防对象，才能针对具体情况，做出相应防御措施。再次，海上格局的变换及人们海洋意识的觉醒。中国东濒太平洋，长久以来大洋一直是天然的海上屏障，故自古"有海无防"、"背海立国"，元明以降倭寇猖獗，来自海上的威胁出现，尤其是近代以来西方殖民者大肆入侵，海上格局为之变换，形势逼迫中国加强海防。同时，伴随着海上威胁的加强，民众的海洋意识也逐步觉醒，并在主观上要求从多方面加强海防。所以说，真正海防的形成，应当同时具备以上三个条件。

① 高新生：《中国海防史研究述评》，《军事历史研究》，2005年第4期。

面，史料翔实、考证精确，为海防史研究的扛鼎之作。其中，作者对于北部沿海的山东、辽东、天津等地海防做了较为翔实的探讨，对于厘清基本史实有重要贡献①。易泽阳《明朝中期的海防思想研究》，主要从海防思想、观念的角度，论述了明代中期的海防问题②。王宏斌著《清代前期海防：思想与制度》③、《晚清海防：思想与制度研究》④，既对清代海防思想、制度作了宏观论述，同时又对一些具体问题进行了细致探讨，其《晚清海防地理学发展史》，分阶段探讨了晚清六十年间刊印的海防地理学著作⑤。刘中民《中国近代海防思想史论》，对鸦片战争后至民国时期诸多人物的海防思想做了比较全面的论述⑥。

从总体上论述海防的学术文章也有不少。范中义《明代海防述略》，分四个阶段探讨了明代海防发展历程，并总结明代海防的经验教训⑦。任晓初《汤和其人与明初海防》，论述了汤和在明初东南海防建设中的作用⑧。邸富生《试论明朝初年的海防》，论述了明初加强海防的背景，并分“以陆防海”、“舟师防海”两部分，详细讲述了明朝政府加强海防的具体措施⑨。陈尚胜《明代海防与海外贸易——明朝闭关与开放问题的初步研究》，对明朝海防与海外贸易、海禁政策的关系等做了深入探讨，从一个新的角度去探讨明代的海防⑩。史明星《中国历代海防发展概览》，着眼于厘清从古至今中国海防发展的历程，其中对明代海防论述尤详，将明代海防分为几个阶段，对每段特征加以概括，基本把握了明代海防发展的脉络⑪。范金民《郑和下西洋前后的明代海防》，论述了洪武至嘉靖时期中国海防的发展历程，认为郑和下西洋是明代海防由盛入衰的转折点，并分析了造成这种状况的原因⑫。王日根《明代海防建设与倭寇、海贼的炽盛》，论述了明初至明中叶海防建设的效果，以及明中后期海防建设与倭寇、海贼猖狂的关系，

---

① 杨金森、范中义：《中国海防史》，北京：海洋出版社2005年版。

② 易泽阳：《明朝中期的海防思想研究》，北京：解放军出版社2008年版。

③ 王宏斌：《清代前期海防：思想与制度》，北京：社会科学文献出版社2002年版。

④ 王宏斌：《晚清海防：思想与制度研究》，北京：商务印书馆2005年版。

⑤ 王宏斌：《晚清海防地理学发展史》，北京：中国社会科学出版社2012年版。

⑥ 刘中民：《中国近代海防思想史论》，青岛：中国海洋大学出版社2006年版。

⑦ 范中义：《明代海防述略》，《历史研究》，1990年第3期。

⑧ 任晓初：《汤和其人与明初海防》，《学术界》，1993年第3期。

⑨ 邸富生：《试论明朝初年的海防》，《中国边疆史地研究》，1995年第1期。

⑩ 陈尚胜：《明代海防与海外贸易——明朝闭关与开放问题的初步研究》，《中外关系史论丛》第三辑，北京：世界知识出版社1991年版。

⑪ 史明星：《中国历代海防发展概览》，《军事历史研究》，1992年第4期。

⑫ 范金民：《郑和下西洋前后的明代海防》，《“郑和与海洋”学术研讨会论文集》，1998年。

看到了“御盗生盗”的问题[①]。陈波《明初海运与海防的关系》，论述了明朝初年海运对于海防的作用[②]，其《试论明初海运之“运军”》，对洪武、永乐年间，“运军”在执行海运任务时顺便捕倭的军事行为有所论述[③]。刘昌龙、张晓林、黄培荣《明清时期海防的历史嬗变及启示》，将明清海防划分为洪武至宣德、明中期至鸦片战争前、鸦片战争后至清末三个大的阶段，分阶段论述其特点并加以评价[④]。郭渊《〈筹海图编〉与明代海防》，以《筹海图编》为研究对象，考察了明人的海洋意识、东南海防加强、钓鱼岛的归属以及书中所载舆图对后世影响等。[⑤]

此外，还有一些论著虽以其他地区（主要是东南沿海）为研究对象，但其研究思路、方法对本书有一定的启发。如广东：《广东海防史》编委会编《广东海防史》，按照时间顺序，分上、中、下三编对广东海防做了细致梳理[⑥]。张建雄《清代前期广东海防体制研究》，从海防军队、海防战船、海防工事、海防军器、海防对象、影响海防建设的因素等方面切入，探讨了清初广东海防体制的面貌[⑦]。陈春声《明代前期潮州海防及其历史影响》（上、下）[⑧]、《从“倭乱”到“迁海”——明末清初潮州地方动乱与乡村社会变迁》[⑨]，全方位探讨了潮州海防与地方社会变迁的关系。黄挺《明代前期潮州的海防建置与地方控制》，以潮州地区为例，论述了海防行为与国家政策、地方传统之间的互动[⑩]。陶道强《清代前期广东海防研究》，从海防基本策略、组织架构，兵力部署和装备以及巡洋会哨制度等方面论述了清前期广东海防的状况。[⑪] 鲁延召《明清时期广东中路海防地理研究》，探讨了以伶仃洋区域为核心的广州府境所辖区域的海防地理因素及其相互关系[⑫]。如海南：卢苇《明代海南的“海盗”、兵备和海防》，探讨了明代海南的地势及海盗活动的特点，并讲述了海盗活动的三个阶段，以及明代海南兵

---

① 王日根：《明代海防建设与倭寇、海贼的炽盛》，《中国海洋大学学报》，2004 年第 4 期。

② 陈波：《明初海运与海防的关系》，《郑和研究》，2007 年第 4 期。

③ 陈波：《试论明初海运之“运军”》，《中国边疆史地研究》，2009 年第 3 期。

④ 刘昌龙、张晓林、黄培荣：《明清时期海防的历史嬗变及启示》，《军事历史研究》，2012 年第 2 期。

⑤ 郭渊：《〈筹海图编〉与明代海防》，《古代文明》，2012 年第 3 期。

⑥ 《广东海防史》编委会：《广东海防史》，广州：中山大学出版社 2010 年版。

⑦ 张建雄：《清代前期广东海防体制研究》，广州：广东人民出版社 2012 年版。

⑧ 陈春声：《明代前期潮州海防及其历史影响》（上、下），《中山大学学报》，2007 年第 2、3 期。

⑨ 陈春声：《从“倭乱”到“迁海”——明末清初潮州地方动乱与乡村社会变迁》，《明清论丛》第 2 辑，北京：紫禁城出版社 2001 年版。

⑩ 黄挺：《明代前期潮州的海防建置与地方控制》，《广东社会科学》，2007 年第 3 期。

⑪ 陶道强：《清代前期广东海防研究》，暨南大学 2003 届硕士学位论文。

⑫ 鲁延召：《明清时期广东中路海防地理研究》，暨南大学 2010 届博士学位论文。

备、海防的加强①。如闽台：驻闽海军军事编纂室《福建海防史》论述了从古至今福建海防的发展历程，尤详明清时期②。黄鸣奋《厦门海防文化》，从大文化的角度探讨了厦门地区的海防历史，给人以耳目一新的感觉③。许毓良《清代台湾的海防》，重点探讨清代台湾岛的海防事宜，主要研究港口与海运、行政与管理、台海控制权、海防对象、洋务运动后的台湾海防诸问题，史料翔实，论证严密。④卢建一《闽台海防研究》，针对闽台地区，对其海防观念、海防体制、海防战事等加以论述，体系较为完备⑤。郑克晟《明朝初年的福建沿海及海防》，讲述了明初福建军民的生活状况、民众的反抗和政府的迁民禁海措施，并着重探讨了崇武地区的海防⑥。卢建一《论清前期闽台海防对海外贸易的影响》，探讨清前期闽台海防对海外贸易的影响，以及国家海防政策与经济的关系⑦。王日根、黄友泉《海防地理视域下的明代福建水寨内迁》，认为明代福建水寨内迁是对明初选址不当的修正，而非海防衰弱的表现⑧。黄友泉《明代前期福建的海防体系》，以时间为序，分别论述了洪武至宣德时期福建海防体系的建立、正统至正德间福建海防体系的破坏以及嘉靖至隆庆间福建海防体系重建的过程。⑨ 周健《明清时期福建水师的研究》，探讨了明清时期福建水师发展的历史，并论述了其与当地海防的密切关系，并对其作用加以评价⑩。如浙江：宋烜《明代浙江海防研究》，从倭患、海禁、海防建设、海防职官、御倭战役、海防议论等诸多方面对明代浙江海防做了具体、细致的研究⑪。张亚红、徐炯明编著《宁波明清海防研究》，对宁波的海防地理、海防战区部署与防务建置、海防兵力布防、海上战船、海防文化遗产等进行了全面探讨⑫。宋烜《浙江明代海防遗迹》，对明代浙江海防遗存及相关海防制度，包括卫所制度，以及关、寨、台（瞭望台）、烽堠、巡检司等设置

---

① 卢苇：《明代海南的"海盗"、兵备和海防》，《暨南学报》，1990 年第 4 期。
② 驻闽海军军事编纂室：《福建海防史》，厦门：厦门大学出版社 1990 年版。
③ 黄鸣奋：《厦门海防文化》，厦门：鹭江出版社 1996 年版。
④ 许毓良：《清代台湾的海防》，北京：社会科学文献出版社 2003 年版。
⑤ 卢建一：《闽台海防研究》，北京：方志出版社 2003 年版。
⑥ 郑克晟：《明朝初年的福建沿海及海防》，《史学月刊》，1991 年第 1 期。
⑦ 卢建一：《论清前期闽台海防对海外贸易的影响》，《海交史研究》，2001 年第 1 期。
⑧ 王日根、黄友泉：《海防地理视域下的明代福建水寨内迁》，《江西社会科学》，2013 年第 11 期。
⑨ 黄友泉：《明代前期福建的海防体系》，厦门大学 2009 届硕士学位论文。
⑩ 周健：《明清时期福建水师的研究》，福建师范大学 2010 届硕士学位论文。
⑪ 宋烜：《明代浙江海防研究》，北京：社会科学文献出版社 2013 年版。
⑫ 张亚红、徐炯明：《宁波明清海防研究》，宁波：宁波出版社 2012 年版。

问题进行探索[①]。宋烜《明代海防军船考——以浙江为例》，对明代浙江沿海备倭军船的类型及其在卫所中的配置、水寨军船、军船巡哨、军船漕运、军船战绩等做了归纳与考证[②]。施剑《试论明代浙江沿海卫所之布局》，在论述浙江沿海卫所基本布局的基础上，探讨了影响该布局的因素[③]。钟铁军《明代浙江沿海海防战区地理研究》，通过对明代浙江不同时期海防战区空间演变的研究，探讨了明代前期沿海卫所及明中后期镇戍制下的海防战区，从历史地理的角度对其形成的合理性进行了分析，并着重论述兵力分布与指挥体系的变革[④]。李辉《明代基层海防战区地理研究——以台州桃渚所为例》，着重分析桃渚所所城迁徙和具体的烽堠、寨、台、巡检司等海防预警防御系统配置，对以所下附属防御体系为中心的明代基层海防布局进行了大致还原[⑤]。如江苏：林为楷《明代的江海联防——长江江海交会水域的建构与备御》，首先简述明代海防总体状况，而后重点论述南直隶尤其是长江口一带的海防，其中对于当地海防职官有详细论述[⑥]。

此外，日本学者对此也有关注。川越泰博《明代海防體制の形成について》[⑦] 及《明代海防體制の運營構造—創成期を中心に—》[⑧] 二文，论述了明代海防体制的形成及运转；其《明代海防軍船の噸数について》论述明代海防船只的吨位[⑨]。岩間一雄《海防論における日本と中国》，从海防的角度论述中日之间的关系[⑩]。

以上研究成果，要么为综论性海防史著述，要么重点关注东南沿海的广东、福建、浙江等地，直接关注北部海防者并不多，但是他们的研究思路和研究方法为本书提供了借鉴。以下论著则主要以本书所关注的北部沿海为考察对象。

---

① 宋烜：《浙江明代海防遗迹》，《东方博物》，2005 年第 3 期。

② 宋烜：《明代海防军船考——以浙江为例》，《浙江学刊》，2012 年第 2 期。

③ 施剑：《试论明代浙江沿海卫所之布局》，《军事历史》，2012 年第 5 期。

④ 钟铁军：《明代浙江沿海海防战区地理研究》，北京大学 2006 届博士学位论文。

⑤ 李辉：《明代基层海防战区地理研究——以台州桃渚所为例》，北京大学 2012 届硕士学位论文。

⑥ 林为楷：《明代的江海联防——长江江海交会水域的建构与备御》，《明史研究丛刊》，2006 年第 14 辑。

⑦ 川越泰博：《明代海防體制の形成について》，中央大學《大學院研究年報》創刊號，一九七一年，頁六九～一八二。

⑧ 川越泰博：《明代海防體制の運營構造—創成期を中心に—》，《史學雜誌》，第八一編第六號，一九七二年六月，頁二九～五三。

⑨ 川越泰博：《明代海防軍船の噸数について》，《海事史研究》（通号 19），1972－10－00，p121～135。

⑩ 岩間一雄：《海防論における日本と中国》，岡山大学法学会編《岡山大学法学会雑誌》1982－07，p1～48。

首先，在著作方面，王赛时《山东沿海开发史》一书，其中有专门章节论及明代山东海防①。其《山东海疆文化研究》一书，也谈到了明代山东海防的相关问题②。

其次，近年来有不少学位论文关注到山东海防。赵红《晚清山东海防研究》，对于鸦片战争之后的山东海防做了详细论述，其《明清时期的山东海防》，以时间为序，较为全面地论述了明清时期（鸦片战争之前）山东海防的若干问题③。高强《清代山东的海防体系与军事部署》，简述了有清一代的山东海防状况，并对该地海防观念有所阐述④。焦华《威海地区明代卫所保存现状的调查与研究》，作者在查阅文献的基础上，做了大量的田野调查，对明代威海地区卫所、巡检司、军寨、墩堡、炮台等设置状况做了详细的描述⑤。孔德静《印迹与希冀：明清山东海防建筑遗存研究》，从建筑学的角度切入山东海防，在追溯山东海防历史的基础上，对明清山东海防建筑的特征、形态等进行了深入考察⑥。孙倩倩《山东沿海卫所研究》，从建筑学角度对山东沿海卫所的历史沿革、选址、总体布局、城池规划及卫所内建筑的特点等进行探讨⑦。薛广平《明代山东沿海卫所与区域社会发展研究——以胶州湾西海岸地区的灵山卫为例》，从移民和屯田入手，考察了明代山东沿海卫所的设置与区域社会发展的关系。⑧ 董健《明代海防政策

① 王赛时：《山东沿海开发史》，济南：齐鲁书社2005年版。

② 王赛时：《山东海疆文化研究》，济南：齐鲁书社2006年版。

③ 赵红：《晚清山东海防研究》，山东师范大学2004届硕士学位论文；《明清时期的山东海防》，山东大学2007届博士学位论文。赵红在硕士论文和博士论文的基础上陆续发表了一系列文章，如《论明洪武时期的山东海防》，从总体上论述了洪武时期山东倭患状况，胪列了朱元璋加强山东海防的措施，并对其利弊作了一定评价（《烟台大学学报》，2005年第4期）。《李鸿章与山东海防建设》论述了李鸿章对山东海防的经营（《泰山学院学报》，2006年第5期）。《论两次鸦片战争期间山东海防建设》探讨了两次鸦片战争期间的山东海防发展状况（《鲁东大学学报》，2006年第3期）。《明代登莱巡抚考论》对明末山东半岛登莱巡抚的设立及职掌做了考订（《济南大学学报》，2006年第6期）。《第一次鸦片战争时期的山东海防——以山东巡抚托浑布的筹海举措为中心》，探讨了第一次鸦片战争期间山东巡抚对当地海防的经营（《齐鲁学刊》，2007年第1期）。《论明成祖的海防政策在山东的实践》列举了朱棣所推行的海防措施在山东的实施状况，并对此加以评价（《鲁东大学学报》，2009年第4期）。《论明代山东海防与山东沿海社会的发展》对明代山东海防建设与沿海社会开发的关系等做了介绍，对其利弊加以剖析（《泰山学院学报》，2009年第5期）。《论明代山东海防的特点与得失》，分析了明代山东海防的特点及得失（《东方论坛》，2011年第5期）。《晚清山东海防建设对山东社会的影响》论述了晚清山东海防与当地社会发展之间的关系（《鲁东大学学报》，2012年第1期）。《论中法战争中的山东海防》讨论中法战争期间山东海防的建设问题（《兰台世界》，2012年第6期）。

④ 高强：《清代山东的海防体系与军事部署》，曲阜师范大学2007届硕士学位论文。

⑤ 焦华：《威海地区明代卫所保存现状的调查与研究》，山东大学2009届硕士学位论文。

⑥ 孔德静：《印迹与希冀：明清山东海防建筑遗存研究》，青岛理工大学2012届硕士学位论文。

⑦ 孙倩倩：《山东沿海卫所研究》，山东建筑大学2013届硕士学位论文。

⑧ 薛广平：《明代山东沿海卫所与区域社会发展研究——以胶州湾西海岸地区的灵山卫为例》，中国海洋大学2013届硕士学位论文。

与登州海防建设》，探讨了明代登州海防建设与明代海防政策变化的密切关系。[①] 费双应《旅顺、威海卫建港与北洋水师》，探讨了第二次鸦片战争之后旅顺、威海卫建港及北洋水师建立的具体事情[②]。

同时，还有一些学术论文关注到这一问题。丁超《明代安东卫建置年代考》，在引用大量文献的基础上对安全卫设置时间加以辨析，认为该卫设置于洪武二十六年至三十一年[③]。王赛时《明代山东的海防体系与军事部署》，从卫所、巡检司、墩台等军事部署、海防支援体系、海防观念等方面，详述了明代山东海防[④]。彭勇《从〈广志绎〉看王士性对山东海防的思考》一文，主要论述万历援朝御倭战争期间，王士性对于山东海防建设的看法[⑤]。王江炜《文登营与明朝山东半岛海防战略》，简述了文登的海防地位及文登营的设立[⑥]。张金奎《洪武时期山东沿海卫所建置述论》，对山东沿海卫所的建置时间进行了考证，并探讨了诸如青州右卫去向、沿海诸卫不满额的原因及徐辉祖建卫是否属实等具体问题[⑦]。其《明初海防建设与山东半岛人口的迁移》，对明初山东半岛上的移民与海防建设的关系做了探讨[⑧]。

由上可见，这些成果大多关注山东地区，对于北部沿海的河北、天津、辽宁关注尚少。

（二）相近领域研究成果

1. 倭寇问题

倭寇问题是明代中外关系史上的一个重要问题，研究成果非常丰富。2005 年左右，沈登苗撰《明代倭寇研究中文论著题录 500 种》一文，指出“20 世纪至今，海内外关于倭寇研究及相关内容的论著在 800 篇（部）左右，除中文版的 500 篇，尚有日文写成的 200 篇，用英文等其他文字撰写的及本书遗漏的中文论著等在 100 篇左右”。沈文所列论著大多是论述嘉靖中后期东南沿海倭患的。众所周知，嘉靖倭患主要发生在东南沿海，北部沿海虽然间或有之，但非常少。有

---

① 董健：《明代海防政策与登州海防建设》，中国海洋大学 2013 届硕士学位论文。
② 费双应：《旅顺、威海卫建港与北洋水师》，西北大学 2012 届硕士学位论文。
③ 丁超：《明代安东卫建置年代考》，《历史研究》，2004 年第 2 期。
④ 王赛时：《明代山东的海防体系与军事部署》，《明史研究》，2005 年第 9 辑。
⑤ 彭勇：《从〈广志绎〉看王士性对山东海防的思考》，《怀化学院学报》，第 27 卷第 12 期。
⑥ 王江炜：《文登营与明朝山东半岛海防战略》，《春秋》，2007 年第 4 期。
⑦ 张金奎：《洪武时期山东沿海卫所建置述论》，《明史研究》，2013 年第 13 辑。
⑧ 张金奎：《明初海防建设与山东半岛人口的迁移》，《明史研究论丛》，2013 年第 11 辑。

鉴于此，笔者不准备全面介绍倭寇研究状况，而只关注与本书内容有关者。

陈懋恒《明代倭寇考略》一书中"沿海各省之倭祸"部分，以表格的形式统计了明代倭寇侵扰中国各省之史实①。范中义、仝晰纲合著《明代倭寇史略》一书，虽为总括之作，然对明代山东倭寇之史实及发生原因也做了总结和论述②。戴裔煊《倭寇与中国》一文，论述了明初倭患、万历援朝御倭战争产生的原因，并对明代倭寇状况加以简要介绍③。山根幸夫《明代倭寇问题研究》，综论明代倭寇状况，指出明初受倭寇危害最大的地区"是山东半岛沿海"，并论述了望海埚之战的背景④。川越泰博《倭寇、被虏人与明代的海防军》，虽非专注北部海防，然其中也对永乐时期山东、辽东海防有所论述⑤。王日根《明代海防建设与倭寇、海贼的炽盛》，述及明初防倭背景下山东半岛的海防建置⑥。

此外，还有一些文章专门关注北部沿海倭寇及抗倭事宜，朱亚非《从历史档案看戚继光在山东的防倭活动》，依据明代辽东档案，论述了戚继光在担任山东备倭都指挥佥事时整饬山东海防的事迹，并对其作了一定评价⑦。曲树程《戚继光在登州》，论述了戚继光在担任山东备倭都指挥佥事时，调整卫所主要官员、严格规定财政收支制度、严肃军纪、惩治豪强的事迹⑧。黄尊严《明代山东倭患述略》，对明代山东遭受倭患的总体状况做了梳理，并对其原因做了解释⑨。王彬《抗倭将领刘江——望海埚大捷》，首先论述明初倭患状况及政府应对措施，接着论述了刘江在望海埚战役中的战略战术，并对其作了较高评价⑩。

2. 援朝御倭战争及明清战争

万历援朝御倭战争及明清战争是学术界研究较多的一个问题，本处仅择与本书相关者略作论述。

学术界关于壬辰倭患及援朝御倭战争的研究成果较多，但大多关注朝鲜战

① 陈懋恒：《明代倭寇考略》，北京：人民出版社 1957 年版。
② 范中义、仝晰纲：《明代倭寇史略》，北京：中华书局 2004 年版。
③ 戴裔煊：《倭寇与中国》，《学术研究》，1987 年第 1 期。
④ 山根幸夫：《明代倭寇问题研究》，邱明译，《黄淮学刊》，1992 年第 1 期。
⑤ 川越泰博：《倭寇、被虏人与明代的海防军》，李三谋译，《中国边疆史地研究》，1998 年第 3 期。
⑥ 王日根：《明代海防建设与倭寇、海贼的炽盛》，《中国海洋大学学报》，2004 年第 4 期。
⑦ 朱亚非：《从历史档案看戚继光在山东的防倭活动》，《历史档案》，1991 年第 4 期。
⑧ 曲树程：《戚继光在登州》，《山东社会科学》，1992 年第 4 期。
⑨ 黄尊严：《明代山东倭患述略》，《烟台师范学院学报》，1996 年第 3 期。
⑩ 王彬：《抗倭将领刘江——望海埚大捷》，《大庆高等专科学校学报》，1997 年第 2 期。

场，很少从国内出发。与本书所关注者相关的有，万明《万历援朝之战与明后期政治态势》，通过对援朝御倭战争期间明朝廷对于和、战的态度进行分析，揭示了明后期政治态势的发展①。杨理连《天津在明朝抗倭援朝战争中的作用分析》，分析了援朝御倭战争爆发后，天津如何加强防御并成为援朝御倭战争的后方基地，对其作用作了较高评价，其中还提到了此时天津的海船制造②。赵树国《论邢玠在援朝御倭战争中对中国海防的经营》，探讨了援朝御倭战争期间邢玠对北部沿海海防的部署③；《援朝御倭战争期间宋应昌对中国北部海防建设的贡献》，关注援朝御倭战争期间宋应昌对北部沿海海防的建设④。

明清鼎革之际的这段历史是学术界关注的热点，与本书相关者主要是明清之际的登莱、旅顺及东江镇。许振兴《论毛文龙的历史地位》，肯定了毛文龙在明清战争中对后金的“牵制”作用⑤。樊树志《毛文龙的功过是非》，通过分析毛文龙被杀后形势的变化，指出袁崇焕杀毛文龙于国于己均无好处⑥。郑炳喆《明末辽东沿海地区的局势——以毛文龙势力的浮沉为中心》，探讨了毛文龙崛起的历史背景及其作用⑦。魏刚《毛文龙在辽东沿海地区的战略得失》，指出毛文龙没有重视以旅顺为核心的金、旅一带的战略价值是其整个沿海战略的最大失误⑧；其《明及清前期的旅顺》一文，对于旅顺在明代及清前期的地位做了概述，尤其对其在援朝御倭战争及明清战争期间的作用叙述较详⑨；其《明与后金对旅顺的争夺》，详细介绍了双方争夺旅顺的过程，分析了明朝失利的原因及其后果⑩。韩行方《明末旅顺之役及黄龙其人其事》，对孔有德之乱后，明清双方在旅顺的战役展开论述，并详细介绍了明军统帅黄龙其人⑪。孙卫国《登州事变及其对明、后金与朝鲜的影响》，该文以孔有德“吴桥兵变”与“登州之乱”为切入点，探

---

① 万明：《万历援朝之战与明后期政治态势》，《中国史研究》，2001 年第 2 期。

② 杨理连：《天津在明朝抗倭援朝战争中的作用分析》，《郧阳师范高等专科学校学报》，2008 年第 1 期。

③ 赵树国：《论邢玠在援朝御倭战争中对中国海防的经营》，《山东青年政治学院学报》，2012 年第 3 期。

④ 赵树国：《援朝御倭战争期间宋应昌对中国北部海防建设的贡献》，《山东青年政治学院学报》，2013 年第 4 期。

⑤ 许振兴：《论毛文龙的历史地位》，《社会科学辑刊》，1984 年第 5 期。

⑥ 樊树志：《毛文龙的功过是非》，《文史知识》，2003 年第 9 期。

⑦ 郑炳喆：《明末辽东沿海地区的局势——以毛文龙势力的浮沉为中心》，《第十届明史国际学术讨论会论文集》，2004 年。

⑧ 魏刚：《毛文龙在辽东沿海地区的战略得失》，《大连大学学报》，1999 年第 5 期。

⑨ 魏刚：《明及清前期的旅顺》，《大连大学学报》，2004 年第 1 期。

⑩ 魏刚：《明与后金对旅顺的争夺》，《辽宁师范大学学报》，1999 年第 2 期。

⑪ 韩行方：《明末旅顺之役及黄龙其人其事》，《辽宁师范大学学报》，1994 年第 6 期。

讨了明清战争中的一些问题，并论述了围绕处理这次事变的三方关系[①]。赵亮《论东江军镇将领降（后）金及其影响——以孔有德、耿仲明、尚可喜为中心》，论述了东江镇将领孔有德等人归降后金对渤黄海海防要地旅顺、东江的覆灭以及明清战争的影响[②]。黄一农《天主教徒孙元化与明末传华的西洋火炮》，论述了孙元化如何在奉天主教士人和葡萄牙籍军事顾问的协助之下，在山东练成精锐火器部队，并关注了在这一部队所掀起的吴桥兵变后明与后金间的军力消长[③]；其《刘兴治兄弟与明季东江海上防线的崩溃》，论述毛文龙被杀后，担任辽东沿海将领的刘兴治兄弟们因立场不一而手足相残，结果被明、清分别杀害，从而导致海岛上一系列兵变，使得明朝海上防线最终崩塌[④]；其《吴桥兵变：明清鼎革的一条重要导火线》，探讨了"吴桥兵变"这起偶然事件对于渤黄海海防形势及整个明清战争的影响[⑤]。

3. 海防官制、兵制

海防官制、兵制属于传统政治制度史、军事史的范畴，成果较多，本处仅择与本书所述内容紧密相关者略加介绍。

一些论著从总体上论述官制、兵制，其中涉及北部海防。如肖立军《明代省镇营兵制与地方秩序》，对明代省镇营兵制进行了全面、深入的探讨，其中涉及北部海防职官，如天津总兵、山东（包括登莱）总兵等[⑥]。潘珣祎《明代抗倭官考》，分洪武永乐时期、永乐后期至嘉靖前期、嘉靖中期以后三个时间段，从总体上对明代抗倭官员，如备倭总兵官、总督备倭、参将、把总、巡视海道侍郎、巡视海道都御史、巡视海道按察副使、巡抚、总督、海防同知、海防佥事等的设置、沿革及职权做了详细考订[⑦]。谢忠志《明代兵备道制度——以文驭武的国策与文人知兵的实练》，旨在研究明代兵备道制度，其中涉及兵备道在御倭战争中

① 孙卫国：《登州事变及其对明、后金与朝鲜的影响》，见《登州港与中韩交流国际学术讨论会论文集》，济南：山东大学出版社 2005 年版。

② 赵亮：《论东江军镇将领降（后）金及其影响——以孔有德、耿仲明、尚可喜为中心》，《理论界》，2006 年第 12 期。

③ 黄一农：《天主教徒孙元化与明末传华的西洋火炮》，（台北）《"中央研究院"历史语言研究所集刊》，第 67 本第 4 分。

④ 黄一农：《刘兴治兄弟与明季东江海上防线的崩溃》，（台北）《汉学研究》第 20 卷第 1 期。

⑤ 黄一农：《吴桥兵变：明清鼎革的一条重要导火线》，（新竹）《清华学报》，新 42 卷第 1 期。

⑥ 肖立军：《明代省镇营兵制与地方秩序》，天津：天津古籍出版社 2010 年版。

⑦ 潘珣祎：《明代抗倭官考》，浙江大学 2004 届硕士学位论文。

的作用[①]。黄中青《明代海防的水寨与游兵——浙闽粤沿海岛屿防卫的建置与解体》，首先论述了明代海防体制的基本概况，强调水寨、游兵在海防体制中的重要作用，而后分别介绍其在浙江、福建、广东三省的具体状况，并分析了其最终解体的原因[②]。

另外，还有一些研究成果涉及其中的某些具体问题。如海防巡抚官的设置，靳润成《明朝天津巡抚及其辖区》，分三个阶段对天津巡抚及其辖区的演变加以论述，并探讨其与海防的关系[③]。陈洁《明代天津巡抚设置初探》，论述了天津巡抚的设置、裁撤、再度设立的过程，对其职掌及辖区加以界定，并对其作用加以评价[④]；其《明代天津巡抚考》，对明代天津巡抚设置及其职掌加以考论[⑤]。肖立军、张丽红《明代的天津总兵官》，论述了明代天津最高军事长官的变迁过程，主要探讨了万历援朝御倭战争时期及明清战争时期天津总兵官的设置情况[⑥]。赵红《明代登莱巡抚考论》，首先从海防的角度论述了登莱巡抚设立的缘起，对于其任官、驻所、职责、辖区等加以考证，最后结合史实论述了登莱巡抚在明末辽东战局和山东海防中的作用以及在登州事变中应负的责任[⑦]。

此外，学术界对于卫所、巡检司等制度也有关注。孙献涛《明代沿海卫所初探》，以明代沿海卫所为研究对象，探讨了沿海卫所的建制、城池、防御、屯田、卫学、卫人等诸多方面，对其海防职能也有所论述[⑧]。张士尊《明代辽东都司军政管理体制及其变迁》，论述了明代辽东军政管理体制的变迁，认为“至嘉靖末期，在辽东存在着三种不同的管理系统，即以掌印都指挥为首的都司行政管理系统、以总兵为首的军事镇戍系统、以巡抚为首的行政监察系统，三者之间，关系上相对独立，又相互制约，职能上相互区别，又相互重叠，重大决策由相关人员同议后奏请朝廷裁决”，并分析了三种体制的作用及职官、职掌，基本厘清了辽

---

① 谢忠志：《明代兵备道制度——以文驭武的国策与文人知兵的实练》，《明史研究丛刊》，2002 年第 5 辑。

② 黄中青：《明代海防的水寨与游兵——浙闽粤沿海岛屿防卫的建置与解体》，《明史研究丛刊》，2001 年第 1 辑。

③ 靳润成：《明朝天津巡抚及其辖区》，《历史教学》，1996 年第 8 期。

④ 陈洁：《明代天津巡抚设置初探》，《黑龙江史志》，2009 年第 18 期。

⑤ 陈洁：《明代天津巡抚考》，南开大学 2010 届硕士学位论文。

⑥ 肖立军、张丽红：《明代的天津总兵官》，《历史教学》，2008 年第 2 期。

⑦ 赵红：《明代登莱巡抚考论》，《济南大学学报》，2006 年第 6 期。

⑧ 孙献涛：《明代沿海卫所初探》，北京师范大学 1997 届硕士学位论文。

东军政体制[①]；其《明代辽东都司与山东行省关系论析》，论述了明代辽东与山东之间的政治、军事关系，通过分析嘉靖中后期辽东诸兵备道之设立、并“寄衔”山东、而非以前的“寄职”山东，认为“嘉靖以后，辽东都司与山东行省在体制上已经没有什么实质性的联系了”[②]。徐桂荣、刘正堃《明代辽东都司诸卫辖所考》，考证了明代辽东都司诸卫所的设立时间、驻地与辖区[③]。张晓明《明代辽东海州卫》，叙述了海州卫的设置、辖区，重点介绍海州卫的城堡及其管理体制，对于研究辽南海防卫所具有一定价值[④]。温娜《山东卫所在清代的变革》，虽主要探讨卫所制度在清代的变革，不过其对明代山东卫所设置状况、备倭都司、海防三大营等也有论述[⑤]。

吕进贵《明代的巡检制度——地方治安基层组织及其运作》一文，探讨了明代巡检司的建置及其沿革，并对其人事制度及其分布与职能加以探讨，其中论及沿海巡检司[⑥]。孙同霞《明清山东巡检司制度考略》一文，对于明清时期山东巡检司的设置情况及职掌加以论述，其中涉及山东沿海地区巡检司的设置状况及功能[⑦]。

（三）相关地方史研究成果及其他

北部沿海涉及山东、辽宁、河北、天津四个省市，近些年在这些地区涌现出不少地方史研究的成果，其中有些虽非专从海防视角出发，但也关注到了相关问题，对本书有一定的借鉴意义。

朱亚非《山东通史·明清卷》详细论述了明清时期山东的发展历程，内容翔实，条理明晰，是研究明清山东地方史的重要著作[⑧]；其《古代山东与海外交往史》探讨了历史上山东与海外诸国（主要是朝鲜、日本）的交往[⑨]。杨强《北洋之利——古代渤黄海区域的海洋经济》，探讨了环渤海地区海洋经济的发展状况[⑩]。

还有一些成果专门论述山东某一地区或某一方面。席龙飞主编《蓬莱古船与

---

① 张士尊：《明代辽东都司军政管理体制及其变迁》，《东北师范大学学报》，2002 年第 5 期。
② 张士尊：《明代辽东都司与山东行省关系论析》，《东北师范大学学报》，2008 年第 2 期。
③ 徐桂荣、刘正堃：《明代辽东都司诸卫辖所考》，《辽宁大学学报》，1992 年第 1 期。
④ 张晓明：《明代辽东海州卫》，《鞍山师范学院学报》，2009 年第 6 期。
⑤ 温娜：《山东卫所在清代的变革》，陕西师范大学 2008 届硕士学位论文。
⑥ 吕进贵：《明代的巡检制度——地方治安基层组织及其运作》，《明史研究丛刊》，2002 年第 6 辑。
⑦ 孙同霞：《明清山东巡检司制度考略》，曲阜师范大学 2008 届硕士学位论文。
⑧ 朱亚非：《山东通史·明清卷》，北京：人民出版社 2009 年版。
⑨ 朱亚非：《古代山东与海外交往史》，青岛：中国海洋大学出版社 2007 年版。
⑩ 杨强：《北洋之利——古代渤黄海区域的海洋经济》，南昌：江西高校出版社 2005 年版。

登州古港》，收录了十几篇专门研究蓬莱出土战船及火炮、登州港水军、海防建设、登州港与中外交流的文章，对研究古代登州具有重要意义①。《登州古港史》编委会编《登州古港史》，第七章专论明代登州，对其海防地位、海防建设、抗击倭寇、海运事宜等均有介绍②。田荣《威海军事史》，第一章讲述明代威海的军事建置及军事活动，其中对于抗击倭寇、邓可心起义均有描述③。

迟金光、孙艳艳《登州港在中国军事史上的地位》，对明代登州海防建置做了一些介绍，认为“从明朝起，登州港就名副其实地成为中国北方最重要的防御基地”④。董韶军、董韶华、迟金光《试论蓬莱水城的历史地位与价值》，介绍了蓬莱水城的历史、建构，及其军事地位，并对其在中外关系史上的地位给予充分肯定⑤。刘德强、徐明轩《威海卫与国家“置重在海”》，论述了元代以至今日威海卫的发展历程，第二部分重点探讨威海卫与明清海防、海运的关系，其中对于明代山东海防得失有所论述⑥。顿贺、罗世恒《蓬莱明代古桅杆研究》，对蓬莱水城内出土的明代船舶桅杆加以考证、还原，初步揭示了明代登州船只状况⑦。袁晓春、顿贺、韦文禧《蓬莱古桅杆的研究》，经过考证，推断该桅杆为永乐至明中期之物，并认为蓬莱“水城本身就具有船舶修造能力”⑧。

王晶晶《明清至民国时期山东半岛军户家族组织研究——以鳌山卫、灵山卫为中心》，首先论述了沿海卫所设立背景及其设置情况，而后以灵山卫、鳌山卫为中心，论述了该地军户家族的组成，其中所涉及的军户来源对于研究明代沿海卫所兵员构成有一定学术意义⑨。朱光涌《洪武、永乐时期山东莱州府南部移民研究——兼论卫所制度与沿海地区移民》，以莱州府南部的胶州、即墨为中心，探讨了卫所制度与移民的关系，其中对于明初军户移民多有论述，有助于揭示明初山东沿海卫所军队的来源⑩。

---

① 席龙飞：《蓬莱古船与登州古港》，大连：大连海运出版社 1989 年版。

② 《登州古港史》编委会编：《登州古港史》，北京：人民交通出版社 1994 年版。

③ 田荣：《威海军事史》，济南：山东大学出版社 2005 年版。

④ 迟金光、孙艳艳：《登州港在中国军事史上的地位》，《山东档案》，2008 年第 5 期。

⑤ 董韶军、董韶华、迟金光：《试论蓬莱水城的历史地位与价值》，《北方文物》，2003 年第 1 期。

⑥ 刘德强、徐明轩：《威海卫与国家“置重在海”》，《东岳论丛》，1999 年第 6 期。

⑦ 顿贺、罗世恒：《蓬莱明代古桅杆研究》，《武汉造船》，1993 年第 3 期。

⑧ 袁晓春、顿贺、韦文禧：《蓬莱古桅杆的研究》，《武汉船舶职业技术学院学报》，2007 年第 3 期。

⑨ 王晶晶：《明清至民国时期山东半岛军户家族组织研究——以鳌山卫、灵山卫为中心》，厦门大学 2009 届硕士学位论文。

⑩ 朱光涌：《洪武、永乐时期山东莱州府南部移民研究——兼论卫所制度与沿海地区移民》，中国海洋大学 2008 届硕士学位论文。

陈晓珊《明代辽东—山东地缘关系研究——以登辽海道为中心》，从地缘关系角度论述山东、辽东之间的关系，其中对于辽东逃民与海岛开发、熊廷弼“三方布置”战略、毛文龙经营东江、镇江及孔有德登州之乱等加以论述，角度颇为新颖①。李新成《明代辽东与山东关系研究》，分阶段探讨了明前期、明中期和明后期山东与辽东的不同关系②。杨强《论明清环渤海区域的海洋发展》，从海洋社会经济史的角度对“环渤海”区域做了不同于自然地理学的界定，认为“环渤海区域的海岸线，北起今天的辽宁省丹东市鸭绿江口，南至鲁苏交界的绣针河口，岸线全长6100千米，约占全国海岸线总长的27%”，这一界定较为合理。此外，该文还探讨了该区域内盐业、渔业经济的发展状况，并论述了历史上该区域内、外的经济联系③。陈长征《明朝中后期环渤海地区手工业状况研究》，主要论述正德至明末环渤海区域的手工业发展状况，其中论及军器制造④。张士尊《明代辽东东部山区海岛开发考略》，论述了明朝政府对于沿海岛屿中流民的处置，认为逃军、流民潜入海岛，威胁到当地的海防⑤。

此外，李洵《明代火器的发展与封建军事制度的关系》，论述了明代火器的发展及应用，其中部分内容论及明代辽南四卫的火器，以及明清战争中火器的应用⑥。叶宗翰《明代的造船事业——造船发展背景的历史考察》一文，论述了明代造船业的发展状况⑦。寇润平、朱龙《登州火炮营及其对华贡献》，讲述了登州火炮营建立的经过、辉煌战绩及其覆灭的过程，肯定了其在中国军器改革史上的地位⑧。韩行方、王宇《明朝末期登莱饷辽海运述略》，论述了明朝末期海运饷辽的基本情况，并对其与辽东战局的关系做了剖析⑨。

以上成果从多个方面对涉及明代北部海防体制的一些问题做了探讨，给笔者以深刻启发和借鉴。但总体而言，明代海防史研究还存在明显的“粗疏化”及

---

① 陈晓珊：《明代辽东—山东地缘关系研究——以登辽海道为中心》，中央民族大学2007届硕士学位论文。

② 李新成：《明代辽东与山东关系研究》，辽宁师范大学2011届硕士学位论文。

③ 杨强：《论明清环渤海区域的海洋发展》，《中国社会经济史研究》，2004年第1期。

④ 陈长征：《明朝中后期环渤海地区手工业状况研究》，《广西社会科学》，2006年第7期。

⑤ 张士尊：《明代辽东东部山区海岛开发考略》，《辽宁大学学报》，2002年第4期。

⑥ 李洵：《明代火器的发展与封建军事制度的关系》，《史学集刊》，1989年第3期。

⑦ 叶宗翰：《明代的造船事业——造船发展背景的历史考察》，台湾文化大学史学研究所2006届硕士学位论文。

⑧ 寇润平、朱龙：《登州火炮营及其对华贡献》，《鲁东大学学报》，2007年第4期。

⑨ 韩行方、王宇：《明朝末期登莱饷辽海运述略》，《辽宁师范大学学报》，1992年第4期。

“南热北冷”现象。主要体现在，相关研究成果要么多为时间跨度较长、涉及范围较广的总体性论述，要么集中于东南沿海的浙江、福建、广东、台湾等地，对北部沿海地区研究非常薄弱，仅有的一些成果主要围绕辽东望海埚战役、天津三卫创建、威海卫战役、胶澳设防等具体问题展开，尚嫌不够系统，在以下几个方面还非常薄弱。

其一，将北部海防置于东北亚国际格局变迁的大背景中，探讨国际格局变迁与国内海防建设的关系。

其二，将北部诸省作为一个拱卫京畿的海防整体进行研究，探讨其中的联系和配合。

其三，诸多具体问题学术界尚未完全搞清，诸如该地区沿海卫所的设置时间、兵员数额，一些重要海防职官的设置时间、职掌等，还有继续进行考证、研究的必要。

三、研究价值、意义与创新

（一）研究价值、意义

首先，该课题具有较高的学术价值。其一，以前学术界关于海防的选题，大多围绕东南沿海展开，专门研究北部地区的成果并不多见，尤其是将北部诸省合为一体加以研究的成果，迄未曾见①。东南沿海海防和北部沿海地区有很大不同。前者因为海岸线较长且直接面向外洋，在历史上遭受的海上威胁较重，是海防史研究的重点。而对后者来说，自永乐迁都北京后，天津成为京师海上屏障，辽东半岛与山东半岛深入渤海之中，与海中长山、庙岛诸岛构成了拱卫京畿、防御海上威胁的天然防线，也应受到重视。因此，研究以环渤海诸省为代表的北部海防，可以揭示出一种不同于东南沿海的海防新面貌。

其二，海防史是一个涉及面较广的研究范畴，与国际关系史、政治史、军事

---

① 杨强：《论明清环渤海区域的海洋发展》一文，注释①指出：“国内外与中国海洋史相关的研究可以上溯到20世纪初，但在相当长的一段时间内，其研究重点总在海外交通史（包括中外文化交流史和海外贸易史）和航海史等一些大的领域徘徊。20世纪80年代以后，随着我国海洋事业的大发展，与海洋史相关的历史研究的力度加大，从深度和广度来说都有了很大突破。就目前的研究成果归类，这些研究已涉及海外交通史、航海史、海疆史、海外贸易史、海洋渔业史、盐业史、海关史、海防史、海事史、海港史等专题以及中外关系史、华人华侨史、留学生史等方面。总览这些研究成果，有关东海、南海海洋发展史的研究占了大部分，以北方海洋为对象的研究数量少，同时，整体性、长时段的研究尚属空白。”见《中国社会经济史研究》，2004年第1期。

史、思想史、经济史、社会史等都有密切关系。如海防中涉及的国际格局变迁是国际关系史的重要内容，朝廷关于海防的政治决策是政治史的内容，海防战事、海防武器配备则属于军事史范畴，围绕海防的各种争论又牵涉到思想史，海防军队的后勤供应与经济史密不可分，海防兵员部署、海防移民与地方社会的关系又是社会史的内容。因此，对明代北部海防体制加以系统研究，可以更加深入、全面地推动当地区域史研究。

其次，该选题具有较强的实际应用价值。明清以降，中国面临的海上威胁越来越重，明清两朝为此多方部署、苦心经营，有得有失，其中的经验和教训值得认真总结。在今天，东亚又出现了复杂而严重的形势，日本妄图侵占我国领土钓鱼岛、变幻莫测的朝鲜半岛形势、南海某些国家肆意扩张其海域产生的地区性危机以及美国对亚太地区的威胁等，都对今天的中国海防提出了严峻的考验。环渤海地区地处京畿要地，是首都北京的海上门户，海防地位至关重要。研究明代北部海防体制，可以在一定程度上为今天的海防建设提供有益的借鉴。

（二）创新之处

1. 资料创新

有大量的新资料被引用，许多考古发掘资料、海防历史遗迹、遗址，以及一些通过田野调查搜集到的沿海军户家族的家谱、族谱以及海防名人文集和卫所志等，都是十分珍贵的，且很少为学术界所用，史料价值很高。

2. 学术观点创新

首先，选题新颖。学术界大多研究东南海防，北部海防研究较为薄弱，而北部海防显然又有自己不同于南方的特色，因此这个选题具有创新意义。其次，对一些存有争议的问题，做严密的考证，如明代山东沿海卫所设置时间、卫所兵员数额，以及山东备倭都司、天津巡抚、山东海防总兵等职官的设置时间、职掌等。再次，将明代北部海防体制研究与现实结合起来，既探讨明代北部海防对于沿海社会发展的影响，也总结其经验教训。

第一章　明代北部海疆地理及行政、军事区划

本书所指的明代北部海疆，主要包括日照安东卫以北以至辽东鸭绿江口的广大海、陆区域①。就海域而言，北部海域包含了渤海及黄海大部。在这片广阔的海域上，分布着星罗棋布的岛屿，蕴藏着丰富的海洋资源。就行政区划而言，北部海疆涵盖了山东、北直隶、辽东三个省级行政（军政）区，在曲折起伏的海岸线上，分布了众多的府、州、县和卫、所，连缀成一条连绵不断的长线。本章旨在介绍北部海疆自然地理形势及沿海行政、军事区划，力图较为清晰、完整地展现出明代北部海疆的自然地理、行政面貌，为本书的展开做一个铺垫。

第一节　明代北部海疆地理

北部海域，指辽东、北直隶、山东所临海域，包括江苏绣针河口以北以至辽宁鸭绿江畔的大片海域，即渤海及海州湾以北的黄海北部②。在这片广阔的海域

---

①　明代北部海疆，由南向北依次是山东布政使司、北直隶、辽东都指挥使司及努尔干都司，因努尔干都司地处东北偏远地区，且在有明一代并未遭遇海上威胁，故本书对其不加讨论。

②　王颖认为："一般以成山角至朝鲜半岛长山串以北为黄海北部区，但在海州湾以北其海底地貌无显著差别，故这里所指黄海北部是指海州湾以北黄海部分。"（王颖：《中国海洋地理》，北京：科学出版社1996年版，第28页。）这是从地理环境上划分。此外，杨强指出，"本书所关注的'渤黄海区域'，则是把自然地理学上的海洋区域和海岸带陆域共同纳入研究范围，充分关照了人类活动和海洋环境两者的海陆互动关系，体现了中国海洋社会经济史所注重的'人地相关系统'"。（杨强：《渤黄海区域海洋经济的历史研究》，厦门大学2005届博士学位论文，第12页。）这主要是从海洋社会经济史的角度去划分。此外，杨强也提出"环渤海区域"的概念，指出"环渤海区域是以渤海和黄海北部为中心的海洋区域，它是一个包含自然、经济、社会诸子系统的多层次综合的区域系统"，实际范围并无变化。（杨强：《论明清环渤海区域的海洋发展》，《中国社会经济史研究》，2004年第1期。）本书所关注的北部沿海主要是指明代辽东、北直隶、山东三省所濒临之海域。这主要是因为，海防是一种政治、军事行为，与地方政府密切相关，所以以省级行政（军政）区为界划分海域是可行的。

中，分布着一系列岛屿、海口。

一、海域

就海域而言，该区辖渤海及黄海北部。

（一）渤海

渤海指的是山东半岛北端登州和辽东半岛南端旅顺以内的海域，古代又称之为北海、小海。据嘉靖《青州府志》记载：“乐安、寿光北岸海则《汉书》所谓北海也，古称曰小海，本谓之渤海，亦谓之渤澥……沙门大海以西皆为青州北海云。”① 关于渤海的区域，元人于钦、清人阎若璩均有论述。元人于钦在《齐乘》中指出：

> 海岱惟青州，谓东北跨海，西南距岱。跨小海也，本名渤海，亦谓之渤澥，海别枝名也。盖太行恒岳北徼之山循塞东入朝鲜（今高丽），海限塞山，有此一曲。北自平州碣石，南至登州沙门岛，是谓渤海之口，阔五百里，西入直沽，几千里焉。……碣石在平州者……乃今沙门岛对岸之铁山，正当渤海之口……今齐境东南则日照、即墨、胶州，正东则宁海、登州，皆岸大海。东北则莱、潍、昌邑，正北则博兴、寿光，西北则滨、棣二州，皆岸渤海云。②

清人阎若璩在《潜丘札记》中详细描述了渤海的具体位置以及濒海诸州县、卫所：

> 今海自山东登州成山折而西，迳宁海州、福山、蓬莱、招远县，又西迳莱州、掖县、昌邑、潍县，又西迳青州寿光、乐安、诸城县北界，折而西北，径济南利津、沾化、海丰县，又北径直隶河间、盐山、沧州、静海县东界，又北至天津卫，折而东径顺天宝坻、丰润县，又东径永平滦州、乐亭、卢龙、昌黎县，又东出山海关，径辽东宁远、广宁卫南界，折而南径海、盖、复、金四卫西界，又折而东径金州南界，有旅顺口，南与登州海口相对，皆谓之渤海。③

由上可见，于钦、阎若璩二人均认为辽东半岛南端与山东半岛北端登州相对之

---

① （明）杜思修，冯惟讷纂：嘉靖《青州府志》卷六《地理志》，《天一阁藏明代方志选刊》第41册，上海：上海古籍书店1982年版。

② （元）于钦：《齐乘》卷二《海》，《宋元方志丛刊》第1册，北京：中华书局1990年版，第541～542页。

③ （清）阎若璩：《潜邱札记》卷二《释地余论》，《景印文渊阁四库全书》第859册，台湾商务印书馆1986年版，第446页。

处，即为渤海海口。

现代人对渤海的界定为：渤海，位于北纬37°07′~41°、东经117°35′~121°10′之间，为山东半岛、辽东半岛所环抱，以渤海海峡与黄海相通，是深入我国大陆的内海，南北长约300海里，东西向宽387海里，面积7.8万平方公里，平均深18米，海底坡度平缓，平均0°0′28″。渤海由五部分组成：辽东湾、渤海湾、莱州湾、中央盆地和渤海海峡。[①] 从地形上看，除东面通过渤海海峡与黄海相通外，渤海内部南、西、北三面均临陆地，形成一个基本封闭的结构。故有人说道："渤海好像北黄海深入内陆的一个大海湾……岸线所围的形态，好似一个葫芦。"[②]

（二）海州湾以北的黄海

古人对海州湾以北的黄海认识似乎并不明确，往往笼统称之为海或者东海。据嘉靖《青州府志》记载："海，一也，有东海、北海之名。今青州属县诸城东南近海，太公四履所谓'东至于海'是也。"[③] 同治《即墨县志》卷首引乾隆年间即墨知县尤淑孝所撰《序言》记载："汪洋浩瀚者东海也，何以使海之利归民而无斥卤之叹乎"？[④]

现代人对黄海的界定为：黄海西面和北面与我国大陆相接，东临朝鲜半岛，西北与渤海相沟通，南与东海相连，东南面至济州海峡两侧，并经朝鲜海峡与日本海沟通，为一半封闭的浅海，黄海的面积约为38万平方公里。整个海域位于大陆架上，深度较小，平均为44米，海底地势自西、北、东三面向中央及东南方向倾斜，平均坡度为0°1′21″。山东半岛深入黄海之中，其顶端成山角与朝鲜半岛长山串之间最为狭窄，自然地将黄海分为南、北两部分。[⑤]

黄海分为南、北两部分。由于黄海南部的绣针河、海州湾以北至成山角海域与北部在地貌上并无区别，一般将其划归北部，即"一般以成山角至朝鲜半岛长山串以北为黄海北部区，但在海州湾以北其海底地貌无显著差别，故这里所指黄海北部是指海州湾以北黄海部分"[⑥]。

这片自江苏绣针河以北至鸭绿江的广大渤黄海域，毗邻山东、北直隶、辽东

① 王颖：《中国海洋地理》，第15页。

② 中国科学院海洋研究所海洋地质研究室：《渤海地质》，北京：科学出版社1985年版，第1~2页。

③ 嘉靖《青州府志》卷六《地理志》。

④ （清）林溥修，周翕鐄纂：同治《即墨县志》卷首《旧序》，《中国地方志集成·山东府县志辑》第47册，南京：凤凰出版社2004年版，第3页。

⑤ 王颖：《中国海洋地理》，第8页。

⑥ 王颖：《中国海洋地理》，第28页。

三省，成为京畿的海上门户。

二、岛屿

关于岛屿的定义，宋人徐兢在《宣和奉使高丽图经》一书中有所说明，他认为：

> 至若波流而漩伏，沙土之所凝，山石之所峙，则又各有其形势，如海中之地，可以合聚落者则曰洲，十洲之类是也；小于洲而亦可居者则曰岛，三岛之类是也；小于岛则曰屿；小于屿而有草木则曰苫，如苫屿，而其质纯石则曰焦。①

由上可见，徐兢认为除去指代大陆的“洲”以外，海中陆地还有岛、屿、苫、焦四种，均为本书所涉及之岛屿。

此外，《山东海疆图记》一书中说：“蟠峙于海涯者有山，孤悬于海中者有岛，皆海邦所恃以自固，而亦舟行者所藉为表志者也”②，对于海岸之山及海中之岛的特点做了一般性描述，并认为海中的山、岛对于开展海防、海运等活动至关重要。

中国岛屿分为大陆岛和海洋岛，大陆岛又分为基岩岛和冲击岛，海洋岛又分为珊瑚岛和火山岛。在渤黄海的近海地区，分布着一系列的岛屿，其中多为基岩岛。《中国海洋地理》一书认为：基岩岛原为大陆的一部分，由于滨海地区下沉，海水入侵，原先地面上较高的丘陵和山顶就突露其中成为岛屿。基岩岛基本上沿大陆基岩海岸分布，主要集中在东南沿海基岩港湾海岸的海域中以及辽东半岛和山东半岛附近海域中。③

该区岛屿主要分布于辽东半岛及胶东半岛附近。本处参考嘉靖《山东通志》、嘉靖《宁海州志》、《辽东志》、《全辽志》及清人所撰《山东海疆图记》等史书，将北部沿海岛屿列表如表 1－1。

---

① （宋）徐兢：《宣和奉使高丽图经》卷三十四《海道一》，《景印文渊阁四库全书》第 593 册，第 891 页。

② （清）佚名：《山东海疆图记》卷二《地理部 · 山岛志》，《北京图书馆古籍珍本丛刊》第 22 册，北京：书目文献出版社 1998 年版，第 134 页。

③ 王颖：《中国海洋地理》，第 10～11 页。

表 1－1　　北部沿海海岛一览表

府	州、县、卫	岛　屿	史料来源
青州府	诸城县	齐堂岛、沭官岛、曲福岛	《山东海疆图记》卷二《地利部·山岛志》，第156～157页。
登州府	黄　县	峭屺岛、桑岛、老岸岛、依岛	同上，第149页。
	莱阳县	香岛、蠡岛	同上，第155页。
	蓬莱县	大黑山岛、小黑山岛、沙门岛、长山岛、岨岛、虎岛、半洋岛、莫邪岛、小竹岛、大竹岛、牵牛岛、大钦岛、小钦岛、鼋矶岛、高山岛、候篱岛、南城隍岛、北城隍岛、漠岛、乌胡岛、大谢岛、龟歆岛、淋岛	同上，第149～151页。
	福山县	之罘岛、海洋岛、韩家岛、潘家岛、胡家岛、宫家岛	同上，第151～152页。
	宁海州①	栲栳岛、浮山岛、崆峒岛、夹岛、养马岛、筥岛、东清岛、西清岛、鹿岛；塔岛、草岛、里岛	同上，第152、154页。
	文登县	刘公岛、双岛、苏门岛、五垒岛、远岛、姑嫂岛、鏍石岛、甕岛、琵琶岛	同上，第152～154页。
	成山卫（荣成县）	鸡鸣岛、青矶岛、海牛岛、海驴岛、龙须岛、倭岛、孤石岛、鹿岛、镆铘岛、延真岛、王家岛	同上，第153～154页。
	大嵩卫（海阳县）	宫家岛、竹岛、青岛、黄岛、棉花岛、母猪岛、千里岛、鲁岛、泥岛、牙官岛、马官岛、土埠岛、灰岛、麦岛、鸭岛、卢岛	同上，第154～155页。
莱州府	掖　县	蚍蜉岛、小石岛、三山岛	同上，第149页。
	即墨县	白马岛、青岛、田横岛、张牙岛、龙口岛、白龙岛、女岛、巉岛、大管岛、小管岛、狮子岛、女子岛、车门岛、车公岛、劳公岛、徐福岛、赤岛、古迹岛、阴岛、颜武岛	同上，第155页。
	胶　州	小青岛、黄岛、竹槎岛、顾家岛、牛岛、鸡岛、薛家岛、唐岛、古镇岛、陈家岛、石臼岛、灵山岛	同上，第155～156页。

① 据（明）李光先修，焦希程纂：嘉靖《宁海州志》卷之上《地理第一·山川》记载：宁海州所属岛屿为“莒岛、栲栳岛、车箱岛、崆峒岛、黄岛、西青岛、浮山岛、竹山岛、鹿岛、东青岛”；文登县所属岛屿为“刘公岛、海牛岛、海驴岛、双岛、鸡鸣岛、镆铘岛、玄真岛、苏心岛、五里岛”。《天一阁藏明代方志选刊续编》第57册，上海：上海书店出版社1990年版，第692、696～697页。

续表

府	州、县、卫	岛　屿	史料来源
北直隶	乐亭县	祥云岛、石臼坨、半月坨、李家岛、桑坨岛	光绪《永平府志》卷二十四《山川六》，第424页。
	抚宁县	秦皇岛	弘治《永平府志》卷一《山川》，第64页。
辽东	宁远卫	葫芦岛、觉华岛、桃花岛	《辽东志》卷一《地理》，第359页。
	广宁前屯卫	桃花岛（即上之桃花岛）	同上，第360页。
	海州卫	桃花岛（即上之桃花岛）	同上，第361页。
	盖州卫	兔儿岛、小松岛、蛤蛎岛、	同上，第361页。
	复州卫	万滩岛、中岛、长山岛、石家岛、茶河岛、长生岛	同上，第362页。
	金州卫	金线岛、小平岛、大平岛、马雄岛、海清岛、和尚岛、燕岛、平岛、乾岛、布袋岛、南双岛、北双岛、野鸡岛、韭菜岛、过岛、马连岛、鱼湖岛、罗儿岛、小陈家岛、大陈家岛、荞麦岛、兔儿岛、青鱼岛、死鱼岛、大松岛、小松岛、海中岛（以上十八处俱流民所居）、王家岛、广鹿岛、大长山岛、小长山岛、刮皮岛、葛藤岛、哈店岛、澁梨岛、海洋岛、獐子岛、秏子岛、石城岛、黑堝岛、柴家岛、吴忙岛、八叉岛、麻洋岛、豬岛、鸿胪岛、萧家岛、小沙岛、大沙岛、磨盘岛、青山岛、红山岛、曹家岛、老鹳嘴岛、团山岛、豹子岛、莲花岛、卢家岛、史岛、海头岛、杨家岛、丁官岛、南关岛、罗家岛、臭水岛、青泥岛、沙河岛、零水岛、黄羊岛、石门岛、哈塔岛、长沙嘴岛、黄井岛、骷髅岛、铁山岛、南夹河岛、北夹河岛、棒槌岛、戴家岛、羊头岛、雀儿岛、沙嘴岛、向阳岛、罗儿岛、潮沟岛、红崖岛、杏园岛、盐场岛、长山岛、七个山岛、河口岛、围岛、孛兰铺岛	同上，第362页。

（本表据嘉靖《山东通志》、嘉靖《宁海州志》、《山东海疆图记》、弘治《永平府志》、光绪《永平府志》、《辽东志》、《全辽志》等制作。）

表1－1所列岛屿仅为有名可考者，除此之外，在茫茫大海中，尚有诸多不知名的岛屿，如《山东海疆图记》一书中所谓“其不可名之小岛，不可胜考”①。这些岛屿对于北部沿海的海防、海运有着重要意义。如辽东宁远卫之桃花岛，在海岸城东十五里，“登莱海运船湾泊于此”②。登州府沙门岛，“在府城北海中六十里，凡海州渡辽者，必泊此以避风”③。如掖县之蚍蜉岛，“岛下水深数尺，底皆细沙，可泊十余艘”；三山岛，“西达天津，北收旅顺，一水平洋，北海之要地也”。黄县之老岸岛，“水深八尺余，下皆碎石，可泊五六十余艘”。即墨之劳公岛，“水深一丈五尺，黑泥底，可容二百艘”④。在这些岛屿间，海运船队可以栖息以避风雨；此外，还有一些岛屿适宜人生存，如文登县刘公岛，“在县北海九十里，岛中多林木，四五月间，舟人入采之，旧有辛汪二里居民，国初魏国公徐达徙之，今遗址尚存”⑤。宁海州莒岛，“其土肥沃，其山秀丽，中多古墓，洪武间以倭夷为患，因徙其民”⑥。胶州黄岛，“在州东南六十里海中，旧有居民，后因倭寇，其地遂墟”⑦。另外，明朝政府还在一些地势险要的岛屿，设置军事设施，如胶州古镇岛，“在胶州东南一百十里海中，今设巡检司于此，以防倭寇”⑧。又如即墨县栲栳岛也曾设有巡检司，据《大清一统志》记载，“在即墨县东北八十里栲栳岛西，明洪武四年（1371）设巡司，今司存城废”⑨。

由上可见，北部海域的海岛大多集中于黄海沿岸，其中一些岛屿有人居住，有些岛屿则适宜海运栖息，它们与沿海民众生活、朝廷军粮供应等息息相关，对于北部海防具有重要战略意义。

---

① 《山东海疆图记》卷二《地利部·山岛志》，第157页。

② （明）任洛撰：嘉靖《辽东志》卷一《地理》，见《辽海丛书》第1册，沈阳：辽沈书社1985年版，第359页。

③ （明）陆釴等纂修：嘉靖《山东通志》卷之六《山川下》，《天一阁藏明代方志选刊续编》第51册，上海：上海书店出版社1990年版，第436页。

④ 《山东海疆图记》卷二《地利部·山岛志》，第149、155页。

⑤ 嘉靖《宁海州志》卷之上《地理第一·山川》，第696～697页。此外，嘉靖《山东通志》卷之六《山川下》作：“国初魏国公徐辉祖徙之，今其居址尚存”，第446页。

⑥ 嘉靖《宁海州志》卷之上《地理第一·山川》，第692页。

⑦ （清）顾祖禹：《读史方舆纪要》卷三十六《山东七·莱州府》，北京：中华书局2007年版，第1673～1674页。

⑧ 嘉靖《山东通志》卷之六《山川下》，第460页。

⑨ （清）和珅：钦定《大清一统志》卷一百三十八《莱州府》，《景印文渊阁四库全书》第476册，第721页。

三、海岸及海口

有学者定义：海岸乃是指现代海岸线以上的狭窄的陆上地带。但从广义上来讲，海岸是指海洋与陆地的交界处，也是陆海相互作用而又相互影响的场所。实际上，它应包括与现代海岸线相毗连的狭窄的陆上部分和水下部分，亦即通常所说的海岸带。[①] 一般来讲，中国的海岸可分为四个主要类型，即基岩港湾海岸、平原海岸、河口海岸及生物海岸[②]。

就本书所涉及的北部海域而言，从辽宁省丹东市鸭绿江口至营口市盖州角，以基岩海岸为主；从营口市盖州角至锦州市小凌河口，为淤泥质海岸；从锦州市小凌河口南到河北省唐山市滦河口，主要为砂砾质海岸；从唐山市滦河口至山东省烟台市虎头崖，为淤泥质海岸；西起烟台市虎头崖，南至鲁苏交界的绣针河口，为基岩海岸。[③]

在这段广袤的海岸线上，分布着诸多海口，它们成为陆、海交流的集合点。关于海口，清代河东总督田文镜曾做过说明：

> 大洋之与内地相距甚远，大洋之旁谓之海口，九洋船欲入内地，皆由此入港，炮台即于是乎建立焉。此处去村庄居民，多则百余里，少亦不下数十里。海口以内大者谓之内洋，小者俗名海套，不知者一望无涯，即以为海也。海口小而海船大者则不能迳进，必用脚船而后能入，此又海船入港之情形也。[④]

由上可见，海口是连接大洋与内陆的渠道，若欲由海登陆，必须要通过海口，否则无法登岸。

海口的形成与海岸构造有直接关系。一般来说，在基岩海岸地区，海口较多，海洋活动较为密集，而在泥沙质海岸，海口数量相对较少，海洋活动也较为稀少。北部海域海口大多集中于山东半岛、辽东半岛及北直隶北部地区。本处拟结合嘉靖《山东通志》、梁梦龙《海运新考》及《明史》中的相关记载将明代山东海口列表如表 1-2。

---

① 中国科学院海洋研究所海洋地质研究室：《渤海地质》，第 31 页。

② 王颖：《中国海洋地理》，第 10 页。

③ 《全国海洋经济发展规划纲要》，《中华人民共和国国务院公报》2003 第 18 号。

④ 《河东总督田文镜奏查明沿海汛兵捏报白色商船为贼船情由折》，见中国第一历史档案馆编：《雍正朝汉文朱批奏折汇编》第 13 册，第 711 页，江苏古籍出版社。

表 1－2　　明代山东海口一览表

州、县	海　口	出　处
日照县	张洛口、涛洛口、夹仓口	《海运新考》卷上《海道口岸》，第 348 页。
诸城县	石河口、湖水口、龙汪口、青泥口、信阳场口、斋堂口；南龙湾海口	《海运新考》卷上《海道口岸》，第 348 页；《明史》卷四十一《地理二》，第 948 页。
胶　州	淮子口、麻湾西口；唐家湾海口	《海运新考》卷上《海道湾泊》，第 350 页；嘉靖《山东通志》卷六《山川下》，第 464 页。
即墨县	董家湾海口、天井湾海口、金家湾海口、大任海口、陈家大川（夼）海口、鹅儿海口、周疃海口、松林浦海口	嘉靖《山东通志》卷六《山川下》，第 464 页。
鳌山卫	淮口港	《海运新考》卷上《海道湾泊》，第 350 页。
蓬莱县	抹直海口、新开海口、石落海口、西王庄海口、栾家海口、孙家海口、西山海口、湾子海口、刘家汪海口、平畅海口、卢洋海口	嘉靖《山东通志》卷六《山川下》，第 448 页。
文登县	龙门口、长湾圈、大沟海口	《海运新考》卷上《海道湾泊》，第 351 页。
成山卫	家鸡汪海口、窝岛海口、成山卫海口、柳夼海口	《海运新考》卷上《海道湾泊》，第 351 页。
威海卫	漫村海口、黑石海口、张家海口	《海运新考》卷上《海道湾泊》，第 351 页。
海阳所	白沙海口	《海运新考》卷上《海道湾泊》，第 351 页。
靖海卫	狗角口、柳埠海口、苏山海口	《海运新考》卷上《海道湾泊》，第 351 页。
宁海卫	东柄海口、龙门港口	《海运新考》卷上《海道湾泊》，第 351 页。
金山所	双山海口、大河海口	《海运新考》卷上《海道湾泊》，第 351 页。
奇山所	前圈海口，后圈海口，滩名口、婆婆海口，宅窠海口	《海运新考》卷上《海道湾泊》，第 351～352 页。
招远县	东良海口、羊拦海口	《海运新考》卷上《海道湾泊》，第 352 页。

续表

州、县	海　口	出　处
福山县	海洋山后海口、八角海口、城后海口、之罘海口；莱州海神庙后海口	嘉靖《山东通志》卷六《山川下》，第448～449页；《海运新考》卷上《海道湾泊》，第352页。
宁海州	莒岛海口	嘉靖《山东通志》卷六《山川下》，第449页。
掖　县	莱州海神庙海口、海沧口	《海运新考》卷上《海道口岸》，第348页。
昌邑县	淮（潍）河口	《海运新考》卷上《海道口岸》，第348页。
寿光县	洱河口	《海运新考》卷上《海道口岸》，第348页。
利津县	小清河口、丝网口子、江岔河大口子；大清河海口、小清河口	《海运新考》卷上《海道口岸》，第348页；《海运新考》卷上《海道湾泊》，第352页。

（本表据嘉靖《山东通志》、《海运新考》、《明史》制作。）

当然，表1－2的统计很可能不全。不过，我们从中仍然可以发现，明代山东海口大多集中于山东半岛南部及东部、东北部，山东北部及西北部沿海则海口较少。

我们还可以与清初山东海口相互印证。清代雍正年间，山东巡抚陈世倌在上奏中述及山东海口状况，“臣世倌遍历青州府属之乐安、诸城、日照三县、安东一卫，计海口九处。莱州府属之掖县、胶州、昌邑、即墨四州县，灵山、鳌山二卫，浮山、雄崖二所，计海口二十处。登州府属之蓬莱、福山、招远、黄县、莱阳、宁海、文登七州县，靖海、大嵩、成山、威海四卫，计海口四十处。武定州属之海丰县计海口二处。滨州属之利津、霑化二县计海口三处。以上共海口七十四处，内有商船停泊及鱼筏出入，现在抽税者计二十六处，其余各口大率潮至则水涌，潮退即成平陆，且有沿边弯曲之处亦名海口，而并无船筏出入”①。当然，以上所列海口也不全面，如青州府的寿光县就未曾算入其中。不过从中仍可看出，山东一省的海口主要集中在山东半岛及山东南部地区。

① 《山东巡抚陈世倌等奏遵旨议覆兵船宜扼要巡防等海疆事宜四条折》，见《雍正朝汉文朱批奏折汇编》第7册，第822页。

海口衔接海洋与大陆，是外敌入侵的重点，因此，海口的分布也在一定程度上影响着海防布局。

北部海域涵盖了渤海及黄海的一部分，在这片广阔浩瀚的海域中，分布着一系列岛屿和海口，由于地质条件不一，在北部海域中，岛屿及海口大多分布于黄海沿岸及渤海西北部一带。就海防来说，沿海的海岛与海口是敌军入侵的重点，也是海防的重点。所以说，北部沿海独特的地理环境，在一定程度上影响甚至决定了当地的海防布局。

第二节 明代北部海疆行政区划

明代北部沿海，由南向北依次是山东布政使司、北直隶、辽东都指挥使司及努尔干都司。因努尔干都司地处东北偏远地区，且在有明一代并未遭遇海上威胁，故本书不加讨论。现将北部沿海府、州、县，基本上按照由南向北的顺序加以胪列①。

一、山东

山东之海，“自登、莱以南，接南直安东所界，环绕而北，接辽东、朝鲜之境，又西至济南府滨州东北，而北接北直盐山县界，凡千余里”②，海岸线较为漫长，濒海有济、青、登、莱四府，分辖若干州、县。其由南及北顺序大体如下。

（一）青州府

明代青州府，由南自北贯穿山东，其南部、北部均有沿海州县。据嘉靖《青州府志》记载：

> 北海：按海一也，有东海、北海之名。今青州属县诸城东南近海，太公四履所谓“东至于海”是也。乐安、寿光北岸海，则《汉书》所谓“北海”也，古称曰“小海”，本谓之“渤海”，亦谓之曰“渤澥”，海别之名也。③

由上可见，青州府南濒“东海”，北靠“渤海”，地理位置较为重要，是明代山东海防要地。明代青州府之海滨状况，该书亦有记载：“青郡为州县者十有四，而

---

① 明代辽东为都司辖区，除“安乐”、“自在”二州外，均为卫、所，非一般行政辖区，故将辽东地区置于第三节“军事区划”中介绍。

② 《读史方舆纪要》卷三十《山东一》，第1442页。

③ 嘉靖《青州府志》卷六《地理志一·山川》。

山居十三、水居十一，濒海斥卤之地又强半焉”①。

青州府下辖沿海州县依次如下。

1. 日照县

日照县东南濒海。其形势之要，据光绪《日照县志》卷首引康熙《旧志序》道：“我朝定鼎以来，首防海氛，凡沿海郡县悉属要地。照邑蕞尔孤城，梯山控海，东临渤澥，南接淮赣，西北环山阻陵，倘变起岛鲸则风樯迅速，或啸聚崔苻则草木皆兵，是不仅为青郡要地，且为东省藩篱，不仅为东省藩篱，而实为畿辅屏翰。”②

2. 诸城县

诸城东南濒海。关于该县形势，明人赵秉忠在《诸城县志序》中曾说：“海岱惟青州，而属邑之隶于青者东南为最，东南邑接壤而岿然壮者诸邑为最，群山纠纷嶒岈，河水潆带滔滔汩汩达海中，两城并峙，军民错居如绣，中间列屯、煮海、通商、利农，家诗书而户阛阓，猗与盛哉！”③

3. 寿光县

寿光东北濒海。据民国《寿光县志》收录清代知县王椿所撰《寿潍疆界记》载：“寿光北滨大海，东西南三面与益都、昌乐、乐安、潍县接壤”④。该书又记载了寿光之海，“海在县东北一百四十里。……瀉土无毛，一望皆圹埌之野……刘《志》云：……背则少海环之，海之上斥卤圹莽，草木不生，越百余里之外方有村墟庐舍，非若蓬莱、胶、掖之海，依山阻陵，可以观眺也。然而盐灶鱼网之利，实一方居民之所仰给”⑤。可见，寿光虽然濒海，但沿海多斥卤之地，海上形势并不险要。

4. 乐安县

乐安县东北濒海。据嘉靖《青州府志》记载：“海：在县东北一百三十里……夫此一海也，在昔则擅利渔盐，而今也，则濒海千里，一望萑菼，岂天地自然之利独盛于昔而啬于今耶？议者乃谓：国家设立盐课，贩禁太严，民不专利，故无所藉赖于

---

① 嘉靖《青州府志》卷六《地理志一・山川》。

② （清）陈懋修，张庭诗、李堉纂：光绪《日照县志》卷首《旧志序》，《中国地方志集成・山东府县志辑》第58册，南京：凤凰出版社2004年版，第353页。

③ （清）宫懋让修，李文藻等纂：乾隆《诸城县志》卷首《序二》，《中国地方志集成・山东府县志辑》第38册，南京：凤凰出版社2004年版，第5页。

④ （民国）宋宪章修，邹允中、崔亦文纂：民国《寿光县志》卷二《疆域》，王椿《县令王椿寿潍疆界记》，《中国地方志集成・山东府县志辑》第34册，南京：凤凰出版社2004年版，第34页。

⑤ 民国《寿光县志》卷二《疆域》，第44页。

海。”[①] 由上可见，乐安海滨属斥卤之地，在古代，当地民众曾多务煮盐之业，一度非常富饶。但在明代，政府限制煮盐，加之地方豪猾垄断盐利，导致该县濒海居民无从得利，故其沿海地区较为荒凉，出现了“濒海千里，一望萑葭”的局面。

（二）莱州府

明代的莱州府贯穿山东半岛南北。在明初，莱州府辖有登州府的一部分。洪武九年（1376），朱元璋出于抗倭考虑特建登州府，将莱州府属文登、招远、莱阳三县划归登州府，同时又将原属青州府的昌邑、即墨、高密三县划归莱州府[②]。此后，莱州府版图确定，迄明末未改。清人顾祖禹曾如是概括莱州府的海防地位：“内屏青、齐，外控辽、碣，藉梯航之便，为震叠之资，足以威行海外，岂惟岛屿之险足以自固乎哉?”[③]

莱州府辖濒海州县依次如下。

1. 胶州

胶州南濒海。其地理形势，据《读史方舆纪要》记载：“联络淮、沂，屏蔽齐、兖，控海道之咽喉，为登、莱之襟要。《防险说》：‘胶州、即墨，皆迫近海澨，而即墨南望淮安、安东，东海卫所诸城，左右相错，如襟喉关鑰，倭若犯淮，则渐必犯莱矣。故登、莱三营之设，即墨一营，视登州、文登二营尤为切要。’”[④]

2. 即墨县

即墨县西南濒海。据《读史方舆纪要》记载：“海，县西南四十里……盖自西南而东北，四环皆海云。”[⑤] 据同治《即墨县志》收录明万历间知县许铤序言记载：“其地三面濒海，右伏马鞍，北至灵峰，二劳拱其南，天柱维其东，形胜为东方冠。”[⑥]

3. 掖县

掖县北濒海。据《读史方舆纪要》记载：“海，在海西北二十里。道出辽东、朝鲜。”[⑦] 雍正《山东通志》卷七《形胜志》称其“面山作阻，负海为雄”[⑧]。乾隆《掖县志》卷首收录莱州知府洪肇楙所撰《序言》谈到，“掖介山海之中，东

① 嘉靖《青州府志》卷六《地理志》。
② 《明太祖实录》卷一百六，洪武九年五月壬午，第1768页。
③ 《读史方舆纪要》卷三十六《山东七》，第1661页。
④ 《读史方舆纪要》卷三十六《山东七》，第1672页。
⑤ 《读史方舆纪要》卷三十六《山东七》，第1679页。
⑥ 同治《即墨县志》卷首《序》，第4页。
⑦ 《读史方舆纪要》卷三十六《山东七》，第1663页。
⑧ （清）岳濬、法敏修，杜诏、顾瀛纂：雍正《山东通志》卷七《形胜志》，《景印文渊阁四库全书》第539册，第332页。

南半壁层峦叠巘，洋洋渤海绕其西北，秦皇、汉武之踪迹在焉”①。

4. 昌邑县

昌邑县北濒海。据《读史方舆纪要》记载：“海，在县北五十里。有鱼儿浦巡检司，为濒海戍守处。”② 又据乾隆《昌邑县志》记载：“渤海，在县北五十里，产渔盐之利。”③

5. 潍县

潍县北濒海。据乾隆《潍县志》记载：“海，县北八十里。东连昌邑、西接寿光。海滨一带皆产盐地，地高水浅，海船不能入口，故有海无防。”④

（三）登州府

登州府设于洪武九年（1376）。据《明太祖实录》记载：洪武九年五月壬午，“改登州为府，置蓬莱县。时上以登、莱二州皆濒大海，为高丽、日本往来要道，非建府治、增兵卫不足以镇之。遂割莱州府文登、招远、莱阳三县益登州为府，置所属蓬莱县，复以青州府之昌邑、即墨、高密三县补莱州府”⑤。登州府的海防地理位置非常重要，据嘉靖《山东通志》记载：登州“三面距海，为京东扞屏。南走徐扬，东达辽左，水陆交会，比亦要冲之国也”⑥。又据光绪《增修登州府志》卷首引顺治间登州知府徐可先所撰《序言》记载：“登州一郡，三面洪涛，屏翰京师，控引辽左，扼东南冲突之要。乃分土仅六百余里，而缘海之地，自姆屺岛口迤东至成山，折而南至嘉鸡汪，又折而西至东良海口，环抱纡迴。……计其里道一千二百有奇。”⑦

登州府所辖濒海州县如下。

1. 莱阳县

莱阳县南濒海。据康熙《莱阳县志》记载：“海，在县南九十里。”⑧ 民国

---

① （清）张思勉修，于始瞻纂：乾隆《掖县志》卷首《序》，《中国地方志集成·山东府县志辑》第45册，南京：凤凰出版社2004年版，第141页。

② 《读史方舆纪要》卷三十六《山东七》，第1671页。

③ （清）周来邰纂修：乾隆《昌邑县志》卷一《山川·渤海》，《中国地方志集成·山东府县志辑》第39册，南京：凤凰出版社2004年版，第417页。

④ （清）张耀璧修，王诵芬纂：乾隆《潍县志》卷一《山川·海》，《中国地方志集成·山东府县志辑》第40册，南京：凤凰出版社2004年版，第34页。

⑤ 《明太祖实录》卷一百六，洪武九年五月壬午，第1768页。

⑥ 嘉靖《山东通志》卷七《形势》，第480页。

⑦ （清）方汝翼、贾瑚修，周悦让、慕荣榦纂：光绪《增修登州府志》卷首《序》，《中国地方志集成·山东府县志辑》第48册，南京：凤凰出版社2004年版，第6页。

⑧ （清）万邦维修，卫元爵、张重润纂：康熙《莱阳县志》卷一《疆域·山川》，《中国地方志集成·山东府县志辑》第53册，南京：凤凰出版社2004年版，第28页。

《莱阳县志》记载："县境三面界陆，仅东南一隅沿黄海湾入……滨海泥质斥卤，富产盐鹾，居民藉以谋生者甚夥。"①

2. 文登县

文登县东、北濒海。据《读史方舆纪要》记载："海，县南六十里。又县东百八十里、县北八十里皆滨海。"② 据光绪《文登县志》卷首收录道光间于克襄撰《序言》记载："吾邑虽蕞尔，然滨临大海，波涛汹涌，澎湃千里，鱼龙变幻，出没无常，又有崇山峻岭，层峦叠嶂，怪石嵯峨，生云吐雾，环绕于城市村落间。"③

3. 宁海州

宁海州东北濒海。据《读史方舆纪要》记载："州北控辽海，南拱江、淮，凭岛屿之险，擅盐铁之利，风帆络绎，以成山为表识，州亦东道之雄矣。"④ 据同治《重修宁海州志》引旧志记载："环山似屏，负海为堑，东距成山之险，西邻之罘之封，南条分水纳万壑之溪声，北望龙门浮数尖之螺影，奇观则峦烟吐秀、蜃气成楼，设备则石堡传烽、金城巩固。"⑤

4. 福山县

福山县东北濒海。据《读史方舆纪要》记载："海，县东北三十里。"⑥ 据乾隆《福山县志》卷首收录康熙年间邑人鹿兆甲所撰《序言》记载："福虽弹丸小邑，而奇峰峙其南，大海汇其北，加以二水如带，四山环绕，亦海岱一巨观也。"⑦

5. 蓬莱县

蓬莱县北濒海。据《读史方舆纪要》记载："海，府北五里。又东西两面皆滨海，各去城三里许。"⑧ 据道光《重修蓬莱县志》记载："蓬莱号称严邑，西枕群山，迤逦挺峙，北滨大海，波浪潆回，《通考》所谓东京之扞屏者。"⑨

---

① （民国）梁秉锟修，王丕煦纂：民国《莱阳县志》卷一之一《疆域》，《中国地方志集成·山东府县志辑》第53册，南京：凤凰出版社2004年版，第216页。

② 《读史方舆纪要》卷三十六《山东七》，第1695页。

③ （清）李祖年修，于霖逢纂：光绪《文登县志》卷首《序》，《中国地方志集成·山东府县志辑》第54册，南京：凤凰出版社2004年版，第5页。

④ 《读史方舆纪要》卷三十六《山东七》，第1692页。

⑤ 同治《重修宁海州志》卷二《形胜》，第351页。

⑥ 《读史方舆纪要》卷三十六《山东七》，第1688页。

⑦ （清）何乐善修，萧颉、王积熙纂：乾隆《福山县志》卷首《序》，《中国地方志集成·山东府县志辑》第51册，南京：凤凰出版社2004年版，第383页。

⑧ 《读史方舆纪要》卷三十六《山东七》，第1684页。

⑨ （清）王文焘修，张本、葛元昶纂：道光《重修蓬莱县志》卷二《地理·山川》，《中国地方志集成·山东府县志辑》第50册，南京：凤凰出版社2004年版，第27页。

6. 黄县

黄县北濒海。据《读史方舆纪要》记载："海，在县北。中有崅屹岛、桑岛，皆屹峙海中。"① 据同治《黄县志》记载："县境形胜，面山负海。"②

7. 招远县

招远县西北濒海。据道光《招远县续志》卷首序记载："我国家定鼎燕都，登当海道之冲，实为畿辅咽喉、东方保障，而西南联络群山，据险阻而通陆路者，即以招为门户。"③

（四）济南府

明代济南府东北部靠海。其濒海地区自东而西依次为滨州、利津、沾化、蒲台、海丰五州、县。

1. 利津

利津县东北濒海。据《读史方舆纪要》记载："海，县东北三十里。产盐，居民资其利。"④ 据光绪《利津县志》记载："其地北枕巨海，东瞰清河，南有桑枣之富，西达舟车之利，虽弹丸实隩区也。"⑤

2. 蒲台

蒲台县东北濒海。据《读史方舆纪要》记载："海，县东北百四十里。海畔有沙阜，高一丈，周迴三里，俗呼关口淀，旧为济水入海之处。"⑥ 又据乾隆《蒲台县志》卷首引万历间何诗所撰《序言》记载："蒲亦三齐海岱之间一附庸都会也，大清环其北，溟渤吞其东，西瞻古历，南引青□，□国最盛之遗风犹在焉"；卷首引李化龙所撰《序言》记载："济南之属三十，蒲为小方六七十者乎？然太公之所履也，秦皇之所陟也，其地近海，其土产盐，其民织啬而力农，其士劲特而勇于义，有泱泱大风之遗焉"⑦。

---

① 《读史方舆纪要》卷三十六《山东七》，第1687页。

② （清）尹继美纂修：同治《黄县志》卷一《疆域志》，《中国地方志集成·山东府县志辑》第49册，南京：凤凰出版社2004年版，第408页。

③ （清）陈国器、边象曾修，李荫、路藻纂：道光《招远县续志》卷首《序》，《中国地方志集成·山东府县志辑》第47册，南京：凤凰出版社2004年版，第458页。

④ 《读史方舆纪要》卷三十一《山东二》，第1503页。

⑤ （清）盛赞熙修，余朝棻纂：光绪《利津县志》卷二《舆地图第一》，《中国地方志集成·山东府县志辑》第24册，南京：凤凰出版社2004年版，第295页。

⑥ 《读史方舆纪要》卷三十一《山东二》，第1504页。

⑦ （清）严文典修，任相纂：乾隆《蒲台县志》卷首《邑志旧序》，《中国地方志集成·山东府县志辑》第28册，南京：凤凰出版社2004年版，第408、409页。按：嘉靖《山东通志》卷五《山川上》记载济南府濒海州县时并未将蒲台算入，仅列"滨州"、"利津"、"沾化"、"海丰"，第321页。

3. 滨州

滨州东北濒海。据《读史方舆纪要》记载："州滨海为险，渔盐饶给，固景、沧之屏藩，连辽、碣之形援，盖海道之襟喉，三齐之户牖也"①。

4. 沾化

沾化县东北濒海。据《读史方舆纪要》记载："海，县东北六十里。滨海有富国、丰国、利国三镇，亦煮盐之所也。"②

5. 海丰

海丰县东北濒海。据民国《无棣县志》记载："海，县东北一百五十里。古云东海之别有渤澥，大海之支也。为鬲津、马颊、钩盘、大沙诸河海口，东南至登莱、北抵天津，横渡山海关等处，可一帆而至。旧为运粮径道，商舶辐辏、轮船往来，沿海渔铺舟以千百计，渔盐之利泛衍饶溢，民以滋殖焉"③。

二、北直隶

北直隶，"自山海关以南与辽东接界，天津卫以南与山东接界，皆大海也"④。沿海有河间、顺天、永平三府，辖有若干州、县。

（一）河间府

河间府东濒海，关于该府之地理形胜，嘉靖《河间府志》记载为"东濒沧海，西麓太行，北据三关，南面九河"⑤。

1. 盐山

盐山县东南濒海。据嘉靖《河间府志》记载："东海：在县东七十里，海潮朝夕所及，其土咸卤，可煮为盐。"⑥ 又据《读史方舆纪要》记载："海，县东七十里。潮汐所至，土皆咸卤，煮而为盐，其利甚广。"⑦

2. 沧州

沧州东濒海。据《读史方舆纪要》记载："海，在州东百八十里。东接登、

---

① 《读史方舆纪要》卷三十一《山东二》，第1502页。

② 《读史方舆纪要》卷三十一《山东二》，第1503页。

③ （民国）侯荫昌修，张方墀纂：民国《无棣县志》卷一《疆域·山川》，《中国地方志集成·山东府县志辑》第24册，南京：凤凰出版社2004年版，第26页。

④ 《读史方舆纪要》卷十《北直一》，第411页。

⑤ （明）郜相修、樊深撰：嘉靖《河间府志》卷一《地理志·山川》，《天一阁明代方志选刊》第1册，上海：上海古籍书店1981年版。

⑥ 嘉靖《河间府志》卷一《地理志·山川》。

⑦ 《读史方舆纪要》卷十三《北直四》，第584页。

莱，北连辽、碣，茫然巨浸。”①

3. 静海

静海县东北濒海。据《读史方舆纪要》记载：“海，在县东北百五十里。与山东、辽东接境，古名勃海。……《志》云：天津一隅，东南漕舶麟集其下，去海不过百里，风帆驰骤，远自闽、浙，近自登、辽，皆旬日可达，控扼襟要，诚京师第一形胜处也。”② 再据康熙《静海县志》记载：“静邑十室，襟海带河，方今东顾青海扬波，天津重镇界邑封内，北拱盛京，南通省会，东濒沧海，西据卫河，密迩三津作海防之门户，往来万艘绾漕运之咽喉。”③

（二）顺天府

1. 宝坻

据乾隆《宝坻县志》引《旧序》四记载：“宝邑引漕河，滨大海，如带如砺，为股肱邑。”④

2. 丰润

在明代，丰润县也临海，据袁黄《防倭二议》记载：“如蓟州一镇，原无海，惟丰润有海岸四十里，又系梁城所旧辖，且无口，皆系浅滩、不能泊船者。”⑤

（三）永平府

永平府位于北直隶东北，其幅员“东至山海，北至边墙，西至丰润县，南至大海”，自永乐迁都以后“兹地遂为畿辅望郡”，其形势据弘治《永平府志》记载：“密迩天府，实东北之藩篱，华夷之界限。”⑥ 又据陈循撰《重建永平府城楼记》记载：“太宗文皇帝建北京，以其畿内东藩，且为夷夏喉襟之地，朝鲜诸番朝贡必由之路，乃增置卢龙、东胜左二卫，所以控制守御乎一方者严矣。”⑦

---

① 《读史方舆纪要》卷十三《北直四》，第 579 页。

② 《读史方舆纪要》卷十三《北直四》，第 565 页。

③ （清）阎甲胤修，马方伸纂：康熙《静海县志》卷一《形胜》，《中国地方志集成·天津府县志辑》第 5 册，上海：上海书店出版社 2004 年版，第 14 页。

④ （清）洪肇懋修，蔡寅斗纂：乾隆《宝坻县志》卷首，《中国地方志集成·天津府县志辑》第 4 册，上海：上海书店出版社 2004 年版，第 272 页。

⑤ （明）刘邦谟、王好善辑：《宝坻政书》卷十《防倭二议》，《北京图书馆古籍珍本丛刊》第 48 册，北京：书目文献出版社 1998 年版，第 404 页。

⑥ （明）吴傑修，张廷纲、吴祺纂：弘治《永平府志》卷首《永平府修辑志书文移》、卷一《形胜》，《天一阁明代方志选刊续编》第 3 册，上海：上海书店出版社 1990 年版，第 23、57 页。

⑦ 弘治《永平府志》卷十《集文》，陈循《重建永平府城楼记》，第 358 页。

1. 乐亭

乐亭县南濒海。据《读史方舆纪要》记载："海，县南三十里。"①

2. 滦州

滦州南濒海。据《读史方舆纪要》记载："州控临疆索，翼蔽畿甸，负山滨海，称为形胜"，"海，州南百三十里。亦谓之潮河。海水荡潏，蔓延百余里，即黑洋海口也。州境群川悉由此入海，南望天津、东望山海，为州境之巨防"。②

3. 昌黎

昌黎县东南濒海。据弘治《永平府志》记载："北负碣石，南临沧海，隃关控游徼之胜，边塞列重关之阻。"③ 又据《读史方舆纪要》记载："溟海，县东南七十里。海至县界，突然北出七里而嬴，亦曰七里滩。"④

4. 卢龙

卢龙为永平府附郭县。据《读史方舆纪要》记载："海，府南百六十里，东入辽东，西趣直沽，南抵登、莱，风帆易达。中多岛屿，可以依阻，有事时出奇制胜之道也。"⑤

5. 抚宁

抚宁县东南濒海。据《读史方舆纪要》记载，海在"县东南六十里。县介山海之间，地势完固，因置关以扼其要道。志云：'海自直沽、新桥、赤洋而来，势渐北转，抵辽境为登、莱、金、复一带海面'"⑥。据弘治《永平府志》记载："东跨山海，西接滦江，镇山拥边徼之椎，沧海渺幅员之广。"⑦ 又据光绪《抚宁县志》卷首引康熙间沈荃《旧序》云："至若阻海负山、重门百二，则抚宁一邑尤称形胜焉。"⑧

由上可见，从山东青州府日照县沿海岸线而上，直至北直隶永平府的抚宁县，在北部沿海地区分布着一系列的府、州、县，它们有着或长或短、或险要或平静的海岸线。因为濒临大海，上述府、州、县成为外敌入侵的目标，也是明朝

---

① 《读史方舆纪要》卷十七《北直八》，第776页。

② 《读史方舆纪要》卷十七《北直八》，第771、772页。

③ 弘治《永平府志》卷一《形胜》，第58页。

④ 《读史方舆纪要》卷十七《北直八》，第769页。

⑤ 《读史方舆纪要》卷十七《北直八》，第754页。

⑥ 《读史方舆纪要》卷十七《北直八》，第765页。

⑦ 弘治《永平府志》卷一《形胜》，第58页。

⑧ （清）张上龢修，史梦兰纂：光绪《抚宁县志》卷首《旧序》，《中国地方志集成·河北府县志辑》第23册，上海：上海书店出版社2006年版，第7页。

政府海防建设的重要区域。有明一代，在上述濒海地区，一些地方政府也结合本地海防形势做了或多或少的努力，以加强防御力量，抵御外敌入侵，保护当地民众。

第三节 明代北部海疆军事区划

在明人著述中，曾将东部沿海按省份划分为若干战区。如郑若曾在所撰《筹海图编》一书中，将东部沿海中按“由南向北”的顺序，依次划分为六大战区，即“广东、福建、浙江、直隶、山东、辽阳”①。郑氏之所以撰《筹海图编》实为顺应嘉靖抗倭战争需要，“当倭变之始作也，莅事者欲按往迹，便地利，侦鼫技，以图万全之功。而记载蔑如，无所从得”②。因当时倭寇侵扰未及北直隶，故该书并未列北直隶战区。万历二十年（1592），援朝御倭战争爆发后，“倭大入朝鲜，海上传警。总督萧彦命（邓）钟取昆山郑若曾《筹海图编》，删其繁冗，重辑成书”③。邓钟将《筹海图编》增删编辑后名为《筹海重编》。在是书中，除了原先的六个战区外，邓钟又增加北直隶战区，将原书中的“直隶”改为南直隶以示区别。这反映了援朝御倭战争期间，日军侵入朝鲜后直接危及中国京畿地带，北直隶战略地位有所上升。

由上可见，在北部沿海区域共有山东、北直隶、辽东三个海防战区。这三个战区各辖若干卫、所、巡检司、墩、堡等军事机构及设施。本书拟依郑若曾《筹海图编》所载，参校邓钟《筹海重编》及当地方志等，将三个战区所属卫、所、巡检司及其下辖墩、堡等，按由南及北顺序，叙述如下。

一、山东

明代山东沿海辖有众多卫、所，此外尚有若干巡检司错落分布于卫、所中间，它们与卫所一样各辖若干墩、堡，与卫、所共同组成一道前沿军事防线，即如邓钟在《筹海重编》中所说“各省兵防官考俱不载巡司，而山东独及者，以巡司、墩寨与卫所、烽堠鳞次绣错，故具载之”④。有鉴于此，本处拟按由南及北的

① （明）郑若曾：《筹海图编》目录，北京：中华书局2007年版，第1页。

② 《筹海图编》卷首《筹海图编序》，第9页。

③ （明）郑若曾、邓钟：《筹海重编》卷末，《四库全书存目丛书》史部第227册，济南：齐鲁书社1996年版，第255页。

④ 《筹海重编》卷七《山东兵防官考》，第121页。

顺序，以《筹海图编》为基础将其加以列举，列表如表1－3。

表1－3　　明代山东沿海卫所、巡检司、墩堡一览表

卫、所、巡检司	下辖墩、堡	所属府县
安东卫①	墩九：兰头山、鸦高山、大河口、黑漆子、泊峰、张洛、涛洛、小儿皂、昧蹄沟 堡八：三桥铺、虎山、烽火山、关山、昧沟、木寨、孤嘴、董家	青州府
夹仓巡检司②	墩四：蔡家、焦家、三叉口、相家	青州府 日照县
石臼寨备御后千户所③	墩十：温桑沟、南石臼、北石臼、清泥、董家口、钓鱼、湘子泊、金线、石河、湖水 堡三：古城、滕家岭、滔洛	青州府
信阳镇巡检司④	墩四：西大岭、南黄、东沙岭、黄石栏	青州府 诸城县
诸城守御千户所◆⑤	墩四：西大岭、黄石拦、东沙岭、黄石	青州府 诸城县
南龙湾巡检司⑥	墩三：陈家台、胡家、琅琊台	青州府 诸城县

① 《筹海重编》卷七作："墩十五（实为十四）：兰头山、鸦高山、泊峰、大河口、昧蹄沟、张洛、黑漆子、滔洛、小阜儿、烽火山、虎山、木寨、孤嘴、昧沟"，第121页；嘉靖《青州府志》卷十一《兵防》记载："墩一十有三：拦头山、雅高山、大河口、泊风、昧蹄沟、张洛、黑漆石、涛洛、小皂儿、三桥、风火山、虎山、关山"；嘉靖《山东通志》卷十一《兵防》记载："墩、堡十五：曰：兰头山、曰鸦高山，在卫南。曰大河口、曰泊风口、曰昧蹄沟、曰张洛、曰黑漆子、曰涛洛，在卫东。曰小皂儿、曰三桥、曰涛洛、曰烽火山、曰昧蹄沟、曰虎山、曰关山，在卫北"，第722页。

② 《筹海重编》卷七记载同上，第120页；嘉靖《山东通志》卷十一《兵防》："墩四：曰蔡家，曰焦家，在司南；曰三义口，曰相家，在司东"，第722页。

③ 《筹海重编》卷七作："墩十四：湘水、滔洛、胜家岭、古城、石河、金线、湖水、董家口、钓鱼、温桑沟、清泥、南石臼、北石臼、孤耆山"，第120页；嘉靖《青州府志》卷十一《兵防》记载："石旧寨守御千户所：即安东卫后千户所，在日照县之东。墩一十有五：南石旧、孤耆山、温桑沟、北石旧、青尼、董家、钓鱼、湘子泊、金线、石河、古城、滕家、湖水、本寨、西堡、董家堡"；嘉靖《山东通志》卷十一《兵防》记载："属安东卫……墩、堡十五：曰石臼寨西，曰孤耆山，在所西；曰温桑沟、曰南石旧、曰北石旧，在所南；曰清泥，曰董家，曰钓鱼，曰湘子泊，曰金绵，在所东；曰石河，曰古城，曰滕家，曰董家，曰湘水，在所北"，第722页。

④ 《筹海图编》卷七作："信阳镇，在日照县。南龙湾，在日照县"，有误，第441页。据嘉靖《山东通志》卷十《职官》记载："诸城县：……南龙湾海口巡检司、信阳镇巡检司"，据此则此二巡检司属于诸城县，第696页。此外，关于其下辖墩堡，《筹海重编》卷七记载："墩四：南黄，南石兰，东沙岭，西大岭"，第120页；嘉靖《山东通志》卷十一《兵防》记载："信阳镇巡检司，属诸城县，有石城。墩四：曰西大岭，曰南黄石兰，曰南黄，曰东沙岭，在司南"，第722~723页。

⑤ 《筹海图编》、《筹海重编》均未将其列入沿海卫所之列，据嘉靖《青州府志》卷一《图》、卷十一《兵防》而加。

⑥ 《筹海重编》卷七作："墩二：胡家、陈家台"，少"琅琊台"一处，第120页；又据嘉靖《山东通志》卷十一《兵防》记载："墩三：曰陈家贡，曰胡家，曰琅琊台，在司南"，第723页。

续表

卫、所、巡检司	下辖墩、堡	所属府县
夏河寨备御前千户所①	墩七：徐家埠、紫良庄、海王庄、车叠山、沙岭、黄埠、大盘 堡六：赵家营、走马岭、封家岭、北显沟、小滩、王家庄	青州府诸城县
灵山卫②	墩二十：帽子峰、将军台、沙沟、黄埠、李家岛、唐岛、安岭、风火山、黄山、野山埠、长城岭、臧家疃、捉马山、张家庄、刘家沟、孙家港、胡蓝嘴、敲尧山、西子埠、沙嘴 堡十三：青石山、崇石山、东石山、交差涧、焦家邨、石喇义、鹿角河、大虎口、花山、丁家庄、白塔奔、沙岭、本寨东门	莱州府
古镇巡检司③	墩三：西庄、古积、北青	莱州府胶州
逄猛巡检司④	墩三：互埠、彭家港、岛儿河	莱州府胶州

---

① 《筹海重编》卷七作："墩十六：丁家村、王家庄、小滩、沙岭、封家岭、走马岭、赵家营、车叠山、大盘、海王庄、北显沟、徐家埠、紫良山、黄埠、夏河、大虎口"，多"丁家村"、"夏河"、"大虎口"三处，第120页；嘉靖《山东通志》卷十一《兵防》："属灵山卫……墩、堡十六：曰夏河，曰沙岭，曰黄埠，曰徐家埠，曰紫良山，曰海王庄，曰车垒，曰大盘，在所南；曰显沟，曰赵家营，曰走马岭，曰封家岭，曰沙岭，曰小滩，曰王家庄，曰丁家庄，在所北"，第736页。

② 《筹海重编》卷七作："墩堡三十：石喇叉、焦家村、青石山、花山、鹿角河、东石山、崇石山、交叉涧、刘家沟、白塔、孙家港、沙沟、湖南嘴、张家庄、捉马山、臧家疃、长城岭、黄山、野山埠、风火山、西子埠、李家、唐岛、安岭、敲尧山、黄埠、沙嘴、将军台、帽子山、本寨东门"，少"大虎口"、"丁家庄"、"沙岭"三处。此外，"帽子峰"作"帽子山"、"胡蓝嘴"作"湖南嘴"、"焦家邨"作"焦家村"、"交差涧"作"交叉涧"、"白塔奔"作"白塔"，第120页；嘉靖《山东通志》卷十一《兵防》记载："墩、堡三十：曰帽子峰，曰将军台，曰沙嘴，曰黄埠，曰敲尧山，曰唐岛，曰安岭，曰李家岛，曰西子埠，曰烽火山，在卫南；曰野人埠，曰黄山，曰长城岭，曰臧家疃，曰捉马山，曰张家庄，曰呼兰嘴，在卫东；曰沙嘴，在卫东北；曰孙家港，曰刘家沟，曰白塔夼，曰交叉涧，曰青石山，曰崇石山，曰东石山，在卫北；曰焦家村，曰石喇义，曰鹿角河，曰花山，曰大虎口，在卫西"，第736页；乾隆《灵山卫志》卷二《建置志·墩堡》记载："墩铺：天马山墩、黄山墩、安岭墩、薛家岛墩、李家岛墩、烽火山墩、西子埠墩、陈家岛墩、顾家岛墩（以上在卫城东）；野人埠墩、峤峣山墩、黄墩、沙嘴墩、石喇墩、鹿角河墩、将军台墩、胡家山墩、帽子峰墩、古镇口墩（以上在卫城西）；青石山墩、崇石山墩、白塔夼墩、交乂涧墩、臧家疃墩、捉马山墩、张家庄墩、呼兰嘴墩、刘家沟墩、孙家沟墩、沙沟墩（以上在卫城东北）"，第51、52页。

③ 《筹海重编》卷七记载同上，第120页；嘉靖《山东通志》卷十一《兵防》记载："墩、堡三：曰西庄，在司西南；曰古积，曰北青，在司东南"，第736页。

④ 《筹海重编》卷七记载同上，第120页；嘉靖《山东通志》卷十一《兵防》记载："墩三：曰户埠，曰彭家港，曰鸟儿河，在司西"，第736页。

续表

卫、所、巡检司	下辖墩、堡	所属府县
胶州守御千户所①	墩九：汪家庄、杜家港、沙埠、洋河、石河、塔埠、孤埠、沙岭、大埠 堡七：辛庄、鹿邨、石河、八里庄、陈邨、栾邨、柘沟河	莱州府胶州
鳌山卫②	墩十七：汾水岭、小劳山、石岭、横担、栲栳岛、羊山、龙江、石老人、峰山、走马岭、黄谷、俞家岭、高山、萧旺庄、郎家嘴、劈石山、捉马嘴 堡十八：桑园、营前、马山、大邨、监望、中邨、那城、桃林、双山、错皮岭、孙疃、塔山、东城、转头山、狗塔埠、翁窝头、万口炉、石张口	莱州府
浮山寨备御千户所③	墩九：麦岛、城阳、女姑、程家庄、楼山、姑山、红石、张家庄、堑山	莱州府
栲栳巡检司④	墩三：丈二山、金钱山、望梅	莱州府即墨县
雄崖守御千户所⑤	墩八：王家山、公平、望山、米粟山、北堑、朱皋、陷牛山、白马岛 堡三：椵邨、王骞、青山	莱州府即墨县

① 《筹海重编》卷七作："墩十：辛庄、沙岭、大埠、杜家港、孤埠、石河、洋河、沙埠、汪家庄、塔埠；堡六：陈村、石湖、栾村、柘沟河、八里庄、鹿村"第120页；嘉靖《山东通志》卷十一《兵防》记载："墩、堡十六：曰鹿村，曰八里庄，曰柘沟河，曰塔埠，曰江家庄，曰沙埠，曰洋河，曰石河，在所南；曰孤埠，曰杜家港，曰沙岭，曰大埠，曰栾村，曰陈村，曰辛庄，曰石河，在所东"，第737页。

② 《筹海重编》卷七作："墩二十：桑园、皮岭、石炉山、黄望、峰山、走马岭、羊山、狼家、高山、肃旺庄、捉马嘴、卫南、栲栳、石老人、龙江、壁石、横担、劳山、石岭、分水岭；堡五：石张、万口炉、孙仝、塔儿、东城"，将"桑园"列为墩，其"墩"条目下多"皮岭"、"石炉山"、"黄望"、"卫南"四处，少"黄谷"、"俞家岭"二处。其"堡"条目下少"营前、马山、大邨、监望、中邨、那城、桃林、双山、错皮岭、孙疃、东城、转头山、狗塔埠、翁窝头"十四处。此外，"石张口"作"石张"、"塔山"作"塔儿"、"小劳山"作"劳山"、"汾水岭"作"分水岭"、"郎家嘴"作"狼家"、"栲栳岛"作"栲栳"、"劈石山"作"壁石"，第120页；嘉靖《山东通志》卷十一《兵防》记载："属鳌山卫……墩、堡二十六：曰分水岭，曰石岭，曰小劳山，曰横担，曰擘石口，曰龙口，曰石老人，曰栲栳岛，曰萧旺，曰捉马嘴，在卫南；曰狼家嘴，曰高山，曰羊山，在卫东；曰走马岭，曰峰山，曰猬皮岭，曰黄埠，曰石炉山，曰桑园，曰石张口，曰大村，曰明旺，曰营前，曰马山，曰孙疃，曰那城，在卫北"，第738页。

③ 《筹海重编》卷七作："墩十九：孤山、城阳、楼山、红石、斩山、女姑、张家庄、程家庄、东城、桃村、狗塔埠、塔山、公瓦窝、错破岭、双山、麦岛、孙疃、营前、明旺；堡五：中村、转头山、那城、马山、大村"，第120页；嘉靖《山东通志》卷十一《兵防》记载："墩、堡十八：曰麦岛，曰错皮岭，曰双山，曰塔山，曰瓮窝头，在所东；曰转头山，曰狗塔埠，曰桃村，曰中村，曰东城，曰张家庄，曰程家庄，在所南；曰程羊，曰女姑，曰楼山，曰孤山，曰红石，曰斩山，在所西"，第738页。

④ 《筹海重编》卷七记载同上，第120页；嘉靖《山东通志》卷十《兵防》记载："墩三：曰栲栳岛，在司城内；曰丈二山，在司西南；曰金钱山，在司东"，第738~739页。

⑤ 《筹海重编》卷七作："墩五：米粟山、望山、公平、土家山、椵村；堡三：青山、王骞、羊山，第120页；嘉靖《山东通志》卷十一《兵防》作："墩、堡十一：曰椵村，曰王骞，曰王家山，曰公平山，曰望山，在所南；曰青山，曰米粟山，曰北堑山，曰陷牛山，曰朱皋，曰白马岛，在所北"，第739页。

续表

卫、所、巡检司	下辖墩、堡	所属府县
行村寨巡检司①	墩三：高山、田郙、灵山	登州府 莱阳县
大山备御千户所②	墩二：大山、虎巢山　堡二：双山、黄阳	登州府
大嵩卫③	墩七：杨家嘴、刘家岭、辛安寨、草岛嘴、擒虎山、望石山、麦岛 堡五：青山、管郙、界河、小山、黄山	登州府
乳山寨巡检司④	墩三：里口、长角岭、高家庄	登州府 宁海州
海阳守御千户所⑤	墩七：帽子山、乳山、驴山、城子港、白沙、峰子山、小龙山 堡十：窄山、孤山、猪港、黄河利、汤山、扒山、桃郙、孔家庄、老埠港、撇雪山	登州府
赤山寨巡检司⑥	墩一：田家岭	登州府 文登县
靖海卫⑦	墩二十：大湾口、姚山头、青鸟嘴、长会口、石岗山、浪浪、瓜蒌寨、槱杵岭、唐浪镇、铎木山、郭家口、赤山嘴、红土崖、黑夫厂、石脚山、柘岛、峰山窝、明光山、狗脚山、路家马头	登州府

① 《筹海重编》卷七作："墩三：高山、田村、灵山"，第120页；嘉靖《山东通志》卷十一《兵防》记载："墩三：曰高山，在司西南；曰田村，在司西；曰灵山，在司东南"，第733页。

② 《筹海重编》卷七作："墩七：黄阳、虎巢山、大山、白马、朱皋、陷牛山、北浙山；堡一：双山"，第120页；嘉靖《山东通志》卷十一《兵防》记载："属大嵩卫……墩、堡四：曰大山，曰虎窝山，在所南；曰双山，曰黄阳，在所东北"，第733页。

③ 《筹海重编》卷七记载基本同上，第119～120页；嘉靖《山东通志》卷十一《兵防》记载："墩、堡十二：曰杨家嘴，曰小山，曰麦岛，曰刘家岭，曰辛安，曰草岛嘴，曰擒虎山，在卫南；曰黄山，在卫西；曰望石山，曰青山，曰管村，在卫北；曰界河，在卫东"，第733页。

④ 《筹海重编》卷七记载同上，第119页；嘉靖《山东通志》卷十一《兵防》："墩、堡三：曰里口，曰长角岭，曰高家庄，在司南"，第733页。

⑤ 《筹海重编》卷七作："墩九：小龙港、城子港、峰子港、白沙山、栲栳港、撇雪山、驴山、帽子山、乳山；堡八：汤山、孔家庄、黄河利、孤山、渚港、扒山、桃村、窄山，"第119页；嘉靖《山东通志》卷十一《兵防》记载："墩、堡十七：曰乳山，在所西；曰帽子山，曰驴山，在所南；曰窄山，曰猪港，曰扒山，曰桃村，曰孤山，曰黄利河，曰孔家庄，曰撇雪山，曰老埠港，曰汤山，在所北；曰白沙山，曰峰子山，曰城子港，曰小龙山，在所东"，第732页。

⑥ 《筹海重编》卷七记载同上，第119页；嘉靖《山东通志》卷十一《兵防》："墩一：曰田家岭，在司东南"，第731页。

⑦ 《筹海重编》卷七作："墩十八：石岗、郭家口、铎木山、柘岛、唐浪顶、憨山、望将山、坟台顶、槱杵岭、葫芦山、瓜蒌寨、狗脚山、石脚山、赤山嘴、头姚山、峰山窝、浪浪、大湾口；堡三：蒸饼山、孤西山、店山。"见第119页；嘉靖《宁海州志》卷上《建置三》作：墩、堡二十六，较《筹海图编》卷七所载少

续表

卫、所、巡检司	下辖墩、堡	所属府县
靖海卫	堡八：店山、望浆山、起雨顶、蒸饼山、憨山、孤西山、葫芦山、坟台顶	登州府
宁津守御千户所①	墩八：孟家山、青埠山、柴家山、芝麻滩、慢埠、龙山、万口烟、羊家岛 堡九：帽子山、大顶山、高楼山、拖地冈、王家铺、上现口、龙虎山、崮山寨、固山	登州府
温泉镇巡检司②	墩二：可山、半月山	登州府文登县
寻山备御后千户所③	墩八：张家嘴、古老石、黄连嘴、小劳山、杨家岭、马山、青鱼岛、葛楼山 堡七：曲家埠、青山、大水泊、胜佛口、老趐、纪子埠、蒸饼山	登州府
成山卫④	墩十：郎家顶、里岛、马山、高础山、北峰头、仲山、崮嘴、太平顶、俞镇、大姑山 堡九：神前、堆前、祭天岭、报信口、石础、洛口、歇马神、北留邨、张家	登州府

"红土崖"、"黑夫厂"二处，余处除个别字外基本相同，第769页；嘉靖《山东通志》卷十一《兵防》记载："墩、堡二十六：曰大湾口，曰浪浪，曰峰山窝，曰姚山头，曰青岛嘴，曰明光山，曰路家马头，曰长会口，曰赤山嘴，曰石脚山，曰狗脚山，田（曰）瓜蒌寨，曰起雨顶，曰葫芦山，曰店山，在卫西北；曰標杵顶，曰坟台顶，曰望浆山，曰憨山，曰孤西山，曰蒸饼山，曰唐浪顶，在卫东北；曰柘岛，曰铎木山，曰郭家口，曰石冈，在卫东南"，第730～731页。

① 《筹海重编》卷七作："墩十三：龙山、□埠山、龙虎山、上现口、王家铺、大顶山、拖地岗、高楼山、芝麻滩、万口、柴家山、青埠山、孟家山；堡二：岗山寨、帽子山"，第119页；嘉靖《宁海州志》卷上《建置三》记载："宁津守御千户所：在文登县东南一百二十里，洪武间置……墩、堡十七"，其墩堡内容除个别字外，基本同上，第770页；嘉靖《山东通志》卷十一《兵防》："墩、堡十七：曰孟家山，曰青埠寨，曰柴家山，曰万口烟，在所南；曰芝麻滩，在所东；曰帽子山，曰崮山寨，曰高楼山，曰拖地冈，曰王家铺，曰大顶山，在所西；曰上现口，曰龙虎山，曰慢埠山，曰龙山，曰固山，曰杨家岛，在所北"，第731页。

② 《筹海重编》卷七记载同上，第119页；嘉靖《山东通志》卷十一《兵防》："墩二：曰可山，在司东；曰半月，在司西"，第730页。

③ 《筹海重编》卷七作：堡十七，未列墩："青山、蒸饼山、大水泊、佛胜口、曲家埠、葛头山、纪子埠、青鱼岛、考翅、马山、杨家岭、小劳山、黄连嘴、古老石、长家嘴、羊家岛、固山"，第119页；嘉靖《宁海州志》卷上《建置三》作：寻山备御后千户所，墩、堡十五，除个别字外，内容基本同上，第768页；嘉靖《山东通志》卷十一《兵防》："属成山卫……墩、堡十五：曰长家嘴，曰古老石，曰黄连嘴，曰小劳山，曰杨家岭，曰马山，曰葛楼山，在所南；曰青鱼岛，曰曲家埠，曰胜佛口，曰大水泊，曰老翅，曰纪了埠，曰蒸饼山，曰青山，在所西"，第729～730页。

④ 《筹海重编》卷七作："墩十一：大姑山、大一顶、高础、仲山、歇马神、马山、俞岭、固嘴、里岛、白峰头、狼家顶；堡八：张家、比留村、石础、治口、堆前、报信、神前、祭天岭"，第119页；嘉靖《宁海州志》卷上《建置三》作：墩、堡十九，除个别字外，内容基本同上，第767～768页；嘉靖《山东通志》卷十一《兵防》："墩、堡十九：曰狼家顶，曰北峰头，曰里岛，曰固嘴，曰俞镇，在卫南；曰马山，在卫东；曰神前，曰祭天岭，曰报信口，曰堆前，曰歇马神，曰洛口，曰石础，曰北留村，曰张家，在卫西；曰仲山，曰高础，曰太平顶，曰夺姑山，在卫北"，第729页。

续表

卫、所、巡检司	下辖墩、堡	所属府县
辛汪巡检司①	墩一：辛汪	登州府 文登县
百尺崖备御后千户所②	墩六：曹家岛、百尺崖、老姑顶、蒲台顶、嵩里、望天岭 堡三：转山、芝麻岭、窦家崖	登州府
威海卫③	墩八：陈家庄、焦子埠、邌邌、麻子、斜山、磨儿山、古陌顶、庙后峰 堡四：曹家庄、豹虎、峰山、天都	登州府
金山备御左千户所④	墩五：庙山、凤凰、金山、骆驼、小峰山 堡四：邹山、清泉、石沟、朱家	登州府
宁海卫⑤	墩六：候圣山、戏山、小峰山、貉子窝、马山、草埠 堡十二：宋家、曲水、管山、汤西、修福、石子现、辛安、杏林、芜萎、板桥、衷口、榜栳观	登州府
清泉寨备御百户所⑥	墩二：清泉、石沟	登州府

① 《筹海图编》卷七作“辛汪寨所”，第451页。以上据《筹海重编》卷七改，第119页。嘉靖《宁海州志》卷上《建置三》作：“辛汪寨巡检司：墩一：辛汪”，第767页；嘉靖《山东通志》卷十一《兵防》：“墩一：曰辛汪，在司城内”，第728页。

② 《筹海重编》卷七作：墩九，未列堡：“望天岭、蒲台顶、老姑、转山、窦家崖、芝麻岭、百尺崖、曹家岛、松里”，第119页；嘉靖《宁海州志》卷上《建置三》墩堡合列，内容亦同，第767页。嘉靖《山东通志》卷十一《兵防》：“属威海卫……墩、堡九：曰松里，曰曹家岛，曰百尺崖，在所东；曰芝麻岭，曰窦家崖，曰转山，曰老姑，在所南；曰望天岭，在所西；曰蒲台顶，在所北”，第728页。

③ 《筹海重编》卷七作：墩十二，未列堡，内容与《筹海图编》同，第119页；嘉靖《宁海州志》卷上《建置三》墩堡合列，内容亦同，第766～767页；嘉靖《山东通志》卷十一《兵防》：“墩、堡十二：曰陈家庄，曰焦子埠，在卫东；曰庙后峰，曰古陌顶，曰邌邌，曰麻子，在卫北；曰斜山，曰磨儿，在卫西；曰曹家庄，曰豹虎，曰峰山，曰天都，在卫南”，第728页。

④ 《筹海重编》卷七作：墩五、堡一，少“清泉”、“石沟”、“朱家”三堡，其余同上，见第119页；嘉靖《宁海州志》卷上《建置三》记载：“金山备御千户所：即左所。墩五：小峰、凤凰山、庙山、骆驼、金山。堡一：邹山”，第765页；嘉靖《山东通志》卷十一《兵防》：“属宁海卫……墩、堡六：曰庙山，曰凤凰，曰小峰山，在所东；曰邹山，在所东南；曰骆驼，在所北；曰金山，在所西”，第726页。

⑤ 《筹海重编》卷七作：“墩十三：马山、貉子窝、戏山、小峰、草埠、峰山、杏林、侯圣山、石子现、板桥、管山、曲水、朱家；堡五：芜萎、辛安、修福、汤西、榜栳观”，第119页；嘉靖《宁海州志》卷上《建置三》：“墩六：候至山、小峰山、戏山、貉子窝、马山、草埠；堡十二：峰山、宋家、曲水、管山、板桥、石子现、榜栳、汤西、修福现、杏林、辛安、芜篓”，第765页；嘉靖《山东通志》卷十一《兵防》：“墩、堡十八：曰宋家，曰曲水，曰管山，曰板桥，曰石子现，曰榜栳观，曰汤四，曰修福，曰杏林，曰峰山，曰侯至山，曰辛安，曰芜篓，曰草埠，在卫西；曰小峰山，曰戏山，曰□子窠，曰马山，在卫北”，第726页。

⑥ 《筹海重编》卷七作：“清泉寨所”，辖墩六：“石沟、午台、长角岭、清泉、高家庄、衷口”，第119页。又嘉靖《宁海州志》卷上《建置三》记载：“清泉寨备御百户所：即后所，设百日（户）四人。墩二：清泉、石沟；堡一：午台”，第765页；嘉靖《山东通志》卷十一《兵防》：“属宁海卫……墩、堡三：□（曰）□泉，在所城；曰午台，在所西南；曰石沟，在所西北”，第726～727页。

续表

卫、所、巡检司	下辖墩、堡	所属府县
奇山守御千户所①	墩四：现顶、埠东、熨斗、木柞 堡二：黄务、西牟	登州府
福山备御中前千户所②	墩三：单山、三山、皂河	登州府
孙夼镇巡检司③	墩三：岗仑、塔山、旗掌	登州府 福山县
登州卫④	墩六：抹直口、教场、林家庄、田横寨、西庄、蓬莱阁	登州府
卢洋寨备御五百户所★⑤	墩四：城后、郭家庄、八角、城阴	登州府
杨家店巡检司★	墩四：华石圈、鸡鸣、磁山、白石	登州府 蓬莱县
高山巡检司⑥	墩：曰高山，曰火岩，在司北	登州府 蓬莱县
解宋寨备御四百户所★⑦	墩五：缴家庄、木基、虚里、黄石庙、解米	登州府
刘家汪寨备御三百户所★⑧	墩三：西峰山、白林嘴、湾子口	登州府
黄河寨备御白户所★⑨	墩五：王回庄、小河口、任家、栾家口、城儿岭	登州府

① 《筹海重编》卷七记载同上，第 119 页；嘉靖《宁海州志》卷上《建置三》记载．“奇山守御千户所：在州西北四十里，洪武三十一年建……墩、堡七：清泉、现顶、黄务、西牢、木作、埠东、熨斗”，第 765～766 页；嘉靖《山东通志》卷十一《兵防》：“墩、堡七：曰清泉，曰现顶，在所东；曰黄务，曰西牢，在所南；曰木作，曰埠东，在所西；曰熨斗，在所北”，第 727 页。

② 《筹海重编》卷七作：“墩五：灶后、营后、芝阳、火岩、高山；堡一：福山”，第 118 页；嘉靖《山东通志》卷十一《兵防》记载：“属登州卫……墩四：曰芝阳，在所东南；曰营后，曰灶后，在所北；曰福山，在所西”，第 724 页。

③ 《筹海重编》卷七记载同上，第 118 页；嘉靖《山东通志》卷十一《兵防》：“墩、堡三：曰岗嵛，在司东；曰塔山，曰期掌，在司北”，第 727 页。

④ 《筹海重编》卷七作：墩七，多“王徐”一处，第 118 页；嘉靖《山东通志》卷十一《兵防》记载：“墩六：曰抹直口，曰教场，曰王徐，曰林家庄，曰田横，曰西庄，在卫北”，第 723 页。

⑤ 嘉靖《山东通志》卷十一《兵防》：“属福山所……墩、堡六：曰八角，曰城阴，在所东；曰郭家庄，曰白石，曰嵫山，曰鸡鸣，在所北”，第 724 页。

⑥ 嘉靖《山东通志》卷十一《兵防》，第 724 页。

⑦ 嘉靖《山东通志》卷十一《兵防》：“属登州卫……墩二（三）：曰虚□，□（在）所东；曰解木，在所北；曰木基，在所西”，第 724 页。

⑧ 嘉靖《山东通志》卷十一《兵防》：“属登州卫……墩五：曰缴家庄，在所西；曰湾子，曰白林嘴，曰西峰山，曰城儿岭，在所北”，第 725 页。

⑨ 嘉靖《山东通志》卷十一《兵防》：“属登州卫……墩五：曰栾家口，曰任家，曰小河口，曰王灰庄，在所北；曰西高，在所西”，第 725 页。

续表

卫、所、巡检司	下辖墩、堡	所属府县
马停镇巡检司★①	墩六：杨家庄、白沙、吕口、千里、西高、瑶家	登州府黄县
东良海口巡检司★②	墩三：虎口、东良、界河	登州府招远县
莱州卫		莱州府
王徐寨备御千户所★③	墩六：盐场、高沙望、识会、王徐、滋口、庄头	莱州府
马停寨备御百户所★④	墩三：界口、河口、铃铛旺	莱州府
皂河寨备御四百户所★⑤	墩四：东寨、三山、单山、皂河	莱州府
马埠寨备御四百户所⑥	墩三：海庙、扒埠、马埠	莱州府
柴胡巡检司⑦	墩六：小皂、武家庄、上官、太原、诸黄、诸高	莱州府掖县
海仓巡检司⑧	墩五：海郑、白堂、土山、后灶、东关	莱州府掖县

① 嘉靖《山东通志》卷十一《兵防》："墩五：曰于里，曰吕口，曰瑶家，曰白沙，在司北；曰杨家庄，在司西"，第725页。

② 嘉靖《山东通志》卷十一《兵防》："墩二：曰界河，曰东良，在司北"，第725页。

③ 嘉靖《山东通志》卷十一《兵防》："属莱州卫……墩六：曰虎口，曰兹石，曰庄头，曰王徐，曰识会，在所北；曰高沙，在所西"，第734页。

④ 嘉靖《山东通志》卷十一《兵防》："属莱州卫……墩五：曰盐场，曰零当望，在所北；曰河口，曰界首，曰黄山，在所西"，第734页。

⑤ 嘉靖《山东通志》卷十一《兵防》："属莱州卫……墩三：曰单山，曰三山，曰本寨，在所北"，第734页。

⑥ 《筹海重编》卷七作：墩四，多"武家庄"一处，第118页；嘉靖《山东通志》卷十一《兵防》："属莱州卫……墩三：曰海庙，曰扒埠，在所北；曰马埠，在所南"，第735页。

⑦ 《筹海重编》卷七作："墩六：诸高、太原、柴胡、上官、小阜、诸黄"，第118页；嘉靖《山东通志》卷十一《兵防》："墩六：曰小皂儿，曰武家庄，曰上官，曰柴葫，曰太原，在司北；曰诸高，在司西"，第734～735页。

⑧ 《筹海重编》卷七记载同上，第118页；嘉靖《山东通志》卷十一《兵防》作"海沧巡检司"，第701页；该书同卷又作："海仓巡检司：属掖县，有砖城。墩五：曰海郑，曰白堂，曰土山，曰后灶，曰东关，在司东"，第735页。

续表

卫、所、巡检司	下辖墩、堡	所属府县
鱼儿巡检司①	墩四：黑山、河口、韩城、烟火	莱州府 昌邑县
青州左卫		青州府
高家港巡检司②	墩二：石牌、司西	青州府 乐安县
塘头寨备御百户所③	辖墩九：宁家坟、荆埠、宅科、官台、田水河、八面、公母堂、黄种河、上司	青州府 乐安县
大沽河海口巡检司◆④		济南府 海丰县

（本表据郑若曾：《筹海图编》卷七，第442～454页；邓钟：《筹海重编》卷七，第118～121页；嘉靖《山东通志》、嘉靖《青州府志》等制。注：带★者为《筹海图编》未载，而见于《筹海重编》者；带◆者为二者均未记载，而见于方志等资料者。）

由表1－3可见，明代山东沿海地区，卫、所、巡检司交叉设置，分布错落有致，它们各辖有若干墩、堡，这些墩、堡成为海防的前沿阵地。

除此之外，在永乐年间，明朝政府又设置了登州、文登、即墨三营。援朝御倭战争期间，又设置王徐营、莱州营，并短暂设立过潍县营。营卫交叉在一起，构成防御外敌的屏障。

二、北直隶

关于明代北直隶沿海卫所，邓钟在《筹海重编》一书中有所记载。该地区共有七卫一所及若干巡检司，兹列表如表1－4。

---

① 《筹海重编》卷七作："墩五：立鱼儿、烟火、河口、黑山、本司"，第118页；嘉靖《山东通志》卷十一《兵防》作"鱼儿铺巡检司"，第701页；又该书同卷记载："墩六：曰黑沙，曰河口，曰韩城，曰本司，曰烟火，曰立鱼河，在司北"，第735页。

② 《筹海重编》卷七作："墩二：司后、石碑"，第120页；嘉靖《山东通志》卷十一《兵防》记载："墩二：曰石碑，曰司后，在司东北"，第723页。

③ 《筹海重编》卷七作：墩十，多"韩城"一处，第118页；嘉靖《青州府志》卷十一《兵防》作："墩十：公母堂、黄种、上泗河、旧寨、宁坟、荆埠、课墩、官台、甜水河、八面河"；嘉靖《山东通志》卷十一《兵防》："墩十：属青州左卫……曰公母堂，曰黄种，曰上思河，曰旧寨，在所东；曰宁坟，曰荆埠，曰课墩，曰官台，曰甜水河，曰八面可（河），在所东南"，第720页。

④ （明）郑希侨修，刘继先、崔士伟纂：嘉靖《武定州志》卷九《兵防》："巡检司五……曰大沽河海口"，《天一阁藏明代方志选刊》第44册，上海：上海古籍书店1981年版。

表 1-4　　北直隶海防机构一览表

卫、所、巡检司	下辖墩、堡	备　注
天津卫	不　详	
天津左卫	不　详	
天津右卫	不　详	
小直沽巡检司	不　详	顺天府武清县
梁城所	不　详	
开平中屯卫	不　详	
卢龙卫	不　详	
抚宁卫	不　详	
洋河海口巡检司	不　详	永平府抚宁县
新桥海口巡检司	不　详	永平府乐亭县
山海卫	不　详	

（据《筹海重编》卷七制作。）

其实，在北直隶沿海也分布着一系列墩、堡等海防设施。万历年间，宝坻知县袁黄曾说道："国初沿海设立墩台、置军器，守水道沽关墩台一座，自关迤东至黑崕子八十里立墩台一座，自关至南草头沽三十里立墩台一座，四十里至流渠河立墩台一座，八十里至坨口立墩台一座，至关家铺八十里又墩台一座，共六座，有军官九十二员名，分布防范"[①]，又"自黑捱子起至关家铺止，延袤二百二十里，旧设墩台十座，皆属梁城所军瞭望"[②]。此外，乾隆《天津府志》卷十五《兵制志》中记载了当时天津府所存的墩台：

天津县墩台：西沽、唐家湾、北仓、韩家树、蔡家口、榆树坟、疙疸、羊家井、三河头。

静海县墩台：羊粪港、五里铺、七里铺、小店子、唐官屯（二座）、陈官屯。

沧州墩台：流佛寺、北花园、严镇汛、七里岔、季家铺。

盐山县墩台：新店、大王铺、太平店、羊儿庄汛（墩拨十三处）。[③]

① 《宝坻政书》卷十《防倭初议》，第 399 页。

② 《宝坻政书》卷十《防倭二议》，第 401 页。

③ （清）李梅宾、程凤文修，吴廷华、汪沆纂：乾隆《天津府志》卷十五《兵制志》，见天津地方志编修委员会编著：《天津通志（旧志点校卷）》（上），南开大学出版社 1999 年版，第 254 页。

由上可见，在北直隶北部的沿海地区，明朝政府也设立了诸多墩台等瞭望、防御设施。除此之外，有明一代，明朝政府还在北直隶北部设有海防营，如永乐年间曾在永平府设置新桥海口、赤洋、牛头崖三营，在天津设置天津海防营。后来，明朝政府在援朝御倭期间，又设置了海防三营及天津水陆海防营等。

三、辽东

关于辽东形胜，嘉靖《辽东志》中曾有一番形象描述：“辽地阻山带河，跨据之雄甲于诸镇，至我朝经制为详。盖北临朔漠，而辽海、三万、铁岭、沈阳统于开原以遏其锋，南枕沧溟，而金、复、海、盖、旅顺诸军联守海滨以严守望，东西倚鸭绿、长城为固，而广宁、辽阳各屯重兵以镇，复以锦、义、宁远、前屯六卫，西翼广宁，增辽阳、东山诸堡以遏东建。烽堠星联，首发尾应，使西北诸夷不敢纵牧，东方贽琛联络道途，民得安稼穑饮食，以乐生送死，形胜之功巨矣。”① 可见，明代辽东北控蒙古、女真诸族，南遏可能出现的海上入侵势力，地理形势非常重要。明朝在辽东地区实行“军管型”统治，基本不设州县，而是以卫、所统治。以下，按照由内及外的顺序，将辽东沿海卫、所、墩、堡等军事机构、设施加以列举，见表1－5。

表1－5　明代辽东沿海卫、所、墩、堡一览表

卫、所	城、墩、堡
广宁前屯卫中前所	不详
广宁前屯卫②	关一：山海 墩九：觉华岛、龙宫岛、连海山、秦洋岛、桃花岛、望天岛、欢喜岭、大旺庄、庆春山 堡二十：广积、树林、海山、永丰、海滨、兴安、古城、泰新、老军、海泉、杏林、三山、镇安、新安、长安、城南、积粮、庆春、永安、安家
广宁前屯卫中后所	不详
宁远中右所	不详
宁远卫	不详
宁远中左所	不详

① 《辽东志》卷一《地理》，第355页。

② 《筹海图编》卷七作：“关一：山海；墩九：觉华岛、龙宫岛、建海山、秦洋岛、桃花岛、望天岛、欢喜岭、大旺庄、庆春山；堡二十一：安家、庆春、古城、杏林、永丰、长安、海全、永安、镇南、新安、积粮、广积、泰新、树林、海滨、三山、海舟、兴安、城南、老军、锡安”，第130页。

续表

<table>
<tr><th>卫、所</th><th>城、墩、堡</th></tr>
<tr><td>广宁中屯所（广宁中屯卫中左所）</td><td>不详</td></tr>
<tr><td>广宁中屯卫</td><td rowspan="2">墩三：望海、孤山、岳家
堡十六：嘉和、乐安、富有、顺阳、长丰、顺宁、时和、仁和、得安、永丰、兴穑、广盈、丰稔、西杏、福宁、南阳①</td></tr>
<tr><td>广宁左屯卫</td></tr>
<tr><td>广宁左屯卫中左所</td><td></td></tr>
<tr><td>广宁右屯卫②</td><td>关一：三岔
堡五：东海、枯凌河、长丰、枯树、女直</td></tr>
<tr><td>海州卫</td><td>不详</td></tr>
<tr><td>盖州卫③</td><td>墩九：韦子岛、归州、兔儿岛、象井、白狼山、观家山、神仙山、梁房口、辽针山
堡五：梁房口、中山、熊岳驿、五十寨驿、八角湖</td></tr>
<tr><td>复州卫④</td><td>城二：魏霸山城、得利瀛城
墩九：龙王山、万滩岛、中岛、长生岛、松山、北青海、塔山、石家岛、骆驼山
堡四：富川、临溪、杨官寨、栾古驿</td></tr>
</table>

① 《筹海重编》卷七作："墩三：望海、孤山、岳家；堡十六：乐安、富有、嘉和、长丰、顺阳、团山、时和、仁和、广济、永丰、广盈、临川、大有、丰稔、福宁、西店、南阳、得安、兴穑"，第130页。

② 《筹海重编》卷七作："堡六：东海、枯菱河、枯树、长丰、黑林、女真"，第130页。嘉靖《全辽志》卷二《边防》作："右屯卫：官军三百一员名，此广宁卫也，以皆沿海，墩架故尽于此。墩架：四座，瞭守官军二十员名。凌河口台、青墩木架、白马沟台、船家埠台"，第565页。

③ 《筹海重编》卷七记载除个别字外基本同上，第130页；嘉靖《全辽志》卷二《边防》作："盖州卫城堡墩架：墩架：八座，瞭守官军余丁四十员名。本城：梁房口台、狼山台、伴仙山台、团瓢山台、深井台、兔儿岛台、归州台、苇子套台。熊岳堡、五十寨堡、伏兵堡"，第565页。

④ 《筹海重编》卷七记载："墩九（实列十处）：龙王山、万滩岛、栾古山、中岛、塔山、长生岛、松山、北青海、石家岛、骆驼山；堡四：富山、临溪、杨官寨、栾古驿"，第130页；嘉靖《全辽志》卷二《边防》作："复州城堡墩架：墩架：二十九座，瞭守官军一百四十五员名。本城：龙王山台、八家铺台、老鸦岛台、骆驼山台、石家岛台、青海口台、榆树山台、长生岛大山台、大孤山台、沙河铺台、沙河山台、中岛西南嘴台、松山台、流星岛台、坟门岛西台。栾古驿：古城铺台、沙河铺台、栾古山台。羊官堡：流星岛台、松山台、北青海口台、石家岛台、骆驼山台、老鸦岛台、野猪山台、横头山台、胖头山台、大黄山台、大孤山台"，第565页。

续表

卫、所	城、墩、堡
金州卫①	城四：望海埚、伯母山、旅顺南城、旅顺北城 墩三十六：石门、萧家岛、老鹳嘴、大黑山、海青岛、孛兰店、双庙、小沙河岛、雁岛、铁山、石洞山、大沙河岛、马雄岛、莲花岛、黄谷岛、长沙嘴岛、青山岛、雁练岛、卢家岛、花里岛、杏园岛、七兰山、野鸡岛、沙河岛、鹤儿岛、团山岛、和尚岛、磨盘山岛、红崖岛、鞍山、罗家岛、黄家岛、太平岛、南关岛、兔儿岛、盐场岛 台一：三王山 堡五：三淮、新寨、刘官寨、红嘴、黄骨岛
金州中左所	不详

（本表参考郑若曾《筹海图编》、邓钟《筹海重编》、嘉靖《辽东志》、嘉靖《全辽志》等制作。）

一般来讲，在辽东地区，明朝军队的主要任务是防御北边的蒙古势力，海防并非其重点。但该地区东、西、南濒海，尤其是辽南的金、复、海、盖及旅顺一带，地理形势较为险要，为扼守京畿之门户。因此，明朝政府也着意于加强当地海防建设，设立了一系列卫所、墩台等。

综上所述，在明朝北部沿海漫长的海岸线上，分布着一系列卫所、巡检司，它们各辖有若干墩、堡，构成了明代北部海防的前沿阵地。此外，明朝政府在北部濒海要地还设有海防营，以控御当地海防军事力量。

① 《筹海重编》卷七作："墩三十八：萧家岛、小沙河、大沙河、双湖、雁练岛、黄谷岛、青山岛、磨盘山、黄家岛、老鹤嘴、孛兰店、小黑山、大黑山、太平岛、团山岛、卢家岛、马雄岛、海青岛、莲花岛、花里岛、和尚岛、南关岛、石门、召洞山、长沙嘴、写岛、沙河岛、黄井山、罗山岛、红崖岛、铁山岛、野鸡岛、鹤儿岛、鞍山岛、盐场岛、杏园岛、兔儿岛、七个山岛……堡六：黄骨岛、刘官寨、新寨、山涧、海口、红嘴"，第129页；嘉靖《全辽志》卷二《边防》作："金州等处城堡墩架操守：官军一千六百四十六员名。墩架：九十五座，瞭守官军三百六员名。本城：官军五百八十六员名。北庙台、陈家岛台、兔儿岛台、红岩子架、黑风楼架、善山台、和尚岛台、石门架、大黑山台、望城冈架。旅顺口：官军一百八十二员名。铁山台、黄井山台、爪牙山台、磐石洞台、西山顶台、山头台、沙州台、中眼台、左眼台、右眼台、长沙空台、南门台、石门台、八里庄架、庙儿山架、荞麦山架、堝塔山架、羊头凹台、野鸡岛台、马练山台、伯母山台。木场驿：黄羊川台、平岛台、沙河口台、青泥凹台、罗家口台、木场山架、虎狼山架、泉水山架、双庙山台、营城山台、独山架、狗儿峪架、鞍山台、牛心山架台。望海堝堡：海青岛台、卢家口台、豹子山台、马雄岛台、塔儿山台、空心台、小黑山台、孛兰台、老鹳嘴台、旧老鹳嘴台、红山儿台、青山儿台、曲旗屯架、花心架、丁字凹架、清水河架、吴家岭架、何旗屯架。红嘴堡：旧石山儿台、红嘴台、韩家滩台、峰堠岭台、谎烟台。归服堡：榆树庄科台、杨家套台、欢喜台、平阳台、窟宠台、涌道台、松子台、滥石台、虎头台。黄骨岛堡：官军二百一十四员名。七宝台、中心台、总管台、望海台、出海台、背阴台、青石台、九转台、皂隶台、龙湾台、虎头台、褡裢台、接火台、样台。石河驿：平岛台、孛罗殿台、石头寨台。盐场堡：缸窑台"，第564~565页。

就海疆形势而言，北部沿海的外部黄海海域，登、莱地区以及北直隶北部的渤海海域，因海岛密布，海口众多，是沿海民众参与海洋活动较为密集之地，也是当地海防的重点。在这些地区，明朝政府重点设立了许多卫所、巡检司、海防营及墩、堡等，它们紧密结合在一起，互相配合，彼此协作，构成了海防的前沿阵地。由上可见，海防活动与海洋环境息息相关，可以说，海洋环境在很大程度上影响了海防活动。

第二章　洪武时期北部海防体制的建立

明朝建立前后，倭寇大举入犯东、南沿海，南方沿海的闽粤、江浙一带及北部沿海的山东地区均成为重灾区。这一时期，为加强沿海防御力量，朱元璋采取了一系列措施，在东、南沿海要地设置大量的卫所、巡检司，建立起一系列墩、堡、水寨等防御设施，并且设置专职海防官，派遣舟师巡海，下令让海运官兵顺路剿除倭寇。此外，他还试图通过开展对日外交，让日本统治者约束其国人以期彻底解决倭寇问题。经过洪武一朝的建设，北部海防体制逐步建立。

第一节　海防形势及活动

洪武时期，倭寇大举入侵中国沿海，北部沿海地区深受其害，“濒海而南，自青、营以及吴、越、闽、广皆罹其毒”①。为抗击倭寇入侵，明朝政府采取了一系列应对措施，如派遣舟师巡海、厉行海禁、开展对日外交等，以打击倭寇，消弭海患。此外，洪武时期设立的军事机构卫、所以及巡检司等，在倭寇入犯之际，也大多进行了积极抵抗。

一、海防形势

明朝建立后，方国珍、张士诚等残余势力，勾结倭寇，不断入侵中国沿海地区，“北自辽海、山东，南抵闽、浙、东粤，滨海之区，无岁不被其害”②。这一时期，在北部沿海地区，倭寇活动也非常频繁，崔学野在《宁海州文登县辛汪巡检司创立营寨记》中描述洪武初年文登地区海防状况时，曾言及倭寇“不时徜徉

---

① （清）施闰章修，杨奇烈纂：顺治《登州府志》卷二十《艺文中》，蓝田《总督备倭题名记》，清康熙三十三年（1694）刻本。

② （清）谷应泰：《明史纪事本末》卷五十五《沿海倭乱》，北京：中华书局1977年版，第843页。

波涛中”①，可见其势焰之嚣张。现将洪武时期北部沿海地区遭受倭寇入侵状况列表如表2－1。

表2－1　　　　　洪武时期北部沿海海患一览表②

时　间	具体状况	史料来源
洪武元年或二年③	“洪武初，倭人寇辽东。帝命常遇春率师御之，战于本境，倭人败北，由毕利河窜去。”	《盖平县乡土志》卷上《兵事录》。
洪武二年正月	“是月，倭人入寇山东海滨郡县，掠民男女而去。”	《明太祖实录》卷三十八，洪武二年正月乙丑，第781页。
洪武三年六月	“是月，倭夷寇山东，转掠温、台、明州傍海之民，遂寇福建沿海郡县。福州卫出军捕之，获倭船一十三艘，擒三百余人。”	《明太祖实录》卷五十三，洪武三年六月乙酉，第1056页。
洪武四年六月	“寇胶州，劫掠沿海人民”；“夏六月，倭寇胶州”。	《明太祖实录》卷六十六，洪武四年六月戊申，第1248页；道光《重修胶州志》卷三十四《记·大事》，第338页。
洪武六年六月	“辛亥，倭夷寇即墨、诸城、莱阳等县，沿海居民多被杀掠。诏近海诸卫分兵讨捕之。”	《明太祖实录》卷八十三，洪武六年六月辛亥，第1487页。
洪武七年夏六月	“夏六月，倭寇濒海州县。靖海侯吴祯率沿海各卫兵捕获，俘送京师。”	道光《重修胶州志》卷三十四《记·大事》，第338页。
洪武七年七月	“壬申，倭夷寇胶州，官军击败之”；“壬申，倭寇登、莱”。	《明太祖实录》卷九十一，洪武七年七月壬申，第1594页；《明史》卷二《太祖本纪二》，第29页。
洪武八年七月	倭寇莱州	乾隆《掖县志》卷之五《大事记》，第119页。

① （明）崔学野：《宁海州文登县辛汪巡检司创立营寨记》，据张云涛《山东威海发现明初创寨碑》照片辨认而得，见《文物》1997年第9期。

② 本表主要依据《明太祖实录》及当地方志制作而成。其中参考了陈懋恒：《明代倭寇考略》，北京：人民出版社1957年版，第49～52页；赵红：《明清时期的山东海防》，山东大学2007届博士学位论文，第18页；杨强：《渤黄海区域海洋经济的历史研究》，厦门大学2005届博士学位论文，第232页；黄尊严：《明代山东倭寇述略》，《烟台师范学院学报》，1996年第3期。

③ 据张廷玉《明史》卷二《太祖本纪二》记载：“（洪武二年）秋七月己亥，鄂国公常遇春卒于军”，北京：中华书局1974年版，第23页。由此可见，常遇春死于洪武二年（1369），则其于辽东抗倭当不晚于洪武二年。

续表

时　间	具体状况	史料来源
洪武二十二年十二月	“山东都指挥佥事蔺真奏：近者倭船十二艘由城山洋艾子口登岸，劫掠宁海卫。指挥佥事王镇等御之，杀贼三人，获其器械。赤山寨巡检刘兴又捕杀四人，贼乃遁去。”	《明太祖实录》卷一百九十八，洪武二十二年十二月甲寅，第2975页。
洪武二十六年十月	“丙戌，宥朝鲜国海寇罪。先是，有寇百余人入金州新市屯劫掠，获其一人张葛买者，乃朝鲜国海州民，诈为倭国人服，辽东都司遣人械至京，上命宥之，遣还其国。”	《明太祖实录》卷二百三十，洪武二十六年十月丙戌，第3361页。
洪武二十七年十月	“辽东有倭夷寇金州，卒入新市，烧屯营、粮饷、杀掠军士而去，诏以沿海卫所将校不加备御，命都督府符下切责之。”	《明太祖实录》卷二百三十五，洪武二十七年十月己巳，第3429页。
洪武三十一年正月前	“先是倭夷尝入寇，百户何福战死，事闻，上命登、莱二卫发兵追捕。”	《明太祖实录》卷二百五十六，洪武三十一年一月乙酉，第3699页。
洪武三十一年正月	“乙酉，倭夷寇山东宁海州，由白沙海口登岸，劫掠居人，杀镇抚卢智，宁海卫指挥陶铎及其弟钺出兵击之，斩首三十余级，贼败去。钺为流矢所中，伤其右臂。先是倭夷尝入寇，百户何福战死，事闻，上命登、莱二卫发兵追捕。至是，铎等击败之，诏赐钞帛恤福家。”	《明太祖实录》卷二百五十六，洪武三十一年正月乙酉，第3699页。

表2-1所列仅为见诸史书的记载，其实倭寇入侵的实际次数当远不止此。如据表2-1所列，洪武二年（1369）正月以前，倭寇入侵山东仅有一次。然而，洪武二年二月辛未，朱元璋在赐给日本国王的玺书中说道：“间者，山东来奏，倭兵数寇海边，生离人妻子、损伤物命。”① 由玺书中“数寇海边”来看，其对山东的侵扰绝不止上表所记的只有洪武二年正月一次。由此推论，洪武时期，北部海疆遭受倭寇入侵的实际次数肯定多于表2-1所列。

① 《明太祖实录》卷三十九，洪武二年二月辛未，第787页。

尽管表 2-1 为不完全统计，我们仍能从中看出洪武时期北部海防形势的大致状况。这一时期，北部沿海面临的海上威胁主要有以下四个特点。

其一，倭寇是最主要的威胁。就上表所列的十三次海上入侵而言，除洪武二十六年（1393）十月，有海寇百余人入侵辽东，辽东都司“获一人张葛买者，乃朝鲜国海州民，诈为倭国人服”外，其余十二次均为倭寇入侵。从张葛买“诈为倭国人服”一事可见，这时倭寇势力较盛，有一定的影响力，并引起其他海盗的模仿。不过，在这一时期的倭寇中应当也有中国人，据《明史》记载：“明兴，高皇帝即位，方国珍、张士诚相继诛服。诸豪亡命，往往纠岛人入寇山东滨海州县。”①

其二，海上威胁有明显的时间性。从表 2-1 可见，倭寇对北部沿海的入侵有明显的时间性，主要集中于洪武元年（1368）至洪武八年（1375）、洪武二十二年（1389）至洪武三十一年（1398）两个时间段。其中，第一阶段有八次，第二阶段有五次，而其余时间，则未见海寇入侵的记载。②

其三，海上威胁有一定的地域性。就表 2-1 所列倭寇入侵的地域而言，除“山东濒海州县”之类笼统概括外，有确切地点记载的有胶州、即墨、诸城、莱阳、宁海、金州、登州、莱州等地，这些地区大都位于北部海疆的外围，即北黄海沿岸和渤海外围靠近黄海的地区。至于渤海内部，尚未见有明确的海寇入侵的记载。因此可以说，山东东北部、东部、南部及辽东东南部，是这一时期北部沿海遭受倭寇入侵最严重的地区。

其四，倭寇入侵规模较小，战术多为突袭。由表 2-1 可见，这一时期倭寇的入侵规模不似后来永乐、嘉靖时期那么庞大，人数一般多为数十、数百人，战船也不多。他们往往采用突袭战术，登岸之后迅速抢掠，然后撤离。

有学者曾列表统计过洪武时期倭寇入侵中国东南沿海的次数，对本书分析明初北部沿海倭寇入侵状况有一定作用，特转引如表 2-2③。

① 《明史》卷三二二《外国传三·日本传》，第 8341 页。

② 据《明世宗实录》卷四百十一，嘉靖三十三年六月庚辰，漕运侍郎郑晓奏：“……又闻洪武中，倭奴数寇东南傍海州县……迨至洪武二十五年之后，海事始靖。”就以上情形来看，洪武二十五年（1392）后，海疆非但未靖，所受威胁反而更大，第 7160～7162 页。

③ 范中义、仝晰纲：《明代倭寇史略》，北京：中华书局 2004 年版，第 18 页。由于史料来源的不同，笔者对于山东、辽东海患的统计与该表略有不同。不过，该表仍能基本反映洪武时期东、南沿海地区遭受倭患的大致面貌，故本处加以引用。

表 2－2　　　　洪武时期倭寇入侵中国东南沿海的次数

	辽　东	山　东	南直隶	浙　江	福　建	广　东	合　计
洪武元年					1		1
二　年		1	3	2		1	7
三　年		1		1	1		3
四　年		1		1		1	3
五　年			1	3	2		6
六　年		2		1			3
七　年		2	2			1	5
十三年						2	2
十六年				1			1
十七年				2			2
十八年			1				1
二十二年		1					1
二十三年				1			1
二十四年				1		1	2
二十六年				1			1
二十七年	1			1			2
三十一年		1		1		1	3
合　计	1	9	7	16	4	7	44

由表 2－2 可见，洪武时期，辽东遭受倭患 1 次，山东 9 次，南直隶 7 次，浙江 16 次，福建 4 次，广东 7 次。总体而言，除浙江稍多、辽东、福建较少外，其他沿海省份较为平均。客观地说，就入侵程度和频率而言，这一时期的倭患要远轻于后来的嘉靖时期。而且，这一时期的倭寇入侵方向带有很大的随机性，不像后来那样基本固定在南直隶、浙江、福建、广东四个省份。不过，就北部沿海而言，与永乐、宣德以后相比，洪武时期所面临的海上威胁仍是较为严重的。

二、应对措施

为应对倭寇入侵，保障海疆安全，明朝政府及北部沿海的地方军政机构采取了一系列措施奋起抗击，在一定程度上打击了倭寇的嚣张气焰。这一时期，明朝政府采取的应对措施，主要有以下几点。

（一）抗击倭寇

一般来讲，倭寇入侵具有一定的不可预见性，他们来无规律，去无影踪，往往随风“倏忽而至”，进行一番劫掠后，迅速驾船而遁，不给人以充分反应的时间，因此很难对其进行有效打击。尽管如此，明朝政府及北部沿海诸州县、卫所，在面临倭患之时，大多仍能奋起抗击。洪武时期，北部沿海地区抗击倭寇的事例，据史书记载主要有以下八次。

1. 洪武初，倭寇辽东，“帝命常遇春率师御之，战于本境，倭人败北，由毕利河窜去”①。

2. 洪武六年（1373）六月，倭寇入侵即墨、诸城、莱阳等县，杀掠沿海居民，诏“近海诸卫分兵讨捕之”②。

3. 洪武七年（1374）六月，倭寇侵扰濒海胶州地区，靖海侯吴祯“率沿海各卫所兵，捕至琉球大洋，获倭寇人船，俘送京师”③。

4. 洪武七年七月，倭夷寇胶州，沿海官军击败之。④

5. 洪武二十二年（1389）十二月，倭船十二艘由城山洋艾子口登岸，劫掠宁海卫。指挥佥事王镇等御之，杀贼三人，获其器械。赤山寨巡检刘兴又捕杀四人，贼乃遁去。⑤

6. 洪武二十六年（1393），有寇百余人入金州新市屯劫掠，获其一人张葛买者。⑥

7. 洪武三十一年（1398）正月前，倭夷尝入寇，百户何福战死。事闻，上命登、莱二卫发兵追捕。⑦

8. 洪武三十一年正月，倭夷寇山东宁海州，由白沙海口登岸，劫掠居人，杀镇抚卢智，宁海卫指挥陶铎及其弟钺出兵击之，斩首三十余级，贼败去。钺为流

---

① （民国）章运熺监修，崔正峰、郭春藻编辑：《盖平县乡土志》卷上《兵事录》，民国九年（1920）版。

② 《明太祖实录》卷八十三，洪武六年六月辛亥，第1487页。

③ 《明史纪事本末》卷五十五《沿海倭乱》，第840页。

④ 《明太祖实录》卷九十一，洪武七年七月壬申，第1594页。

⑤ 《明太祖实录》卷一百九十八，洪武二十二年十二月甲寅，第2975页。

⑥ 《明太祖实录》卷二百三十，洪武二十六年十月丙戌，第3361页。

⑦ 《明太祖实录》卷二百五十六，洪武三十一年正月乙酉，第3699页。

矢所中，伤其右臂。①

当然，在这一时期，也有面对倭寇入侵，沿海卫所不加备御、抵抗的记载。如洪武二十七年（1394）十月，“倭夷寇金州，卒入新市，烧屯营、粮饷，杀掠军士而去，诏以沿海卫所将校不加备御，命都督府符下切责之”②。

由以上记载可见，在洪武时期，北部沿海地区抗击倭寇的军事行为，大体可以分为以下三种情况。

其一，统兵大将顺路剿倭。由1可见，洪武初年，倭寇曾入侵辽东，朱元璋令常遇春率兵抗击，常遇春为明朝开国大将，并非专门御倭的将领，朱元璋之所以令其统兵剿倭，主要是因其身在辽东且统领重兵，又具备丰富的战争经验，是最合适人选。不过，这种情况并不多见，并非抗倭常态。

其二，沿海军事机构出兵剿倭。由2、3、4、5、7、8可见，这一时期，北部沿海的绝大部分抗倭战事，均是由沿海当地的卫、所、巡检司发起的。可以说，北部沿海的军事力量是抗击倭寇的主体。不过，即使都是北部沿海军事力量开展的抗倭斗争，其情形也有不同，主要有以下两种情况。

1. 在倭寇入侵劫掠后，奉诏讨伐。如上文2中，倭寇先是劫掠山东即墨等濒海州县，而后朱元璋始令“近海诸卫分兵讨捕之”；又如上文7中，百户何福抗倭战死后，朱元璋又令“登、莱二卫发兵追捕”。从这两条记载可见，二者均是事后在国家调控下组织防御、反击的。根据材料2的记载可推知，在倭寇登岸劫掠之时，沿海军事机构很可能并未能组织起有效反击，后在朱元璋饬令之下，方才分兵讨捕。这种情况在洪武初期居多，很可能与当时北部沿海卫、所、巡检司等军政机构设立尚不完备有关。

2. 面对倭寇入侵，直接奋起抗击。如上文4中，倭寇入侵胶州，沿海官军奋起反抗，将其击败；又如上文5中，倭寇入犯，百户何福战死，当为直接临敌，力战而死；上文7、8中所记战事，也是一遇倭寇入侵，当地卫所等迅速组织防御、反击，并取得一定成果。由以上材料可见，这种情况在洪武后期居多，应当与洪武后期北部沿海军政机构陆续完善有关。

其三，由朝廷派遣专职将领统率沿海军事力量剿倭。由3中可见，在倭寇入侵胶州时，朱元璋令靖海侯吴祯统领沿海各卫所兵追缴倭寇，直至琉球大洋。由

① 《明太祖实录》卷二百五十六，洪武三十一年正月乙酉，第3699页。

② 《明太祖实录》卷二百三十五，洪武二十七年十月己巳，第3429页。

此可见，这时的吴祯已经充当了抗倭统帅，并能统领沿海各卫所，其军队规模应当较大，其军事行为也应有一定的主动性。

由上可见，除洪武初年，北部沿海军事力量较为薄弱的一段时期外，在面对倭寇入侵时，沿海卫所、巡检司官兵等，大都能积极抵抗，并取得一定战果，这是值得肯定的。不过，这一时期，北部沿海的抗倭活动仍然存在一定的问题，尤以洪武初年最为明显，主要表现在以下三个方面。

其一，被动性。纵观上述八次抗倭活动，均是倭寇先入侵、劫掠，然后明朝政府、沿海卫所、巡检司方才做出反应。他们均未能事先通过侦察、瞭望等手段发现倭寇，从而迅速转移沿海居民、部署防御，以减少损失，而是在对敌情并不明了的情况下，仓促临敌，被动作战。尤其是洪武二十七年（1394），倭寇入侵金州新市，烧屯营粮饷、杀掠军士而去，显示了他们在倭寇面前是非常被动的。

其二，滞后性。其滞后性尤其体现在洪武初期，这一时期，倭寇入侵后，朝廷始下诏令沿海卫所追捕倭寇。但是，洪武初年的倭寇非常狡猾，“鼠伏海岛，因风之便以肆侵掠。其来如奔狼，其去若惊鸟；来或莫知，去不易捕”①，他们一般乘风而来，登岸劫掠、杀戮后，迅速逃离。这时，当地军政官员才将遭遇倭寇侵袭的状况层层上报，然后皇帝才能下诏讨伐。这是一个复杂的行政程序，牵涉众多环节，加之文移往返，费时较长，而临敌之际，兵贵神速，战机转瞬即逝，所以显得滞后。

其三，分散性。反观以上抗倭活动，多为沿海各卫所、巡检司单独行动，并未发现一旦某地遭遇倭寇入侵，附近卫所、巡检司等迅速出兵增援，相互协同作战的记载。所以，在这一时期，北部沿海的抗倭活动显得较为分散，这也影响了抗倭成效。

总体而言，洪武时期北部沿海的抗倭活动，尽管存在以上不足，但仍然值得肯定。首先，从倭患发生及抗倭活动的先后顺序来看，抗倭军事活动在不断进步。最初，在洪武二年（1369）、三年（1370）、四年（1371）时，倭寇均曾入侵山东，他们在进行一番劫掠杀戮之后，扬长而去，并未见有抗倭记载。而后来，在面临倭寇入侵之时，当地卫所、巡检司一般会进行抗击，有时还能取得一些胜利。应当说，洪武初年，北部沿海的抗倭活动之所以存在滞后性，应当与当时沿海军事机构、设施不健全有关。这一时期，北部沿海卫所、巡检司尚处于初建阶段，非常不健全，诸多要害地区尚未有军队驻守。因此，只能是在劫掠发生后，

① 《明太祖实录》卷七十八，洪武六年春正月庚戌，第1423页。

上报明朝政府，然后由政府做出部署。到洪武后期，随着沿海军事机构、海防设施的广泛建立，他们大都能在遭遇倭寇的第一时间展开防御、抵抗。笔者认为：海防活动重在防御，除非发生大规模的外敌入侵，不太可能指望政府组织一支强大的水军，终日游弋于近海地区以消弭海患。比较合理的状态应当是，在沿海要塞地区建立比较完善的军事机构与设施，由他们负责瞭哨，一旦遇到敌情，迅速做出防御措施。由洪武后期的抗倭行动可以看出，随着沿海军事机构、设施的建立和完善，沿海军事力量已经能担负起抗击倭寇的重任。其次，在这一时期，明朝政府坚决抗倭的态度以及沿海官军奋勇抵抗并为之献身的行为是值得肯定的。

（二）派舟师巡海

明朝水军创设较早，早在明政权建立前，朱元璋已经将水军用于战事，并曾在鄱阳湖大战中战胜陈友谅。后来，在朱元璋平定福建、广东以及四川明昇的战役中，水军也均起过重要作用。明朝建立后，倭患空前加重，为加强海上打击力量，以有效抗击倭寇，朱元璋积极发展水军，并派遣舟师巡海。

洪武三年（1370），明朝政府置水军等二十四卫，“每卫船五十艘，军士三百五十人缮理，遇征调则益兵操之”①。这支水军直属于中央，拥有战船一千二百艘，军士八千四百人，规模比较庞大。此外，朱元璋还曾试图征浙江温州、台州、庆元军士及兰秀山无田粮之民入水军。洪武四年（1371）十二月，因方国珍余党多入海剽掠，朱元璋令靖海侯吴祯“籍方国珍所部温、台、庆元三府军士，及兰秀山无田粮之民尝充船户者”，共得十一万七百余人，隶各卫为军。不过，在吴祯具体执行的过程中，“三郡每挟私意，多引平民为兵”，导致濒海大乱。地方官也不赞同，如时任宁海知县的王士弘即表示“宁获死罪，不可诬良民为兵”，上疏请求停止征兵，“词甚切，上立罢之”。② 这次大规模的籍沿海故旧军士、无田之民为兵的举动，事实上并未真正付诸实施，但从中仍可见朱元璋发展地方水军的努力。笔者认为，朱元璋此举不外乎两个目的：其一，温、台、庆元三府方

① 《明太祖实录》卷五十四，洪武三年七月壬辰，第1061页。

② 《明史纪事本末》卷五十五《沿海倭乱》，第840页。《明史》卷九十一《兵三》：“洪武四年十二月命靖海侯吴祯籍方国珍所部温、台、庆元三府军士及兰秀山无田粮之民，凡十一万余人，隶各卫为军”，第2243页，未言及因王士弘上疏而罢之事。《明太祖实录》卷七十，洪武四年十二月丙戌：“诏吴王左相靖海侯吴祯籍方国珍所部温、台、庆元三府军士及兰秀山无田粮之民尝充船户者，凡十一万一千七百三十人，隶各卫为军”，第1300页；又同书卷九十五，洪武七年十二月庚申：“遣靖海侯吴祯往浙东收籍方氏台、温、明三郡故兵，祯既至，三郡亡赖恶少，挟私逞怨，蔓引平民、富家为兵，濒海大扰。宁海知县王士弘曰：‘诬良民为兵，此不可也。吾宁获罪死，不可以诬民。’即上封事言状，辞甚恳切。上嘉士弘言，即日诏罢之，三郡之民赖以复安”，第1646～1647页。有学者往往以《明史》为准，将此十一万余人算作明初水军，不确。

国珍旧军及兰秀山船户久居海边，谙熟水战，将他们纳入沿海卫、所军事体系，可以直接加强沿海水军力量；其二，该地原为方国珍统治区域，明初方国珍、张士诚旧部勾结倭寇，骚扰海上，此举可以断绝方国珍余部乱源，安定地方秩序。在朱元璋的关注下，明朝初年水军已经具备了一定的实力，可以支持出外巡航。

洪武六年（1373）春正月，德庆侯廖永忠上疏，请求派遣舟师巡海，他指出：

> 今北边遗孽，远遁万里之外，独东南倭寇负禽兽之性，时出剽掠，扰濒海之民。陛下命造海舟，翦捕此寇，以奠生民，德至盛也。然臣窃观倭夷窜伏海岛，因风之便，以肆侵略，来若奔狼，去若惊鸟。臣请令广洋、江阴、横海、水军四卫添造多橹快船，令将领之。无事则沿海巡徼，以备不虞。倭来则大船薄之，快船逐之。彼欲为内寇，不可得也。①

廖永忠认为倭寇是当时明朝政府面临的最大威胁，应当给予足够重视。他详细地分析了倭寇入侵的特点，认为倭寇“来若奔狼，去若惊鸟”，速度非常快，假如没有强大的水军、先进的舰船，根本无法与之抗衡。只有建立一支强大的水军，派遣舟师巡海，方能遏制其入侵势头。

朱元璋采纳了廖永忠的建议，于洪武七年（1374）正月，令靖海侯吴祯为总兵官，“领江阴、广洋、横海、水军四卫舟师，出海巡捕海寇，所统在京各卫及太仓、杭州、温、台、明、福、漳、泉、潮州沿海诸卫官军，悉听节制”②，其具体方法为“每春以舟师出海，分路防倭，迄秋乃还”③。是年正月，吴祯率领水师出海巡倭，九月还朝④，第一次巡海完成。由朱元璋任命吴祯充任总兵官，率领一支固定的水军，定期出海巡视、达朝来看，这一时期舟师巡海制度已经形成。

其实，早在洪武六年（1373）三月，朱元璋即已令广洋卫指挥使于显为总兵官，横海卫指挥使朱寿为副总兵，出海巡倭。⑤这应当是朱元璋第一次派遣较大规模舟师出海巡捕倭寇。除此之外，明初尚有数次派遣沿海舟师出海巡捕倭寇的记载⑥，不过，这些巡海行动大多集中于东南地区，且未形成制度，兹不赘述。

---

① 《明史纪事本末》卷五十五《沿海倭乱》，第840页。

② 《明太祖实录》卷八十七，洪武七年正月甲戌，第1546页。《明史》卷九十一《兵三》作：“京卫及沿海诸卫军悉听节制。每春以舟师巡海，分路防倭，迄秋乃还”，第2243页。

③ 《明史》卷九十一《兵三》，第2243页。

④ 《明太祖实录》卷九十三，洪武七年九月庚子，第1627页。

⑤ 《明太祖实录》卷八十，洪武六年三月甲子，第1455页。

⑥ 杨金森、范中义：《中国海防史》，第69页。

明朝政府派遣舟师巡海，究竟对北部海防起过多大作用，这是一个值得注意的问题。据《明史纪事本末》记载：“洪武七年夏六月，倭寇胶海，靖海侯吴祯率沿海各卫兵，捕至琉球大洋，获倭寇人船，俘送京师。”① 由上文可见，吴祯第一次出海巡倭的时间为洪武七年正月至九月，此战应当发生于这期间。在这次战斗中，吴祯因倭寇入侵胶州附近海域而率水师大军追至琉球大洋，并取得大胜。由此可见，洪武时期的舟师巡海已经涵盖到北部海域，并对北部海防有一定作用。

洪武时期，明朝政府派重臣率舟师巡海大多发生于洪武前期，后来逐渐停止。洪武十五年（1382）正月，山东都指挥使司言，“每岁春发舟师出海巡倭，今宜及时发遣。上曰：海道险，勿出兵，但令诸卫严饬军士防御之”②。据此可见，至洪武十五年，制度性的舟师巡海已经渐渐废止。应当说，在洪武中后期，大规模的舟师巡海捕倭已经远不如前。有学者指出：“随着沿海卫所的建立，直属水军自洪武七年之后，未见其担负海上巡逻任务。这支在战争年代建立起来的较强大的水军，不但没有继续发展，且逐渐失去战略预备队的作用。”③ 笔者认为，大规模的舟师巡海之所以在洪武中后期渐渐废止，一方面由于沿海卫、所大量建立，并由沿海卫、所、巡检司组织起小规模的近海巡逻，如洪武二十三年（1390）四月，“诏滨海卫所，每百户置船二艘巡逻海上盗贼，巡检司亦如之”④；另一方面还与这一时期倭患状况有关，洪武时期的倭患较嘉靖朝要轻，平均一年不到1.5次，且倭寇侵扰遍及整个沿海的万里海疆，因此派遣舟师巡海很难真正达到巡捕倭寇的目的，更多的是在声势上对倭寇造成一种震慑。再者，就全国范围来看，洪武中期倭患较轻，甚至数年未见倭寇，如洪武八、九、十、十一、十二、十四、十五、十九、二十、二十一这十年，并无倭寇入侵之记载。在这种情况下，明朝政府不太可能旷日持久地保持一支规模强大的舰队，如此既消耗国力，又无切实需要。

（三）海运剿倭

明朝建立之初，为保障对北部新辟疆土的军粮供应，明朝政府实行了海运政

---

① 《明史纪事本末》卷五十五《沿海倭乱》，第840页。

② 《明太祖实录》卷一四一，洪武十五年正月辛丑，第2226页。

③ 杨金森、范中义：《中国海防史》，第101页。作者认为“洪武七年后，未见其担负海上巡逻任务”，此说不确。据《明太祖实录》卷一百一，洪武八年九月己卯：“靖海侯吴祯、都督佥事于显，率备倭舟师自海道还京”，据此则洪武八年（1375）仍有舟师巡海，第1708页。

④ 《明太祖实录》卷二百一，洪武二十三年夏四月丁酉，第3007页。

策。早在洪武三年（1370）正月，朱元璋即令山东莱州通过渤海运粮供应永平卫："命中书省符下山东行省，召募水工，于莱州洋海仓运粮，以饷永平卫。时永平军储所用数多，道途劳于輓运，故有是命。"① 这是笔者所见到的关于明代北部海运的最早记载。这条海运路线，由山东东北部出发，经由渤海内部，抵达渤海西北岸的永平卫。

洪武四年（1371）二月，故元辽阳行省平章刘益，"以辽东州郡地图并藉其兵马、钱粮之数，遣右丞董遵、佥院杨贤奉表来降"，朱元璋特置辽东卫指挥使司，以刘益为指挥同知。② 五月，故元平章洪保保、马彦翚等发动叛乱，刘益被杀。③ 六月，叛乱平定。七月，明朝政府置定辽都卫指挥使司，以马云、叶旺为都指挥使，吴泉、冯祥为同知，王德为佥事，"总辖辽东诸卫军马，修治城池，以镇边疆"④。至此，辽东地区基本上纳入明帝国疆域。此后，明朝政府为保障辽东地区的军粮供应，实行了海运饷辽政策。

至于洪武时期辽东海运的具体次数，已经很难具体统计⑤。现仅据《明太祖实录》中的记载，列表如表2－2。直到洪武三十年（1397）十月，朱元璋方才下诏停止海运。据《明太祖实录》记载："辽东海运，连岁不绝。近闻彼处军饷颇有赢余，今后不须转运，止令本处军人屯田自给。其三十一年海运粮米，可于太仓、镇海、苏州三卫仓收贮，仍令左军都督府移文辽东都司知之。其沙岭粮储，发军护守，次第运至辽东城中海州卫仓储之。"⑥ 由此可见，朱元璋之所以停止海运，是因为经过"连岁不绝"的海运，辽东军饷已经较为充足，加之当地屯田也渐渐有所起色，因此朱元璋在经过深思熟虑后决定停止海运。

---

① 《明太祖实录》卷四十八，洪武三年正月甲午，第949页。

② 《明太祖实录》卷六十一，洪武四年二月壬午，第1191页。

③ 《明太祖实录》卷六十五，洪武四年五月丙寅，第1230页。

④ 《明太祖实录》卷六十七，洪武四年七月辛亥，第1254页。

⑤ 如张士尊在《明代辽东边疆研究》一书中曾指出："关于明代初年，明朝政府究竟组织了多少次向辽东的海运，现在还没有资料供我们进行完整的统计。就现存文献中所反映的一般情况推断，从登州到辽东，路途较近，运量较大，次数就多些；从太仓到辽东，路途较远，运量较大，次数就相对少些。据《明史》记载：张赫'会辽东漕运艰，军食后期，帝深以为虑，以赫习海道，命督海运事，久之，封航海侯，予世券。前后往来辽东十二年，凡督十运，劳绩备至，军中赖以无乏'。这里说张赫总督辽东海运共十二年时间，组织大规模海运活动十次，可在《明太祖实录》中记载张赫督运的只有洪武二十年（1387年）九月一次，由此可见，《明实录》关于辽东海运失载很多。"长春：吉林人民出版社2002年版，第319～320页。

⑥ 《明太祖实录》卷二百五十五，洪武三十年十月戊子，第3684页。

表2-2　洪武时期北部海运一览表

时　间	概　况	史料来源
洪武四年十一月戊午	命青州等卫官军，运山东辽储，以给定辽边卫。	《明太祖实录》卷六十九，洪武四年十一月戊午，第1287~1288页。
洪武五年正月甲戌	命靖海侯吴祯率舟师运粮辽东，以给军饷。	《明太祖实录》卷七十一，洪武五年正月甲戌，第1322页。
洪武六年三月甲寅	命德庆侯廖永忠督运定辽粮储，仍以战衣、皮鞾各二万五千给其军。	《明太祖实录》卷八十，洪武六年三月甲寅，第1452页。
洪武六年四月甲戌	诏以苏州府粮十二万石由海道运赴定辽，十万石运赴北平。	《明太祖实录》卷八十一，洪武六年四月甲戌，第1457页。
洪武七年正月壬申	命工部令太仓海运船附载战袄及袴各二万五千事，赐辽东军士。	《明太祖实录》卷八十七，洪武七年正月壬申，第1544页。
洪武七年正月乙亥	户部言定辽诸卫初设，屯种兵食未遂，诏命水军右卫指挥同知吴迈、广洋卫指挥佥事陈权率舟师出海转运粱储，以备定辽边饷。	《明太祖实录》卷八十七，洪武七年正月乙亥，第1546页。
洪武七年六月癸丑	命按金吾卫指挥佥事陆龄罪。初定辽卫都指挥使马云等运粮一万二千四百石出海，值暴风，覆四十余舟，漂米四千七百余石，溺死官军七百一十七人，马四十余疋。上闻之恻然，命有司厚恤死者之家。龄所部溺死者奏不以实，至是自桂阳还。上责龄曰："彼七百余人一朝覆没，朕闻之深为之痛伤，尔所部乃不以实闻，上则欺君、下则壅蔽，令死者之志不白，其家不得沾恩，以此观之，尔平日不恤军士可知也，罪安可逃"，遂下吏按之。	《明太祖实录》卷九十，洪武七年六月癸丑，第1584页。
洪武九年正月癸未	山东行省言："辽东军士冬衣，每岁于秋冬运送，时多逆风，艰于渡海，宜先期于五六月顺风之时转运为便。"户部议以为，方今正拟运辽东粮储，宜令本省具舟下登州所储粮五万石运赴辽东，就令附运绵布二十万疋、绵花一十万斤，顺风渡海为便。从之。	《明太祖实录》卷一百三，洪武九年正月癸未，第1738页。
洪武十年正月丁亥	命靖海侯吴祯督浙江诸卫舟师，运粮往给辽东军士。	《明太祖实录》卷一百一十二，洪武十年正月丁亥，第1856页。

续表

时　间	概　况	史料来源
洪武十二年二月丁巳	命登州府于海口设官船，渡军士遗骸。初，辽东军士死者，家人归其遗骸，每渡海輙为舟人所弃，都指挥使司以闻，故有是命，违者论如弃尸律。	《明太祖实录》卷一百二十二，洪武十二年二月丁巳，第1978页。
洪武十二年八月庚辰	延安侯唐胜宗督海运还京师，上辽东城池、军马、田粮之数。	《明太祖实录》卷一百二十六，洪武十二年八月庚辰，第2011页。
洪武十三年十二月戊午	登州卫指挥使言，海运之船经涉海道，遇秋冬之时，烈风雨雪多致覆溺，继今运送军需等物及军士家属过海者，宜俟春月风和渡海，庶无覆溺之患，从之。	《明太祖实录》卷一百三十四，洪武十三年十二月戊午，第2132页。
洪武十六年二月辛巳	遣镇抚桑昭赍敕往谕辽东都指挥潘敬、叶旺曰："二月六夜太阴有象，主胡兵入寇。今遣使谕尔知之，当严加号令，命各卫指挥千百户而下多方警备。已命都督于显等运米四十万石度海，又发步骑数十万屯驻北平、真定等处，皆为天象之故，若胡兵果犯辽东，即以北平步骑邀其归路，勿令纵逸。"	《明太祖实录》卷一百五十二，洪武十六年二月辛巳，第2384页。
洪武十七年十月丁卯	命将士运粮往辽东。上谕之曰："海道险远，岛夷出没无常，尔等所部将校毋离部伍，务令整肃以备之，舟回登州，就彼巡捕倭寇，因以立功，可也。"	《明太祖实录》卷一百六十六，洪武十七年十月丁卯，第2550页。
洪武十八年五月己丑	命右军都督府都督张德督海运粮米七十五万二千二百余石，往辽东。	《明太祖实录》卷一百七十三，洪武十八年五月己丑，第2638页。
洪武二十年十月戊寅	封后军都督府都督佥事朱寿为舳舻侯、右军都督府都督佥事张赫为航海侯，赐诰券。其诰文略曰："咨尔寿，从朕开国，多著勋劳，今已年高，屡涉风涛之险，服勤漕运以给辽海之军，既懋厥功，必加崇劝，今特封尔寿为开国辅运推诚宣力武臣柱国舳舻侯，食禄二千石，延于子孙世袭封爵，用报尔功，尔其敬哉。"赫诰文与寿同。	《明太祖实录》卷一百八十六，洪武二十年十月戊申，第2785页。
洪武二十一年九月壬申朔	航海侯张赫督江阴等卫官军八万二千余人出海运粮，还自辽东。	《明太祖实录》卷一百九十三，洪武二十一年九月壬申，第2901～2902页。

续表

时　间	概　况	史料来源
洪武二十四年九月丁未	舳舻侯朱寿、左军都督佥事黄辂督海运粮储还自辽东，人赐钞百五十锭。	《明太祖实录》卷二百一十二，洪武二十四年九月丁未，第3145页。
洪武二十五年三月丁亥	命舳舻侯朱寿、左军都督佥事黄辂，督舟师出海运粮，以给辽东军食。	《明太祖实录》卷二百一十七，洪武二十五年三月丁亥，第3189页。
洪武二十七年二月庚寅	命江阴卫指挥佥事朱信等率军士，运粮往辽东。	《明太祖实录》卷二百三十一，洪武二十七年二月庚寅，第3382页。
洪武二十八年三月戊戌	制谕中军都督佥事朱信充总兵官，前军都督佥事宣信充副总兵，率舟师运粮赴辽东，其海运大小官军，悉听节制。	《明太祖实录》卷二百三十七，洪武二十八年三月戊戌，第3459页。
洪武二十九年三月庚申、四月戊戌	命中军都督府都督佥事朱信、前军都督府都督佥事宣信，总神策、横海、苏州、太仓等四十卫将士八万余人，由海道运粮至辽东，以给军饷，凡赐钞二十九万九千九百二十锭；戊戌，中军都督府都督佥事朱信言："比岁海运辽东粮六十万石，今海舟既多，宜增其数。上命增十万石，以苏州府嘉定县粮米输于太仓，俾转运之。"	《明太祖实录》卷二百四十五，洪武二十九年三月庚申，第3553页。《明太祖实录》卷二百四十五，洪武二十九年四月戊戌，第3560页。
洪武三十年	以中军都督府都督佥事陈信为副总兵，率舟师运粮往辽东。	《明太祖实录》卷二百五十，洪武三十年三月己亥，第3620页。

（本表据《明太祖实录》制作。）

表2-2仅据《明太祖实录》而制，为不完全统计，实际上洪武时期的海运次数当远不止此。不过仅从表2-2仍可看出，洪武时期的海运是较为频繁的，差不多一两年一次。如洪武五年（1372）六月，朱元璋在颁给辽东都督佥事仇成的敕谕中说道："兵戍辽阳已有年矣，虽曰农战交修，其航海之运，犹连年未已。近者靖海侯吴祯率舟师重载东往，所运甚大。"① 洪武十八年（1385）二月，朱元璋命赐给辽东等处军士钞，规定"尝从征者人三锭，谪发者人二锭。其登州卫每岁运粮过海及山海、古北、大同诸卫守边军士如从征之数，北平、山东、山西所属卫卒人二

① 《明太祖实录》卷七十四，洪武五年六月辛卯，第1360页。

锭”[①]，山东登州卫军士因“每岁运粮过海”而享受与从征者相同的待遇。

这一时期的海运，不但次数频繁，而且规模较大。明代史书对此有所介绍。如据《明太祖实录》记载：洪武二十一年（1388）九月壬申，“航海侯张赫督江阴等卫官军八万二千余人出海运粮，还自辽东”[②]；洪武二十九年（1396）三月庚申，“命中军都督府都督佥事朱信、前军都督府都督佥事宣信，总神策、横海、苏州、太仓等四十卫将士八万余人，由海道运粮至辽东，以给军饷，凡赐钞二十九万九千九百二十锭”[③]。由此可见，在洪武时期的海运饷辽中，海运军队实力非常强大，有时多达八万余人，配备了明王朝大量的海军力量，是一支强大的海上武装。

虽然仅就笔者所见史料而言，并没有将朱元璋开始实行海运与剿倭行动直接联系起来的记载，但海运官兵顺路负责剿倭则是事实。如洪武十七年（1384）十月，朱元璋给往辽东运粮的将士下诏：“海道险远，岛夷出没无常，尔等所部将校毋离部伍，务令整肃以备之。舟回登州，就彼巡捕倭寇，因以立功可也”。[④] 在这则诏书中，朱元璋就明确规定了海运将士剿倭之责任。对此，明人严从简曾经指出：“按陈建谓，国初海运之行，不独便于漕纲，实令将士习于海道，以防倭寇。自会通河成而海运废。近日倭寇纵横，海兵脆怯，莫之敢撄，亦以海道不习之故耳。”[⑤] 也有学者认为：“太祖时代的海运与后来漕运供给京师的目的有明显区别，这时的海运完全是一种军事行为。向辽东的海运除了满足东北边境的军事补给，对付倭寇和海盗也是其明显的目的。”[⑥]

总体而言，在洪武时期，朱元璋长期推行海运，对于遏制倭寇活动应当是有积极作用的。虽然朱元璋并非专以海运作为剿倭的主要手段，而是立足于通过完善沿海军事设施等来抗击倭寇，但是在海运中保持了一支强大的海上力量，且统领者皆为一时之秀，这支海上力量游弋于东部、北部沿海，在客观上对倭寇造成了震慑，打击了其嚣张气焰。

（四）厉行海禁

洪武时期，朱元璋为防备张士诚、方国珍等沿海残余敌对势力的骚扰，并抵

---

① 《明太祖实录》卷一百七十一，洪武十八年二月戊午，第 2597 页。
② 《明太祖实录》卷一百九十三，洪武二十一年九月壬申，第 2901 ~ 2902 页。
③ 《明太祖实录》卷二百四十五，洪武二十九年三月庚申，第 3553 页。
④ 《明太祖实录》卷一百六十六，洪武十七年十月丁卯，第 2550 页。
⑤ （明）严从简：《殊域周咨录》卷之二《东夷·日本国》，北京：中华书局 1993 版，第 59 页。
⑥ 樊铧：《政治决策与明代海运》，北京：社会科学文献出版社 2009 年版，第 39 页。

御倭寇侵袭，实行海禁政策。

洪武四年（1371）十二月，朱元璋下诏，“仍禁濒海民不得私出海”①。这是有关明代海禁政策的最早记载，有学者以此作为明代海禁政策开始②。其实，明代推行海禁政策应当早于此时，由上文的“仍”字可以推知，以前似乎应当出台过此类禁令，否则不会用“仍”禁。只不过其执行与否及执行力度如何无法推知。此外，是月乙未，朱元璋谕大都督府臣：“朕以海道可通外邦，故尝禁其往来。近闻福建兴化卫指挥李兴、李春私遣人出海行贾，则滨海军卫岂无知彼所为者乎？苟不禁戒，则人皆惑利而陷于刑宪矣，尔其遣人谕之，有犯者论如律。”③ 由其中的“尝禁其往来”、“人皆惑利而陷于刑宪”也可以推知，洪武四年（1371）十二月之前朱元璋已经明确提出过海禁政策。④ 洪武四年十二月，朱元璋再次以诏书的形式重新强调禁令，显示了朱元璋对海禁政策的重视。此后，明朝海禁政策日趋严格。

此后，明朝政府又陆续颁布了几次禁令。为论述方便起见，笔者特将《明太祖实录》中记载的洪武时期相关海禁禁令列表如表2－3。

表2－3　洪武时期海禁禁令一览表

时　间	内　容	出　处
洪武四年十二月	仍禁濒海民不得私出海。	《明太祖实录》卷七十，洪武四年十二月丙戌，第1300页。
洪武四年十二月	上谕大都督府臣：“朕以海道可通外邦，故尝禁其往来。近闻福建兴化卫指挥李兴、李春私遣人出海行贾，则滨海军卫岂无知彼所为者乎？苟不禁戒，则人皆惑利而陷于刑宪矣，尔其遣人谕之，有犯者论如律。”	《明太祖实录》卷七十，洪武四年十二月乙未，第1307～1308页。
洪武五年九月前	上谕户部臣曰：“石陇、定海旧设宣课司，以有渔舟出海故也，今既有禁，宜罢之，无为民患。”	《明太祖实录》卷七十六，洪武五年九月己未，第1397页。
洪武十四年十月	己巳，禁濒海民私通海外诸国。	《明太祖实录》卷一百三十九，洪武十四年十月己巳，第2197页。

① 《明太祖实录》卷七十，洪武四年十二月丙戌，第1300页。

② 赵红：《明清时期的山东海防》，第30页。

③ 《明太祖实录》卷七十，洪武四年十二月乙未，第1307～1308页。

④ 关于这一点，有学者已经注意到。杨金森、范中义《中国海防史》：“朱元璋实行海禁政策开始的时间是在洪武四年以前，因在洪武四年（1371）的两条禁令中一个用‘仍禁’，一个用‘尝禁’。”第80页。

续表

时　间	内　容	出　处
洪武十七年正月	壬戌，命信国公汤和巡视浙江、福建沿海城池，禁民入海捕鱼，以防倭故也。	《明太祖实录》卷一百五十九，洪武十七年正月壬戌，第2460页。
洪武二十五年七月	己酉，两浙运司言：商人赴温州各场支盐者必经涉海洋，然著令军民不得乘船出海，故所司一概禁之，商人给盐不便。上曰：海滨之人，多连结岛夷为盗，故禁出海，若商人支盐何禁耶？乃命兵部移文谕之。	《明太祖实录》卷二百一十九，洪武二十五年七月己酉，第3218页。
洪武二十三年十月	诏户部申严交通外番之禁。上以中国金、银、铜、钱、段疋、兵器等物，自前代以来不许出番，今两广、浙江、福建愚民无知，往往交通外番，私易货物，故严禁之。沿海军民官司纵令私相交易者，悉治以罪。	《明太祖实录》卷二百五，洪武二十三年十月乙酉，第3067页。
洪武二十七年正月	甲寅，禁民间用番香、番货。先是，上以海外诸夷多诈，绝其往来，唯琉球、真腊、暹罗许入贡，而缘海之人往往私下诸番，贸易香货，因诱蛮夷为盗，命礼部严禁绝之，敢有私下诸番互市者，必寘之重法，凡番香、番货皆不许贩鬻，其见有者，限以三月销尽，民间祷祀，止用松柏枫桃诸香，违者罪之。其两广所产香木听土人自用，亦不许越岭货卖，盖虑其杂市番香，故并及之。	《明太祖实录》卷二百三十一，洪武二十七年正月甲寅，第3373～3374页。
洪武三十年四月	申禁人民，无得擅出海与外国互市。	《明太祖实录》卷二百五十二，洪武三十年四月乙酉，第3640页。

由表2－3可见，洪武时期的海禁政策有三个特点。

其一，朝廷重视程度高。终洪武一朝，朱元璋前后至少七次明确颁布海禁禁令，频率颇高；此外，海禁禁令内容越来越详细，由原先笼统的“禁濒海民不得私出海”，到后来颁布禁止出海捕鱼、贸易等具体禁令。

其二，海禁范围较广。纵观洪武朝禁海令，朝廷不但禁止沿海居民出海，对沿海卫所官军也有限制。

其三，禁令有一定的侧重性。

1. 侧重经济。由以上海禁禁令来看，除去笼统的“禁民出海”及禁止捕鱼外，大多禁令是针对东南沿海海外贸易的，如禁止走私金、银、铜、钱、段疋、兵器等物，禁用番香、番货，禁止与外国互市等。这些禁令主要侧重于经济。

2. 以东南沿海为重点。纵观洪武朝的海禁禁令，尤其是洪武后期所颁布者，主要针对沿海贸易，而沿海贸易的繁盛地区主要是东南沿海的浙江、福建、广东。此外，朱元璋之所以实行海禁，还有一个重要原因，那就是“海滨之人，多连结岛夷为盗，故禁出海”，此处的“海滨之人”，主要是指张士诚、方国珍余部[①]及沿海海盗[②]，而江浙、福建等地即是其频发地带。所以江、浙以南是洪武时期海禁的重点区域。

应当说，洪武时期的海禁政策是较为全面的，并不仅限于东南沿海。洪武五年（1372），朱元璋在给高丽国的赐书中说道：“去年姓洪的海面上坏了船只。见海上难过，有许多艰难，与恁船只脚力，教恁官人每往登州过海，三个日头过的。今后不要海里来。我如今静海，有如海里来呵，我不答应。恁如海里来的廉干好秀才吏员，著小船上送将来，我便答应。不要贪的来。今后其余的海里，不要通连”[③]。由此可见，朱元璋的海禁政策不仅实行于东南沿海，北部沿海的山东等地也在禁止之列。而且，海禁禁令不光禁止本国军民出海，也禁止外国人进入。

此外，为有效防御倭寇，北部沿海有些地区还实行过迁海，即将沿海岛屿中的居民迁往内地。如洪武二十五年（1392）八月，山东宁海州莒岛民刘兴等诣阙上诉：“旧所居地平衍，有田千五百余亩，民七十余户，以耕渔为业。近因倭寇扰边，边将徙兴等于岛外，给与山地，硗瘠不堪耕种，且去海甚远，渔无所得，不能自给，又无以供赋税，愿复居莒岛为便。诏许之”[④]，即为一例。此外，又如蓬莱县沙门岛，“明初移二社之民附近郭而空其岛”[⑤]；文登县刘公岛，“有田可耕，多林木”，为威海东南屏障，“旧有辛汪二里，明

① 据（明）郑晓：《吾学编·四夷考》卷上记载：“初，方国珍据温、台、处，张士诚据宁、绍、杭、嘉、苏、松、通、泰诸郡，皆在海上。方、张既降灭，诸贼、强豪者悉航海，纠岛倭入寇。以故洪武中倭数掠海上。”《北京图书馆古籍珍本丛刊》第12册，北京：书目文献出版社1998年版，第706页。

② 据《明太祖实录》卷二百十一，洪武二十四年八月癸酉：“海盗张阿马引倭夷入寇，官军击斩之。阿马者，台州黄岩县无赖民，常潜入倭国，导其群党至海边剽掠，边海之人甚患之……遂获阿马斩之”。此处的阿马即是海禁所防之海盗，第3137～3138页。

③ 吴晗辑：《朝鲜李朝实录中的中国史料》第1册，北京：中华书局1980年版，第31～32页。

④ 《明太祖实录》卷二百二十，洪武二十五年八月己巳，第3225～3226页。又据光绪《增修登州府志》卷三《山川》记载：宁海州养马岛，“岛中多古墓，洪武间因倭患徙其民，墓遂为人盗发”，第52页。按：莒岛即养马岛。

⑤ 光绪《增修登州府志》卷三《山川》，第42页。

初魏国公徐辉祖徙居民于近郭”[1]；胶州黄岛，“在州东南六十里海中，旧有居民，后因倭寇，其地遂墟”[2]。由此可见，明朝政府的迁海政策在山东沿海得到了实施。

就海防角度而言，海禁政策的实行确实在一定程度上减轻了倭患。有学者曾对此加以论述[3]。笔者认为：就防倭而言，海禁政策对东南沿海的作用较之北部沿海要更大一些。东南沿海为张士诚、方国珍余部活跃地区，禁海可以有效地切断其与内陆亲属之间的联系。此外，东南沿海地区相对较为富庶，倭寇入侵可以获得充分补给。而北部沿海则与张、方势力联系较少，且沿海地区较为贫瘠。因此，北部沿海禁海的迫切性不如东南沿海。不过，仅从战术角度而言，禁海仍不失为一种有效的防御手段，虽失于消极，却较为有效。

（五）开展外交[4]

洪武时期，倭寇是明朝面临的主要海上威胁，为彻底消弭海患，朱元璋在采取各种措施积极防御的同时，还力图开展对日和平外交，希望通过日本政府达到约束倭寇的目的。为此，他曾多次遣使赴日。

洪武二年（1369）二月，朱元璋遣杨载出使日本，并赐日本国王玺书，内容如下：

> 上帝好生恶不仁者，向者我中国自赵宋失驭，北夷入而据之，播胡俗以腥膻，中土华风不竞，凡百有心孰不兴愤。自辛卯以来，中原扰扰，彼倭来寇山东，不过乘胡元之衰耳。朕本中国之旧家，耻前王之辱，兴师振旅扫荡胡番，宵衣旰食垂二十年，自去岁以来，殄绝北夷，以主中国，惟四夷未报。间者，山东来奏，倭兵数寇海边，生离人妻子，损伤物命，故修书特报正统之事，兼谕倭兵越海之由，诏书到日，如臣奉表来庭，不臣则修兵自固、永安境土以应天休，如必为寇盗，朕当命舟师扬帆诸岛，捕绝其徒，直

---

① 光绪《增修登州府志》卷三《山川》，第43页；嘉靖《宁海州志》卷上《地理一》：“刘公岛：岛中多林木，四五月间，舟人入采之，旧有辛汪二里居民，国初魏国公徐达徙之，今其遗址尚存。”第696～697页。

② 《读史方舆纪要》卷三十六《山东七·莱州府》，第1673～1674页。又据（清）顾炎武《肇域志·山东·莱州府·胶州》记载：“黄岛……地势平敞，旧有居民，因倭寇迁入，遗址尚存”，《续修四库全书》第589册，第238页。

③ 杨金森、范中义：《中国海防史》，第82页。

④ 关于洪武时期的对日外交，杨金森、范中义《中国海防史》第73～78页，已有详细论述。笔者仅对与本书所研究的北部地区相关者加以介绍，并试图对“对日外交”的作用作一定评价。

抵其国、缚其王，岂不代天伐不仁者哉？惟王图之。[①]

这段史料，为后世学者们广泛引用，作为明初中日交往正式开端的标志。笔者认为，这则玺书与其说是国书，不如说是讨伐檄文似乎更贴切些。在此玺书中，朱元璋先是夸耀了一番自己的功绩和武力，而后笔锋一转，严厉质问、斥责日本政府纵容倭寇数犯山东海边之罪，最后限时“诏书到日”，臣服则奉表来廷、称臣纳贡，即使不愿臣服，也需安于境土、不得四出扰攘，否则即派兵征剿。显然，朱元璋是将倭寇看做日本政府的行为。此次交涉的主要目的，就是促使日本政府解决倭寇问题。在此玺书中，朱元璋完全站在居高临下的状态，对日本发号施令。由于明朝态度过于强硬，尤其是玺书中“命舟师扬帆诸岛，捕绝其徒，直抵其国、缚其王”的措辞实非合适的外交辞令，难免引起日方反感。因此，在杨载使团抵达日本，转交国书后，日本南朝的怀良亲王大为震怒，扣押、斩杀使团成员。这一次交往无果而终。

洪武三年（1370）三月，朱元璋任命莱州府同知赵秩出使日本。在这次的诏书中，朱元璋说：

> 朕闻顺天者昌、逆天者亡，此古今不易之定理也。粤自古昔，帝王居中国而治四夷，历代相承，咸由斯道，惟彼元君本漠北胡夷，窃主中国，今已百年，汙坏彝伦，纲常失序，由是英俊起兵，与胡相较几二十年，朕荷上天祖宗之佑，百神效灵、诸将用命，收海内之群雄，复前代之疆宇，即皇帝位已三年矣。比尝遣使持书飞谕四夷高丽、安南、占城、爪哇、西洋琐里即能顺天奉命称臣入贡，既而西域诸种番王各献良马来朝，俯伏听命，北夷远遁沙漠将及万里，特遣征虏大将军率马步八十万出塞追获歼厥渠魁，大统已定。蠢尔倭夷出没海滨为寇，已尝遣人往问久而不答，朕疑王使之故扰我民，今中国奠安，猛将无用武之地，智士无所施其谋，二十年鏖战，精锐饱食终日，投石超距，方将整饬巨舟致罚于尔邦，俄闻被寇者来归，始知前日之寇，非王之意。乃命有司暂停造舟之役。呜呼！朕为中国主，此皆天造地设、华夷之分，朕若效前王恃甲兵之众、谋士之多，远涉江海以祸远夷安靖之民，非上帝之所托、亦人事之不然，或乃外夷小邦故逆天道，不自安分，时来寇扰，此必神人共怒、天理难容，征讨之师控弦以待，果能革心顺命共保承平，不亦美乎？呜呼！钦若昊天王道之常，抚顺伐逆，古今彝宪，王其

① 《明太祖实录》卷三十九，洪武二年二月辛未，第787页。

戒之，以延尔嗣。①

在这则诏书中，朱元璋仍是先表彰一番自己的功绩，表明自己乃顺天应命之主，所以使得万国来朝。紧接着，他再次论及倭寇问题，显然这时朱元璋已经知道倭寇侵扰并非日本官方行为，因而措辞相对缓和。不过，总体而言，其态度依然较为坚定，警告日本不要“故逆天道，不自安分”。赵秩有勇有谋，面对日本威胁不卑不亢，使怀良亲王深为折服，遣人入谢，并贡方物，归还被掳人口七十余人。② 这次外交活动取得了较大成果。

值得注意的是，这次朝廷派遣的使者是莱州府同知赵秩。朱元璋为何不从中央遣官，而是选任品秩较低的地方佐贰官赵秩出使，有学者认为，可能是基于沿海地方官员对倭寇之害有更直接而深刻感受的思考。③ 就笔者所见史料而言，虽未发现将山东海患与赵秩出使二者直接相联系者，但揆诸情理，二者应当有一定的关系。④ 笔者认为：朝廷之所以遣使出使日本，主要是为解决沿海倭寇侵扰问题。赵秩在山东沿海的莱州府任官，对于倭寇状况应当较为熟稔，可以方便双方就此磋商。此外，山东登、莱地区，历来是中日交通的重要枢纽，早在隋唐时期，日本使臣、商人，往往自朝鲜半岛，渡黄海或渤海，到达登莱。宋元以降，这条路线一直络绎不绝，是中日交通要道。明朝政府任命赵秩为使臣也较为方便。

洪武时期，明朝政府因倭寇问题与日本开展的外交活动，主要就是以上两次。后来又曾数次遣使日本。通过这两次外交活动，朱元璋基本上与日本建立起正常的邦交关系，也对日本有了一些了解。如洪武七年（1374）六月，朱元璋却日本宣闻溪、净业、喜春之贡，并敕令中书省，指出：“彼君臣之祸有不可逃者，何以见之？幼君在位，臣擅国权，傲慢无礼，致使骨肉并吞，岛民为盗，内损良善，外掠无辜，此招祸之由。”⑤ 由此可见，经过几次遣使交流，朱元璋已经对日本的状况有了较为清晰的了解，认为日本君弱臣强、政治混乱，根本没有制约倭

① 《明太祖实录》卷五十，洪武三年三月，第 987 ~ 988 页。

② 《明史》卷三百二十二《外国三 · 日本传》，第 8342 页。

③ 赵红：《明清时期的山东海防》，第 22 页。

④ 民国《莱阳县志》卷首《大事记》：“七年夏六月，倭寇滨海州县。遣莱州同知赵秩往谕之。”据此，可以理解为：因洪武七年六月，倭寇入侵山东滨海州县，故令赵秩“往谕之”，第 197 页。然此说值得推敲，据《明太祖实录》卷五十，洪武三年三月：“是月，遣莱州府同知赵秩，持诏谕日本国王良怀。”则赵秩出使在洪武三年三月，显然民国《莱阳县志》误，第 987 页。

⑤ 《明太祖实录》卷九十，洪武七年六月乙未，第 1581 页。

寇的能力和诚意，因此拒绝日本的朝贡。

终洪武之世，中日双方还有数次交往。这些交往在一定程度上密切了两国之间的交流，但朱元璋力图通过外交手段消弭倭寇的目的并未达到。这主要是因为：首先，日本正处于南北朝时期，国内政治较为混乱，日本自顾不暇，无力且无心处置倭寇；其次，鉴于元朝侵略的教训，中日双方很难建立起相互信任的关系；再次，这一时期的倭寇并非官方行为，日本官方对其也只能是约束，不会也不能真正对其加以剿灭。

总体而言，在洪武时期，北部沿海尤其是山东地区，遭受倭寇入侵较重。面对倭寇入侵，明朝政府及当地沿海卫所、巡检司等奋起反抗，打击了倭寇的侵略气焰。同时，明朝政府派遣的舟师巡海及海运剿倭也取得了一定的成效。可以说，这一时期，面对倭寇的频繁入侵，明朝政府及当地卫所、巡检司采取了较为主动的防御和抗击，这是值得肯定的。

第二节　海防机构与设施的建立

洪武时期，朱元璋为加强海防建设，在东、南沿海地区建立了一系列卫所、巡检司，它们各辖若干墩、堡或水城、水寨等军事设施，构成沿海防御的前沿阵地。北部沿海地区尤其是山东、辽东的海防军事机构和设施，大都设立于此时。

一、海防机构的设置

洪武时期，为有效地加强海防建设，朱元璋在北部沿海地区设立一系列卫所、巡检司。

（一）卫、所

明朝建立前后，朱元璋在军事上实行卫所制度，“自京师达于郡县，皆立卫所”[①]，力图通过在全国各地广设卫、所来巩固统治。以下即大体按照由南及北的顺序，逐一论述洪武时期明朝政府在北部沿海地区所设卫所。

---

① 《明史》卷八十九《兵志一》，第2175页。

1. 卫、所设置时间

(1) 安东卫①

关于安东卫的设立时间，史书记载有很大不同，大体有四种说法。

①洪武间。嘉靖《山东通志》卷十一《兵防》记载："安东卫：在日照县南九十里，洪武间建"②。此说较为笼统，并未言明该卫建立之具体年份，此处姑且作一说。

②洪武十七（1384）、十八年（1385）。据光绪《日照县志》卷首附康熙间安东卫守备赵双璧为《安东卫志》所撰《序言》记载："安东卫地隶青齐，距淮临海，明初汤信国创筑卫城，添设墩台，分给屯田，防御、器械无一不备，因其地为海防首冲要地、南北孔道故也"③，认为安东卫由汤和创建。

又据康熙《安东卫志》卷首附李簠撰《序言》记载："壬子秋，杪得奉部檄较雠国志，余承乏其间，才薄识疏，勉自竭蹶，少参末议，乃知沿海诸卫事，自洪武十有六年，日本陆梁出没剽掠，不可控制，始命信国公汤和于东海诸边延袤数千里，严设城堡，辖隶臬司，选练墩卒，棋布守御，倭寇始尔得戢，安东遂成

① 笔者在编排本节中所涉及的卫、所序号时，将有些卫、所分开，这是因为，上文中所列之千户所，有些尽管隶属于其中的某些卫，但是它们大多建立了城池，已经成为一个相对独立的防倭单位，所以将其单列。另外，在此还需澄清一个问题，那就是哪些千户所直属于山东都司，哪些千户所属于临近卫所。关于这个问题，说法不一。《明史》卷九十《兵三》记载：洪武二十六年，山东都司下辖沿海卫、所有登州卫、青州左卫、莱州卫、宁海卫、胶州千户所、诸城千户所，见 2197 ~ 2198 页；后来又有所添加，添加后的沿海卫所有登州卫、青州左卫、莱州卫、宁海卫、安东卫（以下添设）灵山卫、鳌山卫、大嵩卫、威海卫、成山卫、靖海卫，以及胶州千户所、诸城千户所（以下添设）海阳千户所、宁津千户所，雄崖千户所，浮山前千户所、福山中前千户所、奇山千户所、金山左千户所、寻山后千户所、白尺崖后千户所、王徐寨前千户所、夏河寨前千户所，见第 2207 页。按照上文所引《明史》的记载，那么山东沿海的胶州千户所、诸城千户所、海阳千户所、宁津千户所，雄崖千户所，浮山前千户所、福山中前千户所、奇山千户所、金山左千户所、寻山后千户所、白尺崖后千户所、王徐寨前千户所、夏河寨前千户所均为直属于山东都司的守御千户所。事实上，情况未必如此。如据《明一统志》卷二十五《登州府》记载，福山备御中前千户所即属于登州卫管辖，《景印文渊阁四库全书》第 472 册，第 600 页。另外，又嘉靖《山东通志》卷十一《兵防》记载，山东都指挥使司下辖卫十八、所一百有四，分隶于卫，守御千户所九，分别是肥城、东平、滕县、诸城、奇山、宁津、海阳、胶州、雄崖，具体到沿海地区就是诸城、奇山、宁津、海阳、胶州、雄崖，见第 706 页；该书卷十一《兵防》记载，山东巡察海道下辖卫九、所五，五所即宁津、奇山、海阳、胶州、雄崖，皆守御千户所，见第 707 ~ 708 页。此外，该书卷十一《兵防》详细记载了卫属千户所的归属：石旧寨备御后千户所属安东卫，见第 722 页；福山备御中前千户所属登州卫，见第 724 页；金山备御左千户所属宁海卫，见第 726 页；百尺崖备御后千户所属威海卫，见第 728 页；寻山备御后千户所属成山卫，见第 729 页；大山寨备御千户所属大嵩卫，见第 733 页；王徐寨备御千户所属莱州卫，见第 734；夏河寨备御千户所属灵山卫，见第 736 页；浮山寨备御千户所属鳌山卫，见第 738 页。笔者认为，一省之内千户所的归属对于本省人来说是比较容易搞清楚的，因此嘉靖《山东通志》的记载应该是可靠的。而《明史》的记载相对滞后、加之涉及面广，很可能没有搞清楚。兹从嘉靖《山东通志》的说法。

② 嘉靖《山东通志》卷十一《兵防》，第 721 页。

③ 光绪《日照县志》卷首《旧序》，第 357 页。

重地。”①

该书卷一《建置》记载：“卫建自洪武季年，以防倭寇，安东其首冲也。始汤信国和立城于斯，劈石为城。”②

卷一《形胜》引旧志记载：“始汤信国和建城卜基于今城北十里之坊口，遗迹犹存，后以青鸾衔旗于斯，信国异之……因凿山开土聚众而成城。”③

卷一《城池》记载：“初，汤信国建城，皆用砖石。”④

卷一《墩台》赵双璧论曰：“明初为防倭计，故命信国汤和巡视山海形势，见此地汪洋无际，纵日本琉球之极远者一帆可至，乃于沿海诸山立烽、墩二十八座，每墩设墩卒四名。”⑤

此外，又据光绪《日照县志》卷一《疆域志·沿革》记载：“于县治南九十里置安东卫。《明志》：洪武十七年置。”⑥

卷一《疆域志·古迹》记载：“卫旧城：明汤和筑于坊口，遗迹尚存，后以青鸾衔旗，移至今城。”⑦

卷二《营建志·城防》记载：“安东卫城：明洪武时，信国汤和筑，周五百三十丈、高二丈一尺。”⑧

卷七《考鉴·海防》记载：“乃遣汤和、周德兴等沿海规划，筑五十九城以备倭，安东其一也。”⑨

卷十《艺文志》中收录万历六年（1578）邑人王铎撰《苏雨望墓碑》记载：“安东卫苏氏，先居泰州，前代多闻人，入明从征有功，封百户侯，汤信国和请设卫防海，始家海隅安东。”⑩

---

① 安东卫街道办事处史志办公室编印：康熙《安东卫志》卷首《序言》，第7页，2002年出版，内部刊物。按光绪《日照县志》卷首《旧序》所附李簠所撰《序言》略有不同：“壬子秋，杪得奉部檄较雠国志，余承乏其间，少参末议，乃知沿海诸卫自洪武十有八年，日本陆梁出没剽掠，不可控制，始命信国公汤和于东海诸边延袤数千里，严设城堡，辖隶臬司，选练墩卒，棋布守御，倭寇始尔得戢，安东卫遂成重地”，认为是洪武十八年。第357页。

② 康熙《安东卫志》卷一《建置》，第25页。

③ 康熙《安东卫志》卷一《形胜》，第31页。

④ 康熙《安东卫志》卷一《城池》，第38页。

⑤ 康熙《安东卫志》卷一《墩台》，第42页。

⑥ 光绪《日照县志》卷一《疆域志·沿革》，第359页。

⑦ 光绪《日照县志》卷一《疆域志·古迹》，第363页。

⑧ 光绪《日照县志》卷二《营建志·城池》，第365页。

⑨ 光绪《日照县志》卷七《考鉴·海防》，第405页。

⑩ 光绪《日照县志》卷十《艺文志》，王铎《苏雨望墓碑》，第474页。

综合以上史书，可以归纳为：洪武十七、十八年左右，汤和奉命巡海，创立安东卫，并建设卫城。

③洪武三十一年（1398）。据《明太祖实录》记载，洪武三十一年五月丙寅，“置山东都指挥使司属卫七，曰：安东、曰灵山、曰鳌山、曰大嵩、曰威海、曰成山、曰靖海”。[①] 据此，则安东卫与沿海其他六卫均设于洪武三十一年五月。

此外，据《明史》卷四十一《地理二·山东》记载：“又东南海口有灵山卫，又有安东卫，俱洪武三十一年五月置。”[②]

以上史书均认为安东卫建于洪武三十一年。

④弘治三年（1490）。据顾祖禹《读史方舆纪要》卷三十五《山东六·青州府》记载：“安东卫：在日照县南九十里。南去南直海州七十里。卫城周五里。弘治三年置，初领五千户所，寻调左所于天津，右所于徐州，止领中、前、后三所。东接胶州灵山卫界，为滨海戍守处。”[③]

据万斯同《明史》卷八十《地理二》记载：“又有安东卫，弘治三年建。”[④]

据雍正《山东通志》卷四《城池》记载：“安东卫城：在日照县南九十里，南距江南海州七十里，石城，明弘治三年所筑。”[⑤]

据《大清一统志》卷一百四十《沂州府》记载：“安东废卫：在日照县南九十里……明弘治三年，始分置安东卫，隶青州”、“安东卫城：明宏（弘，下同）治中筑。”[⑥]

据《续山东考古录》卷二十一《沂州府下》记载：“宏治三年，置安东卫，初领五千户所，后领中、前、后三所。”[⑦]

以上史书，均认为安东卫设于弘治三年。

对于安东卫的设置时间，当今学术界也有两种不同的观点。丁超认为，洪武十七年，汤和巡海建安东卫之说不可靠，很可能是后人附会，断定安东卫设置于洪武二十六年到三十一年之间。[⑧] 温娜则认为：观《日照县志》，“明汤和筑于坊

---

① 《明太祖实录》卷二百五十七，洪武三十一年五月丙寅，第3716页。

② 《明史》卷四十一《地理二·山东》，第950页。

③ 《读史方舆纪要》卷三十五《山东六·青州府》，第1658页。

④ （清）万斯同：《明史》卷八十《地理二》，《续修四库全书》第325册，第367页。（清）王鸿绪：《明史稿》志十九《地理二》，记载亦同，台北：文海出版社1962年版，第1册第361页。

⑤ 雍正《山东通志》卷四《城池》，《景印文渊阁四库全书》第539册，第221页。

⑥ 《大清一统志》卷一百四十《沂州府》，《景印文渊阁四库全书》第476册，第773、762页。

⑦ （清）叶圭绶：《续山东考古录》卷二十一《沂州府下》，清咸丰元年刻本。

⑧ 丁超：《明代安东卫城建置年代考》，《历史研究》，2004年第2期。

口，遗迹尚存”言之凿凿，认为地方志的准确性还是很大的，而实录对这些细小的事，很可能没有记载。因此断定安东卫设于洪武十七年。①

那么，安东卫究竟设于何时？笔者认为：洪武十七年（1384）汤和巡海并未至山东（详见本章第三节）。此外，地方志虽然在记载地方事宜上具有较高的史料价值，但似乎也不能过度盲从。据赵自修撰康熙《安东卫志·跋一》记载："《卫志》余高叔祖长史公所辑也，藏之家有年矣，然记事属词仅二百年之行事，而隆、万以下无稽焉"②，康熙间赵自修在此基础上加以修订，后成康熙《安东卫志》。据此，则康熙《安东卫志》母本即赵自修高叔祖所辑之本约成书于隆庆、万历年间，否则不会出现"隆、万以下无稽焉"的情况。此外，又据胡植纲撰《跋二》记载："今之志也，所载职名，自嘉靖始，成、弘以前无闻焉"③，可见《卫志》撰写之时，当时人对于成化、弘治以前的职官已经不甚了了。由此可知，康熙《安东卫志》之母本约成书于隆庆、万历间，对于明初史迹的记载可能已经不太明确。此外，光绪《日照县志》卷一《疆域志·沿革》引《明志》认为安东卫设于洪武十七年，④ 此处的《明志》即明万历间日照知县杜一岸所修之志，该志修于万历十八年（1590）⑤，距明初已二百余年，因时间久远，其可靠性也值得怀疑。因此，不能仅据地方志的记载就断言该卫设于洪武十七年。

此外，据《明太宗实录》记载，永乐九年（1411）十月乙卯，"录征剿胡寇功升……安东卫指挥同知曲里帖木儿……任陕西行都司"⑥，可见早在永乐九年官方文书中已经出现安东卫的职官，所以"弘治二年说"显然不成立。

那么，安东卫究竟设立于何时？据洪武二十六年（1393）朝廷官修《诸司职掌》记载，洪武二十六年，山东都司辖有"青州左护卫、青州护卫、兖州护卫、兖州左护卫、登州卫、青州左卫、莱州卫、宁海卫、济南卫、平山卫、德州卫、乐安千户所、胶州千户所、诸城千户所、滕县千户所"⑦，其中并无安东卫。《诸司职掌》为明朝官方文书，成书于洪武二十六年，系当朝人记当朝事，可信度较高。因此可以说，安东卫之设当不早于洪武二十六年。

---

① 温娜：《山东卫所在清代的变革》，陕西师范大学 2008 届硕士学位论文，第 32 页。

② 康熙《安东卫志》跋一，第 16 页。

③ 康熙《安东卫志》跋二，第 19 页。

④ 光绪《日照县志》卷一《疆域志·沿革》，第 359 页。

⑤ 光绪《日照县志》卷首《旧序》，第 351 页。

⑥ 《明太宗实录》卷一百二十，永乐九年十月乙卯，第 1519 ~ 1521 页。

⑦ （明）佚名：《诸司职掌·兵部·城隍》，明刻本。

此外，“洪武三十一年”说源自《明太祖实录》，实录系据当朝档案等资料修成，成书时间既近，又系官方政书，编纂较为严谨，卫所设置时间又无任何避讳可言，可靠性较强。又据永乐二年（1404）文登县教谕胡士文撰《新设威海捕倭屯田军记》记载：“洪武戊寅春正月，特命魏国公徐、都督朱垛集本处之民，置立沿海卫所……今当险要之处自威海而抵安东，凡设直隶卫者七”①，洪武戊寅即洪武三十一年，安东卫为七卫中之一。该文撰于永乐二年，距洪武三十一年相去不远，且胡士文为文登县教谕，对山东半岛事情应当有所了解，其说应当可信。

至于弘治三年（1490）说，丁超已在《明代安东卫城建置年代考》一文中加以辨析，笔者亦赞同其说，兹不赘述。

综上而论，笔者认为，安东卫之设当为洪武三十一年。

（2）石臼寨守御千户所

此即安东卫后千户所。关于该所设置时间，史书记载有所不同，大致有以下三种说法。

①明初。据《大清一统志》卷一百四十《沂州府》记载：“石臼寨：在日照县东海边，旧有石臼岛，故名。……明初，置石臼寨备御千户所，在县东二十里，旧有石城，周三里有奇，久废。”②

②弘治以后。据万斯同《明史》卷八十《地理二》记载：“石臼岛砦千户所，在安东卫南，俱弘治以后置”③，认为该所设于弘治以后。

③嘉靖年间。据《读史方舆纪要》卷三十五《山东六·青州府》记载：“石旧寨备御后千户所：在日照县东南，所城周三里有奇；又东南有塘头寨备御百户所，城周三里，俱嘉靖中置，属安东卫。”④

又据《续山东考古录》卷二十一《沂州府下》记载：“嘉靖中，置石臼寨千户所”⑤。

以上二者均认为该所设于嘉靖时期。

该所究竟设于何时呢？据《明英宗实录》记载：宣德十年（1435）六月，

---

① 乾隆《威海卫志》卷九《艺文》，胡士文《新设威海捕倭屯田军记》，第475页。

② 《大清一统志》卷一百四十《沂州府》，《景印文渊阁四库全书》第476册，第775页。

③ 万斯同：《明史》卷八十《地理二》，第367页；王鸿绪：《明史稿》志十九《地理二》，记载亦同，第361页。

④ 《读史方舆纪要》卷三十五《山东六·青州府》，第1658页。

⑤ 《续山东考古录》卷二十一《沂州府下》。

"罢守莒州、日照县官军。初洪武中，以是县边海，分沂州卫官军百人于此守备。至是，行在兵部奏罢之，以县南有安东卫，县东有卫之后千户所守御故也"①。安东卫之后千户所即为石臼寨所②。如此，则至迟于宣德十年六月，该所已经设立。那么"弘治以后说"和"嘉靖年间说"均不成立。

笔者认为，石臼寨千户所作为安东卫的后千户所，很可能与安东卫一同设立，即设于洪武三十一年（1398）。

（3）诸城守御千户所③

直隶山东都司。关于诸城所的设立时间，史书记载较为一致。

据《明太祖实录》记载：洪武四年（1371）十二月乙巳，置"山东诸城守御千户所"④。

据嘉靖《山东通志》卷十一《兵防》记载："诸城守御千户所：在县治西南，洪武四年建。"⑤

乾隆《诸城县志》卷二《总纪上》记载："（洪武四年）冬十有二月己巳，置诸城守御千户所。"⑥

据此，则诸城守御千户所当设于洪武四年。

（4）灵山卫

对于灵山卫的设置时间，史书记载有以下四种不同观点。

①洪武元年前后。据万历四十年（1612）苏淳《苏氏列传》记载："苏之先有曰义憨公，讳旺者，古青临朐人也，父为元将，义憨公遂配灵山。"⑦ 又据乾隆三十八年（1773）苏潜修《苏氏原籍辩疑》记载：

> 《家谱原序》载，云苏氏始祖青州临朐人也，父为元将守青州。常遇春破青州死之。七子配军，一濮州，一真定，一灵山，余不知处，大抵得诸前人之

---

① 《明英宗实录》卷六，宣德十年六月辛丑，第116页。

② 据嘉靖《青州府志》卷十一《兵防》："石旧寨守御千户所：即安东卫后千户所，在日照县之东"；嘉靖《山东通志》卷十一《兵防》记载："石旧寨备御后千户所，属安东卫"，第722页。

③ 在以往著作中，大多未将诸城守御千户所列入沿海卫所之列，如郑若曾《筹海图编》、邓钟《筹海重编》。今人著作亦然，如杨金森、范中义《中国海防史》。揆诸史实，诸城所当为沿海海防卫所，据乾隆《诸城县志》卷十《武备考》记载："县为防海重地，故设守御千户所，与青州左卫、安东卫、灵山卫相为犄角，隶山东都司，而属于左军都督府，终明之世，未之改也"，第85页。

④ 《明太祖实录》卷七十，洪武四年十二月乙巳，第1311页。

⑤ 嘉靖《山东通志》卷十一《兵防》，第720页。

⑥ 乾隆《诸城县志》卷二《总纪上》，第29页。

⑦ （明）苏淳：《苏氏列传》，见民国二十四年（1935）灵山卫《苏氏列传》，转引自王晶晶：《明清至民国时期山东半岛军户家族组织研究——以鳌山卫、灵山卫为中心》，厦门大学2009届硕士学位论文，第30页。

口传云云。及乾隆甲子（1744），潜在济南见濮州族兄名四可者，带到濮阳《苏氏族谱》，系前明嘉靖癸巳仲冬望，广东道监察御史五世孙裕撰次，其《序》载云：闻有讳进迪者为始祖，又闻克明府君子进迪、进任，五世难知如此，嗯嘻！世多乱而谱不立也。仲尼曰：君子阙凝（疑）勿强实焉。《序》谱直以讳克明者为始祖。始祖讳克明生元季，上世莫考，洪武初占籍濮州，传闻骁雄勇健，时当草昧，乘骏持槊以自随，卒死于难。二谱世系虽符而事迹殊，盖所见异词，所传异词，所传闻又异词，故难书一，无从考定，直以上世莫考为断甚是，故于原序内删其恍惚无凭之说，直以为上世莫考云。①

据此，则灵山卫苏氏始祖为常遇春破青州后充军灵山卫者。据《明太祖实录》记载，吴元年（1367）十二月丁卯，上谕中书省臣曰："徐达、常遇春等克益都、济宁、济南、般阳诸城，已收其军进取矣"②。可见，常遇春破青州为明建立前一月之事。由此推论，苏氏始祖被充军灵山卫当在洪武元年（1368）前后。

又据《灵山卫志》附录《薛禄其人》记载："薛禄，原名薛明禄。其父薛遇林，原籍陕西韩城县，于明洪武二年（1369），以灵山卫军户迁徙灵山卫东南之薛家岛定居。"③ 据此可见，在洪武二年，薛遇林已经以灵山卫军户之身份，迁徙薛家岛定居。

以上史书认为，灵山卫设立应在洪武元年前后。

②洪武五年（1372）。据乾隆《灵山卫志》卷一《舆地志·沿革》记载："灵山卫建于有明洪武五年……灵山卫在胶州南九十七里，明洪武五年（《府志》载：三十五年），魏国公徐达（《府志》载：徐辉祖）调指挥佥事朱兴筑土城以备倭。"④ 卷七《记事志·大事记》："五年，魏国公徐达调指挥佥事朱兴筑灵山卫土城备倭。"⑤

据道光《重修胶州志》卷十三《建置·城池》记载："灵山卫城：明洪武五年（1372）（《府志》、《旧志》皆作三十五年，误）。魏国公徐达（《府志》作徐

---

① （清）苏潜修：《苏氏原籍辩疑》，清乾隆三十八年（1773），引自灵山卫《苏氏族谱》（上卷），民国二十四年（1935）版，转引自王晶晶《明清至民国时期山东半岛军户家族组织研究——以鳌山卫、灵山卫为中心》，厦门大学2009届硕士学位论文，第30~31页。

② 《明太祖实录》卷二十八下，吴元年十二月丁卯，第468页。

③ （清）苏潜修著，胶南市史志办、胶南市档案馆点校：乾隆《灵山卫志校注》附录四《薛禄其人》，北京：五洲传播出版社2002年版，第326页。

④ 乾隆《灵山卫志》卷一《舆地志·沿革》，第11页。

⑤ 乾隆《灵山卫志》卷七《记事志·大事记》，第211页。

辉祖）调指挥佥事朱兴筑土城以备倭。”① 同书卷三十四《记一·大事》记载：“五年，魏国公徐达调指挥佥事朱兴筑灵山卫城备倭（详建置）。”②

［按：据《中国地方志联合目录》记载，《莱州府志》的版本主要有三个：（1）万历《莱州府志》，龙文明修，赵燿、董基纂，明万历三十二年（1604）刻本、民国二十八年（1939）铅印本；（2）康熙《莱州府志》，陈谦修、孔尚任、刘以贵纂，清康熙五十一年（1712）刻本；（3）乾隆《莱州府志》，严有禧纂修，清乾隆五年（1740）刻本。

《胶州志》的版本主要有五个：（1）康熙《胶州志》，孙蕴韬修，高国楹纂，清康熙十二年（1673）刻本；（2）乾隆《胶州志》，周于智修，刘恬纂，清乾隆十七年（1752）刻本；（3）道光《重修胶州志》，张同声修，李图等纂，清道光二十五年（1845）刻本；（4）民国《胶澳志》，赵琪修，袁荣叜纂，民国十七年（1928）铅印本；（5）民国《增修胶志》，叶钟英修，匡超纂，民国二十年（1931）铅印本。③］

揆诸成书年代，上面引文中提到的《府志》、《旧志》应当指的是乾隆《莱州府志》和乾隆《胶州志》。据乾隆《莱州府志》卷二《城池》：“明洪武三十五年（1402），魏国公徐辉祖调指挥佥事朱兴筑土城以备倭。”④ 又据乾隆《胶州志》卷一《建置·城池》记载：“灵山卫城池：治东南九十里，明洪武三十五年，指挥佥事朱兴筑土城。”⑤

上文所引道光《重修胶州志》中，明确标注其关于灵山卫城建置的内容为引自苏潜修《灵山卫志》。因此，我们大体可以断定：道光《重修胶州志》、民国《增修胶志》均为沿袭乾隆《灵山卫志》。他们均认为灵山卫城建于洪武五年（1372），为徐达调遣朱兴所修。既然卫城建于洪武五年，则卫所之设当不晚于洪武五年，故将此说概括为“洪武五年及以前”。

---

① （清）张同声修，李图等纂：道光《重修胶州志》卷四《建置·城池》，《中国地方志集成·山东府县志辑》第39册，南京：凤凰出版社2004年版，第145页。叶钟英修，匡超纂：民国《增修胶志》卷八《疆域·建置》记载与此完全相同，不赘引，见《中国地方志集成·山东府县志辑》第42册，南京：凤凰出版社2004年版，第80页。

② 道光《重修胶州志》卷三十四《记一·大事》，第338页。民国《增修胶志》卷二《大事记》记载与此完全相同，不赘引，见南京：凤凰出版社2004年版，第43页。

③ 中国科学院北京天文台主编：《中国地方志联合目录》，北京：中华书局1985年版，第280、278页。

④ （清）严有禧，张桐等纂修：乾隆《莱州府志》卷二《城池》，《中国地方志集成·山东府县志辑》第44册，南京：凤凰出版社2004年版，第49页。

⑤ （清）周于智修，刘恬纂：乾隆《胶州志》，清乾隆十七年（1752）刻本。

以上二者均认为，灵山卫城建于洪武五年，为徐达调遣朱兴所修。

③洪武二十一年（1388）。据《明一统志》卷二十五《莱州府》记载：“灵山卫：在胶州东南九十里……洪武二十一年建。”①

据嘉靖《山东通志》卷十一《兵防》记载：“灵山卫：在胶州东南九十里，洪武二十一年建。”②

据《读史方舆纪要》卷三十六《莱州府》记载：“灵山卫：胶州东南九十里。洪武二十一年置，三十五年筑城。”③

据万斯同《明史》卷八十《地理二》记载：“灵山卫，洪武二十一年建。”④

据康熙《胶州志》卷三《兵防》记载：“灵山卫：在州治东南九十里，洪武二十一年建置，砖城。”⑤

据《大清一统志》卷一百三十八《莱州府》记载：“灵山废卫：在胶州东南九十里，明洪武二十一年置。”⑥

据《续山东考古录》卷十四《莱州府下》记载：“洪武二十一年，置灵山卫。”⑦

以上诸书均认为该卫设于洪武二十一年。

④洪武三十一年（1398）。据《明太祖实录》记载：洪武三十一年，置山东都指挥使司属卫七，曰：安东、曰灵山、曰鳌山、曰大嵩、曰威海、曰成山、曰靖海。⑧ 据此，则灵山卫与其他六卫均设于洪武三十一年五月。

据《寰宇通志》卷七十六《莱州府》记载：“灵山卫指挥使司：在即墨县东四十里，洪武三十一年建。”⑨

---

① （明）李贤：《明一统志》卷二十五《莱州府》，《景印文渊阁四库全书》第472册，第608页。

② 嘉靖《山东通志》卷十一《兵防》，第735页。

③ 《读史方舆纪要》卷三十六《莱州府》，第1680页。

④ 万斯同：《明史》卷八十《地理二》，第367页；王鸿绪：《明史稿》志十九《地理二》记载亦同，见第361页。

⑤ （清）孙蕴韬修，高国標纂：康熙《胶州志》卷三《兵防》，清康熙十二年（1673）版。

⑥ 《大清一统志》卷一百三十八《莱州府》，《景印文渊阁四库全书》第476册，第720页。

⑦ 《续山东考古录》卷十四《莱州府下》。

⑧ 《明太祖实录》卷二百五十七，洪武三十一年五月丙寅，第3716页。

⑨ （明）陈循：《寰宇通志》卷七十六《莱州府》，《玄览堂丛书续集》本。按：这处记载有错误，把鳌山卫的地理位置对应了灵山卫条目。出现这种情况有两种可能。其一，《寰宇通志》的记载存在脱漏之处。据《明一统志》记载：“灵山卫：在胶州东南九十里。鳌山卫：在即墨县东四十里，俱洪武二十一年”，而上文所引《寰宇通志》则记载为：“灵山卫指挥使司：在即墨县东四十里，洪武三十一年建。”所以，很可能此处在刻板时有脱漏，如果加上脱漏之处，应当是“灵山卫指挥使司：在胶州东南九十里。鳌山卫都指挥使司：在即墨县东四十里，俱洪武二十一年建”。其二，那就是《寰宇通志》的作者并不清楚灵山卫与鳌山卫的具体状况，将其误作为一个记载了。

据《明史》卷四十一《地理二》记载："又东南海口有灵山卫，又有安东卫，俱洪武三十一年五月置。"①

乾隆《胶州志》卷三《兵防》记载："灵山卫，明洪武三十一年置。"该书卷六《大事记》载："三十一年夏五月，置灵山卫。"（见《地理志》）②

以上四者均认为灵山卫设于洪武三十一年。

灵山卫究竟设于何时？"洪武元年前后说"主要依据家谱，而此谱最早修于万历时期，距明朝建立已经二百年左右，由于年代久远很可能可信度不高，诚如苏潜修所言"大抵得诸前人之口传云云"，可见他对此也有怀疑，并在他所修的《灵山卫志》中未采用此说。笔者认为，族谱记载多靠后人追忆及口耳相传，表述未必严谨，记载未必准确，可靠性较差。

"洪武五年及以前说"是苏潜修在乾隆《灵山卫志》中首先提出的，后来道光《重修胶州志》、民国《重修胶志》加以因循。因此，非常有必要重点分析乾隆《灵山卫志》中的相关论述。苏潜修在该书中曾专辩《府志》及旧《州志》中有关灵山卫城和灵山卫设置时间之误，并在此基础上提出了卫城建于"洪武五年说"，该书卷一《正误》条指出：

> 《府志》载：洪武三十五年，魏国公徐辉祖调指挥佥事朱兴筑土城以备倭。误。按《府志》载：鳌山卫建于洪武二十一年。复载：鳌山卫置（按：当为署）建于洪武五年。盖建立沿海卫所与建州县不同，城垣既设乃选兵将以戍之。岂有未建卫城先建卫署之理？此《府志》自相矛盾也。旧《州志》载灵山卫建于洪武二十一年，载建胶州所无年号，载胶州所千户署建于洪武五年。岂有未建灵山卫先建后所之理？是《州志》亦误也。据《明纪事本末》载：洪武元年正月，定将帅将兵之法，凡郡县皆立卫所，当从五年为是。又按，魏国公徐达卒于洪武十八年，子辉祖始袭封魏国公。建文四年，成祖御极，革除建文年号，以建文四年为洪武三十五年。时徐辉祖以不屈下狱，上召问，始终无推戴意。成祖屡欲诛之，以国舅元勋，辄终止，从宽典敕归私第，革其米禄，至永乐五年卒，无调指挥筑卫城事。③

参照上文所列《莱州府志》、《胶州志》诸流传版本，此处的《府志》应指乾隆

---

① 《明史》卷四十一《地理二》，第950页。

② 乾隆《胶州志》卷三《兵防》。

③ 乾隆《灵山卫志》卷一《舆地志·沿革·正误》，第13~14页。

《莱州府志》，旧《州志》应为康熙《胶州志》。苏潜修在此着意驳斥的是乾隆《莱州府志》中灵山卫城建于“洪武三十五年”以及康熙《胶州志》中灵山卫建于“洪武二十一年”两种说法。苏潜修先以乾隆《莱州府志》中所载鳌山卫建置时间前后矛盾为例，指出该志未必可靠。其隐意在于，既然乾隆《莱州府志》对于鳌山卫的记载出现前后龃龉、“自相矛盾”，那么它对于灵山卫的记载也未必可靠，因此不能以《府志》中对灵山卫城设置年代的记载为准。此外，他还根据史实推论，在洪武三十五年（1402），魏国公徐辉祖已经因在“靖难之役”中不阿附朱棣而获罪下狱，故不可能主持修筑灵山卫城，从而断定《府志》中“洪武三十五年”建城说是错误的。

同时，他还针对康熙《胶州志》中灵山卫建于洪武二十一年（1388）、胶州所千户署建于洪武五年（1372）① 的记载提出不同意见，指出胶州千户所是灵山卫下属的后所，既然该所建于洪武五年，那么作为母体的灵山卫肯定也不能晚于洪武五年，故康熙《胶州志》中建卫于“洪武二十一年”的记载亦误。那么，既然灵山卫设于洪武五年，肯定不是徐辉祖主持的，而应为徐达，所以他在《灵山卫志》中将乾隆《莱州府志》中的徐辉祖改为徐达、洪武三十五年改为五年。

此外，该书卷一《质实》条又指出：

> 《府志》载鳌山卫建于洪武二十一年。旧《州志》载：灵山卫建于洪武二十一年。盖因《纲目》载，洪武二十一年十一月有命汤和筑濒海城备倭事……其二十一年所置卫所，乃浙东、西卫所耳。濒海筑城五十九，所谓错置砦垒，即今边海所筑城子也。②

在上文中，苏潜修推测到：乾隆《莱州府志》之所以将鳌山卫、康熙《胶州志》之所以将灵山卫设置时间定为洪武二十一年，是因为据《纲目》、即《通鉴纲目三编》记载，该年汤和曾受命巡海筑城。所以，《府志》《旧志》便认为鳌山卫、灵山卫均为汤和巡海时所筑城池，这便是“洪武二十一年”说的来源。

其实，上文所引苏潜修的《正误》与《质实》均存在一定的问题。

首先，其对“洪武三十五年”建城的驳斥并非无懈可击。苏潜修以乾隆《莱州府志》对鳌山卫城、鳌山卫署设置时间的矛盾为例，指出《府志》有“自相矛盾”之处，并以此来否定《府志》对灵山卫城的记载，值得商榷。其一，对于

① 康熙《胶州志》卷三《兵防》记载：“明胶州守御千户所，在州治东，自洪武五年千户申义建。”

② 乾隆《灵山卫志》卷一《舆地志·沿革·质实》，第 14～15 页。

《正误》中所引“复载：鳌山卫置（按：当为署）建于洪武五年”一句，笔者多次检索乾隆《莱州府志》和其他版本《莱州府志》以及诸版《即墨县志》，均无此语，不知作者何所据？其二，即使《府志》中确凿记载有这句话，也只能证明其对鳌山卫的记载有误，并不能因此而怀疑其对于灵山卫的记载真伪问题。此外，作者据史实加推理，断定洪武三十五年，徐辉祖建城不现实，所以否定了乾隆《莱州府志》卷二《城池》中“明洪武三十五年，魏国公徐辉祖调指挥佥事朱兴筑土城以备倭”的记载[①]。笔者同意其对于徐辉祖建城的怀疑。但是，不能因为徐辉祖建城不现实，就否定“洪武三十五年”建城说。因为，这个说法流传甚广。嘉靖《山东通志》卷十二《城池》：“灵山卫城：砖城，在胶州东南九十里，国朝洪武三十五年筑，周围三里、高二丈五尺、池深二丈五尺，门四”[②]；万历《莱州府志》卷三《城池》：“洪武三十五年建，甓甃周三里，高二丈五尺……在胶州东南九十里”[③]；乾隆《胶州志》卷一《建置·城池》记载：“灵山卫城池：治东南九十里，明洪武三十五年，指挥佥事朱兴筑土城。”[④] 以上诸书，虽对灵山卫设置时间认识不同，如嘉靖《山东通志》认为设于“洪武二十一年”，乾隆《胶州志》认为设于“洪武三十一年”，但却都坚持“洪武三十五年”筑城，也均未提及徐辉祖筑城之事。所以说，苏潜修对丁“洪武三十五年”建城的驳斥是值得商榷的。

其次，其主张的“洪武五年说”论据并不充分。由上文可见，苏潜修持“洪武五年说”的主要论据是胶州千户所建于该年，则卫之设当早于所，故灵山卫至迟设于洪武五年。苏潜修没有认识到，在明代卫所制度中，所有守御千户所、备御千户所之分，前者基本上直属都司，后者则隶属各卫。张廷玉《明史》中明确指出：“守御千户所，不隶卫，而自达于都司。”[⑤] 关于胶州千户所的性质，史书中有明确记载。如据《明太祖实录》记载：洪武五年三月癸酉，“置胶州守御千户所”[⑥]；又据《明一统志》卷二十五《莱州府》记载：“胶州守御千户所：在胶

① 乾隆《莱州府志》卷二《城池》，第 49 页

② 嘉靖《山东通志》卷十二《城池》，第 792 页。

③ （明）龙文明修，赵燿、董基纂：《重刊万历莱州府志》卷三《城池》，民国二十八年（1939）赵永厚堂刊本。

④ 乾隆《胶州志》卷一《建置·城池》。

⑤ （清）张廷玉：《明史》卷七十六《职官五》，第 1874 页。

⑥ 《明太祖实录》卷七十三，洪武五年三月癸酉，第 1340 页。

州城内，洪武五年建”[①]。由此可见，胶州千户所当属守御千户所无疑。此外，明代史书中也记述了胶州千户所直隶于山东都司的史实，如万历《大明会典》记载了山东都司所直辖的卫、所，现择相关者胪列如下：“山东都司：……灵山卫、鳌山卫、大嵩卫、威海卫、成山卫、靖海卫。胶州千户所（此下三所旧有）、诸城千户所、滕县千户所、肥城千户所……”[②] 据此可见，胶州千户所与灵山卫是两个独立的军事单位，并无直接统属关系。所以，胶州千户所的设立时间与灵山卫无关。因此，不能据此认为该卫设于洪武五年。

再次，苏潜修对“洪武二十一年”的驳斥也并不到位。苏潜修在《质实》中认为《府志》、《旧志》记载鳌山卫、灵山卫设于洪武二十一年，乃是源自《通鉴纲目三编》所载该年汤和巡海筑城之事。此说较为武断。首先，据《通鉴纲目三编》记载：洪武二十年，“冬十一月，命汤和筑濒海城备倭”[③]。苏潜修所记时间有误，且该书并未言及汤和在山东筑卫所城池之事。其次，当地一些方志中也曾记载过汤和巡海，如万历《莱州府志》卷六《大事记》记载：“十八年，命汤和筑海上城，起东莱抵江浙，凡五十城”[④]，时间并不是二十一年，也未明确将汤和巡海与鳌山卫、灵山卫的建置联系到一起。因此说，苏潜修认为“洪武二十一年说”源自《纲目》所载汤和巡海一事，实属武断。

事实上，就以上史书可见，流行甚广的“洪武二十一年说”最早出现于《明一统志》，该书修成于天顺年间，为官修志书，史料价值较高，又具有权威性，多为后世诸地理志、方志采用，同持“洪武二十一年说”的嘉靖《山东通志》、《读史方舆纪要》、《明史稿》等，很可能采用该书。

不过，该说尽管出自《明一统志》，却也未必可靠。众所周知，李贤等修《明一统志》是陈循等修《寰宇通志》的修订本，二者成书时间较近，参与编纂者也大致为同一套人马，有学者认为“《大明一统志》主要是在《寰宇通志》的基础上增补、删定而成”[⑤]，大部分内容是相同的。由上文所引《寰宇通志》中灵山卫建于“洪武三十一年”推测，《明一统志》在增补、删定《寰宇通志》的过程中，很可能误将“三”抄作“二”，后世诸说未加考辨，遂至以讹传讹。由

---

① 《明一统志》卷二十五《莱州府》，《景印文渊阁四库全书》第472册，第608页。
② （明）申时行：《大明会典》卷一百二十四《兵部七》，《续修四库全书》第791册，第249页。
③ （清）张廷玉：《御定资治通鉴纲目三编》卷三，《景印文渊阁四库全书》第340册，第66页。
④ 万历《莱州府志》卷六《大事记》；乾隆《莱州府志》卷十六《大事记》中记载亦同，第388页。
⑤ 张英聘：《论〈大明一统志〉的编修》，《史学史研究》，2004年第4期。

此可以推测，“洪武二十一年说”很可能是抄写讹误导致，亦不可靠。

灵山卫建于“洪武三十一年”说应当是最为可靠的说法。首先，该说源自《明太祖实录》，实录据当朝档案等资料修成，成书时间既近，又系官方政书，编纂较为严谨，且对于卫所设置又无任何避讳可言，可靠性较强。其次，据洪武二十六年官修《诸司职掌·兵部·城隍》记载：当时山东都司下辖卫、所有“青州左护卫、青州护卫、兖州护卫、兖州左护卫、登州卫、青州左卫、莱州卫、宁海卫、济南卫、平山卫、德州卫、乐安千户所、胶州千户所、诸城千户所、滕县千户所”①，其中并无灵山卫。《诸司职掌》系洪武朝官修政书，应当可靠。据此，则至迟在洪武二十六年灵山卫尚未建立。最后，据永乐二年文登教谕胡士文撰《新设威海捕倭屯田军记》一文记载：“洪武戊寅春正月，特命魏国公徐、都督朱垛集本处之民，置立沿海卫所……今当险要之处自威海而抵安东，凡设直隶卫者七”②，洪武戊寅即三十一年，参照《明太祖实录》中所设沿海七卫，灵山卫当为其一。该文撰于永乐二年，距洪武三十一年相去不远，且胡士文为文登教谕，对本地事情也有所了解，其说应当可信。所以，灵山卫应当设于洪武三十一年。

（5）夏河寨前所

夏河寨前所属于灵山卫。其设置时间，史书记载有以下两种说法。

①洪武年间。据《肇域志·山东七》记载：“夏河城寨，在县东南一百三十里龙湾社，洪武间，灵山卫百户管成包以砖石，周四里一百八十五步，烽、墩二。”③

又据《续山东考古录》卷七《青州府下》：“洪武初，置诸城千户所、夏河寨千户所。”④

以上二者均认为该所设于洪武时期。

②弘治以后。据万斯同《明史》卷八十《地理二》记载：“又有夏河砦千户所，在灵山卫西南，石臼岛砦千户所在安东卫南，俱弘治以后置”⑤，认为该所设于弘治以后。

① 《诸司职掌·兵部·城隍》，明刻本。

② 乾隆《威海卫志》卷九《艺文》，胡士文《新设威海捕倭屯田军记》，第475页。

③ 《肇域志·山东七》，《续修四库全书》第590册，第169页。

④ 《续山东考古录》卷七《青州府下》。

⑤ 万斯同：《明史》卷八十《地理二》，《续修四库全书》第325册，第367页；王鸿绪：《明史稿》志十九《地理二》，记载亦同，第361页。张廷玉《明史》卷四十一《地理二》记载亦同，第950页。

那么该所究竟设于何时？据《明英宗实录》记载，正统三年（1438）十一月丙申：

命改山东登州府管内奇山守御所仓为奇山仓，威海卫为威海仓，百尺崖所仓为宁海州仓，俱隶宁海州。成山卫仓为成山仓，寻山所仓为寻山仓，靖海卫仓为靖海仓，宁津所仓为宁津仓，俱隶文登县。大嵩卫仓为大嵩仓，大山所仓为大山仓，海阳守御所仓为海阳仓，俱隶莱阳县。莱州府管内王徐所仓为本府王徐仓，鳌山卫仓为鳌山仓，浮山所仓为浮山仓，雄崖守御所仓为雄崖仓，俱隶即墨县。灵山卫仓为灵山仓，夏河所仓为夏河仓，俱隶胶州。青州府管内安东卫仓为本府安东仓。俱改铨其官，铸印给之，所在府、州、县各添设佐贰官一员以理其事，仍添设按察司官一员以总之。先是山东三司言，登、莱、青三府沿海各仓俱隶卫所，出纳之际民受其害，请俱改隶府县。行在户部以为宜如其言，故有是命。①

由上可见，至迟在正统三年十一月以前，奇山所、百尺崖所、寻山所、宁津所、大山所、海阳所、王徐所、浮山所、雄崖所、夏河所已经全部设立，否则不会在朝廷官方文书中出现，因此“弘治以后说”不成立。

笔者认为，其作为灵山卫下辖之前所，很可能与灵山卫一起成立，其设立时间当为洪武三十一年（1398）。

（6）胶州所

胶州守御千户所的设立时间，史书记载较为一致。

据《明太祖实录》记载：洪武五年（1372）三月癸酉，“置胶州守御千户所”②。

据《寰宇通志》卷七十六《莱州府》记载：“胶州守御千户所：在胶州城内，洪武五年建。”③

据《明一统志》卷二十五《莱州府》记载：“胶州守御千户所：在胶州城内，洪武五年建。”④

据嘉靖《山东通志》卷十一《兵防》记载：“胶州守御千户所：在州治东，

① 《明英宗实录》卷四十八，正统三年十一月丙申，第930～931页。
② 《明太祖实录》卷七十三，洪武五年三月癸酉，第1340页。
③ 《寰宇通志》卷七十六《登州府》。
④ 《明一统志》卷二十五《莱州府》，《景印文渊阁四库全书》第472册，第608页。

洪武五年建。”①

据此，则胶州守御千户所设于洪武五年（1372）。

（7）鳌山卫

关于鳌山卫的设置时间，史书记载有所不同，有以下三种说法。

①洪武二十一年（1388）。据《明一统志》卷二十五《官署》记载，“鳌山卫：在即墨县东四十里，俱洪武二十一年建”②，认为鳌山卫设立于洪武二十一年。

据嘉靖《山东通志》卷十一《兵防》记载：“鳌山卫：在即墨县东四十里，洪武二十一年建”；卷十二《城池》记载：“鳌山卫城：国朝洪武二十一年，魏国公徐徽（辉）祖开设，指挥廉高创营其城”。③

据万历《莱州府志》卷三《城池》记载：“鳌山卫城：洪武二十一年，魏国公徐辉祖开设，指挥佥事廉高建砖甃，周五里、高三丈。”④

据《读史方舆纪要》卷三十六《山东七·莱州府》记载：“鳌山卫：在即墨县东四十里。洪武二十一年置。筑城周五里。志云：卫领右、前、后三千户所。”⑤

据《肇域志·山东五》记载：“鳌山卫在即墨县东四十里，洪武二十一年，魏国公徐辉祖开，领右、前、后三千户所。”⑥

据万斯同《明史》卷八十《地理二》记载：“（按：即墨县）东有鳌山卫，洪武二丨一年置。”⑦

又据清乾隆三十年（1765）廉玠撰《廉氏族谱序》记载：“吾希贤祖之裔，始由山西平阳府太平县徙居江苏淮安府清河县，迁江西饶州府余干县。时值元末，洪武称兵，吾友祖与元帅何是能督率军伍，诰授勇武将军，至戊申年（洪武元年，1368年）病故，吾高祖遂继袭职，癸未年（按：洪武无癸未年，疑癸丑年，即洪武六年，1373年）分拨山东莱州府即墨县城东四十里海隅防倭，至洪武

---

① 嘉靖《山东通志》卷十一《兵防》，第737页。

② 《明一统志》卷二十五《莱州府》，第608页。

③ 嘉靖《山东通志》卷十一《兵防》，第737页、卷十二《城池》，第792页。

④ 万历《莱州府志》卷三《城池》；同治《即墨县志》卷二《建置·城池》记载基本相同，第41页。

⑤ 《读史方舆纪要》卷三十六《山东七·莱州府》，第1680页。

⑥ 《肇域志·山东五》，《续修四库全书》第589册，第544页。

⑦ 万斯同：《明史》卷八十《地理二》，第367页。王鸿绪：《明史稿》志十九《地理二》记载亦同，第361页。

二十一年，魏国公徐辉祖与吾高祖奉旨筑鳌山卫城以备倭。”[①]

据《大清一统志》卷一百三十八《莱州府》记载：“鳌山废卫：在即墨县东四十里，明洪武二十一年置。”[②]

据《续山东考古录》卷十四《莱州府下》记载：“洪武二十一年，置鳌山卫、雄崖、浮山二千户所。”[③]

又据同治《即墨县志》卷二《建置·城池》记载：“鳌山卫城：明洪武二十一年，魏国公徐辉祖檄指挥佥事廉高筑砖城。”[④]

以上史书均明确认为鳌山卫设于洪武二十一年（1388）。

②洪武三十一年（1398）。据《明太祖实录》记载：洪武三十一年，置山东都指挥使司属卫七，曰：安东、曰灵山、曰鳌山、曰大嵩、曰威海、曰成山、曰靖海。[⑤] 据此，则鳌山卫与其他六卫均设于洪武三十一年五月。

③洪武三十五年（1402）。据同治《即墨县志》卷四《武备·营汛》记载，“明洪武三十五年，魏国公徐辉祖设鳌山卫”[⑥]，认为该卫设于洪武三十五年。不过，该书卷二《城池》又记载，“鳌山卫城：明洪武二十一年，魏国公徐辉祖檄指挥佥事廉高筑砖城”[⑦]，认为鳌山卫城建于洪武二十一年。既然鳌山卫城设于洪武二十一年，那么鳌山卫只能早于二十一年。可见二者存在矛盾之处。

鳌山卫究竟设于何时？如前所述，据洪武二十六年朝廷官修《诸司职掌》记载，洪武二十六年（1393），山东都司辖有“青州左护卫、青州护卫、兖州护卫、兖州左护卫、登州卫、青州左卫、莱州卫、宁海卫、济南卫、平山卫、德州卫、乐安千户所、胶州千户所、诸城千户所、滕县千户所”[⑧]，其中并无鳌山卫。此外，又据永乐二年文登教谕胡士文撰《新设威海捕倭屯田军记》记载，“洪武戊寅春正月，特命魏国公徐、都督朱埰集本处之民，置立沿海卫所……今当险要之处自威海而抵安东，凡设直隶卫者七”[⑨]，鳌山卫当为其一。

---

① 廉玠：《廉氏族谱序》，乾隆三十年（1765），转引自鳌山卫《廉氏族谱》，2008 年修。
② 《大清一统志》卷一百三十八《莱州府》，《景印文渊阁四库全书》第 476 册，第 720 页。
③ 《续山东考古录》卷十四《莱州府下》。
④ 同治《即墨县志》卷二《建置·城池》，第 41 页。
⑤ 《明太祖实录》卷二百五十七，洪武三十一年五月丙寅，第 3716 页。
⑥ 同治《即墨县志》卷四《武备·营汛》，第 68 页。
⑦ 同治《即墨县志》卷二《建置·城池》，第 41 页。
⑧ 《诸司职掌·兵部·城隍》。
⑨ 乾隆《威海卫志》卷九《艺文》，胡士文《新设威海捕倭屯田军记》，第 475 页。

另外，鳌山卫后千户所属下之百户所的官印尚存世，印台有楷书刻款“鳌山卫后千户所百户印。礼部造。洪武三十一年五月　日。鳌字五十一号”①，据此则该百户所至迟设于洪武三十一年（1398）五月，那么很显然其母体鳌山卫至迟也应当设于此时。

所以，笔者认为，鳌山卫当设于洪武三十一年。

（8）浮山前所

浮山前所隶属于鳌山卫。

据万斯同《明史》卷八十《地理二》记载：“又东北有雄崖守御千户所，南有浮山守御千户所，俱洪武中置。”②

据《续山东考古录》卷十四《莱州府下》记载：“洪武二十一年，置鳌山卫、雄崖、浮山二千户所。”③

由上可见，以上史书均认为该所设于洪武时期。《续山东考古录》认为其建于洪武二十一年（1388），但据前文所引《诸司职掌》记载，洪武二十六年（1393）时山东都司下并无浮山前千户所，所以该所之建当为洪武二十六年之后。另，浮山所作为鳌山卫的前所，很可能与鳌山卫设立于同时，那么该所的设置时间应该是洪武三十一年。

（9）雄崖所

①洪武时期。据嘉靖《山东通志》卷十一《兵防》记载：“雄崖守御千户所：在即墨县东北九十里，洪武间建。”④

据《读史方舆纪要》卷三十六《山东七 · 莱州府》记载：“雄崖守御千户所。即墨县东北九十里，洪武中设；又浮山寨备御前千户所，在县南八十里；俱属鳌山卫。”⑤

据《肇域志 · 山东五》记载：“雄崖守御千户所在即墨县东北九十里，明洪武间建。”⑥

据万斯同《明史》卷八十《地理二》记载：“又东北有雄崖守御千户所，南

① 方斌：《故宫收藏你应该知道的200件官印》，北京：紫禁城出版社2008年版，第222页。

② 万斯同：《明史》卷八十《地理二》，第367页。王鸿绪：《明史稿》志十九《地理二》记载亦同，第361页。

③ 《续山东考古录》卷十四《莱州府下》。

④ 嘉靖《山东通志》卷十一《兵防》，第739页。

⑤ 《读史方舆纪要》卷三十六《山东七 · 莱州府》，第1680页。

⑥ 《肇域志 · 山东五》，《续修四库全书》第589册，第546页。

有浮山守御千户所，俱洪武中置。”①

②洪武二十一年（1388）。据《续山东考古录》卷十四《莱州府下》记载：“洪武二十一年，置鳌山卫、雄崖、浮山二千户所。”②

③洪武三十五年（1402）。据同治《即墨县志》卷二《建置·城池》记载：“雄崖所城，县东北九十里，明洪武三十五年设。”③

清人黄肇颚《崂山续志》卷九《附载》记载：“所距邑东北九十里，明洪武三十五年设。”④

由上可见，以上史书均认为该所设于洪武时期。《续山东考古录》认为其建于洪武二十一年（1388），但据前文所引《诸司职掌》记载，洪武二十六年（1393）时山东都司下并无雄崖千户所，所以该所之建当为洪武二十六年之后。

（10）大嵩卫

关于大嵩卫的设立时间，史书记载有以下两种说法。

①洪武十八年（1385）前。据《鳌山卫古城》所引《族谱》记载：石氏，原籍苏州平山，其始祖元末随朱元璋起义，因战功卓越，洪武十八年授大嵩卫镇抚，复为魏国公徐辉祖所知，奉檄筑城于鳌山，以功升鳌山卫指挥使。⑤

据此，则该卫之设当不晚于洪武十八年。

②洪武三十一年（1398）。据《明太祖实录》记载：“洪武三十一年，置山东都指挥使司属卫七，曰：安东、曰灵山、曰鳌山、曰大嵩、曰威海、曰成山、曰靖海。”⑥ 据此，则大嵩与其他六卫均设于洪武三十一年五月。

据《寰宇通志》卷七十六《登州府》记载：“大嵩卫指挥使司：在莱阳县东南百三十里，洪武三十一年建。”⑦

据《明一统志》卷二十五《登州府》记载：“大嵩卫：在莱阳城东南一百三十里，洪武三十一年建。”⑧

---

① 万斯同：《明史》卷八十《地理二》，第367页。王鸿绪：《明史稿》志十九《地理二》记载亦同，第361页。

② 《续山东考古录》卷十四《莱州府下》。

③ 同治《即墨县志》卷二《建置·城池》，第41页。

④ （清）黄肇颚撰，即墨市史志办公室点校：《崂山续志》卷九《附载》，济南：山东地图出版社2008年版，第341页。

⑤ 黄济显：《鳌山卫古城》，北京：中国文史出版社2007年版，第87页。

⑥ 《明太祖实录》卷二百五十七，洪武三十一年五月丙寅，第3716页。

⑦ 《寰宇通志》卷七十六《登州府》。

⑧ 《明一统志》卷二十五《登州府》，《景印文渊阁四库全书》第472册，第600页。

嘉靖《山东通志》卷十一《兵防》记载：“大嵩卫：在莱阳县东南一百三十里，洪武三十一年建。”据嘉靖《山东通志》卷十二《城池》记载：“大嵩卫城：……洪武三十一年，指挥邓清筑。”①

据顺治《登州府志》卷五《武备》记载：“大嵩卫：在莱阳县东南一百三十里，洪武三十一年建。”②

据《读史方舆纪要》卷三十六《山东七·登州府》记载：“在莱阳县东南百三十里。洪武三十一年置，领中、前、后三千户所。”③

据万斯同《明史》卷八十《地理二》记载：“又有大嵩卫，洪武三十一年置。”④

据《明史》卷四十一《地理志二·山东》记载：“又东南有大嵩卫，洪武三十一年五月置。”⑤

据乾隆《海阳县志》卷四《建置》记载：“县城原大嵩卫城，系砖城，明洪武三十一年指挥邓清所筑。”⑥

据光绪《增修登州府志》卷十二《军垒》记载：“三十一年，建四卫，威海卫……成山卫……大嵩卫……靖海卫。”⑦

据光绪《增修登州府志》卷七《城池》记载：“海阳县城：本大嵩卫城，明洪武三十一年立，建砖城。”⑧

据《续山东考古录》卷十二《登州府下》记载：“洪武三十一年，置大嵩卫、大山、海阳两千户所。”⑨

以上史书均认为该卫建于洪武三十一年。

笔者认为，持“洪武十八年前”说的《鳌山卫古城》一书所引《石氏族谱》为作者田野考察而得，该谱所修时间较晚，对于明初史事记载难免出现舛

---

① 嘉靖《山东通志》卷十一《兵防》，第 732 页；卷十二《城池》，第 788 页。

② 顺治《登州府志》卷五《武备》。

③ 《读史方舆纪要》卷三十六《山东七·登州府》，第 1691 页。

④ 万斯同：《明史》卷八十《地理二》，第 367 页。王鸿绪：《明史稿》志十九《地理二》记载亦同，第 361 页。

⑤ 《明史》卷四十一《地理志二·山东》，第 951 页。

⑥ （清）包桂纂修：乾隆《海阳县志》卷四《建置·城池》，《中国地方志集成·山东府县志辑》第 56 册，南京：凤凰出版社 2004 年版，第 49 页。

⑦ 光绪《增修登州府志》卷十二《军垒》，第 125 页。

⑧ 光绪《增修登州府志》卷七《城池》，第 77 页。

⑨ 《续山东考古录》卷十二《登州府下》。

误。而持“洪武三十一年”说者，既有官方实录，也有距建卫时间相对较近的地方史籍，它们的记载较为统一，应当具备较高的可信度。此外，《诸司职掌》记载的洪武二十六年（1393）山东卫所，其中并无大嵩卫。同时，前文所引永乐二年（1404）文登教谕胡士文撰《新设威海捕倭屯田军记》记载：“洪武戊寅春正月，特命魏国公徐、都督朱垛集本处之民，置立沿海卫所……今当险要之处自威海而抵安东，凡设直隶卫者七。”① 大嵩卫当为其一。

因此，大嵩卫之设当在洪武三十一年。

（11）大山所

大山所属大嵩卫。关于大山所的设立时间，史书记载有以下两种不同说法。

①洪武三十一年（1398）说。据《续山东考古录》卷十二《登州府下》记载：“洪武三十一年，置大嵩卫、大山、海阳两千户所。”②

②成化说。据《读史方舆纪要》卷三十六《山东七・登州府》记载：“大山备御前千户所：在大嵩卫西，成化中增置，所城周四里，属大嵩卫。”③

据万斯同《明史》卷八十《地理二》记载：“卫（按：大嵩卫）西有大山千户所，成化中置。”④

据《莱阳县志》卷首《大事记》记载：“（成化）十九年……置大山千户所，属大嵩卫。”卷二之一《官制》：“成化间，又设大山守御千户所……不隶于卫，自达都指挥使司。”⑤

以上这三种史书均认为该所设于成化年间。

那么，该所究竟设于何时？据前文所引《明英宗实录》可知，正统三年（1438）以前已有大山所的记载，因此“成化说”不成立。笔者认为：大山所作为大嵩卫下辖之所，很可能与大嵩卫一同设立于洪武三十一年。

（12）靖海卫

关于靖海卫的设置时间，史书记载并不统一，有以下四种说法。

①洪武初年。康熙《靖海卫志》卷一《形胜》记载：“明魏国公徐达平定东

---

① 乾隆《威海卫志》卷九《艺文》，胡士文《新设威海捕倭屯田军记》，第 475 页。

② 《续山东考古录》卷十二《登州府下》。

③ 《读史方舆纪要》卷三十六《山东七・登州府》，第 1692 页。

④ 万斯同：《明史》卷八十《地理二》，第 367 页。王鸿绪：《明史稿》志十九《地理二》记载亦同，第 361 页。

⑤ 民国《莱阳县志》卷首《大事记》，第 198 页、卷二之一《官制》，第 256 页。

牟，草创卫治，洪武三十一年，始筑石城”[①]，认为明初徐达平定山东时即设此卫，后于洪武三十一年（1398）始创建为石城。

> 又该书卷五《官职》记载：“指挥使：高龙沐阳人，洪武间封。潘古难不花山后人，洪武间封。指挥同知：向铭高安人，洪武间封。王忠新安人，洪武间封。王日成任邱人，洪武间封。连子寔浙江钱塘人，洪武间封。郑鉴北直武清人，洪武间封。冯真南滁州人，洪武间封。伯拜羊郎礼州人，洪武二年封。王友昌平人，洪武间封。许旺滁州人，洪武间封。卫镇抚：常富直隶合肥人，洪武间封。宋安邳州人，洪武元年封。千户：汪立浮粱人，洪武间封。所千户：张胜全椒人，洪武二十二年封，天启元年加佥事。所百户：孙胜山阳人，洪武间封。铁旺山阳人，洪武间封。（万历志无）。张山合肥人，洪武间封。杨兴合肥人，洪武间封。吴钱泰州人，洪武间封。”[②]

以上仅为有确切时间记载的官员，除此之外，尚有许多未载时间者。

②洪武二十七年（1394）前。据光绪《文登县志》记载：“冯良：洪武二十七年调靖海卫中所”[③]，据此在该卫之设当不晚于洪武二十七年。

③洪武二十年（1397）之前。据雍正《山东通志》卷四《城池》记载：“靖海卫城：在县南一百二十里，石城，明洪武三十年所筑”[④]，该书既然认为靖海卫城建于洪武三十年，则该卫之设当不晚于是年。

④洪武三十一年（1398）。据《明太祖实录》记载：洪武三十一年，置山东都指挥使司属卫七，曰：安东、曰灵山、曰鳌山、曰大嵩、曰威海、曰成山、曰靖海。[⑤] 据此，则靖海卫与其他六卫均设于洪武三十一年五月。

据《寰宇通志》卷七十六《登州府》记载：“靖海卫指挥使司：在文登县南百二十里，洪武三十一年建。”[⑥]

此外，据《明一统志》卷二十五《登州府》记载：“靖海卫：在文登县南一

---

① （清）佚名：康熙《靖海卫志》卷一《形胜》，《中国地方志集成·山东府县志辑》第 44 册，南京：凤凰出版社 2004 年版，第 402 页。

② 康熙《靖海卫志》卷五《官职》，第 405 ~ 407 页。该书仅对以上数人任职时间有所记载，其余不详。

③ 光绪《文登县志》卷五《职官表一》，第 108 页。

④ 雍正《山东通志》卷四《城池》，《景印文渊阁四库全书》第 539 册，第 216 页。

⑤ 《明太祖实录》卷二百五十七，洪武三十一年五月丙寅，第 3716 页。

⑥ 《寰宇通志》卷七十六《登州府》。

百二十里……洪武三十一年建。”①

嘉靖《山东通志》卷十一《兵防》记载：“在文登县南一百二十里，洪武间建。”②

顺治《登州府志》卷五《武备》记载：“靖海卫：在文登县南一百二十里，洪武三十一年建。”③

据《读史方舆纪要》卷三十七《山东七·莱州府》记载：“文登县南百二十里。洪武三十一年置，领左、中、后三千户所。城周六里有奇。”④

据万斯同《明史》卷八十《地理二》记载：“（按：文登县）南有靖海卫，东有成山卫，北有威海卫，皆洪武三十一年置。”⑤

据《明史》卷四十一《地理志二·山东》记载：“南有靖海卫，东有成山卫，北有威海卫，皆洪武三十一年五月置。”⑥

据光绪《增修登州府志》卷七《城池》记载：“靖海司城：明洪武三十一年立卫，建石城”⑦；卷十二《军垒》记载：“三十一年，建四卫。威海卫……成山卫……大嵩卫……靖海卫。”⑧

据《续山东考古录》卷十二《登州府下》记载：“洪武三十一年，置靖海卫、威海卫。”⑨

以上史书均认为该卫设于洪武三十一年（1398）。

笔者认为：持“洪武三十年前”说的雍正《山东通志》系孤证，且未有详细说明，与前后史书均有龃龉，有可能系笔误所致。持“洪武初年”说的康熙《靖海卫志》距明初已三百余年，虽然该书记载了一些洪武初年受封的职官，但这并不表明洪武初该卫已设，因为这些职官很可能先因战功受封，后又调到靖海卫。此外，持“洪武三十一年”说者，既有官方实录，也有地方志书，他们观点一致。又据洪武二十六年《诸司职掌》记载，当时并无靖海卫。再据前引永乐二年

① 《明一统志》卷二十五《登州府》，《景印文渊阁四库全书》第472册，第600页。
② 嘉靖《山东通志》卷十一《兵防》，第730页。
③ 顺治《登州府志》卷五《武备》。
④ 《读史方舆纪要》卷三十七《山东七·莱州府》，第1696页。
⑤ 万斯同：《明史》卷八十《地理二》，第367页。王鸿绪：《明史稿》志十九《地理二》记载亦同，第361页。
⑥ 《明史》卷四十一《地理志二·山东》，第952页。
⑦ 光绪《增修登州府志》卷七《城池》，第77页。
⑧ 光绪《增修登州府志》卷十二《军垒》，第125页。
⑨ 《续山东考古录》卷十二《登州府下》。

文登教谕胡士文撰《新设威海捕倭屯田军记》记载，靖海卫当为其中之一。

综上可知，靖海卫设于洪武三十一年（1398）。

（13）海阳所

关于该所的设置时间，史书记载有所不同，大致有以下两种说法。

①洪武间。嘉靖《山东通志》卷十一《兵防》："海阳守御千户所：在文登县南一百四十里，洪武间建。"①

又据《续山东考古录》卷十二《登州府下》记载："洪武三十一年，置大嵩卫、大山、海阳两千户所。"②

②成化间。据《读史方舆纪要》卷三十六《山东七·登州府》记载："海阳守御千户所，在文登县南百四十里，亦成化中置，所城周三里；俱属成山卫。"③

据万斯同《明史》卷八十《地理二》记载："又东南有海阳守御千户所，在靖海卫南……成化中置。"④

据《明史》卷四十一《地理志二·山东》记载："又东有海阳守御千户所，在靖海卫南……俱成化中置。"⑤

以上三者认为该所设于成化年间。

据前文所引《明英宗实录》可知，海阳所之设当不晚于正统三年（1438），故"成化说"误。又据前文所引《诸司职掌》可见，洪武二十六年（1393）时山东尚无海阳所，所以该所之设当在洪武二十六年之后。结合当时的形势及其他卫所的设置时间来看，我们基本上可以推断其设立时间应当为洪武三十一年。

（14）宁津守御千户所

宁津所为守御千户所，隶属于山东都司。其设立时间，史书记载有些龃龉，主要有以下三种说法。

①洪武说。据嘉靖《山东通志》卷十一《兵防》："宁津守御千户所：在文登县东南一百二十五里，洪武间建。"⑥

嘉靖《宁海州志》卷上《建置三》记载："宁津守御千户所：在文登县东南

---

① 嘉靖《山东通志》卷十一《兵防》，第732页。

② 《续山东考古录》卷十二《登州府下》。

③ 《读史方舆纪要》卷三十六《山东七·登州府》，第1696页。

④ 万斯同：《明史》卷八十《地理二》，第367页。王鸿绪：《明史稿》志十九《地理二》记载亦同，第361页。

⑤ 《明史》卷四十一《地理志二·山东》，第952页。

⑥ 嘉靖《山东通志》卷十一《兵防》，第731页。

一百二十五里，洪武间置。”①

以上二书均笼统认为该所设于洪武年间，兹存一说。

②洪武十三年（1380）说。道光《荣成县志》卷二《城池》记载：“宁津所城：城南一百三十里，靖海卫分入，明洪武十三年筑”②，此处既然认为该所城建于洪武十三年，则该所之设当不晚于是年。

③洪武三十一年（1398）说。据《寰宇通志》卷七十六《登州府》记载：“宁津守御千户所：在文登县东南百二十里，洪武三十一年建。”③

据《明一统志》卷二十五《登州府》：“宁津守御千户所，在文登县东南一百二十里。……俱洪武三十一年建。”④

据万斯同《明史》卷八十《地理二》记载：“又宁津守御千户所在东，亦洪武末置。”⑤

《明史》卷四十一《地理志二·山东》记载：“又宁津守御千户所在东南，亦洪武三十一年置。”⑥

据《续山东考古录》卷十三《莱州府上》记载：“洪武三十一年，置成山卫宁津千户所，成化中，置寻山千户所。”⑦

以上史书均认为该所设于洪武三十一年。

④成化说。据《读史方舆纪要》卷三十六《山东七·登州府》记载：“宁津守御千户所：文登县东南百二十五里，成化中置，所城周三里；……俱属成山卫。”⑧ 认为该所设于成化间。

据前文所引《明英宗实录》可知，正统三年（1438）以前已有宁津所的记载，因此“成化说”不成立。“洪武十三年”说认为其出靖海卫分入，由上可知靖海卫实际上设于洪武三十一年，所以该说不确。

因此，笔者认为该所很可能设于洪武三十一年。

---

① 嘉靖《宁海州志》卷上《建置三》，第769页。

② （清）李天陟、岳赓廷纂：道光《荣成县志》卷二《建置·城池》，《中国地方志集成·山东府县志辑》第56册，南京：凤凰出版社2004年版，第456页。

③ 《寰宇通志》卷七十六《登州府》。

④ 《明一统志》卷二十五《登州府》，《景印文渊阁四库全书》第472册，第600页。

⑤ 万斯同：《明史》卷八十《地理二》，第367页。王鸿绪：《明史稿》志十九《地理二》记载亦同，第361页。

⑥ 《明史》卷四十一《地理志二·山东》，第952页。

⑦ 《续山东考古录》卷十三《莱州府上》。

⑧ 《读史方舆纪要》卷三十六《山东七·登州府》，第1696页。

（15）成山卫

关于成山卫的设置时间，史书记载有所不同，有以下三种观点。

①洪武说。据嘉靖《山东通志》卷十一《兵防》记载："成山卫：在文登县东一百二十里，洪武间建"①，笼统认为该卫设于洪武间，兹存一说。

②洪武十三年（1380）。据道光《荣成县志》卷一《沿革》记载："明洪武十三年，置成山卫，于卫南置寻山所，属登州府。"②

又该书卷九收录清朝荣成知县罗克昌撰《建县修城记》记载："明洪武十三年，置成山卫。"③

由上可见，该书认为成山卫建于洪武十三年。

③洪武三十一年（1398）。据《明太祖实录》记载："洪武三十一年，置山东都指挥使司属卫七，曰：安东、曰灵山、曰鳌山、曰大嵩、曰威海、曰成山、曰靖海。"④ 据此，则成山卫与其他六卫均设于洪武三十一年五月。

永乐二年，文登教谕胡士文撰《新设威海捕倭屯田军记》记载："洪武戊寅春正月，特命魏国公徐、都督朱垛集本处之民，置立沿海卫所……今当险要之处自威海而抵安东，凡设直隶卫者七"⑤，成山卫当为其一。

据《寰宇通志》卷七十六《登州府》记载："成山卫指挥使司：在文登县东百二十里，洪武三十一年建。"⑥

据《明一统志》卷二十五《登州府》记载："成山卫：在文登县东一百二十里……洪武三十一年建。"⑦

据《读史方舆纪要》卷三十六《山东七・登州府》记载："成山卫：文登县东百二十里。洪武三十一年置，领左、前二千户所。卫城周六里有奇。"⑧

据万斯同《明史》卷八十《地理二》记载："（按：文登县）南有靖海卫，东有成山卫，北有威海卫，皆洪武三十一年置。"⑨

---

① 嘉靖《山东通志》卷十一《兵防》，第728页。

② 道光《荣成县志》卷一《疆域・沿革》，第442页。

③ 道光《荣成县志》卷九《艺文・记》，第539页。

④ 《明太祖实录》卷二百五十七，洪武三十一年五月丙寅，第3716页。

⑤ 乾隆《威海卫志》卷九《艺文》，胡士文《新设威海捕倭屯田军记》，第475页。

⑥ 《寰宇通志》卷七十六《登州府》。

⑦ 《明一统志》卷二十五《登州府》，《景印文渊阁四库全书》第472册，第600页。

⑧ 《读史方舆纪要》卷三十六《山东七・登州府》，第1696页。

⑨ 万斯同：《明史》卷八十《地理二》，第367页。王鸿绪：《明史稿》志十九《地理二》记载亦同，第361页。

顺治《登州府志》卷五《武备》记载："成山卫：在文登县东一百二十里，洪武三十一年建。"①

据《续山东考古录》卷十三《莱州府上》记载："洪武三十一年，置成山卫、宁津千户所，成化中置寻山千户所。"②

光绪《增修登州府志》卷七《城池》记载："荣成县城：本成山卫，明洪武三十一年立，建石城"③；卷十二《军垒》记载："三十一年，建四卫。威海卫……成山卫……大嵩卫……靖海卫。"④

以上史书，均认为该卫设于洪武三十一年。

成山卫究竟设于何时？笔者认为，持"洪武十三年"说者显系孤证，不知史源何处。不过，据前文所引《诸司职掌》来看，洪武二十六年尚未有成山卫。因此，该卫之设当在洪武二十六年之后。再据前文所引文登县胡教谕所撰碑文而言，成山卫亦属沿海七卫之一。因此，成山卫应当设于洪武三十一年。

（16）寻山后所

对于寻山所的设置时间，史书记载有所不同。

①洪武十三年（1380）。道光《荣成县志》卷二《城池》记载："寻山所城：城南五十里，明洪武十三年筑。"⑤

②成化间。据《读史方舆纪要》卷三十六《山东七·登州府》记载："寻山备御后千户所：文登县东南百二十里，成化中置，所城周三里有奇，属成山卫。"⑥

据万斯同《明史》卷八十《地理二》记载："寻山守御千户所，在成山卫东南……成化中置。"⑦

据《续山东考古录》卷十三《莱州府上》记载："成化中，置寻山千户所。"⑧

以上三者均认为寻山所设于成化时期。

---

① 顺治《登州府志》卷五《武备》。
② 《续山东考古录》卷十三《莱州府上》。
③ 光绪《增修登州府志》卷七《城池》，第 77 页。
④ 光绪《增修登州府志》卷十二《军垒》，第 125 页。
⑤ 道光《荣成县志》卷二《城池》，第 456 页。
⑥ 《读史方舆纪要》卷三十六《山东七·登州府》，第 1696 页。
⑦ 万斯同：《明史》卷八十《地理二》，第 367 页。王鸿绪：《明史稿》志十九《地理二》记载亦同，第 361 页。
⑧ 《续山东考古录》卷十三《莱州府上》。

该所究竟设于何时？笔者认为，持“洪武十三年（1380）”说的道光《荣成县志》将其与成山卫成立时间并为一体，笔者并不赞同其洪武十三年创立成山卫说，而倾向于认为该卫设于洪武三十一年。此外，据前文所引《明英宗实录》记载，则该所之设当不晚于正统三年。笔者认为：寻山备御后千户所隶属于成山卫，很可能与该卫一起设立，应为洪武三十一年。

（17）威海卫

对于威海卫的设立时间，史书记载较为一致。

据《明太祖实录》记载：洪武三十一年五月，“置山东都指挥使司属卫七，曰：安东、曰灵山、曰鳌山、曰大嵩、曰威海、曰成山、曰靖海。”① 据此，则威海卫设立于洪武三十一年。

永乐二年，文登县教谕胡士文撰《新设威海卫捕倭屯田军记》记载：“山东海右之民，间被倭寇窃发之扰，洪武戊寅（1397）春正月，特命魏国公徐、都督朱垛集本处之民，置立沿海卫所……今当险要之处自威海而抵安东，凡设直隶卫者七。”② 显然威海卫即其中之一。

据《寰宇通志》卷七十六《登州府》记载：“威海卫指挥使司：在文登县北九十里，洪武三十一年建。”③

据《明一统志》卷二十五《登州府》记载：“威海卫：在文登县北九十里……洪武三十一年建。”④

正德十六年（1521），谷景旸撰《重请威海卫印记》记载：“卫之设肇于太祖龙飞之后……乃于洪武戊寅岁，命征讨大将军魏国公徐集数万众而筑斯城焉，防御策应均于是乎永赖矣。”⑤ 洪武戊寅即洪武三十一年。

顺治《登州府志》卷五《武备》记载：“威海卫：在文登县北九十里，洪武三十一年建。”⑥

据《读史方舆纪要》卷三十六《山东七・登州府》记载：“威海卫：文登县北九十里。洪武三十一年置，领左、右二千户所。卫城周六里有奇。”⑦

---

① 《明太祖实录》卷二百五十七，洪武三十一年五月丙寅，第3716页。

② 乾隆《威海卫志》卷九《艺文》，胡士文《新建威海卫捕倭屯田军记》，第475页。

③ 《寰宇通志》卷七十六《登州府》。

④ 《明一统志》卷二十五《登州府》，《景印文渊阁四库全书》第472册，第600页。

⑤ 乾隆《威海卫志》卷九《艺文》，谷景旸《重请威海卫印记》，第476页。

⑥ 顺治《登州府志》卷五《武备》。

⑦ 《读史方舆纪要》卷三十七《山东七》，1696页。

据万斯同《明史》卷八十《地理二》记载："（按：文登县）南有靖海卫，东有成山卫，北有威海卫，皆洪武三十一年置。"①

乾隆《威海卫志》卷一《疆域志》记载："明洪武三十一年，析文登县辛汪都三里，立威海卫。永乐元年建城。"②

光绪《增修登州府志》卷七《城池》记载："威海司城：明洪武三十一年立卫，建砖城"③；卷十二《军垒》记载："三十一年，建四卫。威海卫……成山卫……大嵩卫……靖海卫。"④

以上史书均认为该卫设于洪武三十一年（1398）。

（18）百尺崖后所

对于该所设置时间，史书记载有所不同，主要有以下两种说法。

①洪武三十一年（1398）说。据《续山东考古录》卷十二《登州府下》记载："洪武三十一年，置靖海卫、威海卫、百尺崖千户所"⑤，认为该所设于洪武三十一年。

②成化说。据《读史方舆纪要》卷三十六《山东七·登州府》记载："百尺崖备御后千户所，文登县东南百四十里，成化中置，所城周二里，属威海卫。"⑥

据万斯同《明史》卷八十《地理二》记载："百尺崖守御千户所，在威海卫北……成化中置。"⑦

以上二者均认为该所设于成化年间。

那么，该所究竟设于何时？据前文所引《明英宗实录》中改卫所仓为州县仓的记载可见，正统三年（1438）已经有百尺崖千户所之名，所以不可能设于成化时期。此外，又据《明宣宗实录》记载：宣德九年（1434）二月甲子，"移置辛汪寨巡检司于长峰寨，温泉镇巡检司于古峰寨，时山东威海卫指挥佥事陶敞言：二巡检司虽为捕倭而设，然与百尺崖备御后千户所相近，且非要害海口，而长峰、古峰二寨实险要之地，于备倭为宜，遂移置焉"⑧。由此可见，宣德九年二月

① 万斯同：《明史》卷八十《地理二》，第367页。王鸿绪：《明史稿》卷十九《地理二》记载亦同，第361页。

② 乾隆《威海卫志》卷一《疆域志》，第434页。

③ 光绪《增修登州府志》卷七《城池》，第77页。

④ 光绪《增修登州府志》卷十二《军垒》，第125页。

⑤ 《续山东考古录》卷十二《登州府下》。

⑥ 《读史方舆纪要》卷三十七《山东七》，1696页。

⑦ 万斯同：《明史》卷八十《地理二》，第367页。王鸿绪：《明史稿》志十九《地理二》记载亦同，第361页。

⑧ 《明宣宗实录》卷一百八，宣德九年二月甲子，第2426～2427页。

之前，百尺崖备御后千户所已经存在，所以“成化说”不成立。

笔者认为：百尺崖备御后千户所隶属于威海卫，很可能与威海卫一同成立于洪武三十一年（1398）。

（19）宁海卫

关于宁海卫的设立时间，史书记载有龃龉之处，主要有以下三种说法。

①洪武九年（1376）前。据《明太祖实录》记载：洪武九年二月庚子，“调扬州卫军士千人补登州卫，高邮卫军士千人补宁海卫”①。据此，则宁海卫成立当不晚于洪武九年二月。

②洪武十年（1377）。据《寰宇通志》卷七十六《登州府》记载：“宁海卫指挥使司：在宁海州治西，本莱州卫左千户所，洪武二年调于此，十年升为卫。”②

据《明一统志》卷二十五《登州府》记载：“宁海卫：在海宁（当为宁海）州治西，本莱州卫左千户所，洪武二年调于此，十年升为卫。”③

据嘉靖《山东通志》卷十一《兵防》记载：“宁海卫：在州治西，洪武二年，置备御所，十年，改为卫。”④

据嘉靖《宁海州志》卷上《建置三》记载：“宁海卫：在州治西。元置宁海千户所，国朝因之，属莱州卫。洪武十年，改置卫。”⑤

据顺治《登州府志》卷五《武备》记载：“宁海卫：在宁海州治西，本莱州卫左千户所，洪武二年调于此，十年升为卫。”⑥

据《读史方舆纪要》卷三十六《山东七·登州府》记载：“宁海卫，在州治西。本莱州卫左千户所，洪武二年调为备御所，十年升为卫，领左、中、前、后四千户所。”⑦

据光绪《增修登州府志》卷十二《军垒》记载：“十年，升宁海军为宁海卫。”⑧

据民国《牟平县志》卷五《政治志·武备》：“元置千户所，属莱州卫左千

① 《明太祖实录》卷一百四，洪武九年二月庚子，第1747页。
② 《寰宇通志》卷七十六《登州府》。
③ 《明一统志》卷二十五《登州府》，《景印文渊阁四库全书》第472册，第600页。
④ 嘉靖《山东通志》卷十一《兵防》，第725页。
⑤ 嘉靖《宁海州志》卷上《建置三》，第764页。
⑥ 顺治《登州府志》卷五《武备》。
⑦ 《读史方舆纪要》卷三十六《山东七·登州府》，第1696页。
⑧ 光绪《增修登州府志》卷十二《军垒》，第125页。

户所；明洪武二年，调于此，十年，升为卫。”①

以上史书均认为该卫设于洪武十年（1377）。

③洪武十一年（1378）。据《明太祖实录》记载：洪武十一年四月辛未，“置宁海卫指挥使司于山东之宁海州”②，认为宁海卫设立于洪武十一年四月。

笔者认为，对于明初宁海卫沿革较为合理的解释应当是：元朝曾在宁海州地区设立宁海千户所，明朝占领山东后加以接纳改编，于洪武二年（1369），将其纳入莱州卫属下，后直至洪武十年到十一年，又独立成为宁海卫。

附：清泉寨备御百户所

据嘉靖《山东通志》卷十一《兵防》记载：“清泉寨备御百户所，属宁海卫，其设官百户。”③

（20）金山备御千户所

该所为宁海卫左所。关于该所的设置时间，史书记载有所不同，主要有以下两种说法：

①洪武朝。据《续山东考古录》卷十二《登州府下》记载：“洪武初，设宁海卫、金山千户所。”④

据《牟平县志》卷二《地理志·古迹》记载：“金山所故城：在县东北四十里，明洪武初置。”⑤

以上二者，均认为该所设于洪武时期。

②成化朝。据《读史方舆纪要》卷三十六《山东七·登州府》记载：“金山备御左千户所，州东北四十里。所城周二里。成化中置，属宁海卫。”⑥

据万斯同《明史》卷八十《地理二》记载：“金山守御千户所，在威海卫西……成化中置。”⑦

据《明史》卷四十一《地理志二·山东》记载：“金山守御千户所，在威海

---

①（民国）宋宪章修，于清泮纂：民国《牟平县志》卷五《政治志·武备》，《中国地方志集成·山东府县志辑》第55册，南京：凤凰出版社2004年版，第220页。

②《明太祖实录》卷一百十八，洪武十一年四月辛未，第1926页；（清）谈迁：《国榷》卷六，洪武十一年四月辛未，记载亦同，北京：中华书局1958年版，第561页。

③ 嘉靖《山东通志》卷十一《兵防》，第726页。

④《续山东考古录》卷十二《登州府下》。

⑤ 民国《牟平县志》卷二《地理志·古迹》，第90页。

⑥《读史方舆纪要》卷三十六《山东七·登州府》，第1696页。

⑦ 万斯同：《明史》卷八十《地理二》，第367页。王鸿绪：《明史稿》志十九《地理二》记载亦同，第361页。

卫西……俱成化中置。”[①]

以上三者，均认为该所设于成化时期。

据嘉靖《宁海州志》卷上《建置三》记载：“金山备御千户所：即左所”[②]，认为金山所即宁海卫左所。所以，笔者认为：金山备御左千户所作为宁海卫下辖之所，很可能与宁海卫共同成立，当为洪武十到十一年。

（21）登州卫

关于登州卫的设置时间，史书记载有所不同，主要有以下两种说法：

①洪武八年（1375）十一月前。据《明太祖实录》记载：洪武八年十一月壬午，“以登州卫知事周斌为户部侍郎”[③]。

又据《明太祖实录》记载：洪武九年二月庚子，“调扬州卫军士千人补登州卫，高邮卫军士千人补宁海卫”[④]。

据此，则登州卫之设当在洪武八年十一月前。

②洪武九年（1376）。据《明太祖实录》记载：洪武九年十二月，“是月置杭州前卫、登州卫”[⑤]。

据《寰宇通志》卷七十六《登州府》记载：“登州卫指挥使司：在府城中，洪武九年建。”[⑥]

据《明一统志》卷二十五《登州府》记载：“登州卫：在府城中，洪武九年建。”[⑦]

据嘉靖《山东通志》卷十一《兵防》记载：“登州卫：在府城东北，洪武九年建。”[⑧]

据顺治《登州府志》卷五《武备》记载：“登州卫在府城中，洪武九年升州为府，知州周斌奏改守御千户所升为卫。”[⑨]

据《读史方舆纪要》卷三十六《山东七·登州府》记载：“登州卫，治府城内。洪武九年置，领左、右、中、前、后、中左、中右七千户所。”[⑩]

---

① 《明史》卷四十一《地理志二·山东》，第952页。
② 嘉靖《宁海州志》卷上《建置三》，第765页。
③ 《明太祖实录》卷一百二，洪武八年十一月壬午，第1724页。
④ 《明太祖实录》卷一百四，洪武九年二月庚子，第1747页。
⑤ 《明太祖实录》卷一百一十，洪武九年十二月己卯，第1836页。
⑥ 《寰宇通志》卷七十六《登州府》。
⑦ 《明一统志》卷二十五，《景印文渊阁四库全书》第472册，第600页。
⑧ 嘉靖《山东通志》卷十一《兵防》，第723页。
⑨ 顺治《登州府志》卷五《武备》。
⑩ 《读史方舆纪要》卷三十六《山东七·登州府》，第1691页。

据《肇域志·山东三》记载："国朝洪武九年，知州周斌奏设登州卫，置海船，运辽东军需。"①

据光绪《增修登州府志》卷十二《军垒》记载："明初，仍元制。洪武二年，分莱州卫官军以备登州……九年，升州为府，知府周斌奏改守御千户所升为登州卫。"②

究竟该卫设于何时？笔者认为，洪武八年（1375）十一月壬午，明朝政府以"登州卫知事"周斌为户部侍郎，此处的"登州卫知事"是不规范的称呼，很可能并不意味着该卫已经成立。此外，洪武九年（1376）二月庚子，明朝政府调扬州卫军士千人补登州卫，此处的"登州卫"很可能还是登州守御千户所，因此处的调扬州卫兵是为登州卫之成立做准备，而后人则以后称称之。所以，登州卫之设应为洪武九年十二月。

附1：解宋寨备御四百户所

据嘉靖《山东通志》卷十一《兵防》记载："解宋寨备御四百户所，属登州卫，其设官百户。"③

附2：刘家汪寨备御三百户所

据嘉靖《山东通志》卷十一《兵防》记载："刘家汪寨备御三百户所，属登州卫，其设官百户。"④

附3：黄河寨备御百户所

据嘉靖《山东通志》卷十一《兵防》记载："黄河寨备御百户所，属登州卫，其设官百户。"⑤

此三所均为"登州卫中、右千户所分设"⑥。

（22）奇山守御千户所

关于该所设置时间，史书记载较为一致。

据《寰宇通志》卷七十六《登州府》记载："奇山守御千户所：在福山县东北三十里，洪武三十一年建。"⑦

据《明一统志》卷二十五《登州府》："奇山守御千户所，在福山县东北三

① 《肇域志·山东三》，《续修四库全书》第589册，第256页。
② 光绪《增修登州府志》卷十二《军垒》，第125页。
③ 嘉靖《山东通志》卷十一《兵防》，第724页。
④ 嘉靖《山东通志》卷十一《兵防》，第724～725页。
⑤ 嘉靖《山东通志》卷十一《兵防》，第725页。
⑥ 《读史方舆纪要》卷三十六《山东七》，第1688页。
⑦ 《寰宇通志》卷七十六《登州府》。

十里，以上俱洪武三十一年建。”①

据嘉靖《山东通志》卷十一《兵防》记载：“奇山守御千户所：在福山县东北三十里，洪武三十一年建。”②

据嘉靖《宁海州志》卷上《建置三》记载：“奇山守御千户所：在州西北四十里，洪武三十一年建。”③

据万斯同《明史》卷八十《地理二》记载：“奇山守御千户所，在县（按：福山县）东北，洪武三十一年置。”④

据《读史方舆纪要》卷三十六《山东七·登州府》记载：“奇山守御千户所，在福山县东北三十里。洪武三十一年置，所城周二里。”⑤

据《大清一统志》卷一百三十七《登州府》记载：“奇山所：在福山县东北三十里，明洪武三十一年置，有石城，属宁海卫。”⑥

据《续山东考古录》卷十一《登州府上》：“洪武三十一年，设奇山千户所。”⑦

以上史书均认为该所设于洪武三十一年（1398）。

（23）福山中前所

该所属登州卫。关于福山千户所的设置时间，史书记载不尽相同，大致有以下三种观点。

①洪武九年（1376）。据《寰宇通志》卷七十六《登州府》记载：“福山备御中前千户所：在福山县治西，旧属登州卫，洪武十年始调于此。”⑧

据《明一统志》卷二十五《登州府》：“福山备御中前千户所在福山县治西，旧属登州卫，洪武十年调于此。”⑨

以上二者认为该所原属登州卫，而登州卫建于洪武九年，那么该所也应当设于洪武九年。

②洪武十年（1377）。据嘉靖《山东通志》卷十一《兵防》记载：“福山备

---

① 《明一统志》卷二十五《登州府》，《景印文渊阁四库全书》，第472册，第600页。

② 嘉靖《山东通志》卷十一《兵防》，第727页。

③ 嘉靖《宁海州志》卷上《建置三》，第765页。

④ 万斯同：《明史》卷八十《地理二》，第367页。王鸿绪：《明史稿》志十九《地理二》记载亦同，第361页。

⑤ 《读史方舆纪要》卷三十六《山东七·登州府》，第1691页。

⑥ 《大清一统志》卷一百三十七《登州府》，《景印文渊阁四库全书》第476册，第695页。

⑦ 《续山东考古录》卷十一《登州府上》。

⑧ 《寰宇通志》卷七十六《登州府》。

⑨ 《明一统志》卷二十五《登州府》，《景印文渊阁四库全书》第472册，第600页。

御中前千户所，在福山县治西，属登州卫，洪武十年建。”①

据《读史方舆纪要》卷三十六《山东七 · 登州府》：“又有福山备御中前千户所，在县治西。洪武十年置，属登州卫。”②

③洪武四年（1371）前。据民国《福山县志稿》卷一之一《城池》记载：“明洪武四年，备御千户刘能稍为修筑。九年，千户吴贵增修。”③ 又据该书卷二之六《荫袭》记载：“（始授）刘能：南直隶徐州人，洪武四年备御中前所”，“（始授）吴贵：莱州人，洪武九年任副千户，守御中前所。”④ 由此可见，刘能、吴贵二人均属福山所，分别于洪武四年、洪武九年莅任。刘能是民国《福山县志稿》中记载的明代福山所最早的职官，据此，则该所之建当不晚于洪武四年。

那么，福山所究竟设于何时？民国《福山县志稿》卷二之六《荫袭》中还记载了该所的镇抚，“蓝常：字田玉，即墨人，见洪武四年《涂山龙王庙碑》；周吉：字文中，即墨人，见洪武四年《涂山龙王庙碑》”⑤，据此则至迟在洪武四年，蓝常、周吉已经出任福山所镇抚。此外，又据民国《福山县志稿》记载，早在金代即已设立福山千户所，元代因袭之。⑥ 因此，笔者推论，明初福山千户所当为因袭元制，直至洪武十年（1377）方才最终确定。

附：卢洋寨备御五百户所

据嘉靖《山东通志》卷十一《兵防》记载：“卢洋寨备御五百户所，属福山所，其设官百户。”⑦

（24）莱州卫

对于莱州卫建立时间，史书记载有所不同，主要有以下三种说法。

①洪武元年（1368）。据光绪《文登县志》卷二《城池》记载：“县城：北齐天保七年置，旧土城。洪武元年，莱州卫镇抚韩登督修。”⑧

②洪武二年（1369）。据《明太祖实录》记载：洪武二年二月壬辰，“置莱

---

① 嘉靖《山东通志》卷十一《兵防》，第 724 页。

② 《读史方舆纪要》卷三十六《山东七 · 登州府》，第 1691 页。

③ （民国）王陵基修，于宗潼纂：民国《福山县志稿》卷一之一《城池》，《中国地方志集成 · 山东府县志辑》第 52 册，南京：凤凰出版社 2004 年版，第 29 页。

④ 民国《福山县志稿》卷二之六《荫袭》，第 153 页。

⑤ 民国《福山县志稿》卷二之六《荫袭》，第 155 页。

⑥ 民国《福山县志稿》卷二之六《荫袭》，第 153 页。

⑦ 嘉靖《山东通志》卷十一《兵防》，第 724 页。

⑧ 光绪《文登县志》卷二上《城池》，第 34 页。

州卫”①，认为该卫设立于洪武二年（1369）二月。

据光绪《增修登州府志》记载：“明初，仍元制。洪武二年，分莱州卫官军以备登州。”②

③洪武三年（1370）。据嘉靖《山东通志》卷十一《兵防》记载：“莱州卫：在府治东南，洪武三年建。”③

据《寰宇通志》卷七十六《莱州府》记载：“莱州卫指挥使司：在府治东，洪武三年建。”④

据《明一统志》卷二十五《莱州府》记载：“莱州卫：在府治东，洪武三年建。”⑤

万历《莱州府志》卷三《公署》：“莱州卫：在府治东南，洪武三年建。”⑥

据《大清一统志》卷一百三十八《莱州府》记载：“莱州废卫：在府治东，明洪武三年建。”⑦

莱州卫究竟设于何时？据《明一统志》记载：“宁海卫：在宁海州治西，本莱州卫左千户所，洪武二年调于此，十年升为卫。”⑧ 据此，则宁海卫本为莱州卫左千户所，于洪武二年调至宁海州。对此，嘉靖《山东通志》也有记载，“宁海卫：在州志西，洪武二年置备御所”⑨，也认为宁海卫的前身“宁海备御千户所”设立于洪武二年。据此可以推论，既然身为莱州卫左千户所的宁海卫前身“宁海备御千户所”设立于洪武二年，那么莱州卫之设不可能晚于洪武二年。

附1：马停寨备御百户所

据嘉靖《山东通志》卷十一《兵防》记载：“马停寨备御百户所，属莱州卫，其设官百户。”⑩

附2：灶河寨备御四百户所

据嘉靖《山东通志》卷十一《兵防》记载：“灶河寨备御四百户所，属莱州

---

① 《明太祖实录》卷三十九，洪武二年二月壬辰，第799页。
② 光绪《增修登州府志》卷十二《军垒》，第125页。
③ 嘉靖《山东通志》卷十一《兵防》，第733页。
④ 《寰宇通志》卷七十六《登州府》。
⑤ 《明一统志》卷二十五《莱州府》，《景印文渊阁四库全书》第472册，第608页。
⑥ 万历《莱州府志》卷三《公署》。
⑦ 《大清一统志》卷一百三十八《莱州府》，《景印文渊阁四库全书》第476册，第720页。
⑧ 《明一统志》卷二十五《登州府》，《景印文渊阁四库全书》第472册，第600页。
⑨ 嘉靖《山东通志》卷十一《兵防》，第725页。
⑩ 嘉靖《山东通志》卷十一《兵防》，第734页。

卫，其设官百户。”①

附3：马埠寨备御四百户所

据嘉靖《山东通志》卷十一《兵防》记载：“马埠寨备御四百户所，属莱州卫，其设官百户。”②

（25）王徐寨前所

该所属莱州卫。关于王徐寨所的设置时间，史书记载有所不同。

①洪武时期。据《大清一统志》卷一百三十八《莱州府》记载：“王徐寨：在掖县东北八十里，城周二里。明洪武初置百户所，嘉靖中改千户所，辖墩六，曰高沙、虎口、兹口、庄头、王徐、识会。”③

②嘉靖年间。据《读史方舆纪要》卷三十六《山东七·莱州府》记载：“王徐寨备御前千户所：府东北八十里。明初置百户所，有城周三里，嘉靖中改为千户所。”④

据万斯同《明史》卷八十《地理二》记载：“又东北有王徐砦守御千户所，嘉靖中置。”⑤

笔者认为，据前文所引《明英宗实录》可知，至迟在正统三年（1438），朝廷官方文书中已有王徐寨所之名，据此，则该所之设当不晚于此。加之，该所作为莱州卫的下属机构，很可能与莱州卫设于同时，即洪武二年（1369）。所以合理的解释应当是，该所设于洪武初年，后于嘉靖时期升格为千户所。

（26）青州左卫

洪武时期，青州地区卫设置较为复杂，有一个不断变迁的过程。

据《明太祖实录》记载：洪武元年（1368）八月癸未，“诏大将军徐达置燕山等六卫以守御北平。于是达改飞熊卫为大兴左卫，淮安卫为大兴右卫，乐安卫为燕山左卫，济宁卫为燕山右卫，青州卫为永清左卫，徐州五所为永清右卫”⑥。据此，则早在洪武元年青州卫已经设立。

又据《明太祖实录》记载：洪武八年（1375）九月癸丑，“以在外各处所设都卫并改为都指挥使司……青州都卫为山东都指挥使司，置青州左、右二卫指挥使司”⑦。由此可知，在洪武八年，明朝政府设置青州左、右二卫。

---

① 嘉靖《山东通志》卷十一《兵防》，第734页。
② 嘉靖《山东通志》卷十一《兵防》，第735页。
③ 《大清一统志》卷一百三十八《莱州府》，《景印文渊阁四库全书》第476册，第721页。
④ 《读史方舆纪要》卷三十六《山东七·莱州府》，第1664页。
⑤ 万斯同：《明史》卷八十《地理二》，第366页。
⑥ 《明太祖实录》卷三十四，洪武元年八月癸未，第619～620页。
⑦ 《明太祖实录》卷一百一，洪武八年九月癸丑，第1711～1712页。

又据《明太宗实录》记载：永乐四年（1406）十一月甲子，“改青州右卫为天津右卫”①。据此则至永乐四年，青州仅余青州左卫。

不过，有些史书记载与此不同。如嘉靖《青州府志》卷十一《兵防》记载：“国朝洪武初，立益都卫。三年（1370），改青州都指挥使司。十九年（1386），迁于济南，遂为山东都指挥使司，青州立左、右二卫。永乐四年（1406），移右卫戍德州”②，认为洪武十九年，青州都司迁往济南，并设立青州左、右二卫。不过，光绪《益都县图志》卷六《大事志下》记载与此不同，指出：“九年（1376），移承宣布政使、提刑按察使治历城（《嘉靖通志》案都指挥之移治及改置青州左卫，疑并在是年，自是青州为支郡矣）”③，认为洪武九年山东都司移置济南，并设立青州左卫。

笔者认为，就卫所设置而言，《明实录》的记载是较为准确的，当从实录。由上可见，洪武八年（1375）设立青州左、右卫，至永乐四年，青州右卫移置天津。

附：塘头寨备御百户所

据嘉靖《青州府志》卷十一《兵防》记载：“塘头寨备御百户所：在乐安县东北，隶青州左卫，设官百户一员，守寨军余百名。”④ 又据万历《乐安县志》卷十《兵防》记载：“设青州左卫后所百户一员，旗军一百名把守海口，防御倭寇。”⑤ 据此，则塘头寨隶属于青州左卫，在乐安县。

不过，有些史书记载与此不同。据《读史方舆纪要》卷三十五《山东六·青州府》记载：“（按：日照县）又东南有塘头寨备御备御百户所，城周三里；俱嘉靖中置，属安东卫。”⑥ 据此，则该所位于日照东南，属于安东卫。

那么该所究竟设于何处？据嘉靖《山东通志》卷十一《兵防》记载：“塘头寨备御百户所，属青州左卫”⑦；据王鸿绪《明史稿》志十九《地理二》记载：“乐安：又有塘头寨在县东北”⑧；又据民国《乐安县志》卷七《兵防》记载：

---

① 《明太宗实录》卷六十一，永乐四年十一月甲子，第882页。

② 嘉靖《青州府志》卷十一《兵防》。

③ （清）张承燮修，法伟堂纂：光绪《益都县图志》卷六《大事志下》，《中国地方志集成·山东府县志辑》第33册，南京：凤凰出版社2004年版，第63页。

④ 嘉靖《青州府志》卷十一《兵防》。

⑤ （明）孟楠修，蒋奇鏄纂：万历《乐安县志》卷十《兵防》，“国家图书馆藏明代孤本方志选”影印本，中华全国图书馆文献缩微复制中心2000年版。

⑥ 《读史方舆纪要》卷三十五《山东六·青州府》，第1658页。

⑦ 嘉靖《山东通志》卷十一《兵防》，第720页。

⑧ 王鸿绪：《明史稿》志十九《地理二》，第360页。

“明设青州左卫后所百户一员、旗军一百名，驻塘头寨（县东北七十里）曰备御所。墩堡凡十，皆有哨兵……无事则登高瞭望，有事则驾楫游巡”①。以上史书认为该所隶属于青州左卫，设于乐安县。由此可证，《读史方舆纪要》关于该所位置及归属的记载是错误的。

以上史书中，除《读史方舆纪要》认为该所设于嘉靖时期外，其他史书并未言及其设立时间。那么，该所究竟设于何时呢？据《明英宗实录》记载：景泰七年（1456）正月“甲戌，移至山东塘头寨，并高家港巡检事于寨西，以巡抚山东刑部尚书薛希琏奏旧治被水冲塌，军兵难以居守故也”②。据此，则早在景泰七年，已有塘头寨之记载，所以该所不可能设于嘉靖时期。

笔者认为，该所作为青州左卫之附属，很可能建于洪武时期。

（27）开平中屯卫

关于开平中屯卫的设置时间，史书记载较为一致。

据《明太祖实录》记载：洪武二十九年（1396）五月壬戌，“后军都督府言开平宜立五屯卫，命先置中屯卫，调官军屯守”③。

据《明太祖实录》记载：洪武二十九年八月庚寅，“置开平左、右、前、后四屯卫指挥使司。初诏立开平中屯卫，至是北平都指挥使司奏已立中屯卫于沙峪，今议立左屯卫于七合营，右屯卫于军台，前屯卫于偏岭，后屯卫于石塔，俱从之”④。

据《明史》卷四十《地理志一·京师》记载：“洪武二十九年置于沙峪。永乐元年二月徙至真定府，直隶后军都督府。寻徙治滦州西石城废县”⑤。

综上可知，该卫设于洪武二十九年。

（28）山海卫

关于山海卫的设置时间，各种史书记载较为统一。

据《明太祖实录》记载：洪武十四年（1381）九月甲申，“置北平山海卫指挥使司”⑥。

---

① （民国）李传煦、陈同善修，王永贞纂：民国《乐安县志》卷七《兵防》，《中国地方志集成·山东府县志辑》第30册，南京：凤凰出版社2004年版，第70页。

② 《明英宗实录》卷二百六十二《废帝郕戾王实录第八十》，景泰七年春正月甲戌，第5593页。

③ 《明太祖实录》卷二百四十六，洪武二十九年五月壬戌，第3567页。

④ 《明太祖实录》卷二百四十六，洪武二十九年八月庚寅，第3577～3578页。

⑤ 《明史》卷四十《地理志一·京师》，第908页。

⑥ 《明太祖实录》卷一百三十九，洪武十四年九月甲申，第2188页。

据《明一统志》卷五《永平府》记载："在抚宁县关口，洪武十四年建。"①

据弘治《永平府志》卷五《兵制》记载："山海卫：在山海关城中，洪武十四年创建。"②

据《读史方舆纪要》卷十七《北直八·永平府》记载："又山海卫，在山海关城内。洪武十四年所建也。"③

据《明史》卷四十《地理一》记载："东有山海关。洪武十四年九月置山海卫于此。"④

以上史书，均认为该卫设于洪武十四年（1381）。

（29）广宁前屯卫

该卫西至山海关七十里，南至海二十里，"襟带燕、蓟，控扼营、平，当戎索之要冲，司雄关之鐍鑰，诚咽喉重地也"⑤。对于该卫设置时间，史书记载有所不同，主要有以下两种说法。

①洪武二十五年（1392）说。据《寰宇通志》卷七十七《辽东都指挥使司》记载："广宁前屯卫指挥使司：国朝洪武二十五年置卫。"⑥

据《明一统志》卷二十五《辽东都指挥使司》记载："广宁前屯卫：本朝洪武二十五年置卫。"⑦

据《辽东志》卷一《地理·沿革》记载："广宁前屯卫：洪武二十五年建卫，属五千户所。"⑧

据《读史方舆纪要》卷三十七《山东八·辽东都指挥使司》记载："广宁前屯卫：明洪武二十五年改置今卫。"⑨

据万斯同《明史》卷八〇《地理二》记载："广宁前屯卫：洪武二十五年置今卫。"⑩

---

① 《明一统志》卷五《永平府》，《景印文渊阁四库全书》第472册，第138页。

② 弘治《永平府志》卷五《兵制》，第168页。

③ 《读史方舆纪要》卷十七《北直八》，第770页。

④ 《明史》卷四十《地理志一·京师》，第900页。

⑤ 《读史方舆纪要》卷三十七《山东八》，第1731页。

⑥ 《寰宇通志》卷七十七《辽东都指挥使司》。

⑦ 《明一统志》卷二十五《辽东都指挥使司》，《景印文渊阁四库全书》第472册，第616页。

⑧ 《辽东志》卷一《地理·沿革》，第354页。

⑨ 《读史方舆纪要》卷三十七《山东八》，第1731页。

⑩ 万斯同：《明史》卷八〇《地理二》，第369页；王鸿绪：《明史稿》志十九《地理二》记载亦同，第362页。

以上诸书均认为该卫设于洪武二十五年（1392）。

②洪武二十六年（1393）说。据《明太祖实录》记载：洪武二十六年正月丁巳，“置广宁中、左、右、前、后五卫及右屯、后屯、前屯三卫，命指挥佥事姚文、王确领兵屯守”①。

据《明史》卷四十一《地理志二》记载：“广宁前屯卫：元瑞州，属大宁路。洪武初，属永平府。七年七月，州废。二十六年正月置卫……宣德五年正月置中前千户所于此，辖山海东关至高岭驿。又东有杏林堡，宣德五年正月置中后千户所于此，辖沙河驿至东关驿。东距都司九百六十里。”②

笔者认为：以上两种说法仅差一年，且据持“洪武二十六年”说的《明太祖实录》记载，该卫设于洪武二十六年“正月丁巳”。因此，笔者推测，该卫之设应当有一个酝酿期，《明太祖实录》是以其最终设立为准，兹从《明太祖实录》。

（30）广宁中屯卫

有关广宁中、左屯卫的建立，各种史书记载颇为一致。

据《明太祖实录》卷二百十二，洪武二十四年（1391）九月癸卯，“置广宁左屯、中屯二卫。先是，舳舻侯朱寿督饷辽东，领新编士卒至牛庄马头屯守。至是，于辽河西置左屯卫，锦州至中屯卫，命铁领卫指挥佥事任典、俞机往左屯卫，海州卫指挥佥事陈钟往中屯卫，分统士卒戍守”③。

据《寰宇通志》卷七十七《辽东都指挥使司》记载：“广宁中屯卫指挥使司：国朝洪武二十四年置卫……广宁左屯卫指挥使司：洪武二十四年置。”④

据《明一统志》卷二十五《辽东都指挥使司》记载：“广宁中屯卫：本朝洪武二十四年置卫……广宁左屯卫：洪武二十四年置。”⑤

据《辽东志》卷一《地理·沿革》记载：“广宁中屯卫：洪武二十四年置卫……广宁左屯卫：洪武二十四年始由鞍山至十三山驿摆站屯种。”⑥

据《读史方舆纪要》卷三十七《山东八》记载：“广宁中屯卫：明初仍为锦州，洪武二十四年改置今卫。广宁左屯卫：在中屯卫治西，洪武二十四年置。”⑦

---

① 《明太祖实录》卷二百二十四，洪武二十六年正月丁巳，第3276页。
② 《明史》卷四十一《地理志二》，第955~956页。
③ 《明太祖实录》卷二百十二，洪武二十四年九月癸卯，第3144页。
④ 《寰宇通志》卷七十七《辽东都指挥使司》。
⑤ 《明一统志》卷二十五《辽东都指挥使司》，《景印文渊阁四库全书》第472册，第615~616页。
⑥ 《辽东志》卷二《建置·沿革》，第353~354页。
⑦ 《读史方舆纪要》卷三十七《山东八》，第1728页。

据万斯同《明史》卷八〇《地理二》记载："广宁中屯卫：洪武二十四年置今卫……广宁左屯卫在中屯卫城内，洪武二十四年置。"①

据《明史》卷四十一《地理志二·辽东》记载："广宁中屯卫：二十四年九月置卫……广宁左屯卫：洪武二十四年九月置于辽河西，后徙广宁中屯卫城。"②

由上可见，广宁中、左屯卫均设于洪武二十四年。

(31) 广宁左屯卫

详见 (30)。

(32) 广宁右屯卫

该卫北至广宁卫百二十里，西至广宁中屯卫八十里，南至海岸三十里。地理形势非常险要，"南临大海，北峙医巫闾，辽左有事，此亦出奇之地矣"③。关于该卫的设置时间，史书记载有些龃龉，大致有以下两种说法。

①洪武二十六年（1393）说。据《明太祖实录》记载：洪武二十六年正月丁巳，"置广宁中、左、右、前、后五卫及右屯、后屯、前屯三卫，命指挥佥事姚文、王确领兵屯守"④。

据《寰宇通志》卷七十七《辽东都指挥使司》记载："广宁右屯卫指挥使司：洪武二十六年置，初治十三山，二十七年徙治于此。"⑤

据《明一统志》卷二十五《辽东都指挥使司》记载："洪武二十六年置，初治十三山，二十七年徙治于此。"⑥

据《辽东志》卷一《地理·沿革》记载："广宁右屯卫：洪武二十六年置。"⑦

据《读史方舆纪要》卷三十七《山东八》记载："洪武二十六年置卫于十三山堡，二十七年迁治于此。"⑧

据《明史》卷四十一《地理志二·辽东》记载："洪武二十六年正月置于十

① 万斯同：《明史》卷八〇《地理二》，第368页；王鸿绪：《明史稿》志十九《地理二》记载亦同，第362页。

② 《明史》卷四十一《地理志二·辽东》，第955页。

③ 《读史方舆纪要》卷三十七《山东八》，第1730页。

④ 《明太祖实录》卷二百二十四，洪武二十六年正月丁巳，第3276页。

⑤ 《寰宇通志》卷七十七《辽东都指挥使司》。

⑥ 《明一统志》卷二十五《辽东都指挥使司》，《景印文渊阁四库全书》第472册，第616页。

⑦ 《辽东志》卷二《建置·沿革》，第353页。

⑧ 《读史方舆纪要》卷三十七《山东八》，第1730页。

三山堡。二十七年迁于旧闾阳县之临海乡。”①

②洪武二十七年（1394）说。据万斯同《明史》卷八〇《地理二》记载：“广宁右屯卫：洪武二十七年置今卫。”②

又据王鸿绪《明史稿》志十九《地理二》记载：“广宁右屯卫，洪武二十七年置。”③

那么，该卫究竟设于何时？笔者认为，持“洪武二十七年说”的万斯同《明史》及王鸿绪《明史稿》很可能将二十七年迁移治所误作为其初设。因此，该卫设于洪武二十六年（1393）。

（33）海州卫

该卫地理形势较为重要，“襟带辽阳，羽翼广宁，控东西之孔道，当海运之咽喉，辽左重地也”④。关于该卫的设置时间，史书记载有所不同，大致有以下两种说法。

①洪武元年（1368）说。据《明一统志》卷二十五《辽东都指挥使司》记载：“海州卫：本朝洪武元年置卫。”⑤

②洪武九年（1376）说。据《寰宇通志》卷七十七《辽东都指挥使司》记载：“海州卫指挥使司：国朝洪武九年置卫。”⑥

据《辽东志》卷一《地理·沿革》记载：“海州卫：本朝洪武初平辽东，九年革州县设卫治，属所五。”⑦

据《读史方舆纪要》卷三十七《山东八》记载：“明洪武九年置今卫。”⑧

据万斯同《明史》卷八〇《地理二》记载：“洪武九年，置海州卫。”⑨

据《明史》卷四十一《地理志二·辽东》记载：“本海州，洪武初，置于旧澄州城。九年置卫。”⑩

---

① 《明史》卷四十一《地理志二·辽东》，第955页。

② 万斯同：《明史》卷八〇《地理二》，第368页。

③ 王鸿绪：《明史稿》志十九《地理二》，第362页。

④ 《读史方舆纪要》卷三十七《山东八·辽东都指挥使司》，第1709页。

⑤ 《明一统志》卷二十五《辽东都指挥使司》，《景印文渊阁四库全书》第472册，第615页。

⑥ 《寰宇通志》卷七十七《辽东都指挥使司》。

⑦ 《辽东志》卷二《建置·沿革》，第354页。

⑧ 《读史方舆纪要》卷三十七《山东八·辽东都指挥使司》，第1709页。

⑨ 万斯同：《明史》卷八〇《地理二》，第368页。王鸿绪：《明史稿》志十九《地理二》记载亦同，第361页。

⑩ 《明史》卷四十一《地理志二·辽东》，第953页。

究竟该卫设于何时？笔者认为，《明一统志》据《寰宇通志》而来，《明一统志》中的“元”年，很可能是《寰宇通志》中的“九”年之误。加之，洪武元年，辽东尚未归入明朝版图，明朝政府不可能在这里设立卫所。所以，笔者认为，海州卫当设于洪武九年（1376），而非洪武元年（1368）。

（34）盖州卫

该卫形势险要，据《读史方舆纪要》记载：“卫控扼海岛，翼带镇城，井邑骈列，称为殷阜。论者以为辽东根柢，允矣。”① 关于盖州卫的设立时间，史书记载有所不同，主要有以下两种说法。

①洪武八年（1375）十二月前说。据《明太祖实录》记载，洪武八年十二月，“是月，纳哈出寇辽东。先是，上敕辽东都司曰：今天寒水结，虏必乘时入寇……至是，果入寇，都指挥使马云等探知纳哈出将至，命盖州卫指挥吴立、张良佐、房暠等严兵城守，虏至坚壁勿与战”②。据此，则至迟于洪武八年十二月，盖州卫已经设立。

②洪武九年（1376）说。据《明太祖实录》记载：洪武九年冬十月辛亥朔，“改定辽后卫为盖州卫，复置定辽后卫于辽阳城北，以定辽左卫指挥佥事张山统兵屯戍”③。

据《寰宇通志》卷七十七《辽东都指挥使司》记载：“盖州卫指挥使司：国朝洪武九年废州置卫。”④

据《明一统志》卷二十五《辽东都指挥使司》记载：“盖州卫：本朝洪武九年废州置卫。”⑤

据《辽东志》卷一《地理·沿革》记载：“盖州卫：洪武九年，罢州置卫，领五千户所，寻调后所于宁远小沙河。”⑥

据《读史方舆纪要》卷三十七《山东八》记载：“明洪武九年，废州置卫。”⑦

① 《读史方舆纪要》卷三十七《山东八》，第1711页。
② 《明太祖实录》卷一百二，洪武八年十二月，第1727页。
③ 《明太祖实录》卷一百一十，洪武九年冬十月辛亥朔，第1819页。
④ 《寰宇通志》卷七十七《辽东都指挥使司》。
⑤ 《明一统志》卷二十五《辽东都指挥使司》，《景印文渊阁四库全书》第472册，第615页。
⑥ 《辽东志》卷二《建置·沿革》，第354页。
⑦ 《读史方舆纪要》卷三十七《山东八》，第1711页。

据万斯同《明史》卷八〇《地理二》记载："盖州卫：洪武九年废州置卫。"①

据《明史》卷四十一《地理志二·辽东》记载："九年十月置卫。"②

以上史书均认为该卫设于洪武九年（1376）。

那么，盖州卫究竟设于何时？笔者推测，"洪武八年说"中所提"盖州卫指挥"可能是《明实录》中不规范的称呼，否则《明太祖实录》就不会再次明确提出洪武九年十月设置盖州卫之说。因此，盖州卫当设于洪武九年。

（35）复州卫

该卫南至金州卫百八十里，西北至广宁卫五百四十里，东南至海二百四十里，"卫山海环峙，川原沃衍，亦辽左之奥区也"③。关于复州卫的设置时间，史书记载较为一致。

据《明太祖实录》记载：洪武十四年九月丙申，"置复州卫指挥使司"④。

据《寰宇通志》卷七十七《辽东都指挥使司》记载："复州卫指挥使司：国朝洪武十四年置卫。"⑤

据《明一统志》卷二十五《辽东都指挥使司》记载："复州卫：本朝洪武十四年置卫。"⑥

据《辽东志》卷一《地理·沿革》记载："复州卫：十四年设卫，属四千户所。"⑦

据《读史方舆纪要》卷三十七《山东八》记载："明洪武十四年置今卫。"⑧

据万斯同《明史》卷八〇《地理二》记载："复州卫：洪武十四年置今卫。"⑨

据《明史》卷四十一《地理志二·辽东》记载："十四年九月置卫。"⑩

---

① 万斯同：《明史》卷八〇《地理二》，第368页；王鸿绪：《明史稿》志十九《地理二》记载亦同，第361页。

② 《明史》卷四十一《地理志二·辽东》，第953页。

③ 《读史方舆纪要》卷三十七《山东八》，第1715页。

④ 《明太祖实录》卷一百三十九，洪武十四年九月丙申，第2189页。

⑤ 《寰宇通志》卷七十七《辽东都指挥使司》。

⑥ 《明一统志》卷二十五《辽东都指挥使司》，《景印文渊阁四库全书》第472册，第615页。

⑦ 《辽东志》卷二《建置·沿革》，第354页。

⑧ 《读史方舆纪要》卷三十七《山东八》，第1715页。

⑨ 万斯同：《明史》卷八〇《地理二》，第368页；王鸿绪：《明史稿》志十九《地理二》记载亦同，第361页。

⑩ 《明史》卷四十一《地理志二·辽东》，第953页。

由上可知，复州卫设于洪武十四年。

(36) 金州卫

金州卫南至大海百二十里，西北至广宁卫七百二十里，“卫控临海岛，限隔中外”①。关于金州卫的设立时间，史书记载有所不同，主要有以下两种说法。

①洪武四年（1371）说。据《寰宇通志》卷七十七《辽东都指挥使司》记载：“金州卫指挥使司：国朝洪武四年置卫。”②

据《明一统志》卷二十五《辽东都指挥使司》记载：“金州卫：本朝洪武四年置卫。”③

据《辽东志》卷一《地理·沿革》记载：“金州卫：本朝洪武四年，刘益归附设卫，领六千户所。”④

据《读史方舆纪要》卷三十七《山东八》记载：“明洪武四年置今卫。”⑤

据万斯同《明史》卷八十《地理二》记载：“金州卫：洪武四年置今卫。”⑥

以上史书均认为该卫设于洪武四年。

②洪武八年（1375）说。据《明太祖实录》记载：洪武八年四月乙巳，“置金州卫指挥使司，隶定辽都卫，命袁州卫指挥同知韦福、赣州卫指挥佥事王胜领兵屯守”⑦。

据《明史》卷四十一《地理志二·辽东》记载：“八年四月置卫。”⑧

以上二者均认为该卫设于洪武八年。

那么，金州卫究竟设于何时？据《明太祖实录》记载：洪武七年正月甲戌，“定辽都卫奏并卫所官军，以左千户所青州土军五千六百人属定辽左卫，以右千户所莱州土军五千人并本卫军七百九十四人属定辽右卫，余军分为八千户所，内调千户余机领中、后二所往金州守御，俱隶都卫。从之”⑨。据此，则洪武七年（1374）正月尚调“千户余机领中、后二所往金州守御”，那么这时金州卫应当尚

① 《读史方舆纪要》卷三十七《山东八》，第1717页。

② 《寰宇通志》卷七十七《辽东都指挥使司》。

③ 《明一统志》卷二十五《辽东都指挥使司》，《景印文渊阁四库全书》第472册，第615页。

④ 《辽东志》卷二《建置·沿革》，第354页。

⑤ 《读史方舆纪要》卷三十七《山东八》，第1716页。

⑥ 万斯同：《明史》卷八〇《地理二》，第368页；王鸿绪：《明史稿》志十九《地理二》记载亦同，第362页。

⑦ 《明太祖实录》卷九十九，洪武八年四月乙巳，第1682页。

⑧ 《明史》卷四十一《地理志二·辽东》，第954页。

⑨ 《明太祖实录》卷八十七，洪武七年正月甲戌，第1544～1545页。

未设立，否则，该地既然驻有重兵，不需要再从别处调拨。因此，笔者认为金州卫应当设立于洪武八年。

(37) 金州中左所

据《寰宇通志》卷七十七《辽东都指挥使司》记载："金州卫指挥使司：国朝洪武四年（1371）置卫，寻调所领中千户所守旅顺海口。"①

据《明一统志》卷二十五《辽东都指挥使司》记载："金州卫：本朝洪武四年置卫。寻调所领中左千户所守旅顺口。"②

据《辽东志》卷一《地理·沿革》记载："金州卫：二十年，调所领中左所于旅顺口。二十一年，调后所于义州。"③

据《明史》卷四十一《地理志二》记载："又旅顺口关在南，海运之舟由此登岸，有南、北二城，其北城有中左千户所，洪武二十年置。"④

以上史书中，除去记载较为模糊者，一般均认为该所设置于洪武二十年（1387）。

2. 卫、所职官及兵员设置

按照明代卫所制度相关规定，一般每个卫下辖五个千户所，每个千户所辖十个百户所。据《明太祖实录》记载：洪武七年（1374）八月丁酉，"申定兵卫之政，先是上以前代兵多虚数，乃监其失，设置内外卫所，凡一卫统十千户，一千户统十百户，百户领总旗二，总旗领小旗五，小旗领军十，皆有实数。至是重定其制，大率以五千六百人为一卫，而千百户总小旗所领之数则同，遇有事征调则分统于诸将，无事则散还各卫，管军官员不许擅自调用，操练抚绥务在得宜，违者俱论如律"⑤。由此可见，洪武七年后明代卫所的规定兵员数额，一般是一卫统五千户所，每一千户统十百户，每百户领总旗二，每总旗领小旗五，每小旗领军十，一卫大约为五千六百人。

不过，就北部沿海尤其是山东地区而言，却并非严格按照以上规定，而是多有变通，其中既有多于五个千户所的卫，也有不少卫不足五个千户所。现根据嘉靖《山东通志》对山东沿海卫所设官及兵额的记载列表如表2-4。

---

① 《寰宇通志》卷七十七《辽东都指挥使司》。
② 《明一统志》卷二十五《辽东都指挥使司》，《景印文渊阁四库全书》第472册，第615页。
③ 《辽东志》卷二《建置·沿革》，第354页。
④ 《明史》卷四十一《地理志二》，第954页。
⑤ 《明太祖实录》卷九十二，洪武七年八月丁酉，第1607页。

表 2－4　　洪武时期山东所设卫所设官及兵员表

卫、所	设　官	兵　员	备　注	史料来源
安东卫	指挥使一人、指挥同知二人、指挥佥事四人，以迁叙至者无定额 经历司：经历一人 镇抚司：镇抚二人 左、前、后三所各置正副千户、百户	京操军：春戍八百四十四人，秋戍六百三十二人 城守军余：三百五十八人 屯田军余：三百九十一人		嘉靖《山东通志》卷十一《兵防》
石旧寨备御后千户所	正千户、副千户、百户		属安东卫	同　上
诸城守御千户所	正千户、副千户、百户	京操军：春戍一百二十五人、秋戍四百一十八人 城守军余：八十九人 屯田军余：八十八人		同　上
夏河寨备御前所	正千户、副千户、百户		属灵山卫	同　上
灵山卫	指挥使一人、指挥同知二人、指挥佥事四人，以迁叙至者无定额。 经历司：经历一人 镇抚司：镇抚二人 左、前、后三所各置正副千户、百户	京操军：春戍五百五人，秋戍七百八人 城守军余：二百八人 屯田军余：二百八十七人		同　上
胶州守御千户所	正千户、副千户、百户	京操军：春戍八十九人，秋戍三百一十七人 城守军余：八十九人 屯田军余：七十七人		同　上
浮山寨备御千户所	正千户、副千户、百户		属鳌山卫	同　上
鳌山卫	指挥使一人、指挥同知二人、指挥佥事四人，以迁叙至者无定额 经历司：经历一人 镇抚司：镇抚二人 右、前、后三所各置正副千户、百户	京操军：春戍九百三人，秋戍七百二十八人 城守军余：一百七人 屯田军余：二百九十人		同　上

续表

卫、所	设官	兵员	备注	史料来源
雄崖守御千户所	正千户、副千户、百户	京操军：春戍二百五十二人，秋戍三百一十九人 城守军余：五十一人 屯田军余：七十七人		同上
大山寨备御千户所	正千户、副千户、百户		属大嵩卫	同上
大嵩卫	指挥使一人、指挥同知二人、指挥佥事四人，以迁叙至者无定额 经历司：经历一人 镇抚司：镇抚二人 中、前、后三所各置正副千户、百户	京操军：春戍七百四十五人，秋戍七百四十六人 城守军余：三百五十八人 屯田军余：二百一十六人		同上
海阳守御千户所	正千户、副千户、百户	京操军：春戍二百三人，秋戍二百九十三人 城守军余：一百二十六人 屯田军余：六十六人		同上
靖海卫	指挥使一人、指挥同知二人、指挥佥事四人，以迁叙至者无定额 经历司：经历一人 镇抚司：镇抚二人 左、中、后三所各置正副千户、百户	京操军：春戍八百四十九人，秋戍七百四十四人 城守军余：一百一人 屯田军余：二百一十人		同上
宁津守御千户所	正千户、副千户、百户	京操军：春戍二百五十四人，秋戍二百七十五人 城守军余：六十八人 屯田军余：六十六人		同上
寻山备御后千户所	正千户、副千户、百户		属成山卫	同上
成山卫	指挥使一人、指挥同知二人、指挥佥事四人，以迁叙至者无定额 经历司：经历一人 镇抚司：镇抚二人 左、前、后三所各置正副千户、百户	京操军：春戍七百六十七人，秋戍□百八十九人 城守军余：二百六十一人 屯田军余：一百四十人		同上

续表

卫、所	设 官	兵 员	备 注	史料来源
百尺崖备御后千户所	正千户、副千户、百户		属威海卫	同 上
威海卫	指挥使一人、指挥同知二人、指挥佥事四人，以迁叙至者无定额 经历司：经历一人 镇抚司：镇抚二人 左、前、后三所各置正副千户、百户	京操军：春戍七百四十八人，秋戍五百八十四人 城守军余：七十五人 屯田军余：二百三十四人		同 上
金山备御左千户所	正千户、副千户、百户		属宁海卫	同 上
清泉寨备御百户所	百户		属宁海卫	同 上
宁海卫	指挥使一人、指挥同知二人、指挥佥事四人，以迁叙至者无定额 经历司：经历一人 镇抚司：镇抚二人 左、右、中、前、后五所各置正副千户、百户	京操军：春戍五百三十八人，秋戍一千一百二十七人 城守军余：一千一百一十人 屯田军余：三百九十一人		同 上
奇山守御千户所	正千户、副千户、百户	京操军：春戍二百一十七人，秋戍二百八十一人 城守军余：一百一十三人 屯田军余：六十六人		同 上
福山备御中前千户所	正千户、副千户、百户	京操军：不详。 城守军余：不详。 屯田军余：不详。	属登州卫	同 上
登州卫	指挥使一人、指挥同知二人、指挥佥事四人，以迁叙至者无定额 经历司：经历一人 镇抚司：镇抚二人 左、右、中、前、后五所，中左、中右一所各置正副千户、百户	京操军：春戍一千二百四十六人，秋戍七百三十六人 城守军余：二百三十二人 屯田军余：一百一十四人		同 上

续表

卫、所	设　官	兵　员	备　注	史料来源
卢洋寨备御五百户所	百户		属福山所	同　上
解宋寨备御四百户所	百户		属登州卫	同　上
刘家汪寨备御三百户所	百户		属登州卫	同　上
黄河寨备御百户所	百户		属登州卫	同　上
莱州卫	指挥使一人、指挥同知二人、指挥佥事四人，以迁叙至者无定额 经历司：经历一人 镇抚司：镇抚二人 左、右、中、前、后五所各置正副千户、百户	京操军：春戍六百八十五人，秋戍一千四十三人 城守军余：一百九十三人 屯田军余：四百四十七人		同　上
王徐寨备御千户所	正千户、副千户、百户		属莱州卫	同　上
马停寨备御百户所	百户		属莱州卫	同　上
灶河寨备御四百户所	百户		属莱州卫	同　上
马埠寨备御四百户所	百户		属莱州卫	同　上
青州左卫	指挥使一人、指挥同知二人、指挥佥事四人，以迁叙至者无定额 经历司：经历一人 镇抚司：镇抚二人 左、右、中、前、后五所各置正副千户、百户	京操军：春戍一千四百九十七人，秋戍二千一百五人 城守军余：七百二十九人 屯田军余：四百五十三人		同　上
塘头寨备御百户所	百户		属青州左卫	同　上

（本表据嘉靖《山东通志》卷十一《兵防》制作。）

由表2－4可见，仅就山东沿海所设卫所而言，除去登州卫辖七个千户所（若加上其下属的福山备御中前千户所，当为下辖八个千户所），青州左卫、莱州卫、宁海卫辖五个千户所外，其余均辖三个千户所。虽然这是嘉靖时期的情况，但也基本反映了明朝很长一段时间内山东沿海卫所的实际情况。这些沿海卫、所，还有它们于沿海要地分兵设置的千户所、百户所，有自己单独的城池，拥有一定数额的军队，成为明朝政府在山东沿海的主要海防力量。

（二）巡检司

1. 沿海巡检司①设置及沿革

洪武时期，明朝政府在山东、北直隶沿海地区设立了一系列巡检司。现按由南及北顺序，对其设置时间、地点及沿革加以考订，兹列于下。

（1）夹仓镇巡检司

该巡检司位于青州府日照县境内。据《读史方舆纪要》卷三十五《山东六·青州府》记载："夹仓镇：《志》云：县西七十里有刘三公庄，萧梁时刘勰所居。旧置巡司于此，洪武三年（1370）移于夹仓镇"②；又据光绪《日照县志》卷五《秩官》记载："三皇岭巡检一员，洪武间移夹仓镇"③。由此可见，该巡检司由来已久，洪武三年移至夹仓镇。

（2）信阳镇巡检司

位于青州府诸城县境内。据嘉靖《山东通志》卷十二《城池》记载："信阳镇寨城：在诸城南一百二十里，国朝洪武三年，巡检王福砌以砖石。"④ 又据乾隆《诸城县志》卷十九《职官表中》记载："王福：信阳场，三年任。"⑤ 据此，则此巡检司之建当不晚于洪武三年。

（3）南龙湾巡检司

位于青州府诸城县境内。据乾隆《诸城县志》卷十九《职官表中》记载："李英：南龙湾九年任"⑥，据此则该巡检司之建当不晚于洪武九年（1376）。

万历间，南龙湾巡检司改驻程家集，据乾隆《诸城县志》卷二《总纪上》记

---

① 据嘉靖《山东通志》卷十一《兵防》记载："巡察海道，辖……巡检司十八：曰高山，曰杨家店，曰孙夼镇，曰马停镇，曰东良海口，曰行村寨，曰赤山寨，曰温泉镇，曰辛汪寨，曰乳山寨，曰海仓，曰柴葫寨，曰亭口镇，曰鱼儿铺，曰固堤店，曰逄猛，曰古镇，曰栲栳"，第707页。此处的亭口镇巡检司位于平度县，地处内陆，所以其尽管属于山东巡察海道管辖，本处不将其列入沿海巡检司。

② 《读史方舆纪要》卷三十五《山东六·青州府》，第1658页。

③ 光绪《日照县志》卷五《秩官》，第385页。

④ 嘉靖《山东通志》卷十二《城池》，第785~786页。

⑤ 乾隆《诸城县志》卷十九《职官表中》，第131页。

⑥ 乾隆《诸城县志》卷十九《职官表中》，第131页。

载："万历三十年（1602）：改建南龙湾巡检司于程家集（巡检马希舜造）。"①

（4）古镇巡检司

位于莱州府胶州境内。据《大清一统志》卷一百三十八《莱州府》记载："古镇巡司：在胶州西南一百二十里大珠山前，明洪武八年（1375）设巡司于此，今存。"② 又据道光《重修胶州志》卷三十四《记一·大事》记载："八年……是年置古镇、逄猛巡检司。"③ 据此，该巡检司建于洪武八年。

（5）逄猛巡检司

位于莱州府胶州境内。据《大清一统志》卷一百三十八《莱州府》记载："逄猛镇：在胶州南四十里，洪武八年设巡司于此，今存。"④ 又据道光《重修胶州志》卷三十四《记一·大事》记载："八年……是年置古镇、逄猛巡检司。"⑤ 据此，则该巡检司建于洪武八年。

（6）栲栳岛巡检司

位于莱州府即墨县境内。据《大清一统志》卷一百三十八《莱州府》记载："栲栳寨：在即墨县东北八十里栲栳岛西，明洪武四年设巡司，今司存城废。"⑥ 又据同治《即墨县志》卷十一《大事·改革》记载："洪武四年，设栲栳岛巡检。"⑦ 据此，则该巡检司设于洪武四年（1371）。

（7）行村寨巡检司

位于登州府莱阳县境内。据光绪《增修登州府志》卷三十一《文秩七》记载："行村寨巡检：元时设，明因之。"⑧ 据此，则该巡检司建于元朝，明朝建立后加以沿袭。

（8）乳山寨巡检司

位于登州府宁海州境内。据光绪《增修登州府志》卷三十二《文秩八》记载："乳山寨巡检：宋时设，元因之，明属宁海，弓兵二十一名、墩兵三名、堡兵四名。"⑨ 由上可见，该巡检司的历史较长，设于宋，元、明加以承袭。

---

① 乾隆《诸城县志》卷二《总纪上》，第36页。
② 《大清一统志》卷一百三十八《莱州府》，《景印文渊阁四库全书》第476册，第721页。
③ 道光《重修胶州志》卷三十四《记一·大事》，第338页。
④ 《大清一统志》卷一百三十八《莱州府》，《景印文渊阁四库全书》第476册，第721页。
⑤ 道光《重修胶州志》卷三十四《记一·大事》，第338页。
⑥ 《大清一统志》卷一百三十八《莱州府》，《景印文渊阁四库全书》第476册，第721页。
⑦ 同治《即墨县志》卷十一《大事·改革》，第289页。
⑧ 光绪《增修登州府志》卷三十一《文秩七》，第315页。
⑨ 光绪《增修登州府志》卷三十二《文秩八》，第325页。

（9）赤山寨巡检司

位于登州府文登县境内。其设置时间，史书记载有不同之处，主要有以下两种说法。

①洪武二年（1369）前。据洪武八年（1375）文登县儒学教授崔学野撰《宁海州文登县辛汪巡检司创立营寨记》记载："我圣朝奄有山东以来，选将练卒，分岛屿而环戍之，又距要害地立赤山、温泉、辛汪巡司三所"，"自是，倭人虽不时徜徉波涛中，而不敢登陆者六年"。① 该碑撰于洪武八年，其中又提及倭人不敢登陆"六年"，据此则该巡检司之设当不迟于洪武二年。

②洪武九年（1376）。据光绪《增修登州府志》卷三十三《文秩九》记载："斥山寨巡检：明洪武九年设，后员缺久不铨选，遂废。"②

笔者认为：《宁海州文登县辛汪巡检司创立营寨记》碑为明朝洪武八年之物，撰者崔学野亲身参与其事，可信度较高。而光绪《增修登州府志》则修于清光绪年间，时隔久远，加之巡检司地位不高，人们平时关注不多，很有可能会出现舛误。因此，基本上可以断定辛汪寨巡检司建于洪武二年前。

后至嘉靖三十五（1556）年，该巡检司废弃。据万斯同《明史》卷八十《地理二》记载："旧有赤山寨巡检司，嘉靖三十五年革。"③

综上可知，该巡检司当设于洪武二年前，嘉靖三十五年革除。

（10）温泉镇巡检司

位于登州府文登县境内。据光绪《增修登州府志》卷三十三《文秩九》记载："温泉镇巡检：金时设，名温水镇，元因之，在县东北九十里，明洪武三十一年，移于九皋海口，弓兵二十四名、墩兵六名。"④ 据此，则该巡检司本设于金元时期，明初加以继承。

又据崔学野撰《宁海州文登县辛汪巡检司创立营寨记》记载："我圣朝奄有山东以来，选将练卒，分岛屿而环戍之，又距要害地立赤山、温泉、辛汪巡司三所"⑤，认为赤山、温泉、辛汪三个巡检司设置时间不晚于洪武二年。因此，温泉

---

① （明）崔学野：《宁海州文登县辛汪巡检司创立营寨记》，见张云涛：《山东威海发现明初创寨碑》，《文物》，1997年第9期。

② 光绪《增修登州府志》卷三十三《文秩九》，第334页。

③ 万斯同：《明史》卷八十《地理二》，第367页。

④ 光绪《增修登州府志》卷三十三《文秩九》，第334页。

⑤ （明）崔学野：《宁海州文登县辛汪巡检司创立营寨记》，见张云涛：《山东威海发现明初创寨碑》，《文物》，1997年第9期。

巡检司很可能是沿袭元朝而设。

洪武三十一年（1398），该巡检司移于九皋海口。

宣德九年（1434）二月，再移于古峰寨。[①]

（11）辛汪镇巡检司

位于登州府文登县境内。其设置时间，史书记载有龃龉之处，主要有以下两种说法。

①洪武二年（1369）前。据洪武八年文登县儒学教授崔学野撰《宁海州文登县辛汪巡检司创立营寨记》记载："我圣朝奄有山东以来，选将练卒，分岛屿而环戍之，又距要害地立赤山、温泉、辛汪巡司三所"，"自是，倭人虽不时徜徉波涛中，而不敢登陆者六年。"[②] 该碑撰于洪武八年（1375），其中又提及倭人不敢登陆"六年"，据此则该巡检司之设当不迟于洪武二年。

②洪武九年（1376）。据光绪《增修登州府志》卷三十三《文秩九》记载："辛汪寨巡检：明洪武九年设，在县北七十里，弓兵二十七名，墩兵三名。"[③]

笔者认为：如前所述，崔学野所撰碑为明朝洪武八年之物，崔学野亲身参与其事，可信度相当大。而《增修登州府志》修于清朝光绪年间，时隔久远，加之巡检司地位不高，人们平时关注不多，因此有可能会出现舛误。因此，可以断定辛汪寨巡检司当建于洪武二年前。

（12）孙夼镇巡检司

位于登州府福山县境内。据光绪《增修登州府志》卷二十八《文秩四》记载："明洪武九年设，在县西北三十五里，三十一年移于县西北浮栏海口，弓兵二十名、墩兵九名。"[④] 据此，则该巡检司设于洪武九年。

（13）杨家店巡检司

位于登州府蓬莱县境内。据光绪《增修登州府志》卷二十六《文秩二》记载："杨家店巡检：明洪武九年设，在城东南六十里，弓兵二十一名，墩兵九

---

① 《明宣宗实录》卷一百八，宣德九年二月甲子："移置辛汪寨巡检司于长峰寨，温泉镇巡检司于古峰寨。时山东威海卫指挥佥事陶敞言：二巡检司虽为捕倭而设，然与百尺崖备御后千户所相近，且非要害海口，而长峰、古峰二寨实险要之地，于备倭为宜，遂移置焉"，第2426～2427页。

② （明）崔学野：《宁海州文登县辛汪巡检司创立营寨记》，见张云涛：《山东威海发现明初创寨碑》，《文物》，1997年第9期。

③ 光绪《增修登州府志》卷三十三《文秩九》，第334页。

④ 光绪《增修登州府志》卷二十八《文秩四》，第290页。

名。”① 据此，则该巡检司设于洪武九年（1376）。

（14）高山巡检司

位于登州府蓬莱县境内。据嘉靖《山东通志》卷六《山川下》记载：“朱高山：其山临海，产滑石，洪武二十七年（1394），移沙门岛巡检司于此。”② 又据光绪《增修登州府志》卷二十六《文秩二》记载：“高山巡检：元时设沙门岛巡检，明初移于朱高山，在县东八十里，弓兵二十四名，墩兵六名。”③ 据此，则该巡检司本设于沙门岛，后于洪武年间移置朱高山。

（15）马停镇巡检司

位于登州府黄县境内。据光绪《增修登州府志》卷二十七《文秩三》记载：“马停镇巡检：金时设，元因之，在县西四十里，明正统后移于白沙，弓兵十五名、墩兵十五名。”④ 据此，则该巡检司设于金朝，元、明因之。

（16）东良海口巡检司

位于登州府招远县境内。据顾炎武《肇域志·山东三》记载：“本朝初属莱州府，洪武九年改属登州府。仝设东良海口巡简司，县西五十里寨城内，海口在县北九十里，王徐寨城在县西北海上，嘉靖中重筑。”⑤

据光绪《增修登州府志》卷三十《文秩六》记载：“东良海口巡检：明时设，弓兵二十四名，墩兵六名。”⑥

二者均笼统称明朝设立。那么该巡检司究竟设于何时呢？据姜清《姜氏秘史》卷二记载：五月“二十三日，革登州府宁海州乳山寨、文登县辛旺寨、温泉镇、福山县孙夼镇、黄县马停镇、蓬莱县杨家店、高山、招远县东良海口、莱阳县行村寨，凡九处巡检司”⑦。由此可见，在建文元年（1399）五月已将东良海口巡检司革除，那么该巡检司设立时间很可能就在洪武年间。

（17）柴胡巡检司

位于莱州府掖县境内。据乾隆《掖县志》卷二《海防》记载：“县北二十五

① 光绪《增修登州府志》卷二十六《文秩二》，第272页。
② 嘉靖《山东通志》卷之六《山川下》，第435页。
③ 光绪《增修登州府志》卷二十六《文秩二》，第272页。
④ 光绪《增修登州府志》卷二十七《文秩三》，第281页。
⑤ 《肇域志·山东三》，《续修四库全书》第589册，第265页。
⑥ 光绪《增修登州府志》卷三十《文秩六》，第307页。
⑦ （明）姜清：《姜氏秘史》卷二，《中华野史·明朝卷一》，济南：泰山出版社2000年版，第69页。

里，洪武二十三年（1390）建。”[①] 据此，则该巡检司设于洪武二十三年。

（18）海仓巡检司

位于莱州府掖县境内。据乾隆《掖县志》卷二《海防》记载：“县北二十五里，洪武二十三年建。”[②] 又据乾隆《莱州府志》卷五《兵防》记载：“海仓巡检司：在掖县城西北九十里，明洪武初年设，下同。”[③]（按：此处的下同指的是该书中本条之下的固堤巡检司、古镇巡检司的设置时间与海仓巡检司同，均为洪武初年。）

（19）鱼儿铺巡检司

位于莱州府昌邑县境内。据《大清一统志》卷一百三十八《莱州府》记载：“鱼儿铺：在昌邑县北五十里，明初设巡司，崇祯时废。”[④] 据此，则该巡检司设于明初。

（20）固堤店巡检司

位于莱州府潍县境内。据乾隆《莱州府志》卷五《兵防》记载：“固堤巡检司：在潍县城东北四十里。”[⑤]（按：据上文“海仓巡检司”条可知，该巡检司设于洪武初年。）

（21）高家港巡检司

位于青州府乐安县境内，设置时间不详。

（22）大沽河口巡检司

位于济南府海丰县境内，设置时间不详。

（23）小直沽巡检司

位于顺天府武清县境内。据《明宣宗实录》记载：宣德九年（1434）五月壬辰，“顺天府奏武清县小直沽巡检司旧治濒河，为水所坏，请迁于东南高阜之地。从之”[⑥]。其设立时间当在宣德九年之前。

（24）洋河海口巡检司

位于永平府抚宁县。据《明太祖实录》记载：洪武八年（1375）十月壬寅，“曹国公李文忠奏徙永平府抚宁县洋河海口巡检司于兔耳山，界岭口巡检司于马头崖寨。从之”[⑦]。由上可见，在洪武八年十月前，该巡检司位于洋河海口，后迁

---

① 乾隆《掖县志》卷二《海防》，第285页。
② 乾隆《掖县志》卷二《海防》，第285页。
③ 乾隆《莱州府志》卷五《兵防》，第94页。
④ 《大清一统志》卷一百三十八《莱州府》，《景印文渊阁四库全书》第476册，第722页。
⑤ 乾隆《莱州府志》卷五《兵防》，第94页。
⑥ 《明宣宗实录》卷一百十，宣德九年五月壬辰，第2481页。
⑦ 《明太祖实录》卷一百一，洪武八年十月壬寅，第1710页。

至兔耳山。

（25）新桥海口巡检司

位于永平府乐亭县。据弘治《永平府志》卷三《公署》记载：“乐亭县：巡检司，在新桥海口，去县三十里，洪武中开设。”①

据万斯同《明史》卷七九《地理一》记载：“金置有新桥海口巡检司，南滨海。”②

据《明史》卷四十《地理一》记载：“又西南有新桥海口巡检司。万历四十三年移于滦州西之榛子镇。”③

据光绪《乐亭县志》卷二《地理·古迹》记载：“新桥镇：《旧志》云即新桥海口，在县南。按：《读史方舆纪要》云，新桥营在县西南三十里，有城周二里，旧有巡检司。万历二十年（1592），倭犯朝鲜，因设营，与昌黎赤洋、抚宁牛头崖，为海口三营，联络巡哨以为防御。”④

由上可见，明初乐亭县原设有新桥海口巡检司，万历四十三年（1615），移至滦州西边的榛子镇。

纵观以上巡检司的设立时间可以发现，这些巡检司大都设立于洪武年间，其中不少设于洪武初年，这时北部沿海诸多卫所还未设立，沿海巡检司在抗击倭寇入侵的战斗中发挥了重要作用。后来，建文初年曾经将山东沿海大多数巡检司革除，据姜清《姜氏秘史》卷二记载：五月“二十二日，革莱州府柴胡寨、胶州逄猛、即墨县栲栳岛三巡检司。二十三日，革登州府宁海州乳山寨、文登县辛旺寨、温泉镇、福山县孙夼镇、黄县马停镇、蓬莱县杨家店、高山、招远县东良海口、莱阳县行村寨，凡九处巡检司。”⑤ 但是这次革除时间应该不长，到永乐年间“拨乱反正”时又得到了恢复。

2. 沿海巡检司设置背景及其职掌

明代北部沿海巡检司的相关史料存留较少，崔学野撰《宁海州文登县辛汪巡检司创立营寨记》碑，现存威海市博物馆，具有较高史料价值。兹录该碑文于下。

---

① 弘治《永平府志》卷三《公署》，第121页。

② 万斯同：《明史》卷七九《地理一》，第351页。

③ 《明史》卷四十《地理志一》，第900页。

④ （清）蔡志修等修，史梦兰纂：光绪《乐亭县志》卷二《地理》，《中国地方志集成·河北府县志辑》第23册，上海：上海书店2006年版，第219页。

⑤ 《姜氏秘史》卷二，第69页。

《宁海州文登县辛汪巡检司创立营寨记》

石匠张温刊

本邑儒学教授崔学野撰

东牟崔仕书

昆嵛山六度住持智整篆

文登为县，群山夹峙，跨出瀚海口，三面风涛汹涌，可以舟通外夷，故倭人入寇必于此而出没焉。虽僻处一隅，而所系甚大，为之巡防者实难其人。迨我圣朝奄有山东以来，选将练卒，分岛屿而环戍之，又距要害地立赤山、温泉、辛汪巡司三所，各给弓兵百人，置立寨栅，与戍兵相为犄角，拔才能士，授进义校尉巡检职以领之，其名位虽卑，而职任至重也。时维扬吴俊孙公谅适膺是选，来官辛汪。其地正当南北舟楫往来要冲，公奉命惟谨。□时，筑营垒、深濠堑、建峰台、斥堠、工厅、舍次，一切如法，金鼓旗帜、衣甲器械，无不精利。壁垒坚固而兵士整肃，警逻严密而号令详明。自是，倭人虽不时徜徉波涛中，而不敢登陆者六年，可谓有功于国而有德于民矣。一日瓜代及期，行将朝京上考，父老谒予而言曰：今立营寨，又得贤选防官□于备御之道，使吾民得安耕桑而无盗贼之患，不可（不）立石以纪其事。征文于余，余曰：昔桑怿为永安巡检而群盗遁去，何灌为黄河东岸巡检而贾胡叹服，今孙公为辛汪巡检而倭寇不能为害，是亦无愧于古人矣！彼二子者，皆不次升擢。今孙公功迹如此，必为时大用，倘使守御戎虏，则不独一隅之安，而边庭俱安矣。于子敬深弓（有）望焉，遂为之纪。

岁大明洪武八年　岁在乙卯　孟秋望日

弓首　于忠　吕和

进义校尉莱州府宁海州文登县辛汪寨巡检　孙谅

司吏　王从政

碑阴：

弓兵　□□　周斌　王敬

于进　于海

徐仁　张林

姜政　栾凤　张士原

天妃宫住持进吉祥

本境耆宿　张甫　□士贤　姜士平　朱四

宋均美　李行简　叶士文

姜德才　刘和卿　田秀实

田子成　姜若卿　董顺卿　王贵

该碑文对辛汪巡检司设置背景、巡检职掌、兵员设置等情况记述颇详，且对巡检司的作用作了评价，是研究明初巡检司制度不可备得的珍贵史料。

崔学野撰《宁海州文登县辛汪巡检司创立营寨记》碑

（本图来自张云涛：《山东威海发现明初创寨碑》，《文物》，1997 年第 9 期。）

本处仅以辛汪寨巡检司为例，结合其他史料，对明初北部沿海巡检司加以考察，以期能揭示其大体面貌。

（1）设立背景

由上可见，明朝政府之所以设置辛汪寨巡检司，主要因为两点。其一，该地地势险要，“群山夹峙，跨出瀚海口，三面风涛汹涌，可以舟通外夷”，战略位置重要。其二，这一时期，倭寇骚扰频繁，“倭人入寇，必于此而出没焉”，“倭人虽不时徜徉波涛中”，设置此巡检司的直接目的即为防倭。

其实，这两点也应当是北部沿海其他巡检司设立的原因。据《明宣宗实录》记载：宣德九年（1434）二月甲子，“移置辛汪寨巡检司于长峰寨，温泉镇巡检司于古峰寨。时山东威海卫指挥佥事陶敞言：二巡检司虽为捕倭而设，然与百尺崖备御后千户所相近，且非要害海口，而长峰、古峰二寨实险要之地，于备倭为宜，遂移置焉”①。由此可见，明朝政府之所以移置辛汪寨、温泉镇二巡检司，主

① 《明宣宗实录》卷一百八，宣德九年二月甲子，第 2426～2427 页。

要是因其“非要害海口”，且临近百尺崖千户所，战略布局不合理，而移置后的长峰、古峰二寨则“实险要之地”，可见朝廷设置巡检司时着重考虑了当地的地理形势。此外，从上文所述山东等地巡检司的设置时间看，除去时间不详者，基本都设立于洪武时期，其中既有因袭宋、金、元者，也有洪武初年初设者，而这一时期恰是倭寇活动比较频繁的一段时间。

（2）沿海巡检司的海防职掌

北部沿海巡检司主要职责为防倭，巡检司巡检的具体职掌主要体现在以下三个方面。

①负责工事修建、武器储备。由以上碑文可见，辛汪寨巡检孙谅在任职期间，“筑营垒、深濠堑、建峰台、斥堠、工厅、舍次，一切如法，金鼓旗帜、衣甲器械，无不精利”，对巡检司下辖的军事设施作了建设，同时对兵器等器械也有准备。

②整肃兵士、组织巡逻。巡检平日需不断整肃兵士，组织弓兵巡逻、瞭望，以了解敌情，并做好防御，如上文所说“壁垒坚固而兵士整肃，警逻严密而号令详明”，“倭人虽不时徜徉波涛中，而不敢登陆者六年”。

③遇敌迎战。遇到战事，巡检应带领兵士进行抵抗，如《明太祖实录》记载：洪武二十二年（1389）十二月，“山东都指挥佥事蔺真奏：近者倭船十二艘由城山洋艾子口登岸，劫掠宁海卫。指挥佥事王镇等御之，杀贼三人，获其器械。赤山寨巡检刘兴又捕杀四人，贼乃遁去”①，即为巡检司官兵抗击倭寇之例。

3. 巡检司设官及兵员状况

洪武时期，巡检司兵员数额就编制而言是百人②。如据《明孝宗实录》记载：弘治四年（1491）六月丙午，“山东按察司副使赵鹤龄言：青、登、莱三府属县，国初设巡检司二十，每司弓兵百人，防御海寇。近分守参议尚絅奏革各司兵三之一，遂缺人防守，请复设便，奏下巡抚都御史覆勘，以为宜，兵部议复从之”③。此外，以上碑文中也说“立赤山、温泉、辛汪巡司三所，各给弓兵百人”。由此可见，洪武时期北部沿海巡检司弓兵编制额数为百人。

---

① 《明太祖实录》卷一百九十八，洪武二十二年十二月甲寅，第2975页。

② 本处之所以说“就编制而言”，主要是因为弓兵实数未必足够，如据《明太祖实录》卷二百五十五，洪武三十年十二月丁未记载：“爵溪地在二百余里之半，虽设巡检司，而弓兵百人尝不及数”，即为一例，第3692页。

③ 《明孝宗实录》卷五十二，弘治四年六月丙午，第1025页。

表2－5　　明代北部沿海巡检司设官及兵员表

巡检司	职　官	弓兵数额	守墩弓兵数额	编制额数	备　注
夹仓镇	巡检一人	一十八人	守墩弓兵一十二人	百　人	
信阳镇	巡检一人	一十八人	守墩弓兵一十二人	百　人	
南龙湾	巡检一人	二十一人	守墩弓兵九人	百　人	
古　镇	巡检一人	二十一人	守墩弓兵九人	百　人	
逄　猛	巡检一人	二十一人	守墩弓兵九人	百　人	
栲栳岛	巡检一人	二十一人	守墩堡军余九人	百　人	
行　村	巡检一人	二十二人	守墩弓兵九人	百　人	
乳　山	巡检一人	二十三人	守墩堡弓兵七人	百　人	
赤　山	巡检一人	二十七人	守墩弓兵三人	百　人	
温　泉	巡检一人	二十四人	守墩弓兵六人	百　人	
辛　汪	巡检一人	二十七人	守墩弓兵三人	百　人	
孙夼镇	巡检一人	二十一人	守墩弓兵九人	百　人	
杨家店	巡检一人	二十一人		百　人	
高　山	巡检一人	二十四人		百　人	
马停镇	巡检一人	二十五人		百　人	
东良海口	巡检一人	二十四人		百　人	
柴　胡	巡检一人	一十二人	守墩弓兵一十八人	百　人	
海　仓	巡检一人	一十五人	守墩弓兵一十五人	百　人	
鱼儿铺	巡检一人	一十五人	守墩弓兵一十五人	百　人	
固堤店	巡检一人			百　人	
高家港	巡检一人	二十四人	守墩弓兵六人	百　人	
大沽河口	巡检一人			百　人	

（本表据《筹海图编》卷七《山东兵防官考·山东兵制》制作。）

表2－5是据嘉靖时郑若曾撰《筹海图编》整理而成，当时距洪武时期已经时间甚远，此时兵员在数额上差不多只有明初规定数额的三分之一。我们大致可以推断出：山东沿海巡检司一般设有巡检一人，原有弓兵一百人，后来有所减少。这些沿海巡检司与卫、所一样辖有墩、堡等军事设施，它们以本巡检司为单位，在自己的辖区内，通过墩、堡等瞭望侦察敌情，并在遇敌之际积极抗击。因北部沿海尤其是山东沿海巡检司设置时间较早，所以它们在明初，尤其是当地海防卫所设置尚不普遍之时，对于当地海防起了重要作用。

二、海防设施的构筑

（一）建立墩、堡

洪武时期，明朝政府在北部沿海广置卫、所、巡检司，卫、所、巡检司又下辖为数不等的墩、堡。各卫、所、巡检司连同下辖的墩、堡组成一个个小范围的独立防御体系，墩、堡是其中最基本的防御单位。现按照由南及北的顺序将北部沿海的墩、堡，按其所属单位加以列举，兹列表如表2－6：

表2－6　　明代北部沿海卫、所及巡检司辖墩、堡一览表

卫、所、巡检司	下辖墩、堡	所属府县
安东卫①	墩九：兰头山、鸦高山、大河口、黑漆子、泊峰、张洛、涛洛、小儿皂、昧蹄沟 堡八：三桥铺、虎山、烽火山、关山、昧沟、木寨、孤嘴、董家	青州府
夹仓巡检司②	墩四：蔡家、焦家、三叉口、相家	青州府 日照县
石臼寨备御后千户所③	墩十：温桑沟、南石臼、北石臼、清泥、董家口、钓鱼、湘子泊、金线、石河、湖水 堡三：古城、滕家岭、滔洛	青州府
信阳镇巡检司④	墩四：西大岭、南黄、东沙岭、黄石栏	青州府 诸城县

① 《筹海重编》卷七作："墩十五（实为十四）：兰头山、鸦高山、泊峰、大河口、昧蹄沟、张洛、黑漆子、滔洛、小阜儿、烽火山、虎山、木寨、孤嘴、昧沟"，第121页；嘉靖《青州府志》卷十一《兵防》记载："墩一十有三：拦头山、雅高山、大河口、泊风、昧蹄沟、张洛、黑漆石、涛洛、小皂儿、三桥、风火山、虎山、关山"；嘉靖《山东通志》卷十一《兵防》记载："墩、堡十五：曰：兰头山、曰鸦高山，在卫南。曰大河口、曰泊风口、曰昧蹄沟、曰张洛、曰黑漆子、曰涛洛，在卫东。曰小皂儿、曰三桥、曰涛洛、曰烽火山、曰昧蹄沟、曰虎山、曰关山，在卫北"，第722页。

② 《筹海重编》卷七记载同上，第120页；嘉靖《山东通志》卷十一《兵防》："墩四：曰蔡家，曰焦家，在司南；曰三义口，曰相家，在司东"，第722页。

③ 《筹海重编》卷七作："墩十四：湘水、滔洛、胜家岭、古城、石河、金线、湖水、董家口、钓鱼、温桑沟、清泥、南石臼、北石臼、孤耆山"，第120页；嘉靖《青州府志》卷十一《兵防》记载："石旧寨守御千户所：即安东卫后千户所，在日照县之东。墩一十有五：南石旧、孤耆山、温桑沟、北石旧、青尼、董家、钓鱼、湘子泊、金线、石河、古城、滕家、湖水、本寨、西堡、董家堡"；嘉靖《山东通志》卷十一《兵防》记载："属安东卫……墩、堡十五：曰石臼寨西，曰孤耆山，在所西；曰温桑沟、曰南石旧、曰北石旧，在所南；曰清泥，曰董家，曰钓鱼，曰湘子泊，曰金绵，在所东；曰石河，曰古城，曰滕家，曰董家，曰湘水，在所北"，第722页。

④ 《筹海图编》卷七作："信阳镇，在日照县。南龙湾，在日照县"，有误，第441页。据嘉靖《山东通志》卷十《职官》记载："诸城县：……南龙湾海口巡检司、信阳镇巡检司"，据此则此二巡检司属于诸城县，第696页。此外，关于其下辖墩堡，《筹海重编》卷七记载："墩四：南黄，南石兰，东沙岭，西大岭"，第120页；嘉靖《山东通志》卷十一《兵防》记载："信阳镇巡检司，属诸城县，有石城。墩四：曰西大岭，曰南黄石兰，曰南黄，曰东沙岭，在司南"，第722～723页。

续表

卫、所、巡检司	下辖墩、堡	所属府县
诸城守御千户所◆①	墩四：西大岭、黄石拦、东沙岭、黄石	青州府诸城县
南龙湾巡检司②	墩三：陈家台、胡家、琅琊台	青州府诸城县
夏河寨备御前千户所③	墩七：徐家埠、紫良庄、海王庄、车叠山、沙岭、黄埠、大盘 堡六：赵家营、走马岭、封家岭、北显沟、小滩、王家庄	青州府诸城县
灵山卫④	墩二十：帽子峰、将军台、沙沟、黄埠、李家岛、唐岛、安岭、风火山、黄山、野山埠、长城岭、臧家疃、捉马山、张家庄、刘家沟、孙家港、胡蓝嘴、敲尧山、西子埠、沙嘴 堡十三：青石山、崇石山、东石山、交差涧、焦家邨、石喇义、鹿角河、大虎口、花山、丁家庄、白塔奔、沙岭、本寨东门	莱州府

① 《筹海图编》、《筹海重编》均未将其列入沿海卫所之列，据嘉靖《青州府志》卷一《图》、卷十一《兵防》而加。

② 《筹海重编》卷七作："墩二：胡家、陈家台"，少"琅琊台"一处，第120页；又据嘉靖《山东通志》卷十一《兵防》记载："墩三：曰陈家贡，曰胡家，曰琅琊台，在司南"，第723页。

③ 《筹海重编》卷七作："墩十六：丁家村、王家庄、小滩、沙岭、封家岭、走马岭、赵家营、车叠山、大盘、海王庄、北显沟、徐家埠、紫良山、黄埠、夏河、大虎口"，多"丁家村"、"夏河"、"大虎口"三处，第120页；嘉靖《山东通志》卷十一《兵防》："属灵山卫……墩、堡十六：曰夏河，曰沙岭，曰黄埠，曰徐家埠，曰紫良山，曰海王庄，曰车垒，曰大盘，在所南；曰显沟，曰赵家营，曰走马岭，曰封家岭，曰沙岭，曰小滩，曰王家庄，曰丁家庄，在所北"，第736页。

④ 《筹海重编》卷七作："墩堡三十：石喇叉、焦家村、青石山、花山、鹿角河、东石山、崇石山、交叉涧、刘家沟、白塔、孙家港、沙沟、湖南嘴、张家庄、捉马山、臧家疃、长城岭、黄山、野山埠、风火山、西子埠、李家、唐岛、安岭、敲尧山、黄埠、沙嘴、将军台、帽子山、本寨东门"，少"大虎口"、"丁家庄"、"沙岭"三处。此外，"帽子峰"作"帽子山"、"胡蓝嘴"作"湖南嘴"、"焦家邨"作"焦家村"、"交差涧"作"交叉涧"、"白塔奔"作"白塔"，第120页；嘉靖《山东通志》卷十一《兵防》记载："墩、堡三十：曰帽子峰，曰将军台，曰沙嘴，曰黄埠，曰敲尧山，曰唐岛，曰安岭，曰李家岛，曰西子埠，曰烽火山，在卫南；曰野人埠，曰黄山，曰长城岭，曰臧家疃，曰捉马山，曰张家庄，曰呼兰嘴，在卫东；曰沙嘴，在卫东北；曰孙家港，曰刘家沟，曰白塔夼，曰交叉涧，曰青石山，曰崇石山，曰东石山，在卫北；曰焦家村，曰石喇义，曰鹿角河，曰花山，曰大虎口，在卫西"，第736页；乾隆《灵山卫志》卷二《建置志·墩堡》记载："墩铺：天马山墩、黄山墩、安岭墩、薛家岛墩、李家岛墩、烽火山墩、西子埠墩、陈家岛墩、顾家岛墩（以上在卫城东）；野人埠墩、峤峣山墩、黄墩、沙嘴墩、石喇墩、鹿角河墩、将军台墩、胡家山墩、帽子峰墩、古镇口墩（以上在卫城西）；青石山墩、崇石山墩、白塔夼墩、交义涧墩、臧家疃墩、捉马山墩、张家庄墩、呼兰嘴墩、刘家沟墩、孙家沟墩、沙沟墩（以上在卫城东北）"，第51、52页。

续表

卫、所、巡检司	下辖墩、堡	所属府县
古镇巡检司①	墩三：西庄、古积、北青	莱州府胶州
逄猛巡检司②	墩三：互埠、彭家港、岛儿河	莱州府胶州
胶州守御千户所③	墩九：汪家庄、杜家港、沙埠、洋河、石河、塔埠、孤埠、沙岭、大埠 堡七：辛庄、鹿邨、石河、八里庄、陈邨、栾邨、柘沟河	莱州府胶州
鳌山卫④	墩十七：汾水岭、小劳山、石岭、横担、栲栳岛、羊山、龙江、石老人、峰山、走马岭、黄谷、俞家岭、高山、萧旺庄、郎家嘴、劈石山、捉马嘴 堡十八：桑园、营前、马山、大邨、监望、中邨、那城、桃林、双山、错皮岭、孙疃、塔山、东城、转头山、狗塔埠、翁窝头、万口炉、石张口	莱州府
浮山寨备御千户所⑤	墩九：麦岛、城阳、女姑、程家庄、楼山、姑山、红石、张家庄、堑山	莱州府

① 《筹海重编》卷七记载同上，第120页；嘉靖《山东通志》卷十一《兵防》记载："墩、堡三：曰西庄，在司西南；曰古积，曰北青，在司东南"，第736页。

② 《筹海重编》卷七记载同上，第120页；嘉靖《山东通志》卷十一《兵防》记载："墩三：曰户埠，曰彭家港，曰鸟儿河，在司西"，第736页。

③ 《筹海重编》卷七作："墩十：辛庄、沙岭、大埠、杜家港、孤埠、石河、洋河、沙埠、汪家庄、塔埠；堡六：陈村、石湖、栾村、柘沟河、八里庄、鹿村"第120页；嘉靖《山东通志》卷十一《兵防》记载："墩、堡十六：曰鹿村，曰八里庄，曰柘沟河，曰塔埠，曰江家庄，曰沙埠，曰洋河，曰石河，在所南；曰孤埠，曰杜家港，曰沙岭，曰大埠，曰栾村，曰陈村，曰辛庄，曰石河，在所东"，第737页。

④ 《筹海重编》卷七作："墩二十：桑园、皮岭、石炉山、黄望、峰山、走马岭、羊山、狼家、高山、萧旺庄、捉马嘴、卫南、栲栳、石老人、龙江、壁石、横担、劳山、石岭、分水岭；堡五：石张、万口炉、孙仝、塔儿、东城"，将"桑园"列为墩，其"墩"条目下多"皮岭"、"石炉山"、"黄望"、"卫南"四处，少"黄谷"、"俞家岭"二处。其"堡"条目下少"营前、马山、大邨、监望、中邨、那城、桃林、双山、错皮岭、孙疃、东城、转头山、狗塔埠、翁窝头"十四处。此外，"石张口"作"石张"、"塔山"作"塔儿"、"小劳山"作"劳山"、"汾水岭"作"分水岭"、"郎家嘴"作"狼家"、"栲栳岛"作"栲栳"、"劈石山"作"壁石"，第120页；嘉靖《山东通志》卷十一《兵防》记载："属鳌山卫……墩、堡二十六：曰分水岭，曰石岭，曰小劳山，曰横担，曰擘石口，曰龙口，曰石老人，曰栲栳岛，曰萧旺，曰捉马嘴，在卫南；曰狼家嘴，曰高山，曰羊山，在卫东；曰走马岭，曰峰山，曰猬皮岭，曰黄埠，曰石炉山，曰桑园，曰石张口，曰大村，曰明旺，曰营前，曰马山，曰孙疃，曰那城，在卫北"，第738页。

⑤ 《筹海重编》卷七作："墩十九：孤山、城阳、楼山、红石、斩山、女姑、张家庄、程家庄、东城、桃村、狗塔埠、塔山、公瓦窝、错破岭、双山、麦岛、孙疃、营前、明旺；堡五：中村、转头山、那城、马山、大村"，第120页；嘉靖《山东通志》卷十一《兵防》记载："墩、堡十八：曰麦岛，曰错皮岭，曰双山，曰塔山，曰瓮窝头，在所东；曰转头山，曰狗塔埠，曰桃村，曰中村，曰东城，曰张家庄，曰程家庄，在所南；曰程羊，曰女姑，曰楼山，曰孤山，曰红石，曰斩山，在所西"，第738页。

续表

卫、所、巡检司	下辖墩、堡	所属府县
栲栳巡检司①	墩三：丈二山、金钱山、望梅	莱州府 即墨县
雄崖守御千户所②	墩八：王家山、公平、望山、米粟山、北堑、朱皋、陷牛山、白马岛 堡三：椵邨、王骞、青山	莱州府 即墨县
行村寨巡检司③	墩三：高山、田邨、灵山	登州府 莱阳县
大山备御千户所④	墩二：大山、虎巢山 堡二：双山、黄阳	登州府
大嵩卫⑤	墩七：杨家嘴、刘家岭、辛安寨、草岛嘴、擒虎山、望石山、麦岛 堡五：青山、管邨、界河、小山、黄山	登州府
乳山寨巡检司⑥	墩三：里口、长角岭、高家庄	登州府 宁海州
海阳守御千户所⑦	墩七：帽子山、乳山、驴山、城子港、白沙、峰子山、小龙山 堡十：窄山、孤山、猪港、黄河利、汤山、扒山、桃邨、孔家庄、老埠港、撇雪山	登州府

---

①《筹海重编》卷七记载同上，第120页；嘉靖《山东通志》卷十《兵防》记载："墩二：曰栲栳岛，在司城内；曰丈二山，在司西南；曰金钱山，在司东"，第738～739页。

②《筹海重编》卷七作："墩五：米粟山、望山、公平、土家山、椵村；堡三：青山、王骞、羊山"，第120页；嘉靖《山东通志》卷十一《兵防》作："墩、堡十一：曰椵村，曰王骞，曰王家山，曰公平山，曰望山，在所南；曰青山，曰米粟山，曰北渐山，曰陷牛山，曰朱皋，曰白马岛，在所北"，第739页。

③《筹海重编》卷七作："墩三：高山、田村、灵山"，第120页；嘉靖《山东通志》卷十一《兵防》记载："墩三：曰高山，在司西南；曰田村，在司西；曰灵山，在司东南"，第733页。

④《筹海重编》卷七作："墩七：黄阳、虎巢山、大山、白马、朱皋、陷牛山、北渐山；堡一：双山"，第120页；嘉靖《山东通志》卷十一《兵防》记载："属大嵩卫……墩、堡四：曰大山，曰虎窝山，在所南；曰双山，曰黄阳，在所东北"，第733页。

⑤《筹海重编》卷七记载基本同上，第119～120页；嘉靖《山东通志》卷十一《兵防》记载："墩、堡十二：曰杨家嘴，曰小山，曰麦岛，曰刘家岭，曰辛安，曰草岛嘴，曰擒虎山，在卫南；曰黄山，在卫西；曰望石山，曰青山，曰管村，在卫北；曰界河，在卫东"，第733页。

⑥《筹海重编》卷七记载同上，第119页；嘉靖《山东通志》卷十一《兵防》："墩、堡三：曰里口，曰长角岭，曰高家庄，在司南"，第733页。

⑦《筹海重编》卷七作："墩九：小龙港、城子港、峰子港、白沙山、栲栳港、撇雪山、驴山、帽子山、乳山；堡八：汤山、孔家庄、黄河利、孤山、渚港、扒山、桃村、窄山，"第119页；嘉靖《山东通志》卷十一《兵防》记载："墩、堡十七：曰乳山，在所西；曰帽子山，曰驴山，在所南；曰窄山，曰猪港，曰扒山，曰桃村，曰孤山，曰黄利河，曰孔家庄，曰撇雪山，曰老埠港，曰汤山，在所北；曰白沙山，曰峰子山，曰城子港，曰小龙山，在所东"，第732页。

续表

卫、所、巡检司	下辖墩、堡	所属府县
赤山寨巡检司①	墩一：田家岭	登州府 文登县
靖海卫②	墩二十：大湾口、姚山头、青鸟嘴、长会口、石岗山、浪浪、瓜蒌寨、標杵岭、唐浪镇、铎木山、郭家口、赤山嘴、红土崖、黑夫厂、石脚山、柘岛、峰山窝、明光山、狗脚山、路家马头 堡八：店山、望浆山、起雨顶、蒸饼山、憨山、孤西山、葫芦山、坟台顶	登州府
宁津守御千户所③	墩八：孟家山、青埠山、柴家山、芝麻滩、慢埠、龙山、万口烟、羊家岛 堡九：帽子山、大顶山、高楼山、拖地冈、王家铺、上现口、龙虎山、崮山寨、固山	登州府
温泉镇巡检司④	墩二：可山、半月山	登州府 文登县
寻山备御后千户所⑤	墩八：张家嘴、古老石、黄连嘴、小劳山、杨家岭、马山、青鱼岛、葛楼山 堡七：曲家埠、青山、大水泊、胜佛口、老趐、纪子埠、蒸饼山	登州府

① 《筹海重编》卷七记载同上，第119页；嘉靖《山东通志》卷十一《兵防》："墩一：曰田家岭，在司东南"，第731页。

② 《筹海重编》卷七作："墩十八：石岗、郭家口、铎木山、柘岛、唐浪顶、憨山、望将山、坟台顶、標杵岭、葫芦山、瓜蒌寨、狗脚山、石脚山、赤山嘴、头姚山、峰山窝、浪浪、大湾口；堡三：蒸饼山、孤西山、店山。"见第119页；嘉靖《宁海州志》卷上《建置三》作：墩、堡二十六，较《筹海图编》卷七所载少"红土崖"、"黑夫厂"二处，余处除个别字外基本相同，第769页；嘉靖《山东通志》卷十一《兵防》记载："墩、堡二十六：曰大湾口，曰浪浪，曰峰山窝，曰姚山头，曰青岛嘴，曰明光山，曰路家马头，曰长会口，曰赤山嘴，曰石脚山，曰狗脚山，田（曰）瓜蒌寨，曰起雨顶，曰葫芦山，曰店山，在卫西北；曰標杵顶，曰坟台顶，曰望浆山，曰憨山，曰孤西山，曰蒸饼山，曰唐浪顶，在卫东北；曰柘岛，曰铎木山，曰郭家口，曰石冈，在卫东南"，第730～731页。

③ 《筹海重编》卷七作："墩十三：龙山、□埠山、龙虎山、上现口、王家铺、大顶山、拖地岗、高楼山、芝麻滩、万口、柴家山、青埠山、孟家山；堡二：岗山寨、帽子山"，第119页；嘉靖《宁海州志》卷上《建置三》记载："宁津守御千户所：在文登县东南一百二十里，洪武间置……墩、堡十七"，其墩堡内容除个别字外，基本同上，第770页；嘉靖《山东通志》卷十一《兵防》："墩、堡十七：曰孟家山，曰青埠寨，曰柴家山，曰万口烟，在所南；曰芝麻滩，在所东；曰帽子山，曰崮山寨，曰高楼山，曰拖地冈，曰王家铺，曰大顶山，在所西；曰上现口，曰龙虎山，曰慢埠山，曰龙山，曰固山，曰杨家岛，在所北"，第731页。

④ 《筹海重编》卷七记载同上，第119页；嘉靖《山东通志》卷十一《兵防》："墩二：曰可山，在司东；曰半月，在司西"，第730页。

⑤ 《筹海重编》卷七作：堡十七，未列墩："青山、蒸饼山、大水泊、佛胜口、曲家埠、葛头山、纪子埠、青鱼岛、考翅、马山、杨家岭、小劳山、黄连嘴、古老石、长家嘴、羊家岛、固山"，第119页；嘉靖《宁海州志》卷上《建置三》作：寻山备御后千户所，墩、堡十五，除个别字外，内容基本同上，第768页；嘉靖《山东通志》卷十一《兵防》："属成山卫……墩、堡十五：曰长家嘴，曰古老石，曰黄连嘴，曰小劳山，曰杨家岭，曰马山，曰葛楼山，在所南；曰青鱼岛，曰曲家埠，曰胜佛口，曰大水泊，曰老翅，曰纪了埠，曰蒸饼山，曰青山，在所西"，第729～730页。

续表

卫、所、巡检司	下辖墩、堡	所属府县
成山卫①	墩十：郎家顶、里岛、马山、高础山、北峰头、仲山、崮嘴、太平顶、俞镇、大姑山 堡九：神前、堆前、祭天岭、报信口、石础、洛口、歇马神、北留邨、张家	登州府
辛汪巡检司②	墩一：辛汪	登州府 文登县
百尺崖备御后千户所③	墩六：曹家岛、百尺崖、老姑顶、蒲台顶、嵩里、望天岭 堡三：转山、芝麻岭、窦家崖	登州府
威海卫④	墩八：陈家庄、焦子埠、遶遶、麻子、斜山、磨儿山、古陌顶、庙后峰 堡四：曹家庄、豹虎、峰山、天都	登州府
金山备御左千户所⑤	墩五：庙山、凤凰、金山、骆驼、小峰山 堡四：邹山、清泉、石沟、朱家	登州府

① 《筹海重编》卷七作："墩十一：大姑山、大一顶、高础、仲山、歇马神、马山、俞岭、固嘴、里岛、白峰头、狼家顶；堡八：张家、比留村、石础、洽口、堆前、报信、神前、祭天岭"，第119页；嘉靖《宁海州志》卷上《建置三》作：墩、堡十九，除个别字外，内容基本同上，第767～768页；嘉靖《山东通志》卷十一《兵防》："墩、堡十九：曰狼家顶，曰北峰头，曰里岛，曰固嘴，曰俞镇，在卫南；曰马山，在卫东；曰神前，曰祭天岭，曰报信口，曰堆前，曰歇马神，曰洛口，曰石础，曰北留村，曰张家，在卫西；曰仲山，曰高础，曰太平顶，曰夺姑山，在卫北"，第729页。

② 《筹海图编》卷七作"辛汪寨所"，第451页。以上据《筹海重编》卷七改，第119页。嘉靖《宁海州志》卷上《建置三》作："辛汪寨巡检司：墩一：辛汪"，第767页；嘉靖《山东通志》卷十一《兵防》："墩一：曰辛汪，在司城内"，第728页。

③ 《筹海重编》卷七作：墩九，未列堡："望天岭、蒲台顶、老姑、转山、窦家崖、芝麻岭、百尺崖、曹家岛、松里"，第119页；嘉靖《宁海州志》卷上《建置三》墩堡合列，内容亦同，第767页。嘉靖《山东通志》卷十一《兵防》："属威海卫……墩、堡九：曰松里，曰曹家岛，曰百尺崖，在所东；曰芝麻岭，曰窦家崖，曰转山，曰老姑，在所南；曰望天岭，在所西；曰蒲台顶，在所北"，第728页。

④ 《筹海重编》卷七作：墩十二，未列堡，内容与《筹海图编》同，第119页；嘉靖《宁海州志》卷上《建置三》墩堡合列，内容亦同，第766～767页；嘉靖《山东通志》卷十一《兵防》："墩、堡十二：曰陈家庄，曰焦子埠，在卫东；曰庙后峰，曰古陌顶，曰遶遶，曰麻子，在卫北；曰斜山，曰磨儿，在卫西；曰曹家庄，曰豹虎，曰峰山，曰天都，在卫南"，第728页。

⑤ 《筹海重编》卷七作：墩五、堡一，少"清泉"、"石沟"、"朱家"三堡，其余同上，见第119页；嘉靖《宁海州志》卷上《建置三》记载："金山备御千户所：即左所。墩五：小峰、凤凰山、庙山、骆驼、金山。堡一：邹山"，第765页；嘉靖《山东通志》卷十一《兵防》："属宁海卫……墩、堡六：曰庙山，曰凤凰，曰小峰山，在所东；曰邹山，在所东南；曰骆驼，在所北；曰金山，在所西"，第726页。

续表

卫、所、巡检司	下辖墩、堡	所属府县
宁海卫①	墩六：候圣山、戏山、小峰山、貉子窝、马山、草埠 堡十二：宋家、曲水、管山、汤西、修福、石子现、辛安、杏林、芜蒌、板桥、衷口、栲栳观	登州府
清泉寨备御百户所②	墩二：清泉、石沟	登州府
奇山守御千户所③	墩四：现顶、埠东、熨斗、木柞 堡二：黄务、西牟	登州府
福山备御中前千户所④	墩三：单山、三山、皂河	登州府
孙夼镇巡检司⑤	墩三：岗仑、塔山、旗掌	登州府 福山县
登州卫⑥	墩六：抹直口、教场、林家庄、田横寨、西庄、蓬莱阁	登州府

① 《筹海重编》卷七作："墩十三：马山、貉子窝、戏山、小峰、草埠、峰山、杏林、侯圣山、石子现、板桥、管山、曲水、朱家；堡五：芜蒌、辛安、修福、汤西、栲栳观"，第 119 页；嘉靖《宁海州志》卷上《建置三》："墩六：候至山、小峰山、戏山、貉子窝、马山、草埠；堡十二：峰山、宋家、曲水、管山、板桥、石子现、栲栳、汤西、修福现、杏林、辛安、芜篓"，第 765 页；嘉靖《山东通志》卷十一《兵防》："墩、堡十八：曰宋家，曰曲水，曰管山，曰板桥，曰石子现，曰栲栳观，曰汤四，曰修福，曰杏林，曰峰山，曰侯至山，曰辛安，曰芜蒌，曰草埠，在卫西；曰小峰山，曰戏山，曰□子巢，曰马山，在卫北"，第 726 页。

② 《筹海重编》卷七作："清泉寨所"，辖墩六："石沟、午台、长角岭、清泉、高家庄、衷口"，第 119 页。又嘉靖《宁海州志》卷上《建置三》记载："清泉寨备御百户所：即后所，设百日（户）四人。墩二：清泉、石沟；堡一：午台"，第 765 页；嘉靖《山东通志》卷十一《兵防》："属宁海卫……墩、堡三：□（曰）□泉，在所城；曰午台，在所西南；曰石沟，在所西北"，第 726～727 页。

③ 《筹海重编》卷七记载同上，第 119 页；嘉靖《宁海州志》卷上《建置三》记载："奇山守御千户所：在州西北四十里，洪武三十一年建……墩、堡七：清泉、现顶、黄务、西牢、木作、埠东、熨斗"，第 765～766 页；嘉靖《山东通志》卷十一《兵防》："墩、堡七：曰清泉，曰现顶，在所东；曰黄务，曰西牢，在所南；曰木作，曰埠东，在所西；曰熨斗，在所北"，第 727 页。

④ 《筹海重编》卷七作："墩五：灶后、营后、芝阳、火岩、高山；堡一：福山"，第 118 页；嘉靖《山东通志》卷十一《兵防》记载："属登州卫……墩四：曰芝阳，在所东南；曰营后，曰灶后，在所北；曰福山，在所西"，第 724 页。

⑤ 《筹海重编》卷七记载同上，第 118 页；嘉靖《山东通志》卷十一《兵防》："墩、堡三：曰岗嵛，在司东；曰塔山，曰期掌，在司北"，第 727 页。

⑥ 《筹海重编》卷七作：墩七，多"王徐"一处，第 118 页；嘉靖《山东通志》卷十一《兵防》记载："墩六：曰抹直口，曰教场，曰王徐，曰林家庄，曰田横，曰西庄，在卫北"，第 723 页。

续表

卫、所、巡检司	下辖墩、堡	所属府县
卢洋寨备御五百户所★①	墩四：城后、郭家庄、八角、城阴	登州府
杨家店巡检司★	墩四：华石圈、鸡鸣、磁山、白石	登州府蓬莱县
高山巡检司②	墩：曰高山，曰火岩，在司北	登州府蓬莱县
解宋寨备御四百户所★③	墩五：缴家庄、木基、虚里、黄石庙、解米	登州府
刘家汪寨备御三百户所★④	墩三：西峰山、白林嘴、湾子口	登州府
黄河寨备御百户所★⑤	墩五：王回庄、小河口、任家、栾家口、城儿岭	登州府
马停镇巡检司★⑥	墩六：杨家庄、白沙、吕口、千里、西高、瑶家	登州府黄县
东良海口巡检司★⑦	墩三：虎口、东良、界河	登州府招远县
莱州卫		莱州府
王徐寨备御千户所★⑧	墩六：盐场、高沙望、识会、王徐、滋口、庄头	莱州府

① 嘉靖《山东通志》卷十一《兵防》："属福山所……墩、堡六：曰八角，曰城阴，在所东；曰郭家庄，曰白石，曰嵫山，曰鸡鸣，在所北"，第724页。

② 嘉靖《山东通志》卷十一《兵防》，第724页。

③ 嘉靖《山东通志》卷十一《兵防》："属登州卫……墩二（三）：曰虚□，□（在）所东；曰解木，在所北；曰木基，在所西"，第724页。

④ 嘉靖《山东通志》卷十一《兵防》："属登州卫……墩五：曰缴家庄，在所西；曰湾子，曰白林嘴，曰西峰山，曰城儿岭，在所北"，第725页。

⑤ 嘉靖《山东通志》卷十一《兵防》："属登州卫……墩五：曰栾家口，曰任家，曰小河口，曰王灰庄，在所北；曰西高，在所西"，第725页。

⑥ 嘉靖《山东通志》卷十一《兵防》："墩五：曰于里，曰吕口，曰瑶家，曰白沙，在司北；曰杨家庄，在司西"，第725页。

⑦ 嘉靖《山东通志》卷十一《兵防》："墩二：曰界河，曰东良，在司北"，第725页。

⑧ 嘉靖《山东通志》卷十一《兵防》："属莱州卫……墩六：曰虎口，曰兹石，曰庄头，曰王徐，曰识会，在所北；曰高沙，在所西"，第734页。

续表

卫、所、巡检司	下辖墩、堡	所属府县
马停寨备御百户所★①	墩三：界口、河口、铃铛旺	莱州府
皂河寨备御四百户所★②	墩四：东寨、三山、单山、皂河	莱州府
马埠寨备御四百户所③	墩三：海庙、扒埠、马埠	莱州府
柴胡巡检司④	墩六：小皂、武家庄、上官、太原、诸黄、诸高	莱州府掖县
海仓巡检司⑤	墩五：海郑、白堂、土山、后灶、东关	莱州府掖县
鱼儿巡检司⑥	墩四：黑山、河口、韩城、烟火	莱州府昌邑县
青州左卫	不详	青州府
高家港巡检司⑦	墩二：石牌、司西	青州府乐安县
塘头寨备御百户所⑧	辖墩九：宁家坟、荆埠、宅科、官台、田水河、八面、公母堂、黄种河、上司	青州府乐安县

① 嘉靖《山东通志》卷十一《兵防》："属莱州卫……墩五：曰盐场，曰零当望，在所北；曰河口，曰界首，曰黄山，在所西"，第734页。

② 嘉靖《山东通志》卷十一《兵防》："属莱州卫……墩三：曰单山，曰三山，曰本寨，在所北"，第734页。

③ 《筹海重编》卷七作：墩四，多"武家庄"一处，第118页；嘉靖《山东通志》卷十一《兵防》："属莱州卫……墩三：曰海庙，曰扒埠，在所北；曰马埠，在所南"，第735页。

④ 《筹海重编》卷七作："墩六：诸高、太原、柴胡、上官、小皂、诸黄"，第118页；嘉靖《山东通志》卷十一《兵防》："墩六：曰小皂儿，曰武家庄，曰上官，曰柴葫，曰太原，在司北；曰诸高，在司西"，第734～735页。

⑤ 《筹海重编》卷七记载同上，第118页；嘉靖《山东通志》卷十一《兵防》作"海沧巡检司"，第701页；该书同卷又作："海仓巡检司：属掖县，有砖城。墩五：曰海郑，曰白堂，曰土山，曰后灶，曰东关，在司东"，第735页。

⑥ 《筹海重编》卷七作："墩五：立鱼儿、烟火、河口、黑山、本司"，第118页；嘉靖《山东通志》卷十一《兵防》作"鱼儿铺巡检司"，第701页；又该书同卷记载："墩六：曰黑沙，曰河口，曰韩城，曰本司，曰烟火，曰立鱼河，在司北"，第735页。

⑦ 《筹海重编》卷七作："墩二：司后、石碑"，第120页；嘉靖《山东通志》卷十一《兵防》记载："墩二：曰石碑，曰司后，在司东北"，第723页。

⑧ 《筹海重编》卷七作：墩十，多"韩城"一处，第118页；嘉靖《青州府志》卷十一《兵防》作："墩十：公母堂、黄种、上泗河、旧寨、宁坟、荆埠、课墩、官台、甜水河、八面河"；嘉靖《山东通志》卷十一《兵防》："墩十：属青州左卫……曰公母堂，曰黄种，曰上思河，曰旧寨，在所东；曰宁坟，曰荆埠，曰课墩，曰官台，曰甜水河，曰八面可（河），在所东南"，第720页。

续表

卫、所、巡检司	下辖墩、堡	所属府县
大沽河海口巡检司◆①	不详	济南府 海丰县
天津卫	不详	
天津左卫	不详	
天津右卫	不详	
小直沽巡检司	不详	顺天府 武清县
梁城所	不详	
开平中屯卫	不详	
卢龙卫	不详	
抚宁卫	不详	
洋河海口巡检司	不详	永平府 抚宁县
新桥海口巡检司	不详	永平府 乐亭县
山海卫	不详	
广宁前屯卫中前所	不详	
广宁前屯卫②	关一：山海 墩九：觉华岛、龙宫岛、连海山、秦洋岛、桃花岛、望天岛、欢喜岭、大旺庄、庆春山 堡二十：广积、树林、海山、永丰、海滨、兴安、古城、泰新、老军、海泉、杏林、三山、镇安、新安、长安、城南、积粮、庆春、永安、安家	
广宁前屯卫中后所	不详	
宁远中右所	不详	

① （明）郑希侨修，刘继先、崔士伟纂：嘉靖《武定州志》卷九《兵防》：“巡检司五……曰大沽河海口”，《天一阁明代方志选刊》第44册，上海：上海古籍书店1981年版。

② 《筹海图编》卷七作：“关一：山海；墩九：觉华岛、龙宫岛、建海山、秦洋岛、桃花岛、望天岛、欢喜岭、大旺庄、庆春山；堡二十一：安家、庆春、古城、杏林、永丰、长安、海全、永安、镇南、新安、积粮、广积、泰新、树林、海滨、三山、海舟、兴安、城南、老军、锡安”，第130页。

续表

卫、所、巡检司	下辖墩、堡	所属府县
宁远卫	不详	
宁远中左所	不详	
广宁中屯所（广宁中屯卫中左所）	不详	
广宁中屯卫	墩三：望海、孤山、岳家 堡十六：嘉和、乐安、富有、顺阳、长丰、顺宁、时和、仁和、得安、永丰、兴穑、广盈、丰稔、西杏、福宁、南阳①	
广宁左屯卫		
广宁左屯卫中左所		
广宁右屯卫②	关一：三岔 堡五：东海、枯凌河、长丰、枯树、女直	
海州卫	不详	
盖州卫③	墩九：韦子岛、归州、兔儿岛、象井、白狼山、观家山、神仙山、梁房口、辽针山 堡五：梁房口、中山、熊岳驿、五十寨驿、八角湖	
复州卫④	城二：魏霸山城、得利瀛城 墩九：龙王山、万滩岛、中岛、长生岛、松山、北青海、塔山、石家岛、骆驼山 堡四：富川、临溪、杨官寨、栾古驿	

①《筹海重编》卷七作："墩三：望海、孤山、岳家；堡十六：乐安、富有、嘉和、长丰、顺阳、团山、时和、仁和、广济、永丰、广盈、临川、大有、丰稔、福宁、西店、南阳、得安、兴穑"，第130页。

②《筹海重编》卷七作："堡六：东海、枯菱河、枯树、长丰、黑林、女真"，第130页。嘉靖《全辽志》卷二《边防》作："右屯卫：官军三百一员名，此广宁卫也，以皆沿海，墩架故尽于此。墩架：四座，瞭守官军二十员名。凌河口台、青墩木架、白马沟台、船家埠台"，第565页。

③《筹海重编》卷七记载除个别字外基本同上，第130页；嘉靖《全辽志》卷二《边防》作："盖州卫城堡墩架：墩架：八座，瞭守官军余丁四十员名。本城：梁房口台、狼山台、伴仙山台、团瓢山台、深井台、兔儿岛台、归州台、苇子套台。熊岳堡、五十寨堡、伏兵堡"，第565页。

④《筹海重编》卷七记载："墩九（实列十处）：龙王山、万滩岛、栾古山、中岛、塔山、长生岛、松山、北青海、石家岛、骆驼山；堡四：富山、临溪、杨官寨、栾古驿"，第130页；嘉靖《全辽志》卷二《边防》作："复州城堡墩架：墩架：二十九座，瞭守官军一百四十五员名。本城：龙王山台、八家铺台、老鸦岛台、骆驼山台、石家岛台、青海口台、榆树山台、长生岛大山台、大孤山台、沙河铺台、沙河山台、中岛西南嘴台、松山台、流星岛台、坟门岛西台。栾古驿：古城铺台、沙河铺台、栾古山台。羊官堡：流星岛台、松山台、北青海口台、石家岛台、骆驼山台、老鸦岛台、野猪山台、横头山台、胖头山台、大黄山台、大孤山台"，第565页。

续表

卫、所、巡检司	下辖墩、堡	所属府县
金州卫①	城四：望海埚、伯母山、旅顺南城、旅顺北城 墩三十六：石门、萧家岛、老鹳嘴、大黑山、海青岛、李兰店、双庙、小沙河岛、雁岛、铁山、石洞山、大沙河岛、马雄岛、莲花岛、黄谷岛、长沙嘴岛、青山岛、雁练岛、卢家岛、花里岛、杏园岛、七兰山、野鸡岛、沙河岛、鹤儿岛、团山岛、和尚岛、磨盘山岛、红崖岛、鞍山、罗家岛、黄家岛、太平岛、南关岛、兔儿岛、盐场岛 台一：三王山 堡五：三淮、新寨、刘官寨、红嘴、黄骨岛	
金州中左所	不详	

（本表据郑若曾：《筹海图编》卷七；邓钟：《筹海重编》卷七；嘉靖《山东通志》、嘉靖《青州府志》、嘉靖《辽东志》、嘉靖《全辽志》等制。注：带★者为《筹海图编》未载，而见于《筹海重编》者；带◆者为二者均未记载，而见于方志等资料者。）

那么，沿海墩、堡是一种什么状况，它们的主要功能是什么呢？万历《乐安县志》卷十《兵防》有一番记述。塘头寨：

设青州左卫后所百户一员，旗军一百名，把守海口，防御倭寇。墩十，曰公母堂、黄种、上思河、旧寨，在所东；曰宁坟、荆埠、课墩、官台、甜水河、八面河，在所东南。所有哨兵食粮于邑，无事则登高以瞭望，有事则驾舟以侦探，

① 《筹海重编》卷七作："墩三十八：萧家岛、小沙河、大沙河、双湖、雁练岛、黄谷岛、青山岛、磨盘山、黄家岛、老鹤嘴、李兰店、小黑山、大黑山、太平岛、团山岛、卢家岛、马雄岛、海青岛、莲花岛、花里岛、和尚岛、南关岛、石门、召洞山、长沙嘴、写岛、沙河岛、黄井山、罗山岛、红崖岛、铁山岛、野鸡岛、鹤儿岛、鞍山岛、盐场岛、杏园岛、兔儿岛、七个山岛……堡六：黄骨岛、刘官寨、新寨、山涧、海口、红嘴"，第129页；嘉靖《全辽志》卷二《边防》作："金州等处城堡墩架操守：官军一千六百四十六员名。墩架：九十五座，瞭守官军三百六员名。本城：官军五百八十六员名。北庙台、陈家岛台、兔儿岛台、红岩子架、黑风楼架、善山台、和尚岛台、石门架、大黑山台、望城冈架。旅顺口：官军一百八十二员名。铁山台、黄井山台、爪牙山台、磐石洞台、西山顶台、山头台、沙州台、中眼台、左眼台、右眼台、长沙空台、南门台、石门台、八里庄架、庙儿山架、荞麦山架、堝塔山架、羊头凹台、野鸡岛台、马练山台、伯母山台。木场驿：黄羊川台、平岛台、沙河口台、青泥凹台、罗家口台、木场山架、虎狼山架、泉水山架、双庙山台、营城山台、独山架、狗儿峪架、鞍山台、牛心山架台。望海堝堡：海青岛台、卢家口台、豹子山台、马雄岛台、塔儿山台、空心台、小黑山台、李兰台、老鹳嘴台、旧老鹳嘴台、红山儿台、青山儿台、曲旗屯架、花心架、丁字凹架、清水河架、吴家岭架、何旗屯架。红嘴堡：旧石山儿台、红嘴台、韩家滩台、峰堠岭台、谎烟台。归服堡：榆树庄科台、杨家套台、欢喜台、平阳台、窟宠台、涌道台、松子台、滥石台、虎头台。黄骨岛堡：官军二百一十四员名。七宝台、中心台、总管台、望海台、出海台、背阴台、青石台、九转台、皂隶台、龙湾台、虎头台、褡裢台、接火台、样台。石河驿：平岛台、李罗殿台、石头寨台。盐场堡：缸窑台"，第564～565页。

而春秋二汛亦属紧急。海上无警，似涉冗食，万一倭信叵测，则此不容缺也。盖弓兵属于巡检司，以备干掫，而民壮有守城之役，此则以备海防云。①

山东靖海卫周边墩堡图

（引自郑若曾《筹海图编》）

又据民国《福山县志》卷五之一《缘起》记载：

古无烟台之名……明为海防设奇山所驻防军，东通宁海，西由福山中前所以达登州卫，设墩台狼烟以资警备，土人因呼之曰烟台。②

由此可见，沿海的墩主要是指烟墩，其作用为瞭哨并报警，以传递消息。乾隆《莱州府志》卷五《兵防》记载："大曰墩，小曰堡，委军守之，所以备寇盗也。明洪武五年（1372）立，墩军例设五名，堡军例设六名，各有汛地，分辖于营弁巡司。"③ 每个墩堡都配备一定数额的墩军、堡军，他们的主要任务就是瞭望与侦探，即上文所说的"无事则登高以瞭望，有事则驾舟以侦探"。

由表2-6可见，北部沿海所设墩堡、烽堠数量较多。宣德年间山东备倭都指挥卫青曾在上奏中指出，"缘海之地纡回四千余里，城堡、烽堠三百余所"④。

① 万历《乐安县志》卷十《兵防》。
② 民国《福山县志稿》卷五之一《缘起》，第191页。
③ 乾隆《莱州府志》卷五《兵防》，第95页。
④ 《明宣宗实录》卷二十九，宣德二年七月乙未，第759~760页。

这些墩堡绝大多数建于洪武时期。

（二）设置总寨、小寨

洪武时期，明朝政府在山东沿海的莱州、宁海州一带设置了诸多寨。据《明太祖实录》记载：洪武二十五年（1392）十一月乙酉，“山东都指挥使周房言，所属宁海、莱州二卫，东濒巨海，途岸纡远，难于防御。近者审择莱州要害之处，当置八总寨，以辖四十八小寨，其宁海卫亦宜置五总寨，以备倭夷。诏从之”。[①] 据此，则洪武后期，明朝政府曾于莱州要害之处专设八总寨，辖四十八小寨，于宁海州要害处专设五总寨。

在清朝后期，当地人已经无法得知明初所设寨的具体情况，据同治《重修宁海州志》记载：“洪武二十三年（1390），命山东都司周彦建五总寨于宁海卫：今寨尚有其名，而详无可考矣。”[②] 由于史料阙如，我们已经很难窥视寨的面貌，不过，据以上史料推论，该处的总寨、小寨均为防倭而设，且均位于地理形势险要之处，应当为小规模的屯兵单位。如表2－6所列马停寨、皂河寨等，很可能即属此类。现将嘉靖《山东通志》中所列筑有城堡之寨，列表如表2－7。

表2－7　明代山东沿海寨一览表

府	州、县	寨	概　况	备　注
青州府	乐　安	塘头备御所城	“土城，周围三里，高一丈五尺、阔七尺，一门楼，铺四，池阔二丈、深一丈。”	嘉靖《山东通志》卷十二《城池·青州府》
	日　照	石旧寨备御所城	“石城，周围二里有奇，高一丈四尺许，阔三丈二尺，南北西二门楼，铺一十五座，池阔三丈二尺，深一丈。”	同上
	诸　城	萧家寨城	“在诸城县东南一百二十里，国朝洪武三十一年，百户陈良砌以砖石，周围一里奇，门二、铺六。”	同上
	诸　城	龙潭寨城	“在诸城东南一百一十里，国朝洪武三十一年，百户管城砌以砖石，周围一里奇，门二、铺六。”	同上
	诸　城	信阳镇寨城	“在诸城南一百二十里，国朝洪武三年，巡检王福砌以砖石，周围八十丈，门二、铺五。”	同上

① 《明太祖实录》卷二百二十二，洪武二十五年十一月乙酉，第3244页。
② 同治《重修宁海州志》卷十《武备》，第397页。

续表

府	州、县	寨	概　况	备　注
登州府		黄河寨城	“砖城，周围一百三十八丈，高二丈五尺，阔一丈五尺，南一门楼、铺五座，池阔一丈、深五尺。”	嘉靖《山东通志》卷十二《城池·登州府》
		刘家汪寨城	“石城，周围一百八十丈，高二丈五尺，阔一丈三尺，南一门楼、铺五，池阔一丈深五尺。”	同上
		解宋寨城	“石城，周围二百四十丈，高二丈五尺，阔一丈三尺，南一门楼、铺五，池阔一丈、深五尺。”	同上
		卢洋寨城	“砖城，国朝洪武二十九年，百户张刚筑，周围一里，高一丈七尺、阔一丈五尺，东西二门楼、铺六，池阔一丈深七尺。”	同上
		清泉寨城	“砖城，周围二里，高一丈五尺，阔一丈五尺，门一、楼铺六。”	同上
		大山寨城	“砖城，周围四里，高一丈五尺，阔一丈五尺，门四、楼铺十五，池阔一丈、深七尺。”	同上
		金山所城	“砖城，周围二里，高二丈三尺，阔五尺，东南二门楼二十，池阔二丈二尺，深一丈八尺。”	同上
		奇山守御所城	“砖城，周围二里，高二丈二尺，阔二丈，门四楼铺十六，池阔三丈五尺，深一丈。”	同上
		海阳守御所城	“砖城，周围三里，高二丈阔一丈二尺，南西二门，楼铺二十九，池阔一丈二尺，深八尺。”	同上
		宁津守御所城	“砖城，周围三里，高二丈五尺，阔二丈三尺，门四，楼铺十六，池阔二丈，深一丈。”	同上
		寻山所城	“砖城，周围三百九十六丈，高二丈五尺，阔三丈，东南西门三，楼铺十五，池阔二丈，深一丈。”	同上
		百尺厓所城	“砖城，周围三百三十步，高三丈，阔二丈五尺，南北门二，楼铺六，池阔一丈五尺，深九尺。”	同上

续表

府	州、县	寨	概况	备注
莱州府		马埠寨城	“砖城，周围二里，高一丈五尺，池阔一丈深八尺，南北二门楼，铺八座。”	嘉靖《山东通志》卷十二《城池·莱州府》
	即墨	张家寨城	“土城，在即墨县西南五十里里仁乡阴岛社，高二丈一尺，周围二里。”	同上
		皂河寨城	“砖城，周围二里，高一丈五尺，池阔一丈、深八尺，南北二门楼、铺八座。”	同上
	即墨	楼山寨城	“土城，在即墨县南四十里里仁乡南曲社，周围二里。”	同上
		王徐寨城	“砖城，周围三里，高一丈八尺，池扩一丈、深一丈，东西南三门。”	同上
	即墨	金家岭寨城	“在即墨县南七十里仁化乡浮峰社，周围二里。”	同上
		夏河寨城	“石城，周围三里有奇，高一丈七尺，阔二丈五尺，池阔二丈五尺，深六尺，门四、楼铺十六座。”	同上
	即墨	子家庄寨城	“在即墨县东南九十里里仁乡郑疃社。”	同上
	即墨	萧旺庄寨城	“在即墨县东南五十里海润乡萧旺社。”	同上
	即墨	走马岭寨城	“在即墨县东北九十里移风乡颜武社。”	同上
	即墨	羊山寨城	“在即墨县东北一百里移风乡兴仁社。”	同上
	即墨	大港寨城	“在即墨县东北六十里海润乡高虞社。”	同上
	即墨	栲栳岛寨城	“在即墨县东北十九里移风乡兴仁社。”	同上
	即墨	田村寨城	“在即墨县东北九十里移风乡古清社。”	同上
		马停寨城	“石城，周围一百八十八丈，高二丈、阔一丈五尺，池阔一丈、深五尺，南北二门。”	同上

（本表据嘉靖《山东通志》制作。）

由表2－7可见，明朝政府在山东沿海的青、登、莱三府沿海地区设有众多寨，诚然，其中不乏是巡检司、千户、百户所之城池，如王徐寨、石臼寨便是千户所城，而塘头寨则为百户所城，信阳镇寨则是巡检司的驻地，但其中大多数是名称不见于千户所、百户所、巡检司之列者，笔者推断它们应当就是明初所设之总寨与小寨。

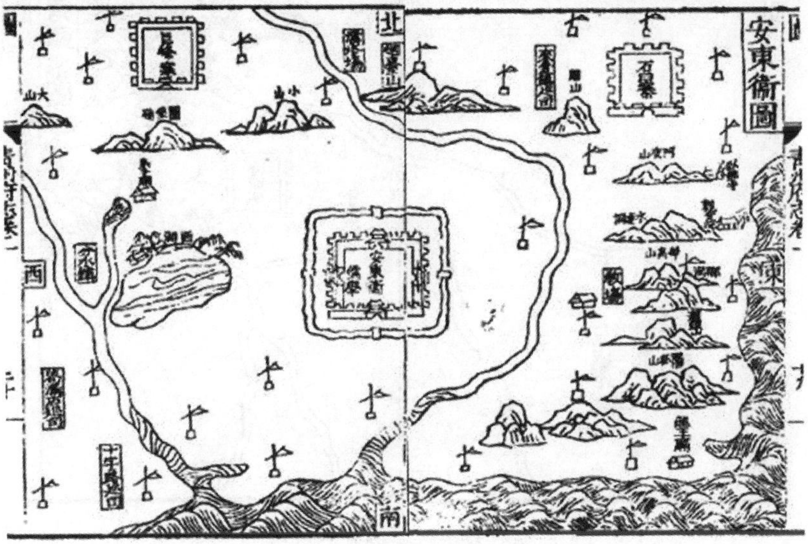

明代安东卫图

（引自嘉靖《青州府志》）

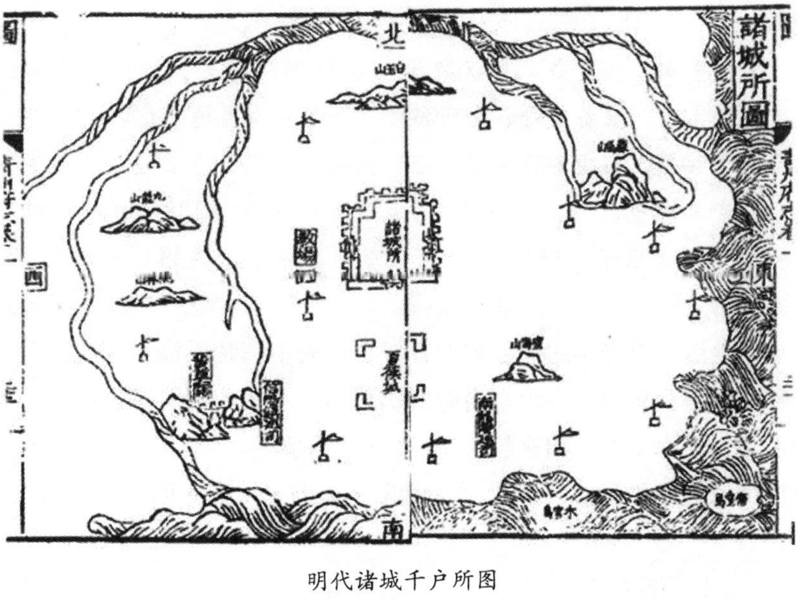

明代诸城千户所图

（引自嘉靖《青州府志》）

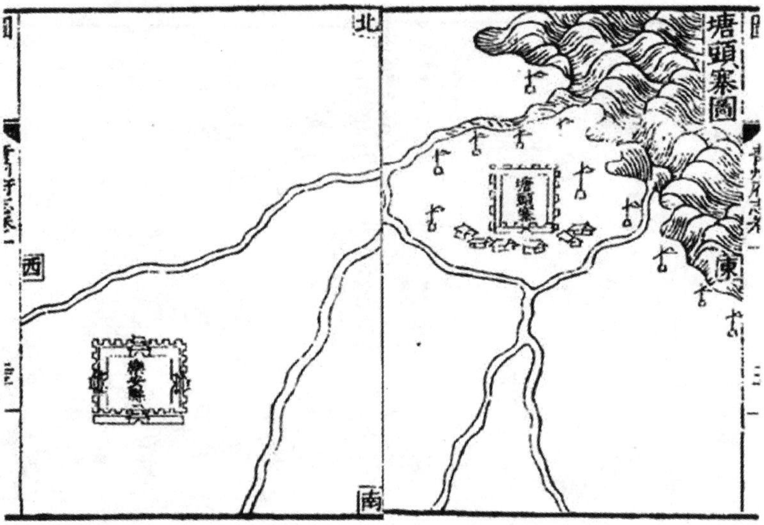

明代塘头寨备御百户所图

（引自嘉靖《青州府志》）

关于这些城寨，地方志中也有记载。据道光《荣成县志》卷一《疆域·古迹》记载：

沿海土寨：按史书，自汉魏历隋及唐用兵海外，皆两路出师，屯宿海上。无代无之，宋备契丹、元明备倭，登莱皆为重地。《元史》：毛贵立三百六十屯于莱州，相距各三十里，盖以登莱为巢穴，今登属山中荒冢断碣龙凤纪年，皆其迹也。《明史·兵志》：洪武十七年（1384），汤和筑沿海诸城（土城）。二十三年（1390），建五总寨于宁海卫，共辖小寨四十八，此沿海诸寨所由来欤?①

由上可见，生活于道光年间的方志作者似乎也搞不清楚沿海土寨的来龙去脉，所以在推断这就是明初朝廷在山东沿海所筑总寨、小寨的同时，还用一个略带犹豫的口吻道“此沿海诸寨所由来欤”，态度非常谨慎。

但据民国《牟平县志》卷十《文献志·杂志·轶事》的记载，作者显然就肯定多了：

《明史·兵志》：洪武十七年，汤和筑沿海诸城；二十三年，建五总寨于宁海卫，与莱州八总寨，共辖小寨四十八。复命徐辉祖巡视沿海以防倭。迨

① 道光《荣成县志》卷一《疆域·古迹》，第446页。

> 承平既久，惟卫所诸城尚有居民，其余小寨半皆坍塌，仅遗古址而已（本县土寨遗址，北海岸有清泉寨、金沟寨、马山寨、鹤止寨、金山寨，南海岸有南寨、万家寨、孙家寨等），历代以来，海上所以多废垒也。①

由上可见，作者认为沿海的这些古迹、遗址就是明初十三总寨、四十八小寨的遗址，并且列出了诸多未见于表 2-7 记载的寨名，如北海岸有金沟寨、马山寨、鹤止寨、金山寨，南海岸有南寨、万家寨、孙家寨等。

这些寨具有一定的规模，有一个较为坚固的城池。明人叶序在《重修黄河营寨城记》中记载了弘治年间山东巡察海道副使赵鹤龄修饬黄河营寨的状况：

> 宏（弘）治己酉春三月，山东按察副使西蜀赵公奉敕巡视海道，命修黄河口寨城。黄县令范君实任厥事，市二月而成之。又以其余巨石为隄于城之东南以捍海潮之冲。堤之外捍以椿木四百有余。城之上为兵厅者四，城之北为望海楼者一，咸极壮丽。②

关于黄河营寨的规模，嘉靖《山东通志》卷十二《城池·登州府》有所记载："砖城，周围一百三十八丈，高二丈五尺，阔一丈五尺，南一门楼、铺五座，池阔一丈、深五尺。"③ 这虽然是嘉靖时期的规模，想必与弘治时期应该也相差不大，从中仍可大体管窥明初黄河营寨城的规模。由上文对于黄河营寨的描述，我们可以看出，这座营寨濒海而建，规模不是很小，是一个独立的海防单元。其实，这种海防营寨设立的直接目的就是防御倭寇，诚如叶序在《重修黄河营寨城记》中所说，"黄邑黄河营，莱蚕艾山诸水攸会于焉入海，夷倭一据，我莫之能御，我往先之，倭罔肆厥侮，守口以寨，守寨以城"，显然是将该寨城作为防御从海上来犯倭寇的第一条战线，希望通过修建城池达到"倭望而藐之，卒恃以自固"的目的。所以，赵鹤龄对这次修城非常重视，竣工后"又虑继之者或易之而弗克重修"，并专门派人请叶序撰文记载这件事情④。顾炎武也曾说："黄河寨在县东北二十里，系海口极冲。"⑤

（三）建立水城

洪武时期，明朝政府在北宋刀鱼寨的基础上，建立了蓬莱水城。关于水城之

---

① 民国《牟平县志》卷十《文献志·杂志·轶事》，第 435 页。
② 同治《黄县志》卷十三《艺文志下·记》，叶序《重修黄河营寨城记》，第 534 页。
③ 嘉靖《山东通志》卷十二《城池·登州府》，第 787～788 页。
④ 同治《黄县志》卷十三《艺文志下·记》，叶序《重修黄河营寨城记》，第 534～535 页。
⑤ 《肇域志·山东三》，《续修四库全书》第 589 册，第 258 页。

设，光绪《增修登州府志》记载：

水城：在城北，与大城相连，即宋之刀鱼寨。明洪武九年（1376），设登州卫，置海船，运辽东军需，指挥谢观以河口浅隘，奏议挑浚，绕以土城，北砌水门，引海水入城，名新开口，南设关禁，以议往来。后因备倭，立帅府于此，名备倭城。周三里许，高三丈五尺，厚一丈一尺，西北跨山，东南濒河，南一门曰振扬，楼铺共二十六。万历二十四年（1396），总兵李承勋甃以砖石，增敌台三，知府徐应元复修之。崇祯十一年（1638），知府陈钟盛、同知来临增修。①

又据道光《重修蓬莱县志》记载：

水城：大城北相连，原名备倭城，由水闸引海入城，名小海，为泊船所。洪武九年立帅府于此，周三里许，高三丈五尺，阔一丈一尺。南门一，曰振扬，楼铺共二十六座。万历丙申，因倭警，总兵李承勋甃以砖，东、北、西三面共增敌台三座，南一面仍旧。知府徐应元重修。崇祯十一年，知府陈钟盛、同知来临重修。②

由上可见，蓬莱水城与大城相连，北部砌有水门③，引海水入城，可以在此训练水军，城上设有敌台，可资瞭望。

后来，蓬莱水城成为山东海防的指挥中心，山东备倭都司即设于此，明后期所设山东防海总兵官也驻扎于此。

（四）设置炮台

由于北部沿海地区相关史料较少，我们无法对洪武时期北部沿海炮台的设置情况做详细论述，只能根据考古发掘资料及方志中的只言片语来推断当时的情况。

时至今日，在北部沿海仍有一些炮台遗址，不过由于缺乏相关史料，笔者无法确定其年代。现将笔者所了解的情况罗列如下。

其一：据《半岛都市报》2004年9月27日报道《明代古镇口炮台》：

不同于鼓角相鸣、擂鼓助阵的古代阵地战，明代沿海军事防卫的主要方

---

① 光绪《增修登州府志》卷七《城池》，第74页。

② 道光《重修蓬莱县志》卷二《地理·城池》，第30～31页。

③ 清顺治间，徐可先因水门无屏障不安全，所以设立栅栏。据道光《蓬莱县志》卷十二《艺文志上》《增置天桥铁栅记》记载："水城北门突兀波面中，开广浦以泊艟艨，城缺丈余以通出入，上横巨板，名曰天桥，制诚善已，独天桥之下不设关阑，咫尺怒涛，飞帆迅驶。倘寇舟突犯，阑入周垣，仓促张皇，堵御无策，是天桥非通行之口，直揖贼之门也。水城有事，迫近郡城，敌得所凭，我失所恃，是水城非维幹之助，直藉寇之资也。"第232页。

式有炮台、烟台、墩堡等。这三者的主要作用区别是，炮台大多建于海岸、面向海面来犯者（主要是倭寇）。从青岛沿海现存的几处明代炮台看，大多距海几十米，不超百米，炮台所使用的材料全用花岗岩石围起的密封空间，其前方或顶部凸起一台面用于置放土炮，有的内侧是弹药供给空间，设有出入口或楼梯，炮台实际成为一处火力点或坚固的阻击堡垒。

“烟台”，大多设于山头或高地，发现敌情，点燃烟火，起传递战事信号作用，少数烟台也起炮台攻击作用，“狼烟四起”这一现象常常会让人想起军情紧急、大敌当前、大战在即之景。“墩堡”，也有称烟墩、墩台的，有的建在一片开阔地的制高点上，大多为凸起的土堆高冈，也有掺石块的，也起烟火传递战争信号作用，墩堡一般数里一座，数量远远多于烟台。墩堡可以建在海边，也可以穿过村落，也有建于城池一周的，是战争报警最基本单位。

即墨沿海和青岛沿海现很难寻觅明代炮台了，而像胶南沿海集中三处炮台“古镇口炮”、“亭子兰炮台”、“唐岛（湾）炮台”幸存至今，这在中国沿海也不多见。探索和研究一下青岛地区的明代炮台、烟台、墩堡设置制度、规模、集中地、历史作用、曾利用它所发生过哪些各大历史事件和军事冲突，对青岛明代海防有重要意义。

古镇炮台，位于胶南大珠山镇古镇营村海岸旁，明代建，系胶南市级文物保护单位，为胶州湾西岸延伸的沿海防御倭寇进犯的一座炮台，也是青岛地区海岸沿线上迄今保留较为完整的当年炮台，是明代青岛海滨一处边关要塞。

该炮台全部为花岗岩大石块垒砌。外围长宽各15米左右，围成略方的围墙，残墙高5~6米，墙体底部厚1.9米左右、顶部厚1.6米左右。正面朝海凸起长约6米、宽约5米的炮台，这个向外凸出台子用于置放土炮。围墙东南角为拱门洞出入口，部分墙体已坍塌。

其二，据季宏等《天津北塘炮台：海防线性遗产的保护困境》一文，登州炮台设于1376年，即洪武九年。

在笔者所见到的史书内，并没有明确提及洪武时期北部沿海炮台修建的状况。但笔者估计，这一时期，随着沿海卫所等机构的建立及火炮的推广，应当已经设置了炮台。

据袁晓春《山东蓬莱出土明初碗口炮》一文记载：1988年4月1日，山东省蓬莱县马格庄乡营子里村村民建房挖掘地基时，于地表以下1.5米深处发现两门明朝洪武八年铜制碗口炮。两门碗口炮整体用青铜制造，形制相同。炮口略呈大碗口状，直径26厘米。炮膛呈直筒型，深55厘米，碗口以下内径11厘米，向后逐渐变细，底径9厘米。炮身外壁铸有三周加强箍，箍宽1.5～2.5厘米。药室隆起呈球状，底座加厚至5厘米。碗口炮体形短粗，管壁厚薄不均，在2.3～3厘米之间，外壁留有明显的模铸痕。

一门碗口炮长61厘米，重73公斤。炮身中部镌有铭文4行27字：

莱州卫莱字七号大
炮筒重壹佰贰拾斤
洪武八年二月日宝
源局造

另一门炮长63厘米，重73.5公斤。炮身中部镌刻铭文也分为4行，计30字：

莱州卫莱字二十九号
大炮筒重一百二十一斤
洪武八年二月日宝源
局造

两门碗口炮口径大，身管较短，火药由前装填，用火绳发火，没有瞄准具。在炮身铭文中，两门炮都明确称为“大炮筒”，从其口径、重量、装药量估计射程及杀伤力，这样的碗口炮已经完全具备火炮的功能。

两门碗口炮的出土地点营子里村，位于蓬莱县城东18公里。村北临黄海，距海仅300米，海岸平坦，沙滩开阔。明朝初期，为防御倭寇从海上骚扰，于此建筑营寨，驻军设防，村子故名“营子里”。据现场勘察，两门碗口炮出土于原寨墙下。由此推知它们是明军防海守寨使用的重型火器。①

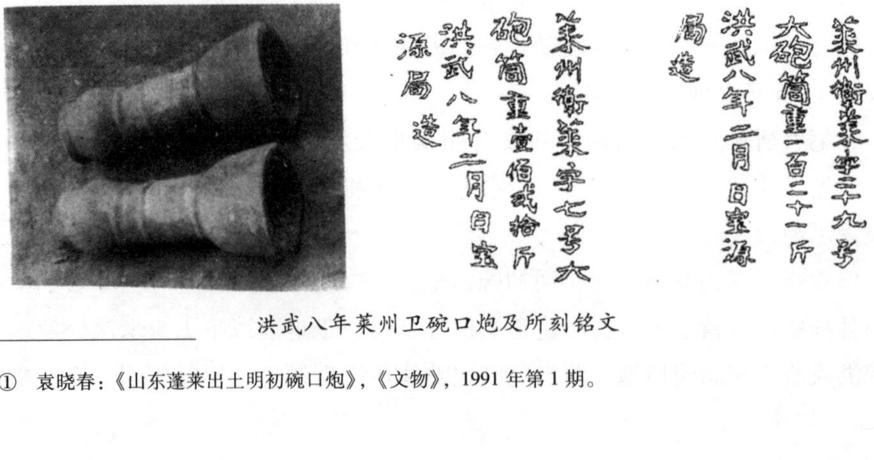

洪武八年莱州卫碗口炮及所刻铭文

① 袁晓春：《山东蓬莱出土明初碗口炮》，《文物》，1991年第1期。

由上可见，早在洪武八年（1375），蓬莱县附近防海军队已经使用重型火器，由此推知，在当时沿海地区应该已经设有炮台。

总体而言，在洪武时期，面对倭寇的频繁入侵，朱元璋在北部沿海地区陆续建立了一系列卫所、巡检司。就设置时间而言，这些卫所尤其是在倭患最为严重的山东地区，有不少建于洪武三十一年（1398），而这一地区巡检司的设立时间却多为洪武初年。因此可以说，在洪武初年，山东沿海的巡检司在防御倭寇中起了重要作用。同时，这也说明了洪武初年山东虽然遭遇倭寇入侵较为频繁，但是入侵规模并不大，否则朱元璋不会直到临死前才大规模地建立山东海防卫所。

通过朱元璋的经营、部署，北部沿海尤其是山东地区初步建立起比较完善的海防体系，这一体系以卫、所、巡检司及在一些要害地区设立的城寨为防御据点，由它们各自控御属下墩堡构成若干个小的作战单位，平日瞭望侦察敌情，一旦遇敌，可以迅速应对。当然，这种防御单位小而具体，虽便于应对小规模的入寇，却难以抵御大规模的进犯。

第三节　海防官员的配备①

洪武时期，朱元璋在北部沿海省份设立了一些海防职官，其中既有文臣，又有武将，既有专职者，亦有兼任者，既有常设官，也有临时官。他们在洪武乃至后世诸朝的海防活动中起了一定作用。

一、山东都指挥使司②

（一）沿革

洪武三年（1370）十二月前，山东尚未有省级军事机构。

洪武三年十二月辛巳，升杭州、江西、燕山、青州四卫为都卫指挥使司。③青州卫升格为都卫，此后的一段时间内，青州都卫是山东最高军事机构。

洪武八年（1375）十月，改青州都卫为山东都指挥使司。据《明太祖实录》

---

① 笔者对“海防职官”的定义为：其一，专为海防而设，主要职责为处理海防及相关事宜的职官；其二，虽非专为海防而设，然因其辖有沿海地区，故海防是其职责一部分的职官；其三，并非因海防而设，也并不辖有沿海地区，但在特殊时期仍需担负相关海防职责的职官。

② 因洪武时期北直隶并未遭受倭寇入侵，尚未设有海防官，故此处对其不予关注。

③ 《明太祖实录》卷五十九，洪武三年十二月辛巳，第1164页。

记载："癸丑，以在外各处所设都卫并改为都指挥使司……青州都卫为山东都指挥使司，置青州左、右二卫指挥使司"①，山东都指挥使司正式成立，取代青州都卫成为山东最高军事机构。②

洪武十九年（1386），山东都指挥使司迁往济南。

自此以迄明末，山东都指挥使司设置未变。

（二）设官及管辖范围

对于山东都司的设官及管辖范围，嘉靖《山东通志》卷十一《兵防》中有详细记载，兹录于下：

> 山东都指挥使司：隶左军都督府，初治青州，后迁治济南。其设官则都指挥使、都指挥同知、都指挥佥事各一人，员缺则署都指挥摄焉。又领京操军一人、儹运粮储一人、登州备倭一人、德州守备一人，多以署都指挥或以指挥、以都指挥体统行事充之。其幕则经历司经历、断事司断事、司狱司司狱。其辖卫一十八：曰济南、曰沂州、曰济宁、曰兖州、曰平山、曰东昌、曰临清、曰青州、曰登州、曰大嵩、曰宁海、曰靖海、曰安东、曰成山、曰威海、曰莱州、曰灵山、曰鳌山。所一百有四分隶于卫，守御千户所九：曰肥城、曰东平、曰滕县、曰诸城、曰奇山、曰宁津、曰海阳、曰胶州、曰雄崖。京操军：凡三万二千二百三十二人，春秋分班入值。运粮军：凡七千八百三十七人。城守军余：凡一万二千三十二人。屯田军余：凡六千五百八十一人。屯田：凡六千六百八十九顷二十九亩有畸。屯粮：凡八万九百二十四石有畸。其沿海备警，则有墩、有堡、有营，烽堠相望，互为声援，讥之以

① 《明太祖实录》卷一百一，洪武八年十月癸丑，第1711页；又据《明太祖实录》卷七十三，洪武五年三月癸丑，"青州都指挥使司言：青州军储，宜令商人于堰头石辛纳米中盐，以省转输之费。从之。"第1349页。据此，则洪武五年三月已出现"青州都指挥使司"名称。不过，又据《明太祖实录》卷九十七记载：洪武八年二月甲辰，"赏山东青州都卫马、步军百九十余人白金三千八百余两"，则又称"都卫"。第1664页。笔者认为：洪武五年三月之"青州都指挥使司"可能是笔误，系以后来的名义套用以前的事物。

② 关于都卫及都指挥使司的区别，李新峰认为："都卫是全国统一后在各省会及重镇设立的规模巨大的卫，提拔级别较低的武将统领，代替了以勋臣掌管的行都督府。都卫'总各面之劲兵'，对一省卫所有节制之权，但其自身为卫，尚不能算介于大都督府和卫所之间的一级统军机构。都卫改都司，从名称看仅去掉一个卫字，但所有以城市命名者均改以所在行省之名，并将原领军设为普通卫，则是由卫变成统辖卫所而自身不领军的纯粹统军机构。"北京大学1993届博士学位论文，第49页。肖立军在分别论述都卫和都司职能的基础上，指出："洪武时期（1368~1398）都司的职掌与都卫有相似之处，都是省级军事机构。但都卫的自主权较都司相对大些，而都司受朱元璋或朝廷中制较多。"见《明代省镇营兵制与地方秩序》，天津：天津古籍出版社2010年版，第116页。笔者认为：不管是都卫还是都司，都应当算是省级最高军事机构，对下辖卫所具有一定的管辖权。明朝初年，山东地区相对平静，加之都卫设置时间很短，因此很难看出都卫和都司职掌的区别。不过，将青州都卫之设视为山东最高军事机构设立的标志应当是可靠的。

巡司，守之以备御，而督察于兵宪焉。[①]

此即为山东都司设官状况。由上可见，山东都司统辖省内几乎所有的卫、所，是山东最高军事机构。

（三）海防职掌[②]

山东都指挥使司节制山东属下诸卫所，在一定程度上参与到诸如海防卫所建置、部署等海防事宜中，并起到一定作用。就其海防职掌来说，主要体现在以下几个方面。

1. 政令上通下达

洪武十五年（1382）正月，山东都指挥使司上言："每岁春发舟师出海巡倭，今宜及时发遣。上曰：海道险，勿出兵，但令诸卫严饬军士防御之。"[③] 在此，山东都司先是与中央沟通，奏请政府出师巡倭，接到中央政令后，方才"令诸卫严饬军士防御"，其作用为承上启下。

2. 上奏军情

都司需上报军情。洪武二十二年（1389）十一月前，倭船十二艘由城山洋艾子口登岸，劫掠宁海卫，指挥佥事王镇等杀贼三人，获其器械，赤山寨巡检刘兴又捕杀四人[④]，山东都指挥佥事蔺真将此事上奏。

3. 奏议军事部署

都司可以对沿海军事部署做出建议，以供中央决策。洪武二十五年（1392）十一月，山东都指挥使周房上言："所属宁海、莱州二卫，东濒巨海，途岸纡远，难于防御。近者审择莱州要害之处，当置八总寨，以辖四十八小寨，其宁海卫亦宜置五总寨，以备倭夷。"诏从之[⑤]。永乐七年（1409）九月，山东都指挥使司上奏："登州卫沙门岛乃朝鲜、辽东往来冲要之处，守备仅七百余人，寇至难以防御，请益兵。"命以五百人益之。[⑥] 由以上两则史料可见，山东都司对于沿海军事部署、兵员布置均有关注，可以提出自己的建议，以供中央决断，而且，由于其对于沿海状况较为熟稔，其建议往往能得到中央认可，并付诸实施。

---

① 嘉靖《山东通志》卷十一《兵防》，第705～707页。

② 本书所论职官甚多，限于文章篇幅及讨论主题，难以对所涉及职官的职掌做全面介绍，因此对于一些职官，仅对其海防职掌加以论述，下同。

③ 《明太祖实录》卷一百四十一，洪武十五年春正月辛丑，第2226页。

④ 《明太祖实录》卷一百九十八，洪武二十二年十一月甲寅，第2975页。

⑤ 《明太祖实录》卷二百二十二，洪武二十五年十一月乙酉，第3244页。

⑥ 《明太宗实录》卷九十六，永乐七年九月辛卯，第1275页。

此外，以下二则史料也可说明山东都司官员参与沿海军事部署。据《明宣宗实录》记载：宣德五年（1430）十一月己未：

山东都指挥使卫青奏：往年所领操练马军一千人，已取赴京，令臣选补，至今七年，其骑射亦已精熟。近成国公朱勇奏请以缘海在京操备步军代之，改为步卒，两失所长，虚劳训练，乞仍其旧，命行在兵部按阅，如果精壮，即从所言。①

山东都司官员认为以“缘海在京操备步军”代替已经操练成熟的马军一千人，既不利于朝廷，因朝廷需要乃马军，同时更不利于沿海守备，因改用缘海步军代替，势必削弱沿海军事力量，为此请求兵部按阅后，加以裁定。

又，宣德八年（1433）九月丙午：

巡按山东监察御史及都司、布政司、按察司奏：比者，登州卫指挥戚珪言，山东之地缘海，洪武中置十卫、五所分守其地。今都指挥卫青以诸卫所官军三千八百人俱于登州备倭，而倭寇往来之地城寨空虚，乞调还各守其地。诏臣等计议：宜如珪言为便。都指挥卫青奏：昔奉太宗皇帝制谕，令统领备倭，不得分散势力，今其所议有乖前旨。兵部请仍令山东三司及巡按监察御史与青会议。既而，都指挥同知王真等奏：青原领捕倭马步官军通三千八百四十余人，除登州诸处往来操备外，每岁至夏分戍即墨等三处，佥议官军宜令常于其地操备，更不聚于登州，如有警急，互相应援，仍令青总督其事，所用粮草皆于旁近州县应纳官者给之，庶势力不分军民两便。从之。②

这次山东沿海兵力部署讨论，并不仅限于都司官员，而是由巡按及三司官共同商讨。不过，都司官员仍在其中起了一定作用，因王真所奏较为合理，最终得到采纳。

4. 配合剿捕倭寇

都司虽不直接统军，然遇有大的战事，需做好兵员调度，与前方统军大将做好军事配合。永乐十六年（1418）五月，朱棣敕令“山东都司调马、步官军八千人，令都督指挥卫青、李凯统往缘海剿捕倭寇，有功者奏闻升赏，退避者即斩以狥”③。山东都司是山东最高军事行政机构，对其属下卫所兵员有一定调度权。都

① 《明宣宗实录》卷七十二，宣德五年十一月己未，第1693～1694页。

② 《明宣宗实录》卷一百六，宣德八年九月丙午，第2368～2369页。

③ 《明太宗实录》卷二百，永乐十六年五月丙辰，第2083～2084页。

司调度兵员，前方大将统领抗倭，二者实现了配合。

5. 奏请发放武器①

都司需处理一些日常军事行政事务。如洪熙元年（1425）十二月，山东都指挥使卫青言“备倭军士缺弓箭，请给弓一万、弦二万、箭三十万”，从之。②

6. 处理属下卫所行政事宜

正统五年（1440）三月，巡按山东监察御史徐璟奏：“会同山东都司勘得靖海卫系备倭处所，其屯田皆在莱阳等县，离卫二百余里。先因倭寇登岸，取回屯军守城，田地至今空闲，乞令屯军移去耕种，子粒于本卫仓上纳，则屯、守两无相妨，允为便益。”从之。③ 屯田是卫所制度中一个重要组成部分，都司官员对其有勘察、协调权。

由上可见，明代山东都司海防职掌具有以下几个特点。

第一，无独立处置权。都司更多地扮演着一个承上启下的角色，需把属下军事情况、兵员布置等建议上报中央，等待中央裁决，然后再传达给属下卫所。期间，都司官员可以参与讨论，提出建议，但没有独立处置权。

第二，权力越来越小。就有明一代而言，山东都司海防权力日渐缩小。这主要体现在两个方面。

（1）随着时间推移权力日小。山东都司参与海防，主要是在洪武、永乐、宣德时期，正统以后，则几乎未见相关记载。一方面，这主要因为正统以后山东海疆相对平静，山东都司缺乏参与海防活动的现实必要性；另一方面，都司地位日渐下降，尤其是随着督抚的建立和营兵制的推行，明代中后期都司权力越来越小。

（2）职权渐被其他职官剥夺。洪武、永乐时期，都司官员较多参与海防事宜。永乐时期，明朝政府专设山东备倭都司，统辖沿海诸卫、所，负责山东一省防倭事务，分去了山东都司大量职权。后来，山东巡抚、巡按、沿海兵备道等官员也参与海防事宜，逐渐凌驾于都司之上。

---

① 据《明太祖实录》卷一百九十五，洪武二十二年正月壬戌记载：“青州等卫造军器，亦擅科民财，违越禁例。于是诏申明其禁，凡在外都司、卫所，遇有造作，千户所移文达卫，卫达都指挥使司，都指挥使司达五军都督府，奏准方许兴造，其合用物料并自官给，毋擅取于民，违者治罪。”第2932页。由此可见，在洪武后期，都司、卫所已经不能擅造兵器。

② 《明宣宗实录》卷十二，洪熙元年十二月壬申，第322页。

③ 《明英宗实录》卷六十五，正统五年三月乙巳，第1238页。

第三，有所侧重。都司官员不参与指挥具体战事，只负责一些与战事相关的军事行政事宜，诸如上奏军情、调兵配合、建议改善军事布局、奏请武器等，也参与协调屯田。

总体而言，山东都司在明朝初年，尤其是洪武、永乐时期，对维护山东海防安全起了一定作用，其上通下达的职能在一定程度上保证了军事政令的畅通，其对于剿倭军队的兵员配合也有助于保障战事成功，其对于沿海军事部署的建议，改善、优化了海防体制。后来，随着海疆形势的平静，以及明朝政府官制、兵制的调整，其权责日益降低。

二、辽东都指挥使司

（一）沿革

洪武四年（1371）七月，明朝政府设置定辽都卫指挥使司，以马云、叶旺为都指挥使，吴泉、冯祥为同知，王德为佥事，总辖辽东诸卫兵马，修治城池，以镇边疆。①

洪武八年（1375）十月，改定辽都卫为辽东都指挥使司。据《明太祖实录》记载："以在外各处所设都卫并改为都指挥使司……定辽都卫为辽东都指挥使司。"②

（二）设官

辽东都司所设职官，据《辽东志》卷二《建置》记载："辽东都司：辽阳城中，洪武四年开设定辽都卫，八年改辽东都指挥使司"，设有"经历司、断事司、司狱司、阴阳学（都司东北）、医学（都司西北）、僧纲司（肃清门外）"。③ 又据《全辽志》记载："辽东都司三员：洪武初置定辽都卫，寻改辽东都指挥使司，掌印一员，佥书管屯一员、局捕一员。……都司经历司：经历、断事，都司断事司：正断事、副断事、吏目一员、司狱一员，都司儒学：教授一员、训导二员、阴阳正术一员、医学正科一员，僧纲司都纲、副纲各一员。"④

由上可见，辽东都司所设职官大多为负责日常行政事宜之官。

---

① 《明太祖实录》卷六十七，洪武四年七月辛亥，第1253～1254页。

② 《明太祖实录》卷一百一，洪武八年十月癸丑，第1711～1712页。

③ 《辽东志》卷二《建置》，第373页。

④ 《全辽志》卷三《职官》，第586～588页。

（三）海防职掌

有明一代，辽东地区所受海上威胁较小。其遭受海上侵扰主要是在洪武、永乐时期，且次数很少。万历援朝御倭战争爆发后，海上威胁剧增，这时都司地位已经很低，海防事宜主要由督抚、总兵负责。明清战争之际，辽东既有经略、督师，又有总兵，都司也未起多大作用。所以，辽东都司的海防职掌不明确，也未曾得到多大体现。

不过在明初，其海防职责也有体现。洪武二十六年（1393）十月前，朝鲜海寇化装成倭寇入侵金州新市，其中一人被获，辽东都司遣人将其“械至京”[①]。

三、备倭总兵官

洪武时期，备倭总兵官并非常设，多为因事而设、事定而裁，具有临时性。

洪武时期，朱元璋曾两次派遣备倭总兵官。洪武六年（1373）三月，朱元璋下诏，“诏以广洋卫指挥使于显为总兵官，横海卫指挥使朱寿为副总兵，出海巡倭”[②]。这是朱元璋第一次派遣备倭总兵官，其任务为“出海巡倭”。

洪武七年（1374）正月，“诏以靖海侯吴祯为总兵官，都督佥事于显为副总兵官，领江阴、广洋、横海、水军四卫舟师，出海巡捕海寇。所统在京各卫及太仓、杭州、温、台、明、福、漳、泉、潮，沿海诸卫所官军，悉听节制”[③]。这是朱元璋第二次派遣总兵官。这一次派遣总兵官，朱元璋力图创立“舟师巡海”制度，由总兵官率领水军出海巡历，以期有效打击倭寇。

由上可见，洪武时期，明朝政府派遣备倭总兵官次数不多，仅有两次。第一次是暂时性的，第二次虽试图建立一种固定的舟师巡海制度，不过伴随着洪武中期以后舟师巡海的停止，备倭总兵官也停止派遣。所以说，洪武时期设立的备倭总兵官具有临时性特点，其目的较为明确，即出海巡捕倭寇。

洪武时期的备倭总兵官，对于北部海防起了一定作用。洪武七年，倭寇入侵胶州一带，吴祯“率沿海各卫兵，捕至琉球大洋，获倭寇人船，俘送京师”[④]。

总体而言，这种临时性的备倭总兵官，一般设立于倭寇入侵较为频繁、造成危害较大的时期，具有很强的战时性特点，也有很强的政策性导向。随着海疆形

---

① 《明太祖实录》卷二百三十，洪武二十六年十月丙戌，第3361页。
② 《明太祖实录》卷八十，洪武六年三月甲子，第1455页。
③ 《明太祖实录》卷八十七，洪武七年正月甲戌，第1546页。
④ 《明史纪事本末》卷五十五《沿海倭乱》，第840页。

势的平静，以及朝廷战略观念的改变，朝廷便不再派遣该总兵。

四、阅视海防重臣

洪武时期，朱元璋曾经数次派遣朝廷重臣巡视海防，他们主要活动于东南沿海，其中与北部海防有关者为汤和、徐辉祖。

（一）汤和①

关于汤和巡视海防的史迹，《明太祖实录》中有所记载。

据《明太祖实录》记载：洪武十七年（1384）正月，“命信国公汤和巡视浙江、福建沿海城池，禁民入海捕鱼，以防倭故也”②。这段记载明确指出，汤和此次巡视的地区是浙江、福建，不过却未言及汤和此次巡视时间长短。又据《明太祖实录》记载：洪武十八年（1385）四月，“思州诸洞蛮作乱，命信国公汤和为征虏将军、江夏侯周德兴为之副，帅师从楚王桢讨之”③。可见，到洪武十八年四月，汤和即被委派平定思州之乱。由此可以推知，汤和此次巡视浙江、福建海防应在洪武十七年正月至十八年四月间，除去往返时间，真正巡视的时间也就差不多一年左右。

又据《明太祖实录》记载：洪武十九年（1386）正月，征虏将军信国公汤和等平蛮师还④，“十七年，巡视闽、浙城池，训练军士。十八年，总兵讨五开、九溪叛蛮，俘蛮、獠四万余人。十九年，赐钞万锭俾建第于凤阳，寻命往浙江温、台、明、越筑沿海城堡，置松门等卫”⑤。可见，洪武十九年，汤和再次奉命巡视浙江沿海。

据《明太祖实录》记载，洪武二十年（1387）十一月，信国公汤和奏言，“宁海、临山诸卫滨海之地，见筑五十九城，籍绍兴等府民四丁以上者，以一丁为戍兵，凡得兵五万八千七百五十余人。先是，命和往浙西沿海筑城、籍兵戍守以防倭寇，至是事毕，还奏之”⑥。据此，则汤和第二次赴浙江的时间当为洪武十

---

① 笔者经过考证后，认为汤和巡海并未至山东及以北海域，但是汤和巡海之事却在山东有着很大的影响，当地地方史籍也多认为其曾至山东，并建设了众多沿海防御工事及城池。所以，本处笔者将其单列一小节，对此加以考辨。

② 《明太祖实录》卷一百五十九，洪武十七年正月壬戌，第2460页。

③ 《明太祖实录》卷一百七十二，洪武十八年四月丙辰，第2634页。

④ 《明太祖实录》卷一百七十七，洪武十九年正月，第2677页。

⑤ 《明太祖实录》卷二百四十，洪武二十八年八月戊辰，第3491～3492页。

⑥ 《明太祖实录》卷一百八十七，洪武二十一年十一月己丑，第2799页。

九年至二十年十一月。

这便是《明太祖实录》中记载的汤和巡海的主要事迹。

汤和巡海究竟有没有到过山东？这是一个值得注意的问题。对于这个问题，学术界也有两种不同观点。① 笔者仅据搜集到的资料考证这一问题。

洪武、建文、永乐之际的方孝孺对此事有过记载。他在所撰《信国公神道碑铭》说："十八年……谓王曰：'日本小夷，屡扰东海上，卿虽老，强为朕行。视要害地，筑城增戍，以固守备。'王行，筑海上数十城，民四丁取其一，为兵以守之。"② 该《神道碑》对此事记载较为模糊，只是笼统地说"海上数十城"，既未明确说明筑城的具体地区，也没有指出筑城的具体数目。这便是明初对此事的记载。

明中期以后，关于汤和巡海的记载逐渐多起来，叙述也更为具体，记载中其巡历的沿海区域也更加宽广。

郑晓《吾学编·大政记》卷一记载："洪武十七年春正月……信国公汤和巡视海道，筑山东、江南、北、浙东、西海上诸城。"③ 又郑晓《吾学编·名臣记》卷一："十八年……寻谕王曰：日本小夷，屡扰东海上，卿虽老强为朕行，视要地筑城增戍固守备，王行，筑海上城起登莱抵江浙，凡五十九城，民丁四调一为戍兵。二十年还京。"④ 另郑晓《皇明四夷考》卷上《日本》记载："十七年……是年信国公和致仕居凤阳。上召至京谕曰：日本小夷屡扰东海上，卿虽老强为朕行，视要地筑城防此贼，信国公筑登莱至浙沿海五十九城，民丁四调一为戍

---

① 一、汤和巡海未到山东。（一）丁超以安东卫建置为例，指出《明史》中对汤和是否来过山东记载不一，《明实录》中也未明言汤和来山东之事，因此地方志中对洪武十七年汤和建城的记载，很可能是"层累地造成"，并不可靠。所以，安东卫由"明洪武十七年汤和所筑之说，于史无证，显系讹传"，见《明代安东卫城建置年代考》，《历史研究》2004 年第 2 期。（二）宋烜也认为汤和未到山东，他指出："查两浙沿海卫所，总数仅四十有余，似乎不足'五十九'之数，而若加上兵寨、巡检司城等，其总数又要大大出超。可能，'五十九城'是指当时已经兴建的卫、所、巡检司城等，但其范围应该在两浙一带，而不是后期所说的包括'江南北、登莱'等"，北京：社会科学文献出版社 2013 年版，第 47 页；二、汤和巡海来过山东，并建立了一些卫所。温娜在分析丁超观点的基础上，认为：丁超之所以下这样的结论，是对汤和去山东沿海巡视一事存在异议，他对此事的考证主要是依据《明实录》，认为其到沿海主要是江浙，而去山东的证据不足，但观《日照县志》，"明汤和筑于坊口，遗迹尚存"，言之凿凿。笔者认为，对于这一点，地方志的准确性还是很大的，而实录对这些细小的事，很可能没有记载，因而导致丁超对此的怀疑。见《山东卫所在清代的变迁》，陕西师范大学 2008 届硕士学位论文，第 32 页。

② （明）方孝孺著，徐光大校点：《逊志斋集》卷二十二《大明故开国辅运推诚宣力武臣特进光禄大夫左都督左柱国议军国事信国公追谥襄武封东瓯王神道碑铭》，宁波：宁波出版社 1996 年版，第 721 页。

③ （明）郑晓：《吾学编》大政记卷一《东瓯汤襄武王》，《北京图书馆古籍珍本丛刊》第 12 册，北京：书目文献出版社 1998 年版，第 13 页。

④ 郑晓：《吾学编》名臣记卷一，第 268 ~ 269 页。

兵。”[①] 最后，郑晓《与彭草亭都宪》记载：“十九年，上谕信国公曰：日本小夷屡扰东海上，卿虽老，强为朕行，视要地筑城防此贼，信国公乃筑登莱至浙沿海五十九城，民丁四调一为戍兵。”[②]

由上可见，郑晓认为汤和巡海曾来过山东，其巡海所筑“五十九城”涵盖了山东沿海的登莱地区。

此外，与郑晓差不多同时代的著名史学家王世贞的记述则更有代表性。王世贞所撰《东瓯、黔宁、东平三王世家》中记载：“既而谓和：日本蕞尔夷，而数为侵盗，我不欲与之争，固我封戍而已，卿虽老，强为朕一行。于是使和行视山东登莱、淮扬、吴越、闽岭滨海要害，筑城凡数十，民取一丁为兵戍之……《外史》又曰：余尝按行登莱海上及宦游吴越间，其父老历历指烽戍，云：汤信公功不斵灭哉！微信公吾其鲸鲵食矣。嗟乎！高皇帝之善器使也。”[③] 显然，嘉靖中期王世贞在做官期间，曾对山东、江浙一带加以实地勘察，并访问了当地居民，而后认为汤和巡海曾至山东，并修筑了若干墩、堡。又据王世贞《倭志》记载：“于是遣信国公汤和等沿海规画，自南直隶、山东、浙江、福建、广东、西咸置行都司，以备倭为名，犬羊盘错矣。”[④]

何乔远《名山藏·臣林记》卷一《汤和传》记载：“和平五开还，年已六十余……上还谓和：卿尚强健，为朕一行海上郡，为倭备如方鸣谦所策者，而后还归……因为和图上要害城戍处，上一如和请……不逾年，卫城成，稽军次、定考格、立赏令，四民一军守之，东属登莱，成城五十九，闽中并海城亦成。”[⑤]

钱薇《海上事宜议》记载：“国初，遣信国汤公筑登莱至浙沿海盖五十九城，而寇掠不撤。”[⑥]

万历《大明会典》记载：“十六年（1383），筑登莱至浙，并海五十九城。”[⑦]

---

① 《吾学编·四夷考》卷上《日本》，第706页。

② （明）郑晓：《端简郑公文集》卷三《与彭草亭都宪》，《四库全书存目丛书》集部第85册，第163页。

③ （明）王世贞：《弇州山人四部续稿》卷八十二《文部·史传》，《东瓯黔宁东平三王世家》，《景印文渊阁四库全书》第1283册，第201~202页。

④ （明）王世贞：《弇州山人四部稿》卷八十《文部·倭志》，《景印文渊阁四库全书》第1280册，第336页。

⑤ （明）何乔远：《名山藏·臣林记》卷一《洪武臣一·汤和传》，《续修四库全书》第426册，第492页。

⑥ （明）钱薇：《承启堂稿》卷十《海上事宜议》，《四库全书存目丛书》集部第97册，济南：齐鲁书社1997年版，第167页。

⑦ 《大明会典》卷一百五《礼部六十三·日本》，《续修四库全书》第791册，第75页。

王在晋在《海防纂要》卷三《本朝备倭通贡考》："是年，信国公和致仕居凤阳。上召至京谕曰：'日本小夷，屡扰东海上，卿虽老，强为朕行，规要地筑城防此贼。'信国公筑登莱至浙沿海五十九城。"①

李贽《续藏书》卷三《开国功臣·东瓯襄武王信国汤公》："既而谓和：日本蕞尔夷，数为侵盗，我欲固我封戍，卿虽老，强为一行。于是使和行视山东登莱、淮扬、吴越、闽岭滨海要害，筑城凡数十，民取一丁为兵，戍之。"②

谷应泰《明史纪事本末》卷五十五《沿海倭乱》记载："（洪武）十七年春正月，倭频寇浙东，命信国公汤和巡视海上。筑山东，江南、北，浙东、西海上五十九城，咸置行都司，以备倭为名。"③

此外，《明史》对汤和巡视海防一事也有一些记载。据《明史》卷九十一《兵志》记载："（洪武）十七年命信国公汤和巡视海上，筑山东，江南北，浙东西沿海诸城"④，认为洪武十七年（1384）汤和巡海，筑山东至浙东海上诸城。不过，《明史》中的其他相关记载，却均未明确言及汤和巡海至山东。如《明史》卷三《太祖本纪》记载："（洪武）十七年春正月……壬戌，汤和巡视沿海诸城防倭……（洪武二十年）十一月……己丑，汤和还，凡筑宁海、临山等五十九城"；卷一百二十六《汤和传》记载："既而倭寇上海……和乃度地浙西东，并海设卫所城五十有九，选丁壮三万五千人筑之，尽发州县钱及籍罪人赀给役。役夫往往过望，而民不能无扰，浙人颇苦之……逾年而城成。籍军次，定考格，立赏令。浙东民四丁以上者，户取一丁戍之，凡得五万八千七百余人。明年，闽中并海城工竣，和还报命"；卷三百二十二《日本传》记载："明年（洪武二十年）命江夏侯周德兴往福建滨海四郡，相视形势……又命信国公汤和行视浙东、西诸郡，整饬海防，乃筑城五十九。"⑤ 均认为汤和巡海所筑五十九城在浙江一带。由上可见，《明史》中对于汤和巡海有无到过山东的记载并不明确，且略有龃龉，很可能是《明史》各部分史源不同所致。

---

① （明）王在晋：《海防纂要》卷三《本朝备倭通贡考》，《四库禁毁书丛刊》史部第17册，北京：北京出版社2001年版，第517页。

② （明）李贽：《续藏书》卷三《开国功臣·东瓯襄武王信国汤公》，《四库全书存目丛书》史部第24册，第480页。

③ 《明史纪事本末》卷五十五《沿海倭乱》，第840页。

④ 《明史》卷九十一《兵志》，第2243页。

⑤ 《明史》卷三《太祖三》、卷一百二十六《汤和传》、卷三百二十二《日本传》，第41～45、3754～3755、8344页。丁超在《明代安东卫城建置年代考》一文中也看到了这一问题，见《历史研究》，2004年第2期。

除此之外，在山东沿海的一些地方文献中也有汤和巡海的记载。如万历《莱州府志》卷六《大事记》：“十八年，命汤和筑海上城，起东莱抵江浙，凡五十城池。”① 乾隆《掖县志》卷五《大事记》记载：“十八年，命汤和筑海上城，起东莱抵江浙，凡五十城。”② 另外，日照安东卫也有不少传说，本章第二节中已经述及，兹不赘述。

综合分析以上史料可以发现，汤和巡海至山东一说，虽然盛行，却主要流行于明朝后期，尤其是在王世贞系统地提出该说之后。而此前的《明太祖实录》及方孝孺为汤和所撰《神道碑》中均未明确提及汤和巡海到过山东之事。笔者认为，王世贞所处的时代，距离汤和巡海已经一个半世纪左右，由于明初大量史料付之阙如，所以在当时大多数人很可能并不清楚汤和巡海究竟到过哪些地方。而且，王世贞之所以确定汤和到过山东，主要是他在勘察山东等处海防遗迹时，当地父老“历历指烽戍云：汤信公功不劘灭哉”。其实，在洪武时期，山东等地倭患颇重，明朝政府为此建立了众多的卫所、巡检司及墩、堡等，这些很可能并非汤和所建，但随着时间的流逝以及汤和巡海故事的流传，当地民众也往往加以附会，于是便“层累地造成”了汤和巡海的事迹。而王世贞又难以区别其真伪，所以就认为汤和巡海曾到过山东。后世史家不加考证继续沿用，所以汤和巡海建山东濒海诸卫所城池的事情越发流传，也为当地地方志等所接受。

笔者认为，汤和巡海的范围很可能就局限于江浙、福建一带。因当时京城在南京，江浙距离京城较近，明朝政府出于对京城安全的考虑，必然会加强对江浙地区的防御。此外，江浙地区乃是张士诚、方国珍的根据地，朱元璋自然会加强对其控御，所以派遣汤和专门处置此事。再者，汤和巡海时间并不长，两次巡海时间加起来差不多也就两年左右，所以不太可能巡历整个东部、南部沿海，并建立众多城池防御据点。但是，朱元璋派遣信国公汤和巡海，显示了其对海防事宜的重视，汤和也确为浙江、福建海防建设做出了自己的贡献，这一点对当时乃至后世的影响非常大。

（二）徐辉祖

关于徐辉祖巡视海防一事，《明实录》中有两条相关记载。

据《明太祖实录》记载：洪武二十七年（1394）三月，“命魏国公徐辉祖、

---

① 万历《莱州府志》卷六《大事记》。

② 乾隆《掖县志》卷五《大事记》，《中国地方志集成·山东府县志辑》第46册，南京：凤凰出版社2004年版，第119页。

安陆侯吴杰往浙江训练沿海军士。时海上有倭寇之警，先命都督杨文节制沿海诸军备之。至是，复命辉祖等往加训练”①。

又据《明世宗实录》记载：“洪武中，倭奴数寇东南傍海州县。是时，浙江一省既遣信国公汤和筑城，又遣魏国公徐辉祖、江阴侯吴高练兵，又遣都督商暠、杨文、刘德出战，又遣都督于显出海巡倭。”②

以上两条史料均认为徐辉祖曾至浙江练兵，不过对于徐辉祖是否还去过别的地方则未明言。那么，徐辉祖巡海究竟是否到过山东?

据王世贞撰《魏国第一世嗣太子太傅徐公表忠传》记载：“未几，而中山王自北平还，疽发于背。有间，上命公奉手诏道迎劳，俄而王薨，又三年而为洪武己巳（按：洪武二十二年，1389 年）始命公袭爵魏国公……明年赐公与诸公各黄金三百两、白金二千两、钞三千锭、文绮三十疋、绫十疋，俾还凤阳赐第，以岁时入觐。……明年出陕西防边，自是岁出练山东、河南卒。”③ 据此可知，自洪武二十四年（1391）后，徐辉祖“岁出练山东、河南卒”，因而完全有可能至山东沿海巡历，并建立沿海卫所。

此外，明代山东地方文献中也有徐辉祖巡海至山东并创建卫所的确切记载。据永乐二年（1404）文登县教谕胡士文所撰《新设威海捕倭屯田军记》记载：“洪武戊寅（洪武三十一年）春正月，特命魏国公徐、都督朱垛集本处之民，置立沿海卫所……今当险要之处自威海而抵安东，凡设直隶卫者七。”④ 此处的魏国公徐，应该就是徐辉祖。该文撰于永乐二年，距洪武三十一年（1398）相去不远，且胡士文为文登教谕，对本地事情也有所了解，其说应当可信。

因此，笔者认为徐辉祖曾至山东巡海，并着手创建沿海七卫。不过，对于徐辉祖巡海的成效似乎不应该估计太高，这点已经有学者注意到。张金奎指出：“靖难之役开始后，徐辉祖站在建文皇帝一边，并曾和靖难军直接对抗，因而在朱棣夺取帝位后马上受到打击，不可能再到山东主持卫所建设，因而有关他于洪武三十五年建置某某卫所的记载肯定是不对的。”⑤ 这个推论合情合理。所以，一

---

① 《明太祖实录》卷二百三十二，洪武二十七年三月辛丑，第 3386 页。

② 《明世宗实录》卷四百十一，嘉靖三十三年六月庚辰，第 7161 ~ 7162 页。

③ 《弇州山人四部续稿》卷六十九文部《魏国第一世嗣太子太傅徐公表忠传》，《景印文渊阁四库全书》第 1283 册，第 26 ~ 27 页。

④ 乾隆《威海卫志》卷九《艺文》，胡士文《新设威海捕倭屯田军记》，第 475 页。

⑤ 张金奎：《洪武时期山东沿海卫所建置述论》，《明史研究》，2013 年第 13 辑。

个比较合理的解释就是，洪武末年朱元璋派遣徐辉祖到山东建设海防，但是这个过程很快就被靖难之役打断，直到永乐初年方才由朱棣派人继续实施下去。

五、山东巡察海道副使

山东巡察海道副使一职，初设于洪武时期，不过其属性、职掌及辖区等前后有很大变化，尤其体现在正统至万历中期。笔者将其纳入第四章“正统至万历前期北部海防体制的完善”一章中撰写。

六、辽海东宁道

该道虽初设于洪武时期，但其职掌、属性前后有很大变化，尤其是体现在正统至万历中期。因此，笔者将其纳入第四章“正统至万历前期北部海防体制的完善”一章中撰写。

由上可见，洪武时期，北部沿海已经初步配备了一些海防职官。当然，这些海防职官有些并非专务海防，如山东都司、辽东都司等，另外，其中一些海防职官如备倭总兵官、阅视海防重臣等也非专为北部沿海而设。但从海防建置来讲，这些官员的设置和派遣，在一定程度上加强了北部沿海的海防力量。

总体而言，在洪武时期，面对倭寇的不断侵扰，朱元璋通过设置卫所、巡检司等机构，建筑墩、堡、水城、寨等海防设施，初步建立起沿海海防体系。同时，他还开展对日外交，派遣大臣巡视海防，令舟师巡海，在一定程度上遏制了倭寇入侵的嚣张气焰。不过，在洪武时期，朱元璋对北部沿海海防的建设，仅为其全国海防建设战略中的一个环节，并不具备特殊性，这与后来的永乐、宣德时期有很大区别。

第三章　永乐至宣德时期北部海防体制建设的加强

永乐皇帝通过靖难之役登上皇位后，决定迁都北京。从此以后，北部沿海成为京畿地区的海防前沿阵地，海防地位骤然凸显。天津成为京师的海上屏障，辽东半岛与山东半岛深入渤海之中，与海中长山、庙岛诸岛构成了拱卫京畿、防御海上威胁的天然防线。因此，这一地区海防除具有防御外敌入侵这一海防共同任务外，还有一层特殊而重要的任务，即拱卫京畿。为此，朱棣及其继任者着意加强北部海防，在环渤海内侧靠近京城的地带设立了一系列卫、所、海防营，同时还在山东设立备倭都司、海防营，以协调指挥抗倭事宜，并一度恢复了洪武中后期停止的舟师巡海制度。经过永乐、宣德时期的发展，北部海防力量得到增强，并在抗倭战事中取得了一系列胜利。

第一节　海防形势及其应对

永乐至宣德时期，北部沿海海防形势依然较为严峻，倭寇仍不时骚扰北部濒海州县，有时甚至规模较大。为此，明朝政府沿袭了洪武时期的一些政策，积极采取各种措施，如派兵抗击、派遣舟师巡海、令海运官兵顺路剿倭等，在一定程度上遏制了倭寇的侵略，并在辽东望海埚一战中，给倭寇以致命性打击，基本上解决了北部沿海的倭患。

一、海防形势

自洪武二十二年（1389）以后，倭寇再度骚扰北部沿海，洪武末期甚至一度非常严重。永乐、宣德时期，倭寇也曾经多次入侵山东、北直隶、辽东等地。兹将永乐、宣德时期北部沿海遭受倭寇侵扰情况，列表如表 3－1。

表 3－1　　永乐、宣德时期北部地区海患一览表

时　间	基本状况	史料来源
永乐四年十月	“十月，平江伯陈瑄督海运至辽东。舟还，值倭于沙门，追击至朝鲜境上，焚其舟，杀溺死者甚众。”	《明史纪事本末》卷五十五《沿海倭乱》，第3册，第841页。
永乐四年	“倭寇扬帆于刘公岛，声言攻击百尺崖，而卒击威海，几无噍类。掌印指挥扈□督率世职及春、秋两班操军、乡城门夫、壮丁，力死堵截。三日后，都督徐国公朱□统兵援战，倭寇始息。”	乾隆《威海卫志》卷一《疆域·兵事》，第439页。
永乐六年	“永乐六年，倭寇成山，掠白峰头寨、罗山寨，登大嵩草岛嘴，鳌山羊山寨、于家庄寨，杀百户王辅、李茂。不逾月，寇桃花闸寨，杀百户周盘，沙门岛一带抄略殆尽。始置备倭都司。”	顺治《登州府志》卷十《兵事》。
永乐六年	“倭犯靖海卫，指挥佥事郑刚帅百户逆战，败绩。是年，倭寇成山头，掠白峰头、罗山等寨，始置备倭都司。”	光绪《文登县志》卷十四《灾异》，第301页。
永乐七年	“《旧志》谓：永乐七年，倭寇乐亭，设立新桥海口营，因为巨镇。《府志》因之。今考《明史·成祖纪》及《海防志》俱无倭寇乐亭等文，不知旧志何据”；东自昌黎沙崖口至野猪口二十五里，次冲明永乐中倭犯境，闻自此口入。	光绪《乐亭县志》卷二《地理·古迹》，第219页、第406页。
永乐七年三月	总兵官安远伯柳升奏，率兵至青州海中灵山，遇倭贼交战，贼大败，斩及溺死者无算，遂夜遁。即同平江伯陈瑄追至金州白山岛等处。	《明太宗实录》卷八十九，永乐七年三月壬申，第1184页。
永乐九年三月	中军都督刘江守辽东，不谨斥堠，海寇入寨，杀边军。上怒，遣人斩江首；继而宥之，使图后效。	《明史纪事本末》卷五十五《沿海倭乱》，第841～842页。①
永乐十三年七月戊午	通事姜庚卿回自辽东，启曰：“七月初四日倭贼入旅顺口，尽收天妃娘娘殿宝物，杀伤二万余人，掳掠一百五十余人，尽焚登州战舰而归。”	《朝鲜李朝实录中的中国史料》（上编）卷三，第264页。

① 据《明太宗实录》卷一百十四，永乐九年三月丁丑条，“宥中军都督刘江死罪。江镇守辽东，不谨斥堠，致贼入寨杀官军。上怒，遣人斩江首，既而宥之，使勉图后效”，第1455～1456页。

续表

时　间	基本状况	史料来源
永乐十三年十二月己丑	行在都察院左副都御史李庆等劾奏：近倭贼入旅顺口，都督刘江领军至金州卫，相去甚近，不策应，及明日调兵至，而贼已遁。都指挥周兴、巫凯俱不用心隄备，致倭寇屡为边患，宜寘之罪。上曰：江等职在守边，致寇如此，罪本难宥，姑记其过，使图后效。	《明太宗实录》卷一百七十一，永乐十三年十二月己丑，第1906页。
永乐十四年六月甲申	敕捕倭总兵官都督同知蔡福等曰：近登州卫奏，有贼船三十三艘，泊靖海卫杨村岛，已敕山东都指挥卫青等帅军往捕，尔即合兵殄灭，勿误事机。	《明太宗实录》卷一百七十七，永乐十四年六月甲申，第1935页。
永乐十七年六月戊子	辽东总兵官中军左都督刘江以捕倭捷闻。江尝请于金州卫金线岛西北望海埚上筑城，筑城堡、立烟墩瞭望倭寇。一日瞭者言，东海洋内王家山岛夜举火，江以寇聚其间，亟遣马步军赴埚上下堡备之。翌日，倭舡三十一艘泊马雄岛，众登岸径奔望埚，江亲督诸将伏兵堡外山下，伺贼既围堡，举炮发伏，都指挥钱真等领马队要其归路，都指挥徐刚等领步队逆战，寇众大败，奔入樱桃园空堡中，军围杀之，自辰至酉，擒戮尽绝，生获百十三人，斩首千余级。上闻之，赐玺书褒谕，征江还京师且令速上将士功。	《明太宗实录》卷二百十三，永乐十七年六月戊子，第2143页。

（本表据《明太宗实录》、《朝鲜王朝实录》、《筹海图编》、《明史纪事本末》、顺治《登州府志》、光绪《增修登州府志》、乾隆《威海卫志》等制作。）

由表3－1可见，倭寇仍是这一时期北部海防面临的最大威胁，除去永乐九年（1411）三月那次“海寇入寨，杀边军”之“海寇”身份不明外，在永乐一朝十余年时间内，倭寇先后入侵北部海疆达十次之多。永、宣时期，北部沿海地区面临的海防威胁有两个特点。

其一，倭寇入侵具有时段性。参诸表3－1可见，这一时期倭寇入侵主要是在永乐时期，即望海埚之战以前，洪熙、宣德时期并未发生。

其二，倭寇入侵规模较之以前大。如永乐四年（1406），倭寇入侵威海，“几无噍类”①。又据《朝鲜王朝实录》记载：永乐十三年（1415）七月初四日，“倭

① 乾隆《威海卫志》卷一《疆域·兵事》，第439页。

贼入旅顺口，尽收天妃娘娘殿宝物，杀伤二万余人，掳掠一百五十余人，尽焚登州战舰而归”①。尽管这一表述可能有夸张之处，不过从中仍能推测出这次倭寇入侵规模应该不小。再如永乐十七年（1419），辽东总兵官刘江于望海埚设伏，取得胜利，“生获百十三人，斩首千余级”②，由此推断，此次倭寇入侵人数当在千人以上，这样的规模比洪武时期要大得多。

二、应对措施

永乐时期，为应对倭寇的大规模入侵，确保京畿地带的安全，朱棣采取一系列军事应对措施，如积极敦促、指挥海防将士防御，恢复洪武后期一度停止的舟师巡海，并敕令海运将士顺路剿倭，起到了一定作用。具体如下。

（一）抗击倭寇

根据表3-1的不完全统计，在永乐时期，倭寇曾十次入侵北部沿海，沿海卫所一般都积极展开防御、抵抗。这一时期，沿海官兵抗击倭寇的事例，主要有以下七次。

1. 永乐四年（1406）十月，平江伯陈瑄督海运至辽东，还舟时，“值倭于沙门，追击至朝鲜境上，焚其舟，杀溺死者甚众”③。

2. 永乐四年，倭寇入侵威海，威海卫掌印指挥扈宁“督率世职及春、秋两班操军、乡城门夫、壮丁，力死堵截。三日后，都督徐国公朱□统兵援战，倭寇始息”④。

3. 永乐六年（1408），“倭寇成山卫，掠白峰头、罗山寨，登大嵩卫之草岛嘴，又犯鳌山卫之羊山寨、于家庄寨，杀百户王辅、李茂。不逾月，寇桃花闸寨，杀百户周盘，郡城、沙门岛一带抄略殆尽。”⑤

4. 永乐六年，倭犯靖海卫，指挥佥事郑刚帅百户逆战，败绩。⑥

5. 永乐七年三月，总兵官安远伯柳升奏，率兵至青州海中灵山，遇倭贼交战，贼大败，斩及溺死者无算，遂夜循。即同平江伯陈瑄追至金州白山岛等处。⑦

---

① 吴晗辑：《朝鲜李朝实录中的中国史料》上编卷三《太宗恭定大王实录二》，第264页。
② 《明太宗实录》卷二百十三，永乐十七年六月戊子，第2143页。
③ 《明史纪事本末》卷五十五《沿海倭乱》，第3册，第841页。
④ 乾隆《威海卫志》卷一《疆域·兵事》，第439页。
⑤ 光绪《增修登州府志》卷十三《兵事》，第138页。
⑥ 光绪《文登县志》卷十四《灾异》，第301页。
⑦ 《明太宗实录》卷八十九，永乐七年三月壬申，第1184页。

6. 永乐十四年（1416）六月，敕捕倭总兵官都督同知蔡福等曰："近登州卫奏，有贼船三十三艘，泊靖海卫杨村岛，已敕山东都指挥卫青等帅军往捕，尔即合兵殄灭，勿误事机"。①

7. 永乐十七年（1419）六月，辽东都督刘江在金州卫金线岛西北望海埚上筑城、筑城堡、立烟墩瞭望倭寇，后来发现"东海洋内王家山岛夜举火，江以寇聚其间，亟遣马步军赴埚上下堡备之。翌日，倭舡三十一艘泊马雄岛，众登岸径奔望埚，江亲督诸将伏兵堡外山下，伺贼既围堡，举炮发伏，都指挥钱真等领马队要其归路，都指挥徐刚等领步队逆战，寇众大败，奔入樱桃园空堡中，军围杀之。自辰至酉，擒戮尽绝，生获百十三人，斩首千余级"②。

以上是北部沿海官兵在倭寇入侵之际，积极防御、奋力抵抗的事例。除此之外，还有倭寇入侵未见抵抗的记载。如永乐十三年（1415）七月初四，倭寇入侵旅顺口，掠夺天后宫宝物、杀伤二万余人，掠舟而去③；永乐九年（1411）三月，刘江守辽东，不谨斥堠，以致"海寇入寨，杀边军"④。此外，还有面对倭寇入侵，消极追战者，如永乐十三年（1415），倭寇入侵旅顺口，都督刘江"领军至金州卫，相去甚近，不策应，及明日调兵至，而贼已遁。都指挥周兴、巫凯俱不用心隄备，致倭寇屡为边患"⑤。不过，这些消极畏战者，一般会受到明成祖的严厉训斥、责罚。如永乐六年（1408），倭寇宁海，指挥赵铭因失机被斩。明成祖朱棣颁布诏书，对赵铭之行为严加训斥，指出：

> 沿海设置卫，保障居民，奈何管军人员多无谋略，往往失机，不能制敌，惟务贪婪，私役军士，数有犯者，已尝斩首号令。近日山东宁海卫指挥赵铭等，领军守海，遇贼船数十登岸，并不向前设法擒拿，互相推调，致令伤害军士，又敢虚报杀获贼数，欺诳朝廷，已将各官分尸示众，今后守海官员人等，常加操练军士，葺理战船，于紧关岛坞湾泊，遇有贼船到来，不许四散调开，或三五十只或百十只成宗，一处驾使并力攻取，如此则势力壮而

---

① 《明太宗实录》卷一百七十七，永乐十四年六月甲申，第1935页。
② 《明太宗实录》卷二百十三，永乐十七年六月戊子，第2143页。
③ 《朝鲜李朝实录中的中国史料》上编卷三《太宗恭定大王实录二》，第264页。
④ 《明史纪事本末》卷五十五《沿海倭乱》，第841页。
⑤ 《明太宗实录》卷一百七十一，永乐十三年十二月己丑，第1906页。

贼易擒矣。①

由上可见，明成祖对于消极避战者绝不姑息，不但下令将赵铭斩首，“分尸示众”，而且将此事昭告天下，以儆效尤。此外，明成祖甚至对于战败者也会施以惩处。如永乐六年（1408）四月十四日，倭寇靖海卫，靖海卫后所百户乐用出战败绩，“提赴京，刑曹拟徒八年”②。指挥佥事郑刚，率百户逆战败绩，“左军都督府提赴武定侯处立功”③。同时，在奖掖抗倭战功时，明成祖也秉承公平原则。如永乐十八年（1420），朱棣赐敕辽东总兵官广宁伯刘江，指出：“剿杀倭寇之时，都指挥并领队官旗曾经力战者就彼各升一级，退缩者不升，务合至公。”④ 刘江本人境遇也是如此，如前所述，他曾数次因抗倭不力遭朱棣训斥，但在望海埚大捷后，朱棣“赐敕褒进，封江广宁伯，子孙世袭”⑤，可见赏罚分明。

总体而言，永乐时期抗击倭寇的军事活动，可以分为以下几类。

其一，海运军队顺路剿倭。由上文1可见，永乐四年时，平江伯陈瑄专任海运，并非专职防倭官，这次抗倭活动是其还舟偶遇，而后加以剿灭。这种情况带有偶然性。

其二，面对倭寇入侵，卫所官军加以抵抗。如上文2，威海卫掌印指挥扈宁，因倭寇入侵威海，率领官军、民壮等加以堵截。如上文3，于家庄寨百户王辅、桃花闸寨百户周盘，均为直接抗击倭寇，力战而死者。如上文4，指挥佥事郑刚率百户抗击也是应对突发入侵。

其三，海防官员剿倭。如上文2，倭寇入侵威海卫时，都督徐国公朱□统兵援战，此处的徐国公级别较高，当为专职负责剿倭者。如上文5，总兵官柳升即为专职捕倭官。上文6，都督同知蔡福也是捕倭总兵官。上文7中的辽东总兵官都督刘江，也负有海防职责。这些海防官员专职防海，且统领重兵，能开展较大

---

① 《皇明诏令》卷三《太祖高皇帝下·宣谕武臣敕》，《续修四库全书》第457册，第81页。按：《皇明诏令》将此诏谕记为洪武三十一年六月。但据郑若曾《筹海图编》卷七《山东倭变记》记载：“永乐六年，倭袭破宁海卫。杀掠甚惨。指挥赵铭以失机被刑”，第454页。据此当为永乐六年。揆诸史实，据《明太祖实录》卷二百五十六记载：洪武三十一年二月，“乙酉，倭夷寇山东宁海州，由白沙海口登岸，劫掠居人，杀镇抚卢智，宁海卫指挥陶铎及其弟钺出兵击之，斩首三十余级，贼败去。钺为流矢所中，伤其右臂。先是倭夷尝入寇，百户何福战死，事闻，上命登、莱二卫发兵追捕。至是，铎等击败之，诏赐钞帛恤福家”。并未言及杀掠甚惨之事，第3699页。而永乐六年，据光绪《增修登州府志》卷十三《兵事》记载：“倭贼袭破宁海卫，杀掠甚惨”，第138页。因此，应当为永乐六年。

② 光绪《文登县志》卷五《职官表一》，第108页。

③ 光绪《文登县志》卷五《职官表一》，第104页。

④ 《明太宗实录》卷二百二十三，永乐十八年三月甲午，第2201页。

⑤ 《明史纪事本末》卷五十五《沿海倭乱》，第843页。

规模的剿捕倭寇的军事行动。

由上可见，在永乐时期，面对倭寇入侵，北部沿海地区的军事机构大都能积极展开抵抗，并取得了一些战绩，这一时期的抗倭活动具有以下特点。

其一，规模较大。这一时期，随着倭寇入侵的规模加大，明朝政府的应对规模也随之增大。由上文可知，这一时期，朝廷不断派遣总兵官捕倭，这些总兵官手握重兵，可以节制沿海军事力量，能够开展大规模的歼敌活动。

其二，具有一定的主动性。由于捕倭总兵官的派遣、沿海备倭机构如山东备倭都司及沿海海防营的设立，沿海军事力量可以实现一定程度上的集中，便于开展主动进攻。尤其是捕倭总兵官的派遣，他们手握大量机动军队，专职捕倭，这样就有一定的灵活性与主动性，他们可以积极寻找倭寇，一旦发现即可展开剿捕。

总体而言，永乐时期的抗倭活动有得有失，其得在于：随着捕倭总兵官的派遣和备倭机构、海防营的设立，北部沿海军事力量得到一定程度的集中，实现了一定范围内兵员的优化配置，这样可以集中力量进行一些大的战争，也取得了一些胜利。其失在于：面对倭寇入侵规模加强的形势，北部沿海各卫所的军事实力似乎并未随之增强，而且由于班军制度的实行及沿海海防营设立后对附近卫所机动兵员的抽调，沿海卫所军事实力甚至有所下降。这样，一旦面临倭寇突袭，它们很难迅速组织起有力防御，所以往往遭遇失败。

（二）敦促地方防御

永乐时期，因倭寇入侵较为频繁，明成祖多次下令敦促山东、辽东沿海地区做好防御，以备不虞。

永乐十四年（1416）五月丁巳，朱棣因直隶金山卫奏“有倭船三十余艘，倭寇约三千余，在海往来”，敕令辽东总兵官都督刘江及各都司缘海卫所，令“护备及相机剿捕”。[①]

永乐十五年（1417）八月壬寅，因浙江松门卫奏有“倭船在海往来”，朱棣敕山东、福建等都司，令缘海卫所“严整军马，昼夜谨备，遇贼至随机剿捕，误事必杀不赦”。[②]

永乐十六年（1418）五月癸丑，因金山卫奏有“倭船百艘、贼七千余人攻城

① 《明太宗实录》卷一百七十六，永乐十四年五月丁巳，第1928页。
② 《明太宗实录》卷一百九十二，永乐十五年八月壬寅，第2023页。

劫掠”，朱棣敕令福建、山东、广东、辽东各都司及总兵官都督刘江，“督缘海各卫，悉严兵备”。①

永乐十六年（1418）六月辛丑，朱棣敕辽东总兵官都督刘江曰：“今倭寇为首者已被擒，其遗孽未获者尚出没不常，尔可相机剿捕，若兵势多寡不敌，则固守城池，慎勿轻战。”②

永乐十七年（1419）四月丙戌，朱棣敕辽东总兵官都督刘江曰：“今朝鲜报倭寇饥困已极，欲寇边，宜令缘海诸卫严谨备之，如有机可乘，即尽力剿捕，无遣（遗）民患。”③

永乐十七年六月丁丑，朱棣因金山卫奏有倭船九十余艘在海往来，敕山东缘海卫所“严兵备”④。

永乐十八年（1420）正月乙巳，缘海诸卫奏“有倭寇三百余人、船十余艘，于金乡、福宁及井门、程溪等处登岸杀掠，复东南行”，朱棣敕辽东总兵官广宁伯刘荣（按：即刘江）及山东、浙江、福建滨海诸卫“严兵为备，贼至，则相机剿捕”。⑤

由上可见，朱棣对于北部沿海的防御非常重视，他能总括全局，根据倭寇入侵情形，及时敦促相关地方做好协调防御，这在一定程度上加强了沿海诸省的协防，实现战略配合。同时，朱棣不断地敦促和提醒，也有助于提高沿海官员的警惕性。

（三）派遣舟师巡海

永乐时期，面对海防威胁，朱棣多次抽调兵力，命重臣充任总兵官，率水军出海巡捕倭寇。本处主要论述与北部海域有关的几次。

永乐二年（1404）五月壬寅，朱棣命清远伯王友充总兵官、都指挥佥事郭义充副总兵，“往海道巡哨，如遇寇贼，就行剿捕”⑥。

是年七月庚戌，又“命都指挥吕毅充副总兵，协同总兵官清远伯王友巡哨海道”⑦。

永乐三年（1405）三月，命都指挥同知蔡彬、姜清、冯斌，“统领舟师，缘

① 《明太宗实录》卷二百，永乐十六年五月癸丑，第2082页。
② 《明太宗实录》卷二百一，永乐十六年六月辛丑，第2090页。
③ 《明太宗实录》卷二百十一，永乐十七年四月丙戌，第2133页。
④ 《明太宗实录》卷二百十三，永乐十七年六月丁丑，第2141页。
⑤ 《明太宗实录》卷二百二十，永乐十八年正月乙巳，第2185~2186页。
⑥ 《明太宗实录》卷三十一，永乐二年五月壬寅，第556页。
⑦ 《明太宗实录》卷三十三，永乐二年七月庚戌，第576页。

海备御，遇寇即相机剿捕”①。

永乐六年（1408）十二月甲申，命都指挥李龙、指挥王雄，总率山东官军六千往沙门岛等处巡捕倭寇。②

是月辛卯，命安远伯柳升充总兵官、平江伯陈瑄充副总兵，“率舟师缘海巡捕倭寇”③。

是月戊戌，命丰城侯李彬充总兵官、都督费瓛充副总兵，“统率官军自淮安沙门岛缘海地方剿捕倭寇”④。

永乐十一年（1413），命卫青率山东沿海军士以剿倭寇。⑤

永乐十四年（1416）六月丁卯，命都督同知蔡福充总兵官、指挥庄敬为副，率兵万人于缘海山东巡捕倭寇。上面戒之曰：“濒海之民数罹寇害，故命尔除寇安民，尔宜严约束，身先士卒，以殄寇为务，无纵下人重为民害，违者并其将皆不贷。”⑥

是月，敕捕倭总兵官都督同知蔡福等曰：近登州卫奏，有贼船三十三艘，泊靖海卫杨村岛，已敕山东都指挥卫青等帅军往捕，尔即合兵殄灭，勿误事机。⑦

永乐十六年（1418）五月丙辰，敕山东都司调马步官军八千人，令都督指挥卫青、李凯“统往缘海剿捕倭寇，有功者奏闻升赏，退避者即斩以狥”⑧。

由上可见，永乐时期，明朝政府多次派遣舟师沿海捕倭，其中明确记载是在北部沿海的就有六次之多，可见明朝政府重视程度之高。这一时期的舟师捕倭具有以下几个特点。

其一，规模较大。这一时期的舟师巡海，多数是朝廷派遣重臣如侯、伯等担任总兵官，统领大量机动军队。如永乐十四年蔡福、庄敬率万人在山东沿海巡倭。此外，也有沿海省份的都司长官组织本省军队巡捕倭寇，其规模也很大。如永乐六年，李龙、王雄总率山东官军六千人，往沙门岛巡捕倭寇；永乐十六年，山东都司调拨八千人，由卫青、李凯统领巡海。

---

① 《明太宗实录》卷四十，永乐三年三月己亥，第661页。
② 《明太宗实录》卷八十六，永乐六年十二月甲申，第1138页。
③ 《明太宗实录》卷八十六，永乐六年十二月辛卯，第1141页。
④ 《明太宗实录》卷八十六，永乐六年十二月戊戌，第1146页。
⑤ 道光《蓬莱县志》卷十三《艺文志中》，李贤《世袭宣城伯卫公神道碑铭》，第268页。
⑥ 《明太宗实录》卷一百七十七，永乐十四年六月丁卯，第1932页。
⑦ 《明太宗实录》卷一百七十七，永乐十四年六月甲申，第1935页。
⑧ 《明太宗实录》卷二百，永乐十六年五月丙辰，第2083～2084页。

其二，协调性强。在这种巡海捕倭行动中，水军相互之间及与地方军队之间要有一定的战略配合。如永乐六年（1408）十二月，朱棣先后派遣七支军队出海巡倭，其中罗文光、李敬则统率官军自苏州抵浙江等处缘海地方剿捕倭寇，“如与丰城侯会合，听丰城侯调遣”①，又姜清、张真、李珪、杨衍等往广东、福建缘海提备倭寇，“如与丰城侯，仍听丰城侯调遣”②，这几只水军听丰城侯李彬节制，“构成了从山东到广东的整个沿海巡逻线”③。在其他几次沿海巡倭行动中，各支军队之间也能在一定区域内相互合作。如永乐十四年六月，捕倭总兵官蔡福与山东都指挥卫青合作，以抗击入侵靖海卫杨村岛的倭寇。

其三，主动性高。明朝政府设立捕倭总兵官的目的在于以重臣统领重兵，前往倭寇出没频繁的地区，主动寻找倭寇，并加以歼灭。因此，其行动具有较强的主动性，而非仅为防御。

总体而言，这一时期，北部海域大规模的巡海活动，适应了倭寇入侵规模变大的形势需要，增强了沿海军队的气势，在一定程度上打击了倭寇。同时，明朝政府较为频繁地派遣朝廷重臣出海捕倭，显示了永乐时期国防实力的增强及明成祖对抗倭行动的支持。

（四）海运官兵剿倭

永乐年间，明成祖一度恢复海运。与洪武时期一样，这一时期的海运总兵官也负有剿倭职责，并起到了一定的作用。如永乐四年（1406）十月，平江伯陈瑄督海运至辽东，还舟时，在山东沙门岛遇倭，“追击至朝鲜境上，焚其舟，杀溺死者甚众”④。

这一时期，朱棣在赐给平江伯陈瑄等人的敕书中，多次明确强调海运总兵官应顺道剿除倭寇。如永乐七年（1409）三月丙辰，朱棣“敕总兵官平江伯陈瑄等曰：海运粮舟发时，必会合安远侯柳升等，令以兵护送，或遇寇至，务协力剿杀，毋致疎虞”⑤；永乐七年七月丁酉，敕平江伯陈瑄等，“率海运舟师回还，遇倭寇就便剿除，若将士能斩贼首一级者，赏银五十两，临敌畏怯者即斩以狗”⑥。

---

① 《明太宗实录》卷八十六，永乐六年十二月戊戌，第1146页。
② 《明太宗实录》卷八十六，永乐六年十二月庚子，第1147页。
③ 杨金森、范中义：《中国海防史》，第111页。
④ 《明史纪事本末》卷五十五《沿海倭乱》，第841页。
⑤ 《明太宗实录》卷八十九，永乐七年三月丙辰，第1178页。
⑥ 《明太宗实录》卷九十四，永乐七年七月丁酉，第1252页。

据此，则这一时期的海运官兵也是一支重要的海防力量。

在永乐时期，陈瑄等人曾多次总督海运。兹据《明太宗实录》中的记载，列表如表3－2。

表3－2　　永乐时期北部海运一览表

时　间	概　况	史料来源
永乐元年三月戊子	“命江平伯（平江伯）陈瑄及前军都督佥事宣信俱充总兵官，各帅舟师海运粮饷，瑄往辽东，信往北京。”	《明太宗实录》卷十八，永乐元年三月戊子，第327页。
永乐元年八月乙丑	“平江伯陈瑄总督海运粮四十九万二千六百三十七石，赴北京、辽东以备军储。”	《明太宗实录》卷二十二，永乐元年八月乙丑，第412页。
永乐二年三月壬寅	“命平江伯陈瑄充总兵官，前军都督佥事宣信充副总兵，师舟师海运粮储往北京。”	《明太宗实录》卷二十九，永乐二年三月壬寅，第516页。
永乐三年二月甲申	“命平江伯陈瑄充总兵官，前军都督佥事宣信充副总兵，帅舟师海道运粮赴北京。”	《明太宗实录》卷三十九，永乐三年二月甲申，第657页。
永乐四年六月丁亥	“先是，命平江伯陈瑄督海运诣天津卫。”	《明太宗实录》卷五十五，永乐四年六月丁亥，第819页。
永乐五年正月壬戌	“命平江伯陈瑄、都督宣信总督海运粮储。”	《明太宗实录》卷六十三，永乐五年正月壬戌，第902页。
永乐六年二月己酉	“命平江伯陈瑄总率官军，前军都督佥事宣信为副，海道运粮赴北京。”	《明太宗实录》卷七十六，永乐六年二月己酉，第1040页。
永乐七年正月甲子	“命平江伯陈瑄充总兵官，都督宣信副之，督馈运赴北京。”	《明太宗实录》卷八十七，永乐七年正月甲子，第1155页。
永乐七年十二月甲寅	“命平江伯陈瑄充总兵官，前军都督佥事宣信充副总兵，率领舟师海运粮储赴北京。”	《明太宗实录》卷九十九，永乐七年十二月甲寅，第1297页。
永乐九年三月丙戌	“命平江伯陈瑄充总兵官、都督宣信充副总兵，帅舟师海运粮储赴北京。”	《明太宗实录》卷一百十四，永乐九年三月丙戌，第1460页。
永乐十年二月庚午	“赐平江伯陈瑄充总兵官、都督宣信副之，率舟师往海运粮饷赴北京。”	《明太宗实录》卷一百二十五，永乐十年二月庚午，第1569页。
永乐十一年二月乙卯	“命平江伯陈瑄充总兵官、都督宣信充副总兵，帅海舟运粮赴北京。”	《明太宗实录》卷一百三十七，永乐十一年二月乙卯，第1664页。

（本表据《明太宗实录》制作。）

由表3－2可见，在永乐元年（1403）到永乐十一年（1413）的十一年间，陈瑄曾十二次总督海运，这支庞大的水军队伍，在负责海运的同时，一旦遭遇倭寇，也会加以剿捕和追击。这一时期的海运，自江南地区出发，抵达直沽，北部海域的大部分均在其活动范围之内。可以说，永乐时期海运的实行在一定程度上给倭寇造成了震慑。后人对此评价道："国初海运之行，不独便于漕纲，实令将士习于海道，以防倭寇。自会通河成而海运废。近日倭寇纵横，海兵脆怯，莫之敢撄，亦以海道不习之故耳。"①

永乐十三年（1415）后，明朝政府修浚大运河成，京城粮食供应由海运转为漕运，此后明代海运停止。海运的废止对北部沿海海防造成了一定影响，乾隆《掖县志》曾经指出，"自至元二十年（1283）开海运。初由登海，继导胶河，始置防汛。明永乐十三年会通河成，海运罢，兵防少疏"②。

（五）镇压沿海内乱

永乐十八年（1420）二月，唐赛儿起义爆发，其部众"往来益都、诸城、安丘、莒州、即墨、寿光诸州县，扇诱愚民"③，不断进攻山东沿海州县、卫所，对山东沿海海防机构、设施等造成了较大威胁。同时，由于这场起义规模巨大，牵制了山东一省大量的机动军队，对当时的海防活动也产生了影响。为此，明朝政府及山东地方军政官员积极镇压。据同治《即墨县志》记载：永乐中，唐赛儿曾遣兵攻打即墨，"邑人皆溃，城遂陷"，邑民蓝福盛乞援于鳌山卫指挥王真，王真对其言"欲平贼，君请先之"，于是蓝福盛率援军，"驰马荷戈，追贼于泊石桥，率兵士直犯其营，大战破之"。④

唐赛儿起义爆发后，明成祖派遣重兵镇压。永乐十八年二月，"命安远侯柳升充总兵官、都指挥佥事刘忠为副，率兵讨山东乱寇。时妖妇唐赛儿据寨恃险，招谕不服，故命讨之"⑤。是年三月，卫青等人取得大胜，据《明太宗实录》记载："青备倭海上，闻安丘围急，率千骑昼夜兼行，猝到城下奋击败之，贼收余众再战，城中人亦鼓噪出击，贼大败，宾鸿遁去，杀贼二千余人，生擒四千余人，皆斩之而收其拏。时城中已不支，使青至稍迟，必陷于贼。既而，安远侯柳

① （明）严从简：《殊域周咨录》卷之二《东夷·日本国》，北京：中华书局1993版，第59页。
② 乾隆《掖县志》卷二《海防》，第285页。
③ 《明太宗实录》卷二百二十二，永乐十八年二月己酉，第2193页。
④ 同治《即墨县志》卷九《人物·孝义》，第147页。
⑤ 《明太宗实录》卷二百二十二，永乐十八年二月丙寅，第2195页。

升至，青迎谒，升怒其不待己捽出之，青不为屈。是日，鳌山卫指挥佥事王真亦率兵百五十人击败贼众于诸城尽戮之，各械首恶送京师，山东之贼悉平。”①

由上可见，唐赛儿起义固然有下层民众反抗压迫的积极意义，但在客观上还是对沿海的即墨、诸城等县造成了破坏，而且牵制了诸如鳌山卫等海防机构的兵力，最后在备倭总督卫青等人的镇压之下才得以平定。

总体而言，永乐至宣德时期，尤其是永乐时期，北部海疆面临着较为严重的海上威胁，倭寇入侵比较频繁，而且规模较大。为此，明成祖采取了一系列措施，如奖惩沿海抗倭活动，命令沿海州县积极防御，重新派遣舟师巡海，令海运将士剿倭等，取得了一系列胜利，尤其是辽东望海埚一战，基本解决了北部沿海的倭寇问题。同时，这一时期，面对沿海一些影响海防建设的活动，如唐赛儿起义，明成祖勒令严厉镇压，最终将其畋平。

第二节　完善海防机构和设施

朱棣通过靖难之役夺取皇位后，迁都北京，明朝政治中心北移。随之，因拱卫京畿需要，北部沿海海防地位凸显。永乐到宣德年间，为加强北部海防，朱棣及其继任者在环渤海地区，尤其是靠近京畿地区的沿海地带，陆续设立一些卫所，并在山东设立文登、登州、即墨三大海防营，在北直隶设立天津海防营、新桥海口营、赤洋营、牛头崖营等，在辽东沿海一些地区也广布墩台、瞭哨。这些措施的实行，在一定程度上增强了北部海防力量，有利于防御可能出现的海上威胁，切实加强了京畿防御。

一、继续建立卫所、墩台

早在靖难之役中，朱棣即已着手加强北部沿海军事力量，至登基称帝后，因着意于迁都北京，所以继续不断加强北部沿海海防力量，在靠近京畿地带的渤海西北岸区域设立了一系列卫所，并在辽东设立诸多墩台。兹叙述如下。

（一）卫、所

永、宣时期，明朝政府在北部沿海所设卫所，基本集中于环渤海内侧靠近京畿地带的北直隶北部及辽东地区，主要有以下卫所。

---

① 《明太宗实录》卷二百二十三，永乐十八年三月甲申，第2200页。

1. 天津卫①

据《明太宗实录》记载：永乐二年（1404）十一月己未，“设天津卫，上以直沽海运商舶往来之冲，宜设军卫，且海口田土膏腴，命调缘海诸卫军士屯守”②。

据此，天津卫设置于永乐二年。

2. 天津左卫

据《明太宗实录》记载：永乐二年十二月丙子，“设天津左卫”③。

据此，则天津左卫设于永乐二年。

3. 天津右卫

据《明太宗实录》记载：永乐四年（1406）十一月甲子，“改青州右卫为天津右卫”④。

据此，则天津右卫设于永乐四年。

4. 梁城所

关于梁城所的设置时间，史书记载较为一致。

据《寰宇通志》卷一《顺天府·公廨》记载：“梁城守御千户所，在宝坻县东南百四十里，洪武三十三年建，属后军都督府。”⑤

据《明一统志》卷一《顺天府》记载：“在宝坻县东南一百四十里，洪武三十三年（1400）建，属后军都督府。”⑥

据《读史方舆纪要》卷十一《北直二》记载：“梁城守御千户所：在宝坻县东南百四十里。建文二年（1400），燕王于故梁城置。”⑦

据《明史》卷四十《地理志一·京师》记载：“又县东南有梁城守御千户

① 南炳文先生在《明史新探》一书中对于天津卫、天津左卫、天津右卫的设置时间，做了一系列详细而谨慎的考订，认为天津卫、天津左卫设于永乐二年，天津右卫设于永乐四年。此说合情合理，笔者也较为赞同。详见《关于天津设卫建城史的几个问题》、《解开天津右卫创建史上的两个谜团》、《解释关于天津设卫建城纪念日的一个疑点》、《释天津永乐二年设卫建城说的又一个疑点》、《释天津卫永乐三年创建说》、《天津史上不应忘却的一个人物——张思恭和永乐初天津城墙的修筑》、《陈逵未参加永乐天津筑城考》、《陈逵未参加永乐天津筑城再考》，《明史新探》，北京：中华书局2007年版，396～439页。

② 《明太宗实录》卷三十六，永乐二年十一月己未，第628页。

③ 《明太宗实录》卷三十七，永乐二年十二月丙子，第632页。

④ 《明太宗实录》卷六十一，永乐四年十一月甲子，第882页。

⑤ 《寰宇通志》卷一《顺天府·公廨》。

⑥ 《明一统志》卷一《顺天府》，《景印文渊阁四库全书》第472册，第18页。

⑦ 《读史方舆纪要》卷十一《北直二》，第463页。

所，建文二年，燕王置。”①

由上可见，梁城所设于洪武三十三年（1400），即建文二年，为朱棣所设。

5. 卢龙卫

关于卢龙卫的设立时间，史书记载有所不同，主要有以下两种说法。

（1）永乐元年（1403）二月前。据《明太宗实录》记载：永乐元年二月辛亥，“以燕山左、燕山右、燕山前、大兴左、济州、济阳、真定、遵化、通州、蓟州、密云中、密云后、永平、山海、万全左、万全右、宣府前、怀安、开平、开平中、兴州左屯、兴州右屯、兴州中屯、兴州前屯、兴州后屯、隆庆、东胜左、东胜右、镇朔、涿鹿、定边、玉林、云川、高山、义勇左右中前后、神武左右中前后、武成左右中前后、忠义左右中前后、武功中、卢龙、镇虏、武清、抚宁、天津右、宁山六十一卫，梁成、兴和、常山三守御千户所，俱隶北京留守行后军都督府”②。据此则卢龙卫之设当不晚于永乐元年二月。

（2）永乐四年（1406）。据《寰宇通志》卷三《永平府·公廨》记载：“卢龙卫指挥使司：在永平卫南，永乐四年建。”③

据《明一统志》卷五《永平府》记载：“卢龙卫：在永平卫南，永乐四年建。”④

据弘治《永平府志》卷五《兵制》记载：“卢龙卫：在守备厅南。永乐四年建。”⑤

据《读史方舆纪要》卷十七《北直八·永平府》记载：“又卢龙卫，在永平卫南。永乐四年建。”⑥

以上史书均认为该卫设于永乐四年。

以上两种观点颇有龃龉，令人莫衷一是。究竟哪种说法更有道理呢？南炳文先生在论述天津卫设置时间时曾对此加以剖析，指出：“永乐元年二月庚戌三日（公元1403年2月23日），从侄子手中夺得帝位不久的明成祖，为了巩固其起家的老根据地北京（原名北平，在此以前一个月新改名北京），在那里新设了北京行部（相当于设在首都南京的中央最高行政机构的级别）和北京留守行后军都督

① 《明史》卷四十《地理志一·京师》，第886页。

② 《明太宗实录》卷十七，永乐元年二月辛亥，第302～303页。

③ 《寰宇通志》卷三《永平府》。

④ 《明一统志》卷五《永平府》，《景印文渊阁四库全书》第472册，第140页。

⑤ 弘治《永平府志》卷五《兵制》，第164页。

⑥ 《读史方舆纪要》卷十七《北直八·永平府》，第770页。

府（相当于设在首都南京的中央主管军队的最高行政机构五军都督府的级别）等机构，而后于第二天即永乐二年二月辛亥四日（公元1403年2月24日）决定将燕山后卫、天津右卫等六十一个军卫划归北京留守行后军都督府管辖。但这六十一个军卫并不是当时已经全部存在，而是只有一部分业已存在，另有一部分则只是拟议在不久的将来加以创建者，如其中列入六十一个军卫名单的抚宁卫创建于永乐三年（公元1405年），武清卫创建于永乐四年（公元1406年）之初，卢龙卫创建于永乐四年（公元1406年），涿鹿卫创建于永乐七年（公元1409年）。天津右卫正是属于当时实际并未创建而只是拟议在不久的将来加以创建者的那一部分。"[①] 南先生的分析有理有据、鞭辟入里，非常清楚地说明了这一问题的原委。据此，则卢龙卫也"属于当时实际并未创建而只是拟议在不久的将来加以创建者的那一部分"，那么其真正设立时间当为永乐四年。

6. 抚宁卫

关于抚宁卫的设立时间，史书记载有所不同，主要有以下两种说法。

（1）永乐元年（1403）二月前。据《明太宗实录》记载：永乐元年二月辛亥"……抚宁……俱隶北京留守行后军都督府"[②]。据此，则抚宁卫之设当不晚于永乐元年二月。

据《明史》卷四十《地理一》记载："北有抚宁卫，永乐元年二月置。"[③]

以上二书均认为该卫设于永乐元年二月。

（2）永乐三年（1405）。据《寰宇通志》卷三《永平府·公廨》记载："抚宁卫指挥使司：在抚宁县北三里，永乐三年建。"[④]

据《明一统志》卷五《永平府》记载："在抚宁县北十里，永乐三年建。"[⑤]

据弘治《永平府志》卷一《城池》记载："永乐三年，建抚宁卫于东土城内"；卷五《兵制》记载："在抚宁县城内西北，永乐三年建"。[⑥]

据《读史方舆纪要》卷十七《北直八·永平府》记载："抚宁卫：在抚宁县北十里。永乐三年建。"[⑦]

---

① 南炳文：《关于天津设卫建城史的几个问题》，见《明史新探》，第398页。

② 《明太宗实录》卷十七，永乐元年二月辛亥，第302页。

③ 《明史》卷四十《地理一》，第900页。

④ 《寰宇通志》卷三《永平府》。

⑤ 《明一统志》卷五《永平府》，《景印文渊阁四库全书》第472册，第140页。

⑥ 弘治《永平府志》卷一《城池》，第70页，卷五《兵制》，第166页。

⑦ 《读史方舆纪要》卷十七《北直八·永平府》，第770页。

笔者认为，如前文所引南炳文先生论天津卫之例，该卫之设当为永乐三年（1405）。

7. 广宁前屯卫中前所

该所设置时间，史书记载有所不同，有以下两种说法。

（1）宣德三年（1428）。据《寰宇通志》卷七十七《辽东都指挥使司》记载："宣德三年，增置中前千户所于城西五十里急水河。"①

据《明一统志》卷二十五《辽东都指挥使司》记载："宣德三年，于城西五十里急水河增置中前千户所。"②

据《辽东志》卷一《地理・沿革》记载："宣德三年，又于城西五十里急水河增置中前千户所。"③。

据《读史方舆纪要》卷三十七《山东八・辽东都指挥使司》记载："急水河堡：宣德三年增置中前千户所于此。堡南有芝麻湾，滨海要地也。"④

以上史书认为该所设于宣德三年。

（2）宣德五年（1430）。据《明宣宗实录》记载：宣德五年正月己巳，"山海东关至高岭驿，设广宁前屯卫中前所"⑤。

据《明史》卷四十一《地理志二・辽东》记载："又有急水河堡，宣德五年正月置中前千户所于此。"⑥

以上史书认为该所设于宣德五年。

笔者认为，《实录》在对诸如此类机构设置时间等无须避讳的问题的记载上无疑具有权威性，因此应从《明宣宗实录》之记载，故该所设于宣德五年。下文亦同。

8. 广宁前屯卫中后所

该所设置时间，史书记载有所不同，有以下两种说法。

（1）宣德三年（1428）。据《寰宇通志》卷七十七《辽东都指挥使司》记载："宣德三年，增置……中后千户所于城东五十里杏林堡。"⑦

---

① 《寰宇通志》卷七十七《辽东都指挥使司》。
② 《明一统志》卷二十五《辽东都指挥使司》，《景印文渊阁四库全书》第 472 册，第 616 页。
③ 《辽东志》卷一《地理・沿革》，第 354 页。
④ 《读史方舆纪要》卷三十七《山东八・辽东都指挥使司》，第 1733 页。
⑤ 《明宣宗实录》卷六十二，宣德五年正月己巳，第 1472 页。
⑥ 《明史》卷四十一《地理志二・辽东》，第 956 页。
⑦ 《寰宇通志》卷七十七《辽东都指挥使司》。

据《明一统志》卷二十五《辽东都指挥使司》记载："宣德三年……城东五十里杏林堡增置中后千户所。"①

据《辽东志》卷一《地理·沿革》记载："宣德三年……城东五十里杏林堡增置中后千户所属焉。"②

据《读史方舆纪要》卷三十七《山东八·辽东都指挥使司》记载："杏林堡：宣德三年增置中后千户所于此。"③

以上史书认为该所设于宣德三年。

（2）宣德五年（1430）。据《明宣宗实录》记载：宣德五年正月己巳，"沙河驿至东关驿，设广宁前屯卫中后所"④。

据《明史》卷四十一《地理志二·辽东》记载："又东有杏林堡，宣德五年正月，置中后千户所于此。"⑤

以上史书认为该所设于宣德五年。

笔者认为，应从《明宣宗实录》之记载，故该所设于宣德五年。

9. 宁远卫

该卫地理形势较为险要，据记载："卫内拱岩关，南临大海，居表里之间，屹为形胜。"⑥ 对于该卫设置时间，史书记载有所不同，有以下两种说法。

（1）宣德三年（1428）。据《寰宇通志》卷七十七《辽东都指挥使司》记载："宁远都指挥使司：在都司城西七百七十里，本广宁前屯、中屯二卫地，宣德三年，以其地太远，特于此筑城置卫。"⑦

据《明一统志》卷二十五《辽东都指挥使司》记载："本广宁前屯、中屯二卫地，宣德三年于此筑城置卫。"⑧

据《读史方舆纪要》卷三十七《山东八·辽东都指挥使司》记载："明初为广宁前屯及中屯二卫地，宣德三年始置今卫。"⑨

以上史书认为该卫设于宣德三年。

---

① 《明一统志》卷二十五《辽东都指挥使司》，《景印文渊阁四库全书》第 472 册，第 616 页。
② 《辽东志》卷一《地理·沿革》，第 354 页。
③ 《读史方舆纪要》卷三十七《山东八·辽东都指挥使司》，第 1733 页。
④ 《明宣宗实录》卷六十二，宣德五年正月己巳，第 1472 页。
⑤ 《明史》卷四十一《地理志二·辽东》，第 956 页。
⑥ 《读史方舆纪要》卷三十七《山东八·辽东都指挥使司》，第 1734 页。
⑦ 《寰宇通志》卷七十七《辽东都指挥使司》。
⑧ 《明一统志》卷二十五《辽东都指挥使司》，《景印文渊阁四库全书》第 472 册，第 616 页。
⑨ 《读史方舆纪要》卷三十七《山东八·辽东都指挥使司》，第 1734 页。

（2）宣德五年（1430）。据《明宣宗实录》记载：宣德五年正月己巳，“置辽东宁远卫于汤池，凡五千户所。以定辽中卫右所、定辽前卫中所、定辽卫后所、广宁中卫右、后二所实之，其汤池上下六站各增置一千户所”。①

据《明史》卷四十一《地理志二·辽东》记载：“宣德五年正月分广宁前屯、中屯二卫地置，治汤池。”②

以上史书认为该卫设于宣德五年。

笔者认为，应从《明宣宗实录》之记载，故该所设于宣德五年。

10. 宁远中右所

该所设置时间，史书记载有所不同，有以下两种说法。

（1）宣德三年（1428）。据《寰宇通志》卷七十七《辽东都指挥使司》记载：“宣德三年……又别置……中右千户所于城西四十里小沙河。”③

据《明一统志》卷二十五《辽东都指挥使司》记载：“宣德三年……于城西四十里小沙河别置中右千户所。”④

据《读史方舆纪要》卷三十七《山东八·辽东都指挥使司》记载：“塔山所：宣德三年别置中左千户所于此，属宁远卫。”⑤

以上史书认为该所设于宣德三年。

（2）宣德五年（1430）。据《明宣宗实录》记载：宣德五年正月己巳，“东关驿至曹庄驿，设宁远卫中右所”⑥。

据《明史》卷四十一《地理志二·辽东》记载：“西有小沙河中右千户所……宣德五年正月置。”⑦

以上史书认为该所设于宣德五年。

笔者认为，当从《明宣宗实录》，故该所设于宣德五年。

11. 宁远中左所

该所设置时间，史书记载有所不同，有以下两种说法。

（1）宣德三年（1428）。据《寰宇通志》卷七十七《辽东都指挥使司》记

① 《明宣宗实录》卷六十二，宣德五年正月己巳，第1472页。
② 《明史》卷四十一《地理志二·辽东》，第956页。
③ 《寰宇通志》卷七十七《辽东都指挥使司》。
④ 《明一统志》卷二十五《辽东都指挥使司》，《景印文渊阁四库全书》第472册，第616页。
⑤ 《读史方舆纪要》卷三十七《山东八·辽东都指挥使司》，第1735页。
⑥ 《明宣宗实录》卷六十二，宣德五年正月己巳，第1472页。
⑦ 《明史》卷四十一《地理志二·辽东》，第956页。

载："宣德三年……又别置中左千户所于城东五十里塔山。"①

据《明一统志》卷二十五《辽东都指挥使司》记载："宣德三年……于城东五十里塔山所别置中左千户所。"②

据《读史方舆纪要》卷三十七《山东八·辽东都指挥使司》记载："塔山所：宣德三年别置中左千户所于此，属宁远卫。"③

以上史书认为该所设于宣德三年。

（2）宣德五年（1430）。据《明宣宗实录》记载：宣德五年正月己巳，"连山驿至杏山驿设宁远卫中左所"④。

据《明史》卷四十一《地理志二·辽东》记载："又东有塔山，有中左千户所……俱宣德五年正月置。"⑤

笔者认为，应从《明宣宗实录》，故该所设于宣德五年。

12. 广宁中屯卫中左所

该所设置时间，史书记载有所不同，有以下两种说法。

（1）宣德三年（1428）。据《寰宇通志》卷七十七《辽东都指挥使司》记载："宣德三年，置中左千户所于城南二十里松山堡"⑥。

据《明一统志》卷二十五《辽东都指挥使司》记载："宣德二年，于城南二十里松山堡置中左千户所。"⑦

据《辽东志》卷一《地理·沿革》记载："宣德三年，于城南二十里松山堡置中左千户所属焉。"⑧

据《读史方舆纪要》卷三十七《山东八》记载："松山堡：宣德三年置中左千户所于此，属中屯卫。"⑨

以上史书认为该所设于宣德三年。

（2）宣德五年（1430）。据《明宣宗实录》记载：宣德五年正月己巳，"杏

---

① 《寰宇通志》卷七十七《辽东都指挥使司》。
② 《明一统志》卷二十五《辽东都指挥使司》，《景印文渊阁四库全书》第472册，第616页。
③ 《读史方舆纪要》卷三十七《山东八·辽东都指挥使司》，第1735页。
④ 《明宣宗实录》卷六十二，宣德五年正月己巳，第1472页。
⑤ 《明史》卷四十一《地理志二·辽东》，第956页。
⑥ 《寰宇通志》卷七十七《辽东都指挥使司》。
⑦ 《明一统志》卷二十五《辽东都指挥使司》，《景印文渊阁四库全书》第472册，第616页。
⑧ 《辽东志》卷一《地理·沿革》，第354页。
⑨ 《读史方舆纪要》卷三十七《山东八·辽东都指挥使司》，第1729页。

山驿至小凌河驿，设广宁中屯卫中左所”①。

据《明史》卷四十一《地理志二·辽东》记载：“又南有松山堡，在松山西，宣德五年正月置中左千户所于此。”②

以上史书认为该所设于宣德五年。

笔者认为，应从《明宣宗实录》，故该所设于宣德五年。

13. 广宁左屯卫中左所③

该所设置时间，史书记载有所不同，有以下两种说法。

（1）宣德三年（1428）。据《寰宇通志》卷七十七《辽东都指挥使司》记

---

① 《明宣宗实录》卷六十二，宣德五年正月己巳，第1472页。

② 《明史》卷四十一《地理志二·辽东》，第955页。

③ 《明史》卷四十一《地理二》“辽东都指挥使司”条中有这样的记载：“广宁中屯卫……又南有松山堡，在松山西，宣德五年正月置中左千户所于此，辖杏山驿至小凌河驿。东有大凌河堡，洪武二十六年正月置广宁右卫，二十八年四月废。宣德五年正月置中右千户所于此，辖凌河驿至十三山驿。”（中华书局标点本，第955页。）笔者怀疑上文有两处错误：（1）设于大凌河堡的千户所当属广宁左屯卫，非广宁中屯卫；（2）该所当为中左千户所，非中右千户所。现略辨于下。

据《明宣宗实录》卷六十二，宣德五年正月己巳条载，“杏山驿至小凌河驿设广宁中屯卫中左所，凌河驿至十三山驿设广宁左屯卫中左所”，明确指出二所并非同属一卫，其辖区分别为：广宁中屯卫中左所辖杏山驿至小凌河驿，广宁左屯卫中左所辖凌河驿至十三山驿。

此外，据《寰宇通志》卷七十七《辽东都指挥使司》条记载：“广宁中屯卫指挥使司……宣德三年（按：当为五年）置中左千户所于城南二十里松山堡，属本卫；广宁左屯卫指挥使司……宣德三年（按：当为五年）增置中左千户所于城东四十里大凌河，属本卫。”（《玄览堂丛书续集》第66册；另：《明一统志》卷二十五《辽东都指挥使司》、《辽东志》卷一《地理》记载与《寰宇通志》基本相同，不赘引，前者见《文渊阁四库全书》第472册，第616页，后者见《辽海丛书》第1册，辽沈书社1984年版，第354页。）

又据《读史方舆纪要》卷三十七《山东八·辽东都指挥使司·广宁左屯卫·松山堡》条记载：“松山堡卫南二十里，以地有松山而名。宣德三年（按：当为五年）置中左千户所于此，属中屯卫。又大凌河堡，在卫东四十里，以近大凌河而名。宣德三年（按：当为五年）亦置中左千户所于此，属左屯卫。”（中华书局2005年版，第1729页。）

上述二者也认为二所并非同属一卫，并指出广宁中屯卫中左所设于松山堡、位于城南二十里，广宁左屯卫中左所设于大凌河堡、位于城东四十里。参照上文所引《明史·地理二》及谭其骧《中国历史地图集》第七册《山东北部（辽东都司）》（中国地图出版社1982年版，第52～53页）可知，松山堡位于杏山驿至小凌河驿中间，大凌河堡位于凌河驿至十三山驿中间。由此可以确定：广宁中屯卫中左所驻松山堡辖杏山驿至小凌河驿，广宁左屯卫中左所驻大凌河堡辖凌河驿至十三山驿。所以，《明史·地理二》的记载是错误的。那么，《明史·地理二》中的这两处错误来源何处？因何产生呢？

《明史》源自万斯同《明史》和王鸿绪《明史稿》。据万斯同《明史》卷八十《地理二》记载：“广宁左屯卫在中屯卫城内，洪武二十四年置……南有松山堡，宣德三年（按：当为五年）置中左千户所于此，东有大凌河堡，宣德三年（按：当为五年）置中右千户所于此。”（《续修四库全书》第325册，第368页下；王鸿绪《明史稿》记载同，文海出版社1962年版，第362页上。）由此可见，该误当源自万斯同，王鸿绪因之。《明史》在订正万本《明史》、王本《明史稿》中的时间错误，将二所设置时间改为宣德五年的同时，也延续了其有关二所归属及名称的错误。

《明史·地理志》之所以出现这种错误，笔者推测：因永乐元年广宁左屯卫移治锦州，与广宁中屯卫同城而治（《辽东志》卷一《地理》，第354页），故二卫辖区较难分辨，万斯同误认为上述二所均属广宁中屯卫，而一卫之下不可能辖同名两所，故将后者改为中右所，产生此误。

载："宣德三年，增置中左千户所于城东四十里大凌河。"①

据《明一统志》卷二十五《辽东都指挥使司》记载："宣德三年，于城东四十里大凌河增置中左千户所属焉。"②

据《辽东志》卷一《地理·沿革》记载："宣德三年，于城东四十里大凌河增置中左千户所属焉。"③

据《读史方舆纪要》卷三十七《山东八·辽东都指挥使司》记载："又大凌河堡……宣德三年亦置中左千户所于此，属左屯卫。"④

以上史书认为该所设于宣德三年。

（2）宣德五年（1430）。据《明宣宗实录》记载：宣德五年正月己巳，"凌河驿至十三山驿，设广宁左屯卫中左所"⑤。

据《明史》卷四十一《地理志二·辽东》记载："东有大凌河堡，洪武二十六年正月置广宁右卫，二十八年四月废。宣德五年正月置中右（按：当为中左）千户所于此。"⑥

以上史书认为该所设于宣德五年。

笔者认为，应从《明宣宗实录》，故该所设于宣德五年。

（二）墩台

永乐、宣德时期，伴随着北部沿海一些卫所的设立，一些墩、堡也随之建立。同时，在这一时期，因倭寇曾数次入侵辽东，明朝政府为加强防御，先后在辽南金州地区设置城堡、墩台数座。

据《明太宗实录》记载：永乐十四年（1406）十二月，"置辽东金州旅顺口、望海埚、左眼、右眼、三手山、西沙州、山头、爪牙山敌台七所"⑦。此外，永乐十六年八月，辽东总兵官都督刘江上言，"近因巡视各岛贼人出没之处，至金州卫金线岛西北望海埚上，其地特高，可望老鹳嘴、金线、马雄诸岛，其旁可存千余兵守备，询诸土人，云：洪武初，都督耿忠亦尝于此筑堡备倭，离金州城七十余里，凡有寇至，必先过此，实为滨海襟喉之地，已用石垒堡筑城，置烟墩

① 《寰宇通志》卷七十七《辽东都指挥使司》。
② 《明一统志》卷二十五《辽东都指挥使司》，《景印文渊阁四库全书》第472册，第616页。
③ 《辽东志》卷一《地理·沿革》，第354页。
④ 《读史方舆纪要》卷三十七《山东八·辽东都指挥使司》，第1729页。
⑤ 《明宣宗实录》卷六十二，宣德五年正月己巳，第1472页。
⑥ 《明史》卷四十一《地理志二·辽东》，第955页。
⑦ 《明太宗实录》卷一百八十三，永乐十四年十二月丁亥，第1974页。

明代北部沿海军事机构图

瞭望”，得到许可。① 可见，这一时期明朝政府在辽东半岛南端又设立了一系列墩堡。

明朝政府在辽南金州地区所设城堡、墩台起了重大作用，望海埚之战的胜利即得益于此。

与此同时，明朝政府还将洪武末年未竟之卫所建设事业付诸实施。据《筹海

① 《明太宗实录》卷二百三，永乐十六年八月癸未，第2099页。

图编》记载：山东沿海共有十一个海防卫[①]。其中，七卫设于洪武三十一年（1398）五月丙寅，即《明太祖实录》所载："置山东都指挥使司属卫七，曰：安东、曰灵山、曰鳌山、曰大嵩、曰威海、曰成山、曰靖海。"[②] 此时距朱元璋去世仅剩二十余天，建文帝继位不久，即爆发靖难之役，朝廷一力平叛，无暇顾及。直到朱棣登基后，方才具体实施。如七卫中的灵山所（卫）城，"砖城……国朝洪武三十五年筑"[③]；又如威海卫城，"永乐元年建"[④]。因此可以推断，洪武末年所设山东沿海七卫及其下辖诸所的建置，大多是永乐时期完成的。沿海十一卫是山东的主要海防机构，其中七个实际创设于永乐时期，从这个意义上讲，永乐时期是山东海防机构成型的关键时期。经过洪武草创和永、宣二帝的继续经营，环渤海地区海防卫所体系最终完善。[⑤]

二、创建海防营

永乐、宣德时期，明朝政府为加强北部沿海兵力的协调调度，以应对倭寇入侵规模增大的形势，集中兵力剿灭倭寇，在山东设立登州、文登、即墨三营，在北直隶设立天津海防营、新桥海口、赤洋、牛头寨等海防营等。

（一）山东三营

永乐至宣德时期，明朝政府先后在山东半岛设立即墨、登州、文登三个海防营，以策应沿海防御。

1. 设置概况

（1）登州营：登州营位于登州备倭城内。

①设置时间。关于登州营的设置时间，史书记载比较一致。据道光《重修蓬莱县志》记载："七年，建登州营于备倭城内，给符验。"[⑥]

又据光绪《增修登州府志》记载："七年，建登州营于备倭城内，给符验。

---

① 《筹海图编》卷七《山东兵制》，第 438～440 页。

② 《明太祖实录》卷二百五十七，洪武三十一年五月丙寅，第 3716 页。

③ 嘉靖《山东通志》卷十二《城池》，第 789 页。

④ 乾隆《威海卫志》卷一《疆域志》，第 434 页。

⑤ 据《全国海洋经济发展规划纲要》（《中华人民共和国国务院公报》2003 第 18 号）："从辽宁省丹东市鸭绿江口至营口市盖州角，以基岩海岸为主；从营口市盖州角至锦州市小凌河口，为淤泥质海岸；从锦州市小凌河口南到河北省唐山市滦河口，主要为沙砾质海岸；从唐山市滦河口至山东省烟台市虎头崖，为淤泥质海岸；西起烟台市虎头崖，南至鲁苏交界的绣针河口，为基岩海岸。"由此可见，到宣德时期，在环渤海有基岩海岸、沙砾质海岸分布的地区（船只容易停泊），已经建立起周密而完备的海防体系。

⑥ 道光《重修蓬莱县志》卷四《武备·营制》，第 54 页。

（洪武四年调发卫所兵马造用金宝符及走马符牌，寻改为金符，有诏：调军，省府同覆奏纳，符用宝。）”①

据此，则登州营设于永乐七年（1409）。

②控御范围。关于登州营设立的原因及其辖区，郑若曾在《筹海图编》中有详细介绍，兹录于下：

> 登州营所以控北海之险也，登、莱二卫，并青州左卫俱隶焉。其策应地方，语所则有奇山、福山中前、王徐前诸所；语寨则有黄河口、刘家、汪、解、宋、芦、徐、马、停皂河、马埠诸寨；语巡司则有杨家店、高山、孙夼镇、马亭镇、东良海口、柴胡、海仓、鱼儿铺、高家港诸司……其在海外则岛屿环抱，自东北崆峒、半洋，西抵长山、蓬莱、田横、沙门、鼍矶、三山、芙蓉、桑岛，错落盘踞，以为登州北门之护。过此而北，则辽阳矣。此天造地设之险也……故北海之滨既有府治，而设险者复建备倭城于新河海口，以为屏翰，且有本营之建焉。沿海兵防，特重其责，非若他省但建水寨于岛屿，良有以也。夫岛屿既不设险，则海口所系匪轻。自营城以东，若抹直、石落湾子、刘家、汪平、畅芦洋诸处，自营城以西，若西王庄、西山、栾家、孙家海洋、山后八角，城后芝罘、莒岛诸处，皆可通番舶登突。严外户以绥堂闽，其本营典守之责乎！②

由上可见，登州营的防御范围主要是山东半岛北部登州府、莱州府、青州府的部分地区，主要有三卫、三所、七寨、九巡检司。

明朝政府设登州营的主要目的是防御来自东北部的敌人，加强北部沿海海岛防御，以扼守山东半岛与辽东半岛之间的狭窄海上地带，防止敌人穿越此处，长驱直入，侵犯京畿地带。

（2）文登营：原在文登县城西门内，宣德十年（1435）移于县城东十里。

①设置时间。关于文登营的设立时间，史书记载有些龃龉，主要有以下两种观点。

第一，宣德二年（1427）。据《大清一统志》卷一百三十七《登州府》记载：“文登营：在文登县东十里。明宣德二年建，初在县西门内，十年迁此。有

---

① 光绪《增修登州府志》卷十二《军垒》，第126页。

② 《筹海图编》卷七《山东事宜》，第455～456页。以上这段引文的断句并不规范，存在一些问题，如刘家汪、解宋、芦徐、马停、皂河、孙家、芦洋寨、平畅等均为地名，不可断开，也不可随意与上下文连读。原文如上，姑且照此录入。特此说明。

土城周三里，东、西、南三门，营当东面之险，今移县城中。”①

第二，宣德四年（1429）。据光绪《增修登州府志》记载：“宣德四年，建文登营原在文登县城内，十年，始于县东十里筑城。”②

以上二者各执一词，且均未加详细说明，难以判断其是非。因此，在没有发掘出新的有说服力的证据前，只能笼统地说文登营设于宣德二年（1427）或四年。

②控御范围。关于文登营设立的原因及其辖区，郑若曾在《筹海图编》中有详细介绍：

> 登、莱乃泰山余络，突入海中，文登县尤其东之尽处也。成山以东，若旱门滩、九峰、赤山、白峰头诸岛纵横，沙碛联络，海潮至此，冲击腾沸。议者谓倭船未敢猝达。然考之国初，倭寇成山，掳白峰寨、罗山寨，延大嵩、草岛嘴等处，海侧居民重罹其殃。倭果畏海，奚而有是哉？故文登县东北有文登营之设，所以控东海之险也。宁海、威海、成山、靖海四卫皆隶焉。其策应地方，语所则有宁峰（津）、海阳、金山、百尺崖、寻山诸所，语寨则有清泉赤山等寨，语巡司则有辛汪、温泉镇、赤山寨诸司。逶而北，则应援乎登州；逶而南，则应援乎即墨。三营鼎建，相为犄角，形胜调度，雄且密矣。有干城之寄者，其思国初成山之变，而警戒无虞也哉。③

由上可见，文登营的防御范围主要是胶东半岛东部登州府的部分地区，主要有四卫、五所、二寨、三巡检司。而且，郑若曾认为该营之所以设于文登，主要是因为该地可“控东海之险”，于该地设营可以有效地抵御来自东边的敌人。不过，也有人并不同意其说法。据光绪《文登县志》记载：“明设三卫以备倭寇，三卫各处一隅，不相统属，宣德间建营，盖以地当三卫之中，南去靖海、东抵成山、北至威海各相去百里内外。设把总为营官，多以指挥为之，盖以节制三卫，联络声援，非以其地当东面之险也，《一统志》误。”④

笔者认为，上述两种说法实质上并非对立，而是均有一定的道理。一方面，之所以在此设营，确实是文登地理位置重要，可以应对自东面海域入犯之敌。另一方面，设营于此也可以方便居中协调附近的几个卫所。

---

① 《大清一统志》卷一百三十七《登州府》，《景印文渊阁四库全书》第476册，第695页；光绪《文登县志》卷一下《关隘》记载同，第30页。

② 光绪《增修登州府志》卷十二《军垒》，第126页。

③ 《筹海图编》卷七《山东事宜》，第456页。

④ 光绪《文登县志》卷一《关隘》，第30页。

(3) 即墨营。原在即墨县南七十里金家岭，宣德八年（1433）移于县北十里。

①设置时间。关于即墨营的设立时间，史书记载有所不同，主要有以下两种说法。

第一，永乐二年（1404）。据乾隆《莱州府志》记载："即墨营：明永乐二年设，在县南七十里金家岭，宣德八年移县北十里。"①

据同治《即墨县志》记载："永乐二年，设即墨营，在县南七十里金家岭，宣德八年移县北十里。"②

据周如砥撰《驳迁即墨营于胶州议》记载："至永乐间，又立即墨等三营以分控二十四卫所。"③

以上史书均认为即墨营设于永乐年间，前二者明确定为永乐二年。

第二，宣德四年（1429）。据蓝田撰《城即墨营记》记载："即墨未有营也，有之自宣德己酉始，在县治之北十里。海滨诸卫之兵分番于京师，乃选步、骑之精者千有二百人、将领之才者二人，常屯于营，防御倭夷之出没，而贼盗之窃发者，亦责成之，营未有城也，有之自张文博始。"④ 宣德己酉为宣德四年，据此，则该营设于宣德四年。

该营究竟设于何时？由上文蓝田所说"即墨未有营也，有之自宣德己酉始，在县治之北十里"可见，显然他并不知晓该营原设于城南。由此推论，他对即墨营设于县南金家岭这段历史并不清楚，所以他所说的宣德己酉不能作为即墨营建立的时间。

所以，笔者认为，即墨营很可能设于永乐二年。

②设置原因及控御范围。即墨营位于即墨县境内，原设于城南七十里之金家岭，宣德八年移至县北十里。其设置原因及控御范围，据郑若曾《筹海图编》记载：

> 山东与直隶连壤。即墨县南望淮安、东海，所城左右相错，如咽喉关锁。迩年登、莱海警告宁，然淮阳屡被登劫。自淮达莱，片帆可至。犯淮者，犯莱之渐也。故即墨所系，较二营似尤为要。自大嵩、鳌山、灵山、安东一带南海之险，皆本营控御之责。其策应地方，语所则有雄崖、胶州、大

① 乾隆《莱州府志》卷五《兵防》，第93页。
② 同治《即墨县志》卷四《武备·营汛》，第68页。
③ 同治《即墨县志》卷十《艺文·文类中》，周如砥：《驳迁即墨营于胶州议》，第249页。
④ 同治《即墨县志》卷十《艺文·文类》，蓝田：《城即墨营记》，第200页。

山、浮山、夏河、石洞（石旧）诸所；语巡司，则有乳山、行邨、栲栳岛、逢（逄）猛、南龙湾、古镇、信阳、夹仓诸司。其海口，若唐家湾、大任、陈家湾、鹅儿、栲栳、天井湾、颜武、周疃、松林、全家湾、青岛、徐家庄诸处，俱为冲要，堤防尤难。国初，倭寇鳌山，流毒甚惨，即本营所辖之地也。殷鉴不远，司封守者，其可以弗慎已乎?①

由上可见，该营的防御范围主要是位于山东半岛南部的青州府南部和莱州府南部诸州县，主要有四卫、六所、八巡检司。

该营之所以设于即墨，是因为即墨沿海地理位置较为重要，处于登莱与南直隶之间，是南北海上交通的枢纽。同时，即墨营东北至文登营四百里，西南至安东卫四百里，“建营之地与所控制之卫所远近相均”②，在此设营，可以有效地实现山东半岛南部区域内军事力量的协调调度。

（2）职官设置及兵员状况

山东海防三营是一种不同于卫所制度的新型军事体系。在这种体系下，海防营的职官设置、兵员来源等，均与传统的卫所制度有很大不同。不过，同样作为一种海防军事机构，山东海防三营又与沿海卫所保持了非常密切的联系，这从其职官、兵员的来源就可以明确看出。

①职官设置。永、宣时期，三大营守将均为把总，万历中期，援朝御倭战争爆发后有所变化。

第一，登州营。据道光《重修蓬莱县志》记载：“设把总指挥二员，团练京操军、中军管队官千百户三十一员，旗军一千五百二十四名，马五百二十一匹。……正统间调去京操马一百三十四匹，余存营，立为马步三十队。”③

又据光绪《增修登州府志》卷十二《军垒》记载：“设把总、指挥各一员，中军管队官千百户三十一员，团练京操班军。”④

由上可见，一开始登州营长官为把总、指挥。后来，至万历年间援朝御倭战争时期，登州成为山东海防重心，兵力云集，登州营地位更加重要。

第二，文登营。据光绪《文登县志》卷一《关隘》记载：“宣德间设把总一员，中军等官二十三员，旗军一千一百四十名，原额马四百一十四匹，正统间调

① 《筹海图编》卷七《山东事宜》，第456～457页。
② 同治《即墨县志》卷十《艺文·文类中》，周如砥：《驳迁即墨营于胶州议》，第249页。
③ 道光《重修蓬莱县志》卷四《武备·营制》，第54页。
④ 光绪《增修登州府志》卷十二《军垒》，第126页。

去京操马一百五匹，余存营，立为马、步二十二队。”① 卷五《职官表》记载：“文登营职官：把总，宣德四年（1429）设，万历十九年（1591）裁，改设守备。考明把总无品级、无定员，文登营把总多以指挥兼领，盖为备倭设也。”②

又据光绪《增修登州府志》卷十二《军垒》记载：“设把总、指挥各一员，中军管队官千百户二十三员。”③

第三，即墨营。据乾隆《莱州府志》记载：“设把总二员，万历二十一年（1593），因倭寇屡警，改设守备一员、中军一员、哨官四员。”④

又据同治《即墨县志》记载：“设把总二员。”⑤

由上可见，山东海防三营的长官在设置之初原为把总，到万历年间的援朝御倭战争时期，在级别上又有所提高。

另外，山东海防三营的职官与卫所不同，卫所官可以世袭，但是海防营的把总、守备却不可以世袭，而是一种流官。光绪《文登县志》卷五《职官表一》中记载了明代文登营历任把总、守备的名字及出任该职前的职务。本处兹以文登营为例，探讨一下该营把总、守备等职官的来源（表 3－3）。

表 3－3　　文登营职官状况一览表

<table>
<tr><th>职衔</th><th>姓名</th><th>任职时间</th><th>原任职衔</th><th>备注</th></tr>
<tr><td rowspan="7">把总（宣德四年设）</td><td>袁琮</td><td>不详</td><td>不详</td><td></td></tr>
<tr><td>王柱</td><td>不详</td><td>不详</td><td></td></tr>
<tr><td>王梦</td><td>不详</td><td>不详</td><td></td></tr>
<tr><td>李鑑</td><td>不详</td><td>不详</td><td></td></tr>
<tr><td>王雄</td><td>景泰间</td><td>不详</td><td>文登营把总、捕倭明威将军、指挥佥事</td></tr>
<tr><td>王恺</td><td>弘治间</td><td>威海卫指挥佥事</td><td></td></tr>
<tr><td>王瀛</td><td>正德间</td><td>正德间，袭宁海卫千户，调福山所，后升本卫指挥</td><td>后升山东都司领秋班，授护国大将军</td></tr>
</table>

① 光绪《文登县志》卷一《关隘》，第 30 页。
② 光绪《文登县志》卷五《职官表一》，第 102 页。
③ 光绪《增修登州府志》卷十二《军垒》，第 126 页。
④ 乾隆《莱州府志》卷五《兵防》，第 93 页。
⑤ 同治《即墨县志》卷四《武备・营汛》，第 271 页。

续表

职　衔	姓　名	任职时间	原任职衔	备　注
把总（宣德四年设）	许　文	正德间	不　详	
	刘　平	正德间	威海卫指挥使	
	石守忠	嘉靖二十八年	成山卫指挥佥事	升至备倭都司
	袁　贡	嘉靖间	武举，成山卫指挥佥事	
	刘绍远	嘉靖间	不　详	登州卫人
	商之霖	嘉靖间	靖海卫指挥使①	靖海卫人
	李　桢	万历间	宁海卫指挥使	
	侯永沐	万历间	宁海卫指挥使	
	林起庸	万历间	不　详	
守备（万历十九年设）	罗　袍	万历十九年	莱州卫指挥	
	王建极	万历二十年	安东卫指挥同知	
	张　楷	万历二十一年	武进士，济宁卫署指挥佥事	
	杨如松	万历二十三年	安东卫指挥佥事	
	裴虞度	万历二十四年	登州卫指挥同知	
	王家将	万历二十五年	安东卫指挥使	
	李茂实	万历三十二年	青州左卫指挥同知	
	戈定远	万历三十六年	临清卫指挥使	
	费　悪	万历三十九年	武举，济南卫指挥佥事	
	胡来贡	万历四十年	东昌卫指挥佥事	
	彭云翮	万历四十四年	莘县武进士	
	周鸿谟	万历四十八年	即墨武进士	
	房可宗	天启四年	不　详	益都人（以后无考）

（本表据光绪《文登县志》卷五《职官表一》制作。）

表3－3为不完全统计②，总共收录明代担任文登营把总、守备者29人，除

① 光绪《文登县志》卷五《职官表一》："靖海卫职官：指挥使：商之霖：祖尧卒，子朝臣先祖尧亡，以朝臣子之霖嗣，身授文登营把总印务，嗣祖尧职，富于财，卫人赖之。"第103页。

② 如据光绪《文登县志》卷五《职官表一》记载："靖海卫指挥佥事：连寿：（永乐）十五年调靖海卫（按：任指挥佥事），宣德五年调驻登州新海口防倭，后复分守文登营"，第104页。但此人却在光绪《文登县志》卷五《职官表一》的"文登营职官"中没有出现，当为遗漏。

去原任职衔不清者9人外，尚有20人可查。这20人中，来自山东沿海卫所者有15人，占四分之三，其中威海卫2人、宁海卫3人，成山卫2人、安东卫3人、靖海卫、登州卫、莱州卫、青州左卫各1人、即墨县1人。由此可见，文登营职官把总、守备之来源并无一定之规，绝大多数为临近沿海卫所职官，也有少量山东内陆卫所职官。从文登营的把总、守备多由山东沿海卫所官员担任来看，其海防特色体现得还是比较明显的。

②兵员来源。对于海防三营的兵员来源，史书记载不多。明人蓝田在《城即墨营记》中说道："海滨诸卫之兵分番于京师，乃选步骑之精者千有二百人，将领之材者二人，常屯于营，防御倭夷之出没，而贼盗之窃发者，亦责成之。"① 又据嘉靖《宁海州志》记载："文登营，在文登县东北十里，宣德间置……马步旗军一千二百人，官取之诸卫所，军取之宁海、威海、成山、靖海四卫。"② 据此，则营兵来源于周边各卫所，且这些兵员需常驻于营。

《明宣宗实录》中曾记载了登州卫指挥佥事戚珪与都指挥卫青在沿海兵员设置上的不同意见，从中可见海防三营兵力之来源，兹录于下。

宣德八年（1433）二月甲辰，

> 登州卫指挥佥事戚珪言：初山东缘海设十卫、五千户所，以备倭寇。其马步军专治城池、器械，水军专治海运。后调赴京操备营造，军士已少，而都指挥卫青复聚各卫马、步水军于登州一处操备，遇夏分调以守文登、即墨诸处，及秋复聚。若倭寇登岸，守备空虚，无以御敌，且倭船肆掠无分冬夏，仓卒登岸而官军聚于一处，急难策应。请以原设捕倭马步水军各归卫所，如旧守备，且习海运，遇有警急互相应援，则刍粮免于虚费，军民两便。上曰：其言虽可取，亦当审而后行，命山东三司及巡按御史计议以闻。③

由上可见，身为登州卫指挥佥事的戚珪认为：明初在山东沿海地区分设十卫、五所，由各卫、所分别统领属下的马、步、水等各种兵员，以备倭寇。这样，一旦遭遇倭寇入侵，各卫、所便可凭借属下的军事力量迅速进行反击。永乐年间，班军制度开始实行，此后沿海卫所中的大量军队需要番上京师，留在卫、所的可用兵员数额减少。后来，备倭都指挥卫青又将各卫、所属下的马、步军队集中于登

① 同治《即墨县志》卷十《艺文·文类上》，蓝田《城即墨营记》，第200页。
② 嘉靖《宁海州志》上《建置三·附》，第766页。
③ 《明宣宗实录》卷九十九，宣德八年二月甲辰，第2226~2227页。

州训练，遇夏则分调文登、即墨等处，到秋天后再度集合于登州。这样便造成了沿海卫所兵力空虚的状况。据此可以推论：登州、文登、即墨三处所拥有的兵员当由沿海卫所调拨而来。

宣德八年九月丙午：

巡按山东监察御史及都司、布政司、按察司奏：比者登州卫指挥戚珪言，山东之地缘海，洪武中置十卫、五所分守其地，今都指挥卫青以诸卫所官军三千八百人俱于登州备倭，而倭寇往来之地城寨空虚，乞调还各守其地，诏臣等计议，宜如珪言为便。都指挥卫青奏：昔奉太宗皇帝制谕，令统领备倭，不得分散势力，今其所议有乖前旨，兵部请仍令山东三司及巡按监察御史与青会议。既而，都指挥同知王真等奏，青原领捕倭马步官军通三千八百四十余人，除登州诸处往来操备外，每岁至夏分戍即墨等三处，佥议官军宜令常于其地操备，更不聚于登州，如有警急互相应援，仍令青总督其事，所用粮草皆于旁近州县应纳官者给之，庶势力不分，军民两便，从之。①

由上可见，巡按山东监察御史与山东都司、布政司、按察司长官按照明宣宗的指示对此问题进行了讨论，讨论的结果是，赞同登州卫指挥戚珪的建议，将聚集于登州训练的“三千八百人”调还，以便各守其地。但是，对于这个讨论结果，备倭都司都指挥卫青却并不赞同，他坚持“统领备倭，不得分散势力”是明成祖的命令，现在将其分散、遣还各卫所，便是违背了明成祖的政策。在这种情况下，兵部便建议，巡按山东监察御史与山东都司、布政司、按察司长官与卫青再度会议讨论此事。不久后，都指挥同知王真等人又提出一个折中意见，指出，以前由卫青总领的这三千八百四十余人，除去夏天短暂分戍于登州、文登、即墨三处外，其他时间都是驻扎于登州的，这样确实是过于集中。可以将这些军士分拨于登州、文登、即墨三处长期驻守，而不是回归各卫所，然后由三处附近州县负责其粮草供应，这样的话便可收到“势力不分，军民两便”的效果，这个建议为明宣宗所采纳，于是便形成了明中后期山东沿海卫所海防将士分别驻守登州、文登、即墨三营的机制。

但是，究竟应该由哪些卫所拨付哪些海防营呢？一开始，似乎并没有明确的规定，于是便出现了海防军事长官营私舞弊的事情。据《明英宗实录》记载，正统八年二月癸巳：

① 《明宣宗实录》卷一百六，宣德八年九月丙午，第2368～2369页。

> 巡按山东监察御史郑观奏：登州营备倭官军八百六十名，俱青州等卫拨来，而登州官军却拨一百余名南去即墨营备倭。此盖总兵官李福贪贿作蔽，乞将登州卫官军存留本卫备倭，将青州等卫官军退还，其沿海附近卫所官军拨与文登、即墨二营，带领家小随住备倭，不许更动以为久计。事下山东布、按二司，会巡按御史覆实言：登州、文登、即墨三营，官军三千九百二人，宜令各带家小随营住坐，月粮登州营就本府仓，文登、即墨营就文登、即墨县仓，全关米一石行粮俱住支计算，一年积出行粮二万八千余石，不特粮储省费亦且军不被害，奸弊可除。李福贪取灵山卫银三十两、大布一百疋，已为按察副使钟禄所劾奏，臣等以山东沿海地方南北二千余里，总兵镇守备倭诚为重任，今李福贪贿作蔽，隳废军政，傥遇警急误事非小。上曰：兑换官军，兵部准行。①

由上可见，正统八年（1443）时，在总兵官李福的主持下，登州营驻防官军来自距离较远的青州等卫，而与其同处一城的登州卫官军却被调往即墨营，这显然是非常不合适的。而出现这种情况的原因，主要是由于总兵官李福“贪贿作蔽”。因此，山东巡按郑观力主“其沿海附近卫所官军拨与文登、即墨二营，带领家小随住备倭，不许更动，以为久计”，主张将沿海卫所军队划归相应各营，然后军士带领家小随军，以便长久驻防，避免随意更改。这个建议在与山东布政司、按察司等官员讨论后，形成了一个意见稿，即：登州、文登、即墨三营海防军士，各携带家小随营住坐，所需粮食就近支取。这样的话，山东海防三营的兵员来源逐渐固定化、长期化，如即墨营兵员，据周如砥《驳迁即墨营于胶州议》中说道：“此鳌、灵七卫所之军，所以驻于即墨营也。”②

此外，对于山东三大海防营中兵员的来源，山东沿海地区的一些方志中也有反映。乾隆《威海卫志》记载了明代威海卫、百尺崖所的兵员状况，“威海卫：京操春戍七百八十四名，秋戍五百八十四名，捕倭军登州营一百二十六名，文登营一百五十九名，守城军七十五名，种屯军二百二十四名，守墩军二十四名，守堡军一十四名；百尺崖所：守城军三十五名，守墩军一十八名，守堡军六名”③；民国《牟平县志》记载了明代宁海卫的兵员状况，“宁海卫：京操春戍五百三十

---

① 《明英宗实录》卷一百一，正统八年二月癸巳，第2037～2038页。

② 同治《即墨县志》卷十《文类中》，周如砥：《驳迁即墨营于胶州议》，第250页。

③ 乾隆《威海卫志》卷二《建置·武备》，第442页。

八名，秋戍一千一百二十七名，捕倭军登州营六十二名、文登营三百九十二名，守城军余一千二百一十名，种屯军余三百九十一名，守墩军余十八名、守堡军余二十四名；金山备御千户所……属宁海卫左所……守城军余二十八名，守墩军余十五名，守堡军余二名；清泉寨备御百户所：属宁海卫后所，守城军余一十五名，守墩军余六名，守堡军余二名”①。民国《莱阳县志》记载了大嵩卫、大山所的兵员状况，大嵩卫：“京操军春戍七百四十五名，秋戍七百四十六名，捕倭军即墨营二百四十六名，守城军余二百五十八名，屯田军余四百二十八名，守墩军余二十七名，守堡军余一十四名”，大山所：“守城军余六十二名，守墩军余六名”②。

由上可知，山东海防三营的兵员，主要是周边沿海卫所的捕倭军。明朝政府设立三大营的目的在于，将沿海卫所战斗力最强的捕倭军，集中于一定的区域加强训练，一旦遇警可以互相策应。

（3）营、卫关系

由上文可见，就山东海防三营而言，其与山东沿海卫所有着较为密切的联系，沿海卫所是其职官、兵员的主要来源。不过，营、卫毕竟是不同的军事体制，二者关系有些微妙。在营、卫同住的地方，会有营官与卫所官出现矛盾的情况。据光绪《文登县志》记载：威海卫指挥佥事董遇时之子祚丰掌印，“整饬纪纲，与营将不协，辞避里口山”③。

对于山东海防三营与沿海卫所的关系，史书中有一些记载。郑若曾在《筹海图编》中记载到：“登州营……登、莱二卫，并青州左卫俱隶焉”，“文登营……宁海、威海、成山、靖海四卫俱隶焉”④，认为沿海卫所隶属于海防三大营。此外，周如砥《驳迁即墨营于胶州议》指出：“永乐间又建即墨等三营，以分控二十四所”⑤，亦认为海防三大营对沿海卫所有分控之权。又据光绪《文登县志》记载：“设把总为营官，多以指挥为之，盖以节制三卫，联络声援。”⑥ 显然，以上史书大致认为营官可以节制、控御相关卫所。

---

① 民国《牟平县志》卷五《政治志·武备》，第220页。
② 民国《莱阳县志》卷二之一《内务·兵防》，第258页。
③ 光绪《文登县志》卷七下《名宦二》，第161页。
④ 《筹海图编》卷七《山东事宜》，第455～456页。
⑤ 同治《即墨县志》卷十《艺文·文类中》，周如砥：《驳迁即墨营于胶州议》，第249页。
⑥ 光绪《文登县志》卷一下《关隘》，第30页。

究竟营、卫之间有无统属关系？由上文可知，登州、文登、即墨三营与山东沿海卫所有着非常紧密的联系，甚至可以说三营的职官、兵员大多来源于附近卫所。但是，三大营对于沿海各卫并无行政上的统属关系。营、卫本是不同的组织体系，营制偏重于作战，严格来讲应属于战时体系，而卫所则偏重军政，属于平时体系，二者属于不同的类型。因此，笔者认为，以上史书所说的“俱隶焉”、“分控”、“节制”等词语，不能机械地理解为行政上的上下级统属关系，而应当理解为沿海卫所为海防三营的辖区与策应范围似乎更确切些。

山东海防三营之设，顺应了当时的海防形势。永乐年间，明成祖迁都北京后，环渤海地区海防地位骤然凸显，山东半岛与辽东半岛合抱构成一个拱卫京畿的地理单元，海防地位明显提高。山东半岛作为拱卫京畿的重要一环，需要格外重视。与此同时，在永乐时期，倭寇对环渤海地区的入侵规模逐渐增大，甚至出现了永乐十三年（1415）七月初四日，“倭贼入旅顺口，尽收天妃娘娘殿宝物，杀伤二万余人，掳掠一百五十余人，尽焚登州战舰而归”① 这样的状况。倭寇入侵规模日益增大，如此一来，洪武时期那种为应对倭寇“倏忽而至”、劫掠一番后立即撤走的形势而建立的以卫所、巡检司为单位分散的、各自为战的防御体制，显然就不能满足要求了，于是便出现了前文所述永、宣时期集中兵力于登州一处、由备倭都指挥使卫青率领的战时体制。

这种集中兵力于一处的作战体制，应该说是适应了当时倭寇入侵规模增大的形势需要的，但是随着永乐十七年望海埚之战，将入侵倭寇“擒戮尽绝，生获百十三人、斩首千余级”②，使得倭寇元气大伤，“敛迹不敢大为寇”③ 这一局面的出现，再集中兵力于一处就显得不合适了。这是因为，军力集中于一处，而山东海岸线确是非常绵长的，倘若遭遇小规模倭寇入侵，而沿海卫所兵力却又空虚，那么必然难措手足。于是便出现了上文所述戚珪与卫青等人的争论，争论的结果是取一个折中方案，那就是将军队由屯驻于登州一处改为分别驻守登州、文登、即墨三处，如此便可就近防御，这样山东海防三营体制最终形成。

山东海防三营的地理位置都非常重要，这三个海防营各控御一方海域，如登州营主要是防御来自山东半岛北面的威胁，“所以控北海之险也”，文登营主要防

---

① 吴晗辑：《朝鲜李朝实录中的中国史料》上编卷三《太宗恭定大王实录二》，第264页。
② 《明太宗实录》卷二百十三，永乐十七年六月戊子，第2143页。
③ 《明史纪事本末》卷五十五《沿海倭乱》，第843页。

御来自山东半岛东面的威胁，“所以控东海之险也”，即墨营主要防御来自山东半岛南面的威胁，“南海之险，皆本营控御之责”，海防三营各控御一方海域，遇事可以互相策应，以确保山东半岛的安全。此外，海防三营驻地与辖区内各卫所、巡检司驻地大多距离适中，能较为灵活地协调、策应区域内的卫所和巡检司。这样，山东海防三营设立后，既能集中各营辖区内的精锐兵力以应对强敌，又能通过三营之间的相互配合，确保整个山东海疆的安定。这种体制既集中、又分散，机动灵活。

应该说，这种局部性的海防协同作战体制，适应了较大规模战争的需要，为后来山东海防军事制度调整提供了借鉴。

（二）北直隶诸海防营

关于明初所建北直隶海防诸营，史书记载较少，笔者仅就所见史料加以论述。

1. 天津海防营

据万历《河间府志》记载：“本营永乐二年（1404）调补防海操备，正德年属大宁都司统领，赴京操练，嘉靖二十九年（1550）改调黄花镇备御，三十九年（1560）准蓟镇松明路修守，以路将代管。万历元年（1573），设立将领为游击，分左右两营，后因十九年（1591）间，倭情叵测，春秋递防海边。”①

由上可见，永乐二年该营即已设立，且其主要任务是为“防海操备”，所以该营为海防而设无疑。不过，该营至迟于正德年间已经调离。

2. 新桥海口营

（1）设置时间

对于新桥海口营的设置时间，史书记载有些龃龉，大致有以下两种说法。

①永乐时期。据光绪《乐亭县志》卷二《地理·古迹》引《旧志》记载：“新桥镇：《旧志》谓：永乐七年（1409），倭寇乐亭，设立新桥海口营，因为巨镇。《府志》因之。”② 显然，光绪《乐亭县志》所引之《旧志》即认为，新桥海口营设于永乐时期。

此外，据《乐亭县志》卷十四《武备·营制》记载：“按：明初设新桥海口

① （明）杜应芳修，陈士彦纂：万历《河间府志》卷六《武备志》之《天津兵志》，明万历间刻本。
② 光绪《乐亭县志》卷二《地理·古迹》，第219页。

营，后又设刘家墩营，统为海防设”①，明初一般指洪武、永乐时期，而北部沿海海防地位凸显与遭遇倭患均是在永乐之后，据此推论，则该营当设于永乐时期。

此外，又据光绪《乐亭县志》卷十四《武备·海防》记载：“沿海要口：东自昌黎沙崖口至野猪口二十五里，次冲，明永乐中，倭犯境，闻自此口入。自野猪口至胡林口八里，次冲，明万历中曾派河南车营官军三千员名于此三口防守。自胡林口至小滦河口十七里，缓冲，以上三口明初统隶新桥营，自万历后边事起，昌黎蒲河口加设蒲河营，将此三口改隶焉。……自囫子河至韭菜沟十里，次冲。自韭菜沟至清河口八里。极冲。《明志》云：口阔二十五丈、深七尺、长一十五里，可艤船数百艘。按：清河口即新桥口也，明永乐时曾设营于此。”② 由上可见，该处也认为明永乐时期曾设立新桥海口营。

以上诸书均认为该营设于永乐时期。

②万历中期。据《读史方舆纪要》卷十七《北直八·永平府》记载：“新桥营：县西南三十里。有城，周二里。《郡志》：新桥海口旧有巡司，万历二十年（1592）倭犯朝鲜，因设新桥营，与昌黎赤洋、抚宁牛头崖为海口三营，联络巡哨，以为防御。”③ 顾祖禹认为上述三营乃是因万历间倭寇朝鲜而设。

究竟该营设于何时？据弘治《永平府志》卷五《关营》记载：“赤洋海口营在府城东南一百里，以下三营，俱在海边。时有倭夷出没，每营设官军伍十一员名以备之。新桥海口营在府城南一百八十里。牛头崖营在府城东南一百余里。”④ 据此推断，则至迟在弘治年间，明朝政府已于永平滨海要地设立赤洋海口、新桥海口、牛头崖三营，因此万历中期设营说不确。笔者认为，就北直隶海防形势而言，在这一地区，除永乐时期曾遭遇倭寇入侵外，明朝前期长期处于承平时期。因此，上述三营很可能均设于永乐时期。不过，后来承平既久，该营一度衰落，后在援朝御倭战争时期，明朝政府再度对其加强重视，所以出现了该营设于万历时期之说。

（2）辖区及设施

新桥海口营辖有若干墩堡，对此光绪《乐亭县志》有所记载：

沿海墩台：清河口土台一座，滦河口土台一座，野猪口木台一座，今久

① 光绪《乐亭县志》卷十四《武备·营制》，第404页。
② 光绪《乐亭县志》卷十四《武备·海防》，第406~407页。
③ 《读史方舆纪要》卷十七《北直八·永平府》，第776页。
④ 弘治《永平府志》卷五《关营》，第183~184页。

废。旧按：新桥口营制，墩台十四处，曰野猪口、曰洋栏坨、曰马城廒、曰新河套、曰旋风局、曰韭菜沟、曰猫儿港、曰大蓬台、曰刘家河、曰蚕沙口、曰大伯河、曰西长坨、曰娘坨、曰沙河口。虽半处于滦州，然在境内者尚八、九处也。《明志》载沿海传烽铺，自刘家河起至青坨河，共四十三处。更有沿海急递铺一十一处，沿海瞭望土台七座、木台五座，虽各不详其地，要其为刁斗相闻可知也。今承平日久，不无少弛云。[①]

由上可见，新桥海口营下设有墩台十四处，若干传烽铺、急递铺及瞭望台等，一旦发现敌人可以迅速传递消息，组织防御。

3. 赤洋海口营

设于永乐时期，位于昌黎县，见2新桥海口营。

4. 牛头崖海口营

设于永乐时期，位于抚宁县，见2新桥海口营。

三、设置备倭都司

（一）设立及沿革

关于山东备倭都司的设立时间，史书记载并不统一，主要有以下三种说法。

1. 洪武说

据嘉靖《山东通志》卷十一《兵防》记载："备倭都司：登州营驻扎，总登莱沿海车马，洪武间设。"[②]

据万历时人陈懿典撰《天津新造海船记》记载："登州新开口，自洪武设备倭都司，额辖战船百艘。"[③]

据雍正《山东通志》卷二十《海疆志》记载："明洪武初，设沿海诸卫，领以备倭都指挥使，兼置巡察海道。"[④]

以上史书均认为山东备倭都司设立于洪武年间，不过记载相对简略，仅为描述一般史实，并没有说明该机构设置的具体时间及原因。

除此之外，还有一些史书也认为山东备倭都司设于洪武时期，并对其设立时间等做出了一定说明。

---

① 光绪《乐亭县志》卷十四《武备·海防》，第407页。

② 嘉靖《山东通志》卷十一《兵防》，第711页。

③ （明）陈懿典：《陈学士先生初集》卷八《天津新造海船记》，明万历刻本。

④ 雍正《山东通志》卷二十《海疆志》，《景印文渊阁四库全书》第540册，第368页。

据《倭志》记载："于是遣信国公汤和等沿海规画，自南直隶、山东、浙江、福建、广东、西，咸置行都司，以备倭为名，犬羊盘错矣。"①

据焦竑《国朝献征录》记载：十七年（1384），"召信国公汤和城海上州县，设备倭行都司。"②

此外，《明史纪事本末》亦认为："十七年春正月，倭频寇浙东，命信国公汤和巡视海上。筑山东，江南、北，浙东、西海上五十九城，咸置行都司，以备倭为名。"③ 认为洪武十七年汤和巡海，设立沿海诸省备倭都司，山东亦属其中之一。

以上三者均认为，洪武十七年汤和巡海，在建设海上城堡的同时，又设立了沿海诸备倭都司。

总体而言，以上各种史书尽管描述程度详略有别，却均认为山东备倭都司设立于明洪武年间。

2. 永乐说

（1）永乐六年（1408）。据顾炎武《肇域志·山东三》记载："备倭都司：在水城内，永乐六年（1408）始命都指挥王荣总领之，其后宣城伯卫青、永康侯徐晐镇之，副是职任不一，或署即指挥，或以都指挥体统行事。永乐七年给符验，九年加总督。万历二十年（1592）后，或以游击、或以参将、或以总兵、副总兵统领焉。"④

据顺治《登州府志》卷五《武备》记载："备倭都司，在水城内，永乐六年始命都指挥王荣总领之，其后宣城伯卫青、永康侯徐晐镇之。"⑤

据《山东海疆图记》卷六《官制》记载："沿海之卫凡十有一……所凡十有四，领以备倭都指挥使，驻扎登州。二十三年（1390），从山东都司周彦言，建立总寨于宁海卫，与莱州卫八总寨共辖小寨四十八。永乐六年，始命都指挥王荣总领之，七年（1409）给符验，九年（1411）加总督。"⑥

据光绪《增修登州府志》卷十二《军垒》记载："永乐六年，倭夷寇成山，复袭宁海，而营卫寨堡之设愈严，始置备倭都司以节制沿海诸军。"⑦ 该书卷三十

① 《弇州山人四部稿》卷八十《文部·倭志》，第336页。
② （明）焦竑：《国朝献征录》卷一百二十四《日本志》，明万历四十四年（1616）徐象橒曼山馆刻本。
③ 《明史纪事本末》卷五十五《沿海倭乱》，第840页。
④ 《肇域志·山东三》，《续修四库全书》第589册，第285页。
⑤ 顺治《登州府志》卷五《武备》。
⑥ 《山东海疆图记》卷六《官制》，第190页。
⑦ 光绪《增修登州府志》卷十二《军垒》，第126页。

六《武秩上》记载："永乐六年，登州始置备倭都司，节制沿海诸军，以都指挥王荣领之，又以宣城伯卫青、永康侯徐安镇之。"①

此外，宣统《山东通志》卷一一五《兵防志八·海防》亦载："永乐六年，置备倭都司，节镇沿海诸军。"②

以上史书均认为山东备倭都司设立于永乐六年。其中，顺治《登州府志》、光绪《增修登州府志》还列出了永乐六年后该职历任名单。

（2）永乐十六年（1418）。据明人蓝田撰《总督备倭题名记》记载："永乐戊戌，立帅府于登新城，即宋刀鱼寨，实御倭要冲，命宜（按：当为宣）城伯卫青镇守，而协以都督李凯，赐以玺书、符验，佩以关防，节制三营及诸卫所。"③永乐戊戌即永乐十六年，据此则该都司设于永乐十六年。

以上史书均认为山东备倭都司设于永乐时期，不过有认为设于永乐六年者，亦有认为设于永乐十六年者。

3. 嘉靖说

据《明史》记载："自世宗世倭患以来，沿海大都会，各设总督、巡抚、兵备副使及总兵官、参将、游击等员……于山东则登、莱、青三府设巡察海道之副使，管理民兵之参将，总督沿海兵马备倭之都指挥。"④ 认为山东备倭都司设立于嘉靖后期，是应对倭患的产物。

以上三种观点各执一词，分歧很大。那么，山东备倭都司究竟设于何时？

据《明太祖实录》记载：洪武十七年（1384）春正月壬戌，"命信国公汤和巡视浙江、福建沿海城池，禁民入海捕鱼，以防倭故也"⑤。据此，则当年汤和巡海，主要是在浙江、福建二省，并未至山东。而主"洪武说"的《国朝献征录》、《明史纪事本末》等却均认为汤和巡海曾至山东，在建筑城池的同时，设置备倭都司。笔者认为，汤和巡海并未至山东（详见第二章第三节），所以认为洪武十七年汤和巡海至山东、设立备倭都司的说法很难成立。此外，备倭都司主要职责为节制沿海卫所，因此，该机构之设应当是在山东海防卫所设置大体完成后，由本书第二章可见，山东濒海卫所大多设置于朱元璋临死前的洪武三十一年（1398）五月，其主要营建工作是在永乐初年完成的，所以该机构不太可能设于洪武时期。

---

① 光绪《增修登州府志》卷三十六《武秩上》，第345页。

② 宣统《山东通志》卷一一五《兵防志八·海防》，第3283页。

③ 顺治《登州府志》卷二十《艺文中》，蓝田《总督备倭题名记》。

④ 《明史》卷九十一《兵志三·海防》，第2247页。

⑤ 《明太祖实录》卷一百五十九，洪武十七年春正月壬戌，第2460页。

此外，在永乐时期，已经有备倭都司活动的诸多记载，如备倭都指挥卫青曾参与镇压唐赛儿起义，且光绪《增修登州府志》列出了永乐六年（1408）后该职历任名单。因此，“嘉靖说”不确。

笔者认为：山东备倭都司应当设于永乐年间。由以上持“永乐说”诸书均以永乐六年王荣出任为该机构设置标志来看，该机构设于永乐六年的可能性较大。而且，据李贤所撰《世袭宣城伯卫公神道碑铭》记载：“九年，命镇守山东地方，特授保身敕券……十一年，率沿海军士以剿倭寇……十四年，复敕往剿倭寇”①；又据《明太宗实录》记载：永乐十四年（1416）六月甲申，“敕捕倭总兵官都督同知蔡福等曰：‘近登州卫奏有贼舡三十三艘泊靖海卫杨村岛，已敕山东都指挥卫青等帅军往捕，尔即合兵殄灭，勿误事机”②。可见，早在永乐十六年前，卫青已经以都指挥使身份活跃于山东沿海，所以“永乐十六年说”不确。

山东备倭都司设立后，前后有所变化。永乐六年，王荣赴任以后，在很长时间内，备倭都司一直是山东沿海最高军事机构，权力很大。

后来备倭都司的地位不断降低，权力也不断缩小。据嘉靖中期蓝田撰《总督备倭题名记》记载：“成化丙申，命都指挥高通来改为总督备倭，使与臬、备协议行事，迄今仍之。”③ 可见，在成化时期，备倭都司已经不能单独决定军事行动，需要与巡察海道副使等商议行事。

嘉靖中后期，东南倭患甚重，明朝政府在南直隶、浙江、福建一带，广设总兵、副总兵、参将等，因山东海疆相对安定，故朝廷并未在山东设立相应武官。这一时期，山东备倭都司仍负责山东海防相关事宜。

万历二十年（1592），援朝御倭战争爆发，山东与朝鲜一衣带水，海防地位重要，于是明朝政府对山东兵防做了一些调整，设立海防总兵（副总兵），专门节制沿海军队。这时，山东备倭都司虽然依旧存在，其权势已不可同日而语。永乐时期，任该职的卫青、徐安（亦作晐）为侯爵，“万历二十年后（1592），或以游击、参将充之，职任益轻”④。至此，山东备倭都司的职权已经极度降低，不再为往日山东最高防倭指挥官了。

（二）职官

关于山东备倭都司的设官状况，嘉靖《山东通志》卷十一《兵防》中有所记

① 道光《重修蓬莱县志》卷十三《艺文志中》，李贤《世袭宣城伯卫公神道碑铭》，第 268 页。
② 《明太宗实录》卷一百七十七，永乐十四年六月甲申，第 1935 页。
③ 顺治《登州府志》卷二十《艺文中》，蓝田《总督备倭题名记》。
④ 光绪《增修登州府志》卷三十六《武秩上》，第 345 页。

载："山东都指挥使司……又领京操军一人，攒运粮储一人，登州备倭一人，德州守备一人，多以署都指挥或以指挥以都指挥体统行事。"①

又据光绪《增修登州府志》卷三十六《武秩上》记载："永乐六年，登州始置备倭都司，节制沿海诸军，以都指挥王荣领之，又以宣城伯卫青、永康侯徐安镇之。嗣后不设都指挥使，或署都指挥或以都指挥体统行事。"②

现据顺治《登州府志》、光绪《增修登州府志》将山东备倭都司历任职官列表如表3-4。

表3-4 山东备倭都司历任职官表

姓 名	任职时间	在任职官	任前职官	备 注
王 荣	永乐六年	都指挥使		
卫 青	永乐十六年③	都指挥	济南卫指挥使	宣城伯
蔡 福④	永乐十三年任	都指挥同知		
李 凯	永乐十六年任	（都督佥事）都指挥佥事		都督佥事
李 福	正统元年任	（署都督佥事）都指挥佥事		署都督佥事
徐 安	正统十三年	都指挥		永康侯
高 通	成化十二年	都指挥佥事	济南卫指挥使	
马 能	成化十八年	（署）都指挥佥事	锦衣卫佥事	
姚 昇	成化二十二年	（署）都指挥佥事	永清卫指挥使	
陈 玺	弘治五年	（署）都指挥佥事	锦衣卫署都指挥佥事	
王 宁⑤	弘治十六年	都指挥佥事	旗手卫指挥使	
李 春	正德元年任	（署）都指挥佥事	羽林卫佥事	

① 嘉靖《山东通志》卷十一《兵防》，第705~706页。

② 光绪《增修登州府志》卷三十六《武秩上》，第345页。

③ 据光绪《增修登州府志》卷三十六《武秩上》记载："永乐十一年、十四年"，第345页。

④ 据顺治《登州府志》记载无蔡福。据《明太宗实录》卷一百七十七，永乐十四年（1416）六月甲申记载："敕捕倭总兵官都督同知蔡福等曰：近登州卫奏，有贼船三十三艘，泊靖海卫杨村岛，已敕山东都指挥卫青等帅军往捕，尔即合兵殄灭，勿误事机。"第1935页。据光绪《增修登州府志》卷三十六《武秩上》记载有此人，第345页。又据道光《重修胶州志》卷三十四《记·大事》记载："十四年，都督同知蔡福等备倭山东。"第338页。又据光绪《文登县志》卷十四《灾异》记载："十四年，倭舟三十二艘泊靖海卫之杨村岛，都督同知蔡福等率兵合山东都司兵击之"，第301页。

⑤ 据《明孝宗实录》卷一百九十四记载：弘治十五年（1502）十二月己亥，"命贵州都司都指挥使王宁总督山东备委（倭）。"第3570页。据此，则朝廷任命王宁是在弘治十五年底，且其是由贵州都司都指挥使出任，与上表略有不同。

续表

姓　名	任职时间	在任职官	任前职官	备　注
时　用	正德五年	以都指挥体统行事	徐州卫指挥使	
山　泰	正德五年	都指挥佥事	锦衣卫佥事	
苗　翥	正德六年	都指挥佥事	锦衣卫佥事	
胡　俊	正德七年	以都指挥体统行事	金吾右卫同知	
卢　英	正德七年	（署）都指挥佥事	义勇右卫指挥使	
张　钺	正德十年	（署）都指挥佥事	金吾左卫佥事	
张　琥	正德十一年	（署）都指挥佥事	莱州卫指挥使	
杨　鼎	嘉靖元年	都指挥佥事	义勇右卫指挥同知	
袁继勋	嘉靖三年	（署）都指挥佥事	大同中屯卫指挥同知	
戚　勋	嘉靖六年	（署）都指挥佥事	定州卫指挥使	
戚景通	嘉靖八年	以都指挥体统行事	登州卫指挥佥事	
李　仁	嘉靖十年	（署）都指挥佥事	威海卫指挥佥事	
唐　儒	嘉靖十一年	以都指挥体统行事	虎贲左卫署都指挥同知	
郭　举	嘉靖十五年	都指挥佥事	金吾右卫指挥使	
魏一清	嘉靖十八年	（以都指挥体统行事） 都指挥佥事	兴州右屯卫指挥使	
周承业	嘉靖二十年	（署）都指挥佥事	沈阳卫佥事	
夏　忠	嘉靖二十二年	以都指挥体统行事	南京府军右卫指挥佥事	
乔　基	嘉靖二十四年	（署）都指挥佥事	扬州卫佥事	
王子承	嘉靖二十四年	（署）都指挥佥事	临清卫指挥使	
石守忠	嘉靖二十八年	（署）都指挥佥事	成山卫指挥使	
李　登	嘉靖三十年	（署）都指挥佥事	临清卫佥事	
冯时雍	嘉靖三十二年	（署）都指挥佥事	临清卫同知	
戚继光	嘉靖三十二年	（署）都指挥佥事	登州卫指挥佥事	
袁　粲	嘉靖三十四年	（署）都指挥佥事	信阳卫佥事	
谢庭相	嘉靖三十六年	（署）都指挥佥事	保定后卫指挥	由武进士升任
王继祖	嘉靖三十七年	（署）都指挥佥事	怀庆卫署指挥佥事	
成大器	嘉靖三十七年	（署）都指挥佥事	绍兴卫佥事	
孙　山	嘉靖四十一年	（署）都指挥佥事	金吾右卫佥事	
秦嘉夔	嘉靖四十四年	都指挥佥事	神武右卫佥事	

续表

姓　名	任职时间	在任职官	任前职官	备　注
张可久	隆庆二年	（署）都指挥佥事	太仓卫镇抚	
姚天与	隆庆六年	都指挥佥事	广宁左卫都指挥使	
赵康侯	万历三年	都指挥佥事	登州卫指挥使	
陈汝德	万历七年	都指挥佥事	保定前卫指挥	
董承祺	万历九年	都指挥佥事	临清卫佥事	
滕　允	万历十二年	都指挥佥事	徐州卫佥事	
卞时雍	万历十五年	都指挥佥事	南京府军右卫指挥	由武进士升任
王简在	万历十七年	都指挥佥事	泗阳卫指挥使	武进士
张耀文	万历十八年	署都指挥佥事	六安卫指挥使	
万陆年	万历二十年	都指挥佥事		徐州卫武进士
此后为总兵				

（此表据顺治《登州府志》卷五《武备》、光绪《增修登州府志》卷三十五《武秩上》制作。）

由表3－4可见，在历任山东备倭都司长官中，既有都指挥，又有都指挥同知、佥事和以都指挥体统行事者，初期以都指挥或都指挥同知出任者多，且有以侯伯出任者，中后期则多以都指挥佥事，或以都指挥体统行事出任。对此，《总督备倭题名记》一文也说，"稽诸厝牒，以侯伯来者二人，以都督佥事来者二人，以都指挥使来者一人，以都指挥佥事来者五人，以署都指挥佥事来者十三人，以都指挥体统行事来者六人"①，可见该职多数是以都指挥佥事、署都指挥佥事、都指挥体统行事出任。因此，仅就出任总督备倭一职者的职衔来看，明中期以后，山东备倭都司地位在下降。

此外，就其来源来看，永乐至正统时期出任该职者，如王荣、卫青、蔡福、徐安等人，多为一时名将，他们或亲身参与战争立有功绩，或曾出海巡捕倭寇，他们的到任，有助于加强沿海海防建设。诚如万历时任天津巡抚的汪应蛟所感慨，"永乐、正统间多用侯、伯镇守登州，且久任各二十余年，盖守门户以卫内地自祖宗创制，然矣"②。明中后期以后，出任该职者来源于全国各地卫所，其中绝大多数并非沿海卫所，也就是说这些官员并无海防经验。甚至还有出自传奉、

① 顺治《登州府志》卷二十《艺文中》，蓝田《总督备倭题名记》。
② （明）汪应蛟：《海防奏疏》卷一《倭氛未灭防御宜周疏》，《续修四库全书》第480册，第403页。

内批者，如弘治十五年（1502）十二月丁未，明孝宗任命王宁总督山东备倭，遭到群臣反对，六科十三道上言指出："近者山东缺总督备委（倭）官，兵部前后推举四员，不蒙简府，至烦御笔亲批王宁姓名，臣等窃惟兵部铨选武官，凡总军、副参、守备有缺，照例推举，不敢自用己见，必参以舆论之公上请简用，遵行已久，今岂可以王宁一人坏陛下万世之法程哉？伏乞收回成命，仍于兵部推举数内择用一人，而置宁于法，庶黄缘奔竞者有所惩矣。上以已前旨不允。"① 当然，其中也有出自该都司所辖沿海卫所者，如戚景通、戚继光等人，后者还曾在抗倭战争中立有巨大功绩，但为数很少。由此可见，随着海疆局势的平静，明中期以后山东备倭都司逐渐成为武官迁转的一个中转站，不再有针对性的选官，这也反映了其地位的下降。

（三）职掌

由上文可见，山东备倭都司的地位在明代中后期呈下降趋势。与此同时，山东备倭都司的职掌前后也有所变化，前期更多偏重军事战争，中后期则更多偏重军事行政管理，以下分述之。

1. 明前期

山东备倭都司为备倭而设，因之其设立伊始，主要职能是统领沿海军事力量，抗击倭寇。当然，由于其掌握大量机动兵力，所以当沿海地区爆发内乱时，也需要率军平叛。

（1）抗倭

永乐时期，山东沿海倭患频仍，故抗倭是备倭都司的主要职责。这从明成祖、明宣宗赐予备倭都指挥卫青的敕书中可以看出。永乐十七年（1419），朱棣赐卫青敕书一道，写道："敕都指挥卫青率领官军前去沿海地方，剿捕倭寇，指挥千户官军人等，临敌之时，务要听都指挥号令。"宣德九年（1434），明朝政府又赐敕于卫青，"今特颁去山东等处备倭关防一颗，付而收掌，领兵捕倭"②。由上可见，这一时期，山东备倭都司可以指挥沿海军事力量，剿捕倭寇。揆诸史实，确也可发现备倭都司剿倭之功。如永乐十四年（1416），登州卫奏有贼船三十三艘"泊靖海卫杨村岛"，朝廷令卫青率军与捕倭总兵官蔡福合力围剿。③ 永

① 《明孝宗实录》卷一百九十四，弘治十五年十二月丁未，第3573页。
② 道光《重修蓬莱县志》卷十二《艺文志上·敕赠》，第206页。
③ 《明太宗实录》卷一百七十七，永乐十四年六月甲申，第1935页。

乐十六年（1418），朱棣令山东都司调马步官军八千人，由“都督指挥卫青、李凯统往缘海剿捕倭寇，有功者奏闻升赏，退避者即斩以狥”①。

（2）平叛

永乐年间，山东爆发唐赛儿起义，义军围攻安丘、莒州、即墨等地，备倭都指挥卫青正备倭海上，“闻安丘围急，率千骑昼夜兼行，猝到城下，奋击败之，贼收余众再战，城中人亦鼓噪出击，贼大败，宾鸿遁去，杀贼二千余人，生擒四千余人皆斩之而收其孥……山东之贼悉平”②，备倭都司因掌握大量机动兵力，在镇压唐赛儿起义中起了重要作用。

（3）筹备军器

洪熙元年（1425）十二月，山东备倭都指挥卫青因沿海卫所缺乏弓箭，上言“备倭军士缺弓箭，请给弓一万、弦二万、箭三十万”，得到朝廷同意，如数拨给③。

（4）调整沿海军事布局

在永乐时期，山东备倭都指挥卫青，曾经“聚各卫马、步水军于登州一处操备，遇夏分调以守文登、即墨诸处，及秋复聚”④，可见其有权调整山东沿海兵员部署。

由上可见，明初山东备倭都司的职能主要体现在军事方面。

2. 明中期

永乐、宣德以后，北方倭患逐渐平息。与此同时，朝廷也不再派遣大军出海巡捕倭寇。这一时期，山东备倭都司的职能，在保留原先军事性的同时，也增加了许多新的职能，即介入当地卫所的军政、民政事宜。

（1）备倭、平乱

这一时期，备倭仍是该职的重要职责。正统十四年（1449），总督备倭永康侯徐安，因见“倭寇往来海中，虑其登岸抢掠”，奏请将即墨阴岛社居民迁往陈马庄居住，“验户丁多寡，拨与空间屯地耕种”⑤。正德五年（1510），登州、宁海等县“盗掠居民”，备倭指挥王璋因“御盗有劳”，赏银五两⑥。这一时期，尽管倭寇较少入侵，但备倭总督仍需保持较高警惕性。嘉靖七年（1528），有船漂

① 《明太宗实录》卷二百，永乐十六年五月丙辰，第 2084 页。
② 《明太宗实录》卷二百二十三，永乐十八年三月甲申，第 2200 页。
③ 《明宣宗实录》卷十二，洪熙元年十二月壬申，第 322 页。
④ 《明宣宗实录》卷九十九，宣德八年二月甲辰，第 2227 页。
⑤ 《明英宗实录》卷一百八十四，正统十四年十月癸酉，第 3652 页。
⑥ 《明武宗实录》卷六十六，正德五年八月庚寅，第 1436 页。

至白马海口，总督备倭下令，复查："有无人口物件及严加防守，恐有诈谋，一会海道呈报"①。嘉靖十年（1531），直隶戴贵、蒋朝等人作乱，危及山东，山东巡抚移咨备倭总督，"转行青州等沿海十七卫所，各遵照拣选防御，差人探袭"②。

（2）修城、兴学

备倭都司对于其治下卫所相应民政事宜也有所管辖。景泰二年（1451），山东宁海、登州、莱州、鳌山、胶州等卫所，城垣、墩堡被风雨损坏，总督备倭永康侯徐安，"请发丁夫修理，从之"③。

（3）处理辖区军政事务

备倭都司管辖沿海诸卫及三大海防营，辖区内军政事宜，均需其参与处理。这在《明代辽东档案汇编》中有详细记载，归纳起来，主要有以下几个方面。

①负责接收、分拨犯人。明代大量犯人充军，其中沿海卫所是充军的一个重要去向，备倭都司每年要负责接收不少犯人。具体程序为：发解犯人州县先给备倭总督发申文说明情况，备倭总督收到申文后，做出批示、安排。兹举二例：嘉靖十五年（1536）四月，临清州人李梅因犯罪"解登州备倭衙门，转发墩台"，该州知州马麟给备倭总督唐发申文，"乞将解到犯人李梅，查拨缺人墩台，照徒年限瞭哨，满日疏放"，经备倭总督批准后，发往"靖海卫蜂窝墩"。此外，是年五月，东昌府解到犯人孙义祯，备倭总督将其发往古镇巡检司，并牌示该巡检司"该管官兵用心看守，牢固墩锁，听候当职按临押赴查点。若有故纵卖放者，定以受赃枉法，从重参究"④。

②查理钱粮、马草。嘉靖九年（1530），备倭都指挥佥事戚景通，发宪牌至即墨营，要求"着落把总官员查照原今事理，速将采积过草束数目及委过看守支销官员职名，依限随牌呈来"⑤。

③接洽官员。嘉靖二十八年（1549）、二十九年（1550），山东巡按东巡沿海地区。为此，总督备倭做了积极的准备，先令登州营出办巡按所用的"地里画图"，又令登州营拨"精锐马官一员，旗军四名"，以备迎接。⑥

① 辽宁省档案馆、辽宁省社会科学院历史研究所：《明代辽东档案汇编》（下），《张桂等为呈报白马海口漂流船只事给山东总督戚的呈文》，沈阳：辽沈书社1985年版，第1073页。

② 《明代辽东档案汇编》（下），《巡抚山东副都御史邵为督责官兵协力剿匪事给□□□的咨文》，第1075页。

③ 《明英宗实录》卷二百一十一，景泰二年十二月辛未，第4537页。

④ 《明代辽东档案汇编》（下），《山东□□知州马麟为将押解各犯分别处理情况事给山东总督唐的申文》、《山东总督为发付犯人守哨事给古镇巡检司的牌示》，第1076～1077页。

⑤ 《明代辽东档案汇编》（下），《山东总督戚为催报马草事给即墨营的宪牌（二份）》，第1073页。

⑥ 《明代辽东档案汇编》（下），《山东总督石为按院东巡照牌办理画图颜料事的宪牌》、《山东总督石为拨精锐有马官一员事给登州营的信牌和该营的呈文》（二份），第1085页。

④处理案件。对于辖区内的案件，总督备倭有权过问。嘉靖二十八年（1549），有船漂至黄县海境，邻近居民张朝珍等，“将船拆毁，船板锅灶等件抢分去讫”，守墩兵姚东山等人阻拦，结果反被责打。为此，备倭总督发宪牌至黄县，要求“本县当该官吏照牌事理，即将后开犯人张朝珍等逐名行拘到官，□各正身枷锁，差人随牌解司，以凭问理审行”①。嘉靖三十三年（1554），登州卫因地方赌博事上报备倭都司，总督批示：“棍伙结党败俗，情极可恶……务要拘获人犯，逐一完足，速招解夺，转会发落。”②

⑤办理班军事宜。明朝永乐时期以后，实行班军制度。备倭都司需要负责属下沿海卫所的班军事宜。其具体程序为：先由山东都司移咨备倭都司，再由备倭都司统筹安排属下卫所的具体班军事宜。这在《明代辽东档案汇编》中有诸多记载，兹不赘述。

由上可见，这一时期，随着倭患的逐渐减轻以及舟师巡海行动的停止，很少见到有备倭都司指挥大量机动军队剿倭、平乱的事情发生，即使刘六、刘七起义时期也未见。这一时期，备倭都司职能逐渐转向处理当地军政事宜，主要负责卫所行政事务，在一定意义上已经地方官化。

永乐至宣德时期，明朝政府在北部沿海尤其是靠近京畿地带的渤海西北部濒海地区陆续设立了一些卫、所、海防营，加强了京畿地带的海防力量。同时，这一时期，明朝政府在山东设置的备倭都司和三大海防营，加强了对倭患较重的山东地区海防力量的总体协调和控御，适应了这一时期倭寇入犯规模较大的形势。

第三节　设置海防官员

永、宣时期，随着海防形势的不断变化，明朝政府相应地在海防官设置上做了一些调整，较为显著的是专职海防官如捕倭总兵官、备倭都指挥、海防营把总的设立。此外，这一时期设立的辽东总兵官虽非专职海防官，却在海防中起了重要作用。

一、捕倭总兵官

永乐时期，明朝政府曾多次派遣朝廷重臣担任捕倭总兵官，率重兵巡海。对

① 《明代辽东档案汇编》（下），《山东总督石为提究拆毁海洋漂流船只人犯事给黄县的宪牌》，第1084页。

② 《明代辽东档案汇编》（下），《登州卫指挥使司为地方赌博事给山东总督戚的申文》，第1154～1155页。

于其参与的海防活动及作用在本章第一节中已有介绍，本处主要分析备倭总兵官的来源及其职掌。

（一）来源

永乐时期捕倭总兵官来源较为复杂，既有侯、伯等重臣，也有都指挥、都指挥同知等，具体可见表3－5。

表3－5　　永宣时期备倭总兵官一览表

序号	姓名	职衔	爵位、官职	时间	活动区域	备注
1	王　友	总兵官	清远伯	永乐二年五月	出海巡哨	
	郭　义	副总兵官	都指挥佥事			
	吕　毅	副总兵官	都指挥	永乐二年七月	协同巡哨	
2	蔡　彬	不详	都指挥同知	永乐三年三月	统领舟师，缘海备御，遇寇即相机剿捕。	
	姜　清		都指挥同知			
	冯　斌		都指挥同知			
3	李　龙	不详	都指挥	永乐六年十二月	山东沙门岛	
	王　雄		指挥			
4	柳　升	总兵官	安远伯	永乐六年十二月	缘海巡捕倭寇	
	陈　瑄	副总兵	平江伯			
5	李　彬	总兵官	丰城侯	永乐六年十二月	自淮安抵沙门岛，缘海捕倭。	
	费　瓛	副总兵	都督			
6	罗　文	总兵	都指挥	永乐六年十二月	自苏州抵浙江沿海捕倭	
	李　敬	副总兵	指挥			
7	姜　清 张　真	总兵官	都指挥	永乐六年十二月	广东、福建	
	李　珪 杨　衍	副总兵官	指挥			
8	李　彬	右副总兵	丰城侯	永乐九年正月	浙江、福建	
	陈　瑄	参将	平江伯			
9	蔡　福	总兵官	都督同知	永乐十四年	山东	
	庄　敬	副总兵官	指挥			
10	卫　青	不详	都指挥	永乐十六年五月	山东	
	李　凯		都指挥			

（本表据《明太宗实录》制作。）

（二）职掌

捕倭总兵官为专职海防官，其职掌较为明确，即统领军队，在沿海巡捕倭寇。对于这方面的具体事例，本章第一节已有介绍，兹不赘述。永乐时期的捕倭总兵官与洪武时期的备倭总兵官有相似之处，多为因事而设、事定而裁，具有临时性。同时，担任备倭总兵官、捕倭总兵官者一般职位较高，要么为公、侯、伯出任，要么为都指挥出任，便于节制下属、统一事权。而且，洪武、永乐时期朝廷派遣总兵官巡海较为频繁。在洪武时期，自洪武六年（1373）至十五年（1382），几乎年年都有派遣，永乐时期也有十数次之多。

不过，这一时期的捕倭总兵官与洪武时期也有一些不同。洪武时期，朝廷派遣的备倭总兵官往往单独行动，没有一次性派遣数支队伍共同捕倭的事例，而永乐时期则有。如永乐六年（1408）十二月，朱棣派出七支队伍巡海捕倭，其中丰城侯李彬等人，率官军自淮安沙门岛缘海地方剿捕倭寇，罗文光、李敬则统率官军自苏州抵浙江等处缘海地方剿捕倭寇，“如与丰城侯会合，听丰城侯调遣”①，又姜清、张真、李珪、杨衍等往广东、福建缘海提备倭寇，“如与丰城侯，仍听丰城侯调遣”②。丰城侯李彬成为这次大规模军事行动的总指挥，从广东以至山东的漫长海岸线均归其节制。

二、辽东总兵官

（一）设置时间

关于辽东总兵官的设置，最早的记载是洪武七年（1374），据《全辽志》记载，“镇守总兵官：洪武甲寅设立”③，洪武甲寅即洪武七年。

翻阅《明太祖实录》可发现，该书中最先记述此职是在洪武十七年（1384）十月，“命兵部移文总兵官延安侯唐胜宗等及辽东都司”④，有学者认为此辽东“总兵官”未必是官名，并认为辽东镇守武将（总兵）成为定设乃是建文四年⑤。

据《明太祖实录》记载：洪武三十五年（即建文四年，1402）八月壬子，“命左军都督府左都督刘贞镇守辽东，其都司属卫军马听其节制”⑥，不过这时还不称总兵。

---

① 《明太宗实录》卷八十六，永乐六年十二月戊戌，第1146页。
② 《明太宗实录》卷八十六，永乐六年十二月庚子，第1147页。
③ 《全辽志》卷三《职官》，第581页。
④ 《明太祖实录》卷一百六十六，洪武十七年十月壬申，第2551页。
⑤ 肖立军：《明代省镇营兵制与地方秩序》，第381页。
⑥ 《明太宗实录》卷十一，洪武三十五年八月壬子，第175页。

其后保定侯孟善镇守辽东，也未见总兵之称。

永乐九年（1411）三月戊子，“命中军右都督刘江仍镇守辽东，节制辽东都司官军，遇有声息，相机调遣”①，刘江继任辽东镇守。至永乐十二年（1414）九月甲午，“命都督费瓛、刘江俱充总兵官……江镇守辽东都司属卫军马”②。此后，均以辽东总兵官称呼。

综上可得，辽东总兵作为辽东最高军事指挥官，设立于建文四年（1402），永乐十二年后始以总兵官称呼。

（二）海防职掌

有明一代，北部的蒙古及女真势力是辽东地区防御的重点，洪武、永乐时期，倭寇虽然间或入侵辽东，但次数并不多，尤其是永乐十七年（1419）望海埚之战后，直至明末辽东未再遭倭患。所以，明朝政府所设辽东总兵官主要职责是防御蒙古、女真，而非防海。不过，在辽东海患较重的永乐时期，担任该职的刘江在海防中起过重要作用。兹以刘江为例论述一下该职的海防职掌。

1. 做好防御工作

永乐十六年（1418）五月，因金山卫奏报有“倭船百艘、贼七千余人攻城劫掠”，朱棣敕令刘江“督缘海各卫悉严兵备”③；是年六月，又因倭寇“遗孽未获者尚出没不常”，令刘江“可相机剿捕，若兵势多寡不敌，则固守城池，慎勿轻战”④；永乐十七年（1419）四月，因朝鲜奏报“倭寇饥困已极，欲寇边”，又令刘江“令缘海诸卫严谨备之，如有机可乘，即尽力剿捕，无遣（遗）民患”⑤。由上可见，作为辽东总兵官，刘江需负责沿海防御事宜。

2. 巡视海防

在海上威胁较重时，辽东总兵官需巡视海防，查看海防设施。刘江曾在奏疏中提到“近因巡视各岛贼人出没之处”⑥，可见其平日需巡历海防。

3. 加强海防设施建设

永乐十四年（1416）十二月丁亥，刘江设置辽东金州旅顺口望海埚、左眼、

① 《明太宗实录》卷一百十四，永乐九年三月戊子，第1460页。
② 《明太宗实录》卷一百五十五，永乐十二年九月甲午，第1791页。
③ 《明太宗实录》卷二百，永乐十六年五月癸丑，第2082页。
④ 《明太宗实录》卷二百一，永乐十六年六月辛丑，第2090页。
⑤ 《明太宗实录》卷二百一十一，永乐十七年四月丙戌，第2133页。
⑥ 《明太宗实录》卷二百三，永乐十六年八月癸未，第2099页。

右眼、三手山、西沙州、山头、爪牙山敌台七所。[1]

4. 率兵剿倭

永乐十七年（1419），刘江率兵取得望海埚大捷，见本章第一节。

5. 策应防卫

永乐十三年（1415），倭寇入侵旅顺口，刘江“领军至金州卫，相去甚近，不策应，及明日调兵至，而贼已遁”，被行在都察院左副都御史李庆等人弹劾，朱棣也给予训诫，“江等职在守边，致寇如此，罪本难宥，姑记其过，使图后效”[2]。由此可见，作为总兵官，刘江应该在遇寇之际积极协调策应。

总体而言，在面临海患之际，辽东总兵官也负有较重的海防任务。

三、备倭都司官

详见本章第二节。

四、山东三大营及天津海防营把总

这一部分内容，在本章第二节已有论述，兹不赘述。本处之所以单列此条，旨在强调海防营把总也是这一时期北部沿海的重要海防武官。

这一时期，北部沿海专职海防官的设置，在一定程度上加强了区域内部军事力量的协调和调度，有利于集中兵力以抗敌。同时，捕倭总兵官的设立，有利于调度全国兵力巡捕倭寇，对倭寇形成较大的震慑。

总体而言，永乐至宣德时期、尤其是永乐时期，北部沿海仍然面临着较为严重的倭寇侵袭。明朝政府迁都北京后，开始着意加强北部沿海的防御，不但新设立了诸多卫所，还将洪武时期未竟的卫所建设事业付诸实施。此外，还设立了专职海防官，如备倭都司都指挥使等，同时为应对倭寇入侵规模变大的新形势，设置了海防营，以集中力量打击来犯之敌。这一时期，北部沿海的海防力量显著增强，这与明朝政府拱卫京畿的目的是分不开的。

---

① 《明太宗实录》卷一百八十三，永乐十四年十二月丁亥，第1974页。
② 《明太宗实录》卷一百七十一，永乐十三年十二月己丑，第1906页。

第四章　正统至万历前期北部海防体制的完善

永乐十七年（1419）辽东望海埚战役大获全胜后，“自是倭大惧，百余年间，海上无大侵犯”①，北部海疆渐趋平静。嘉靖中后期东南沿海倭患频仍，但北部沿海却相对平静。在这一段较长的时间内，北部沿海的海防设施等发展有所迟滞，甚至出现了墩堡不修、卫所缺伍的情况。但就整个北部海防体制而言，此时期却不失为一个重要的发展时期。这一时期，明代地方政治、军事制度渐趋完善、成熟。明朝政府在北部沿海的山东、北直隶、辽东一带设立了诸多督、抚及兵备道，以节制地方文武官员，统一事权。这些职官的设立，并非专为防海，但在客观上形成了一些范围较大的军事、政治辖区，有助于整合内部的军事资源。因此应当说，这一时期是北部沿海海防体制的完善期。

第一节　北部海防形势及基本状况

在宣德以后相当长的时间内，北部海疆并未遭受大规模倭寇入侵。至嘉靖中后期，倭寇大举入侵东南沿海，对北部海疆也偶有侵扰，但较之东南沿海，在程度上、次数上要轻得多，诚如万历年间即墨知县许铤所谓，“登莱地瘠民贫，渔盐之外无他利，非如淮扬诸富商大贾聚集处，为倭夷垂涎也，猝而一至，不过海风漂泊，食穷则抢岸耳，非常有之患也”②。不过，这一时期，北部沿海却遭受到其他威胁。其一，正德初年刘六、刘七起义爆发，义军纵横千里，攻陷城池，沿海州县、卫所多被其残破；其二，嘉靖中后期，辽东军民潜逃者日多，他们占据

① 《明史》卷九十一《兵三》，第2244页。

② 同治《即墨县志》卷十《艺文·文类中》，许铤《地方事宜议·海防》，第244页。

山东沿海岛屿，有些甚至劫掠当地居民，为祸沿海地区。此外，这一时期还出现了“海贼”。尽管如此，这一时期北部海疆形势较之前、之后仍是较为平静。

一、海防形势渐趋平缓

（一）倭寇威胁逐渐减轻

自宣德以后，北部沿海面临的海上威胁逐渐减轻，不过倭寇也偶有入侵。到嘉靖中期以后，东南沿海倭患较重，这一时期，间或也有倭寇侵入山东沿海，给当地造成了一定威胁。正统至万历中期以前，北部沿海地区遭受海寇侵扰情况如表4－1。

表4－1　　正统至万历前期北部沿海遭受海寇侵袭一览表

时　间	入侵地区	概　况	史料来源
正统五年	蓬莱	倭乘风夜突至南岸抹直口，劫掠居民。	光绪《蓬莱县续志》卷四《武备》，第345页。
正德六年	诸城	获倭船：《前志》云：正德初年春月，有风飘一倭船至信阳近岛处，初泊洋内十余日，后登岸，有二十余倭，四散与饷妇夺食，形羸如鬼，皆为耕夫所缚诣县，转解分巡道。	乾隆《诸城县志》卷二《总纪上》，第33页。
正德十年	沙门岛等地	倭焚沙门岛及大竹、鼍矶诸岛，火光彻南岸，倭舟至以千计，郡城戒严。	光绪《蓬莱县续志》卷四《武备》，第345页。
嘉靖三十一年①	靖海卫	倭众犯卫，祖尧等率众捍御，奋不顾身，倭遂潜退。	康熙《靖海卫志》卷七《名贤》，第414页。
嘉靖三十一年	日照、安东卫	倭舟犯东岸，卫官率众御之，始退。	光绪《日照县志》卷七《考鉴》，第405页。

① 据光绪《文登县志》卷五《职官表》记载，“宋奎：洁子（按：宋洁之子），嘉靖三十一年，倭众犯卫，捍御奏功，钦赏银缎，封武毅将军”，与上文为同一事，第106页。又据光绪《文登县志》卷八下《人物一》引《天启志》：“商祖尧：靖海卫指挥使，与宋奎、常材、潘铸、刘銮、武忠、宋应期、潘檠、张子玉、许富皆靖海卫武彦。嘉靖三十一年，倭众犯卫，祖尧等率众捍御，奋不顾身，力击之，倭退，事闻，各蒙钦赏银缎。宋奎马驰几遇害，赖子应期奋救得免，功尤卓焉。”第182页。

续表

时　间	入侵地区	概　况	史料来源
嘉靖三十二年	日照	倭犯江浙，战棹至日照	道光《重修胶州志》卷二十五《人物》，第231页。
嘉靖三十三年三月	青州	苏松倭掠民舟，入海趋江北，大掠海门、如皋、通州，焚各盐场，至扬州杀一同知、一千户。有飘入青、徐者，山东大震。	（明）佚名：《嘉靖东南平倭通录》见《中华野史·明朝卷二》，济南：泰山出版社2000年版，第2094页。
嘉靖三十四年①	威海卫	倭船阻风，泊威海卫之㮠栳岛。官军不能前。数日，持刀出，始获之。	光绪《文登县志》卷十四《灾异》，第301页；光绪《增修登州府志》卷十三《海防》，第138页。
嘉靖三十四年五月②	安东卫	倭五十余人，自山东日照流劫安东卫，至淮安、赣榆，复自赣榆流劫沭阳、桃源等处，至清河阻雨。徐邳官兵分道蹙之，歼于马头镇民家，斩首四十一级。此贼自日照登岸，以数十人流害两省，杀戮千余人，至是始灭。	《嘉靖东南平倭通录》，第2096页。
嘉靖三十五年四月	灵山卫	（嘉靖）三十五年四月，贼登灵山卫养马岛，官兵讨平之。犯海阳所，官兵讨平之。	《筹海图编》卷七，第455页。
	海阳所	犯海阳所，官兵讨平之。	《筹海图编》卷七，第455页。
	文登营	犯靖海卫、文登营，官兵讨平之。	《筹海图编》卷七，第455页。
嘉靖三十六年五月癸丑③	山东	泰州倭转掠扬州、山东及徐州，官兵御之，皆溃。	《明世宗实录》卷四百四十七，嘉靖三十六年五月癸丑，第7615页。

① 乾隆《威海卫志》卷一《疆域·兵事》载为嘉靖二十三年，第439页。

② 据光绪《日照县志》卷七《考鉴》记载："三十四年，倭舟一只登夹仓口，约六十余人，各持利刃，望屋而食，卫官合县民共击之，战于转头山，倭败南遁，至响石村，又击之，流劫江南。至清河县，徐邳官民分道蹙之歼于码头镇，斩首四十一级。"第405页；据《明世宗实录》卷四百二十二，嘉靖三十四年五月甲辰记载："倭寇五十余人自山东日照县流劫安东卫至淮安、赣榆县。"第7318页。

③ 据光绪《日照县志》卷七《考鉴》记载："三十六年，倭舟复至，掌印指挥王道率青州营千户徐光华奋力御之，数日始去。"第405页。

续表

时　间	入侵地区	概　况	史料来源
嘉靖间	威海卫	“刘公岛：嘉靖间，海贼王宪武造房五十三座，踞而有之，御史蓝玉督汛兵逐之，丈耕其地。”	乾隆《威海卫志》卷一《疆域》，第435页。

（本表据《明实录》、《筹海图编》、万历《莱州府志》、顺治《登州府志》、光绪《增修登州府志》等制成。）

由表4－1可见，在正统初年至万历中前期长达一个半世纪的时间中，北部沿海遭遇倭寇及其他海寇入侵次数为14次。从时间上看，正统年间1次，景泰、天顺、成化、弘治时期未遭入侵，正德年间2次，嘉靖年间11次，万历初年未遭入侵。海患主要集中于嘉靖中期，从地理范围上看，这些倭寇侵扰全部发生于山东半岛的东、南部区域，北直隶、辽东并未遭受海寇入侵。可见，在这一时期，倭寇虽仍是北部海防面临的主要威胁，不过较之以前，在侵扰频率上、程度上均有所减轻，尤其是较之于同时期东南沿海的粤、闽、浙、直一带更是要远为轻，诚如王世贞所谓“忧不在山东也，青登莱沿海也皆瘠卤，数十里无人烟，不足中倭欲也，进无支港，退无宽洋，深入则不能，散掠则不达，非倭所便地也。我无贩海通贼者，贼不得内应必不来，即来，不过淮扬之败溃或为风涛所迫者一二舶众”①。由此可证，这一时期北部海疆形势相对缓和。

（二）刘六、刘七起义对沿海州县、卫所的冲击

正德五年（1510），刘六、刘七起义爆发，义军不断攻陷城池，“自畿南达山东，倏忽来去，势如风雨”②，对北直隶尤其是山东沿海一带的州县、营、卫所等造成了一定冲击。

刘六、刘七起义对山东青、登、莱、济四府的沿海州县造成了很大冲击。莱州府昌邑县，正德六年（1511），起义军攻打山东沿海的昌邑县，莱州府同知刘文宠率其子及乡民朱虎等抵抗，刘文宠之子战死。义军攻陷潍县，莱州卫指挥张升“死之”。七年二月，攻打东莱，莱州卫指挥蔡显“死之”。③潍县，先于正德五年正月一日陷落，被义军“劫掠无算”，后于六年春再次陷落，义军将其“烧

① （明）王世贞：《弇州山人四部稿》卷一百二十四《议防倭上傅中丞》，《景印文渊阁四库全书》第1281册，第102页。

② 《明史纪事本末》卷四十五《平河北盗》，第667页。

③ 乾隆《掖县志》卷五《大事记》，《中国地方志集成·山东府县志辑》第46册，第119～120页。

劫一空，杀守城指挥张昇，民被害以千计，知县张志高弃印绶而去”。[①] 胶州，面对义军威胁，胶州千户所正千户匡允中提前做了准备，“浚城隍、引云水以深其流，迁民入城”，后义军至，绕城数匝，允中严肃法纪，禁止民众号泣、喧闹，率众昼夜巡逻，“贼薄城，矢石俱下”，义军知有备，逸去。允中，“纵击之，杀获甚众，城赖以安”。[②] 登州府文登县，正德七年（1512）三月十三日，刘六、刘七等攻入县城，“营卫不救，县内大乱”。[③] 莱阳县，正德六年（1511）十月，义军“众十余万”，十月乃攻莱阳，绅民死力拒守，历三昼夜，卒以众寡不敌，城陷，焚掠屠戮，死者如麻。[④] 宁海州，刘六、刘七、齐彦名等寇登莱，众十余万，焚掠甚惨。六年三月，连陷栖霞、文登，知州章诤严武备以待之。明年，寇直薄城下，焚东门，指挥王瀛欲弃城走，诤按剑叱之，乃止，遂相与奋勇击贼，贼始却。[⑤] 青州府诸城县，正德七年，刘六、刘七、齐彦名等“悉众来攻”，诸城知县王绪督率千户张武、义勇丁纪等分守各门，“严号令、明赏罚”，并将缙绅、士大夫“驱之登陴”，城没有被攻破。[⑥] 日照县，正德六年三月，义军数万人攻日照、蒙阴、沂水、费县、沂州，“皆破之，日照典史余清、义官司福死之”。七月，义军再攻日照县，“指挥童鼎战败、指挥石盘开门遁，城破，知县李茂被执，寻释之”。[⑦] 济南府：正德六年，义军突入沾化县，“屠戮惨甚”[⑧]；利津县县丞魏彦昭“集丁壮、具畚锸，筑高凿深，令民备戎器日夜防守”，该城终获保全。[⑨]

除以上濒海州县以外，沿海一些营、卫也遭到冲击。如即墨营，正德七年三月十七日，义军攻打即墨营，“寇马四万余围营，营兵甫成列而大败，僵尸枕藉，烟焰望数十里外”[⑩]。在这场战斗中，即墨营遭受沉重打击，该营将领李勋战死、杨继宗逃跑，“官兵大溃，死伤者过半，遂焚营垒而南”[⑪]。如灵山卫，正德六年

---

① 乾隆《潍县志》卷五《记》，黄公甫《大修潍县城池记》，第159页。
② 道光《重修胶州志》卷二十二《官师》，第210页。
③ 光绪《文登县志》卷十四《灾异》，第301页。
④ 民国《莱阳县志》卷末《附记·兵革》，第576页。
⑤ 民国《牟平县志》卷十《文献志·通纪》，第424页。
⑥ 乾隆《诸城县志》卷二十八《宦迹录下第二》，第210页。
⑦ 光绪《日照县志》卷七《考鉴》，第404页。
⑧ （清）联印修，张会一、耿翔仪纂：光绪《沾化县志》卷二《城池》，《中国地方志集成·山东府县志辑》第25册，南京：凤凰出版社2004年版，第13页。
⑨ 光绪《利津县志》《利津文征·碑记》，萧凤《魏公去思碑》，第443页。
⑩ 同治《即墨县志》卷十《艺文·文类》，蓝章《御寇记》，第198页。
⑪ 同治《即墨县志》卷十《艺文·文类》，蓝田《城即墨营记》，第200页。

刘六等破卫城，灵山卫指挥佥事唐钺，“力战死之”①。如安东卫，前所千户支福，“正德间，流贼攻卫城，中流矢死”②。对此，光绪《日照县志》有所描述：“九月，刘六等攻安东卫城，七日不克。指挥童鼎、杨镇东多方御之。贼以炮击南门，门敝，贼将入，千户支福枪搠数贼下马，贼攒箭射之，中福额，僵立不仆，贼不敢逼。至夜贼退，福亦死。”③

由上可见，刘六、刘七起义对山东沿海地区造成了较大的冲击。对此，明人刘效祖曾说，“正德间，流贼突起，山以东七十二城遭残破者多矣”④。在起义中，义军要么攻陷州县城池，杀戮当地民众，要么直接进攻沿海卫所、海防营，打击海防军队，如灵山卫、即墨营等均遭残破，后者甚至“死伤者过半”。由此可见，刘六、刘七起义，虽非专意针对海防，但却对北直隶、山东一带的海防设施、海防军队造成了重大破坏和打击。

（三）本土海寇及岛民为害

自嘉靖中后期开始，辽东军民开始不断渡海逃入内地。他们大多潜居山东半岛沿海地区的一些海岛，有时从事贸易，有时也劫掠沿海居民，对当地造成了一定的危害。

隆庆年间，辽民潜居问题已经引起山东巡抚及明朝政府的重视。隆庆五年（1571）九月丙寅，山东守臣为此专门上疏朝廷指出，“青、登、莱三府海岛潜住辽人，辽东累年勾摄既不可得，而山东虚文羁縻终非永图”，并提出了七条处理建议：

> 一、定分管。青州诸城县分管斋堂岛，莱州府胶州分管灵山岛、竹槎岛，即墨县分管福岛、大管岛、小管岛、田横岛，掖县分管扶蓉岛，登州府文登县分管刘公岛，宁海州分管崆峒岛、青岛、官家岛，蓬莱县分管沙门岛、长山岛、大竹岛、鼍矶岛、黑山岛、小岨岛，黄县分管桑岛，三府共二十岛，辽人附居者皆籍而抚之；
>
> 一、严保甲。大岛每十家为一保，保有长，仍立一总保、副保以约束诸保长，小岛止立一保长，朔望诣州县受事，岁报户口之数；

① 道光《重修胶州志》卷二十二《官师》，第210页。

② 光绪《日照县志》卷五《秩官》，第387页。

③ 光绪《日照县志》卷七《考鉴》，第404页。

④ （清）李熙龄等：咸丰《滨州志》卷十一《艺文》，刘效祖《重修州城记》，《中国地方志集成·山东府县志辑》第37册，南京：凤凰出版社2004年版，第478页。

一、收地税。今各岛见耕地八千三百八十六亩，宜比寄庄事例，亩量税银五厘，每岁十月各送保长输官以充巡察海道、备倭都司修船之用，新垦者续报，敢匿者罪之；

一、查船只。各岛辽人渔贩船只，大则税银二钱、小则一钱二分，各输州县以充修船之用，敢有擅用双桅远泛海洋或近高丽者罪无赦；

一、平贸易。辽人既为编氓，一切贸易宜与土人彼此均平，禁不许入夜私交，以生他衅，亦不许货违禁物；

一、专责成。安辑抚绥当责成海道及都司，乃有统纪，必明法令，毋务姑息；

一、修哨船。往时海道及都司同处登州城，各有哨船，故各岛流人望风远避，今海禁日弛，乞将臣等所造海雕船十艘、辽船八艘，饬后人修理毋坏；

一、杜续逃。各岛安插既定，辽人避事必有续逃者，宜令辽镇重禁金州等处人毋复越海。

此建议得到隆庆皇帝同意①。由上可见，山东守臣提出的应对措施，就是在承认辽民潜居海岛这一事实的基础上，采取有效措施将其纳入当地居民系统，以加强对其控制。反观这些措施可以发现，山东守臣力图通过编设保甲、征收赋税，加强地方州县对潜居辽民的了解和控制，通过对潜居辽民所用船只及贸易的限定，限制其出海滋事。同时，推行均平贸易之策，在于减少其与土著居民的矛盾，让其很好地融入当地社会。此外，政府也需采用一些手段，如按陆上行政区域划分岛屿，令巡察海道、备倭都司及当地州县专管此事，同时加紧修造船只，并知会辽东总兵等将官采取措施以禁止续逃。应当说，这些措施的提出，在当时是有一定积极意义的，假如处置得当的话，可以在不动兵戈的前提下顺利解决这一问题，维持沿海地区的稳定。

不过，这些措施的实施效果，史书并未记载。万历初年，山东沿海岛民问题仍然较重。即墨知县许铤撰写《地方事宜议·海防》一文，其中对当时盘踞即墨田横岛的辽人状况有详细记述，本处以此为例，加以论述。

许铤首先分析了辽民潜居即墨沿海岛屿的原因。他指出，辽人之所以盘踞即墨县田横岛，乃是因该岛地理环境优越，非常适宜人类生存，且该岛地势险要，

① 《明穆宗实录》卷六十一，隆庆五年九月丙寅，第1480～1482页。

当地政府一般不设防，“本县东南滨海，即中国东界，瞭之了无津崖，惟岛屿罗峙其间，岛之可人居者曰青、曰福、曰管、曰白马、曰香花、曰颜武，而田横方三十余里，尤宽阔坦平，地可耕而食、山可穴而居，可樵、可渔，且由岸抵岛，路夹劳盛，多礁石，崄岈纡曲，不可联舫渡也。夫地平坦则易治生，路纡曲则不易制，以固居者利之”①。参诸本书第二章可知，洪武时期明朝政府通过迁海，将大量岛民迁居内陆，于是造成了沿海众多适宜人生存的岛屿空无居民的状况。这一迁海政策，后世很长时间内一直遵循，如据《明英宗实录》记载，正统十四年（1449）十月癸酉，“山东等处总督备倭永康侯徐安等奏：‘比见倭寇往来海中，虑其登岸抢掠。即墨县阴岛社请迁其民于陈马庄居住，验户丁多寡，拨与空间屯地耕种。’事下户部覆奏，从之”②。长期的“空岛”政策，导致沿海岛屿无人居住，既然这些岛屿无人居住，又适宜人生存，加之因交通不便，濒海州县、卫所对其制约较轻，自然成为潜逃辽民的乐土。

大量辽民潜居田横岛，对当地的沿海居民造成了一定的影响，并引起了当地军政机构的关注。许铤指出：

> 嘉靖间，□（按：当为辽）人逋徒觇职其利，携妻子入岛，以状乞为编氓，比司地方者失远计，谓可以蔡人待之，听其留而税其租。久之，□人视此中即故乡矣。□人故畜坚舟，乘顺风不十日可抵高丽界，盗其松杉诸美材以归，则货诸边海居民。居民利其美材而价廉也，辄与之通贸易，□人因得熟知居民家虚实，往往乘其不备，抢人牛羊、掳人财物，甚至公行强劫，出没岛中，非地方保甲所能擒捕也。有司以其状白，当道为檄该营以计诱之登岸，悉擒其人、火其居，并田横庙毁焉。于是海畔苍赤始得安枕，牛羊始得出牧矣。然□人所以去彼适此者，不直年饥谷贵之故，大半皆亡命徒耳。又况此旧居乐土也，夫去死乡就乐土，谁不欲之？由是旋遣旋来，以至今日，岛中且盘据数百人，构室、治田为长久计，而其首邢天举者且状乞编氓，如昔年故事矣。③

由上可见，潜居田横岛的辽民并非专事农业生产，而是多做“不法”之事，他们既驾坚舟远赴朝鲜偷盗木材，也劫掠沿海附近居民，对当地社会产生了较大的危

---

① 同治《即墨县志》卷十《艺文·文类中》，许铤《地方事宜议·海防》，第244页。

② 《明英宗实录》卷一百八十四，正统十四年十月癸酉，第3652页。

③ 同治《即墨县志》卷十《艺文·文类中》，许铤《地方事宜议·海防》，第244页。

害，与土著居民之间的矛盾也日益尖锐。这样就引起了当地政府和军政机构的关注，他们“以计诱之登岸，悉擒其人、火其居”，力图将其驱逐。不过，此举并未从根本上解决辽民潜居之害的根源，被逐辽民“旋遣旋来”，至万历初，“岛中且盘据数百人，构室治田为长久计”，辽民潜居仍旧是一个重要问题。

对于如何处理田横岛辽民，当时人的看法并不统一，“议者遂谓，岛中既不可留，擒而遣之，将必复来，不如招之分编各舍，以散其党类。夫封疆之界、辽海之险尚不能限其来而止其趋利。百里之邑、棋布之社，故能使之必散而不聚乎？有如□之饥民、恶少闻风源源而来，不可收拾，将若之何？此非计之得也”①。由上可知，有人主张将其招抚，然后打乱其原有组织，分而治之，编为居民，化整为零地纳入当地居民系统，这与前文所述隆庆年间山东守臣的建议一致。不过，许铤却并不赞同这种做法。他认为将其收编加以分散的方法不合时宜，因为辽民既然能远涉大海逃至此处，又能远至朝鲜偷伐木材，其本身组织性必然较强，所以仅靠一般的散居之策根本无法约束他们，时间一久，必然生乱。况且，假如将这批潜居者编为居民，那就等于肯定其合法性，那么无疑会加重辽民渡海而来之势，长此以往势必不可收拾。

对于如何妥善处理潜居田横岛的辽民为患问题，许铤提出了自己的建议：

> 夫沿海都司诸营卫所不备论也，其建置本县者为营一、卫一、所二，官以百计、军以千计，此何为也？非以防海、备倭乎？登莱地瘠民贫，鱼盐之外无他利，非如淮扬诸富商大贾聚集处，为倭夷垂涎也，猝而一至，不过海风漂泊，食穷则抢岸耳，非常有之患也。乃□人之虑则无岁无之，《语》云：涓涓不塞，将成江河，患虽小不可长也。海防官军之推诿者有曰：我防海非防□也。又曰：防海乡兵分其责焉，我官军不独任也。夫倭患既不常，御□又不在任，则国家竭百姓骨血以养官军谓何？区区鼠窃狗偷辈且束手不能而愿得招抚，脱倭夷突至，何以御之？故今计亦无他，要在责成营、卫官军而已，今官军非不云分布也，然实纵之旷役而无实用，任其回籍而无实数，非本县所谓责成也。勤点查则数不缺，严法令则役不旷，营操者巡徼不绝，有事策应，则率然之势也。海防者，瞭视不失、谨守汛地，必无使登岸，则张翼之形也。则又造海舟以巡岛屿，分游兵以扼要路，必无使入岛，则犄角之利也。此不惟可以御□，真可以防倭矣。不然，而使□人一居岛中，则彼为

① 同治《即墨县志》卷十《艺文·文类中》，许铤《地方事宜议·海防》，第244页。

主而我反为客，彼有在山之势而我有赴敌之名，有如今日，非完全之算也。若为目前不得已计，则当行昔年佯招阴遣之术，招之不来则扬兵海上，要其必归，不归则捣其巢穴，系其妻孥，递之原籍，仍移檄彼处军门，下所司穷鞫之，亡命者坐以法，逃饥者则卫付之所、所付之总旗羁縻之，再逃则连坐以罪，庶有所反顾而无敢公然逃矣。①

许铤在综合分析了当地海防形势后，认为倭寇已经不再是最大威胁，而“辽人之虑则无岁无之”，因此，当地海防应当首要着意防御辽民，而若要从长久上解决辽民潜居问题，首先需要当地海防卫所、海防营应勇于承担责任并加强防御，不应该与地方防海乡兵互相推诿。而且，军政官平时应该通过“勤点查”、“严法令”等措施，整顿防海军队的颓废之风。而后，令防海军队加强对沿海地区及岛屿的巡视，不让偷渡辽民有登岸的机会。同时，还需与辽东军政机构保持密切联系，一旦潜居辽民拒绝被遣，则由当地卫所、营派兵进剿，待将其捕获后，交由辽东军政机构处理，“亡命者坐以法，逃饥者则卫付之所、所付之总旗羁縻之，再逃则连坐以罪”。

由上可见，许铤认为辽民潜居海岛，对当地社会造成了诸多负面影响，因此不应一味姑息迁就，而应当坚决将其驱逐。在此，他看到了沿海海防营、卫所腐败带来的问题，主张加强对沿海军事力量的整饬，发挥其在防御辽民潜渡中的作用。笔者认为，许铤之所以不遗余力地驱逐辽民，其目的在于消除危害当地海防安全的主要因素，保障沿海社会的稳定。

此外，这一时期还有其他海贼出没。据乾隆《威海卫志》记载：嘉靖间，海贼王宪武占据刘公岛，“造房五十三座，踞而有之”②，御史蓝玉督率汛兵将其驱逐。由于缺乏相关史料，我们尚无法确定此处“海贼”的性质，不过由“御史蓝玉督率汛兵将其驱逐”，以及此处的“海贼”造房居住一事来看，他们很可能也是辽民潜居不法者，否则蓝玉不会仅将其驱逐了事。

二、海防活动

在这一时期，北部海疆形势相对平缓，没有大规模的海防行动。其海防活动主要体现在抗击零星入侵的倭寇及驱逐辽民上。对此，表 4－1 和上文中已有记

---

① 同治《即墨县志》卷十《艺文·文类中》，许铤《地方事宜议·海防》，第 244～245 页。

② 乾隆《威海卫志》卷一《疆域·刘公岛》，第 435 页。

述，兹不赘述。

此外，在这一时期，沿海地区普通民众也参与到轰轰烈烈的抗击倭寇、保家卫国的战争中。如嘉靖中期，倭寇入侵日照县，县民梁儒，颇有勇力，“倭匪入寇，儒结乡兵追至江淮，破其众”，因功被授予锦衣卫，大学士徐阶旌表其门“沿海保障”。①

此外，嘉靖中后期江南倭患严重之时，明朝政府曾从山东募集军队前往支援。其中较为著名的是青齐长枪手。嘉靖三十二年（1553），南京御史宋贤上疏言防倭五事，其中主张调取山东长枪手，“募土人习水者为篙师，有力者为战卒。仍调温、处坑兵或山东长枪手，有警则随机策应，无事则分投教习”②。嘉靖三十三年（1554），给事中王国祯、贺泾，御史温景葵等因倭寇猖獗进犯、逼近留都南京，各上疏乞求调兵、给饷，其中建议“当遣御史及本部司官各一员，赍太仓银六万两往山东调发奏留民兵一枝及青州等处水陆枪手共六千人，人给军装银十两，令参将李逢时、许国督赴扬州，听经（按：张经）调度”③，得到嘉靖皇帝同意。不久后，明朝政府派遣福建道御史温景葵、兵部主事张四知前往山东募兵御倭。④

七月，山东长枪手经过淮河抵达扬州，据郑晓《东兵过淮疏》记载，“山东民兵并长枪手六千名，已于七月二十一等日，有福建道监察御史温景葵、兵部员外郎张四知、山东布政司左参政许天伦、按察司副使周臣、参将李逢时、许国相机监督统领过淮，臣通行犒劳，随同前进，本月二十五日至扬州府地方，二十七日交与总督军务尚书兼右都御史张，听其调用征剿海寇”，郑晓对其寄予了厚望，“官兵膂力强壮，器械锋利，部伍分明，纪律严整，出入臣境一千五百里，秋毫无犯，若贼船尚未开洋窃伏海畔，必收克捷之功，以纾慰我皇上南顾之怀也”⑤。

不过，山东长枪手在抗倭战场上的战绩并不突出，甚至可以说是非常糟糕。据张萱《西园闻见录》记载：

> 八月，倭自嘉定还屯采淘港，时调青徐长枪手六千人适至，以参将李逢时、许国统之，以参政许大伦、副使周臣为监军，以南京兵部郎中谭纶、盛

① 光绪《日照县志》卷八《人物》，第 271 页。

② 《明世宗实录》卷四百一，嘉靖三十二年八月壬寅，第 7034 页。

③ 《明世宗实录》卷四百一十，嘉靖三十三年五月丁巳，第 7151 页。

④ （明）王士骐：《皇明驭倭录》卷五，《北京图书馆古籍珍本丛刊》第 10 册，北京：书目文献出版社 1998 年版，第 73 页。

⑤ （明）郑晓：《郑端简公奏议》卷五《淮阳类》，《续修四库全书》第 476 册，第 597 页。

唐为赞画，相见礼如平交，辕门既开，六人皆南面而坐，识者知其必败矣。贼闻大兵至，佯迎战，战辄走，欲诱致之。尝遇贼于新泾夹练祁而射，飞矢蔽空，贼先引去。由是长枪手日扬兵于四郊民间，寡发者则斩其首以要赏，有里长日给事县庭亦为所杀，县令杨旦哭而诉之参政翁大立，大立以告赞画纶，缪解之曰：‘兵气欲扬，奈何阻之。’大立怫然而起，曰：‘是何言欤？国家命公等为民诛贼，乃杀民以充贼耶？’一日长枪手又斩首以献，旦言非贼乃妇人耳，大立问何以识之，旦言人头男必俯女必仰，验之良是，亦竟不问。于是长枪手益横，日夕所须皆强取之民间，酰壶酱瓿无免者，及兵出之日，什什伍伍，掉臂而去，两参将不知也。贼舟在采淘港皆蒙絮被，寂若无人，长枪手乱射之不动，海潮既至，诸浦皆溢，贼十六人从芦苇中躍出，长枪手大乱相蹂践争入水，亦有跪而请命者，凡杀三千余人，败兵络绎入城，城门终夜不闭。人谓是时贼以十人蹑之，则一城涂炭矣。贼既胜犹不入海，泊舟老鹳嘴。明年正月二日移舟宝山，我兵追之，获一舟，斩六十级，遂与柘林诸贼合。①

由上可见，山东长枪手不但军纪败坏，骄横不法，杀良冒功，而且战斗力极差，面对敌军仅十六人的进攻，居然阵脚大乱，自相践踏，跳水乞命。其实，山东长枪手之所以大败，应当还与其不熟悉江南地形有关。如万表在《又答张半洲总制书》中即曾说道："近日山东募来之兵损伤颇重，全未见斩获之功，地方每为所扰，今钦募六千若与无异，恐不足倚。大抵江南也多水田沟港，真英雄无用武之地，北兵至此堕水不救者甚多。"② 这支被寄予厚望的军队非但不能抵抗倭寇，而且还危害地方，于是便没有任何留在南方战场的必要。是年，明朝政府遣还山东长枪手，据《皇明御倭录》记载："诏遣原募山东御倭兵还。自采陶港之败，东兵遂不振，会主将李逢时等被逮，皆欝欝思归，稍自引去。总督张经请下有司追捕，兵部言，此辈俱系北土乌合之兵，驱之苏松水泽之地，固非甚宜，今不如悉放遣之。诏可。"③

尽管山东长枪手在江南抗倭战场上表现较为失败，但却有其他山东人英勇向前，并牺牲于抗倭战场。据王世贞撰《祀岳义士君宠辞》记载，"先是，江淮帅臣檄青州兵备使者王世贞募卒三千人，□军苍头，特起君宠，属推择为长"④，后

---

① （明）张萱：《西园闻见录》卷五十六《兵部五·防倭》，《续修四库全书》第1169册，第398页。

② （明）万表：《玩鹿亭稿》卷四柬《又答张半洲总制书》，明万历万邦孚刻本。

③ 《皇明驭倭录》卷五，第81页。

④ 嘉靖《青州府志》卷十八《遗文八·纪述二》，王世贞《祀岳义士君宠辞》。

岳君宠战死于江南抗倭战场。

三、海防军备渐趋废弛

这一时期，随着长久承平局面的到来，人们的海防意识逐渐淡漠，随之海防军事机构日渐腐朽，海防设施也渐趋废弛。尽管明朝政府和北部沿海地方军政机构试图从若干方面加以整饬，但是在长期承平带来的国家、民众防御警惕性普遍降低的情况下，海防军备的废弛仍是不可避免的现象。这一时期，北部沿海海防军备废弛主要表现在两个方面，其一，卫所、巡检司缺伍现象严重；其二，海防设施日渐废圮。

（一）卫所缺伍

明中期以后，北部沿海尤其是山东沿海地区卫所缺伍现象日趋严重，出现了“夫诸卫之兵困于分番，三营之兵困于资装，而有司之馈饷困在告乏，由是近者潜匿，远者逃避，而行伍尺籍空名鲜实”[①] 的情况。嘉靖三十二年（1553）十月，巡按山东御史冯荐上言，指出：“山东卫所官军，设于济、充、东三府者，以防内地；设于青、登、莱三府者，以备倭寇。自永乐初轮发调发京操，而有司怠玩，军粮不足，脱逃数多，顾觅充数，班操之缺如故。今沿海一带倭寇登岸，乞将青、登、莱三府官军留备倭寇，济、兖、东三府照旧轮班，仍要清粮饷以足军仓，严内补以充营伍。”兵部议覆，表示同意[②]。曾任山东巡抚的梁梦龙也指出，“行伍逃亡过半，余赴京边做工，海防废弛已甚”[③]。万历十五年（1587）三月，户部在议覆山东巡抚李戴上奏时说道：“登、莱二府卫所屯田，斥卤沙薄，军逃地荒。应行山东抚按，将登州等十四卫所，并莱州等七卫所屯地，每名给繇帖一张，明开荒熟、四至、条段数目、官军姓名，各收永为己业，抵兑月粮，退出屯丁，及莱州等卫兑剩屯地量派公费。”[④] 万历皇帝表示同意。由上可见，这一时期，山东沿海卫所缺伍已经非常严重，不但影响到海防建设，就连卫所制度赖以存在的基础——军屯也很难维持。

郑若曾在《筹海图编》中列出了嘉靖后期山东沿海卫所兵员的大致数目，见表4－2。

---

① 顺治《登州府志》卷二十《艺文中》，蓝田《总督备倭题名记》。

② 《明世宗实录》卷四百三，嘉靖三十二年十月丁酉，第7057页。

③ （明）梁梦龙：《海运新考》卷上，《四库全书存目丛书》史部第274册，第354页。

④ 《明神宗实录》卷一百八十四，万历十五年三月甲辰，第3439页。

表4－2 《筹海图编》载嘉靖后期山东沿海卫所兵员状况一览表①

卫所	屯田军	守城军	捕倭军	京操军	守墩、堡军	合计	编制数	缺额率	可用兵率
安东卫（石臼所）	391	358（48）	269	1576	39（40）	2721（876）	3360	18%	26%
灵山卫（夏河寨所）	287	116（67）	191	1213	80（39）	1993（589）	3360	41%	18%
胶州所	77	94	44	406	81	702（252）	1120	37%	23%
鳌山卫（浮山寨所）	290	107（56）	385	1631	69（45）	2583（667）	3360	23%	20%
雄崖所	77	97	210	571	30	985（204）	1120	14%	18%
大嵩卫（大山所）	428	358（26）	246	1491	41（12）	2602（865）	3360	23%	26%
靖海卫	210	150	313	1593	72	2338（432）	3360	30%	13%
海阳所	66	126	102	496	41	831（233）	1120	26%	21%
宁津所	68	106	68	529	42	813（216）	1120	27%	19%
成山卫（寻山所）	240	261（94）	234	1156	42（38）	2065（675）	3360	40%	20%
宁海卫	391	1110	354	1665	42	3562（1543）	5600	36%	28%
奇山所	60	113	75	498	18	764（191）	1120	32%	17%
威海卫（百尺崖所、金山所）	224	75（35、114）	285	1368	38（24、17）	2180（527）	3360	33%	16%
登州卫	114	250	828	2009	18	3219（382）	7840	59%	5%
莱州卫（王徐寨所）	447	302（48）	413	1728		2938（797）	5600	48%	14%
青州左卫	453	720		3602		4775（1173）	5600	15%	21%

（本表据郑若曾《筹海图编》卷七制作；注：合计数括号内为不含班军及捕倭军的数额。）

① 这一时期，山东沿海卫所的捕倭军集中于文登、登州、即墨三营，京操军则番上京师，他们对于本卫、所的防御没有多大实际作用。因此，笔者在表中单列“可用兵率”一列，旨在统计该卫、所可用的实际兵额。

由表4－2可见，至嘉靖中后期，山东沿海卫所的缺伍现象已经不同程度地存在，有些卫所缺额甚至较为严重。应当说，在“缺额率”一列中，对于沿海卫所兵员的统计还是较为完全的，不管是番上京师的班军，还是已经调至三大海防营的捕倭军均计算入内，其实此二者对于当地卫所防御意义不大。但是即便如此，大多数沿海卫所的缺额率也大都在二三成，有的甚至更高，如登州卫、莱州卫缺额在一半左右。由表4－2中对卫所防御真正有实际意义的“有用兵率”一列的统计可见，沿海卫所的“有用兵率”大都介于一二成之间，最严重的登州卫，“有用兵率”甚至不足一成。也就是说，就“有用兵力”而言，沿海卫所大都缺伍八、九成，缺额率很高。

一般来说，造成卫所缺伍的原因很多，不过就北部沿海尤其是山东沿海卫所而言，其原因主要有三个：其一，是班军制度的实行；其二，卫所生力军调至三大海防营；其三，卫所逃军。班军制度开始于永乐时期，据《明史》记载：“班军者卫所之军番上京师，总为三大营者也。初，永乐十三年诏边将及河南、山东、山西、陕西各都司，中都留守司，江南、北诸卫官，简所部卒赴北京，以俟临阅。京操自此始。”① 随着班军制度的实行，山东沿海卫所的大量军队长期从事春、秋二班京操，由表4－2可见京操军数额占该地卫所兵员的一半以上，这就严重削弱了卫所的防御力量。如嘉靖三十二年（1553）山东巡按冯荐所言，“自永乐初轮发调发京操，而有司怠玩，军粮不足，脱逃数多，顾觅充数，班操之缺如故”②。班军制度弊端很大，不少军士乘机逃亡。为杜绝卫所军士逃跑，明朝政府一度实行清军政策，不过效果并不明显，据嘉靖《青州府志》记载：“青齐为京师左辅，各卫所官军分班入卫，制也。二百年来颓敝已极，补求之术，不过曰清勾、拨补二者而已，然清出者十无二三，解卫者旋复脱逃，是清勾难济实用矣。不得已乃以官舍余丁拨补，徒费虚名，无益行伍。久则惧其拨补，并见在者亦见逃。况地方频年水患灾伤，民穷财尽，官府追征钱粮，京、边之外视为缓赋，以此，军士月粮鲜有及期者，勉给春班而秋班又至矣。夫补军则卫所难堪，支粮则全运难给。故京操启行，不但额数不敷而已，班军枵腹趋役，武臣坐是黜罚，亦何益于事哉。”③ 对于山东沿海地方来说，京操制度使得当地可用兵额缺少，即如万历年间山东巡抚郑汝璧所说，“卫所官军，

① 《明史》卷九十一《兵三》，第2229页。

② 《明世宗实录》卷四百三，嘉靖三十二年十月丁酉，第7057页。

③ 嘉靖《青州府志》卷十一《兵防》。

原为捍卫地方，后调赴班，军伍劳困，而东省始无兵矣”①。

除此之外，山东沿海一些卫所的捕倭军并不驻守本卫所，而是隶属于山东海防三营，这也使得沿海卫所缺少机动兵员。乾隆《威海卫志》记载了明代威海卫、百尺崖所的兵员状况，“威海卫：京操春戍七百八十四名，秋戍五百八十四名，捕倭军登州营一百二十六名，文登营一百五十九名，守城军七十五名，种屯军二百二十四名，守墩军二十四名，守堡军一十四名；百尺崖所：守城军三十五名，守墩军一十八名，守堡军六名”②；民国《牟平县志》记载了明代宁海卫的兵员状况，“宁海卫：京操春戍五百三十八名，秋戍一千一百二十七名，捕倭军登州营六十二名、文登营二百九十二名，守城军余一千二百一十名，种屯军余三百九十一名，守墩军余十八名、守堡军余二十四名；金山备御千户所……属宁海卫左所……守城军余二十八名，守墩军余十五名，守堡军余二名；清泉寨备御百户所：属宁海卫后所，守城军余一十五名，守墩军余六名，守堡军余二名”③。民国《莱阳县志》记载了大嵩卫、大山所的兵员状况，大嵩卫“京操军春戍七百四十五名，秋戍七百四十六名，捕倭军即墨营二百四十六名，守城军余二百五十八名，屯田军余四百二十八名，守墩军余二十七名，守堡军余一十四名”，大山所“守城军余六十二名，守墩军余六名”④。由上可见，威海卫、宁海卫、大嵩卫的捕倭军均下属于登州营、文登营、即墨营。也就是说，以上卫所所辖兵员除去京操军、捕倭军外仅为屯田军、城守军及为数很少的守墩堡军。

此外，随着军纪的败坏，卫所军官役使军人的现象也很严重。早在宣德八年（1433），山东按察使虞信即上言指出：

> 圣朝屯田之政，盖欲军有余粮、民免供馈，诚良法也。比见山东都司卫所管屯官不体上意，私役军丁，怠废农务。如济南卫军旗总五千六百人，随营余丁老幼亦不下千余人。宣德五年下屯止百九十人，六年四百七十人，七年四百八十人，似此屯田，粮何由积？切恐诸卫皆然。乞敕兵部遣官通行点视，务究其实征操、运粮、备倭凡若干，见在旗军余丁老幼凡若干，尽令下屯，仍具名藉，在外送按察司，直隶送巡按御史，岁终如例比较赏罚，如此则粮可有积，军无私役。又言：洪武间，都司、布政司、按察司视事繁简置

① （明）郑汝璧：《由庚堂集》卷二十三《留班军防御疏》，《续修四库全书》集部第1356册，第615页。
② 乾隆《威海卫志》卷二《建置·武备》，第442页。
③ 民国《牟平县志》卷五《政治志·武备》，第220页。
④ 民国《莱阳县志》卷二之一《内务·兵防》，第258页。

承差催办，已有成规，今山东都司既有承差，而又擅取卫所舍人差遣，往往凌辱。官员贪图贿赂，致令所属官吏乘此侵削军粮市物馈送，乞敕行在都察院转行各处按察司及巡按御史禁止听差，舍人应袭者如例送儒学读书，非应袭者令依亲闲住，凡诸大小事务止遣承差，如此则旧制不违，军不被害。

明宣宗表示同意。① 由此可见，在宣德末年，因官员占役等造成的卫所缺员已经出现。后来这种情况进一步加剧。嘉靖二年（1523），冯时雍出任山东巡察海道副使，“始至，即以沿海卫所承平日久，兵戈不试、将卒骄惰、军政渐蠹，于是申号令，大震耀，合文武吏罔不祗肃”②，可见嘉靖初年山东沿海卫所已经非常腐朽。同治《即墨县志》曾说：“古者寓兵于农，无靡饷之费，而收臂指之利，周以邱甸、唐以府兵、明以卫所，皆其制也。然征发烦则农功旷而兵亦疲，隐占多则军实堕而备亦驰。承平日久，有腰不识櫜鞬者，卒然有警，欲不倒戈而溃也，得乎？”③ 虽然该议论是从整体上针对明代卫所军队腐败而言，并非实有专指，但就这一时期的山东沿海卫所而言，这一概括还是非常合适的。此外，上文所引万历初年即墨县令许铤所说，“今官军非不云分布也，然实纵之旷役而无实用，任其回籍而无实数”④，也反映了当地卫所管理之混乱。

由此可见，至嘉靖后期，山东沿海卫所的生力军或者番上京师，或者被抽调到临近海防营中，加之军官隐占役使，卫所直辖的机动兵力已经寥寥无几，一旦遭遇海上袭击，势必陷入被动。

在这一时期，沿海巡检司的地位也不断降低，兵额不断减少。弘治四年（1491），山东巡察海道副使赵鹤龄即曾上言，指出：“青登莱三府属县，国初设巡检司二十，每司弓兵百人，防御海寇，近分守参议尚絅奏革各司兵三之一，遂缺人防守，请复设便。”该奏疏后下山东巡抚覆勘，以为合适，兵部同意恢复。⑤ 可见，在弘治时期，山东沿海巡检司弓兵数目已经大为减少。梁梦龙在《海运新考》中也曾述及山东北部沿海巡检司状况，指出“利津县丰国镇、沾化县久山镇、海丰县大沽河海口，各设巡检一员，原编弓兵多者百名，少者七八十名，常川驻守，地方有赖。递年屡经裁革，止存一二十名，巡检反畏盗贼，远住县城，

① 《明宣宗实录》卷一百，宣德八年三月癸亥，第 2240 ~ 2241 页。
② 乾隆《威海卫志》卷九，赵文耀《重建威海卫儒学记》，第 477 页。
③ 同治《即墨县志》卷四《武备》，第 67 页。
④ 同治《即墨县志》卷十《艺文 · 文类中》，许铤《地方事宜议 · 海防》，第 245 页。
⑤ 《明孝宗实录》卷五十二，弘治四年六月丙午，第 1025 页。

地方渐以多事”①。

郑若曾在《筹海图编》中列出嘉靖后期山东沿海巡检司的弓兵额及守墩弓兵数，见表4－3。

表4－3　嘉靖后期山东沿海巡检司弓兵数额一览表

巡检司		弓兵数	守墩弓兵数	总数	编制数②	缺额率
青州府	夹仓镇	18	12	30	100	70%
	信阳镇	18	12	30	100	70%
	南龙湾	21	9	30	100	70%
	高家港	24	6	30	100	70%
登州府	赤山寨	27	3	30	100	70%
	辛汪寨	27	3	30	100	70%
	温泉镇	24	6	30	100	70%
	东良海口	24		24	100	76%
	乳山	23	7	30	100	70%
	高山	24		24	100	76%
	杨家店	21		21	100	79%
	马停镇	25		25	100	75%
	孙夼镇	21	9	30	100	70%
	行村寨	22	9	31	100	69%
莱州府	鱼儿铺	15	15	30	100	70%
	古镇	21	9	30	100	70%
	逄猛	21	9	30	100	70%
	栲栳岛	21	9	30	100	70%
	海仓	15	15	30	100	70%
	柴胡	12	18	30	100	70%

（据郑若曾《筹海图编》卷七制作。）

① 《海运新考》卷下，《四库全书存目丛书》史部第274册，第379～380页。

② 据《明孝宗实录》卷五十二，弘治四年六月丙午记载：弘治四年，山东巡察海道副使赵鹤龄曾上言指出：“青登莱三府属县，国初设巡检司二十，每司弓兵百人，防御海寇，近分守参议尚絅奏革各司兵三之一，遂缺人防守，请复设便。”第1025页。该奏疏后下山东巡抚覆勘，以为合适，兵部同意恢复。由此可见，弘治以后，朝廷同意山东沿海每巡检司兵额为百名，所以此处将每巡检司兵额编制数定为百名。

由表4－3可见，嘉靖后期山东沿海巡检司所辖弓兵数目，较之国初缺额已经非常严重，大多缺额在七成以上。由上文中弘治间赵鹤龄所说“革各司兵三之一，遂缺人防守”的状况来看，这一时期沿海巡检司的弓兵已经远不敷用，墩、堡缺人防守之状况可以想见。由弘治间赵鹤龄上奏请求恢复明初所定巡检司兵额到《筹海图编》所载嘉靖后期巡检司缺额的状况来看，长期存在的巡检司缺员问题不但一直没有得到解决，而且愈加严重。至万历初年，即墨知县许铤曾说，“巡检既不足为地方重轻”①。所以，在这一时期，巡检司的地位越来越低，属下弓兵越来越少，作用也随之越来越小，出现“巡检反畏盗贼”的情况也就不足为怪了。

卫所大量缺伍、巡检司大量缺员的状况，显示了这一时期北部海防实力的日趋衰微。

（二）卫所城池废圮

这一时期，沿海卫所、巡检司城池废圮的状况也不断出现。隆庆年间，据山东巡抚梁梦龙考察：“山东沿海地方，自青州卫唐头寨起，迤东历成山卫转折而南，至安东卫与南直隶接界，中间有备倭都司、三营、十卫、五守御所，十七备御所。原设城池，据险当要，联络不绝。但今坍塌数多，如灵山等卫，夏河等所，坍塌几尽，门楼铺舍，形迹全无。及时修葺以壮门户而杜窥伺，乃海防第一急务。除登州等卫、王徐等所，该道设法葺补外，其应修理城池坍塌数多者，大嵩、成山二卫，海阳、大山、雄崖、胶州四所”，“坍塌几尽者，灵山、鳌山、威海、靖海四卫，夏河、奇山、宁津三所”，“自济南府利津县丝网口起，迤西历沾化县，至海丰县，与北直隶接界，中间有三巡检司，公署倾残，尽成瓦砾”。②

与此同时，辽东沿海的墩堡也多有废弃者。《辽东志》在记载辽南沿海墩堡时曾评价道：“自刘江望海埚之捷，而倭寇不敢北侵，自山东海运废而墩空日益废弛，于是旅顺诸堡视无复用，识者有隐忧焉。”③

（三）战船减少

据本书第二、三章所述，在洪武、永乐时期，海运官兵顺路剿倭是明朝政府防倭的一种重要手段。在当时，由登州转运辽东是一条重要的海上运输通道。为

① 同治《即墨县志》卷十《艺文·文类中》，许铤《即墨县图说》，第243页。
② 《海运新考》卷下，《四库全书存目丛书》史部第274册，第378页。
③ 《辽东志》卷三《兵食·沿海城堡墩架》，第401页。

此，明朝政府在登州地区保持了一支规模较大的船队，即登州卫船队。永乐十三年（1415），明朝政府废止海运，“增造浅船三千余只，一年四次，从里运河转漕，遂罢海运”①。此后，大规模海运废止，登州卫船队却仍然得到保留，“犹用之以输辽东之花布，以备倭夷之侵扰”②。

但是，随着大规模海运的停止，山东等地的战船数量也逐渐减少。据《龙江船厂志》载：“登州卫，每年装送花布钞锭，原设海船一百只，正统间，止存三十一只。”③ 又载：“登州卫海船，原设一百只。正统十三年，减免八十二只，止造一十八只。岁拨五只，装运青、登、莱三府花布、钞锭一十二万余疋、斤，前去辽东赏军；余船湾泊海滨，以备海寇。”弘治十六年（1503），因山东巡抚奏，又“减四只。其十四只分派湖广、江西各四只，就彼成造；浙江、福建各三只，每只解银五千两，赴部买料成造”。正德四年（1509），明朝政府下令，登州卫遭风暴毁坏的船只不再打造，“为遭风损坏官船事，题准不必打造。今后各布政司，每三年征价解部，三府花布准收折色”。但是正德五年（1510），却又因户部上奏，而“仍复打造”。不过时间不长，到嘉靖三年（1524），户部尚书上奏指出，“海船之设，本为装运花布、防御海寇，今花布已收折色，若资此以为战舰，恐遇风则奔驰莫止，临阵则重大难旋”，嘉靖皇帝批复，“海船工程依拟停工，今后各布政司不许科派扰民”。④

此外，据《明实录》记载：这一时期，明朝政府曾两次命工部负责打造山东所需部分船只。据《明英宗实录》卷六十，正统四年（1439）十月，“命工部造海运船十六艘，从山东登州卫奏请也”⑤；据《明孝宗实录》卷三十八，弘治三年（1490）五月，“先是，工部以山东登州卫岁运布钞自海道往给辽东军士，乞下福建布政司，造海船二艘以助之。镇守福建太监陈道言：‘福州近年山木消乏，且自此至登州，海道险远，恐有人船俱没之患。请备银万五千两，送南京龙江提举司，造海船为便。’从之。”⑥ 由上可见，这一时期，登州所需船只已经主要依靠

① 万历《大明会典》卷二百《工部二十》，《续修四库全书》第792册，第382页。

② （明）李昭祥：《龙江船厂志》卷二，《续修四库全书》第878册，第306页；又据《明史》卷八十六《河渠四》记载：“十三年五月复罢海运，惟存遮洋一总，运辽、蓟粮”，第2114页。

③ 《龙江船厂志》卷一，第278页。

④ 《龙江船厂志》卷一，第280～281页；（明）沈岱：《南船记》卷二，记载亦同，见《续修四库全书》第878册，第95～96页。

⑤ 《明英宗实录》卷六十，正统四年十月己丑，第1147页。

⑥ 《明孝宗实录》卷三十八，弘治三年五月丙子，第814页。

外地制造，且两次造船时间均为弘治以前。嘉靖五年（1526），明朝政府“停登州造船”[①]，登州卫船队迅速衰落。

笔者认为，这一时期，山东战船之所以减少，既与山东缺乏造船材料不无关系，也与这一时期海疆形势承平及山东海疆地理特点有关。对此，王世贞曾说道：“造海舶，此尤非策也，夫山东陆战地也，山无大材，人无善水，地无支港，海无宽洋，此其势必募闽浙之卒，鬻淮扬之木，费巨万而成舟师，闲居何所置之，有急何所用之?”[②] 由此可见，王世贞认为，山东本身并非海战区域，加之缺少大木材，造船成本太高且又无实用，所以实在没有必要大造海舶。但登州海船的减少和废止，客观上不利于山东海防的发展，对此李昭祥在《龙江船厂志》中有所评论，“然窃闻，其说不过曰花布已收折色，无事装运而重大难旋，不可用以为战。噫!是说也，以为为国家惜财则可，恐非所以达变也。迩者岛夷屡发，为寇闽浙，至焚村落、屠居民，虽添设重臣，奔走二省，而全效未著，其兵威之未振哉? 士不习也。夫海涛之势与江湖稍异，士非素习其间，一旦欲用之，头旋股栗，不能安其身矣，况欲展其技能乎? 然则谓海船之不可废者，未必无深意也”[③]。

总体而言，在这一时期，倭寇入侵次数减少，不过随之而来也产生了一些新的问题，如辽民盘踞海岛、骚扰内地，正德年间的刘六、刘七起义等，也对山东沿海地区造成了一定冲击。但较之以前来说，这一时期北部海疆相对平静，海上威胁相对较少。由于承平时间较长，人们海防意识难免日渐淡漠，于是造成了北部海防设施渐趋废圮的现实，从长远来看，这不利于海防安全。

第二节　海防设施的整顿和完善

经过洪武时期的初创和永乐至宣德时期的加强，正统以后，北部沿海海防机构、设施已经较为完善，在北部沿海海防线上建立起一条由卫所、巡检司及其所属墩台、城堡构成的防线，有效地巩固了当地海防。此外，在这一段较长的时期内，北部沿海的一些州县、卫所的城池也得以修建或重修，这也在客观上加强了地方防御力量。同时，一些有识之士，如曾任山东备倭都司都指挥佥事的戚继光

① 《明史》卷八十六《河渠四》，第 2115 页。

② 《弇州山人四部稿》卷一百二十四《议防倭上傅中丞》，《景印文渊阁四库全书》第 1281 册，第 103 页。

③ 《龙江船厂志》卷二，《续修四库全书》第 878 册，第 306 页。

等，在任职期间，积极整顿当地卫所秩序，纠正一些弊端，对北部海防建设起了一定的积极作用。

一、沿海州县、卫所城池的修建

在正统至万历前期长达一个半世纪的时间中，北部沿海地区州县、卫所城池基本上都得以建设或整修，有的甚至经历过几次重修。揆诸史实，这一时期，北部沿海大多数城池建设、修建之初衷并非是为加强当地海防，但是这些城池的修建却在客观上增强了当地的海防防御力量。这一时期沿海州县、卫所城池修筑状况如表4－4所列。

表4－4　　正统至万历初北部沿海州县、卫所城池修建状况一览表①

州县、卫所	修建时间	概　况	备注	史料来源
府、州、县				
日照县	正德七年	州判王伯安重修。	重修	嘉靖《青州府志》卷十一《城池》；光绪《日照县志》卷二《营建志》，第365页。
	嘉靖三十六年	知县张执中附城西筑土城三面。		
诸城县	正德八年	知县申良重修。		嘉靖《青州府志》卷十一《城池》；乾隆《诸城县志》卷七《建置考》，第65页。
	嘉靖十七年	府同知王钟灵重修。		
	嘉靖二十八年	知县祝天保复修。		
	嘉靖三十二年	知县梁淮增修。		
	万历二年	知县赵楫、李观光相继重修。		
	万历八年			
即墨县	正德二年	流贼逼境，知县高允中重修。		同治《即墨县志》卷二《建置·城池》，第41页。
	万历六年	知县许铤、县丞杨元果重修，砖砌三门，城堞、埤墙皆极整固。		
胶　州	正德六年	值流贼之变，千户匡允中婴城守御，缮其倾圮。		道光《重修胶州志》卷十三《志二·建置》，第144页。
	万历元年	知州王炎重修。		

① 本处所指城池修建主要是指城池初建或者重建及大规模修葺等，至于一些小规模的修正，如改换城门之类，不在本书探讨范围之内。

续表

州县、卫所	修建时间	概　况	备注	史料来源
莱阳县	正统五年	知县郭敏重修。		民国《莱阳县志》卷一之二《建置·城池》，第243页。
	弘治二年	知县吴昂增修，用铁裹门。		
	正德六年	以流贼来攻失守，邑人李铎时为都给事，疏于朝，令砖其城。十四年，知县司迪督修。		
	嘉靖三十四年	知县牛山木重修。		
文登县	嘉靖间	知县胡景华、张先相继重修。		光绪《文登县志》卷二上《城池》，第34页。
	万历八年	知府刘自化始定石城议，同知韩屏主其事，知县郭包田同本邑丞簿督工，三年落成，周六百七十七丈，高二丈。		
宁海州	弘治初	海道副使赵鹤龄以城渐圮，乃令州卫兼修，知州孙裕修西南，指挥王镇修东北。		同治《重修宁海州志》卷六《建置志·城池》，第371～372页。
	正德七年	流贼刘七将陷莱阳，知州章净复葺城、浚池，遂保无虞。		
	万历间	知州张以翔暨指挥胡来贡兼修。		
福山县	弘治十五年	兵宪王和命知县应珊、千户王麟重建。		民国《福山县志槁》卷一之一《城池》，第29页。
	万历六年	兵宪蔡叔逵按部以城墙窄隘，命知县华岱、千户卢汝弼加筑。		
黄　县	正德间	知县周醇因绛水侵城东北隅，退数武为月城，城下作水门泄水。		同治《黄县志》卷二《营建志》，第415页。
	嘉靖二十二年	知县贾璋重修，土沙相杂，率为淋雨侵圮。		

续表

州县、卫所	修建时间	概　况	备注	史料来源
招远县	正德六年	知县申良筑，周二里有奇，高二丈四尺，阔一丈二尺，楼四座，铺四座，门三。		顺治《招远县志》卷二《城池》，第342页。
	嘉靖二年	知县罗锦增修东南，开门曰云路。		
	万历五年	知县田九邱重修，始琢石四平，布之墙端，加以睥睨睥睨之颠，冠以瓴甋之方而剑脊者。秋闰八月经始，冬十一月告成。		
掖　县			未修	
昌邑县	正德六年	值流贼之变，府同知刘文宠重修。		乾隆《昌邑县志》卷二《城池》，第421页。
	嘉靖四十五年	知县李天伦重修。		
	万历五年	知县侯鹤龄修补，增甕城。		
潍　县	正德七年	莱州府推官刘信重修。		乾隆《潍县志》卷二《建置志·城池》，第43页。
寿光县	正德六年	正德六年，知县张良弼重筑，增置敌楼、月城。七年，知县刘澜于壕外筑堤护之。九年，知县李階继葺。		民国《寿光县志》卷四《营建志·城池》，第106页。
	嘉靖二十年	知县许元祥又增筑之。		
乐安县	成化间	知县马亮重筑。		嘉靖《青州府志》卷十一《城池》；民国《乐安县志》卷三《建置志·城池》，第39页。
	正德七年	正德六年流贼破，明年兵备佥事牛鸾复补筑新之。		
	嘉靖中	知县郭中重修。		
利津县	正德间	流贼刘七等抢掠近邑，县丞魏彦昭增修，高至一丈五尺、厚九尺有奇。		光绪《利津县志》卷二《建置志·城池》，第303页。
	嘉隆间	河水泛滥，城屡坏，知县杨启芳、贾光大相继重修。		
	万历六年	知县周大年修甕城。		

续表

州县、卫所	修建时间	概　况	备注	史料来源
滨　州	正德七年	都事吕佩奉檄重修，高二丈五尺、阔一丈四。		咸丰《滨州志》卷二《建置志·城池》，第368页。
	万历八年	知州秦可久奉檄修治，增厚一丈五尺，女墙垒砌，垩以陶灰。判官王寀督工，悉中法则。十一年，知州艾梅修筑雉堞，悉易以砖。		
沾化县	成化二年	知县陈谟重辑。		光绪《沾化县志》卷二《城池》，第13页。
	正德十年	正德六年，流贼突入，屠戮惨甚。知县李绅缮修不果。十年，知县马福始克成之，延袤二里三百步、高三丈、上广六尺、下一仞有半，池称之，堞一千二百五十。		
	嘉靖十七年	知县石玺重修。		
海丰县	正统间	重修		民国《无棣县志》卷二《建置志·城池》，第30页。
	嘉靖三年	知县王训增筑。		
盐　山	成化二年	知县武震始增筑土城。		民国《盐山新志》卷四《法制略·篇四》，第118~119页。
	弘治六年	知县徐有建三城门楼、三角楼、敌台二十四，台设一巡捕，知县喻岳、张旸增修之。		
	正德十四年	知县甄仲釉三城门，始衣以铁。		
	隆庆二年	主簿王胤重缮城池。		
沧　州	天顺五年	知州贾忠奏允创建，砖城。		民国《沧县志》卷三《方舆志·建置·城市》，第54页。
	嘉靖四十年	知州贾希周重修。		
静　海			不详	

续表

州县、卫所	修建时间	概　况	备注	史料来源
宝　坻	弘治庚申	知县庄禫乃议易之以砖，请于巡抚洪公，报可。一时巨室富民踊跃乐输，度地鸠工，甫期而竣。		乾隆《宝坻县志》卷三《建置》，第302页。
	嘉靖末	城渐就圮，知县唐鍊设法增修，复还旧观。		
	万历中	知县管应凤复筑月城复坞重闉，城益完固。		
滦　州	景泰二年	巡抚邹来学檄同知杨雄甃以砖。		民国《滦县志》卷五《建置·城池》，第137页。
	嘉靖间	知州张国维、陈士元。		
	隆庆间	署州事府同知贺凑、知州崔柄、刘欲仁。		
	万历初	知州郭琉、白应乾、张元庆修。		
昌　黎	弘治中	知县殷玘甃以砖。		民国《昌黎县志》卷三《地理志下》，第222页。
	隆庆元年	寇薄城，有司奏请知县张存智重筑。		
卢　龙	景泰中	参将胡镛、知府张茂		民国《卢龙县志》卷一《地理志·城池》，第459页。
	弘治中	知府吴杰		
	嘉靖中	兵备副使温景葵		
	隆庆中	知府刘庠		
	万历中	知府张世杰等		
抚　宁	成化三年	复县于旧治，乃于卫东立县，合为一……本府同知刘遂、指挥陈恺建。		光绪《抚宁县志》卷四《城池》，第52页。
	弘治间	知县李海、指挥陈勋增修。		
	嘉靖间	通判李世相、知县段廷宴、指挥凌云汉、知县姜密增修。		
	隆庆间	张彝训		
	万历间	管县事通判雷应时、指挥张耀先		

续表

州县、卫所	修建时间	概况	备注	史料来源
乐亭县	成化元年	巡抚阎本檄知县元宏甃以砖。		光绪《乐亭县志》卷四《建置·城池》，第237~238页。
	成化十七年	知县李瀚增修。		
	弘治十二年	知县田登设堞。		
	正德中	县丞孙鸿增修。		
	嘉靖中	知县侯庶相、文祥增修。		
	隆庆	知县李邦佐增修。		
	万历	知县于永清增修。		
沿海某些卫、所				
安东卫	弘治三年	筑石城。		嘉靖《青州府志》卷十一《城池》；光绪《日照县志》卷二《营建志》，第365页。
	嘉靖三十四年	经历司何亨补修。		
灵山卫	弘治二年	分巡副使赵鹤龄檄指挥张某重修。		乾隆《灵山卫志》卷一《舆地志》，第12页。
威海卫	弘治二年	巡海道副使赵鹤龄疏动太（泰）山香钱数百金重修。		乾隆《威海卫志》卷二《建置》，第440页。

（本表据嘉靖《山东通志》、嘉靖《青州府志》、万历《莱州府志》、顺治《登州府志》、嘉靖《河间府志》、弘治《永平府志》、嘉靖《辽东志》、嘉靖《全辽志》及相关各州县卫所志制作。）

由表4－4可见，在这段较长的时期内，沿海各州县卫所的城池大多得到修建，或重修、增修。尤其是正德初年，因遭遇刘六、刘七起义的冲击和破坏，各地纷纷建筑、加固城池。诚然，这些增修、重修在大多数情况下并非出于海防考虑，其目的也不在于加强海防建设，但在客观上却加强了地方防御力量。

当然，以上城池的修建也有出于海防目的者，如弘治二年（1489），山东巡察海道副使赵鹤龄巡历山东半岛海防，至威海卫后，发现当地“城池倒塌，兵政废弛”，他认为“城池倒塌如是，不重治之，后必有大患”，于是“起附近人夫数千名，支给泰山香钱数百两，多方设法将威海等卫、雄崖等所三十二处，赤山等巡司二十处，凤皇山等墩、龙虎山等堡四百余处”加以整修。①

① 乾隆《威海卫志》卷九《艺文》，刘玥《新建环翠楼记》，第476页。

此外，明朝政府对辽南废圮的墩台等也做了修理。据《全辽志》记载，红嘴堡：原废，嘉靖三十三年（1554）新复，官军一百三十五员名。归服堡：原废，嘉靖三十三年新复，官军一百三十员名。对此，该书还有一番评论，“自嘉靖三十三年，巡抚江东题增人马三千，改备御为守备，专一防倭。嘉靖四十年（1561）以来，抚按议行凡城堡、墩架锐意修筑，思患预防，颇为得策，是以沿海一带甲兵鳞集、城堡牙制，墩架星列，非特可以备倭夷，而北虏侵轶亦可以无患矣”①。可见，辽东地区在嘉靖初年尚大量废圮的墩台，在嘉靖中后期得到整修。

总体而言，北部沿海州县、卫所城池的修建，客观上加强了地方防御力量，有利于抵御敌人侵袭。从这个角度上讲，这一时期的城池修建，也是海防设施完善的重要步骤。同时，辽东地区大量墩台的重新修建，完善了辽南地区的海防设施，加强了当地海防力量。

二、调整某些卫所位置

这一时期，为完善某些区域的海防布局，明朝政府还调整了一些卫所的位置。如嘉靖四十五年（1566），将辽东定边右卫改驻于凤凰城，据《明世宗实录》记载：“甲辰，兵部覆辽东抚按官奏经略东方事宜，其略言：本镇东南一带地僻海隅，为四方逋寇薮，势难控制，又险山新军多逃伍勾补不便，而朝鲜贡道实从此入，人烟荒凉无以威远，请如御史李辅之策，将定边右卫改于凤凰城堡，原辖右、后所官军并入左卫，而以险上参将营兵及帮丁一万五千名，仍照该营左、右、中三哨，编为定边右卫左、右、中三所，定其版籍，设三千户、三十百户领之，并割金州卫黄骨岛堡属焉，其卫治即以辽阳城旧设，卫治基址变易，应设官吏师生，令御史将辽阳都司见在文武生员量行考拨该学肄业，置教授、训导、库官各一员。如议。”② 由上可见，明朝政府之所以决定将定边右卫改驻凤凰城，主要是因为凤凰城一带地理位置较为重要，该地地处辽东南沿海，多有不法之徒潜居此处，加之当地逃军现象严重，又系朝鲜贡道所经，不得不屯聚重兵以弹压、扬威，所以决定将该卫改驻于此，以控御辽东东南沿海一带。

三、戚继光对山东海防的整顿

戚继光，字元敬，号南塘，晚号孟诸，山东蓬莱人。其六世祖戚祥为避元末战

① 《全辽志》卷二《边防·沿海城堡墩架》，第564~565页。

② 《明世宗实录》卷五百五十八，嘉靖四十五年五月甲辰，第8971~8972页。

乱，一度迁至安徽定远，后加入郭子兴起义军，隶属朱元璋麾下，在明朝建立过程中立有功绩，后殁于傅有德征云南之战，从军近三十年。明朝政府追念他在开国时的功绩，授予他的儿子戚斌明威将军衔，世袭登州卫指挥佥事，这是戚家定居登州的开始。戚继光之父戚景通曾以“以都指挥体统行事”职衔任山东备倭都司长官。嘉靖二十三年（1544），戚继光的父亲戚景通去世，戚继光袭登州卫指挥佥事，时年仅17岁。嘉靖二十七年（1548），戚继光奉命率领本卫士兵戍守蓟门，这是戚继光军旅生涯的开始。此后五年，他每年都要戍守蓟门一次，也是在这一时期，他参加了山东乡试，中武举。嘉靖三十二年（1553）夏，明朝政府擢升戚继光为山东备倭都司署都指挥佥事，管理三营二十五卫所，负责山东沿海一带军务，专门防御入犯山东的海上倭寇。戚继光在任期间，加强对卫所的整顿，严肃军纪、吏治，秉公执法，卫所颓风为之一改。

（一）调整卫所官员

明朝中期以后，卫所制度趋于衰落，不但逃兵现象日益严重，卫所官员也大多人浮于事，并不称职。戚继光上任后，着手改变这一状况。据辽东档案中《登州卫指挥使司为查补衰老患病不堪领班官员事给山东总督戚的申文》记载：嘉靖三十四年（1555），登州卫官员行文戚继光指出，山东沿海春班班军，应于当年二月起程赴京操备，但各领班官，“如威海卫指挥刘勇，南征阵亡。靖海卫指挥王宴，为事监故。济宁卫指挥刘黔，临清卫指挥朱宗学，平山卫指挥王勋，登州卫指挥王柱，安东卫指挥刘希龙，大嵩卫指挥邵弘先，成山卫指挥张岱，青洲（州）左卫指挥王凤鸣、李恒，灵山卫指挥杨尽忠，莱洲（州）卫指挥陶霖，鳌山卫指挥周尚忠，宁海卫指挥万伦，俱各衰老患病，领班废事。若不预处更补，近奉事例颇严，诚恐临期缺官，误事未便”，要求对以上卫所官员做出调整，并且提供了备选者的名单和新旧更替的具体办法。戚继光看后表示同意，批示“指挥王泮等俱依拟更替。敢有推避延迟，呈来参提重治”。同时，他还专门针对登州卫指挥王柱做出批示，“即行本卫指挥栾煦替王柱，不许推病托（拖）延，致误军务未便。先具奉到日期，及各官遵依缘由，拜不违依，准回报查考，毋得违错未便”①。要求属下各官对其批示令行禁止，不得违背、拖延。又嘉靖三十四年六月，戚继光接到登州卫的申文，该申文中提及登州卫中千户所千户马纲，因“得患左背寒湿等病，不能任事，时常举发，即今似已瘫疾”而请求“革去管事”之事，并且登州卫还列有三个备选者，“查得本所佐二（贰）副千户

① 《明代辽东档案汇编》（下），《登州卫指挥使司为查补衰老患病不堪领班官员事给山东总督戚的申文》，第1089～1090页。

李堂所事欠精，及查空闲署正千户周朝新袭未练，副千户蒋经曾蒙奖励”，请戚继光定夺。戚继光在综合考虑的基础上，决定由比较干练的副千户蒋经管署①。

此外，戚继光对于卫所官员的违法乱纪、玩忽职守，也会果断处置。嘉靖三十四年（1555）九月，登州卫报该卫听事吏刘希“旷役律限”，戚继光下令登州卫将其所犯过错“具实申来，以凭参革施行，毋得迟错未便”②。

（二）修筑海防工事，加强水军建设

正统以后，北部海疆长期处于承平状态，海防设施渐趋废圮。戚继光主张修筑海防工事，加强水军建设。

戚继光在出掌山东备倭都司后，曾对山东沿海地区做了一番实地考察，并对当地海防设施加以维修，“在任的两年多时间里，从西北到今日黄河河口一带，南到今山东江苏交界地区，在山东半岛北、东、南千里绵延的海岸上，都留下了足迹。每到一个卫所，戚继光都仔细视察了堡、台、墩等防倭设备，发现损坏的及时加以扩建和维修”③。此外，戚继光还重视对沿海信息传递系统的整顿。他在沿海每隔三十里设立一处驿站，每隔十里设立一处墩台。通过墩台瞭望观察敌情，一旦发现情况，则通过驿站迅速传递，这就加快了信息的传递。

除此之外，戚继光还重视水军建设。在任期间，他驻扎水城，操练军队，将登州水师编为五营、十哨，“不仅编练了营、哨、战舰，使水城成为近可攻，退可守的海上堡垒，而且为了海疆安宁；身先士卒，亲率船队巡航”④。

（三）严肃军风军纪

戚继光治军严格，尤重军纪军风。嘉靖三十三年（1554）八月，登州卫部分军士勾结地方豪强，聚众赌博，严重影响社会秩序，被上报至戚继光处。戚继光主张严格缉拿，并做出批示，“如果豪强有势之家，该卫难于拿处者，即便速呈……有司拿缉，以安地方”。后来，戚继光再次批示此案，指出“看得详报招由，法虽已的，但棍伙结党败俗，情极可恶。且史辰、李氏，俱称未到官，该卫枉法曲护可见矣。仰卫务要拘获人犯，逐一完足，速招解夺，转会发落”⑤。在严肃军风、军纪时，戚继光能做到秉公执法，不偏不倚。如戚继光有位舅父在军中任职，他公然仗

① 《明代辽东档案汇编》（下），《登州卫为申请副千户蒋经掌管印信事给山东总督的申文》，第 1166 ~ 1167 页。

② 《明代辽东档案汇编》（下），《登州卫指挥使司为拘解原拨听事不到吏刘希奉事给山东总督戚的申文》，第 1167 页。

③ 朱亚非：《从历史档案看戚继光在山东的防倭活动》，《历史档案》，1991 年第 4 期。

④ 《登州古港史》编委会：《登州古港史》，北京：人民交通出版社 1994 年版，第 183 页。

⑤ 《明代辽东档案汇编》（下），《登州卫指挥使司为地方赌博事给山东总督戚的申文》，第 1154 ~ 1155 页。

恃长辈身份，不肯听从戚继光的号令。戚继光为严肃军纪，不囿于尊卑长幼的封建观念，果断以上司的身份将其当众惩罚。同时，他为了照顾舅父的面子，当晚又以外甥的身份设宴谢罪，这样就使得舅父心悦诚服，表示再也不会违抗命令。这件事情在军中影响极大，“由是风声远播”。军士纷纷议论说：“法不讳亲，公也；先国后己，让也。舅且不假，况在门墙为之属吏者乎？苟或不戢，秖自速罪戾耳。”① 事后，军中闲散怠惰的松弛风气逐渐被革除，兵士间紧张严肃的军风日益增长。

（四）秉公处置民事案件

戚继光在山东备倭都司任上，也负责处理一些与卫所军人相关的民事案件。如嘉靖三十三年（1554）十一月到十二月间，登州卫右所军政佐贰正千户张守祖向戚继光反映：自己负责保管的库银被前任指挥刘某借给“千百户李武臣等，各分人情使用，向未还补。后蒙上司按临查盘，蒙卫拘令卑职借佃赔补前银完足，查盘讫。今有李武臣等，一向未还，负累卑职，按月行利，佃赔还人。今债主一逐上门逼追，讨要无凑。如蒙呈乞追给偿还债主，庶不亏累寒官施行”，并附有各官所欠钱数，“李武臣、齐恩贤、王瀛，以上每员欠钱四百一十一文，陈龙、武鉴、成邦活、施大恩、吴镇、乔昆、杭文举、巴禄、袁通、邵升、欧阳柱，以上每员欠钱三百六十一文”。张守祖在无奈之下，只得乞求戚继光出面查办此事，以解其困境。戚继光批示，“仰该卫即于现支折色内查给，具由缴”，要求将以上数人所挪用之公款在其俸禄中扣除。一月零十天后，登州卫回文指出，武鉴、乔昆、欧阳柱、吴镇、巴禄等人已经归还了部分欠款，其余仍在归还中，张守祖也表示“前欠钱数，情愿径自收讨”②。又嘉靖三十四年（1555）五月，据《登州卫镇抚为缢死人命事给山东总督戚的呈文》记载：陈主簿使女缢死后，该地将此事上报。戚继光做出批示，命登州卫巡捕镇抚贾世魁与当地总小甲袁禄再行勘察，结果确定后，再由该铺总小甲袁禄等人领埋。③ 由上可见，戚继光对于命案是十分重视的。再如，是年六月三日，登州卫为王氏偷盗拟罪事宜呈文给戚继光，他对此较为重视，处理也非常谨慎，批示“仰该卫覆查，有无官吏酷拷致死情由？取甘结并缴”④。可见，戚继光在断案中，反对刑讯逼供，态度较为谨慎。

---

① （明）戚祚国汇纂，高扬文、陶琦主编，李克、郝教苏点校：《戚少保年谱耆编》卷一，北京：中华书局2003年版，第14页。

② 《明代辽东档案汇编》（下），《登州卫右所千户为各官暂借官银负累寒官事给山东总督戚的呈文（二份）》，第1156页。

③ 《明代辽东档案汇编》（下），《登州卫镇抚为缢死人命事给山东总督戚的呈文》，第1164~1165页。

④ 《明代辽东档案汇编》（下），《登州卫指挥使司为问过犯妇王氏等招罪缘由事给山东总督的申文》，第1165~1166页。

戚继光在主政山东备倭都司期间，针对当地卫所存在的弊端做了一些改革。应当说他看到了问题所在，其改革措施也是值得肯定的。不过，在明朝中后期，卫所之颓废已成定局，非戚继光一人之力所能挽回。所以，戚继光调任后，当地卫所仍旧继续颓废。

四、嘉靖倭患时期辽东巡抚江东对辽东海防的部署

嘉靖中期，倭寇大举入侵东南沿海，偶有倭寇侵入山东等地，北部海疆也面临着威胁。嘉靖三十三年（1554）四月，辽东巡抚江东“以倭寇蔓延青齐间，逼邻金州”，提出八条建议，以加强辽东海防。兹录于下：

一、金州通山东海运，旧设守备防倭，成化中始易以备御，缓急不足恃，请仍设守备，辖金、复二卫，专理海防。

一、金州海岛民居稠密，宜委官分诣其地，编立保甲，俾自为守。

一、金复等卫黄骨岛等堡，士马久缺，乞酌量冲缓，随宜增补。

一、造小船分布各岛口，以便传报。

一、修葺沿海诸路堡台，以便守瞭。

一、选编腹里各卫城堡及四方屯居流民壮丁，委官督操，以倡勇敢。

一、严禁商贾私贩木植下海者，恐为倭乡导。

一、拟应援兵马，如金州有警，则令海盖参将督兵往援，右屯卫有警，则大陵河提调官，督兵往援。其辽阳广宁锦义总兵参守等官，各相机策应，有逗留者罪之。

一、金复海盖岁比不登，兼苦重役，逃亡者多，宜下所司抚恤。

兵部覆可，从之。①

由上可见，江东对倭寇入侵东南沿海及山东的严峻形势有着清醒的认识，他能居安思危、未雨绸缪，积极做好充分准备以应对可能出现的倭寇入侵。纵观其海防方略可以发现，他力主将金州备御升为守备，以重其事权，全面负责辽南海上要冲金、复二卫的海防事宜。此外，他还针对金州沿海岛屿人烟密集的状况，提出派人将当地居民编为保甲，加强组织管理，以应对可能出现的外敌入侵。同时，对于金州沿海要冲如黄骨岛等城堡“士马久缺”的状况，他倡议增补兵员，并修整沿海墩台，布小舟于海口，以便瞭哨敌情。他还看到了东南沿海从事海外贸易者勾结倭寇为祸沿海的事实，严禁商贾私贩木植下海。为加强当地海防力量，他又力主招募流民、壮丁，并勤加操

---

① 《明世宗实录校勘记》卷四百九，第2188～2189页；又见《皇明驭倭录》卷五，第70～71页。

练。他还对沿海军事应援体制做了部署，规定如果金州遇警，则海盖参将驰援，右屯卫有警，则大凌河提调官驰援，辽阳、广宁、锦义总兵、参、守等官协调策应。

总体而言，在嘉靖中后期，面临倭寇威胁，江东对辽南地区的海防等进行了一番整饬，收到了一定的成效，对此《全辽志》曾评价道：“自嘉靖三十三年（1554），巡抚江东题增人马三千，改备御为守备，专一防倭……是以沿海一带甲兵鳞集、城堡牙制，墩架星列，非特可以备倭夷，而北虏侵轶亦可以无患矣。”①

总体而言，在正统至万历前期的这一段漫长的时间里，北部沿海的一些海防设施和州县、卫所城池得到了不同程度的修建，其中也有有识之士，如戚继光等人对沿海军事机构存在的一些弊端做了一些调整。同时，明朝政府也能针对海防形势的需要，对一些要害地区的海防部署加以调整。这是值得肯定的。不过，从整体上看，这一时期，北部沿海的海防力量是处于衰落状态的，大量的海防设施趋于废圮，即使一些整修也多为小修小补。造成这种状况的原因在于长期承平形势使得明朝政府、地方军政机构缺乏必要的海防意识。

第三节　北部沿海地区相关职官调整

在正统至万历前期长达一个半世纪的漫长岁月中，北部海疆相对平静，虽然间或也偶有倭寇及其他海寇侵扰，但较之东南沿海来说要轻得多。总体看来，此时，明朝政府并没有专门针对北部沿海地区制定相应的海防政策或采取较大的海防行动。不过，这一时期，明朝政府对于地方官制做了很大调整，在北部沿海地区设置了诸如总督、巡抚、兵备道等职官，这些职官绝大多数并非专为防海而设。但是，他们的设立贯彻了明王朝“以文制武”的思想，明朝政府通过广泛设置这种参与军事的文官，实现了文官在较大范围内对军事战略的总体控御，提高了军事部署的灵活度及协调性，促进了北部海防整体指挥体制的形成，也在一定程度上加强了当地海防。

一、设立沿海总督

（一）蓟辽总督

1. 设立及其沿革

关于蓟辽总督的设立时间，史书记载有些龃龉，大体有以下两种说法。

---

① 《全辽志》卷二《边防·沿海城堡墩架》，第565页。

（1）嘉靖二十九年（1550）

据万历《大明会典》记载："总督蓟辽、保定等处军务兼理粮饷一员。先年蓟辽有警，间遣重臣巡视，或称提督。嘉靖二十九年，以虏患始改为总督蓟州、保定、辽东军务，镇巡以下悉听节制。三十三年（1554），以密云咫尺陵京，接连黄花、渤海，去石塘岭、古北口、墙子岭各不满百里，移总督驻密云，巡抚驻蓟州，防秋之日改驻昌平，而总督遂定设不革。万历九年（1581），加兼巡抚顺天等府地方，十一年（1583）除巡抚如旧。"①

此外，又据《明史纪事本末》记载，嘉靖二十九年九月："置蓟辽总督大臣，以蓟州、保定、辽东三镇隶焉"②；又据《明史》记载："总督蓟辽、保定等处军务兼理粮饷一员。嘉靖二十九年置。先是，蓟、辽有警，间遣重臣巡视，或称提督。至是以边患益甚，始置总督，开府密云，辖顺天、保定、辽东三巡抚，兼理粮饷。"③

以上三者均认为该总督设置于嘉靖二十九年。

（2）嘉靖三十年（1551）

据《四镇三关志》记载："总督：嘉靖二十九年设，初为提督蓟镇军务。三十年，通州督粮都御史王忬请改为总督蓟辽、保定军务，驻札密云县，分蓟、昌为二镇。"④ 显然，该书认为嘉靖二十九年设立的是蓟镇提督，次年，明朝政府方因王忬之奏请，将其改为蓟辽总督。因此，该总督应当设立于嘉靖三十年。

该总督究竟设于何时？《明世宗实录》对蓟辽总督设立始末有所记述，兹录于下：

嘉靖十八年（1539）四月庚申：诏总督三关军务兵部尚书毛伯温、总督蓟州等处军务兵部左侍郎樊继祖各还京。⑤

嘉靖二十年（1541）八月：兵科都给事中王继宗、监察御史张光祖言：三卫不庭，北虏猖獗，京师百里之外即为贼巢，乞暂遣大臣一人总督蓟州军务兼理粮饷……上纳其言，命升都察院左副都御史胡守中为兵部右侍郎，兼原职以往。⑥

嘉靖二十五年（1546）十月甲午：建昌侯张延龄、总督蓟辽兵部右侍郎

---

① 万历《大明会典》卷二百九《都察院一》，《续修四库全书》第792册，第470页。

② 《明史纪事本末》卷五十九《庚戌之变》，第907页。

③ 《明史》卷七三《职官志二》，第1773页。

④ （明）刘效祖：《四镇三关志》卷八《职官考·蓟镇职官·文秩·总督》，《四库禁毁书丛刊》史部第10册，第437页。

⑤ 《明世宗实录》卷二百二十三，嘉靖十八年四月庚申，第4637页。

⑥ 《明世宗实录》卷二百五十二，嘉靖二十年八月甲子，第5049～5050页。

胡守中俱伏诛。①

嘉靖二十九年（1550）九月乙未：吏部奉旨推经略蓟镇大臣……复以工部左侍郎孙禬为兵部左侍郎兼右佥都御史，提督蓟镇军务，节制河间、真、保、辽东兵马。②

嘉靖二十九年十二月甲子：兵部集旨集议……五、重督抚之任，辽东、保定去蓟镇不远，请改苏（蓟）州总督都御史为总督蓟、保、辽东，更敕给之。③

由上文所列《明世宗实录》记载可见，早在嘉靖十八年（1539）以前，明朝政府即已设立蓟州总督，后裁革。至嘉靖二十年（1541），因虏患严重再设蓟镇总督，以胡守中任。至二十五年（1546）胡守中被杀后，该督再次裁撤。二十九年九月，孙禬出任蓟镇提督，该职才基本稳定下来。当时，孙禬节制河间、真、保、辽东兵马，职权实际上已经等同于蓟辽总督。是年十二月，因兵部集议，最终创设蓟辽总督。因此，应当说蓟辽总督设立于嘉靖二十九年。④

至于以上史书记载中出现的嘉靖二十九年与嘉靖三十年（1551）一年之差，笔者认为，蓟辽总督设于嘉靖二十九年十二月，与嘉靖三十年相去没有几天，加之文移往返需要一些时日，因此持"三十年说"者，很可能是以明朝政府敕令发至蓟镇时间为准，故出现了一年之差。

2. 海防辖区及其海防职掌

（1）海防辖区

关于蓟辽总督的辖区，《明世宗实录》记载为"总督蓟、保、辽东"⑤，由此可见，蓟镇、保定、辽东乃其辖区，该说主要侧重于军事区域⑥。此外，王世贞《弇山堂别集》记载为："（蓟辽总督）开府密云，总辖顺天、保定、辽东三巡抚，总兵以下悉听节制，仍兼理粮饷"⑦，认为其下辖顺天、保定、辽东三巡抚。

---

① 《明世宗实录》卷三百十六，嘉靖二十五年十月甲午，第5906页。

② 《明世宗实录》卷三百六十五，嘉靖二十九年九月乙未，第6517页。

③ 《明世宗实录》卷三百六十八，嘉靖二十九年十二月甲子，第6579～6580页。

④ 此外，（明）王世贞《弇山堂别集》卷六十三《总督蓟辽保定都御史年表》记载："总督蓟辽保定军务，最为近设。嘉靖二十一年因虏警，胡守中以兵部右侍郎提督，驻札蓟镇，二十九年孙禬以兵部左侍郎提督，未久俱勒归。最后始创设总督，开府密云，总辖顺天、保定、辽东三巡抚，总兵以下悉听节制，仍兼理粮饷"，北京：中华书局1985版，第1190页。

⑤ 《明世宗实录》卷三百六十八，嘉靖二十九年十二月甲子，第6580页。

⑥ 据（明）陈懿典：《陈学士先生初集》卷二十二《九边》记载："九边者，蓟镇、辽东、保定为三边，而总一制府曰总督蓟辽"，明万历刻本。九边是明朝政府在北部边境设立的九个军镇，以九边界定蓟辽总督辖区偏重于军事方面。

⑦ 《弇山堂别集》卷六十三《总督蓟辽保定都御史年表》，第1190页。

因此，蓟辽总督的辖区可概括为，北直隶北部及辽东。因该总督所辖之顺天、保定、辽东三地，均有沿海辖区，故其亦负有海防职责。

在特殊时期，蓟辽总督的辖区还会有所扩大。如万历援朝御倭战争后期，邢玠以兵部尚书总督蓟辽，统兵入朝作战，成为北部海防最高长官。在这一时期，其辖区有所扩大。邢玠在《请设天津巡抚、督饷大臣疏》中指出："夫天津、登莱皆臣节制之地也。水陆兵马本折粮饷，臣总督经略，悉听调度，名义岂不甚便？"① 可见，在当时，辽东、天津、山东沿海均是其辖区。

援朝御倭战争胜利后，蓟辽总督专任防备蒙古及女真势力，不再专重海防。因防御重心转移，又恢复往日辖区。

（2）海防职权

蓟辽总督本为防虏而设，其重心专在防御蒙古及女真势力，故其虽辖有北部沿海广大地区，然因辖区多处渤海内部，颇具地理优势，所受海上威胁较小。故在设立后的很长时间内，防海并非其主要职责。直至万历二十年（1592），援朝御倭战争开始，日军迅速占领朝鲜，并力图内犯，北部沿海形势骤然紧张，蓟辽总督才开始参与海防事宜。至于该总督的海防职权，在本书第五章中有详细介绍，兹不赘述。

（二）浙直总督

嘉靖后期，倭寇入侵东南沿海地区，明朝政府一度设立浙直总督。据王圻《续文献通考》记载："三十三年（1554），倭夷入犯杭州，命尚书提督浙江、福建、南直军务。"②

据靳润成先生考证，浙直总督一度曾辖有山东。至嘉靖三十四年（1555）五月，山东划出。③

二、设立沿海巡抚

（一）山东巡抚

1. 设置及其沿革

关于山东巡抚的设立时间，史书记载有些不同，大致有两种观点。

（1）宣德五年（1430）

据《国朝列卿记》卷一百二十一《巡抚山东兼理营田序》记载："自永乐十六年

---

① （明）邢玠：《经略御倭奏议》卷二《请设天津巡抚、督饷大臣疏》，《中国文献珍本丛书》之《御倭史料汇编》（四），全国图书馆文献缩微复制中心2004年版，第178页。

② （明）王圻：《续文献通考》卷九十《职官考》，明万历三十年（1602）松江府刻本。

③ 靳润成：《明代总督巡抚辖区研究》，第140～141页。

(1418)，遣侍郎郑刚巡视，事竣则止，无定员。历宣德五年（1430），初遣刑部侍郎曹弘，正统五年（1440），遣大理寺少卿张骥出，巡抚地方，尚未专设。至正统十三年(1448)，土木之变，宇内多事，遣都御史洪英出抚，遂相沿至今，凡以镇奠东土，作屏翰也。"① 该书认为山东巡抚最初设立于永乐时期，但当时尚不确定，经过宣德、正统年间的发展、演变，至正统末年始成为定制。同时，该书将宣德五年以前巡抚山东者，称作敕使而非巡抚。显然，该书认为宣德五年才是山东巡抚正式设立的时间。

（2）正统五年（1440）

据万历《大明会典》记载："正统五年，遣大理寺少卿巡抚山东地方。十三年，始定设都御史。嘉靖四十二年（1563），加督理营田。万历七年（1579），加兼管河道。八年（1580），加提督军务。"② 显然，该书认为正统五年，张骥以大理寺少卿出巡山东，是山东巡抚设立的标志。

对比以上两种观点，我们可以发现，二者之差异在于曹弘是否巡抚山东。关于曹弘其人，据《国朝献征录》卷四十六《本传》记载："宣德庚戌，朝廷以东南诸处粮赋不充而民疲于趋事，特命廷臣荐可当重任者往抚治之，得弘等五人，俱拜为侍郎，弘授敕巡抚山东、淮扬等处，事集而民不扰，一方赖之以安"③。又据薛瑄《敬轩文集》卷二十一《祭刑部侍郎曹弘文》记载："公发迹秋官，陟于亚卿，奉命巡抚江淮、山东，持身庑谨，临事宽平，民感其惠，吏服其公，连数千里熙然以宁。"④ 由此可见，二者均认为曹弘于宣德五年被任命巡抚山东、淮扬。因此，应当以宣德五年为山东巡抚设立标志。⑤

---

① （明）雷礼：《国朝列卿记》卷一百二十一《巡抚山东兼理营田序》，明万历徐鉴刻本。此外，关于郑刚抚绥山东一事，据《明太宗实录》卷二百五，永乐十六年十月戊子记载："（郑刚）永乐初，升山西布政司左参政，召为工部侍郎，留侍皇太子监国，奉命抚绥山东，既还，悉疏民间利病以闻，皇太子嘉之。"第2108页。

② 万历《大明会典》卷二百九《都察院一》，《续修四库全书》第792册，第473页；王圻《续文献通考》卷九十《职官考》、《明史》卷七十三《职官二》记载亦基本相同，第1777页。

③ 《国朝献征录》卷四十六《刑部三》。

④ （明）薛瑄：《敬轩文集》卷二十一《祭刑部侍郎曹弘文》，《景印文渊阁四库全书》第1243册，第357页。

⑤ 此外，据嘉靖《山东通志》卷二十五《名宦上》记载："何文渊：永乐间以监察御史巡抚山东，时豪右侵渔百姓，兼军卫多扰，文渊发奸摘（擿）伏，吏民畏之如神"，认为永乐年间何文渊亦曾巡抚山东，《天一阁藏明代方志选刊续编》第52册，第144～145页。不过，据《本朝分省人物考》卷六十一《何文渊传》记载："岁戊戌，登李骐榜进士。第二年，拜湖广道监察御史，巡按山东"，《续修四库全书》第534册，第667页。又据《国朝列卿记》卷二十四《何文渊传》记载："戊戌，登李骐榜进士。越二年，拜湖广道监察御史，以廉介自持，正色立朝。巡按山东，山东豪右侵渔百姓，兼军卫多扰，文渊发奸摘（擿）伏，吏民畏之如神"。又据《明史》卷一百八十三《何文渊传》："永乐十六年进士。授御史，历按山东、四川。"第4851页。据此，则何文渊并未任山东巡抚，而是担任山东巡按。因此，嘉靖《山东通志》记载有误，兹不从其说。

不过，设立初期的山东巡抚，并非专辖山东一省。在设置初期，该职官尚具有因事而设、事定而裁的不固定性，所以往往因“事”之不同而与周边其他地区或合或分。据靳润成先生考证：“宣德五年因赈济灾荒而设置，辖山东布政司及南直隶之江北部分。正统四年罢，寻复置，辖区不变。八年去山东。……十二年，辖山东济宁以南及南直隶江北部分。十四年四月辖山东布政司及南直隶之凤阳、庐州、淮安、扬州四府。当年析为山东、凤阳二巡抚。”① 据此，则真正意义上专辖山东一省的山东巡抚应当设立于正统十四年。②

此后，山东巡抚尚有过两次短暂的罢黜。即成化十三年罢，二十年复置。正德二年罢，五年复置。③

此后，作为省级建制的山东巡抚一直保留，直至明末。

综上所述，尽管在永乐时期，明朝政府即已派遣类似巡抚性质的官员。但这一时期的派遣还不正规，往往因事而设、事后即裁。宣德五年、正统五年，朝廷也均曾派遣类似官员。不过，直至正统十四年（1449）洪英出任巡抚，作为省级

---

① 靳润成：《明朝总督巡抚辖区研究》，第67页。

② 靳润成先生认为，正统十四年山东淮扬巡抚析为山东、凤阳二巡抚。其依据为《明英宗实录》卷一百八十六《废帝郕戾王附录第四》，正统十四年十二月庚戌：“命吏部尚书赵新巡抚南直隶、江北，左副都御史洪英巡抚山东”，即以正统十四年十二月赵新、洪英分治为山东巡抚设立之标志，第3715页。若要厘清山东巡抚独立设置始末，尚需对相关史料加以排比对照，以下试考辨之。据《明英宗实录》卷一百七十七，正统十四年四月丁卯：“吏部右侍郎赵新巡抚山东及直隶、凤阳等四府”，第3419页。卷一百八十一，正统十四年八月癸酉：“令升吏部右侍郎赵新为本部尚书，仍于山东等处抚安军民。升山东左布政使洪英，河南左布政使王来俱为都察院左副都御史，仍食二品俸，山西布政使朱鉴为右副都御史，俱仍于本处巡抚。”第3527页。（《国榷》卷二十七，正统十四年八月癸酉，作“吏部右侍郎赵新为尚书，仍抚安山东军民。山东、河南左布政使洪英、王来为左副都御史，仍二品俸，山西布政使朱鉴为右副都御史，俱巡抚山东、河南、山西”。二者含义基本相同，第1785页）。据此，则正统十四年八月，洪英已经出任山东巡抚。此外，据《明英宗实录》卷一百八十四，正统十四年十月己酉“升山东布政司右布政使万观为左布政使，从巡抚左副都御史洪英奏举也”，第3613页。十月丁巳“敕巡抚山东、山西、河南、陕西都御史洪英、朱鉴、王来、王文……各收所守地方军民男女入城以防剽掠，其所选官军民壮，躬自率领来京策应”，第3628～3629页。（《国榷》卷二十八，正统十四年十月丁巳，“敕巡抚山东、山西、河南副都御史洪英、朱鉴、王来……各收保人畜入城，率所选官军民兵勤王”，亦同，第1803～1804页）由此可见，八月后洪英已经开始行使巡抚职权。由上可见，赵新于正统十四年四月巡抚山东及直隶、凤阳四府，至该年八月升为尚书，仍巡抚山东军民。直至十二月方改为巡抚江北。而洪英则于该年八月由山东左布政使出任山东巡抚。可以说，自八月到十二月，巡抚山东的同时有赵新和洪英二人，只不过赵新辖区较大，除山东外还有直隶、凤阳，而洪英则是专辖山东。因此，笔者认为：山东作为一个巡抚的独立辖区，应当自正统十四年八月洪英出任开始，而非十二月赵新改任巡抚江北。此外，对于洪英出任山东巡抚的时间，史书记载有些不同。《国朝列卿记》卷一百五《本传》：“十三年，升左副都御史，巡抚山东”，笔者认为在涉及重要职官任免问题上，《实录》记载还是比较可靠的。此处，应当遵循上文所引《实录》的记载。据《明英宗实录》卷一百八十六《废帝郕戾王附录第四》，正统十四年十二月庚戌：“命吏部尚书赵新巡抚南直隶、江北，左副都御史洪英巡抚山东”，第3715页。（《国榷》卷二十八，十二月庚戌：“吏部尚书赵新巡抚江北，左副都御史洪英巡抚山东”，亦同，第1820页）。至此，山东巡抚辖区最终固定。

③ 参见靳润成：《明朝总督巡抚辖区研究》，第69页。

建制的山东巡抚才稳定下来。尽管该职后来有过两次短暂裁撤，但并不影响有明一代山东巡抚设置、发展之大势。总体而言，自正统十四年以迄明末，山东巡抚成为山东事实上的最高行政长官。

2. 辖区及其海防职权

（1）辖区

宣德及正统初年，山东巡抚为因事而设，其辖区往往因“事”之不同而各异。直至正统十四年（1449）八月，洪英出任山东巡抚，其辖区才固定为山东一省。此后，其辖区在相当长的时间内基本没有变化。关于山东巡抚的辖区，据吴廷燮《明督抚年表》记载：“巡抚山东等处地方，赞理营田，兼管河道，提督军务，统武定兵备、济宁兵备、曹濮兵备、沂州兵备、临清兵备、青州兵备、登州分巡七道，山东布政司之济南等六府，山东都司之济南、兖州护卫等十八卫，诸城等十八所。”[①] 显然，山东巡抚是山东省军、政最高长官，其辖区为山东境内各府州县、卫所。

有学者认为，明末山东巡抚辖区发生变化，“天启元年因析置登莱巡抚，登州、莱州二府别属之。七年，青州府亦别属登、莱巡抚。崇祯二年因登莱巡抚罢，登州、青州、莱州三府当还属。三年因复置登莱巡抚，登州、青州、莱州三府别属之”[②]。笔者认为，明末登莱巡抚的设置其实并没有改变山东巡抚的辖区。因为登莱巡抚为“因事而设”的专门性巡抚，其旨在防止女真南下，并力图恢复辽东，其下辖属地称为信地似乎更为妥帖。（详见本书第六章第六节登莱巡抚条）

（2）海防职权

一般来说，正统十四年（1449）八月，统辖山东一省的山东巡抚在制度上已经最终确立。可以说，这时的山东巡抚因下辖诸多沿海州县、卫所，已经成为山东的重要海防文官。而且，从该任巡抚洪英开始，山东巡抚即有一定的军事权。如景泰元年（1450）十月，山东右布政使裴纶上疏朝廷，请撤镇守内臣时，即曾说：“山东内地，与边徼异，已有都御史洪英巡抚，督同三司，常操军士，保固城池。”[③] 显然，这时的山东巡抚已经有节制地方军事长官、控制地方军事力量之权。

后来，随着形势的变化，山东巡抚的职权也不断增加。嘉靖三十二年（1553）七月，东南沿海倭寇猖獗，山东沿海也备受威胁。为此，兵科都给事中

---

① 吴廷燮：《明督抚年表》，北京：中华书局 1982 年版，第 374 页。

② 靳润成：《明朝总督巡抚辖区研究》，第 69～70 页。

③ 《弇山堂别集》卷九十一《中官考二》，第 1748 页。

王国祯上疏言三事，认为“近日登莱亦传倭警，凡濒海郡国将来恐俱不免”，倡议“山东、辽东巡抚亦乞赐以专敕，俾兼海防，令亟于先事图之”。王国祯的上疏得到朝廷的同意，“应天、凤阳、山东、辽东巡抚都御史，以本职兼理海防，各别给敕书行事”①。这一时期，山东巡抚被加敕兼理海防。

万历八年（1580），山东巡抚加提督军务衔，正式成为山东最高军政长官。②至此，山东巡抚的职权大体确定。

万历《青浦县志》中收录了万历十年（1582）十二月六日朝廷赐予山东巡抚陆树德的敕书，对于山东巡抚的权责记载非常明确，兹节录于下：

> 今特命尔前去巡抚山东地方，提督军务，操练军马，修理城池，抚安人民，督理海防，及提督一应税粮、边粮、屯粮，并预备仓粮，关防经过安插达子，务在宣布德意，扶植良善，生伏强暴，使以时耕敛，各安生业。……如有盗贼生发，即使督率官军，上紧剿除，毋令滋蔓。临清及东昌、济宁等处，多有亡命之徒，结构为非，须督令兵备、守官用心缉捕禁治。……所属官员有能奉公守法修举职业者，量加奖励。其贪酷不才害民误事者，军职及文职五品以上指实参奏处治，其余就便拿送所司究问。尔为宪臣，受兹重任，宜持廉秉公，摅忠竭力，计安地方，以称委托，如或因循怠忽责有所归，尔其慎之故谕。③

由该敕书可见，万历十年（1582）的山东巡抚，其职权已经相当广泛，既有军政、又有民政。就其与海防相关者而言，首先该敕书明确规定山东巡抚可“督理海防”，海防事务成为其法定职权的一部分。此外，从敕书中“军职及文职五品以上指实参奏处治”来看，山东巡抚对于属下卫、所等军事机构中的武官具有管辖监督权，此处的武官，有很大一部分即出自沿海的卫所和海防营。

援朝御倭战争前后，山东沿海地区直接面临着较为严重的海上威胁。时任山东巡抚宋应昌、郑汝璧等人对山东海防多有筹划、经营，详见本书第五章，兹不详述。

（二）辽东巡抚

1. 设立及其沿革

关于辽东巡抚的设立时间，史书记载多有不同。归纳言之，大致有三种说法。

---

① 《明世宗实录》卷四百，嘉靖三十二年七月甲子，第7018～7020页。

② 万历《大明会典》卷二百九《都察院一》，《续修四库全书》第792册，第473页。

③ （明）卓钿修，王圻纂：万历《青浦县志》卷七《敕山东巡抚陆树德文》，明万历二十五年（1597）刻本。

（1）永乐年间

据《全辽志》卷三《职官·辽镇职官·文秩·巡抚》记载："巡抚：永乐年间设立。"① 此外，又据《四镇三关志》卷八《职官考》记载："永乐十四年（1416），设巡抚佥都御史或副都御史一员，赞理军务"②，也认为该巡抚设立于永乐年间。

（2）宣德十年（1435）

据《明英宗实录》记载：宣德十年十二月丁未，"命行在都察院右佥都御史李浚巡抚辽东。先是行在户部、兵部奏：辽东等处地方广远，宜得大臣巡抚。上命廷臣推举，至是举浚以闻，遂有是命"③。认为辽东巡抚是宣德十年，明英宗因户、兵二部上奏所设。

（3）正统元年（1436）

据《国朝列卿记》卷一百十九记载："自正统元年疆场有警，始遣都御史李璿（按：当为浚）出抚，遂为定制。……故专制一方者，要在随势安辑，处置得宜，先事申严，防守不堕，俾恩威并立，足制夷情，斯为奠圉之良图矣。"④ 此外，据万历《大明会典》记载："巡抚辽东地方赞理军务一员，正统元年遣都御史巡抚，遂为定制，后加赞理军务。"⑤ 又据《明史》记载："巡抚辽东地方赞理军务一员。正统元年设。"⑥ 以上诸书均认为该巡抚设立于正统元年。

以上三说，尽管对于辽东巡抚设立时间认识各不相同，但均认为李浚是首任辽东巡抚官⑦。因此尚需对李浚之生平加以考辨。据王伟撰《副都御史李公浚墓志铭》记载："嘉公之忠，升都察院左佥都御史，阶中顺大夫，复赐以袭衣彩段，实宣德丙午也。又二年，公膺诰命……又八年，是为正统元年。今上皇帝嗣承大统，简任贤能，励精图治，时公丁内艰还，适辽东守臣懈于边备，虏数寇盗，上

① 《全辽志》卷三《职官》，第 578 页。

② 《四镇三关志》卷八《职官考·辽镇职官·文秩·巡抚》，第 451 页。

③ 《明英宗实录》卷十二，宣德十年十二月丁未，第 219 页。

④ 《国朝列卿记》卷一百十九《巡抚辽东》。《国榷》卷二十三，宣德十年十二月丁未条，亦基本相同，第 1508 页。

⑤ 万历《大明会典》卷二百九《都察院一》，《续修四库全书》第 792 册，第 473 页；王圻《续文献通考》卷九十《职官考》亦同。

⑥ 《明史》卷七十三《职官志四》，第 1777 页。

⑦ 《辽东志》卷五《官师·使命》，第 412 页。《全辽志》卷三《职官》，第 578 页均以李浚为首任辽东巡抚。

命在廷大臣举素有才者一人往抚绥之，佥以公为宜，上遂召公往莅其事。”① 由此可见，宣德元年（1426），李浚因平定朱高煦之乱，为明宣宗赞赏才被擢升为左佥都御史，不可能于永乐年间即已巡抚辽东。因此，“永乐说”不成立。有学者以上文所引实录为据，认为宣德十年（1435）十二月时，“英宗虽即位，但尚未更改年号”，因此持“正统元年说”者“均误”②。笔者认为，此说确有一定道理，不过，这一年之差似乎不当以“正、误”衡量。因为实录所言已是十二月丁未，因文移往返，李浚上任很可能在次年。而各种文献记载标准不同，若是以到任时间为准的话，则很可能就是正统元年。

本处从实录，以宣德十年为辽东巡抚设立的标志。

此后，辽东巡抚有过三次短暂的罢黜。即：天顺元年（1457）罢，二年（1458）复置；天启二年（1622）初罢，同年八月复置；五年（1625）罢，六年（1626）复置。对于这三次短暂的罢黜，靳润成先生曾加以详细考辨，兹不赘述。③

总体而言，辽东巡抚自宣德十年设立以来，直至明末，几乎一直存在，并对辽东政治、军事起了很大的作用。

2. 海防辖区及其职掌

（1）海防辖区

宣德十年（1435），辽东巡抚设立，其辖区为辽东都司全境。对此，吴廷燮在《明督抚年表》中指出：“统宁前兵备，广宁、锦、义兵备，金、复、海、盖兵备，辽海东宁分守四道，辽东都司之卫所城堡，安乐、自在二州，建州、毛怜、海西、朵颜、泰宁、福余诸卫贡市。”④ 以上所列应当就是其管辖范围。其中，辽南沿海的金、复、海、盖及环渤海内部的山海关以北地区，皆为其海防辖区。

后来，辽东巡抚辖区有所变化。天启二年（1622），辽东巡抚王化贞战败被逮，其下属毛文龙所辖之东江镇以及辽南旅顺等地，划归登莱巡抚管辖。（详见本书第六章之“登莱巡抚”）

崇祯四年（1631），明朝政府设山永巡抚，其山海关一带沿海地区划归山永

① 《国朝献征录》卷六十《都察院七》，（明）王伟《副都御史李公浚墓志铭》。
② 靳润成：《明朝总督巡抚辖区研究》，第 22 页。
③ 靳润成：《明朝总督巡抚辖区研究》，第 21 ~ 22 页。
④ 吴廷燮：《明督抚年表》，第 47 页。

巡抚管辖。

（2）海防职掌

宣德十年，辽东巡抚设立后，因其下辖辽东沿海卫所，应当归为海防职官一列。不过，因永乐十七年（1419），辽东总兵刘江在望海埚一战中给予倭寇以歼灭性打击，此后北部沿海倭寇逐渐绝迹。所以，该职在设立后相当长时间内，并未参与海防事宜。

嘉靖三十二年（1553），因倭寇侵犯东南沿海，朝廷敕令应天、凤阳、山东、辽东四巡抚，以本职兼理海防，分别给予敕书行事。①

万历二十五年（1597）四月己丑，明朝政府任命山东布政使张思忠为辽东巡抚，兼管备倭。② 此后，辽东巡抚一直负有“兼管备倭”之责，至明末不变。③

（三）保定巡抚

1. 设置及其沿革

一般认为，保定巡抚设立于正统十四年（1449），至成化八年（1472）最终确定。保定巡抚在草创及设立初期，裁设不定，辖区也经常变化。《国朝列卿记》卷一百十八《巡抚保定等府兼提督紫荆等关》对此加以梳理，兹录于下：

> 成祖定鼎北京，而保定、真定、河间、大名、顺德、广平等府皆升为畿辅神皋，尤扼三关重地，以控幽蓟，为万世虑者深远也。自永乐十九年四月，命侍郎郭敦往顺天等府安抚军民、考察官吏，于是有巡抚之命，然事罢则止，未有专职。正统七年，畿内蝗灾，又命侍郎魏骥出抚。本年广平府蝗旱，又命侍郎薛希琏出抚，然因灾巡视而未有督抚之任。十年，又特命薛希琏巡抚保定等处、并淮安等处十一府，而畿内亦未有专抚之设。及十四年，土木之变，地方多事，命都御史孙祥镇守紫荆关，陆矩镇守真定府，邹来学巡抚顺天、永平二府、兼节制紫荆等关。嗣后，祝暹、孔文英、陈泰、段信、李宾等，要皆专意边防而已。成化二年，以言者擢都御史阎本巡抚顺

① 《明世宗实录》卷四百，嘉靖三十二年七月甲子，第7019～7020页。

② 《明神宗实录》卷三百九，万历二十五年四月己丑，第5788页。

③ 据（明）毕自肃《辽东疏稿》卷一《到任恭谢疏》：“崇祯元年正月三十日，准吏部咨为钦奉明旨事。该吏部等衙门会推臣巡抚辽东、宁远地方等因，于本年正月二十五日奉圣旨，毕自肃升都察院右佥都御史巡抚辽东宁远地方、赞理军务兼管备倭，写敕与他，钦此。”清钞本。又据（明）杨嗣昌《杨文弱先生集》卷九《惊闻召命非常沥血控辞疏》：“崇祯九年十一月十九日……见任巡抚辽东宁、锦等处地方、提督军务兼管备倭兵部右侍郎兼都察院右佥都御史仍加服俸一级方一藻俱堪任。”清钞本。由此可见，在崇祯年间，辽东巡抚仍兼备倭职衔。

天、永平二府。未几，兼抚河间、真定、保定凡五府。七年，又命都御史杨璿兼抚顺德、广平、大名凡八府。顷之，遂上言畿辅地广，宜据居庸关中分，命二巡抚臣为便，朝议从之。于是八年以后，陈濂以副都御史巡抚保定、真定、河间、顺德、大名、广平六府、提督紫荆、倒马、龙泉等关，分设行院于真定，列衔至于今无所改易。①

以上这段文字，将保定巡抚的来龙去脉做了一番清晰的梳理。由此可见，早在永乐、宣德、及正统初年，朝廷已经多次在保定等京畿地区派遣类似后世巡抚之类的官员巡历，这可以视为其前身。不过，这一时期所设之官，多为因事而设、事定而裁，并未形成一种严格的制度。直到正统十四年（1449），因土木之变爆发，北方边境形势紧张，保定巡抚方才最终确立。后到成化八年（1472），北直隶一带诸巡抚重新划定辖区，该巡抚才最终稳定下来。

其后，该巡抚曾有几次短暂的裁撤，然均在不久后即恢复。据靳润成先生考证，这几次裁设情况如下：成化十一年罢，十九年为防御蒙古族侵扰而复置；二十一年罢，弘治元年复置。正德二年罢，五年复置。②

2. 海防辖区

保定巡抚辖区，前后有很大变化。设置初期，其辖区经常变化，直至成化八年（1472），方与顺天巡抚最终划定疆界，此后很长一段时间，其辖区变化不大。在这段相当长的时间内，保定巡抚的辖区，可以吴廷燮《明督抚年表》所概括为准，即“统天津兵备、紫荆兵备、井陉兵备、大名兵备四道，保定、真定、河间、大名、顺德、广平六府，及天津、河间、沧州、真定等卫……”③ 其中天津、河间府一带为北部沿海重要地区，故保定巡抚当为海防职官无疑。

万历二十五年（1597），天津巡抚设立。不过，这一时期的天津巡抚为专职防海官，并无陆地辖区。因此，此时保定巡抚的海防权虽有所降低，但海上辖区却无变化。

万历二十七年（1599），援朝御倭战争结束，明朝政府裁撤天津巡抚，保定

---

① 《国朝列卿记》卷一百十八《巡抚保定等府兼提督紫荆等关》；此外，据《四镇三关志》卷八《职官考·真保镇职官·文秩》记载：“正统十四年设，巡抚顺天等八府。成化八年，改副都御史或佥都御史一员，抚视保定等六府，兼提督紫荆等关边务，驻札真定，每岁移驻紫荆防秋三月”，《四库禁毁书丛刊》史部第10册，第448页。万历《大明会典》卷二百九《都察院一》记载：“巡抚保定等府提督紫荆等关兼管河道一员，正统十年命侍郎巡抚保定等处，未有专设。成化八年，始从居庸关中分为二巡抚，遂专设都御史巡抚保定、真定、河间、顺德、大名、广平六府，提督倒马、紫荆、龙泉等关，驻真定，万历七年，加兼管河道”，《续修四库全书》第792册，第473页。

② 靳润成：《明朝总督巡抚辖区研究》，第35页。

③ 吴廷燮：《明督抚年表》，第77页。

巡抚再度负责天津等地沿海事务。

天启元年（1621），明朝政府重设天津巡抚，原属保定巡抚管辖的沿海河间府划归天津巡抚。

此后，保定巡抚再无海防辖区。

（四）顺天巡抚

1. 设置及其沿革

关于顺天巡抚的设置及沿革，《国朝列卿记》卷一百十七《整饬蓟州边备兼巡抚顺天等府序》中有较为清晰的记述，兹录于下：

> 自永乐十九年四月，命侍郎郭敦、给事中陶衎往顺天等府州安抚军民、考察官吏，于是有巡抚之命。然事罢则止，未有专职。至正统十四年，土木之变，京师戒严，边圉孔棘，特命都察院右佥都御史邹来学，提督军务、总督粮储兼巡抚顺天、永平二府，紫荆、倒马等关，盖专意边防而已。景泰五年，仍命右副都御史李宾提督军务，止抚顺天、永平二府。天顺元年，革巡抚。至成化二年，复以言者擢佥都御史阎本赞理军务，巡抚顺天、永平。后兼抚河间、真、保定凡五府。七年，又命副都御史杨璿兼巡抚大名、顺德、广平凡八府。顷之，遂上言畿辅地广，宜据居庸关中分，命二巡抚臣为便，朝议从之。于是，八年以后，长清张纲实以佥都御史整饬蓟州等处边备巡抚顺天、永平二府，以居庸等关属之，分设行院于遵化，列衔至于今无改易。①

由此可见，该巡抚初设于永乐十九年（1421），不过此时因事而设、事罢而止，并非专设官员。直至正统十四年（1449），邹来学出任该职后，该职才基本稳定下来。天顺元年，该巡抚被裁革。成化二年（1466），明朝政府又重设该巡抚。不过，这一时期，顺天巡抚的辖区经常发生变化，直至成化八年（1472）才得以固定。

后来，该巡抚于正德二年（1507）被罢，五年（1510）再设。②

万历九年（1581）裁革，十一年（1583）复设。③

天启元年（1621），因天津巡抚复立，该巡抚所辖部分辖区划归。

崇祯四年（1631），新置山永巡抚，其部分辖区划归。至此，该巡抚已无沿

---

① 《国朝列卿记》卷一百十七《整饬蓟州边备兼巡抚顺天等府序》；万历《大明会典》卷二百九《都察院一》，《续修四库全书》第792册，第473页；《四镇三关志》卷八《职官·真保镇职官·文秩·巡抚》，《四库禁毁书丛刊》第10册，第448页，记载基本相同。

② 靳润成：《明朝总督巡抚辖区研究》，第29～30页。

③ 万历《大明会典》卷二百九《都察院一》，《续修四库全书》第792册，第473页。

海辖区。[①]

2. 海防辖区

顺天巡抚辖区，前后变化较大。因本书重在考察其海防辖区，故对与海防无关之辖区变化不做论述。对于顺天巡抚的辖区，吴廷燮在《明督抚年表》中归纳为："统蓟州兵备、昌平兵备、永平兵备、密云兵备、霸州兵备五道，顺天、永平二府，长陵等九陵卫，蓟州等九卫，抚宁等六卫，密云中后等十卫，大宁都司之营州前屯等卫所城堡。"[②] 其中永平府、顺天府均辖有沿海州县、卫所，所以该巡抚当为海防官。

万历二十五年（1597），明朝政府初设天津巡抚。此时的天津巡抚因倭寇朝鲜而设，职能专在防海，并无陆上辖区，故对顺天巡抚辖区并无影响。然而天津巡抚设立后，专管沿海防御，故此时顺天巡抚的海防职权有所削弱。

天启元年（1621），明朝政府重设天津巡抚。此时的天津巡抚已有陆上辖区，原属顺天巡抚管辖的沿海州县，如顺天府的宝坻、武清，永平府的滦州、乐亭及沿海岛屿均划归天津巡抚管辖。顺天巡抚的海上辖区大为缩小。

天启四年（1624），永平巡抚设立。顺天巡抚下辖之永平府、山海关划归永平巡抚。

此后，顺天巡抚再无沿海辖区。

三、建立兵备道、海防道

（一）山东诸道

1. 山东巡察海道

海道副使，全称巡视海道按察副使，亦称巡察海道、巡查海道、巡视海道等，是明代海防文官中较为重要的职官。明代北部沿海地区，仅在山东一省设有海道副使。关于山东海道副使的设置时间，史书记载众说纷纭，大致有以下四种说法。

（1）设置时间及其性质

①明初说（洪武、永乐）。明正德、嘉靖间大学士、山东掖县人毛纪在所撰《分守海防道题名记》中，对山东巡察海道的来龙去脉，做了一番梳理，兹录于下：

---

① 关于该巡抚变迁中的一些变化，靳润成所撰《明朝总督巡抚辖区研究》一书叙述颇详，笔者赞同其观点。因本书重在考察该巡抚与海防的关系，故仅对其与海防事宜有关的变迁情节加以考察，其余从略。

② 吴廷燮：《明督抚年表》，第20页。

> 我朝以青登莱三郡濒海，岛屿联亘，倭夷出没，内而岩矿旷阻、无知草窃，容亦有之。粤自国初，命东省宪臣一人巡察海道，奉玺书以从事，为保障计也。其海滨卫所营寨，虽总于备倭武臣，而简阅、调度必由海道。……旧莅斯任者，率自臬司东巡海上，而道里辽隔，公务积滞。本兵因言者，乃令建海道公署于莱，以便行事，盖宏治之十有二年也。寻值流贼之变，青郡增设兵备，遂以其郡属之。故令海道兼理登莱兵备，而青不与焉，非旧也，盖正德之七年也。后以海道治所在莱，行伍弗充，仓猝奚以应变？乃调取二郡民兵，以官领之，分队团操，立舍以居之，盖嘉靖之初年也。①

由上可见，毛纪认为山东巡察海道设立于明初，其长官身份为按察司副使。设立初期，山东巡察海道副使驻扎于省城，平时则于海上巡历。弘治十二年（1499），兵部尚书马文升始建海道副使官署于莱州，此后该职移驻莱州。正德七年（1512），该职兼理登、莱二府兵备。嘉靖初年，又兼管登莱民兵。

陈渠在《巡察海道题名记》中说道："山东海道设自国初，岁由臬司东巡海上。"② 吴昶在《新建巡察海道记》中说道："我圣祖肇造之初，分天下为十三省，各置以藩臬二司，官有定员、事有定守，以登莱大东之地，去新罗、日本诸倭夷不远，率凭负岛屿，出没不时，为居民患，又地多盐矿，而无知窃发者势不能尽，无乃命臬司一人往来巡察，以饬吏治、以悉民隐、以靖方隅。"③ 以上二者均认为山东巡察海道设于明初洪武时期。

正德、嘉靖时人张翀在所上《杜狡夷以安中土疏》中指出："太祖高皇帝……用此于山东、淮、浙、闽、广沿海要害去处列置卫所，及所设总督、把总、巡哨等官，又专设巡视海道副使一员，并都、布二司堂上官往来督视，所以备御之术可谓周且远矣。"④ 显然，张翀认为洪武年间，朱元璋在东部沿海地区广设巡视海道副使，山东海道副使也设立于那时。又据《明史》卷三二二《外国传三・日本传》记载："明初，沿海要地建卫所，设战船，董以都司、巡视、副使等官，控制周密。"⑤ 尽管这一论述较为笼统，并没有指出确切的设立时间和地

---

① 乾隆《莱州府志》卷十三《艺文》，毛纪《分守海防道题名记》，第291页。

② 顺治《登州府志》卷二十《艺文中》，陈渠《巡察海道题名记》。

③ 顺治《登州府志》卷二十《艺文中》，吴昶《新建巡察海道记》。

④ （明）贾三近辑：《皇明两朝疏抄》卷十六《边事类》，张翀：《杜狡夷以安中土疏》，《续修四库全书》第465册，第549～550页。

⑤ 《明史》卷三二二《外国传三・日本传》，第8352页。

点，但基本可以推知其意为：东部沿海区域已于明初设立海道副使，山东海道副使也设于该时。

此外，据雍正《山东通志》卷二十《海疆志》记载："明洪武初设沿海诸卫，领以备倭都指挥使，兼置巡察海道（俱详职官。指挥使驻登州府，海道一驻青州，一驻武定州，皆管民兵、巡司、马快，谓之兵备海防道），嘉靖四十一年专设登州海防道。"① 该书也认为山东巡察海道设于明初洪武时期。

乾隆《掖县志》卷二《海防》："明洪武、永乐间，立莱州府三卫、八所、七巡检司、十六寨、一百四十七墩堡，设指挥千百户巡检等官，又设巡察海右道副使以提调之，后又改设分守海右道参政、分守海防道参议，招兵团练，改衔兵备，兼辖青登莱三府。"② 该书认为山东海道副使设立于洪武、永乐时期，虽然其并未采用巡察海道副使一词，而是用了"巡察海右道副使"，不过结合上下文，二者当为同一官职。

以上各种史书，均认为山东巡察海道设立于明初，即洪武、永乐时期。

②正统说。据嘉庆《续掖县志》卷一《职官》记载："明正统设巡察海道（李让、刘敬、夏寅、张珩、普晖、张圯、赵鹤龄、郝志义），亦由藩臬按部徇略，宏治十二年，始建公署于莱，其职辖三郡、兼兵民。正德七年，青州设兵备，本道只辖登、莱。隆庆二年，登州复设兵备，兼莱州兵政，而本道改为分守，仍辖三郡，专治民事。万历二十三年后与登州道并理莱州军务，仍以海防名焉。"③ 该书认为山东巡察海道设于正统年间，并列出了该时期出任该职的名单。

③弘治说。据嘉靖《山东通志》卷十一《兵防》记载："巡察海道：分署莱州府，弘治间建，按察司副使领之。辖府二曰登州、曰莱州，州三曰宁海、曰平度、曰胶州，县十二曰蓬莱、曰栖霞、曰福山、曰黄县、曰招远、曰莱阳、曰文登、曰掖县、曰昌邑、曰潍县、曰高密、曰即墨，巡检司十八……卫九……所五……"④ 该书认为山东巡察海道设立于弘治年间。

万历《莱州府志》卷二《职官》记载："弘治十二年，始于莱建巡察海道公署，其后或驻本府、或驻登州，隆庆间又移分守道驻本府，万历二十年因倭变，

---

① 雍正《山东通志》卷二十《海疆志》，《景印文渊阁四库全书》第540册，第368页。

② 乾隆《掖县志》卷二《海防》，第284页。

③ （清）张彤修，张诩纂：嘉庆《续掖县志》卷一《职官》，《中国地方志集成·山东府县志辑》第45册，南京：凤凰出版社2004年版，第291页。

④ 嘉靖《山东通志》卷十一《兵防》，第707页。

分守道加海防。”①

二者均以弘治十二年（1499）在莱州建巡察海道官署为该道设立的标志。

此外，道光《重修蓬莱县志》卷四《武备》记载：“弘治十二年，设巡察兵备道，建署于莱州。正德六年，惩流贼乱，奉敕与备倭都司参同军务，仍合莱州壮快以实行伍。嘉靖三十四年，建巡察兵备道署于登以备巡历。四十一年，专设海防道于登，置团操营，设民壮五百名，海防道中军领之。”② 该书认为弘治十二年（1499），朝廷于莱州设立巡察兵备道，是为该道设立之始。

以上三则史料，虽认定标准不同，却均认为该道设立于弘治年间。

④嘉靖说。据《明史》记载：“自世宗世倭患以来，沿海大都会，各设总督、巡抚、兵备副使及总兵官、参将、游击等员……于山东则登、莱、青三府设巡察海道之副使，管理民兵之参将，总督沿海兵马备倭之都指挥。”③ 显然，该书认为山东巡察海道副使设立于嘉靖年间，是世宗朝倭患的产物。

总体而言，就山东巡察海道设立时间，大致存在以上四种说法。笔者认为，这四种说法，看似各执一词，莫衷一是，实则是因对山东巡察海道的性质、职掌认识各异而产生的不同看法。因此，抓住以上四个时间点，有助于厘清山东巡察海道的变迁。

据《明太祖实录》记载：洪武十四年三月丁亥，“复置各道提刑按察司，并定各道按察分司……山东为分司四，曰济南支郡、曰济东、曰青莱、曰登州”④。这是山东设道之始。后朱元璋以设道太多，“欲省之。且以各道名称有未安者，因欲易之，命廷臣集议之”，对所设道加以调整。洪武二十九年（1396），朱元璋“改置天下按察分司为四十一道……分山东三道曰济南道，治济南、东昌、兖州三府；曰海右道，治青州、登州、莱州三府；曰辽海东宁道……”⑤ 此即《明史》所谓“二十九年改置按察分司为四十一道。……山东三：曰济南道、曰海右道、曰辽海东宁道。……”⑥ 此后，山东按察司下辖各道基本稳定下来。

笔者认为，调整后出现的治青、登、莱三府的海右道，就是最初的山东巡察

① 万历《莱州府志》卷二《职官》。

② 道光《重修蓬莱县志》卷四《武备》，第54页；光绪《增修登州府志》卷十二《军垒》记载与上文基本相同，第126页。

③ 《明史》卷九十一《兵志三·海防》，第2247页。

④ 《明太祖实录》卷一百三十六，洪武十四年三月丁亥，第2150～2151页。

⑤ 《明太祖实录》卷二百四十七，洪武二十九年十月甲寅，第3592～3593页。

⑥ 《明史》卷七十五《职官四》，第1841页。

海道。首先，据乾隆《掖县志》卷二《海防》记载：“明洪武、永乐间，立莱州府三卫、八所、七巡检司、十六寨、一百四十七墩堡，设指挥千百户巡检等官，又设巡察海右道副使以提调之。”① 可见，“巡察海右道副使”的主要职能是提调沿海军事，这与毛纪《分守海防道题名记》中“粤自国初，命东省宪臣一人巡察海道，奉玺书以从事，为保障计也。其海滨卫所营寨，虽总于备倭武臣，而简阅、调度必由海道”② 及吴昶“我圣祖肇造之初，分天下为十三省，各置以藩臬二司，官有定员、事有定守，以登莱大东之地，去新罗、日本诸倭夷不远，率凭负岛屿，出没不时，为居民患，又地多盐矿，而无知窃发者势不能尽，无乃命臬司一人往来巡察，以饬吏治、以悉民隐、以靖方隅”③ 的记述颇为吻合，也与沿海其他地区的巡察海道如浙江，情况颇为一致，余有丁在《浙江巡视海道副使题名记》中说道：“国朝设宪臣一人专行海，曰海道副使，常弭节武林，时一至海上临视之，有警则署所部相葆就，一岁中率不得再、三至。”④ 其次，从辖区上来说，明初的分巡海右道下辖青、登、莱三府，与毛纪所述山东巡察海道辖区亦同。再次，据光绪《增修登州府志》记载：“登莱本分巡道，弘治十二年改为兵备道。”⑤ 该书认为山东巡察海道在弘治十二年（1499）以前为分巡道，而明初下辖登莱青三府的分巡道就是分巡海右道。由此可证，明初的山东巡察海道即为隶属于山东按察司的分巡海右道。因此，不少人认为山东巡察海道设立于洪武时期。不过，这一时期作为山东巡察海道的分巡海右道，长期驻守省城，很少到地方巡历，因此留下的记载很少。李国祁认为：“明太祖所立的全国四十一道，在意义上仅为按察分巡方便起见，并无丝毫地方行政区的意味在。而且当时按察副使或佥事仅在一定时间内往其辖区巡察，并不常川驻于该道内。固称之为分巡道是极为恰当的。”⑥ 若以此类比，这时的山东巡察海道当为分巡道无疑。

正统十五年（1450），湖广当阳人李让出任山东海道副使，是为该职有确切人名记载之始。因此，嘉庆《续掖县志》卷一《职官》之“明正统设巡察海道

① 乾隆《掖县志》卷二《海防》，第284页。
② 乾隆《莱州府志》卷十三《艺文》，毛纪：《分守海防道题名记》，第291页。
③ 顺治《登州府志》卷二十《艺文中》，吴昶：《新建巡察海道记》。
④ （明）余有丁：《余文敏公文集》卷五《浙江巡视海道副使题名记》，明万历刻本。
⑤ 光绪《增修登州府志》卷二十五《文秩一》，第252页。
⑥ 李国祁：《明清两代地方行政中道的功能及其演变》，《“中央研究院”近代史研究所集刊》第三期上册。

（李让、刘敬、夏寅、张珩、普晖、张玘、赵鹤龄、郝志义）”[①] 的结论，当为据此而得出。

弘治十二年（1499），兵部尚书马文升下令在莱州建立海道副使署，此后，海道副使居住于莱州。上文所引嘉靖《山东通志》、万历《莱州府志》所持“弘治十二年说”，均源于此。

不过，同持“弘治十二年”说的道光《重修蓬莱县志》，则以该年设立“巡察兵备道”为其开始的标志。因此，尚需对山东巡察海道演化为兵备道的时间加以考察。

据光绪《增修登州府志》记载，“登莱本分巡道，弘治十二年改为兵备道”[②]，认为弘治十二年山东巡察海道由分巡道演化为兵备道。道光《重修蓬莱县志》也说：“弘治十二年，设巡察兵备道……正德六年，惩流贼乱，奉敕与备倭都司参同军务，仍合莱州壮快以实行伍。”[③] 其认为弘治十二年始设巡察兵备道，正德六年因刘六、刘七起义，该道又奉敕参同军务。二者均认为山东巡察海道演化为兵备道是在弘治十二年。

毛纪则持不同观点，他指出：“值流贼之变，青郡增设兵备，遂以其郡属之。故令海道兼理登莱兵备，而青不与焉，非旧也，盖正德之七年也。”[④] 认为山东巡察海道本辖青、登、莱三府，正德七年（1512）因刘六、刘七之乱，单设青州兵备，专辖青州府。同时，山东巡察海道开始兼理登、莱二府兵备，成为兵备道。毛纪担任过内阁大学士，且身为掖县人，谙熟朝廷及当地政治状况，其记载应当可信。此外，揆诸史实，刘六、刘七起义爆发于正德五年（1510），六年（1511）始入举侵扰山东。作为对抗措施，朝廷于此时在山东设立青州、武定诸兵备道。而弘治十二年，山东境内较为太平，朝廷不太可能做大的军事职官调整。因此可以想见，山东巡察海道以分巡道兼登莱二府兵备，当为正德七年。笔者认为，之所以会出现“弘治十二年”改兵备道之说，主要是因为《明史》认为：“弘治中，本兵马文升虑武职不修，议增副佥一员敕之。自此兵备之员盈天下。”[⑤] 方志

---

① 嘉庆《续掖县志》卷一《职官》，第 291 页。

② 光绪《增修登州府志》卷二十五《文秩一》，第 252 页。

③ 道光《重修蓬莱县志》卷四《武备》，第 54 页；光绪《增修登州府志》卷十二《军垒》记载与上文基本相同，第 126 页。

④ 乾隆《莱州府志》卷十三《艺文》，毛纪《分守海防道题名记》，第 291 页。此外，吴昶《新建巡察海道记》也说：“正德辛未，以流贼煽乱，寻得兼理兵备”，见顺治《登州府志》卷二十《艺文中》。

⑤ 《明史》卷七十五《职官四》，第 1844 ~ 1845 页。

撰写者，未加考辨，直接采用，导致舛误。不过，弘治十二年马文升于莱州建巡察海道署，则很可能为加强海防建设。①

正德七年（1512），山东巡察海道兼理兵备，其辖区有所缩小。据嘉靖《山东通志》记载："青州兵备道：分署青州府。正德七年，因流贼之变设。"② 由此可以断定，正德七年后山东巡察海道仅辖登、莱二府兵备。不过，在此后的一段时间里，山东巡察海道与青州兵备道仍有关系。据《明武宗实录》记载：正德九年六月戊午，"命山东按察司佥事牛鸾巡察海道，仍带管青州兵备"③。可见，正德九年（1514）后牛鸾因其身兼山东巡察海道、青州兵备道二重身份，实际上仍然控制三府的兵备。不过在行政编制上，青州府已经单设兵备。因此，自牛鸾之后，青州兵备道与山东巡察海道再无关联，后该道于万历二十年（1592），兼理海防，亦称青州海防道。④

由上可见，正德七年是山东巡察海道发生变化的重要时期。这个变化表现在两个方面，其一，海道副使的辖区在发生变化，青州府单独划出，其辖区缩小为登莱二府；其二，海道副使兼兵备，性质开始发生变化，由原来的分巡道逐渐演变为兵备道⑤。

嘉靖初年，山东巡察海道职权再度扩展。据毛纪所撰《分守海防道题名记》记载："以海道治所在莱，行伍弗充，仓促奚以应变？乃调取二郡民兵，以官领之，分队团操，立舍以居之，盖嘉靖之初年也。"⑥ 可见，这时已经演变为兵备道、可以参同军务的山东巡察海道，又直接控制了登州、莱州二府的民兵，军事职能再度扩大。

嘉靖三十四年（1555），山东巡察海道兼管登州海防。据陈渠《巡察海道题名记》记载："至乙卯（按：嘉靖三十四年，即1555年），观风者因倭患浙直间，

① 据吴昶《新建巡察海道记》记载："时弘治己未，登人崔宗等奏请驻扎莱州，以便调度"，见顺治《登州府志》卷二十《艺文中》，据此可知，山东巡察海道驻扎莱州是为"以便调度"，并非兼管兵备。

② 嘉靖《山东通志》卷十一《兵防》，第709页。

③ 《明武宗实录》卷一一三，正德九年六月戊午，第2304页。

④ （清）毛承柏修，李图、刘耀椿纂：咸丰《青州府志》卷十《职官表六》，《中国地方志集成·山东府县志辑》第31册，南京：凤凰出版社2004年版，第149页。

⑤ 万历《大明会典》卷一二八《兵部十一》记载："其按察司官整饬兵备者，或副使，或佥事，或以他官兼副使、佥事，沿海者称海防道，兼分巡者称分巡道，兼管粮者称兵粮道。"这应当是毛纪将该道称为海防道的原因，《续修四库全书》第791册，第297页。

⑥ 乾隆《莱州府志》卷十三《艺文》，毛纪《分守海防道题名记》，第291页。此外，吴昶《新建巡察海道记》也说："后嘉靖壬午，虑兵势单弱，卒然应变之难，复调取登莱快壮以实行伍，以时检阅，自是权愈重而责愈艰矣"，嘉靖壬午即嘉靖元年（1522），见顺治《登州府志》卷二十《艺文中》。

念厘海波，改建登州，秩秩然道治备矣，乃使者仍居莱不果迁，越八年壬戌（按：嘉靖四十一年，即1562年），献县陈公奉命移节，嗣是遂为定止矣。”[①] 可见嘉靖三十四年（1555），因东南沿海倭患严重，于是建议山东巡察海道改驻登州，以防备倭寇侵袭。这在光绪《增修登州府志》和道光《蓬莱县志》中也均有记载，即“嘉靖三十四年，兼管海防。副使陶大年始即登州南门内和丰仓旧址建公署，以备巡历”[②]；“嘉靖三十四年，建巡察兵备道署于登州，以备巡历”[③]。这时，巡察山东海道副使兼管登州海防事，海防道成为一项独立差事，“登州添海防道自此始”[④]。此后数年，山东巡察海道有两个驻地，一在莱州、一在登州，海道副使则于两处巡回办公。

嘉靖四十一年（1562），登州专设海防道，山东巡察海道移驻登州，演变为登州海防道。据《明世宗实录》记载：嘉靖四十一年五月丙午，“改山东巡察海道驻登州，守、巡海右二道驻莱州……仍兼兵备”[⑤]。据陈渠《巡察海道题名记》记载：“越八年壬戌（按：嘉靖四十一年，即1562年），献县陈公奉命移节，嗣是遂为定止矣。”[⑥] 又据光绪《增修登州府志》记载：“海防道：明嘉靖四十一年设，以按察副使领之，驻登州，即以兵巡道署（按：即山东巡察海道兼理登州海防时所建之公署）为公署。”[⑦] 由此可见，嘉靖四十一年后，登州海防道即为山东巡察海道。此后，《明实录》等官方史书均将登州海防道等同于山东巡察海道。

关于山东巡察海道一职，《明实录》及其他史书中也曾多次出现。此外，乾隆《莱州府志》和光绪《增修登州府志》中也列有专表，不过前者称其为“巡察海道”，后者则称其为“分巡登莱青兵备道”、“登州海防道”，将《明实录》中相关记载与后二者对比可以印证上文所述之合理性。兹列表如表4　5。

---

① 顺治《登州府志》卷二十《艺文中》，陈渠《巡察海道题名记》。其实，早在嘉靖三十年，时任山东巡抚王忬、巡按项廷吉即已主张将山东巡察海道迁往登州。吴昶在《新建巡察海道记》中说：“岁辛亥（嘉靖三十年，1551），巡抚都御史王公忓（按：当为忬）、巡按监察御史项公廷吉以粮储督理之难，兼之辽人潜住海岛者日甚一日，渐不可长，奏以分守居莱，以巡察居登，虽更署不常，要亦通变宜民之道。”

② 光绪《增修登州府志》卷二十五《文秩一》，第252页。

③ 道光《重修蓬莱县志》卷四《武备》，第54页；光绪增修《登州府志》卷十二《军垒》记载与上文基本相同，第126页。

④ 光绪《增修登州府志》卷二十五《文秩一》，第252页。

⑤ 《明世宗实录》卷五百九，嘉靖四十一年五月丙午，第8391～8392页。

⑥ 顺治《登州府志》卷二十《艺文中》，陈渠《巡察海道题名记》。

⑦ 光绪《增修登州府志》卷二十五《文秩一》，第252页。

表 4－5　《明实录》和乾隆《莱州府志》、光绪《增修登州府志》中有关山东巡察海道官对照表

姓　名	任职时间	《明实录》记载	《莱州府志》	《登州府志》
刘　敬	成化四年二月丙辰	命山东巡视仓粮按察司副使刘敬兼提督海道修饬兵备。（《明宪宗实录》卷五十一，成化四年二月丙辰，第 1045 页。）	乾隆《莱州府志》卷六《职官·巡察海道》	光绪《增修登州府志》卷二十五《文秩一·兵巡道》
张　珩	成化十年二月庚辰	升山东按察司佥事张珩为副使，“专理海道”。（《明宪宗实录》卷一百二十五，成化十年二月庚辰，第 2395 页。）	同上	同上
叶　淇	成化十五年正月己卯	叶淇于山东钦巡视海道。（《明宪宗实录》卷一百八十六，成化十五年正月己卯，第 3336 页。）	无	无
夏　寅	成化十九年五月辛亥	除江西按察司副使夏寅于山东管理海道。（《明宪宗实录》卷二百四十，成化十九年五月辛亥，第 4066 页。）	乾隆《莱州府志》卷六《职官·巡察海道》	光绪《增修登州府志》卷二十五《文秩一·兵巡道》
牛　鸾	正德九年六月戊午	命山东按察司佥事牛鸾巡察海道。（《明武宗实录》卷一百十三，正德九年六月戊午，第 2304 页。）	同上	同上
舒　晟	正德十三年五月甲寅	调山西副使舒晟于山东巡察海道。（《明武宗实录》卷一百六十二，正德十三年五月甲寅，第 3117 页。）	同上	同上
徐成位	万历二十一年五月丁丑	补浙江副使徐成位于山东巡察海道。（《明神宗实录》卷二百六十，万历二十一年五月丁丑，第 4831 页。）	无	光绪《增修登州府志》卷二十五《文秩一·海防道》
王学谟	万历二十三年十月甲寅	以原任山西副使王学谟为山东海道。（《明神宗实录》卷二百九十，万历二十三年十月甲寅，第 5375 页。）	无	同上
伍可受	万历三十年三月甲申	补原任云南按察司佥事伍可受为山东佥事巡察海道。（《明神宗实录》卷三百七十，万历三十年三月甲申，第 6940 页。）	无	同上
吴一栻	万历四十七年二月甲戌	济南知府吴一栻为海道副使。（《明神宗实录》卷五百七十九，万历四十七年二月甲戌，第 10960 页。）	无	同上

（据《明实录》、乾隆《莱州府志》、光绪《增修登州府志》制作。）

由表4－5可见，见于《明实录》记载的嘉靖四十一年（1562）前任该职者，其名单同时出现于乾隆《莱州府志》和光绪《增修登州府志》中，而以后任该职者，则仅出现于光绪《增修登州府志》中，可见嘉靖四十一年后，山东巡察海道已经转入登州系统，莱州的道已经演变为另外的一套系统。

嘉靖四十一年，山东巡察海道迁驻登州后，留守莱州的那套系统，仍然作为分巡道兼莱州兵备道存在。隆庆二年（1568），驻守登州的山东巡察海道兼莱州兵备，原先留在莱州的那套系统演化为分守登莱青道。万历二十年（1592），援朝御倭战争爆发，朝廷为加强海防，又改分守登莱青道兼理莱州兵备，称为莱州海防道。①

自此以后，山东巡察海道仅辖登州一府，迄明末未改。

（2）职官

山东巡察海道职官称为巡察海道，隶属于按察司系统，一般挂按察司佥事或副使职衔。以下据相关地方史志，将历任山东巡察海道列表如表4－6。

表4－6　　明代山东巡察海道副使一览表②

姓　名	职　衔	出任时间	出　身	籍　贯	备　注
李　让		正统十五年（五年）	进　士	湖广当阳	
刘　敬	副　使	景泰元年	进　士	湖广武冈州	
夏　寅	不　详	天顺四年	进　士	南直隶华亭	
张　珩③	佥　事	成化二年	进　士		
普　晖	佥　事	成化七年	举　人	山西垣曲	
张　玘	副　使	成化十三年	进　士	南直隶吴县	升按察使
赵鹤龄	副　使	成化二十年	进　士	庐州卫	升按察使
郝志义	副　使	弘治二年	进　士	陕西清涧	升左布政
王　表	副　使	弘治十二年	进　士	河南西平	
王　和	副　使	弘治十四年	进　士	北直迁安	
黄　珂	副　使	弘治十七年	进　士	四川遂宁	升工部尚书
陈　澍	副　使	正德二年	进　士	山西太远	

① 万历《莱州府志》卷二《职官》。

② 本节中仅将与北部海防关系较大的山东巡察海道、青州兵备道、天津兵备道及变迁较为复杂的莱州海防道的职官列表，其余诸道则从简，不列。

③ 《明宪宗实录》卷一百二十五载：成化十年二月庚辰，"升……佥事张珩、监察御史郑铭为山东副使，珩专理海道"，第2395页。与上文时间不符。

续表

姓　名	职　衔	出任时间	出　身	籍　贯	备　注
吴世忠	佥　事	正德四年	进　士	江西金谿	升都御史
王　锦	佥　事	正德五年	进　士	陕西礼泉	
王良臣	副　使	正德六年	进　士	河南陈州	升右布政
牛　鸾	佥　事	正德八年①	进　士	北直隶献县	
潘　珍	佥　事	正德十年（十一年）	进　士	南直隶婺源	升兵部右侍郎
舒　晟	副　使	正德十三年	进　士	江西安仁	升福建按察使
黄昭道	佥　事	正德十六年	进　士	湖广平江	升云南参政
马时雍②	副　使	嘉靖二年	进　士	北直隶交河	升福建布政
叶　溥	副　使	嘉靖四年（五年）	进　士	浙江龙泉	升江西布政使
边　宁	佥　事	嘉靖五年（七年）	举　人	北直隶任邱	
祝　绩	副　使	嘉靖九年	进　士	南直隶长洲	升广西布政使
王　臬	副　使	嘉靖十一年	进　士	南直隶金坛	
王　献	副　使	嘉靖十四年	进　士	陕西咸阳	升山西参政
吴道南	副　使	嘉靖十八年	举人	江西贵溪	
潘　恩	副　使	嘉靖二十二年（二十年）	进　士	南直隶上海	升工部尚书
张　素	副　使	嘉靖二十三年（二十一年）	进　士	安定	升布政
李　易	副　使	嘉靖二十三年	进　士	湖广永兴	
李士允	副　使	嘉靖二十七年（二十四年）	进　士	河南祥符	升浙江参政
吴　春	副　使	嘉靖二十八年（二十五年）	进　士	江西贵溪	
王　传	副　使	嘉靖二十九年（二十八年）	进　士	陕西高陵	
周大礼	副　使	嘉靖三十年（三十一年）	进　士	南直隶崑山	
陶大年	副　使	嘉靖三十四年	进　士	浙江会稽	登州添海防道自此始

① 据《明武宗实录》卷一百十三，正德九年六月戊午，“命山东按察司佥事牛鸾巡察海道，仍带管青州兵备”，第2304页。据此，则牛鸾出任山东巡察海道副使时间为正德九年（1514）。

② 乾隆《莱州府志》卷六《职官》作“冯时熙”，第108页。

续表

姓　名	职　衔	出任时间	出　身	籍　贯	备　注
宋大武	副　使	嘉靖三十六年（三十五年）	进　士	浙江余姚	
王　镐		嘉靖三十六年	进　士	滦州	据《莱志》补
林应亮		嘉靖三十七年	进　士	侯官	据《莱志》补
赵　绅	副　使	嘉靖三十九年	进　士	北直隶武清	《登志》“赵绅”下为海防道题名
聂　瀛		嘉靖四十年	进　士	阳曲	据《莱志》补
陈　瓒	副　使	嘉靖四十一年	进　士	北直隶献县	《莱志》自陈瓒后所记题名与《登志》中“海防道”题名均不同。
由陈瓒开始转入登州					
陆　瓒	副　使	嘉靖四十四年	进　士	浙江龙游	
温如玉	副　使	隆庆三年	进　士	湖广郧阳	由监察御史任
董世彦	副　使	隆庆五年	进　士	河南禹州	升副都御史
郭文和	副　使	隆庆五年	进　士	金吾左卫	
杨家相	副　使	万历元年	进　士	南直隶江宁	
陈　渠	副　使	万历二年	进　士	湖广应城	升户部尚书
蔡叔逵	副　使	万历六年	进　士	河南卫辉	
袁宏德	副　使	万历七年	进　士	北直隶曲周	升太仆寺卿
苏民牧	佥　事	万历九年	进　士	山西高平	
张克家	佥　事	万历十年	进　士	南直隶宣城	
吕鸣珂	副　使	万历十三年	进　士	浙江丽水	升都御史工部右侍郎
李　瑱	副　使	万历十四年	进　士	山西解州	升陕西参政
林国材	佥　事	万历十七年	进　士	浙江黄岩	
田　畴		万历二十年	进　士	山西文水	升光禄寺卿
徐成位	副　使	万历二十一年	进　士	湖广景陵	升徐州参政
赵寿祖	副　使	万历二十二年	进　士	河南汝阳	
王学谟	副　使	万历二十四年	进　士	陕西朝邑	
张世烈	按察使	万历二十五年	进　士	陕西延安	

续表

姓　名	职　衔	出任时间	出　身	籍　贯	备　注
孙　健	副　使	万历二十六年	进　士	云南鹤庆	
伍可受	佥　事	万历二十九年	进　士	福建清流	
龙文明	副　使	万历三十一年	进　士	江西南昌	
董宋儒	参　政	万历三十三年	进　士	北直隶元城	
阎士选		万历三十五年	进　士	南直江都	升山西参政
李本纬		万历三十八年	进　士	北直隶顺天	升按察使
姜志礼	参　政	万历四十二年	进　士	南直隶丹阳	
王家宾	副　使	万历四十三年	进　士	北直隶定兴	
王之鑰	副　使	万历四十四年	进　士	河南洛阳	
陈其猷	副　使	万历四十五年	进　士	北直隶东明	
陶朗先		万历四十六年			升登莱巡抚
谭昌言		天启二年	进　士	浙江嘉兴	卒于官
杨嗣修	副　使	天启四年	进　士	河南河内	升参政
岳骏声	副　使	天启六年	进　士	浙江嘉兴	升光禄寺卿
赵嗣芳	副　使	崇祯元年	进　士	湖广	
王廷试		崇祯二年			二年由知府升任
冯　任	副　使	崇祯三年	进　士	浙江慈溪	
宋光兰	副　使	崇祯四年	进　士	福建莆田	城陷被逮
宋之儁	副　使	崇祯五年	进　士	山西灵石	
李行志	副　使	崇祯六年	进　士	河南项城	卒于任
吕黄钟	副　使	崇祯八年	进　士	山西泽州	
周之训	副　使	崇祯九年	进　士	湖广黄冈	
任　栋		崇祯十二年	选　贡	陕西	十二年由监军调任，升保定监军
吴一琨	佥　事	崇祯十三年任	举人	江西南昌	
邢国玺		崇祯十五年	进　士	河南长葛	明年西援，遇难

（本表据光绪《增修登州府志》卷二十五《文秩一》、乾隆《莱州府志》卷六《职官》制作，括号内时间为乾隆《莱州府志》所记载。）

由表4－6可见，山东巡察海道均由文官出任，出任者几乎全是进士，当然间或也偶有举人、选贡，不过为数很少。他们一般挂山东按察司职衔，即佥事、副使，也偶有挂布政司职衔者，如参政等。

（3）辖区

关于山东巡察海道的管辖范围，嘉靖《山东通志》卷十一《兵防》有所记述：

> 按察司副使领之，辖府二：曰登州、曰莱州。州三：曰宁海、曰平度、曰胶州。县十二：曰蓬莱、曰栖霞、曰福山、曰黄县、曰招远、曰莱阳、曰文登、曰掖县、曰昌邑、曰潍县、曰高密、曰即墨。马快：共三百四十人。民壮：共五千七百三十三人，州县巡捕官分领操演。巡检司十八：曰高山、曰杨家店，曰孙夼镇、曰马停镇、曰东良海口、曰行村寨、曰赤山寨、曰温泉镇、曰平汪寨、曰乳山寨、曰海仓、曰柴葫寨、曰亭口镇、曰鱼儿铺、曰固堤店、逢猛、曰古镇、曰柊栳。卫九：曰登州、曰宁海、曰威海、曰成山、曰靖海、曰大嵩、曰莱州、曰灵山、曰鳌山。所五：曰宁津、曰奇山、曰海阳、曰胶州、曰雄崖，皆守御千户所。①

以上记载为嘉靖年间山东巡察海道的辖区。这时，青州兵备道已经设立，故青州府已经不在巡察海道的辖区内。由上可见，山东巡察海道管辖登、莱二府，节制、控御二府内所有的卫所、巡检司及马快、民壮。

2. 青州兵备道

（1）设置时间及沿革

明初设立的山东巡察海道，主辖区为青、登、莱沿海三府。所以，在明朝中前期，青州府的相关海防事宜，归山东巡察海道管辖。后来，明朝政府在青州府设立兵备道，负责青州一府军事事宜，并兼理当地海防。

青州兵备道设立于正德年间。关于该道设立的具体时间，史书记载存在一些差异，大体有以下两种说法。

①正德五年（1510）。嘉靖《青州府志》卷十一《兵防》记载，“正德五年，流贼猖獗，乃革守备，设兵备佥事，自牛鸾始”②，认为青州兵备道设于正德五年。

②正德七年（1512）。据《明武宗实录》记载：正德七年二月，“提督军务都御史彭泽言十一事：……知县牛鸾……虽加俸级，赏格犹轻，而鸾、逵才略可

---

① 嘉靖《山东通志》卷十一《兵防》，第707～708页。

② 嘉靖《青州府志》卷十一《兵防》。

任，请假以兵备名号。鸾驻青州，所属州县，并长山、淄川等处隶之……令拣选官军，召募义勇，操演保障……诏如议。鸾、逵俱升山东按察司兵备佥事”①，认为该兵备道设立于正德七年（1512）。

此外，据嘉靖《山东通志》卷十一《兵防》记载：“青州兵备道：分署青州府。正德七年，因流贼之变设”②；毛纪撰《分守海防道题名记》中记载，“寻值流贼之变，青郡增设兵备，遂以其郡属之。故令海道兼理登莱兵备，而青不与焉，非旧也，盖正德之七年也”③。

以上史书均认为青州兵备道设于正德七年（1512）。

以上两种观点，尽管在对青州兵备道设立时间的认识上有所差异，但却均认为该道之设，是源于正德初年“流贼”入犯青州。揆诸史实，正德五年（1510）底，这次战乱刚刚爆发，至六年、七年方才在山东境内展开。④ 因此，该道不可能设于正德五年。所以，设于正德七年较为符合常理，牛鸾是第一任兵备道。

青州兵备道设立之初，即正德七年到嘉靖二年（1523），该道在人事上、官员派驻上并不十分稳定。这从担任该职的兵备副使牛鸾的活动即可看出。正德九年（1514）六月戊午，明朝政府“命山东按察司佥事牛鸾巡察海道，仍带管青州兵备”⑤。正德十一年（1516）六月，牛鸾“因其父还乡，辄受各属馈赆，稍不满意，动加箠挞”，遭到巡按御史张羽弹劾，被降一级。⑥ 这一时期，身为山东巡察海道的牛鸾，应当驻扎于莱州，代管青州兵备只是其职责的一部分。

从正德十一年牛鸾遭弹劾离职，至嘉靖二年重新出任的几年间，牛鸾不再兼任青州兵备佥事，而是改任他官，如他曾任山西太原府同知，还于正德十六年（1521）升任山西按察司佥事。⑦ 另外，在此期间，他还有一段时间丁忧在家。所以说，在这一时期，担任青州兵备道者尚有他人。不过嘉靖《青州府志》对此有所遗漏。如朱卿，“正德间任青州兵备道”⑧。黄昭道，嘉靖元年（1522）十二月，“以山东流贼久不获，命逮青州兵备副使黄昭道、佥事王浚下法司”⑨，可见

① 《明武宗实录》卷八十四，正德七年二月甲申，第1812~1814页。
② 嘉靖《山东通志》卷十一《兵防》，第709页。
③ 乾隆《莱州府志》卷十三《艺文》，毛纪《分守海防道题名记》，第291页。
④ 《明史纪事本末》卷四十五《平河北盗》，第667~678页。
⑤ 《明武宗实录》卷一百十三，正德九年六月戊午，第2304页。
⑥ 《明武宗实录》卷一百三十八，正德十一年六月戊辰，第2725页。
⑦ 《明武宗实录》卷一百九十五，正德十六年春正月壬戌，第3648页。
⑧ 光绪《益都县图志》卷十八《官师志四》，第178页。
⑨ 《明世宗实录》卷二十一，嘉靖元年十二月甲午，第620页。

此前黄昭道也曾为青州兵备道。

嘉靖元年十二月壬辰，“添注服满佥事牛鸾于山东按察司，令其军前督兵剿贼。时流贼猖獗，都御史李瓒荐鸾在山西时勇略过人，因有是命”①。牛鸾因在山西任内“勇略过人”，立有功绩，而被调任山东按察司佥事。嘉靖二年（1523）四月甲申，“添设山东青州兵备，以丁忧佥事牛銮（鸾）铨注，从都御史牛凤梧奏也”②。至此，青州兵备道才最终设立。嘉靖三年（1524）四月，“升山东按察司佥事牛鸾为本司副使，整饬青州兵备如故”③，牛鸾职衔得到提升。嘉靖二年牛鸾再次出任青州兵备后，青州兵备道最终稳定下来。

牛鸾之后的几任青州兵备，其职衔为按察司佥事。直至嘉靖三十年（1551），因“抚按奏请，副使莅之，专敕弹压，自牟朝宗始”，此后，担任青州兵备道者方才升为按察司副使。牟朝宗任青州兵备道后，该道一度短期兼管分巡海右道事。至刘櫄任职时，才不再兼管分巡海右道，时间为嘉靖四十一年（1562）左右。④《明世宗实录》也记载了青州兵备道兼管分巡海右道一事：嘉靖三十一年三月甲午，“裁革山东分巡海右道佥事一员，改青州兵备佥事为副使，兼管分巡”⑤。

万历二十年（1592），王道显出任青州兵备道，该道兼理海防，自此直至明末未变，故该道亦称青州海防道。咸丰《青州府志》记载：“王道显：同安，进士，佥事。《钟志》云：兼理海防自道显始。”“海防道专辖青州，其兼管海右者，亦仍驻青州也。”⑥

援朝御倭战争期间，该道职权有所扩大。据《明神宗实录》记载：万历二十六年（1598）五月，天津巡抚万世德题称，“钦奉玺书职掌海务，而海壖延亘绵长，将领星罗棋布，一人之耳目有限，难以编历周知，乃兵备之官节制不行，众心涣散，合将海盖、天津、武德、青州四处兵备道，各加监军职衔，假以事权，听其节制，平时训练、稽查，有警督察纪验，事竣殿最品隲，既周综核之方，复联臂指之义，庶精神相贯而军政益饬矣。部覆依拟行”⑦。可见，这一时期，青州

---

① 《明世宗实录》卷二十一，嘉靖元年十二月壬辰，第619页。
② 《明世宗实录》卷二十五，嘉靖二年四月甲申，第712页。
③ 《明世宗实录》卷三十八，嘉靖三年四月庚申，第980页。
④ 嘉靖《青州府志》卷十一《兵防》。
⑤ 《明世宗实录》卷三百八十三，嘉靖三十一年三月甲午，第6774～6775页。
⑥ 咸丰《青州府志》卷十《职官表六》，《中国地方志集成·山东府县志辑》第31册，第149、151页。
⑦ 《明神宗实录》卷三百二十二，万历二十六年五月乙酉，第5979页。

兵备道被加以监军职衔，职权有所扩大。

青州兵备道在沿革过程中，有时还短期兼有其他职权，如嘉靖四十一年刘应时，“兼管税粮、屯田道”①。

2. 职官

青州兵备道属按察司系统，一般挂按察司佥事、副使职衔，以下据相关地方史志，将历任青州兵备道列表如表4－7。

表4－7　青州兵备道一览表

姓　名	职　衔	出任时间	出　身	籍　贯	备　注
牛　鸾	佥　事	正德五年	进　士	直隶献县	后升副使
朱　卿		正德间	进　士	山西长子	据光绪《益都县图志》补
黄昭道②					据《明世宗实录》卷二十一补
李崧祥	佥　事	嘉靖四年	进　士	直隶贵池	
张　几	佥　事	嘉靖七年	进　士	陕西盩厔	《明世宗实录》：嘉靖九年十二月（卷一百二十，第2860页）
康天爵	佥　事	嘉靖十年	进　士	山西临汾	《明世宗实录》：嘉靖十二年五月（卷一百五十，第3435页）
沈　澧	佥　事	嘉靖十五年	进　士	浙江山阴	
辛　珍	佥　事	嘉靖二十二年	举　人	陕西耀州	
孟　淮	佥　事	嘉靖二十三年	进　士	河南祥符	升四川参议，历升右副都御史巡抚山西，仕终调应天府尹
陈　儒	佥　事	嘉靖二十五年	进　士	锦衣卫籍	升光禄寺少卿，仕终漕运右都御史；《图志》云：嘉靖二十五年以山东左布政使左迁青州兵备佥事
吴元璧	佥　事	嘉靖二十七年	进　士	江西安仁	以上俱佥事
牟朝宗	副　使	嘉靖三十年	进　士	四川宜宾	兼管分巡海右道，以后俱副使
商廷试	副　使	嘉靖三十四年	进　士	浙江会稽	升陕西苑马寺卿
王世贞	副　使	嘉靖三十五年	进　士	直隶太仓	致仕

① 咸丰《青州府志》卷十《职官表六》，《中国地方志集成·山东府县志辑》第31册，第148页。

② 《明世宗实录》卷二十一，嘉靖元年十二月甲午，“以山东流贼久不获，命逮青州兵备副使黄昭道”，第620页。

续表

姓　名	职　衔	出任时间	出　身	籍　贯	备　注
刘　槚	副　使	嘉靖三十八年	进　士	浙江山阴	兼管分巡海右道止此
刘应时	副　使	嘉靖四十一年	进　士	山西洪洞	兼管税粮、屯田道，升四川参政
秦　钫	副　使	嘉靖四十三年	进　士	浙江慈谿	
杨　相			进　士	蒲　州	
张　社			进　士	固　始	
刘有诚			进　士	宁　乡	
李　材			进　士		
林乔相		嘉靖间	进　士	晋　江	
徐　节			进　士	临　汾	下为隆庆间任者（含徐节）
洪　忻			进　士	肃　州	
周思稷			进　士	麻　城	
赵钦杨	副　使		进　士	解　州	下为万历间任者（含赵钦扬）
陈文衡			进　士	鄱　阳	
王之屏			进　士	颍　川	
陈　璧	按察使		进　士	福　清	
徐梦麟	副　使		进　士	宣　城	
黄　辉	按察使		进　士	南　充	
李应魁	按察使		进　士	大　城	
李本纬	按察使		进　士	锦衣卫	升右布政使仍管本道
高　第	副　使		进　士	滦　州	
潘允哲			进　士	上　海	
刘浑成	副　使		进　士	确　山	
杨　材			进　士	房　县	
马允登	副　使		进　士	东　光	
詹思虞			进　士	常　山	以驿传道驻扎，代管本道
卫一凤	右参政		进　士	阳　城	
周光燮			进　士	永　康	按察司副使管本道
王道显	佥　事		进　士	同　安	兼理海防自道显始
唐守钦	佥　事	万历三十年闰二月	进　士	莆　田	

续表

姓　名	职　衔	出任时间	出　身	籍　贯	备　注
魏　浚			进　士	松　溪	
王显仁			进　士	沧　州	
徐良彦			进　士	新　建	
曾道唯①		天启二年	进　士	南　海	《明熹宗实录》卷二十三
孙　瑴			进　士	华　容	
徐良栋			进　士	上　虞	
李得中			进　士	内　乡	
柴寅宾			进　士	长　垣	下为天启间任者（含柴寅宾）
焦觐祖			进　士	泌　阳	
于　芋			进　士	偏　头	
朱之裔			进　士	大　兴	
常道立			进　士	三　原	下为崇祯间任者（含常道立）
杨　进			进　士	蒲　州	
张开行			进　士	易　州	
叶应变			进　士	余　干	海防道专辖青州，其兼管海右者亦仍驻青州也

（据嘉靖《青州府志》卷十一《兵防》、咸丰《青州府志》卷十《职官表云》制作。）

由表4－7可见，青州兵备道属文官系统，一般均由进士出任，间或也偶有举人充任者，其中绝大多数挂按察司职衔，为佥事或副使，也偶有挂布政司职衔者，为右参政。

3. 辖区

青州兵备道之所以设立，主要是为抵御刘六、刘七起义。这在嘉靖《青州府志》有详细记述：正德初年，“剧贼刘六等转掠山东，躏曹、濮，蹂淄、渑，所过城邑望风奔溃”，益都知县牛鸾，“临机设变，出入鬼神，号称异特……驾子弟兵及诸亡命蹑贼，战大王桥，身被四矢，扶创疾斗，贼遂大奔，斩获无算”，事闻，擢按察司佥事，整饬兵备，青州开署自鸾始。②

① 《明熹宗实录》卷二十三，天启二年六月己卯，“升……湖广省政使司右参政曾道唯为山东按察司按察使青州兵备道”，第1140页。

② 嘉靖《青州府志》卷十三《宦迹》。

青州兵备道之设，肇始于正德年间刘六、刘七起义。其设立的初衷也是为防制盗贼、镇压农民起义，与海防事宜并无直接关系。但是，青州府南北跨海，海防地理形势较为重要，“青州属县诸城东南近海……乐安、寿光北岸海”[①]，在这种情况下，青州兵备道在特殊时期必须要承担海防责任。同时，因兵备道可管辖属下卫、所、巡检司等，所以平时也对海防卫所有所管辖。这从其辖区及职权中可以看出。

青州兵备道的辖区，据嘉靖《青州府志》记载：

> 统辖府一、州一、县一十有七：青州府、莒州、益都、临淄、博兴、高苑、乐安、寿光、昌乐、临朐、安丘、诸城、蒙阴、沂水、日照，暨济南之长山、淄川、新泰、莱芜。卫二：青州左卫、安东卫。所一十有一：青州左卫五所、塘头寨预备百户所、诸城守御千户所、安东卫三所、莒州守御千户所。巡检司一十有三：颜神镇、乐安、淄河店、高家港、广陵镇、穆棱关、南龙湾、信阳镇、紫金关、葛沟店、十字路、夹仓镇、上四庄。[②]

由上可见，青州兵备道的辖区主要为青州一府，同时为了行政、军事之需要，“益以济南之淄、长、莱、新”[③]。这在《明世宗实录》中有所记述，嘉靖四十二年（1563）四月，山东巡抚张鉴以“莱芜、新泰、蒙阴、沂水四县俱在青州兵备道境内，而其山川又系青州咽喉，今属之沂水兵备道，反涉遥制，宜改属青州兵备道为便，报可”[④]。自此，青州兵备道的辖区基本固定。同时，该道还直辖属县马快四百人、民壮七千六十九人，由州县巡捕官分领操练。[⑤] 由上可见，在青州兵备道所管辖的范围内，既有行政单位府、州、县，还有军事行政单位卫、所，同时还管辖区域内所有巡检司。由此可说，青州兵备道基本上控制或节制了当地所有的军事力量，成为该区域内最高的军政长官。

---

① 嘉靖《青州府志》卷六《地理志一·山川》。

② 嘉靖《青州府志》卷十一《兵防》；嘉靖《山东通志》卷十一《兵防》之记载大同小异，兹录于下：“按察司佥事领之，辖府一：曰青州。州一：曰莒州。县十七：曰益都、曰临淄、曰高苑、曰安丘、曰博兴、曰沂水、曰日照、曰诸城、曰临朐、曰昌乐、曰乐安、曰蒙阴、曰寿光、曰长山、曰淄川、曰新泰、曰莱芜。马快：共四百人。民壮：共七千六十九人。州县巡捕官分领操演。巡检司十二：曰颜神镇、曰十字路口、曰葛沟店、曰夹仓镇、曰穆棱关、曰高家港、曰乐安寨、曰紫金关、曰广陵镇、曰上泗镇、曰信阳镇、曰南龙湾海口。卫二：曰青州左、曰安东。所二：曰诸城、曰莒州，皆守御千户所”，见第 709 ~ 710 页。

③ 嘉靖《青州府志》卷十一《兵防》。

④ 《明世宗实录》卷五百二十，嘉靖四十二年四月丙子，第 8524 ~ 8525 页。

⑤ 嘉靖《山东通志》卷十一《兵防》，第 709 页。

3. 莱州海防道

(1) 沿革

莱州海防道本属山东巡察海道，至嘉靖四十一年（1562）方才独立出现，此前的莱州海防道可参见本节《山东巡察海道》。

据《明世宗实录》记载：嘉靖四十一年五月丙午，“改山东巡察海道驻登州，守、巡海右二道驻莱州……仍兼兵备”①。由此可见，在嘉靖四十一年后，山东巡察海道已改驻登州，驻守莱州的是分巡、分守海右二道，不过仍兼莱州兵备。

嘉靖四十一年是山东巡察海道发生重大变迁的一年。登莱地区诸种方志对莱州道在明朝后期的变迁有所介绍，兹录于下：

据乾隆《莱州府志》卷六《职官·巡察海道》记载：“巡察海道，隆庆二年改分守道，万历二十三年改海防道”②，认为山东巡察海道在隆庆二年（1568）改为分守道，后于万历二十三年（1595）再改为海防道。也就是说，嘉靖四十一年（1562）登州设海防道（按：即《明世宗实录》所谓之“改巡察海道驻登州”）后，直至隆庆二年（1568）以前，这六年中，驻扎于莱州府的这一机构在莱州地方文献中仍被称为巡察海道。

对此，嘉庆《续掖县志》也有论述：“隆庆二年，登州复设兵备，兼莱州兵政，而本道改为分守，仍辖三郡，专治民事。万历二十三年后与登州道并理莱州军务，仍以海防为名。”③ 这一说法与乾隆《莱州府志》说法基本吻合。

万历《莱州府志》卷五《兵防》记载：“弘治十二年，始于莱建巡察海道公署。其后或驻本府，或驻登州。隆庆间又移分守道驻本府。万历二十年，因倭变，分守道加海防。”④

据嘉庆《续掖县志·职官表》记载了莱州地区道的变迁，现将其归纳如下：

巡察登莱青海防兵备道：弘治十二年至正德六年；

巡察登莱海防兵备道：正德八年至隆庆二年；

分守登莱青道：隆庆二年至万历二十一年；

分守登莱青兼莱州海防兵备道：万历二十三年至明末。⑤

① 《明世宗实录》卷五百九，嘉靖四十一年五月丙午，第 8391 页。

② 乾隆《莱州府志》卷六《职官》，第 108 页。

③ 嘉庆《续掖县志》卷一《职官》，第 291 页。

④ 万历《莱州府志》卷五《兵防》。

⑤ 嘉庆《续掖县志》卷一《职官》，第 292 ~ 294 页。

以上各种史书，对于明朝后期莱州道的演变做了梳理，大都认为隆庆二年（1568）和万历二十三年（1595）是该道发生变革的重要时期。不过，对于嘉靖四十一年（1562）改驻登州一事，莱州地区的各种地方文献却并未加以记载。

应当说，嘉靖四十一年，山东巡察海道改驻登州，是该道变迁的一个重要事件。笔者认为，莱州地方文献之所以对此未加记载，是因为地方文献记述问题是以本地区为本位。就这个问题来说，他们关注的是“道”在莱州地区的变迁。在他们看来，嘉靖四十一年的这一变迁与莱州并无多大关系。因为，嘉靖三十四年（1555），登州即已设立海防道，不过仍由莱州道兼管，并未单独设官。而且，嘉靖四十一年，登州海防道单独设官后，莱州的道仍继续存留，仅在职权上有所变化，即不再兼辖登州海防道事，但仍辖莱州兵备事。乾隆《莱州府志》也仍将嘉靖四十一年至隆庆二年任该官者称为巡察海道。[①] 而隆庆二年，该道改为分守道后，却不再兼莱州兵备。这是一个重大的变化。

厘清了这个问题，就可以对嘉靖四十一年后莱州道的发展脉络做出梳理。嘉靖四十一年，山东巡察海道移驻登州后，在莱州府仍然保留了“道”这一系统，只不过其兵备职能只是莱州一府。

隆庆二年（1568），登州巡察海道兼理莱州兵政，莱州的道改为分守道，即分守海右道，辖登莱青三郡，“专治民事”。

万历二十三年，该道与登州巡察海道“并理莱州军务”，因莱靠海，故又称海防道。

自此以迄明末，该道未发生变化。

（2）职官

莱州海防道变迁比较复杂，其职官有时挂布政司衔，为参政、参议；有时则挂按察司衔，为佥事、副使。现据相关地方史志将该道列表如表 4－8。

表 4－8　　莱州海防道一览表

姓　名	职　衔	出任时间	出　身	籍　贯	备　注
以前为巡察海道					
陈　瓒	副　使	嘉靖四十一年	进　士	北直献县	已驻扎登州。
李可久	佥　事	嘉靖四十五年	进　士	阳　城	

① 乾隆《莱州府志》卷六《职官》，第 108 页。

续表

姓　名	职　衔	出任时间	出　身	籍　贯	备　注
王文翰		隆庆元年			
陆　瓒	副　使	隆庆二年	进　士	浙江龙游	
分守登莱青道					
鲍承荫	参　政	隆庆二年	进　士	山西长治	
周　怡		隆庆三年			
潘允端	参　政	隆庆五年	进　士	上　海	
郭文和	参　政	隆庆五年	进　士	金吾左卫；一说为顺天	“简静”
刘有诚		万历元年			
郝　杰		万历四年			
魏体明	参　政	万历五年	进　士	福　建	
孙　錝	参　政	万历八年	进　士	余　姚	
蹇　达	参　政	万历十一年	进　士	巴　县	
孔惟德	参　政	万历十二年	进　士	汝　阳	由莱州府知府升
王廷诗	参　政	万历十四年	进　士	华　州	
胡桂芳	参　议	万历十六年	进　士	江　西	
田　畴	参　政	万历十八年	进　士	山西文水	二十年任登州兵备道，升光禄寺卿
沈九畴		万历二十一年			《莱志》作：万历十八年
分守登莱青兼莱州海防兵备道					
于仕廉	参　议	万历二十三年	进　士	金　坛	
盛　稔	参　议	万历二十六年	进　士	仪　真	由平阳知府任
刘尚志	参　政	万历三十年	进　士	怀　宁	
李应魁	参　政	万历三十四年	进　士	大　城	《莱志》作：万历四十三年，当为笔误。
卫三省	参　政	万历三十七年	进　士	陕　州	
李　柷	参　政	万历四十一年	进　士	鄞　县	《莱志》作：李沄。
张五典	参　议	万历四十三年	进　士	沁　水	
陈亮采		天启元年	进　士	晋　江	
张国锐	参　政	天启二年	进　士	大　兴	

续表

姓　名	职　衔	出任时间	出　身	籍　贯	备　注
谭昌言		天启四年			
周泰峙	参　政	天启五年	进　士	金　坛	《莱志》作：周太峙。
王振祚	参　政	天启七年	进　士	华　州	
劳永嘉	参　政	崇祯元年	进　士	崇　德	
戴君恩		崇祯二年			
宋　献		崇祯四年	举　人	溧　阳	
杨作楫		崇祯五年	进　士	蓬　溪	
汪乔年		崇祯六年			
黄孙茂	参　政	崇祯七年	进　士	广　昌	迁登州监军道，殉岛难。《莱志》作：黄孙懋。
刘永祚	副　使	崇祯八年	进　士	韩　城	
赵建极		崇祯九年			
曾　樱		崇祯十三年			
张国士		崇祯十四年			

（本表据乾隆《莱州府志》卷六《职官》、嘉庆《续掖县志》卷一《职官》制作。）

由上可见，自嘉靖四十一年（1562）至隆庆二年（1568），莱州道挂按察司衔。隆庆二年后，莱州道则一般挂布政司衔，是为分守道。

（3）辖区

该道辖区为莱州一府。

4. 武定（德）兵备道

（1）沿革

关于武定兵备道的设置时间，史书记载较为统一，均认为其设立于正德七年（1512）。

据嘉靖《武定州志》卷八《兵防志》记载："正德七年，因流贼之变，特置武定兵备道，设山东按察司佥事一人领之。"①

又据嘉靖《山东通志》卷十一《兵防》："武定兵备道：分署武定州。正德七年因流贼之变设，按察司佥事领之。"②

① 嘉靖《武定州志》卷八《兵防志》。

② 嘉靖《山东通志》卷十一《兵防》，第709页。

二者均认为其设立于正德七年（1512）。

该道后来一度被裁革，不久又重设。据《明武宗实录》记载：正德十年（1515）十二月，明朝政府“革曹州、武定州、大名府兵备官。兵部议，九江、徐州、曹州、武定州、大名府五处兵备官皆以盗贼添设，今已事宁，惟徐州兵备宜留，余皆可革，从之。仍留九江兵备”①。正德十年十二月，武定兵备道被裁。

后来，正德十二年（1517）八月，兵部上言指出，“畿辅今岁水灾异常，民穷盗起，势所必至，请如近例，于直隶河间府地方暂设总兵官一员，大名等府、山东武定等处各兵备官一员。从之”②。正德十二年八月，明朝政府再度设立武定兵备道。

由上可见，该道设立之初，或裁或设，非常不稳定。对此，时任兵部尚书王琼在《为存留兵备官员以安地方事》一疏中，详列该道设立、裁革及重设之原委，兹录于下：

> 看得巡抚山东都御史黄瓒等奏，要将武定州兵备佥事不必裁革一节。臣等查得：天下兵备官员俱成化以来权宜添设，原非祖宗旧制。正德六年，流贼蜂起，添设虽多，皆拟事宁裁革，正恐紊乱旧制。本部先因给事中阎钦具题，要将各处新旧兵备定拟存留裁革，奏行各该巡抚、巡按计议前来，成化等年设立者俱各存留，正德六年新设者，止留徐州一处，余皆裁革。奏蒙钦依，特留九江一处。其武定兵备亦在裁革之内，臣等初意惟欲恪守旧制钦遵原拟，非惜添设一官廪禄、供给之费也。今都御史黄瓒等奏称，武定兵备例虽当革而实不可革，迹虽若扰而实利于民，固非原拟暂设之意，亦不详臣等欲革之由。况武定地方，弘治以前原无兵备，不闻人民便于骑射辄起为盗。逮至正德六年，盗贼猖獗，议者始设兵备，谓其可以遏贼势于方张，而贼益纵横，卒致命将出师，调动边兵，动经岁余方能剿平，似兵备之设又为无益。且古之弭盗者逐捕吏，今之弭盗者设捕吏，是何古今之不相及？况前项地方见有守巡官员，兵备事宜皆其当行职务，若又常设兵备，不惟紊乱官制，事愈纷更，抑且政出多门，人难遵守。况本部题奉前项钦依遵行未久，朝令夕改，甚非政体所宜见。今巡按广西监察御史朱昴具奏，兵备与分巡官行事掣肘，要行裁革，诚为有见。合无移咨巡抚都御史黄瓒，查照先年巡抚都御史马文升奏准事例，严督分巡、分守官不时往来，巡历地方，提督军卫

① 《明武宗实录》卷一百三十二，正德十年十二月己巳，第2628页。

② 《明武宗实录》卷一百五十二，正德十二年八月壬子，第2943页。

有司，抚安军民，禁捕盗贼，不许常住省城，推托误事。其暂设兵备佥事仍照原拟裁革。

正德十一年六月二十二日具题。

奉圣旨这兵备官，既该镇巡等官节次议奏不可缺人，还暂照旧添设，防御盗贼，待后年成丰稔，地方宁靖之日依拟裁革，钦此。①

由上可见，明朝廷之所以设立武定兵备道，是因为正德六年（1511）刘六、刘七起义残破州县，所向披靡，危害了大明王朝的安全。由上文“本部题奉前项钦依遵行未久”来看，兵部确在战乱平定之后，便将其裁撤。只不过山东巡抚黄瓒认为该道“虽当革而实不可革，迹虽若扰而实利于民”，上疏力请保留。兵书尚书王琼不同意，并据理力争，未果。正德皇帝批示，“既该镇巡等官节次议奏不可缺人，还暂照旧添设，防御盗贼，待后年成丰稔，地方宁靖之日依拟裁革”，该道得以重新设立。通过以上记载，我们可以发现，该道设立的主要原因和目的是为“防御盗贼”，即如朝廷颁给该道敕书所说，“近者各处地方灾伤，人民贫乏者多，官司不能抚恤，或至聚而为盗，不可不为之备”②。

隆庆三年（1569）三月，因山东巡抚姜廷颐等奏，武定兵备道兼管德州。③此后，武定兵备道改称为武德兵备道。武德兵备道，“冬春驻武定，夏秋驻德州，往来武定、滨、德三州，并阳信、商河各州县，督理屯营，操练防守”④。

万历二十六年（1598）五月，天津巡抚万世德题称，“钦奉玺书职掌海务，而海壖延亘绵长，将领星罗棋布，一人之耳目有限，难以编历周知，乃兵备之官节制不行，众心涣散，合将海盖、天津、武德、青州四处兵备道，各加监军职衔，假以事权，听其节制，平时训练、稽查，有警督察纪验，事竣殿最品隲，既周综核之方，复联臂指之义，庶精神相贯而军政益饬矣。部覆依拟行”⑤。武德兵备道被加以监军职衔，职权有所扩大。

崇祯五年（1632），武德兵备道移驻德州⑥。

---

① （明）王琼：《晋溪本兵敷奏》卷八《为存留兵备官员以安地方事》，《四库全书存目丛书》史部第59册，第220页。

② 嘉靖《武定州志》上帙《兵防志第八》。

③ 嘉靖《武定州志》上帙《兵防志第八》。

④ 万历《大明会典》卷一百二十八《兵部十一》，《续修四库全书》第791册，第305页。

⑤ 《明神宗实录》卷三百二十二，万历二十六年五月乙酉，第5979页。

⑥ （清）王道亨修，张庆源纂：乾隆《德州志》卷八《职官》，《中国地方志集成·山东府县志辑》第10册，南京：凤凰出版社2004年版，第181页。

（2）辖区

武德兵备道的辖区，前后有所变化。嘉靖元年（1522）十一月，因山东抚按言“诸道所辖州县参错交互，远近不一，或一县而三道并属，或竟无所属，非大更定无以一事权”，更定山东四兵备道所属州县，“以武定、阳信、商河、海丰、乐陵、滨州、蒲台、沾化、利津、青城、新城、齐东、陵及济阳、德平、临邑、章丘、邹平、长山、淄川二十州县属武定道”①。后长山、淄川划归青州兵备道②。至嘉靖末年，武定兵备道下辖二州、十六县，并“马快：共三百九十人。民兵：共四千五百七十七人。州县巡捕官分领操演”。此外，尚辖有五个巡检司及一个守御千户所。嘉靖《山东通志》记载，辖“巡检司五：曰清河镇、曰大沽河海口、曰丰国镇、曰久山镇、曰旧县镇。所一：曰武定守御千户所”③。

隆庆三年（1569）三月，武定兵备道兼管德州。④ 至此，武定兵备道改称武德兵备道，其辖区也基本确定。

武定兵备道辖区为山东北部、西北部地区，所辖地域较广，靠近渤海，位置重要。为此，嘉靖《武定州志》引前志加以评论，“夫武定道，盖兼古渤海、平原、乐安诸郡地而为一戍镇者也。东控海而扼浊河，北抚天津，南捍济省，东南联青州，西南若北与临清、霸上相引望。承平则弭盗宁民与共共翰京师，一或有警，当必相与为声援、为犄角，以保障一路联络四方，以共尊朝廷而歼寇孽，皆于是乎。在兹设兵备本图而臣子为天下国家十分义也”⑤。从地理形势的角度，论证了该道辖区的重要性。从海疆地理来说，该道连接天津与青州，与周边各镇成掎角之势，并控扼渤海，具有一定的战略意义。

武德兵备道所辖州县卫所，虽有很大区域濒临渤海，但由于渤海地处山东半岛、辽东半岛之内，且武德兵备道所辖海域更靠近内海，故面临海上威胁较轻。其最初为盗弭而设立，并非为巩固海防。因此，武德兵备道的海防职能在平时并不明显。不过，一旦形势有变，其海防职能会迅速凸显。万历援朝御倭战争爆发后，武德兵备道即参与到海防事宜中来。

① 《明世宗实录》卷二十，嘉靖元年十一月己酉，第579页。
② 嘉靖《武定州志》上帙《兵防志第八》：“长山、淄川，今分属青州兵备。”
③ 嘉靖《山东通志》卷十一《兵防》，第709页。
④ 《明穆宗实录》卷三十，隆庆三年三月癸酉，第805页。
⑤ 嘉靖《武定州志》上帙《兵防志第八》。

（二）北直隶诸道

1. 天津兵备道

（1）沿革

关于天津兵备道的设置时间，史书记载有些龃龉，主要有两种说法。

①弘治三年（1490）。据《明孝宗实录》记载，弘治三年十一月乙未，刑部侍郎白昂上言，指出“天津之地水路咽喉，所系甚重，请增设宪职一员为兵备官，从之”，是为天津兵备道设立之始。据《明孝宗实录》记载，第一任天津兵备道为刘福，其上任时间为弘治三年十一月①。

②弘治四年（1491）。据李旻撰《天津提刑兵备分司新建旧记》记载：“弘治辛亥，用廷臣议，始于山东按察司员外置副使，以玺书命之，使整饬兵备于几（畿）内之天津，去京师二百余里，地连大海，当南北往来之要冲，故为三卫指挥使，各分兵屯田，同处一城，不相统属。居上者易为安逸骄恣，下之黠者每操其短长以为挟持，讼讦至于（扞）格不可为理，谋国者之忧也；置宪职以统治之，固其宜哉。”② 弘治辛亥即弘治四年。

又据程敏政所撰《天津重修涌泉寺旧记》记载：“都北以来，兵备加严，地重事殷，无所责成，乃弘治辛亥（按：弘治四年）置按察副使一人，奉玺书专理，置司天津。”③

据嘉靖《河间府志》记载：“弘治三年，刑部左侍郎白昴（昂）、巡按御史邹鲁议，本镇为京师密迩之处，东濒大海，水陆要会，因无上司钤束，以致奸盗窃发，百务废弛，欲要添设兵备官员。次年（按：弘治四年，1491），建设山东按察司副使，奉敕整饬天津等处兵备。”④

又据康熙《天津卫志》记载：“明弘治三年，侍郎白昂、御史邹鲁议……次年（按：弘治四年），设按察司副使，奉敕整饬天津等处。”⑤

以上四者，均认为该兵备道设立于弘治四年。

---

① 《明孝宗实录》卷四十五，弘治三年冬十一月乙未，记载：“增设山东按察司副使一员，整饬天津等处兵备，陕西副使刘福丁忧服阕，因以命之。”第909页。

② （清）薛柱斗修，高必大纂：康熙《天津卫志》卷四《艺文上》，李旻《天津提刑兵备分司新建旧记》，天津市地方志编修委员会编著：《天津通志（旧志点校卷）》上，第72页。

③ 康熙《天津卫志》卷四《艺文上》，程敏政《天津重修涌泉寺旧记》，天津市地方志编修委员会编著：《天津通志（旧志点校卷）》上，第74页。

④ 嘉靖《河间府志》卷十一《武备志》。

⑤ 康熙《天津卫志》卷二《官职》，天津市地方志编修委员会编著：《天津通志（旧志点校卷）》上，第36页。

究竟该兵备道设于何时？笔者认为，以上记载其实并无实质性差别，《明孝宗实录》和卫志、府志记载此事的标准可能略有不同，《明孝宗实录》以官方文件为准，以朝廷针对此事讨论、并最终决定任命刘福出任该职为准，即弘治三年（1490）十一月，而方志则可能以地方文件为本，即以刘福到任的时间为准。因此，便出现了文献记载中的一年之差。

正德二年（1507），明朝政府裁撤天津兵备道。①

正德四年（1509），明朝政府又因“盗贼充斥”，设捕盗御史以便弹压。据《明武宗实录》记载：“命监察御史柳尚义巡历顺天、保定等府，居天津。……时以四方盗起而屯田失实，故特设御史携家专理之。”②

正德五年（1510），明朝政府又裁撤捕盗御史。并于正德六年（1511），重设天津兵备道。③

此后，天津兵备道设置稳定下来。

援朝御倭战争期间，天津兵备道职权有所扩大。据《明神宗实录》记载：万历二十六年（1598）五月，天津巡抚万世德题称，“钦奉玺书职掌海务，而海壖延亘绵长，将领星罗棋布，一人之耳目有限，难以编历周知，乃兵备之官节制不行，众心涣散，合将海盖、天津、武德、青州四处兵备道，各加监军职衔，假以事权，听其节制，平时训练、稽查，有警督察纪验，事竣殿最品隲，既周综核之方，复联臂指之义，庶精神相贯而军政益饬矣。部覆依拟行”④。天津兵备道被加以监军职衔，职权有所扩大。

（2）职官

天津兵备道挂山东按察司衔，其职官为按察司佥事或副使（表4－9）。

表4－9　　天津兵备道一览表

姓　名	职　衔	出任时间	出　身	籍　贯	前任职	去　向
刘　福	副　使	弘治四年⑤	进　士	四川巴县	陕西副使，后丁忧	浙江按察使

① 嘉靖《河间府志》卷十一《武备志》；据《明武宗实录》卷二十三，正德二年二月乙酉：“吏部奉旨查议天顺以后添设内外大小官共一百二十九员，其间地要政繁不可裁革者七十员……非要地而事简可革者五十九员……天津、宣府、临清各兵备副使三员。”第636～637页。

② 《明武宗实录》卷五十二，正德四年秋七月壬寅，第1189页。

③ 嘉靖《河间府志》卷十一《武备志》。

④ 《明神宗实录》卷三百二十二，万历二十六年五月乙酉，第5979页。

⑤ 《明孝宗实录》卷四十五，弘治三年十一月乙未条，载：“增设山东按察司副使一员，整饬天津等处兵备，陕西副使刘福丁忧服阕，因以命之。”第909页。

续表

姓名	职衔	出任时间	出身	籍贯	前任职	去向
陈嘉谟	副使	弘治九年五月	进士	四川富顺县	山东佥事，管北直隶屯田	三年后，以疾归
金献民	副使	弘治十二年六月	进士	四川绵州	监察御史	丁忧。复除湖广副使
施槃	副使	弘治十五年三月	进士	浙江黄岩	河间府知府	六年后，以侍养归
捕盗御史（裁道设御史，于五年革）						
柳尚义		正德四年七月	进士	湖广巴陵	监察御史	右佥都御史
复设天津兵备道（正德六年）						
陈天祥	太仆寺少卿	正德六年三月	进士	江南吴县	西安府知府	都察院右副都御史
蒋曙①	副使	正德七年十月	进士	广西全州	保定府知府	广东参政
杭淮	副使		进士	江南宜兴	浙江副使，丁忧	云南提学
胡文璧	副使	正德十年七月	进士	湖广耒阳	真定府知府	降为陕西延安府照磨
韩廉			进士	浙江余姚	河南佥事	
吕盛	副使	正德十四年七月	进士	福建南平	东昌府知府	
钱如京			进士	江南桐城	河南副使	嘉靖二年五月，"升天津兵备副使钱如京为浙江按察司按察使"。
高屿	副使	正德十五年十一月	进士	锦衣卫籍；江苏昆山	济南府知府	
王腾	副使	嘉靖四年正月	进士	河南洛阳	真定府知府	
姚文清		嘉靖四年	进士	山西阳曲	陕西佥事	历升浙江按察使
葛木	副使	嘉靖九年	进士	浙江上虞	淮安府知府	山西右参政
华金	副使	嘉靖十三年六月	进士	江南无锡	云南参议	
敖英	副使	嘉靖十四年	进士	江西清江	陕西副使	十六年五月，"改天津兵备副使敖英为四川按察司副使。"
茹鸣金		嘉靖十五年	进士	江南无锡	承天府知府	山西副使

① 《明武宗实录》卷一百九，正德九年二月癸卯，"命整饬天津等处兵备副使蒋曙兼管霸州等处兵备。初，霸州兵备以屯田佥事兼之，户部已奏革。至是，抚按者请复之，兵部以为屯田官兼理兵备非便，宜令天津兵备官兼管。从之"，第2236页。

续表

姓　名	职　衔	出任时间	出　身	籍　贯	前任职	去　向
孙　锦		嘉靖十六年	进　士	陕西绥德	顺德府知府	山西副使
张承祚		嘉靖十七年八月	进　士	河南光山	太原府知府	
王　琇		嘉靖十八年	进　士	河南宣武卫	山东佥事	
陈仲禄		嘉靖十九年	进　士	湖广常德卫	兖州府知府	
王　玑		嘉靖二十年	进　士	浙江西安	江西参议	历升参政、右佥都御史
朱鸿渐	副　使	嘉靖二十三年	进　士	江南吴县	云南副使	湖广参政
吴嘉会		嘉靖二十六年	进　士	山西振武卫	山东参议	历升参政、巡抚、都御史、兵部左侍郎
刘廷臣	副　使	嘉靖二十九年九月	进　士	山西洪洞	湖广副使	历升参政、佥都御史
张　铎		嘉靖三十二年	进　士	常　熟	陕西参议	
毛　恺	副　使	嘉靖三十三年	进　士	浙江江山	瑞州府知府	历升兵部尚书
马　珮	副　使	嘉靖三十六年	进　士	山东德州	河南副使改任	升巡抚佥都御史
曾于拱	副　使	嘉靖三十六年	进　士	江西泰和	四川副使补任	
李凌云		嘉靖三十七年	进　士	河南钧州		升山西右参政
雷梦麟	副　使	嘉靖三十八年	进　士	江西进贤		升陕西左参政
曹　麟		嘉靖四十一年	进　士	湖广黄梅		
黄　中	副　使	嘉靖四十二年	进　士	浙江遂昌		
曹　科	副　使	嘉靖四十四年	进　士	山西宁乡		升陕西参政
周希哲	副　使	隆庆三年①	进　士	四川威远	安庆府知府	隆庆四年八月，罢为民
吴一本②	佥事、右参议	隆庆四年四月	进　士	湖广襄阳卫	山西佥事	
杨　枢		隆庆五年	进　士	山西阳城		升河南参政
安嘉善	副　使	万历二年正月	进　士	山西代州	西安府知府	升河南参政、按察使
张孔修	副　使	万历五年四月	进　士	直隶大名	西安府知府	调补陕西西宁副使
徐学古		万历六年	进　士	河南洛阳		

① 《明穆宗实录》卷二十七，隆庆二年十二月辛巳，“升安庆府知府周希哲为山东副使，整饬天津等处兵备”。第714页。

② 《明穆宗实录》卷五十四，隆庆五年二月丁巳，“加授山西布政使左参政张蕙为按察司按察使，仍分守汾州，山西按察司副使廖逢节为布政使司右参政，仍分巡北中二路兼兵备。山东按察司佥事吴一本为布政使司右参议，仍整饬天津等处兵备。时吏部以蕙等称职当迁，又难其代，乃议加秩久任仍兼旧衔。上皆从之”。第1351页。

续表

姓　名	职　衔	出任时间	出　身	籍　贯	前任职	去　向
赖庭桧[①]	副　使	万历七年正月	进　士	福建晋江	归德府知府	升四川右参政
刘　鲁	副　使	万历十年正月	进　士	河南安阳	湖广左参议	
帅　祥	副　使	万历十一年正月	进　士	四川安居	山西道御史	升山东左参政
王来贤	副　使	万历十二年六月	进　士	云南临安	贵州副使	升河南参政、按察使、四川布政使
查志隆[②]	副　使	万历十五年八月	进　士	浙江海宁	保定府知府	升山东左参政
俞　均		万历十七年	进　士	江西新建		
彭国光	副　使	万历十七年九月	进　士	江西德化	吏科左给事中	浙江右参政
梁云龙	副　使	万历二十年六月	进　士	广东琼山	山西副使井陉兵备	升本省参政兼佥事开原等处兵备
杨　兆			进　士	陕西肤施		历升工部尚书
叶　宰			进　士	福　建		
冯　任			进　士	浙江慈溪		
朱大典			进　士	浙江金华		
陈六韐			进　士	江南苏州		
张汝蕴			进　士	山东章邱		
马化龙	副　使	万历二十三年十一月	进　士	河南新野	淮安府知府	
许守恩	副　使		进　士	泾　阳		遭邢玠弹劾，落职
张维新	副　使	万历二十二年六月				
杨　舟	副　使	万历二十三年九月		陕西副使		
汪应蛟	副　使	万历二十五年九月	进　士	南直婺源	易州兵备道	与许守恩互调
张佐治	副　使	万历二十九年三月	进　士	平　和	浙江兵备副使	山东右参政
王守正		万历三十八年二月	进　士	山东沂州		

① 《明神宗实录》卷八十三，万历七年正月戊辰作“赖廷桧”，第1752页。

② 《明神宗实录》卷一百八十九，万历十五年八月庚申：“升保定府知府查志隆为山东副使，整饬天津兵备，兼理马政、河道。”第3542页。

续表

姓　名	职　衔	出任时间	出　身	籍　贯	前任职	去　向
高邦佐①		万历四十年	进　士	襄　陵		
景　昉	右参政	万历四十一年四月	进　士		工部郎中	山东按察使
贾之凤	参　政	万历四十六年九月			河南副使	
刘　策		天启元年三月		河南副使		
冯元飏		天启二年	进　士	浙江慈溪		崇祯十四年任，督饷大臣兼天津巡抚
王鼎新		天　启	进　士	山西介休		
来斯行	右参议	天启三年三月	进　士	浙江萧山	山东按察司佥事,天津监军道	
郭　浣		天启五年十一月			荆州府知府	
杨廷槐	副　使	天启六年八月			山西副使	天启七年四月，削夺
石声谐	副　使	天启七年五月	进　士	陕西固始	广平府知府	
李化熙		崇祯十二年	进　士	山东长山		下俱崇祯间，年份未详
邱民仰		崇祯十三年	举　人	陕西渭南		
原毓宗			进　士	陕西韩城		
王秉谦			进　士	山西蒲城		
孙肇兴			进　士	山东莘县		

（本表据康熙《天津卫志》、乾隆《天津府志》、光绪《重修天津府志》、乾隆《天津县志》、民国《天津县新志》、《明实录》等制作而成。）

天津兵备道隶属于北直隶，明代北直隶、南直隶均不设布、按二司，所以其属下之道，往往挂临近省份如山东等省的职衔②。由表4－9可见，天津兵备道大多为按察司佥事、副使，后来也有挂布政司衔如参政、参议者，不过相对较少。

---

① 《明神宗实录》卷四百六十七，万历三十八年二月壬戌，“升河南按察使林欲厦为广西右布政使，浙江衢州知府张所望、直隶永平知府高邦佐、福建泉州知府姜志礼、山东兖州知府葛锡璠为副使，所望广西，邦佐山东，志礼广东，锡璠河南”，第8813页。

② 据《明孝宗实录》卷四十五，弘治三年十一月乙未记载：“增设山东按察司副使一员，整饬天津等处兵备，陕西副使刘福丁忧服阕，因以命之。”第909页。可见首任天津兵备道刘福职衔为山东按察司副使。

(3) 辖区

关于天津兵备道的辖区，万历《大明会典》中有所记载：天津兵备，“专在天津、沧州二处来往，所管自天津起德州止，并河间、沧州军卫有司兵马钱粮兼屯田、河道”①。

除此之外，关于该道辖区，在《明孝宗实录》收录的明朝政府赐予第一任天津兵备刘福的敕书中有明确记载，兹录于下：

> 天津三卫系畿内重地，东濒大海，北拱京师，因无上司钤束，以致奸盗窃发，军政废弛，地方骚扰不宁。今特命尔整饬彼处兵备，专在天津驻札，自天津至德州止，沿河附近军卫、有司衙门悉听管辖，尔须不时往来巡历，操练兵马，修理城池，禁革奸弊。遇有盗贼生发，即督应捕官员，率领军夫、民快、火甲，相机扑捕，勿令滋蔓。巡司驿递衙门损坏，即与修理，兵夫、吏役人等，时常点闸，河道淤浅与巡河御史、工部管河官会议疏浚，运粮官民船只往来停泊，须令人防护，勿致劫害，一应军民词讼，应受理者即与问理。官员有犯，文职五品以下，听尔拿问，五品以上并军职奏闻区处。其操练一事，河间、德州已有署都指挥薛瑛等专官，尔不必预，天津则分守通州署指挥同知王宣已尝往来提督，尔不须协和行事。但有捕盗事情，应与薛瑛、王宣约会者计议而行，仍听经该巡抚都御史节制。故谕。②

由上可见，天津兵备道的辖区为自北起天津三卫、南抵山东德州的广大区域，该区域可以具体可以概括为“南自郑家沟山东海丰县界起，北至大沽海口密云道宝坻县界止”③。在这片广阔区域内，该道辖有诸多卫、所、巡检司等衙门。

2. 密云兵备道

(1) 沿革

据《四镇三关志》卷八《职官考·蓟镇职官·文秩》记载：“密云兵备：正统十四年设。初为巡抚分理讼狱，寻议罢。弘治九年，复设整饬黄花至山海等地方按察司副使一员，山东列衔，驻札蓟州。十一年，移驻密云。嘉靖二十九年，增设蓟州道，止隶密云一道地方。”④ 据此，则密云兵备道设立于正统十四年

---

① 万历《大明会典》卷一百二十八《兵部十一》，《续修四库全书》第791册，第297~298页。

② 《明孝宗实录》卷四十五，弘治三年十一月乙未，第909~910页。

③ （明）宋应昌：《经略复国要编》卷三《移山东巡抚咨》，《四库禁毁书丛刊》史部第38册，北京：北京出版社2001年版，第57页。

④ 《四镇三关志》卷八《职官考·蓟镇职官·文秩·密云兵备》，第442页。

（1449），后曾短暂罢设，至弘治九年（1496）复设。

密云兵备道设立之初，驻扎蓟州，后移驻密云，正德九年后（1514）改驻永平。据《明武宗实录》记载：正德九年三月壬辰，“命整饬密云等处兵备副使移驻永平。初，兵备官驻蓟州，后移密云，至是副使朱□奏乞如分巡例，一、二年一更，兵部谓非旧制不可许，乃定驻永平焉”①。

（2）辖区

至于密云兵备道的辖区，明朝廷颁发的《敕密云兵备山东布政司参政钱藻》中有详细记载，即“整饬密云等处兵备，管理石塘岭、古北口、墙子岭三路，驻札密云县，分管密云县、通州、三河、宝坻、香河、平谷各州县，密云中后、通州左右、神武中、定边、兴州后屯九卫、梁城守御千户所”②。

万历《大明会典》记载略有不同：“密云兵备一员，管理石塘岭、古北口、曹家寨、墙子岭四路，监督副参等官，分管通州、密云、三河、宝坻、平谷五州县，密云中后卫、通州左右卫、神武中卫、定边卫、兴州后卫、营州后屯、前屯、中屯卫、梁城守御千户所兵马钱粮兼屯田”③。钱藻任职于嘉靖末年，想必该兵备道辖区后来又加以调整，故万历《大明会典》所载与朝廷颁赐钱藻敕书所载有所不同。

二者所记密云兵备道之辖区尽管有所不同，但是却均认为该道下辖梁城所与宝坻县，因二者均属沿海州县、卫所，故密云兵备道属于海防职官。

3. 蓟州兵备道

（1）沿革

据《四镇三关志》卷八《职官考·蓟镇职官·文秩》记载：“蓟州兵备：弘治九年，设密云等处兵备一员，通辖蓟、永地方。十一年，移驻密云。嘉靖二十九年，始设按察司副使一员，列衔山东或山西，□札蓟州，隶蓟州一道地方。”④ 据此，则蓟州地区原属密云兵备道，至嘉靖二十九年（1550）方才专门划出。

---

① 《明武宗实录》卷一百一十，正德九年三月壬辰，第2261页。不过，这一时期，该道驻扎地点并不确定。据《明武宗实录》卷一百一十二，正德九年五月甲申记载：“甲申……王玹为山东副使整饬密云等处兵备，驻蓟州。”第2288～2289。可见该道在当年五月仍驻蓟州。

② 《四镇三关志》卷七《制疏考·蓟镇制疏·诏敕》，第233页。

③ 万历《大明会典》卷一百二十八《兵部十一》，《续修四库全书》第791册，第297页。

④ 《四镇三关志》卷八《职官考·蓟镇职官·文秩·蓟州兵备》，第442页。

（2）辖区

至于蓟州兵备道的辖区，在明朝廷颁发的《敕蓟州兵备山西按察司副使辛应乾》中有详细记载："今特命尔整饬蓟州等处兵备，尔宜查照该部题准事理，管理马兰谷、太平寨二路，监督副参等官，分管蓟州、遵化、丰润县，蓟州、营州右屯、镇朔、遵化、东胜右、忠义中、兴州左屯、前屯、开平中屯卫、宽河守御千户所。"①

万历《大明会典》记载略有不同："蓟州兵备一员管理喜峰口、马兰谷、松棚谷、太平寨四路，监督副参等官，分管蓟州、遵化、丰润、玉田四州县，蓟州、镇朔、遵化、营州右、东胜右、忠义中、兴州前、开平中屯、兴州左屯九卫、宽河一所兵马钱粮兼屯田。"②

笔者认为：该道辖区之所以会出现前后差异，是因为敕书所载的辖区是辛应乾任职时的辖区，后来又有所调整。万历《大明会典》记载的则是调整后的辖区。二者在记载该道辖区时，均把开平中屯卫纳入。邓钟在《筹海重编》中，将开平中屯卫列入北直隶沿海府州县卫③。据此，则蓟州兵备道当为海防职官。

4. 永平兵备道

据《四镇三关志》卷八《职官考》记载："永平兵备：嘉靖三十九年，设按察司副使一员列衔山东或山西，驻札永平府，隶永平一道地方。"④ 据此，永平兵备道设立于嘉靖三十九年（1560）。又据上文所引《四镇三关志》记载，"弘治九年，设密云等处兵备一员，通辖蓟、永地方"⑤，可见永平一带原属密云兵备道，至嘉靖三十九年（1560）方才独立划出。

明朝政府在颁给永平兵备道陈万言的敕书中，具体规定其辖区为："管理燕河营、石门寨二路，监督副参等官，驻札永平府，分管该府所属卢龙、迁安、抚宁、昌黎县、滦州、乐亭县，永平、卢龙、抚宁、东胜左、山海、兴州右屯卫。"⑥

据万历《大明会典》记载，该道辖区为，"管理燕河营、台头营、石门寨、

---

① 《四镇三关志》卷七《制疏考·蓟镇制疏·诏敕》，第 234 页。
② 万历《大明会典》卷一百二十八《兵部十一》，《续修四库全书》第 791 册，第 297 页。
③ 《筹海重编》卷七《北直隶兵防官考》，《四库全书存目丛书》史部第 227 册，第 125 页。
④ 《四镇三关志》卷八《职官考·蓟镇职官·文秩》，第 442 页。
⑤ 《四镇三关志》卷八《职官考·蓟镇职官·文秩》，第 442 页。
⑥ 《四镇三关志》卷七《制疏考·蓟镇制疏·诏敕》，第 235 ~ 236 页。

山海关四路，监督副参等官，分管永平府滦州、卢龙、迁安、抚宁、昌黎、乐亭五县，抚宁、永平、卢龙、山海、东胜左、兴州右六卫兵马钱粮兼屯田”①。

以上二者对该道辖区的记载有所差别，如前述密云道、蓟州道一样，笔者认为，前者所据是嘉靖时期明朝廷赐给陈万言的敕书，所载亦是当时之辖区。后者所据乃是万历年间所编《大明会典》，这期间明朝政府很可能对该道之辖区做过调整，故有所改变。

邓钟《筹海重编》中所列北直隶沿海的山海卫、永平府、昌黎县、卢龙卫、乐亭县、滦州均属其辖区，故该道亦属海防职官。

（三）辽东诸道

1. 分巡、分守辽海东宁道②

据《明太祖实录》记载，洪武二十九年（1396），朱元璋“改置天下按察分司为四十一道……分山东三道，曰济南道，治济南、东昌、兖州三府，曰海右道，治青州、登州、莱州三府，曰辽海东宁道，治东宁、沈阳中、辽海、铁岭、三万、金州、复州、盖州、海州、义州十卫，及广宁中护卫、广宁左前后四屯卫、定辽左右中前后五卫”③。据此，则分巡辽海东宁道设立于洪武二十九年，因其下辖金州、复州、海州、盖州等沿海卫所，显为海防职官无疑。

不过对于其设立时间，其他史书记载却与此颇有龃龉。据《辽东志》卷五《官师》记载：

> 正统三年，始设辽海东宁道，以山东布政司参政或参议一员总理粮储，分司设在广宁，按察司副使或佥事一员专理词讼，分司设在辽阳。后都御史马文升以广宁既有户部郎中，辽阳既有巡按御史，题准改分守道于辽阳，分巡道于广宁。④

据《全辽志》卷三《职官》记载：

> 分守道：正统戊午（三年）年设辽海东宁道，以山东布政司参政或参议一员总理粮储，分司设在广宁。成化乙巳（二十一年），都御史马文升以广宁既有户部郎中，改分守道于辽阳。嘉靖癸亥（四十二年），巡抚都御史王

---

① 万历《大明会典》卷一百二十八《兵部十一》，《续修四库全书》第791册，第297页。

② 分巡、分守辽海东宁道本为性质不同的二道，为叙述方便，将其合二为一。

③ 《明太祖实录》卷二百四十七，洪武二十九年九月甲寅，第3593页；《明史》卷七十五《职官四》记载大致相同，第1841页。

④ 《辽东志》卷五《官师·职官》，第416页。

之诰题准代管海州、辽阳、沈阳、抚顺、叆阳各城堡边备。

分巡道：正统年设分巡辽海东宁道，以山东按察司副使或佥事一员，专理词讼，分司设在辽阳。成化乙巳（二十一年），都御史马文升题准改分巡道于广宁。嘉靖庚申（三十九年），巡抚侯汝谅题兼兵备。壬戌（四十一年），督视军情侍郎葛缙奏改兼广宁、锦义河西兵备。①

此外，又据《四镇三关志》记载：

分守辽海东宁道：正统三年设，以山东布政司参政或参议一员总理粮储，嘉靖四十二年抚按请兼理辽阳、沈阳、蒲河、抚顺、清河、宽奠、叆阳、江沿、长安、长勇等处兵务。

分巡辽海东宁道：正统三年设，山东按察司列衔副使或佥事一员专理词讼，嘉靖三十九年抚按请兼理广宁、锦义、右屯、镇武、正安、镇静等处兵务。②

综合上述几种史书，基本可以得出，他们认为分巡、分守辽海东宁道，均设立于正统三年（1438）。分巡道原驻辽阳、分守道原驻广宁。成化二十一年（1485），因巡抚马文升所奏，二者驻地互易。嘉靖三十九年（1560），分巡道代管兵备。嘉靖四十二年（1563），分守道代管兵备。

此外，张鼐撰《辽海东宁道题名记》中对其沿革做了一番梳理，兹录于下：

辽东疆域当《禹贡》冀、青之交，秦汉而下郡县其民，治乱靡常。我太祖高皇帝奄有万方，以地孤悬，控制诸夷，非兵不能守国，非食无以养兵，罢郡县，专置军卫，以青齐一海之限，属之山东。岁分藩、臬佐贰各一员巡守其地，董治兵粮，诚万万年保边之计也。始布政分司在广宁，按察分司在辽阳。成化己巳（按：当为成化乙巳，即成化二十一年），守臣以辽阳有巡按御史，广宁有管粮郎中，奏移布政司于辽阳仍理粮储，按察司于广宁始专刑狱，今之辽海东宁是也。③

徐贯撰《广宁按察分司记》中也有一番梳理，亦录于下：

辽东，古幽州地也。汉唐以来臣服靡常，荐沦左衽。逮我朝，悉属方内，就法度置二十五卫，统以都司，又命内外文武重臣总镇抚治，或山东布

---

① 《全辽志》卷三《职官》，第581~582页。
② 《四镇三关志》卷八《职官考·辽镇职官·文秩》，第454页。
③ 《辽东志》卷二《建置》，第373页。

政司参政、参议一员理粮储，按察司副使佥事一员理刑狱。往者，按察分司在辽阳，布政分司在广宁。乃成化乙巳（二十一）岁，总镇太监韦公朗以广宁有户部郎中，则布政分司可省，而辽阳不可缺人以理粮储。辽阳有巡按监察御史，则按察分司可省，而广宁不可缺人以理刑狱，互相易置，事体为允，以疏闻，诏可之，遂易置焉。①

很显然，以上二者均认为分守、分巡辽海东宁道初步设立于洪武时期。不过，那时的分守、分巡道都不驻扎辽东，而是以巡察的形式行使其管理粮储、刑狱的职责。

综合以上各种史料，我们可以初步厘清分守、分巡辽海东宁道的变迁。笔者认为：早在洪武年间，分巡、分守东宁道二道已经设立，不过这时，其长官很可能驻扎于省城济南，采用巡察的方式行使其职权，并未起到多大作用。至正统初年，二道改驻辽东，分守道驻广宁、分巡道驻辽阳。因此《辽东志》、《全辽志》、《四镇三关志》等史料，均不认为二道设立于洪武年间，而以其在辽东有固定驻地的正统初年作为该道设立的标志。后来，成化二十一年（1485），守臣马文升以广宁原有户部郎中与作为布政分司的分守道职责相近、辽阳原有巡按御史与作为按察分司的分巡道职责相近，奏请二者调换驻地。嘉靖三十九年（1560），分巡道兼理兵备。嘉靖四十二年（1563），分守道也开始兼理兵备。

分守道辖区在此后略有变化，如据前文所引《全辽志》卷三《职官》记载，在嘉靖四十二年，分守道初兼兵备时，海州在其辖区内，但到隆庆元年（1567）六月，“以分守道所辖海州卫并东昌、东胜二堡，及原辖西平、西宁、西兴三堡并属之太仆”②，将海州等地划归辽东行太仆寺兼管。万历八年（1580），辽东行太仆寺裁撤，海州又划归辽东苑马寺管。

到万历初年，二道辖区基本固定，据万历《大明会典》记载：“分巡辽海东宁道一员，带管广宁、锦义等处兵备，春夏驻札锦州，秋冬驻札义州，东至广宁、镇武并西兴、西平、西宁、平洋等堡，西至锦州、杏山驿，所辖广宁等九卫，城堡、驿所三十五处，兼管屯田、马政。分守辽海东宁道一员，带管辽阳、沈阳、抚顺、蒲河、宽奠各城堡边备，兼管屯田、马政。”③

---

① 《辽东志》卷二《建置》，第373页。

② 《明穆宗实录》卷九，隆庆元年六月戊戌，第252页。

③ 万历《大明会典》卷一百二十八《兵部十一》，《续修四库全书》第791册，第298页。

随着沿海辖区的逐渐划出，此二道的海防职权也越来越小。

2. 宁前兵备道

据《明世宗实录》记载：嘉靖四十一年（1562）五月，“己酉，督视辽东军情兵部左侍郎葛缙奏，辽东东起广宁西至山海，绵亘五百余里，镇巡官隔远，其宁前一带势甚孤危，请添设兵备官综理。诏吏部覆议，从之。于是，升山东青州府知府陈绛为按察司副使、整饬宁前兵备”①。据此，则宁前兵备道设立于嘉靖四十一年五月，该职首任者为陈绛。

《四镇三关志》记载略有不同，“宁前兵备：嘉靖四十二年设，山东按察司列衔副使或佥事一员，整饬宁远前屯、中后所、中左等处兵务”，并开列任宁前兵备道者名单为：陈绛、张学颜、王一鹗、任彬、李松②，认为该道设立于嘉靖四十二年（1563），首任兵备道为陈绛。至于这一年之差，笔者认为很可能是因为《明世宗实录》撰者依据的史料是中央档案，而地方志则是据地方史料编写而成，前者可能以朝廷任命该职为开始，后者则可能以该职官正式走马上任为开始。众所周知，职官上任事情繁多，难免迁延耽误，加之路途遥远，很可能有所耽搁，故此会出现这一年之差。

宁前兵备道的职衔并不像《四镇三关志》所说为山东按察司佥事、副使。万历以后，有时也挂布政司衔。但无论其职衔为布政司，抑或是按察司，其整饬兵务的职权并无变化。

至于宁前兵备道的辖区，在明朝廷为宁前兵备道李松颁发的敕书中有明确记载，即“整饬宁、前地方兵备，春夏驻札宁远，秋冬驻札前屯。……东至宁远塔山所，西至前屯中前所抵关，所辖宁、前二卫城堡、驿、所共三十一处”③。

因此可以说，自嘉靖四十一年（1562）以迄明末，宁前兵备道因其下辖沿海的宁远卫中左所而成为海防职官。

3. 辽东行太仆寺

据《明太祖实录》记载，辽东行太仆寺设立于洪武三十年（1397）。④《全辽志》则认为其设立于洪武初年⑤。《四镇三关志》则明确记载其设立时间为洪武

---

① 《明世宗实录》卷五百九，嘉靖四十一年五月己酉，第8392页。
② 《四镇三关志》卷八《职官考·辽镇职官·文秩》，第455页。
③ 《四镇三关志》卷七《制疏·辽镇制疏·诏敕》，《四库禁毁书丛刊》史部第10册，第271页。
④ 《明太祖实录》卷二百四十九，洪武三十年春正月丁卯，第3607页。
⑤ 《全辽志》卷三《职官》，第583页。

五年（1372）。[①] 不过，这一时期的辽东行太仆寺是辽东马政机构，并不参与军政事宜，并不能算作海防职官，本处不做考证。

明代中后期，辽东行太仆寺的职掌开始发生变化。嘉靖四十一年（1562）三月，辽东巡抚吉澄在条陈地方兵食要务时，提出“本镇老鸦庄、湖背及高桥、连山之地，虏所盘据，旧设备御提调，势轻未足控制，请移行太仆寺于西平堡，即令寺卿兼理兵备事”[②]。这一建议得到同意，并执行。可见，嘉靖四十一年，辽东行太仆寺卿已经兼领兵备事。

据《四镇三关志》记载：嘉靖四十四年（1565），辽东行太仆寺卿“改兼兵备佥事，监督海州、西平、东昌等处兵务，移驻西平堡”[③]，认为嘉靖四十四年后辽东行太仆寺卿已经下辖海州等卫所兵务。据此，则嘉靖四十四年后，该职已成为辽南地区的海防官。

不过，《明穆宗实录》的记载与此却有不同。据《明穆宗实录》记载：隆庆元年（1567）六月之前，时任辽东巡抚魏学曾在条陈边务时曾提出四条建议，其中第一条为“分卫治”，言道“迩者行太仆寺少卿加以宪职，割镇武、西平、西宁、西兴、盘山、五驲堡属之，使居中统辖，然仅隶数堡而不令隶卫事，势必龃龉不行，宜将镇武、盘山仍归属分巡道，而以分守道所辖海州卫并东昌、东胜二堡，及原辖西平、西宁、西兴三堡并属之太仆，岁以水合时驻海州防大虏，余月则移驻西平以备零寇”。隆庆元年六月，兵部议覆，“命如议行”[④]。据此，则嘉靖末年，辽东行太仆寺虽已兼管兵务，但其下辖诸堡均非沿海地区。因此，其并非海防职官。直至隆庆元年（1567）六月以后，其下辖区域发生变化，沿海卫所海州卫划入，这时才算海防职官。

至于《四镇三关志》与《明穆宗实录》之间的龃龉，笔者认为，《四镇三关志》撰写于万历二年（1574）到四年（1576），作者很可能把当时辽东行太仆寺的管辖范围纂入，对其辖区变迁未加考镜所致。

万历八年（1580）九月，明朝政府“裁革辽东行太仆寺少卿及本寺主簿”[⑤]。辽东行太仆寺裁撤后，其下辖的海州卫并入辽东苑马寺卿辖区。

---

① 《四镇三关志》卷八《职官考·辽镇职官·文秩》，第455页。
② 《明世宗实录》卷五百七，嘉靖四十一年三月丙申，第8362页。
③ 《四镇三关志》卷八《职官考·辽镇职官·文秩》，第455页。
④ 《明穆宗实录》卷九，隆庆元年六月戊戌，第252～253页。
⑤ 《明神宗实录》卷一百四，万历八年九月甲申，第2032页。

可以说，自隆庆元年六月至万历八年九月，辽东行太仆寺少卿是辽南地区的海防职官。

4. 辽东苑马寺卿兼金复海盖兵备道

辽东苑马寺卿设立于永乐年间。据《明太宗实录》记载：永乐四年（1406）九月壬戌，“设北京、辽东二苑马寺。……永宁、新昌、升平、常平、安市、辽河六监隶辽东苑马寺”①。可见，辽东苑马寺创立初期为纯马政机构，与地方军政事宜并无多大关系。

后来，随着东北形势的发展，其职掌也在不断变化。至嘉靖时期，苑马寺卿已成为辽南地区重要的海防职官。

关于这一演变，《全辽志》中有记述，兹录于下：

> 苑马寺卿：永乐丙戌设于辽阳，弘治年间巡抚都御史张鼐奏移在苑驻扎，后本寺卿李天赋复奏准在辽阳，嘉靖壬子（嘉靖三十一年，1552）抚、按会题移驻盖州，不妨原务代管金、复、盖三卫词讼、钱粮，禁革奸弊。癸亥（嘉靖四十二年，1563），奉敕谕兼山东按察司佥事，整饬兵备事务。②

由此可见，嘉靖三十一年，辽东苑马寺卿从辽阳移驻盖州，兼管金、复、盖三卫“词讼、钱粮”等事务。对于这一变迁的原因，《明世宗实录》有所记载，嘉靖三十一年正月，明朝政府“命辽东苑马寺卿张思移驻本苑，兼辖金、复、盖州三卫军民。苑马卿原设于辽阳，去本苑三百里，辽东守臣以三卫民繁事多，开原兵备佥事不便遥制，乃奏请以思兼之，因有是命”③。

嘉靖四十二年（1563），辽东苑马寺卿又奉敕兼山东按察司衔整饬兵备，此即《明史》所谓：“嘉靖三十二年以辽东寺卿张思兼辖金、复、盖州三卫军民。四十二年又命带理兵备事。”④ 对于这一演变的原因，《明世宗实录》有所记载：嘉靖四十二年五月壬辰，“蓟辽总督等官杨选等奏：辽东苑马司卿政事甚简，而金、复、盖三卫南濒大海，为丑虏垂涎之地，宜令苑马寺卿量兼佥事衔，带理兵备事，官不加设而事可兼济，甚便。又于山东一带添设抚民通判一员，驻扎岫岩，防御寇盗，兵部议覆，报可”⑤。由此可见，苑马寺卿职能之所以转变，主要

---

① 《明太宗实录》卷五十九，永乐四年九月壬辰，第 862 页。
② 《全辽志》卷三《职官》，第 583 页。
③ 《明世宗实录》卷三百八十一，嘉靖三十一年春正月丙申，第 6746 页。
④ 《明史》卷七十五《职官四》，第 1846 页。
⑤ 《明世宗实录》卷五百二十一，嘉靖四十二年五月壬辰，第 8533 页。

是因为该职职能颇简，而嘉靖年间南倭北虏为患甚重，加之辽南地区军政事务较繁，故明朝政府做此调整。经过这次调整，苑马寺卿的主要职能转变为军政，马政成为其兼职。

万历八年（1580）九月甲申，明朝政府裁革辽东行太仆寺①，其下辖的海州卫并入辽东苑马寺卿辖区。此时，辽东苑马寺卿管辖范围扩大到金、复、海、盖四卫。

明代辽东苑马寺卿到金复海盖兵备道的变迁，还体现在其品秩的调整上。这一时期，苑马寺卿兼金复海盖兵备道的品秩也有所调整。据万历《大明会典》，苑马寺卿为从三品，而按察司副使、佥事为正四、正五品。② 因此可以说，因苑马寺卿品秩高于按察司佥事，故嘉靖四十二年（1563）后一段时间内，对于任此官者来说，虽然其职责已由马政转为地方军政，但苑马寺卿仍是其主衔，按察司佥事则是兼衔，其正式称呼为"苑马寺卿兼管金复海盖兵备"。这种不增加品秩、只增加职责的措施，不利于调动官员的积极性。万历十三年（1585）闰九月，明朝政府"加升辽东兵备苑马寺卿曹子朝以按察使衔，仍管原任地方事"③。不过，这一加升只是对曹子朝个人之嘉奖，而非对该职的品秩调整。

为此，辽东巡抚顾养谦上《议改文武官员职衔》疏建议调整，他指出：

> 国初于辽左并设苑马、太仆二寺以重马政，其后省太仆而以苑马兼之，苑马卿驻盖州，领辽之南四卫金、复、海、盖之地，地方千数百里而远，视诸道所辖为独广。祖宗设官之初意非不重苑马卿也，而先年以南卫之地去边稍远，虏不常至，称腹里。视苑马寺为闲局，官苑马卿者为劣处。往虽以边方故，疏兼宪职，而称苑马卿如故，世俗习心不能变也。夫以劣处者之心居腹里闲局之地，以为虏不常至也，而一切因循苟且之，以故兵不习于战，城堡、器具不备于守，所从来长远矣。今虏之所垂涎者，南四卫也，而无备，故今辽左之最可忧者南四卫也，而其急在任人，任人则苑马之衔不可仍袭故常，而销阻有志者之气如曩时也。顷者，苑马卿曹子朝以年劳加按察使，似

① 《明神宗实录》卷一百四，万历八年九月甲申，第2032页。

② 万历《大明会典》卷十《吏部九》，《续修四库全书》第789册，第180～181页。

③ 《明神宗实录》卷一百六十六，万历十三年闰九月庚申，第3017～3018页。不过，辽东档案显示，曹子朝升山东按察使早于万历十三年九月。据《辽东苑马寺为议处家丁钱粮以杜攀报以安地方事的宪牌及各卫上报的呈文（十二份）》，至迟在万历十二年（1584）十月以前，曹子朝已经在公文中自称"差整饬金复海盖兵备屯田山东按察司按察使兼管辽东苑马卿事曹"。《明代辽东档案汇编》（上），第119页。

为得矣，而按察使非常秩也，诚恐子朝升转之后，而苑马秩如故，非所以作士气而重边臣。臣等是以不能不先为之请耳，此文臣之衔所当改者也。臣等所谓择材而用，优之名号、与之以其所乐就者此也。……伏乞敕下吏、兵二部再加查议，如果臣等所言可行，将辽东苑马寺卿改为山东布、按二司官职衔管苑马寺事，仍查才望素著资俸相应之臣以充是任，一切兵马、钱粮、城堡、器具、战守机宜悉听查议举行。……庶文武二臣各得因职尽分，而冲边之保障有赖矣。为此具本请旨。①

由上可见，顾养谦认为，辽东苑马寺卿下辖金、复、海、盖四卫，辖区广阔，任务较重，而苑马寺卿却官卑职微，出现了“视苑马寺为闲局，官苑马卿者为劣处”的情况。在这种情况下，虽然嘉靖末曾加辽东苑马寺卿按察司佥事职衔，但由于苑马寺卿品秩高于按察司佥事，故“称苑马卿如故”，这种不增加品秩只增加职权的措施，并不能从根本上解决问题。顾养谦举了曹子朝因久劳加按察使衔的事例，认为这种处理办法比较合理，并主张在蒙古诸部垂涎辽南四卫，而辽南四卫准备不足，情况岌岌可危，急需用人的情况下，将辽东苑马寺卿改为“山东布、按二司官职衔管苑马寺事”。

在顾养谦等大臣的建议下，明朝政府对此加以调整。两个月后，即万历十三年（1585）十一月，明朝政府“初加辽东苑马寺卿山东按察使衔，以原任山东左布政使、听降郝杰为之”②。这时，才最终从制度上完成了对辽东苑马寺卿的品秩调整。这样，其职衔主次发生了变化，苑马寺卿成为次衔。对此，万历《大明会典》曾记载：十三年，“议准辽东苑马寺卿改为山东布、按二司官职衔，掌管寺事，整饬兵备”③。对于此事，大学士王家屏在所撰《资善大夫南京兵部尚书赠太子少保郝公杰神道碑》中也有论述，并将二者联系起来。疏中言：“乙酉（万历十三年，1585），起辽东苑马寺卿兵备海盖。督抚上言：兵备重官也，以冏卿兼之兵备轻，以材臣处其地材臣复轻，是两负也，议改公山东参政兼苑寺卿，苑卿之重始此。寻以势绩赐金，晋按察使。”④

① （明）顾养谦：《冲庵顾先生抚辽奏议》卷二《议改文武官员职衔》，《四库全书存目丛书》史部第62册，第404～406页。

② 《明神宗实录》卷一百六十八，万历十三年十一月戊午，第3046页。

③ 万历《大明会典》卷五《吏部四》，《续修四库全书》第789册，第105页。

④ 《国朝献征录》卷四十三《南京兵部二》，王家屏：《资善大夫南京兵部尚书赠太子少保郝公杰神道碑》。

后出任该职者，既有以按察使任者，如郝杰，也有以布政司官任者，如万历二十三年（1595）十月在任的张思忠，其职衔为“整饬金复海盖兵备屯田兼管苑马寺事、山东布政使司右布政使”①。

这样，从嘉靖后期到万历初期，辽东苑马寺卿从职责、官衔上演化为辽南重要军政长官。

（2）辖区及职掌②

据万历《大明会典》记载：辽东苑马寺卿兼金、复、海、盖兵备，“照旧管理马政，夏秋驻盖州，冬春驻海州，整饬四卫并东昌、东胜、耀州、连邦谷等堡”③。至于其职掌，在万历初年明朝政府赐给时任辽东苑马寺卿刘世昌的敕书中有详细规定，兹录于下：

> 近该辽东镇巡官题称，辽东金、复、盖三卫地方南濒大海，向称简僻，乃今丑虏垂涎，倭奴窥伺，均当为备。议得苑马卿事简权轻，乞要量加宪职兼理兵备，事下该部议覆相应。今命尔不妨原务驻札盖州，照旧管理马政兼整饬前项地方兵备，往来巡历，纠察奸弊，平时修葺城堡，操练兵马，备御海防，有警督率官兵，收敛人畜，相机战守，保固城池。其所属境内卫所守备、备御、掌印指挥等官悉听统辖，凡用兵事务，与参将计议停当而行，仍听督抚节制。尔受兹委任，尤须持廉秉公，正己率下，务在盗息民安，斯称任使。如或因循怠忽，责有所归，尔其慎之，故敕。④

由上可见，明朝廷敕书规定辽东苑马寺卿的职掌除马政外，尚有：巡视属下辖区，行使监察权；负责修筑城墙，操练兵马；遇警防御，关注海防；节制属下武官，参与用兵事宜等。

以上只是制度规定的职掌，至于该道具体负责何事，笔者加以归纳，胪列如下。

①考选官员。该职对于属官有考核、推选之权。顾养谦在所上《集议陈悃以裨戎政》疏中提及，“山东布、按二司分守辽海东宁道兼理边备右参议傅霖、分

① 《明代辽东档案汇编》（上），《辽东苑马寺为更换守堡官员事的呈文》，第323页。

② 本节专论北部沿海各兵备道，其实明代北部沿海各兵备道均为文官管理军事，职掌大同小异。此处，笔者仅以辽东苑马寺卿兼金复海盖兵备道为例论述其职掌，借此以窥其他道之职掌。由于该道时间跨度较长，本处不拘泥于时间限制（本章专论正统至万历前期），而是将本道自设立至明末统一论述，特此说明。

③ 万历《大明会典》卷一百二十八《兵部十一》，《续修四库全书》第791册，第298页。

④ 《四镇三关志》卷七《制疏考·辽镇制疏·诏敕》，第271页。

巡辽海东宁道兼理广宁等处兵备按察使任天祚、整饬宁前兵备副使刘易从、整饬开原兵备右参政王缄、辽东苑马寺卿曹子朝，各呈将各路副、参、游、守，原系都指挥使以下等官，逐一询试、考核，备将各官贤否实迹呈报到臣”①。据此，则包括该职在内的辽东诸兵备官对下辖武官均有考核、监察权。此外，他们还参与下属职官的任免。如万历二十三年（1595）十月，该职为更换盖州卫守堡官员上呈文，呈文写道：

查得守五十寨堡武举潘一元，近被王二孙等状赴本道告批，郭通判提问，日久未结。现今冬防在□□官难以久虚，所有原管堡务，相应□□□得盖州卫指挥同知李承文指……俱堪□用，呈乞于内……详示，行令本官，任……乞照详施行。须至呈者。

万历二十三年十月　日　右布政……②

由上可见，该兵备道在属下职官任免事宜中，起到了承上启下的重要作用。他虽不能直接决定属官的任免，但对于辖区内的职官，却具有举荐权，这种举荐在一定程度上还能起决定作用。可以说，该职是当地职官任免中的重要一环。

②清查流民、逃军。明末辽东战乱频仍，大量军民经南四卫，渡海逃亡山东及渤海中诸岛，既减少了兵员，也造成了形势不稳。因此，明朝政府着意追查流民和逃军。辽东巡抚张学颜在《逋民尽数归顺疏》中提及，“辽东苑马寺卿、山东巡察海道副使，亦要时时稽考各岛有无居人，分别功罪，岁终呈报两镇抚按，以凭举劾，庶各官不敢推诿，而岛民不敢逃匿”③。此外，该职还负责追查逃军。熊廷弼曾在上疏中提到，“海盖道获其逃于南卫劫盗人财者十二人”④。可见，该职在清查流民、抓捕逃军中起到了一定作用。

③开垦田地。辽南四卫相对富庶，而辽东缺乏专职行政官，该道也参与垦荒等民政事宜。天启元年（1621）二月甲辰，户部在回复给事中赵时用疏中说道，“海盖道靳于中垦田一千八十二顷，得谷四千三十五石”⑤。可见，该职在垦荒等民政事宜中作用颇显。

---

① 《冲庵顾先生抚辽奏议》卷一《集议陈悃以裨戎政》，第402页。

② 《明代辽东档案汇编》（上），《辽东苑马寺为更换守堡官员事的呈文》，第323页。

③ （明）陈子龙：《明经世文编》卷三百六十三，张学颜《逋民尽数归顺疏》，北京：中华书局1962年版，第3910页。

④ （明）沈国元：《两朝从信录》卷二，《四库禁毁书丛刊》史部第29册，第650页。

⑤ 《明熹宗实录》卷六，天启元年二月甲辰，第272～273页。

④参与军事行动。在面临紧急军事形势时，该职还参与军事行动。万历七年(1579)，本已接受招抚并被安插金州的“岛贼”邢才甫、白应时等“复逃故岛为贼，劫掠高丽”，明朝政府派各路将领镇压。事后，辽东苑马寺卿吴道明等人因功受到奖赏。① 战时，该道还有监军权。万历二十六年（1598）五月，天津巡抚万世德题称，“钦奉玺书职掌海务，而海壖延亘绵长，将领星罗棋布，一人之耳目有限，难以编历周知，乃兵备之官节制不行，众心涣散，合将海盖、天津、武德、青州四处兵备道，各加监军职衔，假以事权，听其节制，平时训练、稽查，有警督察纪验，事竣殿最品隲，既周综核之方，复联臂指之义，庶精神相贯而军政益饬矣。部覆依拟行”②。万历四十一年（1613），明朝政府为防止倭寇入侵，“责成海盖道简除戎器、制练兵舡，务求实用，以壮声援”③。由此可见，该职既直接参与军事行动，也负责监军及军事后勤工作。

⑤处理海运事宜。嘉靖三十七年（1558）六月，总督王忬建议开海禁，“使山东之粟可以方舟而下”，以救辽东饥荒。朝廷同意，并命“辽东苑马寺卿住札金州，给放各岛商船，不得抽税”④。万历后期，山东与辽东之间海运一度畅通，该职任务颇繁，万历四十七年（1619）熊廷弼曾说，“海盖道即（既）有本等责任，又岁加海运米豆百余万石”⑤。可以说，因辖区地处沿海海运要道，该职在海运中起了重要作用。

⑥参与当地教育。该职在一定程度上介入当地教育，这在辽东档案中有所反映。据《辽东苑马寺为俯赐金州卫监生盘费事的呈文》记载，万历九年（1581），监生于勋因“在监缺费，给假回家”。该职在研究后，决定于“本卫自理纸赎银内动支六两，给与本□赴部复班盘费”，并将此事上报。⑥ 又，万历二十九年(1601)，生员余良心守制结束后突然染病，超过时限。该职以其“患时疾，□炕月余”，主张免于追究。并为此事上呈山东巡按说明。⑦ 由此二例可见，该职对地方教育也积极参与。

---

① 《明神宗实录》卷九十，万历七年八月辛巳，第1851页。

② 《明神宗实录》卷三百二十二，万历二十六年五月乙酉，第5979页。

③ 《明神宗实录》卷五百四，万历四十一年正月庚申，第9575页。

④ （明）方孔炤：《全边略记》卷十，《续修四库全书》史部第738册，第546~547页。

⑤ 《明神宗实录》卷五百八十五，万历四十七年八月壬申，第11204页。

⑥ 《明代辽东档案汇编》（下），《辽东苑马寺为俯赐金州卫监生盘费事的呈文》，第1062、1063页。

⑦ 《明代辽东档案汇编》（下），《辽东苑马寺为复州卫生员余良心因丁父忧赴考误期请收学肄业事给巡按山东监察御史的呈文》，第1067、1068页。

⑦介入当地司法。明代辽东档案中，收录了一些该职参与当地司法事宜的事例，兹举一二。据《□□卫收各种罪犯纸价银数目清册》记载："十四日。一、为行凶殴打公差、不服拘提事。奉本卫捕盗指挥陈琮帖本，蒙辽东苑马寺张卿批，收犯人梁遵家机布六匹，马皮一张……（五月）十六日。为豪恶夺种人田事。奉本卫管屯指挥于思明帖文，蒙辽东苑马寺张卿批，收犯人倪清等三名纸价银四钱。"[①] 可见，该职在地方司法中可作裁决。此外，当地民众还可直接向该职控诉。据《傅景元为土豪傅崇道等仗势害人事给钦差海盖兵备道的诉状》记述，土豪傅崇道、傅崇智将傅景元"男妇四口锁扣，百般凌虐"，傅景元只得向兵备道控诉，希望该职能"研究剪恶，蚁命得生"的事例。[②] 由上可见，该职在当地司法中起着重要作用。

总体而言，原为马政机构的辽东苑马寺，随着辽东政治、军事形势的发展，逐渐演变为辽南地区重要军政长官，对于当地政治、军事、文化事业起了一定作用。这一演变，从某种程度上显示了明代辽东边疆地区职官以"军政为本"的变迁趋势。

四、其他

在这一时期，除了以上督、抚、道等文官以外，明朝政府还在辽南地区陆续设置了一些武官，如海州参将、复州参将、金州守备、海州备御等，他们直接控御辽南沿海地带，是当地重要的海防武官。

（一）海州参将（分守海盖参将）

海州参将，亦称分守海盖参将，设于嘉靖二十八年（1549）二月。据《明世宗实录》记载："增设海州参将一员，辖海、盖二卫并东昌等堡，命抚臣于二城附近卫所摘选舍余、丁壮及原额军共足六千名，每城分拨三千，发太仆寺马价银二万四千六百六十余两，分给本镇新军僦居、买马。从辽东巡抚李珏请也。"[③]

又据《全辽志》卷三《职官》记载，"分守海盖参将：原无，嘉靖己酉，御史齐宗道题准添设，分守海盖二卫，辖七城堡"[④]，嘉靖己酉即嘉靖二十八年。

---

① 《明代辽东档案汇编》（上），《□□卫收各种罪犯纸价银数目清册》，第591、599页。

② 《明代辽东档案汇编》（下），《傅景元为土豪傅崇道等仗势害人事给钦差海盖兵备道的诉状》，第1000页。

③ 《明世宗实录》卷三百四十五，嘉靖二十八年二月壬寅，第6239页。

④ 《全辽志》卷三《职官》，第585页。

《四镇三关志》卷八《职官考》记载："分守海州参将：嘉靖二十八年，设参将一员，分守海州等城堡地方。"①

由上可见，海州参将设于嘉靖二十八年（1549）。

（二）复州参将

复州参将设于万历十四年（1586）。据《明神宗实录》记载，万历十四年九月庚戌，兵部建议："复州添设参将一员，即将本处见在土兵一千二百名并金州拨补八百名共足二千名，摘定马兵一千、步兵一千，专属参将统练"②。

由上可见，复州参将设于万历十四年。

（三）金州守备（备御）

金州守备，始设时间不详。据《明英宗实录》记载，正统九年（1444）十月壬戌，"命辽东金州、海州二卫春秋择日祀天妃庙，令守备官行事，从山东按察司副使王宪奏请也"③。由此可见，至迟在正统九年十月，金州守备即已设立。

成化时期，金州守备曾一度降为备御。直至嘉靖三十三年（1554），方因辽东巡抚江东之奏请而改为守备。据《明世宗实录》记载，嘉靖三十三年四月，辽东巡抚江东以倭寇蔓延青齐间，逼邻金州，条上海防八事：其一为"金州通山东海运，旧设守备防倭，成化中始易以备御，缓急不足恃，请仍设守备，辖金、复二卫，专理海防"④。

（四）盖州备御

万历十四年，明朝政府添设盖州备御。据《明神宗实录》记载，万历十四年九月庚戌，兵部建议："盖州添设备御一员，即将本处土兵三千名内选一千名，摘定马兵三百名、步兵七百名，专属备御统练，平时各听节制"⑤。

由上可见，盖州备御设于万历十四年。

（五）海州备御

海州备御设于宣德年间。据《四镇三关志》卷八《职官考》记载："海州备御：宣德年设，分管海州、牛庄、东胜等驿城堡地方。"⑥

---

① 《四镇三关志》卷八《职官考·辽镇职官·武阶》，《四库禁毁书丛刊》史部第10册，第488页。

② 《明神宗实录》卷一百七十八，万历十四年九月庚戌，第3320页。

③ 《明英宗实录》卷一百二十二，正统九年十月壬戌，第2449页。

④ 《明世宗实录校勘记》卷四百九，第2188页；又据《四镇三关志》卷八《职官考·辽镇职官·武阶》记载："嘉靖三十年改设，分管金复二城，木场、羊官、黄骨岛等城堡驿地方"，第493页。

⑤ 《明神宗实录》卷一百七十八，万历十四年九月庚戌，第3320页。

⑥ 《四镇三关志》卷八《职官考·辽镇职官·武阶》，第495页。

明朝政府在辽南地区所设以上武官，相互之间有统御关系，临敌之际，他们可以协同防御和作战。对此，《明神宗实录》中曾有所论述，“如遇有警，复州参将督率金州守备，海州参将督率盖州备御，各烙信地分贴防守”①。

由上可见，在正统至万历前期这一段相当长的时间内，明朝地方行政体制趋于完善。在这一时期，原先具有临时差遣性质的总督、巡抚、兵备道等职官逐渐稳定，并成为事实上的一级地方官，形成了“总督辖抚巡，抚巡辖司道，司道将领以及百执事，血脉流通”② 的格局。这样，一旦遇有战事，明朝政府即可迅速通过总督、巡抚、兵备道等节制地方文武官员，共同抗敌。就这个意义上可以说，在这一时期，随着北部沿海地区文武职官体系的日渐完善，北部海防体制在客观上已经基本形成。

总体而言，自正统至万历前期，北部海疆迎来了长久的承平。自望海埚战役之后，北部沿海的倭寇几乎绝迹。到嘉靖中后期，东南沿海倭患频仍，但北部沿海却相对比较平静，结果导致在这段时间内明朝政府对这一区域海防设施建设有所忽视，出现了墩、堡不修等情况。然而，就整个北部海防体制而言，正统至万历前期仍不失为一个重要的发展时期。因为在这一时期，随着地方政治、军事制度渐趋完善、成熟，明朝政府在北部沿海的山东、北直隶、辽东一带设立了诸多督、抚及兵备道，以节制地方文武官员，统一事权。这些职官的设立，在客观上形成了一些范围较大的军事、政治辖区，有助于整合辖区内部的军事资源。因此可以说，这一时期是北部海防体制的完善期。

---

① 《明神宗实录》卷一百七十八，万历十四年九月庚戌，第3320页。

② 《经略复国要编》卷一《辞经略疏》，第21页。

第五章　援朝御倭战争期间的北部海防体制

万历二十年（1592），日本关白丰臣秀吉派兵入侵朝鲜，并欲以此为跳板入犯中国，明朝政府派兵入援，援朝御倭战争爆发。中国北部沿海与朝鲜距离较近，日军占据朝鲜后，不但对沿海的山东、辽东等地造成了直接威胁，而且对京畿地带也造成了很大威胁。为援助属国、稳固藩篱，明朝政府一方面派军队入朝作战，另一方面在北部沿海设置专职海防官，并积极调兵遣将，以加强北部沿海的军事实力和协调调度能力。这一时期，在北部沿海形成了由朝鲜经略（后为蓟辽总督）节制北部沿海各抚、镇，抚、镇统御各省军事力量的战争指挥体制，北部沿海成为一个有机的海防战略整体。

第一节　援朝御倭战争爆发之际的海防形势及廷臣应对

万历二十年，日本关白丰臣秀吉派兵入侵朝鲜。丰臣秀吉野心很大，占领朝鲜只不过是其侵略步伐的第一步，其真正目的是“欲一超直入大明国，欲易吾朝之风俗于四百余州，施帝都政化于亿万斯年”①，即以朝鲜为踏板进而入侵中国。明朝与朝鲜在明初即已建立宗藩关系，朝鲜陷落不但打破这一传统的宗藩关系，而且使得明朝北部沿海一带直接面临着威胁，为此明朝政府最终决定赴援。关于援朝御倭战争开始之后明朝政府内部的争论，有学者已经加以论述，不过为做一个完整的背景交代，本处仍做简要说明。②

---

① 《朝鲜李朝实录中的中国史料》上编卷二十五《宣祖昭敬大王实录一》，宣祖二十四年三月丁酉，第1534页。

② 万明先生在《万历援朝之战与明后期政治态势》一文中，对于援朝御倭战争开始后，明朝大臣围绕着“援”与“不援”展开的一些争论，做了较为清晰的论述，对本书有很大的借鉴意义。见《中国史研究》，2001年第2期。

一、援朝御倭战争爆发前后的形势

朝鲜与中国是一衣带水的邻邦，中朝和平交往已有数千年历史。明朝建立之初，与当时的高丽关系曾一度紧张，但为时不久，高丽即为李成桂所篡。随着朝鲜李朝的建立，中朝双方一直保持了较为友好的关系。有明一代，朝鲜始终是明朝的藩属之国，被视为海外之藩篱。为此，援朝御倭战争前后，明朝政府对于朝鲜给予了较多关注。

其实，早在援朝御倭战争爆发之前，明朝政府及朝鲜就已经得到了日军准备入侵的消息。据《明神宗实录》记载：万历十九年（1591）七月，大学士许国等题“昨得浙江、福建抚臣共报，日本倭奴招诱琉球入犯，盖缘顷年达虏猖獗于北，番戎蠢动于西，缅夷侵扰于南，未经大创，以致岛寇生心，乘间窃发，中外小臣争务攻击，始焉以卑凌尊，继焉以外制内，大臣纷纷求去，谁敢为国家任事者？伏乞大奋乾刚，申谕诸臣，各修职业，毋恣胸臆”，万历皇帝敕谕“行与南直隶、浙江、福建、滇广镇守督抚等衙门，预讲调度兵食之计，申严备御海汛之方”。[①] 据此，则早在日军入侵前的十个月，明朝政府已经得到日军欲图内犯的消息。不过，这个消息内容比较模糊，并没有搞清日军的侵略意图，所以万历皇帝仅令东南沿海的南直隶、浙江、福建、两广做好准备。

八月，福建巡抚赵参鲁奏称，“琉球贡使预报倭警，法当御之于水，勿使登岸。奸徒勾引，法当防之于内，勿使乘间。岁解济边银两乞为存留，推补水寨将领宜为慎选，至于增战舰、募水军、齐式廓、添陆营，皆为制胜之机，足为先事之备”，部覆从之。[②] 可见，这一时期关于日本将要入犯朝鲜的风声已经非常紧促。

是年十一月，朝鲜国王李昖上报明朝政府，指出：“本年五月内，有倭人僧俗相杂，称关白平秀吉并吞六十余州，琉球、南蛮皆服，明年三月间要来侵犯，必许和方解。”万历皇帝下旨，“着兵部申饬沿海隄防，该国侦报具见忠顺，加赏以示激劝”。[③] 这一消息较之上一则要明确得多，是朝鲜从日本人处得知，且有进犯时间。不过，明神宗听后也没有做出具体的安排，仍是仅申斥沿海提防。

---

① 《明神宗实录》卷二百三十八，万历十九年七月癸未，第 4416 ~ 4417 页。

② 《明神宗实录》卷二百三十九，万历十九年八月甲午，第 4429 页。

③ 《明神宗实录》卷二百四十二，万历十九年十一月丙寅，第 4508 页。

万历二十年（1592）二月，兵部题，“倭奴诳赫（吓）诸国，谋犯天朝，朝鲜已具侦报，而诬以乡导之名。此本国君臣所痛愤不与贼俱生者，乞察国王效忠，无愧厥祖，令之戮力剿除，亦彼雪耻之一机矣”，万历皇帝批示“倭奴变诈虚喝，春汛宜加严慎，仍谕朝鲜密侦声息，并督沿边将吏各守要害，以防不虞”。①

是年三月，朝鲜再次遣人奏报倭情，“丁卯，朝鲜陪臣韩应寅等赴奏倭情，贡毕，赐宴遣还”②。

由上可见，尽管明朝政府和朝鲜在事前差不多一年的时间里，已经得到日军将要入侵的消息，但是双方对日军的入侵方向、入侵动机等并没有做出准确判断，所以也没有重点加强朝鲜及中国北部沿海的海防。

万历二十年五月，日本关白丰臣秀吉挥军入侵朝鲜，因朝鲜承平日久，文恬武嬉，兵备废弛，日军势如破竹，朝鲜迅速陷落，战火迫近辽东。关于日军入侵朝鲜后的形势，《明史纪事本末》中有所论述，兹录于下：

> 时朝鲜王李昖湎于酒，弛备，吉（按：丰臣秀吉）乃分遣其渠行长、清正等，率舟师数百艘，逼釜山镇。五月，潜渡临津、分陷丰、德诸郡。时朝鲜承平久，怯不谙战，皆望风溃。朝鲜王仓促弃王京，令次子琿摄国事，奔平壤。已，复走义州，愿内属。倭遂渡大同江，绕出平壤界。是时，倭已入王京，毁坟墓，劫王子、陪臣，剽府库，荡然一空，八道几尽没，旦暮且渡鸭绿。③

朝鲜君臣耽于逸乐，缺少防备，故面对准备充足的入侵日军，很快一败涂地，国土几乎全部沦陷，战火燃烧至鸭绿江边。丰臣秀吉野心很大，他的最终目的是侵占中国。日军侵入朝鲜后，“声言内犯，京师戒严”④，形势顿时紧张起来。朝鲜战场上的日军，既可以渡过鸭绿江直入辽东，也可以从朝鲜半岛渡海入侵登莱、天津，以威胁京畿。这样，中国北部沿海一带也面临着严重的海上威胁。因此，明朝政府上下围绕着这一问题展开了一场激烈的争论。

二、大臣们对于援朝御倭战争的争论

日军侵入朝鲜，不但是公然入侵明朝属国，挑战传统的东亚朝贡体制，而且

---

① 《明神宗实录》卷二百四十五，万历二十年二月庚戌，第4571页。

② 《明神宗实录》卷二百四十六，万历二十年三月丁卯，第4579页。

③ 《明史纪事本末》卷六十二《援朝鲜》，第963页。

④ （明）黄汝亨：《寓林集》卷十七《经略朝鲜蓟辽保定山东等处兵部左侍郎都察院右都御史宋公行状》，《经略复国要编》附录，第314页。

对中国北部沿海、辽东地区以及京畿地带，造成了很大的威胁。为此，明朝政府围绕是否该出援朝鲜以及如何加强北部沿海海防展开了一场讨论。

在这场讨论中，有的大臣不主张出兵救援。万历二十年（1592）七月，兵科给事中许弘纲上疏，倡议不救，他指出："夫边鄙中国门庭也，四夷则篱辅耳，闻守在四夷，不闻为四夷守。朝鲜虽忠顺，然被兵则慰谕，请兵则赴援，献俘则颁赏，尽所以待属国矣。望风逃窜，弃国授人，渠自土崩，我欲一苇障之乎？夫倭未弱于虏也，在虏则欲抚之大军之前，在倭则欲歼之累胜之后，倏重倭也，即虞内地不支，倏轻倭也，即欲立功异域，又臣等所大惑矣。"① 由上可见，许弘纲认为中国传统的国防观念是"守在四夷"，因此，应当由朝鲜充当中国之藩篱，若明朝出兵救援，则是"为四夷守"，加之朝鲜君臣在日军进攻面前惊慌失措，纷纷逃走，如此不堪一击，即使明朝派兵救援，也不见得会有什么成效。而且，就军事实力来说，日本未必弱于蒙古，明朝对于蒙古尚且主和，那么对于连胜之后兵锋甚盛的日本又主战的话实为失策，所以主张不救。

与此同时，一些大臣则从中朝地缘关系考虑，力主救援。如山西道御史彭好古认为：

> 倭奴紧急，患在剥肤……以劲悍之贼，起倾国之兵，度其意料必置朝鲜于度外，而实欲坐收中国以自封也。然不遽寇中国而先寇朝鲜者，惧蹑其后也。且以十万之众，势如太山，朝鲜国小，坐见臣服。然后横行中国，何所不适哉？诚使以朝鲜为后援，以诸岛为巢穴，东风顺则可径达登莱，稍转南则可径达永平，再转而东则可径达天津，又再转而东南，则可径达两淮，并力入犯，难与为敌。假令分一万以寇登莱，分一万以寇永平，分一万以寇两淮，而以七万之众直捣长驱，其能支乎？言之痛心，可为流涕。今日御倭之计，迎敌于外，毋使入境，此为上策。拒之于沿海，毋使深入，是为中策。及至天津、淮扬之间而后御之，是无策矣。②

彭好古看到了日军的真正意图，即先占据朝鲜，而后徐图中国。他认为若让日军占领朝鲜，那么中国就会陷入被动境地。日军既可以小规模地派兵乘风骚扰，又可以以朝鲜为基地大规模地分兵入犯。也就是说，一旦日军占据了朝鲜，中国北部沿海将会疲于应付，永无宁日。因此，应当"迎敌于外，毋使入境"，所以力

① 《明神宗实录》卷二百五十，万历二十年七月庚申，第4649页。

② 《经略复国要编》卷首《部垣台谏条议疏略》，第14页。

主救援，试图通过在朝鲜战场歼敌，实现“御敌于国门之外”。

另外，山西巡抚吕坤上《忧危疏》，指出：

倘倭奴取而有之，藉朝鲜之众为兵，就朝鲜之地为食，生聚训练，窥伺天朝，进则断漕运，据通仓，而绝我饷道；退则营全庆，守平壤，而窥我辽东，不及一年，京师坐困，此国家之大忧也。夫我合朝鲜，是为两我，两我尚怀胜负之忧；倭取朝鲜，是为两倭，两倭益费支持之力。臣以为朝鲜一失，其势必争。与其争于既亡之后，孰若救于未破之前；与其以单力而敌两倭，孰若并两力而敌一倭乎？乃朝鲜请兵而二三其说，许兵而延缓其期，或言为属国远戍，或言兵饷难图，谚曰：“小费偏惜，大费无益”。今朝鲜危在旦夕矣，而我计必须岁月。愿陛下早决大计，并力东征。[①]

由上可见，吕坤也认识到就形势而言，明朝与朝鲜休戚与共，不可不救。倘若明朝及时出兵救援，则能合双方之力以抗击日军，尚能占据优势。否则，一旦朝鲜战败投降，则日、朝便会合力以侵明，届时后果更为严重。所以这场战争根本无法避免。因此，明朝政府不应当斤斤计较于援朝的费用而耽误战机，应当果断派兵救援朝鲜。

总体而言，关于是否应该出兵救援朝鲜，在朝廷之上有两种意见，主张救援者看到了双方不可分割的关系，认为救朝鲜等于自救。而不主张救援者，则认为明王朝不应在国力日渐衰微的情况下，耗时耗力为邻国出兵。

此外，在这一时期，面对危局，一些大臣也积极出谋划策，提出了对本国海防的诸多建议。

兵科给事中刘道隆指出：“往者，倭奴入寇，多在东南财赋之地，故乘风寇掠，满欲则归。今先并朝鲜而后犯中国，且以大兵直捣西北之区，则其志不在小矣。倘朝鲜不支，必乘胜图内，而我之势分力寡恐难为敌”，同时他还看到“害邻畿辅，倘备之后时，悔将何及”，因此，力主“从台臣之请，招募勇敢之士万人，以分布沿海要害之地，不然临敌而束手矣”。[②] 刘道隆从日军改变传统的“倭寇”式入侵路线，舍弃中国江南富庶之地而入侵朝鲜，推断出丰臣秀吉“志不在小矣”，认为他们侵朝的真正目的是中国，所以必须要加强沿海地区防御。

礼科右给事中张辅之指出：“今朝鲜不守，祸切震邻，倭船四百、众可十万，

---

① 《明经世文编》卷四一五，吕坤《忧危疏》，第4497页。

② 《经略复国要编》卷首《部垣台谏条议疏略》，第14页。

朝鲜财物不饱其欲，必不安于偏舟海岛之间”，因此他主张“辽阳、天津、登莱等处，固当为募兵积饷之计，东南财赋重地，海防又何可一日而弛也”，[①] 认为日军占领朝鲜后势必会入犯中国，所以不但应该加强对北部沿海防御的重视程度，而且不能忽视东南海防。

直隶巡按御史张应扬在分析了南直隶地区的形势后，指出“自徐州抵通州，延袤几二千里，粮船鳞集，络绎不绝，分布信地，犹所当议耳，倘倭入内地，被害必深”，因此，他力主加强运河沿岸的防御，“请摄蓟镇班军，多备火药、器械，守护漕河”。[②]

直隶巡按御史刘士恕分析了北直隶南部所面临的形势，指出：“臣属河涧（按：当为间）、天津系军国重需之地，今运船正行，倭所注意”[③]，也力主加强当地防御。

辽东巡按御史李时孳则指出，“查臣属辽界，沿海路约七百余里，而防海兵不满三千，倭奴何止数万？不但强弱不敌，即众寡亦不抵矣”，所以他请求万历皇帝敕令，“当事臣工同心戮力，分猷共念，不俟渡江务期剿灭”。[④]

由上可见，在日军侵入朝鲜的情况下，明朝诸多大臣已经看到了形势的危急，他们从多个角度出发，提出了对沿海地区防御的建议。

总体而言，这一时期，刚刚统一日本的丰臣秀吉，舍弃富饶的中国东南沿海，而以重兵入侵朝鲜，其志不小。由于地缘关系特殊，加之双方存在宗藩关系，中国与朝鲜在战略大局上密不可分。所以，就当时战争形势及战略大局而言，明朝政府应当派兵入援。不过，限于当时的国力，有大臣并不赞同。万历皇帝在综合分析当时的形势和廷臣建议的情况下，最终决定派遣宋应昌担任朝鲜经略，率兵救援。诚如万明所言：“也就是说，（按：援朝御倭战争）不仅具有道义上援助的意义，而且是为了本身安全势在必行。”[⑤]

第二节 地方军政要员对北部海防的整饬

援朝御倭战争期间，北部沿海诸省的地方军政要员，如蓟辽总督、山东巡

---

① 《经略复国要编》卷首《部垣台谏条议疏略》，第15页。
② 《经略复国要编》卷首《部垣台谏条议疏略》，第15页。
③ 《经略复国要编》卷首《部垣台谏条议疏略》，第15页。
④ 《经略复国要编》卷首《部垣台谏条议疏略》，第15页。
⑤ 万明：《万历援朝之战与明后期政治态势》，《中国史研究》，2001年第2期。

抚、天津巡抚等，他们均密切关注着朝鲜战局的变化，并紧密结合当时的国内、国际形势，对当地海防做出了一系列的调整和部署，在一定程度上整合、加强了北部沿海的海防力量。

一、郑汝璧对山东海防的部署

郑汝璧，字邦章，号昆岩，浙江缙云人，隆庆二年（1568）进士。郑汝璧在万历二十一年（1593）九月至万历二十三（1595）年间，任山东巡抚。此时，正值援朝御倭战争时期，山东半岛与朝鲜一衣带水，朝鲜战场的形势直接影响到山东半岛的海防安危。因此，郑汝璧自上任伊始，就着手加强山东海防建设。关于郑汝璧对山东海防整顿和部署的具体策略，在其所撰《由庚堂集》中有详细记载，大体可分为以下几个方面。

（一）建设军队

1. 奏留班军

由本书第四章第一节可见，在嘉靖中后期，山东沿海卫所精锐大多番上京师，留守者多为城守、屯田军，加之卫所军队不断逃亡，当地海防兵力非常薄弱，出现了"山东自两班远戍，而全齐遂空"① 的局面。由于当时山东海疆相对平静，因此班军番上并未对山东海防造成多大实际影响。但日军占领朝鲜后，山东半岛直接处于海防最前线，"去倭盈盈一水，乘风扬帆，瞬息可至"②，形势非常危急，迫切需要加强海防力量，增加兵员。而当时的山东沿海，"自宋家口起至塘头寨，环曲二千五百余里"，仅有"新募标兵三千乌合之众，可练而不可战，暂调南兵三千，数少力分，可战而不可必胜"③，远不敷用。为此，郑汝璧上《留班军防御疏》请求停止沿海班军番上，留其防海，其主要意见概括而言有以下三点。

其一，郑汝璧认为：从海防力量上看，在东部沿海各省中，山东一省的海防军事力量最为薄弱，"浙、直、闽、广饷足兵强，战舰鳞集，先年倭多被创，必不轻犯，北而辽左，岿然重镇亦称坚备，独山东瑕耳"。因此，日军一旦入侵，势必会避开重兵防守的其他省份，加之山东距离朝鲜最近，必然首当其冲。而山

---

① 《由庚堂集》卷二十三《留班军防御疏》，第618页。

② 《由庚堂集》卷二十三《留班军防御疏》，第618页。

③ 《由庚堂集》卷二十三《留班军防御疏》，第616页。

东沿海二千五百余里，虽然州县、卫所星罗棋布，却乏人驻守，“倭最狡悍，来则势必分犯，急破一城以相恐喝，则虚旷之卫所与疲残之州邑必不能支”，而山东的军事力量，“除南兵暂调外，土著不满万人，惟班军至二万余耳”，根本不敷使用。与此同时，“京营团练之卒以十万计，蓟镇主客之兵亦数倍他镇，蜂屯云拥，似不必借一方之戍卒”，因此山东沿海班军番上，似无切实必要。况且，一旦山东陷落，势必会造成京畿震动，因此，非常有必要撤回番上班军，以加强山东沿海的防御力量①。

其二，郑汝璧认为：山东沿海卫所，本为防海而设，其属下兵员也习于海防战术。因此，留班军并非是削弱京城、边镇军事力量，而只是保持山东原有的海防力量而已。况且，山东京操班军往往被“派守京都外城垛口”、赴蓟镇边操者则“修石塘岭工程及借防草沽等处”，二者都属不急之需。前者主要为防虏，而“虏警多在秋高，春月稍为可缓”，后者主要是兴修工程及防备草沽。就修建工程而言，似乎不必非得依靠山东沿海之班军，“修筑边墙戍卒颇众，安得以防海一日不可缺之军，以供边徼不易毕之役?”就借防草沽而言，则“本镇征调之军俱已尽还，尽足防御，而犹借山东之军以充之，则山东防海又将谁借乎? 舍巳（己）而耘人”，也不合理。因此，这一时期沿海班军番上京师、边镇，对于京、边而言实属不急之需，但却造成山东海防空虚。再者，就实用性而言，山东沿海卫所军队本专任防海，其平日战术训练等，均围绕防海展开，而调其远赴京操、边操，“远役京边艰苦万状，黠者工于影倩，窘者瘁于奔劳，鬼状鹄形、鸟窜鼠伏，尚不堪工作之役，而况操备之实”，实属扬短避长。倘若留其防海，再加以整顿，“汰其老弱，练其精壮，复其营田，优其月饷，饷不加之民，而军不取之客，以各卫所之兵为主守，以备倭诸营之兵为游击，以标下之兵为调援，土著渐可精练，南兵渐可议撤，饷损而兵足，此久长之策也”，则可以有效地加强当地海防力量。②

其三，郑汝璧认为：沿海班军番上京、边，直接造成了当地防御力量不足。因此，若要加强当地海防，势必就需要招募兵员。而征兵必须要有饷银，但征发饷银并不容易，尤其是在山东面临灾荒之际，居民“流离载道，多方救赈之不暇，安忍复加征派以重其困”。所以，留班军防海，就可以不用征兵，从而节省

① 《由庚堂集》卷二十三《留班军防御疏》，第617～618页。
② 《由庚堂集》卷二十三《留班军防御疏》，第617～619页。

征兵所用之饷银。否则，“而今日召募明日加征，民力诎而元气耗，臣恐外警未弭而内忧且亟矣”①，一旦导致地方动乱，后果不堪设想。

不过，郑汝璧也意识到班军制度实行已久，难以彻底改变。为此，他在综合分析海防与京、边班军的形势后，指出了一个较为切合实际的主张，他指出“京蓟之所重者秋防耳，春可无往，山东之所急者海防耳，腹里则可往。臣请自今始，以济、东、兖腹里等卫所尽数仍赴秋班，以青、莱、登沿海等卫所尽留本处防守，则在京边不误防秋之常期，在山东得修防海之实备”，并提出折中方案：

> 将本省沿海春班边操官军登州、宁海、威海、大嵩、成山、靖海、奇山、海阳、宁津、莱州、鳌山、灵山、雄崖、安东、诸城、胶州十六卫、所共六千名，悉免赴班，容臣同原留秋班京军，简汰老弱、选补精壮，分布沿海防守。其腹里春班京操军济南、平山、济宁、临清、青州、东平、滕县、肥城、莒州九卫所共五千四百二十八名改为秋班，并秋班边操军济南、青州、肥城、临清、平山、济宁、滕县七卫所共五千九百九十一名，俱于六月内早赴京、蓟防秋，则庶不失祖宗设军防海之初制，而亦不尽妨近日调剂、守护之权宜矣。②

由上可见，郑汝璧希望能同时照顾到京操、边操及山东沿海的需要。在这个方案之下，通过遣发山东内陆卫所兵员秋班番上防虏，可以满足京、边二操的需要。同时，将山东沿海卫所兵员留在当地，“简汰老弱、选补精壮”，以分布防守，则能切实加强当地防御力量，可谓一举两得。

2. 训练军队

为切实加强山东海防力量，郑汝璧提倡训练军队。他认为：“兵贵精而在练，以不练之兵战，是弃兵也，与无兵同。练而无法，法行而不久，始锐终瑕，与不练同。”③ 不过，郑汝璧主张的练兵，并不是要训练山东所有的军队，而是有所侧重。他指出，山东原有的青齐枪手及各县乡兵，多为乌合之众，根本无法适应战争形势的需要，也没有必要对其加以训练，需要训练的是巡抚标下之兵与各道之快壮、营中之壮，他们“军饷颇厚，而人可用”，如果加以严格训练，完全能够胜任抗倭战事。为此，郑汝璧提出了一套训练方案。

---

① 《由庚堂集》卷二十三《留班军防御疏》，第618页。

② 《由庚堂集》卷二十三《留班军防御疏》，第619～620页。

③ 《由庚堂集》卷二十四《条议防海六事疏》，第628页。

其一，做好兵员统计工作。他认为，只有对接受训练的兵员数目、年龄等基本情况有清楚的了解，才能真正做到知兵。为此，郑汝璧自受任以来，“查标兵与各道兵数可万余，遂与诸道约籍而记之，人各一单，书疤记、年貌以防替倩，书所习兵器以备掣较”①，这样巡抚、诸兵备道对属下兵员有了较为细致的了解，可以有效地防止舞弊现象。

其二，勤加训练，严格考核。郑汝璧主张对这些兵员勤加训练，并严格考核。为此，郑汝璧督率参将梁文训练标兵以为表率，“以南教师教南技、北教师教北技，及行各道一体训练，每季点取各道战兵与臣标兵各以器技比试，将官都司试二日，布、按、清军、兵巡道试一日，总三日之技程，其优劣分为四等，一二等奖赏，三等量责再试，四等革退，将领哨官亦以此分数为劝惩。迩来标下之兵似巳（已）可用，诸路亦知振奋矣，但人心易玩，非题请申饬永加遵行，恐始劝终怠，久之渐弛，则亦与未练等尔”②。由上可见，郑汝璧主张聘用南、北“教师”有针对性地训练军队，而后通过比试分出等级，相应加以奖励或惩处。

其三，训练马兵。郑汝璧认为，步战是日军长技，倘若明军也仅专习步战，那么一旦双方遭遇，明军并不占优势，即“倘气力相当胜负未决，非有精骑驰骤，则力殚而技穷”。尤其是山东沿海地方绵延千里，“倘一角孤危悬于瞬息，即欲赴援而步兵足力易乏不能速至，非出奇制胜之策也”，因此，他主张将标营与济南等七道的马兵一千二百名一同聚集到巡抚标下合练，等练成后再分发各道，以后每遇汛期“仍聚练，以听调遣”；同时，将海防道及登州、文登、即墨三营的马兵共六百名一同聚集到备倭衙门，由海防道负责监练，练成后分发各营，“遇汛期亦聚练，以听调遣”。训练马兵可以加强海防军队的机动作战能力，迅速实现较大范围内的援救策应。

郑汝璧认为，经过训练后，山东一省可练步兵一万三千、马兵一千八百，这些兵员“专备战守，不许杂差”。而后，巡抚标兵与各道之兵不断较技，“标下兵不及诸路兵，标下中军将当之，而臣任其责，诸路兵不及标兵，诸路将当之，而各道任其责”，每年年终将标、路诸兵马查阅分数，精强多者特加荐叙，弱而怠事者，该道与标路将官并加参治，以期能达到“时时有省试，在在有强兵，外可

---

① 《由庚堂集》卷二十四《条议防海六事疏》，第628页。

② 《由庚堂集》卷二十四《条议防海六事疏》，第628页。

消靖海氛，内可弹压中原”的目的。①

（二）完善后勤问题

“兵马未动，粮草先行”，粮草等后勤保障是确保战争胜利的重要因素，郑汝璧非常重视后勤问题。为此，他主要做了以下三点。

1. 扩大粮食储备

援朝御倭战争爆发后，山东处于海防最前线，既需广屯重兵以资防守，还需支援朝鲜战场，因此粮食储备非常紧张，一度出现了“自倭警以来，军屯粮食，青莱登之粟不足以供，乃从他地以输，又尽海滨而徙，飞輓艰难，率二钟而得一，民间骚动，疾苦愁怨之声载道矣，比者岁凶粟匮、价日腾踊，民复大戚，不能聊生”的紧张情况。郑汝璧认识到积贮是军国大计，尤其是山东沿海地区，“其在边海，兵荒不常，尤宜预处”，为此他积极着手解决后勤粮草供应问题。首先，郑汝璧针对沿海民屯拖欠钱粮的情况，提出建议，“民屯银两拖欠数多，时值岁艰追银无措，若许上纳襍粮若穇谷黍豆之类以折正项，民可乐输，总资实用”，以纳粮抵充所欠银钱。其次，他认为在以往朝廷“开纳”事例中沿海郡县之所以参与者较少，主要原因在于“海滨粒米狼戾，则艰于贸易，必以粟易钱，以钱易银，又走千里输纳于省，每苦往返之艰，遂多中止”，为此他提出折中办法，“令三郡许其输粟本地，稍免脚价，以示招徕”，这样就免去了以粟易钱、以钱易银，千里输纳的诸多程序，有利于提高人民的积极性，“民间原少上纳，今导之输粟，其数自倍往日”。郑汝璧认为通过以上两个措施，基本上可以解决沿海地区粮食缺乏的问题。即使将来战争并未爆发，那么积贮日富、缓急有资也有好处，“无事以之给军，即饷也。有事以之召募，即兵也。卒有水旱，可以平粜，亦可以恤民，盖一举而裨益地方不浅矣”②。

2. 开发海岛

山东东部沿海地区岛屿众多，其中不乏可耕种者。明朝初年，明朝政府为加强海防，一度实行“空岛”政策，将大量岛民迁居内地。嘉靖中后期，大量辽民潜入其中，有的从事耕种，有的从事贸易，有时也骚扰沿海居民。明朝政府为确保沿海秩序的安定，将其驱逐，“徙民而空其地”（本书第四章第一节中已有论述，兹不赘述）。不过，这些沿海岛屿土壤肥沃、气候适宜，一旦废弃，“以膏腴

① 《由庚堂集》卷二十四《条议防海六事疏》，第628～629页。

② 《由庚堂集》卷二十四《条议防海六事疏》，第629～630页。

可耕之地委之蒿莱，士人往往叹惜”，但若招民屯种，又怕重蹈覆辙。郑汝璧看到了这一问题，并针对当时的具体情形，提出不同于以往的处理方法，他主张：

以登州营、卫之军，什伍而耕，如屯田之法，以助粮饷、资防守，于计为便。臣巡海上，登城一望，前岛近若几席之间，与僻远各岛不同。询之故老，皆谓沃土不宜轻弃。遣官查理，岛中原有三城，年久倾颓，似应择其可居者量行修葺，盖草房百余间以为栖止之地，造辽船十余只以为利涉之资，酌地亩之广狭，定军兵之多寡，责令该营总哨官督率分布，群聚而耕，耕毕即拏舟而返，而耘鉏、而收获亦如之。田场既毕，悉以粮食装载运至郡治，一草一粒不令容留。其初耕也，牛、种官为处给，而其赴岛也，妻孥不使同行。其受地也，先给军粮之少者以助其饷，临期从长酌处，船只则给付本管官，专听军兵往来载渡，不许别项差遣，一切装运薪米悉听自便。一遇有警，船可哨而兵可水，且耕且防，万亩之地即可资千军之食，有屯田之利无海盗之害，是亦一便也。①

由上可见，郑汝璧的建议抓住了关键问题，即要在开发海岛的同时，确保海疆的安定。要做到这一点，就只能让山东沿海军队去开发。事实证明，郑汝璧开发海岛以屯粮食的措施是成功的，在沿海卫所将士、官员们的积极配合下，大量的岛田得以开辟，仅万历二十三年（1595）正月到四月，参将邵曾和即开辟长山南北二城岛田二万二千二十五亩，“俱系沃土，陆续播种，禾苗盛茂，可望有秋”，其余三岛更宽，将来“尽数耕种，获当十倍，诚海上之一大利也”，为此郑汝璧上疏请求褒奖参将邵曾和及海道副使赵寿祖②。

3. 奏请留银养兵

援朝御倭战争开始后，山东境内兵员大增，除去沿海卫所兵员不计外，尚有巡抚标兵、各道马壮及调到南兵三种，他们均需依靠军饷以维持生计。其中标下锋奇官兵共三千八百五十员，应用银七万八千余两，调到南兵三千五百余员，应用银六万三千五百余两。而山东屡经征发，存银为数无多，加之灾荒连年，难以支撑。为此，郑汝璧上疏朝廷，请求分类支付军队饷银，他指出：“主兵系土著久戍常川操练之卒，其饷尽派之民间，纵有丰凶，民何敢以为厉？客兵系一时调遣之卒，事宁即行遣归，若复重派民间，创痍疲困之日，又何以堪？”于是他建

① 《由庚堂集》卷二十四《条议防海六事疏》，第632～633页。

② 《由庚堂集》卷二十六《录开岛田效劳官员疏》，第664～665页。

议将主兵粮饷尽派本省，而客兵粮饷则“暂将赃罚事例、香税、班价等银原议事宁解部者，俯准仍前暂留，以充客兵粮饷。如有不足，将民屯银查追凑支”[①]。郑汝璧这一建议既可保证军队粮饷，又能减轻山东人民的负担。

（三）修筑城池

为加强陆地防御力量，郑汝璧倡导属下州县尤其是沿海州县、卫所积极修筑城池。他看到坚固的城池对于防倭的重要性，说道：“防倭之策，守资于城，战资于兵，有坚城以固守，而以劲兵击之，逸待劳而饱待饥，动可制胜。”不过，当时山东沿海城池的情形却并不乐观，“第睹（睹）海上诸城，大都卑薄者多，倭巧于攻，东人拙于守，以巧攻遇拙守，即高坚犹足虑，况未高坚乎”。他还具体指出了山东一些城池的弱点，如“登州城虽石而卑，且无灰弥缝，日以勾拆，又三面山也，高过于城，敌得窥我，非敌台不可冲击，非加修、加灰不可以久；莱州城虽砖而多陂，侧可攀援而登也，亦必加敌台始可施炮射，而为万全计；青州稍得地利耳，其属海邑若诸城、乐安皆土城，即墨杂以沙，随葺随坏，昌邑土仅及肩，倾圮且尽，直与无城等耳，必加以砖石，费各逾万金矣；胶州砖城不满三里，官舍军所占之民居十才二三，余处城南，繁且数倍，其地直逼海口，倘倭乘潮而入，民且无如，佥谓宜于城南筑新城，方六七里，草草估费亦不下二万金矣。此皆海上要区终当修筑者也”[②]，认为这些城池均存在这样那样的问题，需要加以修筑。此外，这一时期，山东沿海卫所、巡检司、堡寨的城池也已经废弛不堪，“卫所寨司之城在在而峙，国初设军，大城五千余人，小亦千计，故其城颇大，垛口极多，而今京、边赴操，城中落落茅茨，多者百数十家，少者三五十家耳，问之城守，则摇首咋舌谓不死则去，安能弃命于岩墙，盖其势然矣，虽行修理而无人居守，徒费奚益？警报一至，望风先避，责以失守城寨之条，亦不能矣”，可见当时沿海卫所城池也存在很大的问题。因此，郑汝璧要求沿海地区官员要加强城池建设，“行道、府，将登、莱二郡城再加修筑高坚并添设敌台以便冲打，诸城等处行令估计议处。卫所等城，如安东、灵山、鳌山、大嵩、靖海、成山、威海等处关系要害各加修理外，其余所、寨人少去处姑量葺补，无事之时任其安住，一遇有警，就近归并，以小就大、以寡就众，合力拒守，庶钱粮不妄

① 《由庚堂集》卷二十六《专官足饷留军疏》，第656～657页。
② 《由庚堂集》卷二十四《条议防海六事疏》，第630～631页。

费，而趋向有宁心”[①]。由上可见，郑汝璧的修城计划是先重点修筑大者、重要者，而后再对小者相应加以修葺，一旦遇警，可以“就近归并”“以小就大”。同时，鉴于当时“民力已诎、官帑无多”的状况，郑汝璧要求各地官吏应视各地情况之不同而分别处理，“海上紧要诸城应亟图者，即为估计，臣查堪动钱粮撙节应之。稍缓诸城，每年议修一面，四年而毕工，但遇每年圮坏，系土筑者即先于坏处估易砖石，得尺则尺，渐可坚完”，分清轻重缓急，不同情况不同处理，并量力而行。此外，为提高地方官吏修筑城池的积极性，他还提出奖励措施，规定“如果经理有方，民不告扰而工能底绩者，特加荐叙优擢，以示激劝”。郑汝璧希望通过以上措施的实行，使得山东各州县、卫所的城池得到普遍的修筑和加固，以此提高城守能力，达到“形胜渐增于百雉，亦地方久安之计”[②] 的目的。

（四）策划部署防御

1. 划定防守范围

郑汝璧认为山东海岸线较为漫长，长达两千余里，倘若不划定具体的防守范围，势必造成各防守军队互相推诿的局面，很容易贻误战机。为此，他主张按照山东的五大营分别划定辖区，以明确其各自职掌。他规定，即墨营：“策应信地则安东、灵山、鳌山三卫，诸城、石旧、胶州、雄崖、夏河、浮山六所，夹仓、信阳、南龙湾、古镇、逢猛、栲栳岛六巡司等处”；文登营：“策应信地则大嵩、靖海、成山三卫，大山、海阳、宁津、寻山四所，行村、乳山、赤山、温泉四巡司等处”；登州营：“策应信地则威海、宁海、登州三卫，百尺、金山、奇山、福山四所，清泉、芦洋、解宋、刘家汪、黄河五寨，辛汪、高山、杨家店、孙夼四巡司等处”；王徐营：“策应信地则莱州卫，本寨备御一所，马停寨、皁河、马埠、塘头四寨，马停镇，东良，柴葫，海仓，鱼儿铺，高家港六巡司等处”；滨州守备：“策应信地则利津、沾化、海丰三县境内海口牡砺嘴、洄水望、大沙河、大沽河等处”。同时，他还规定，一旦遇有倭警，德州守备需移驻武定州策应。这样，在山东沿海划分了五个战区。平日无事之时，这五个战区各自分守，一旦遇有战事，则需要相互策应、共同对敌。为此，郑汝璧详细安排了上述诸营之间相互策应的方略：

分画既定，人自为守。但海防久弛，法令未严，非题行遵守，日久将归

---

① 《由庚堂集》卷二十四《条议防海六事疏》，第631页。
② 《由庚堂集》卷二十四《条议防海六事疏》，第632页。

> 怠玩。合无申饬守备卫所等官，如遇地方有警，塘报飞至，即各照分定信地统兵相机堵剿。如贼犯文登营界上，该营守备不待调发即行统兵相机截杀，邻境即墨营守备领兵驰赴协剿，登州把总领兵移驻适中处所听候调遣策应。如即墨营界上有警，该营守备不待调发即行领兵相机截杀，文登营守备领兵驰赴协剿，王徐寨守备领兵移驻适中处所听候调遣策应。如登州营界上有警，该营把总不待调发即行领兵相机截杀，王徐寨守备领兵驰赴协剿，文登营守备移驻适中处所听候调遣策应。如王徐寨界上有警，该寨守备不待调发即行领兵相机截杀，登州营把总领兵驰赴协剿，即墨营守备移驻适中处所听候调遣策应，仍一面飞报备倭副将统兵应援。其滨州守备如利津界上有警，不待调发即行统兵相机截杀，德州守备领兵驰赴协剿，王徐寨守备移驻适中处所听候调遣策应，临清参将移驻德州，提兵督率滨、德二守备随机策援防剿。如或推诿迟留、玩寇贻祸，即处以军法。事后案课功罪，以地为准。其该管卫所官兵，有不听约束督遣、抗违凌上者，一体以军法从事。①

由上可见，郑汝璧对整个山东沿海的军事力量做了合理而周密的部署。他不但按照营划定了各自防区，做到了事有责成。同时，为了加强各营相互之间的策应、支援，实现一定区域内的协同作战，他还详细规定了一旦某一防区遇警，临近防区应当如何支援，并严令各营之间必须要相互策应，“如或推诿迟留、玩寇贻祸，即处以军法”。

此外，郑汝璧考虑得比较长远，他不但考虑到沿海青登莱三府等易遭倭患的区域，同时对于山东内陆尤其是运河沿线的防御也有考虑和部署。他认识到“登莱海壖萧条，易于收敛，若坚城固守以备倭等处之兵御之，倭必无幸”，认为登莱等处虽然面临的形势危急，但由于兵将较多，将城池加固后，反而比较安全。同时，滨州等地“则内海，而势稍缓矣”。但是，倘若倭寇“卒然直犯淮扬，突入沂徐，非有劲兵堵截，瞬息深入，蹂躏动摇，形若隐而忧实大”，因此必须要加强内陆军事力量。为此，郑汝璧主张加强临清的军事力量，“筑外城，添兵伍，多则三千，以一名将领之”，一旦倭寇入侵淮、沂，“与标将合剿，力全而功可奏”②。郑汝璧此举旨在加强山东内陆运河区域的防御，这样可以有效地保障运河畅通，确保京畿地区的粮食供应。

---

① 《由庚堂集》卷二十四《条议防海六事疏》，第 635 ~ 636 页。

② 《由庚堂集》卷二十四《条议防海六事疏》，第 636 ~ 637 页。

2. 协调防守力量

郑汝璧根据朝鲜战场的形势并结合山东地理环境，仔细分析山东所面临的敌情，他看到“山东三面临海，北则登州，南则胶州均为要地，然倭在朝鲜则登为冲，在釜山、对马岛则胶为冲，盖地接淮扬，一帆可直达，而舟楫鳞集，民居多在城外，犯则易以躏破，尤非登比也”，认为日军占领釜山后，山东南部的胶州成为冲要之处，“而胶州至安东寥寥数百里，为备似疎”，一旦日军入侵，“登州备倭兵将救在十日之外，其能及乎”？因此亟须合理协调、调度兵员。为此他提出自己的建议：“臣看得即墨营守备，驻即墨县之北，离海颇远，先年海滨处处有兵，故居内地以为策援，今卫所无兵，则不宜胶柱而居，且即墨守备所管信地，东接文登营仅百里，西抵安东四五百里，道里亦未适中，故每遇汛期移驻胶州。与其往来奔趋，莫若移驻防守，原领营兵随便赴操，加以所留边军拣选精壮合营军共足二千人，俾之统练使成一军，西可以控安东，东可以援即墨，而北亦可以援莱登，南海之备周而犄（掎）角之势成，计无便于此者。”①

由上可见，郑汝璧主张将即墨营移驻胶州。一方面，日军占领朝鲜釜山后，胶州战略地位突显，一旦日军入侵，该地很可能首当其冲，因此，将即墨营改驻此处，可以直接抗击入侵敌军。另一方面，胶州位于山东半岛东南部，地理位置适中，“西可以控安东，东可以援即墨，而北亦可以援莱登”，一旦周边地区遇警，胶州之兵可以迅速策应。同时，郑汝璧还看到“该州军民杂处剽悍多奸，沿海卫所多而人久玩，非稍假事权难资弹压”的状况，提出“以都司职衔管守备事，仍节制于备倭将官”，此举既提高守备的职权，有利于弹压地方、整肃军伍，同时，仍由备倭将官节制又可以防止其权力过大，“无两大之势，而有臂指之使”，为此他推荐文登营守备张楷，加升都司职衔、管理即墨营守备事，移驻胶州，听副总兵杨文节制，将原任即墨营守备杨如松改调文登营。②

这一时期，郑汝璧对山东北部的海防部署也做了协调安排。他指出：新近设立的王徐寨守备，距离莱州、黄县各八十里，且其辖区内有东良海口，王徐寨又有城寨可居，本来是较为方便的。但是其中也存在一定的问题，“（王徐寨）城郭卑薄，人烟稀少，其地孤虚不可居处，各军每裹粮以操，苦不能继，又系截杀之兵，不得株守一寨，即倭至而守此单薄之孤城，势必难保，徒滋萦制，况莱州重

① 《由庚堂集》卷二十四《条议防海六事疏》，第633~634页。
② 《由庚堂集》卷二十四《条议防海六事疏》，第634页。

地兵力甚微，倭至，必舍王徐而犯莱州，乃不防其所必犯而牵系于所不可守，似非善策”，因此，他主张将王徐寨守备移驻莱州府城，“每至汛期，听其量带官兵赴寨哨防”，这样既可以确保府城安全，又可以策应邻近地方防御，“兵不疲而事有济，一转移而莱郡地方可恃以无恐矣”。①

3. 设青州守备

援朝御倭战争时期，山东一省海防形势骤然紧张。部分官员主张加强青州防御，郑汝璧接受了他们的意见，建议在青州设立守备一职。首先，他分析了青州的形势，指出“青州，古齐之都，境俗多剽悍，奸宄易滋。安东、塘头等处滨连大海，在在要害，以故防御弹压视他道为难，而团设兵快亦视他道为多，盖诚重之矣。但向来以千余勇悍不易驯之卒伍，委之本卫一二不尽才之武官，望轻情昵，稍严则嫌怨易生，一玩而因循不振，间或摄以废闲将领，体统靡定，又多龃龉，即平时约束未能，倘有事缓急安赖？且今莱登等处兵戎俱有将官统领，而独青州要地有兵无将，事体为缺。若设守备一员，专管居常，则团练修防，消弭意外。遇警则督率战守，捍卫海滨，隐然虎豹之形，联成臂指之势，于计为便”②。显然，郑汝璧认为，青州地处山东中部且南北濒海，地理位置非常重要，当地虽设有一些军队，但却缺乏有威望之军官加以统领，因此应设守备一员，无事负责弹压地方，遇警可以督率战守。明朝政府同意了郑汝璧的建议，据《明神宗实录》记载：万历二十三年（1595）六月甲辰，万历皇帝下诏，“设青州守备一员，团练民兵弹压濒海剧盗，从抚臣郑汝璧请也”③。

（五）协调任用官吏

作为山东省的最高军政长官，郑汝璧还需要按照当时的海防形势需要奏请设置职官，同时对于属下职官加以合理地协调任用，以保证官职各有所司、官员人尽其才。

1. 奏请设立海防专官

郑汝璧与山东布、按、都司三司官员商议后，认为山东沿海青登莱三府海防行政事务烦剧，“一切御倭事宜，如修筑城堡墩台，打造军火器械，及查理军伍、支放粮饷等项无专官董理”，由于缺乏专官管理，导致了诸多不便，“佐理府官向无专职，上司文移随便批发，而动致参差，下官承委任意奉行，而每多迟滞。甚

① 《由庚堂集》卷二十四《条议防海六事疏》，第 634 ~ 635 页。

② 《由庚堂集》卷二十六《设青州守备疏》，第 663 ~ 664 页。

③ 《明神宗实录》卷二百八十六，万历二十三年六月甲辰，第 5298 页。

有一事方委而他事复临，一官方查而别官又理，人无专责、事多耽误”，因此有必要设立海防同知专管海防事宜。同时，郑汝璧针对山东的具体情况提出自己的建议，他认为设官必然要增加费用，而青登莱三府同知“事务颇简，堪以专摄”，因此可以不必设置新官，将三府同知改为海防同知即可，由其“兼管清军、盐捕事务，各给关防，以便行事”，平时对其严加考核，“其有克举职业、有裨海防者，特加奖荐，不次超擢；如经理无法、怠玩废职者，查参究治”，这样既不增加官员数量造成冗官冗费，又能做到责成有人，可谓一举两得。① 在郑汝璧的建议下，明朝政府同意设立海防同知。万历二十三年（1595）正月癸未，明朝政府“铸给青州、莱州、登州各海防同知兼管清军、驿传、盐捕关防”②。

2. 更调州县正官

日军侵入朝鲜后，山东半岛登、莱二府的一些濒海州县面临的海上威胁最大，海防任务也最重。不过，这一地区有些州县正官却因才力不及，难以应对当时的复杂局面，郑汝璧对此也颇为无奈，“欲挂弹章则无显过，欲仍旧任则误地方”。为此，郑汝璧经过深思熟虑后，决定更换莱州府胶州知州、登州府莱阳县知县。郑汝璧指出：

> 莱州之属，胶州为最剧。南临大海，西接淮扬，帆樯鳞集，一有倭警，首当其冲。而风俗刁悍，豪右僭逾，吏弊丛生，奸宄猬集，盖海滨至难治之区也。见任知州罗启先，性虽岂（恺）弟而明不足以烛奸，心本真诚而才未能以集事。吏蠹莫剔，左右恣舞文之奸，田赋靡均，阡陌多漏征之税。百务渐隳于姑息，振刷安望于将来？似此边海要区，即精明果毅者处之尚费料理，而可以选愞不振之才当之乎，若本官者所当量调简僻以示曲全者也。③

郑汝璧认为胶州知州罗启先虽然个人品质值得肯定，但是能力却不能适应现实需要，因此主张将其调离。郑汝璧在查阅山东官吏基本概况后，认为莒州知州杨位乃“老成持重之器，精明果断之才，德性坚忍于困衡，力量克堪乎盘错”，可以补胶州知州。其调任胶州后所遗莒州知州一缺，也须妥善安排，因“莒州视胶州为差易，而视他地为犹难”，所以还不能简单地将两州正官互调，此缺可由兖州府通判王狭（夷）吉补任。此外，他还指出：

---

① 《由庚堂集》卷二十六《专官足饷留军疏》，第655页。

② 《明神宗实录》卷二百八十一，万历二十三年正月癸未，第5191页。

③ 《由庚堂集》卷二十六《更调州县正官疏》，第659页。

登州之属，惟莱阳为最巨，疆域延袤动数百里，赋税当一郡之半，野多旷土，俗尚浇漓，豪家以逋赋为常事，未易催科，里胥以作奸为故智，苦难搜剔。向来多以甲科选任其地，盖诚重之矣。见任知县王从正操守才具亦称明慎，但出自贡途，难望服众。钱粮任豪强之拖欠而莫敢谁何，追呼多奸侠之把持而力难究诘，盖心欲为而人玩其资格，始虽奋而势阻于鲜终。及今不为议处，将来掣肘日甚，县不可几而治矣。若本官者亦当更置别地以免速仆者也。

由上可见，郑汝璧认为莱阳县“俗尚浇漓”，豪家、里胥作奸犯科，不易治理。而知县王从正又非甲科出身，限于资格，为政不顺。同时，郑汝璧认为城（成）武知县张居仁，“刚方有执，廉介无私，念惟切于穷民，法独伸于豪右，蕞尔小邑未尽其才，若以调补莱阳方可展其骥足”，其特点正适合任莱阳知县，且其出身正途，不会因资格所限而影响政事。为此，他建议将莱阳知县与城（成）武知县互调，以便人尽其才。[①]

郑汝璧更换州县正官的建议部分为朝廷所认可。如胶州知州一职，即在其建议下得以调换。据道光《重修胶州志》记载：万历二十二年（1594）杨位改任胶州知州[②]。杨位在胶州颇得民心，他“性仁慈，善听断，尝修城垣，事集而民不扰，时有慈母之誉”[③]。不过，莱阳知县却并未按其设想，与成武县调换。笔者遍阅《莱阳县志》及《成武县志》，未发现二者兑换的记载。不过，万历二十三年（1595），举人出身的尤际昌出任莱阳知县，取代了贡途出身的王从正（政）[④]。

除胶州、莱阳外，郑汝璧还指出了登、莱地区官员现状的一些问题，并提出具体调整建议：“登莱僻在海隅，在无事时多鄙夷之举贡十居八九，至有阖郡州县无一甲科者。此何时也？倭患戒严、时荒告困，非昔比矣。遴材任使，安得不加意之乎？毋论正官需人，即城池之修举、兵器之除置、荒芜之开辟、盗贼之擒芟，势必委之佐贰，如先年，倭至宁海，有以一判成功者，所系亦为非轻，似宜一体遴补。”[⑤] 由上可见，郑汝璧认为，登、莱二府地处防倭前线，地位重要、事务烦剧，但二府属下州县正官却多非甲科出身，不利于地方行政的顺利开展。此外，当地地方佐贰官也多有缺员，以至于一些具体的行政事务缺乏执行者。为

① 《由庚堂集》卷二十六《更调州县正官疏》，第659～660页。
② 道光《重修胶州志》卷七《表六·明职官》，第53页。
③ 道光《重修胶州志》卷二十二《列传二·官师》，第211页。
④ 康熙《莱阳县志》卷五《官师·知县》，第60页。
⑤ 《由庚堂集》卷二十六《更调州县正官疏》，第660～661页。

此，郑汝璧提出了具体的调整建议，对于州县正官，由自己将沿海紧要州县正官员缺上报吏部，而后由吏部“以甲科及举人材能者除授”，或者将本省属官确实才能突出者，“不拘资俸，酌量题请升调”。对于地方佐贰官，则将“负有奇能，边海可资任使”之官,不时“咨部议补”。[①]

总体而言，郑汝璧在任山东巡抚期间，对于山东海防多有整饬。他积极筹措兵员、训练军队，对山东海防军事部署多有擘画，对后勤问题也非常重视。此外，他对山东沿海地区职官设置也提出一些积极建议。应当说，郑汝璧对山东海防的整饬是有成效的，经过其部署、调整，山东一省的海防实力有所增强。

二、万世德、汪应蛟对北部海防的部署

万世德，字伯修，号邱泽，山西偏头人。万历二十五年（1597）九月出任第一任海防巡抚。万世德在任期间，积极筹措天津及北部沿海海防，并撰有《海防奏疏》，收录其在任天津巡抚期间所上有关北部海防的奏疏，可惜目前该书已经无从查知。此处仅据其他史书，对其在任期间整饬北部沿海海防的事迹做一梳理。

作为第一任海防巡抚，万世德对于该地区海防非常重视。早在万历二十五年十一月，万世德上任不久，即上书要求，“立标营、留班军、募兵舡、制器械。又请敕谕沿海镇抚道将等官同心料理互为应援，海上渔盐、舡户及岛中亡命可充为兵者，俱淂（得）召募”，部覆允行。[②] 由上可见，万世德的建议是较为全面的，既主张调拨兵员，也建议置办武器，还主张招募渔民等，这些举措均是为了加强当地海防实力。此外，他对于北部沿海整体协防也较为重视，请求敕谕“沿海镇抚道将等官同心料理，互为应援”。

不久后，万世德再次上言，指出“天津滨海荒芜地土可屯种者，宜设法召集开垦”，与此同时，户部都水司主事沈朝焕也上言，“天津地方南连静海，东距直沽，尽属膏腴弃地，可听民开垦”，万历二十五年十二月丁巳，户部在讨论后做出决定，“二臣各疏，诚兵农两利之策，宜咨天津都御史行道将环海荒地示谕远近军民自备工本尽力开种，官给印炤，世为己业，三年之后方许收税，每亩上地纳谷一斗、中地六升、下地三升，专备津防饷费”，万历皇帝也同意。[③] 万世德此

---

① 《由庚堂集》卷二十六《吏调州县正官疏》，第 661 页。
② 《明神宗实录》卷三百十六，万历二十五年十一月庚戌，第 5900 页。
③ 《明神宗实录》卷三百十七，万历二十五年十二月丁巳，第 5903 页。

举，可以解决一部分军粮供应，缓解国家财政压力。

此外，万历二十六年（1598）五月，万世德还上书请求加强北部沿海诸兵备道的权力，指出："钦奉玺书职掌海务，而海壖延亘绵长，将领星罗棋布，一人之耳目有限，难以编历周知，乃兵备之官节制不行，众心涣散，合将海盖、天津、武德、青州四处兵备道，各加监军职衔，假以事权，听其节制，平时训练稽查，有警督察纪验，事竣殿最品隲，既周综核之方，复联臂指之义，庶精神相贯而军政益饬矣"，部覆表示同意。① 赋予沿海诸兵备道以监军权，可以加强其对于当地海防事宜的稽查力度，以减少、杜绝舞弊情事。

同时，万世德对于沿海军队的纪律也非常注意。万历二十六年五月，万世德上疏参劾太监王朝戢下不严，游击沈茂驭兵不肃，以致"彼此交哄，殴死官军，应行正法"，万历皇帝切责王朝，并夺沈茂俸三月。② 万世德不畏强权、不徇私情，对违反军纪者严加处置，可端正军风，减少军队混乱。

汪应蛟，字潜夫，安徽婺源人，万历二年（1573）进士。曾任南京兵部主事，易州兵备道等职。援朝御倭战争开始后，出任天津兵备道。万历二十六年六月，接替万世德任天津巡抚。援朝御倭战争后期，作为天津巡抚的汪应蛟，会同蓟辽总督、朝鲜经略邢玠，以及顺天巡抚、保定巡抚、山东巡抚、辽东巡抚、凤阳巡抚等商议北部海防事宜，分列各条款上疏，提出了自己对北部海防的一些建议。

（一）合理部署海防兵力

天津巡抚专职防海，汪应蛟不仅需要处理天津事宜，还要综合协调处理整个北部沿海的海防事宜。为此，他主张未雨绸缪，提前做好防御，并积极安排防御工作。

1. 布重兵于鸭绿江

汪应蛟认为，鸭绿江的地理位置非常险要，"当辽鲜之界，于中国为吭，于朝鲜为背，又饷道所必由也"。就朝鲜战场形势而言，自从闲山失守后，明朝水军仅扼守珍岛，一旦日军派水军越过珍岛向西，乘南风可以直趋鸭绿江，这样就可以与建州女真、蒙古势力等里应外合，"辽左危"矣。或者，日军占据平壤，以趋开城，则明军腹背受敌，王京就会陷入危急局面。就明朝国内邻近朝鲜地区

① 《明神宗实录》卷三百二十二，万历二十六年五月乙酉，第5979页。

② 《明神宗实录》卷三百二十二，万历二十六年五月壬寅，第5989页。

的防御而言，明朝政府虽在旅顺设防海总兵，以周于德充任，有兵五千人，不过旅顺距离鸭绿江远达九百里，鞭长莫及，且兵员数也不充裕。此外，明朝虽然在靠近鸭绿江的地区设有宽奠副总兵、镇江游击，但是二者所辖兵力均相对较少，前者不过二千五百人、后者不过八百人，一旦发生战事，此等兵力无异于杯水车薪，难以济事。为此，汪应蛟建议在鸭绿江附近设重兵防御，具体措施为："于鸭绿增设水陆兵各三千，各统以游击一员，分驻于娘娘城、王胡子嘴等处，总属旅顺总兵统辖。而旅顺原设陆兵二千名，当汛期亦移驻黄骨岛，与娘娘城相为接应，遇有警息则随地堵截，倘倭势重大，则总兵周于德当亲督舟师东向杀贼，宽奠副总兵把截要路，使不得与虏通，或贼趋平壤，则督水陆二兵悉从陆追蹑其后，盖一举而绝倭、虏之交，壮辽左之势，备王京之援。"① 由上可见，汪应蛟主张设重兵于鸭绿江，这样既可以完善国内尤其是辽东一带的海防布局，切实加强当地海防力量，又可以配合朝鲜战场形势，将辽东、朝鲜纳入到一个统一的战略体系中。

2. 设水兵于山海关

汪应蛟认为山海关地理位置非常重要，"陆则备虏，水则备倭"，虽地处渤海内部，但并非没有海防威胁，如永乐年间即曾有流倭入寇，"杀掠官民，乐亭、抚宁诸县曾被之矣"，因此应当重视。接着，他又分析了援朝御倭战争爆发后当地兵力状况，指出：万历二十年（1592），援朝御倭战争爆发之初，曾有人建议在天津、山海、登莱各设水军，后来因为中日和谈而罢。万历二十五年（1597），顺天巡抚建议于蓟州、密云、永平三道各设海防专兵共九千人，"分信画守，侈称有备"。汪应蛟则从南方地区抗倭经验出发，认为"御倭拒之于登陆，不若征之于海上，盖倭船蓬桅拖滞，拔舵驾风不如我便捷，两舟相望，火器齐发不如我迅利，若一纵登岸，跳踉纵横，人自为战，我兵十不当五"。为此，汪应蛟建议于山海关设立水兵，具体措施为："于山海关添设水兵三千，统以游击一员，严加训练，倘倭犯旅顺，则可以东移接应，即或飘（漂）洋越入，又可以尾击其后。计兵三千，当用沙船一百只，或常以三分之二驻守，而用其一往来运饷，尤为一举两得。盖蓟镇边城，距海不远，春秋二防主客兵马十余万，虏急则防边、倭急则防海，不妨通融调用。惟当关无一苇之障，将延贼入门，而后与之斗，于计已晚。故陆兵□可少省而水兵必

① 《海防奏疏》卷一《倭氛未灭防御宜周疏》，《续修四库全书》第480册，第395～396页。

不容已也。”[①] 由上可见，汪应蛟主张设立水兵于山海关，这样既可以策应旅顺，确保辽东等地安全，又可以直接应对偶尔飘（漂）洋而至的零散倭寇。此外，他还主张，设立水军即需配备兵船，三千水兵需沙船一百只，其中三分之二用作驻守、防御，一旦遇有战事，水军可以驾船在海上御敌，防止敌军登岸，另外三分之一船只又可用作运饷。如此，则设立山海关水军可一举数得。

3. 增水兵于莱州

汪应蛟首先分析了登州、莱州、旅顺三地之间的地理形势，指出原先大家都认为，若由旅顺至莱州，需要“循岛屿而行，必由登之沙门岛而入，故议者谓登设水兵则莱可稍缓”。不过，汪应蛟在亲自访问当地里老后得知，“自莱之三山岛开洋，用西南风，一日可径达旅顺”，即自莱州可不经登州而至旅顺。而登州三面临海，水兵虽多，但“分哨则少”，难以兼顾莱州。为此，汪应蛟在与山东巡察海道副使于仕廉商议后，决定增加莱州水兵，他提出具体的建议：

> 除先设水兵五百外，仍当增设二千，合用沙唬船只，亟行浙直地方买造，并选募健兵驾练，其沙船亦可用三分之一更番海运，庶几兵、饷两济。及查该道地方原设陆兵，似稍有余，容臣会同山东抚臣就中裒益，不必更益增饷，其将领则有见任都司，不必添设。夫登、旅既有水寨以扼门户，而山海、莱州复各设水兵，议者或谓悬军无用，然重门击柝，易象垂训，援孤救绝，兵家所忌。今二处设兵，既可出援登、旅，万一朝鲜不支，登、旅之兵当分半东援，而二处之兵又可为登旅分守。[②]

由上可见，汪应蛟认识到由旅顺也可直达莱州，所以并非有登州作屏障莱州即可高枕无忧。但该地区兵力空虚，倘若敌军绕过登州，由旅顺径直而入，势必造成危险。因此，他主张将莱州水兵增至二千五百人，并配备相应船只，这样既可以赞襄海运，又可将其作为登州后援，以确保山东海防安全。

4. 增兵于成山卫

汪应蛟认为，成山卫的海防地位非常重要，该卫“逼临东海，正与朝鲜汉江、临津东西相对，约海而不过千余里”，潜居当地的辽人即“多有驾辽船往朝鲜窃掠者”，甚至出现过一艘登州运粮船在朝鲜义州遇风一昼夜即漂至成山的事情，可见从朝鲜抵达成山卫较易。汪应蛟在分析当地地理环境、形势的基础上指

---

① 《海防奏疏》卷一《倭氛未灭防御宜周疏》，第 396 页。
② 《海防奏疏》卷一《倭氛未灭防御宜周疏》，第 397 页。

出，倭寇不来则已，倘若一旦入侵，势必会首侵成山卫，“冒险张帆，乘东风骤至，不过一二日程耳”，而成山卫的防御却并不尽如人意，尽管该卫城池较为坚固，但却守城乏人，“城内仅军余不过二三百家”，一旦倭寇入侵，该卫势必陷落。如此，则倭寇必将占领成山卫以为据点，那么很有可能导致“远近震惊，扑灭非易”。汪应蛟在与山东防海总兵李承勋商议后，认为应当加强成山卫防御，并提出了一系列应对措施：“以文登营守备王家将统领该营军兵并题留京边班军共三千余名，遇汛移守成山。然班军多猾惰，未易振饬，战守难恃，应再募兵一千名，责其合营教练，而守备权轻，应量加都司职衔管守备事，庶驾驭得以展布。”后来，汪应蛟在仔细斟酌当时海防形势、具体分析当地海防现状的基础上，又提出了自己的建议：“臣复查，前兵千名不必增募，该镇标下北营水陆军兵共五千七百七十余名，除水兵一千五百，臣已督行该道分船驾练外，尚有陆兵四千二百六十余名，内可摘发土兵一千人文登营合练，遇汛期仍将该营原设军兵八百七十余名留一把总照旧防守文登，而守备王家将统领土兵千名并京边军二千一百余名移驻成山，遇警相机堵截，仍策应靖海及大嵩卫所地方。”① 由上可见，汪应蛟主张加强成山卫的防御力量，增加文登营的兵员数额。尤其是汛期来临之时，文登营守备需亲自率重兵移驻成山卫以防守。这样，成山卫及文登营兵力的加强，也可以策应周边其他卫所，诸如靖海、大嵩等卫。

5. 设将于安东卫

汪应蛟认为，明初朝廷之所以设立安东卫，主要是因其处于衔接南北海岸的重要位置，即“逼近淮甸，宜慎扼守以安内地”。永乐以后，漕运开通，南直隶、山东内陆成为漕运沿线，因此该卫捍卫山东南部海疆安全、防御来自海上威胁的“扼守”作用更加显著。不过，由于承平日久，该地军备不断废弛，该卫原设官军两千员，至万历援朝御倭战争之初，仅剩五百余人。后来，山东巡抚又增兵七百，设立安东守备，在一定程度上加强了当地的海防力量。不过，汪应蛟认为这还远远不够。他指出，漕运乃国家命脉，运道地位不啻于两都，但是山东、南直隶交界处兵力较少，万一有内奸做向导，教唆日军直接入侵安东卫，然后从此长驱直入，势必会导致“中原震动”。为此，汪应蛟主张加强安东卫的防御，他指出：

> 查得安东卫虽隶山东，然设置在淮安、赣榆地方，去卫数里有荻水口，淮安抚臣亦先设有水兵三百，盖地当要害，两镇皆知其当重，第谓倭势尚

① 《海防奏疏》卷一《倭氛未灭防御宜周疏》，第 397～398 页。

> 缓，不欲多兵费饷耳。臣窃以为，安东宜增土兵一千三百、荻水口宜增水兵二千二百，各二千五百人为一营，各以守备管领，而选设副总兵一员为之统辖，南自东海所，北抵胶州海界中间，涛洛两城等营悉属总理，本官兼听淮安、山东抚按及河漕军门与臣节制，南北与登州、狼山总兵颉颃同事、首尾互应，则淮青海上屹然增一重镇，而漕运可保万全矣。①

由上可见，汪应蛟充分认识到安东卫的重要海防地位及其兵力空虚的现状。为此，他力主增加当地的兵员数量，在山东安东卫与淮安荻水口各设一营，每营二千五百人，同时设副总兵一员综合调度，“南自东海所，北抵胶州海界中间，涛洛两城等营悉属总理”，该副总兵由山东、淮安、河漕、天津诸督抚节制，与登州、狼山总兵相互配合。加强安东卫、荻水口的兵力，有助于弥补山东、南直隶两省之间的防御缝隙，修补海防部署的薄弱环节，不让敌军有机可乘。

6. 练兵于保定

汪应蛟认为，明军与日军在战术方面各有所长，日军长处在于，“皆步兵也，其跳躍轻捷，我兵不能及。又鸟铳发百步而百中，利刃三尺，所过无不披靡”，而明朝北边备虏之兵长处在于，“独快枪与弓矢、短刀三器”，二者相较，就临敌而言，明朝北边备虏之兵不及日军。但嘉靖后期，戚继光在东南沿海抗倭时，曾专门创设针对倭寇的战术，“视贼技长短而制器以应之，视贼形飘忽而制阵以待之，故远战则以鸟铳、火箭、佛狼机之类当彼鸟铳，近战则以枪筅镗牌之类当彼长刃，又视倭善诱伏，吾亦与之为诱伏，猝而逼之，鸟铳无所施其巧，火以先之，长刃无所用”，在嘉靖年间的东南抗倭战争中，戚继光曾用此战术歼敌无数。如此，则戚继光所练之兵、所用战术又强于日军。因此，汪应蛟等人试图在北部沿海推广这一战术，“于天津步兵尽以此法教战矣，蓟镇新设专兵亦尽用此法矣，山东步兵大半用此法矣”。同时，他又指出保定镇兵马虽专为应援天津防海而设，但由于缺乏相应训练难以应用，因此应当对其加以训练：“臣前为易州兵备，亦常以前法练紫、马关军士，第各营未及尽行。合无容臣会同保定抚臣备行易、井二道，将紫马、龙马等关挑选精锐共六千名、真保二营共四千名，在各关者坐委二参将，在二营者分委二游击，各募选南教师，置器训练，不出一年，可得南兵一万，既可备津海之援，尤可省募兵、养兵之费。”② 汪应蛟认识到北部边疆兵马

① 《海防奏疏》卷一《倭氛未灭防御宜周疏》，第 398～399 页。
② 《海防奏疏》卷一《倭氛未灭防御宜周疏》，第 399～400 页。

多为防御蒙古专设，战术训练也多针对蒙古军队进行，而那些专为防海而临时招募之兵员，多为军事训练不足者。因此，为有效抗击日军，就必须要专门针对日军战术加以训练，这样便可以在北部沿海训练大量谙熟日军战术的军队，一旦天津沿海等地遭遇倭寇入侵，这些军队可以立即赴援。

（二）做好战术配合

1. 水兵兼习陆战

汪应蛟指出，倭寇入侵之时，一般是先战于海上，等到登岸后，“持刀铳横行”，既精于海战、又熟于陆战。而明军则“陆兵既不宜于风涛，而水兵又不习于陆战”，这样的话，一旦日军入侵且登陆成功，那么水军就只能袖手旁观，陷于无用之地。为此，汪应蛟认为应当训练水军的陆战技能，并提出了自己的具体主张：

> 今天津水兵臣已督行将官尝于岸上教习南技矣，合无容臣通行沿海道、将，凡已设、未设水兵，除操舵鼓楫演习铳炮外，仍预备枪筅镗牌等器、并预编行伍，责令于近岸兼习。贼至，先以水技邀截于海洋，傥贼舍舟登陆，则量留舵椗等役守船，余兵各循队伍以陆技追袭贼后，与陆兵相为夹击，此亦变寡为众、先机制胜之一策也。万一倭形前后隐伏，或以数舟尝我而大艘在后，则须探哨分明、接应闲整，或分兵袭陆、或留兵备后，此又在将官相机调度，不可以胶柱而鼓。①

由上可见，汪应蛟主张训练水军陆战技能之目的在于提高水军的利用率，以充分发挥其特长，实现其与陆军的紧密配合。这样的话，就可以避免敌军一旦登岸，水军立刻无用的尴尬情形，而将水军转变为一支可以全面参与围追堵截的生力军，可以有效地牵制敌军登岸后的行动，配合陆军作战。

2. 为海运船只配备兵器

汪应蛟认为，自古用兵以绝人粮道为上计，而朝鲜战场上明军兵员甚多，海运较为繁忙，因此“防护转运，使居常守法，前进有警，隄备无虞”，就显得格外重要。就当时的海运官兵状况而言，山东每年运粮二十余万，用船二百五十只、水手三四千人，天津、永平运粮二十余万，用船五百只、水手七八千人，且“管运各官亦系卫所职官及名色把总”。相比之下，登州、旅顺二水师营水兵也不过万人。因此，海运官兵是一支较为强大的水军力量。倘若为其配备合适的兵

---

① 《海防奏疏》卷一《倭氛未灭防御宜周疏》，第400页。

器，那么他们既可以确保海运安全，也可增强明朝水军的整体实力。为此，汪应蛟建议："合无容臣通行沿海各道，凡运船出海，各设处色布旗号并量给铳炮刀枪等器，仍慎选管运官，必以精强颇识水战者充之，沿途守风驻泊，责令登岸演习器械，傥遇有警息，则各奋长技与防护官兵并力追截，是运艘皆为战舰、运卒皆为战兵，以扬威海上，则足以壮声援之势，万一朝鲜更需水兵，亦足以长驱珍岛，效一臂之助矣。"① 汪应蛟此举目的有二，一方面为保证海运安全，防止敌军断我粮道；另一方面，通过为海运船只配备兵器，委派熟稔水战之军官，并训练运军，以期达到"运艘皆为战舰"的目的，使海运官兵成为水军第二梯队，一旦朝鲜战场形势更加紧张或者中国沿海遇袭，那么海运官兵便可直接参战。

（三）筹措粮饷

援朝御倭战争期间，明朝政府调兵转饷遍及天下，造成国库空虚、地方萧条。汪应蛟认识到"增兵非难，议饷为难"，他曾建议增设鸭绿、山海、安东卫水陆官兵，为此需多方筹措军饷，他指出：

> 臣近查长芦运司，蒙户部题议暂加济边引十万，以一年为止，臣与该司运使何继高商确再四，谓岁加十万必不能支，傥减存五万或可勉行二三年，以引价余没计之，岁可得四万五千，傥可充山海水兵之饷，不足则听该抚臣于陆兵内通融调拨可乎？安东水陆兵专为防护河漕而设，河漕军门所辖六七省，而水兵取足于本地渔盐，陆兵亦取足土著，视南兵月饷稍减，傥于河漕所辖地方酌量摊派，每亩不过丝毫或无致称累乎？惟鸭绿增兵当与东师一体给饷，酌盈济虚在司计大臣必有石画，不然或东师与贼据险相持，不妨摘留水兵一枝以为后劲，此亦兵家长虑却顾之算，当俟兵部酌议而非臣所敢擅定者也。②

由上可见，汪应蛟之议饷，既考虑到了其切实必要性，即限于军事形势必须要增兵。同时，他也考虑到了地方的具体状况，即"辽东残破弹丸之区，顺、永近畿腹心之地，必不能加赋，而保、河六郡节议兵饷每亩加至二厘，山东且加至四厘，昨见报淮扬亦亩加一厘矣"③，认识到因战争而增加的赋税已导致地方残破不堪。因此，他在仔细斟酌后，希望将所招募军队之饷银分由不同部门具体分担，即安东卫附近所增之兵由"河漕所辖地方酌量摊派"，鸭绿增兵则与援朝军队一

---

① 《海防奏疏》卷一《倭氛未灭防御宜周疏》，第400～401页。
② 《海防奏疏》卷一《倭氛未灭防御宜周疏》，第401～402页。
③ 《海防奏疏》卷一《倭氛未灭防御宜周疏》，第401页。

体拨饷。如此，便可以在不过于增加地方负担的前提下，解决所增募军队的兵饷问题。

（四）严格军纪、训练军队

汪应蛟认为若要保持军队战斗力，必须练习兵士的作战技能，并为其配备精良武器，否则就是“卒不服习以将予敌，器械不利以卒予敌”。为此，汪应蛟曾经巡视沿海地区，检阅海防兵士，他发现沿海军队“士气颇觉奋扬而器械尚未尽备，行阵虽多严整而击刺尚未尽精，其可以待战之兵仅十之三四”，认为非常有必要严格训练兵士。汪应蛟认识到，当前军队习气较为沉闷，且“营伍难于创始，将吏狃于因循”，因此有必要加入奖惩措施，以敦促将领。为此，他主张借鉴辽东镇的训练方式，即“每岁终，通核各营兵马有无补足、器械有无完备、行伍有无精练，将领以此为举刺，中军千把等官以此为奖革”，以固定标准考核练兵情况，并以此作为奖惩军官的标准。汪应蛟还提出了练习本部沿海军队的具体措施，即：“合无容臣等通行沿海各道，凡器械未备者刻期置造齐备，通将水陆各兵督行各将领严加训练，务俾耳目习于旗鼓，手足习于攻击，胆气习于锋刃，志念习于法纪，每春、秋二汛容臣巡行阅试，岁终查照辽蓟前例，会同各镇分别举劾，中军千把总以下奖革有差，如是而将领不殚心训练、士卒不精强堪战者未之有也。”① 汪应蛟主张将辽东镇练兵方法引入北部沿海区域，督率将领严格训练军士。通过施加奖惩措施，鼓励各级军官严格训练兵士。年终，由其负责核查，以决定奖惩。这一措施，能够激发将领的积极性。其最终目的在于，使所练兵士“耳目习于旗鼓，手足习于攻击，胆气习于锋刃，志念习于法纪”，以切实提高军队的战斗力。

（五）选拔将领

汪应蛟非常重视将领的作用，他认为“三军之命，悬于一将，得其人则兵勇而谋固，非其人则兵弱而谋疎，胜负安危所关非浅”，因此，他非常注意选拔、搜罗将领。他针对当时的情况指出，自东征以来大量将领调集到朝鲜战场和北部沿海重镇，其中虽然多有“慷慨立功，沉几多算”之人，但是“庸悍无谋”者也不在少数，所以还应面向全国招募，并加大选拔力度，这样才能将更多能征惯战、富有谋略的将领笼络至麾下。为此，他提出建议：“合无乞敕该部博访闽、浙见任及废闲将领，有身经战阵、谋勇已试者，速行咨取分发督抚衙门，以待不

① 《海防奏疏》卷一《倭氛未灭防御宜周疏》，第402页。

时易置，然跅跑之材，或负遗俗之累，必无以二卵弃干城，无以尺朽弃合抱，譬之乌堇毒药，有时而暂借以攻沉痼，其功效反胜于参苓也。臣标下有听用废将，有部咨材官等项，议者谓冗员耗饷，臣亦厌其杂滥，方选试而去留之，乃复敢为此议者，盖庸懦虚谈之人不可有，而沉鸷待用之士不可无，清汰之与延揽固并行而不悖也。”① 由上可见，汪应蛟深谙用人之道，他主张在选择将官时不应过分拘泥于形式、资格，而是要用人之长、弃人之短，这样才能真正选拔到适用的将领。

（六）严格划分防区

汪应蛟认为，先前的倭寇志在抢掠，所以“趋闽、浙以饱其欲”，而近日之倭与前不同，他们舍弃东南富庶之地而直趋朝鲜，其志不小，显然意在进犯京畿，因此防御要格外严密。他在具体分析当时的形势后，指出“自先年海禁一严，山东与辽左若别世然、山海与旅顺若异域然，声势之不相联属，非一日矣”，北部沿海各省各自为战，并未形成有机的联合防御体系。因此，尽管明朝政府在登州、旅顺各自设立水兵，以之为天津、京畿外藩，但若不责成其互相应援，一旦遇事，难免互相推诿，即“第谓寇不登岸则吾事已毕，而海中阑入若不切已者，又谓寇所全必掠财物，而登、旅海滨荒瘠，寇未必来者。大持一不切已之心，则凡舟楫、器械之设将视为赘疣，持一未必来之心，则凡会哨、互援之务将视为戏具，万一鲸波骤至，何以御之”，因此汪应蛟指出：

> 合无乞敕兵部申严约束，通行臣等遵照、备行沿海道将，务各整顿水兵控截要害，万一哨备不严，致贼乘间而入，如从登州信地循南岸内犯，则罪坐登莱道将，而臣与山东抚臣均任其责，从旅顺信地循北岸内犯，则罪坐旅顺、山海道将，而臣与顺天抚臣均任其责，又或从旅顺飘（漂）洋从中路直抵天津，则本地水陆官兵随地堵截，真、保兵马刻日东向策应，不效则罪坐天津道将，而臣与保定抚臣亦均任其责。至于联络声势、互相救援，尤不宜自分彼此、推诿误事。如有观望坐视致失应援者，容臣等临时查覈（核），一体坐罪。如此则军政严明，人心震叠，外固海防，内保畿甸，若泰山四维之矣。②

由上可见，汪应蛟此举意在强调北部沿海各省地方军、政官员的职守，防止其麻

① 《海防奏疏》卷一《倭氛未灭防御宜周疏》，第 402～403 页。
② 《海防奏疏》卷一《倭氛未灭防御宜周疏》，第 403～404 页。

痹大意，以致误事。同时汪应蛟责令辽东、山东、北直隶三地遇事互相应援，有助于盘活整个北部沿海战区，建构起一种反应迅速、策应灵活的战术体制。

由上可见，在援朝御倭战争后期，汪应蛟针对北部沿海海防现状从各个方面提出了自己的建议，这些建议大多较为切合现实。此外，在战争结束后，为确保万全，他仍然提出了一些建议。

援朝御倭战争胜利后，援朝明军撤回，北部沿海地区也在撤兵减饷。万历二十七年（1599），天津巡抚被裁撤，汪应蛟调任保定巡抚。这一时期，他分析了战争胜利后的形势，并对可能出现的情况做出预计，认为就外部形势而言，“夷性叵测，渠酋尚在，近有闽人及被掳北兵从日本附商舶回者，传闻倭兵虽散各岛，倭将犹聚山城，既济戒衂似不容已”，因此不可对倭寇掉以轻心；就内部形势而言，“今榷税繁兴，自天津至临清、徐州一带人心瓲鮠，讹言时起，商贾凑集之区，即奸徒睥睨之所”①，内忧也确实存在。为此，他认为应当在沿海重要地区保持适当兵力，而不应该一概罢斥。因此，他提出了几条建议。

1. 定期巡哨

汪应蛟清楚地认识到保定巡抚负有防虏、防倭双重职责，不过，这一职责在不同的情况下侧重点不同，即“防虏重秋，防倭重春”，因为秋高马肥之时即北虏骋辔之时，而春天风和浪静则为倭扬帆之时。而天津一地，为京畿门户，地理位置非常重要，因此应当着意加强日常巡守，以备疏虞。所以，他认为在天津沿海推行春汛有现实必要性。汪应蛟指出，“傥春汛不一巡行，无论岛氛鲸浪倏忽靡常，窃恐振厉渐弛人情渐玩，水陆蜂屯之众，将至于骄惰而不可用矣”，为此他认为应当效法浙江，“臣请比照浙省抚臣事例，遇春月汛期，量带标兵数百名前来天津驻札，较阅水陆兵马，督发出海，俟汛毕回镇。其秋汛之期，臣既以防边为重，责令天津兵备道会同将官操练督发，傥有警息，则星夜驰报，相机调度，庶门户之锁钥常严、海外之鲸鲵自戢，即草泽奸徒亦有所震慑而不敢肆。至于严会哨之规、肃传烽之法，容臣查照节奉钦依事理，会同山东抚臣每岁申饬沿海各道遵照施行”②。由上可见，汪应蛟认识到春汛的重要作用，认为日军虽然已经撤回，但是难免其不再卷土重来，所以仍旧不可掉以轻心。春汛之举重在防御，通过巡抚、兵备道带兵定期巡哨，一方面可以有效地预防倭寇入侵，另一方

① 《海防奏疏》卷二《酌议海防未尽事宜疏》，第 405 页。
② 《海防奏疏》卷二《酌议海防未尽事宜疏》，第 409～410 页。

面，也可以借此锻炼军士，以防兵士麻痹大意。

2. 设巡阅大臣

汪应蛟指出，在居庸、山海、紫马等关，朝廷每年派遣御史巡察，“三岁一阅视，凡台墙之缮修、军马之训练、器械之坚完、钱粮之出纳，悉听查核，文武大小诸臣举刺有差，盖饬戎机以振怠玩、巩藩篱以卫京师，如此其严也”，而天津与京城相距仅二百里，战略地位也非常重要，尤其是援朝御倭战争以来，该地屯兵过万，“屹然为海上雄镇矣”。因此，明朝政府非常有必要定期派遣大臣巡视，以防兵士殆玩，因此他主张：“海防、边事同一体，相应比照紫马等关，凡津镇水陆兵马、船只器械、烽墩及钱粮等务，悉听巡关御史巡历、稽察，仍增入敕书，以垂永制。遇三岁特遣阅视，亦与各关一体严阅，分别叙论，庶宪度益明、人心益肃，将吏奉法惟谨，而海上干城自固矣。及照近例，各镇有年终甄别，而天津水陆二营向属海防专管，未经通行，今既并入保镇，其将领及中军千把等官，应照例分别举刺、奖戒，庶于政体画一。”① 由上可见，汪应蛟此举旨在通过朝廷派遣御史等大臣定期巡历，检阅海防军队，阅视海防设施，举荐、奖惩海防官员等，以督促海防官兵忠于职守，并保证海防设施的稳固。同时，汪应蛟还指出，既然已将天津水陆二营并入保定镇，那么就应该由保定总兵于年终对天津将领及中军千把等官，“照例分别举刺、奖戒”。

3. 调拨精良武器

军火器械是保障战争胜利的重要因素，在援朝御倭战争期间，天津等地曾制造了大量精良武器，其中既有可长久保存、以备将来之用者，如铁炮刀枪之类，也不乏难以久藏、利在速用者，如火药、弓矢之类。在援朝御倭战争结束后，明朝政府需要对这些兵器加以清理、调拨，要么分发使用，要么建仓库保存，以免浪费。为此，他指出：

> 查得后先制完器械，除随带东征及发各兵船领用出海外，见在盔甲三百副，应给家丁披戴，及炮铳等项可久贮者，另造神器库收贮待用。至于大小火箭，见在八万六千余枝，计费工价三千余两。大小弓见在一千六百余张，大小箭一千二百余把，计工价一千余两。火箭藉硝磺以迅发，久之则滞涩而不行，弓矢合胶筋以成质，久之则濡润而易解，藏之二三年后，皆损坏不可复用矣。今念倭虽暂宁，而东虏鸱张、播酋豕突，四方兵革未息，臣不敢以

① 《海防奏疏》卷二《酌议海防未尽事宜疏》，第410～411页。

有用之物遂弃之无用之地也，合无将火箭量留二万枝以备不虞，仍剩六万六千余枝、并前项弓箭听兵部酌定分发于辽东、四川用兵之地，以济急用，庶工料不为虚费。再照火器为中国长技，焰硝为火器所资，然皆出于北直、山东地方，臣收买见在焰硝二十余万斤，计价一千余两，相应委官炼成光净，亦分解辽、蜀两镇，以为炮铳火攻之具。①

由上可见，汪应蛟在甄别现存武器种类、性质的基础上，建议将不易收储者，迅速分发至辽东、四川前线使用，以避免浪费。汪应蛟此举，并不是因朝鲜倭寇宁息，就贸然放弃防备，而是具体问题具体分析，通过将不急之需调拨到前线，既缓解了天津收储的压力，也支援了前线地区，为国家节省财政支出。

4. 举荐官员

汪应蛟指出，自援朝御倭战争开始以来，南北将领、官员纷纷云集天津等地，他们为海防活动做出了应有的贡献，使得“召兵买马、造舟缮器，一时并举”，因此应当对他们加以奖赏，以励来者。为此，他提出：

惟是二三听用将官，除管造弓箭原任都司张效祖已经推用外，如管造盔甲原任参将方时辉、管造火箭原任游击吴梦豹、管造铳炮原任都司吴应祯、管买弓箭等料原任都司黄文焕及专造铳炮所镇抚朱家臣等，皆拮据殚二载之勤，战守谙六韬之略，今海防百务裁省，俱应散回各卫，合无容臣查开各官劳勚备咨兵部，各酌量材力及时推用，庶逸足无伏枥之叹，且可以激劝将来。又查得标下募兵坐营王芬志在立功，气雄敌忾，今海氛少息，宜亟用之蜀中，彼亦慷慨愿往，合无将本官量加都司职衔，咨送四川督抚军前听用，原募力士有愿随者，听臣仍选惯造火器火箭委官二员，量带匠作数名跟随本官星夜驰去，并各给与勘合应付。傥彼中增兵设将，即可以就近推补。再照有司效劳，惟军储同知刘道为最，次则静海知县戴大槐，盖一时修造战舰运艘三百余只，办料稽工昼夜风雨不避，虽臣子职分当然，而劳苦似不容掩，除刘道已经题叙外，其知县戴大槐并一二效劳佐领，容臣另咨吏部纪录，庶文武咸奋任事之心而绥攘其永赖矣②。

汪应蛟此举，一方面通过对有功者加以奖赏，肯定官员的功绩，以激励来者；另一方面，通过将合适的将领推荐到急需之地，既能做到人尽其才，又可以帮助急

① 《海防奏疏》卷二《酌议海防未尽事宜疏》，第 411 页。
② 《海防奏疏》卷二《酌议海防未尽事宜疏》，第 412 页。

缺人才的四川等地物色到合适人才。

5. 修理战船

汪应蛟认为，战船对于水战至关重要，援朝御倭战争虽然结束，但是“天津东连登、旅，茫茫巨海与倭共之。臣愿国家无忘战舰之利，庶几它日无贻噬脐之忧”①，为此他建议修理现存天津的战船：

> 今见在水营苍船五十七只，唬船五十八只，中有稍坚固者，犹可支四五年，稍坏者或可支二三年。然春秋两汛随时修理，不得不仰给公家，而内帑外库尽称诎乏，安能为无米之炊？臣查得水营初创，原募南兵与近海土民兼用，除汛期齐赴水操出海轮哨外，至撤汛之日略仿浙、直事例，南兵常川守船，其土兵暂放下班生理，止给月饷之半，计土兵约千名，每岁下班五月，约省饷二千五百两，行饷司另项收贮，俟汛期预估各船大中小修，召匹买料修理完整，前银傥有余剩，仍收贮听凑下年折造支用，不许别项动支。傥三四年后，各船拆造数多工料不足，或请发部银或设法措处。②

由上可见，汪应蛟认识到水军在援朝御倭战争中的作用，认为日军“利在水战”，因此明军也必须加强水军力量，他说到“朝鲜马步数万，竟以水兵收功，可为明鉴”。为此，在援朝御倭战争结束后，他仍然主张修理船只，以做防备之用。同时，他还针对国家、地方财政匮竭的状况，建议通过让沿海水军中由“近海土民”出任者下班自谋生理的办法，节约军饷以做修船之用。

6. 调整海防职官

天津原设有清军同知一员，万历援朝御倭战争期间，因天津巡抚万世德建议，又增加军储同知一员，二者共同负责“出纳钱粮、稽覈兵马”等事。战争结束后，“官兵月饷尽属饷司收支，制器、造船等务尽停止”，清军同知所领海运一事也停止，海防事务大为减少。因此，明朝政府拟裁撤军储同知，将其“管钱粮文卷及逐月稽饷事宜”职责转给清军同知。汪应蛟也主张应当对清军同知职责加以调整，指出：“但清军同知设居海滨，向未专责以海防职任，相应比照闽、浙及青、登、莱各府同知，加以海防二字，仍照例请给河间府海防清军同知关防一颗，庶文移之上下、钱谷之出入，各有印信可据，而吏胥不得为奸。”③ 由上可

① 《海防奏疏》卷二《酌议海防未尽事宜疏》，第408页。
② 《海防奏疏》卷二《酌议海防未尽事宜疏》，第408页。
③ 《海防奏疏》卷二《酌议海防未尽事宜疏》，第407页。

见，汪应蛟认识到名实相符对于官员施行日常行政的重要意义，建议仿效闽、浙及山东青、登、莱三府之例，将清军同知加以海防职能，并铸“河间府海防清军同知关防”一颗,以明确其职责。这样，既不增加官员数量，避免出现冗官及官员太多带来的行政扯皮现象，又通过明确的官方文书及程序，确定了清军同知的海防职能，有助于其日常行政的开展。

7. 裁并水陆将领

汪应蛟指出，在葛沽设有陆兵三千、参将一员，海口设有水兵二千五百、游击一员，就兵员设置而言，既有陆兵、又有水兵，布防较为合理。不过，二将同居海上，权责颉颃，不相统属，一旦遇有战事，难免互相观望。虽然二者均统辖于保定总兵，不过保定总兵节年移驻天津，甚为不便。因此，应当合水陆两营“令一官兼统，而分以裨校，其调度为甚便也”。为此，他提出具体建议：

> 今宜于葛沽营仍设副总兵一员，比照蓟镇三路事例，加以协守职衔，裁去水营游击并令本官统之，一切水陆机宜及天津海防两营悉听节制，而本官仍听保定总兵节制，庶可臂指相使，以近收万全之算。况官有减无增，廪饷通融自足，假虚名以贵实用，计无便于此者。及照臣标下中军柯鹰杨，旧以副总兵管该营参将事，选募训练皆其创始，相应以本官加协守衔管事，而见任参将韩望东即改臣标下中军，一转移间而职任各当。……水陆两营宜各以二千五百为一师，共合成五千之数，其陆营见在兵三千应裁去五百，容臣于真定民兵营内酌行汰补，岁减饷约六千余两，庶官无旷员、兵无剩伍。①

由上可见，汪应蛟此举有利于统一权责关系，设立协守副总兵来节制葛沽海、陆两营，一旦遇有战事，副总兵可以综合协调调度两营官兵，做到权责合一。

8. 屯田开荒

汪应蛟认识到，若要确保京畿安全，就需在天津一带屯驻重兵，若要屯驻重兵，必然要筹集大量粮饷。这一时期，由于援朝御倭战争的进行，明朝国库日益枯竭，民间加赋也日渐沉重。因此，援朝御倭战争结束后，很多大臣出于节饷考虑，倡议裁兵。为此，汪应蛟认为若想缓和“欲留兵不免病民，欲恤民则无以给兵”的矛盾，就需要开垦荒田以自给，并亲自在天津开始屯田实践。汪应蛟之所以在天津开展屯田，是因为天津一带存在大量未开发的荒地，“自静海东至直沽等处，弥望无际，垦熟则成膏腴，弃置则属荒芜”。不过，开展屯田在当时也存

---

① 《海防奏疏》卷二《酌议海防未尽事宜疏》，第406～407页。

在一定的困难，如葛沽一带，“人烟稀阔，荒草弥漫”，看似大有潜力，但“此地从来斥卤，不堪耕种，间有近河滋润，稍艺蓟豆者，每亩收不过一二斗”，因此需要加以改造，“以闽浙濒海治地之法行之，穿渠灌水”①。汪应蛟推行屯田的具体措施为：

> 臣今为计，惟有用军垦田，以田召民，军能垦而不能尽种，民能种而不必自垦……然非见在水、陆两营之兵所能独成也……臣请以防海官军用之于海滨垦地，计左右两营军共六千，并水陆两营之兵，总得万人。除人各耕种外，每岁开渠筑堤可成田数百顷。一面召募近地殷实居民及南人有赀本者听其分领承种，少或五十亩、多不过一二顷，悉令仿照南方取水种稻。本年开耕姑免起科，以偿其牛种器具之费，次年每亩定收稻米五斗，以后永为世业。其军兵除自种五亩，每亩定收稻米一石五斗，其有父兄子弟愿领耕种余田者，听。各营中军总哨及天津三卫官舍有率其子弟僮仆愿领种者，听。总之，多不许过二顷。数年之后，荒地渐辟，各军兵且屯且练，民间可省养兵之费，重地永资保障之安。倘边境狼烟长净，两营官军常留屯可也。万一虏患可虞，复调而春秋递防可也。②

由上可见，汪应蛟主要以天津海防军为屯田主力，此外又兼募当地民众及南人垦田，力图通过屯田以解决军需问题。

总体而言，汪应蛟的海防屯田在当时取得了一定成效，当年“葛沽、白塘二处堪耕地五千余亩，收获水稻、蓟豆万石有奇”③。于是，他在万历三十年（1602）又议留班军三千名，继续扩大屯田，收获更大，“其冬报收六万石”④。不过，伴随着万历三十二年（1604）闰二月汪应蛟调任工部右侍郎，天津沿海屯田也迅速衰落，即如后来他说道“臣应蛟先年填抚津南，曾以葛沽之田少奏薄效。迨臣去而事遂不终，成功之难，大率类此”⑤。对此，天启年间左光斗也曾说道，“天津一处，旧抚汪应蛟垦水田八千亩。……即八千亩多芜，且有申言种谷不如取苇者”⑥。

---

① （明）汪应蛟：《抚畿奏疏》卷八《海滨屯田试有成效疏》，《续修四库全书》第480册，第504～505页。

② 《抚畿奏疏》卷八《海滨屯田试有成效疏》，第506～507页。

③ 《抚畿奏疏》卷八《海滨屯田试有成效疏》，第507页。

④ （明）汪应蛟：《汪子中诠》卷六，《续修四库全书》第941册，第730页。

⑤ （明）汪应蛟：《计部奏疏》卷二，《续修四库全书》第480册，第572页。

⑥ （明）左光斗：《左忠毅公集》卷二《足饷无过屯田疏》，《续修四库全书》第1370册，第561页。

总体而言，汪应蛟在担任天津巡抚及保定巡抚期间，对于北部沿海尤其是天津一带的海防事宜做了积极的调整部署，在援朝御倭战争结束后，他力主善始善终，对天津等地海防兵员安排等事宜做了妥善处置，具有长远眼光。应当说，汪应蛟对北部海防整饬所采取的诸多措施是值得肯定的。

三、蓟辽总督对北部海防的经营

援朝御倭战争期间，蓟辽总督参与到北部海防中来，并起了重要作用。宋应昌所撰《经略复国要编》中收录数篇与时任蓟辽总督郝杰、顾养谦的书札，其中对于海防事宜多有交涉。

援朝战争第一阶段取胜后，明军撤回国内。明朝政府将朝鲜善后事宜，以及辽东防海事宜交付蓟辽总督，其海防职责有所增强。这一时期，担任辽东总督的是顾养谦和孙矿。万历二十一年（1593）十二月，兵部题称："东征大兵既撤，合撤回经略，专任督抚"，力主专任督抚以善后。万历皇帝综合考虑各方面情况后，认为"大兵尽撤，宋应昌、李如松俱取回。倭情变诈，未可遽称事完。督抚官遥制不便，顾养谦才略素闻，星夜往彼处相机料理，务保成功。其蓟镇虏防，暂令顺天府巡抚代管，宋应昌仍候顾养谦至日交代回京"[①]，不同意裁撤经略，并任命顾养谦担任。不过，这一时期，顾养谦在任经略的同时，仍然兼任蓟辽总督。据焦竑为其所撰《资德大夫都察院右都御史兼兵部左侍郎赠兵部尚书冲庵顾公暨配淑人李氏神道碑》中记述："时东西多兵事，朝议夺情，起公兵部右侍郎兼右佥都御史，总督蓟辽、保定，公力辞，终制乃行。未至，改兵部左侍郎。岛夷陷朝鲜，遣使乞封贡，本兵欲许之，廷臣争之力，章满公交车矣。乃复命公总督兼经略。"[②] 由此可见，顾养谦以蓟辽总督之身份，兼任经略。不过这时，总督与经略仍是二职，顾养谦出任经略后，偏重处理朝鲜善后事宜，其蓟辽总督所任之防虏则由顺天巡抚代理。

万历二十二年（1594）五月己亥，兵部针对蓟辽总督的人选问题上言，指出

---

① 《明神宗实录》卷二百六十八，万历二十一年十二月丙辰，第4985页；《国榷》卷七十六，万历二十一年十二月丙辰："命经略宋应昌、提督李如松还朝，改顾养谦经略"，第4717页。《明通鉴》卷七十，万历二十一年十二月丙辰，"命蓟辽总督顾养谦兼理朝鲜事"，北京：中华书局1959年版，第6册，第2745页。《明史》卷三百二十《外国一·朝鲜传》记载："七月……以顾养谦为经略"，第8293页。《明史》卷二十《神宗本纪一》记载："十二月丙辰，蓟辽总督顾养谦兼理朝鲜事，召宋应昌、李如松还"，第276页。

② （明）焦竑：《焦氏澹园续集》卷十一《神道碑》，明万历三十九年（1611）朱汝鳌刻本。

“科臣吴文梓等欲将经略并归于总督，台臣朱凤翔欲将顾养谦别用，以孙矿为总督。经、督并行，固一柄两持，若遽以矿代谦，又恐新旧延推、防御复无所属，合照科臣归并之议，仍令养谦移广宁，兼理倭虏兵事，矿暂留协部，即使如台臣更易一说，亦候新抚代日另请，诏是其言”①。此后，朝鲜经略职权并入蓟辽总督。顾养谦移驻广宁，仍兼理防倭事宜。

万历二十二年（1594）七月庚辰，明朝政府下令“以兵部左侍郎孙矿兼右佥都御史，代顾养谦总督蓟辽、经略，顾养谦回部管事”②。孙矿任蓟辽总督期间，仍兼经略，故防倭仍是其重要职责。

后来，“封贡之议”破灭，日军卷土重来。万历二十五年（1597）三月，明朝政府任命邢玠为兵部尚书兼都察院右副都御史，总督蓟辽、保定军务，兼理粮饷，经略御倭。邢玠以蓟辽总督身份，统辖北部沿海的山东、天津、辽东等地，成为北部海防最高长官。

援朝御倭战争胜利后，蓟辽总督在很长时间内仍兼备倭职衔。直至崇祯初年仍如此，时人朱长祚所撰《玉镜新谭》即称蓟辽总督为“总督蓟辽保定等处军务兼理粮饷经略备倭都御史”③。

总体而言，蓟辽总督的海防职权，主要体现在援朝御倭战争前后。确切说，即蹇达、郝杰、顾养谦、孙矿、邢玠五人任职期间。因援朝御倭战争期间形势变幻莫测，此五人之海防职权也不尽相同，以下详述之。

（一）蹇达

万历十八年（1590）八月庚辰，蹇达以兵部左侍郎代张国彦出任蓟辽总督④。莅任之初，援朝御倭战争尚未爆发，其主要职责为防御蒙古。万历二十年（1592）五月，丰臣秀吉派军入朝，朝鲜形势日趋紧张。是月庚辰，蹇达“揭报倭犯朝鲜，辽左戒备，乞将保定总兵倪尚忠移驻天津，总管二镇兵马，从之”⑤。此时，蹇达已经察觉到日军侵占朝鲜后对明朝边防造成的危害，倡议调兵协守。六月戊申，兵部题蓟辽督抚蹇达等揭称：“朝鲜国王斩获倭级一百一十颗，特差

① 《明神宗实录》卷二百七十三，万历二十二年五月己亥，第5066～5067页。

② 《明神宗实录》卷二百七十五，万历二十二年七月庚辰，第5088页。

③ （明）朱长祚：《玉镜新谭》卷五《外镇》，北京：中华书局1989年版，第65页。

④ 《明神宗实录》卷二百二十六，万历十八年八月庚辰，第4202页。

⑤ 《明神宗实录》卷二百四十八，万历二十年五月庚辰，第4620～4621页。

陪臣解验，当颠沛流离之际，执礼益恭，忠敬可嘉”①。可见，作为蓟辽总督，蹇达需要密切关注朝鲜战场形势。七月丙寅，蹇达“请募南兵防海”②。此外，据《明纪》记载：七月，“蹇达遣游击史儒帅师至平壤，副总兵祖承训统三千人渡鸭绿江为援。甲戌，与倭战，大败。”③ 由上可见，蹇达任蓟辽总督后期，朝鲜战争爆发，东北亚形势日益紧张，但明朝政府尚未作出明确行动。因此，作为统领重兵的蓟辽总督，蹇达需要密切关注战场形势，并且适时作出防御对策，在朝廷授意下派遣军队入朝作战。

（二）郝杰

万历二十年（1592）七月癸亥，明朝政府升辽东巡抚郝杰为兵部右侍郎总督蓟辽保定军务。郝杰任职期间，正值援朝战争第一阶段。因此，较之前、后任，郝杰负有较重的海防职责。即如宋应昌所说，“先该臣至三河地方，与督臣郝杰面会，计处防海御倭事务，而督臣与臣所议累日，事皆脗合”④。其海防职责主要表现在以下几个方面。

1. 关注战场形势

万历二十年七月癸酉，郝杰“题倭犯朝鲜，郡城半陷，国王穷迫来归，乞敕该部暂择城堡安置”⑤，可见其对朝鲜形势较为关注。此外，十一月二十八日，宋应昌致书郝杰，言及：“辱询进止机宜，深感注垂雅意。曩张相公曾有书见示，谓征倭一事未宜轻举，此至教也，某已勒诸胸臆矣。夫提兵异国，天道沍寒，况主客既分，劳逸自判，讵非兵家所忌，岂敢贪功冒昧如此？第明旨屡颁，严切特甚，不乘冬底春初一图进取，后日何以报命？故今日之师，实万不得已也。老公祖如有书致政府，幸以鄙意达焉。庶知不佞之领爱深而为情最苦也。其为衔感又当何如？外添设协、守、副将等官，乞明翁咨部速推为祷，设将募兵，日后报完，尤望台下主稿一附贱名万万。”⑥ 由上可见，郝杰对于朝鲜战场的形势及明军行动较为关注。而且通过宋应昌之书信可见，宋应昌还希望身为蓟辽总督的郝杰凭借自己的身份、职权，帮助他与大学士们、中央各部搞好沟通工作。

---

① 《明神宗实录》卷二百四十九，万历二十年六月戊申，第4641页。
② 《明神宗实录》卷二百五十，万历二十年七月丙寅，第4654页。
③ （清）陈鹤：《明纪》卷四十三，清同治十年（1871）江苏书局刻本。
④ 《经略复国要编》卷二《议设蓟辽、保定、山东等镇兵将防守险要疏》（十二日），第35页。
⑤ 《明神宗实录》卷二百五十，万历二十年七月癸酉，第4659～4660页。
⑥ 《经略复国要编》卷三《报蓟辽郝总督书》（二十八日），第65页。

2. 专注辖区海防事宜

万历二十年（1592）九月丙戌，郝杰等议“将新设海防游击驻札乐亭县地方，南兵三千增募七百，廪粮料草约银七万一千，兵部酌照户七兵三分给，从之”①。可见，其已经参与到北部沿海军事部署中来。明朝政府派遣宋应昌出任经略后，作为蓟辽总督的郝杰，其主要职责为配合宋应昌完善北部海防，做好东征的后勤供应。万历二十年九月二十八日，宋应昌致书蓟辽总督，内称：“合咨贵部院，烦为会同该镇抚院，并行总兵官备查：辽东海口自鸭绿江以至山海关延袤共计若干里，中间海口某处紧要系适中地方，应否添设协守，或左或右某处紧要，应否添设游击，其余某处紧要，应否添设守备，应否俱照蓟、保事例，兵马作何增募，钱粮作何区处，屯札处所作何修建，俱从长计议停妥。庶兵连势接，战守有此动彼应之机，权一事专，调度无左牵右顾之虑矣。希将查议过事理咨回，以便会题施行。”② 由此可见，蓟辽总督郝杰需要配合朝鲜经略宋应昌的行动，完善辖区内海防部署。

3. 综合协调各方关系

宋应昌在给郝杰的书信中写道，“曩张相公曾有书见示，谓征倭一事未宜轻举，此至教也，某已勒诸胸臆矣。夫提兵异国，大道冱寒，况主客既分，劳逸自判，讵非兵家所忌，岂敢贪功冒昧如此？第明旨屡颁，严切特甚，不乘冬底春初一图进取，后日何以报命？故今日之师，实万不得已也。老公祖如有书致政府，幸以鄙意达焉。庶知不佞之领爱深，而为情最苦也”③。大学士张位与明神宗二人，对援朝战略意见不同，张主缓，万历主速、且屡颁严旨，宋应昌无奈出兵。他致书郝杰的目的，在于请郝杰致书张位等人时代为解释，以免误会。

4. 兵员调度

蓟辽总督手握重兵，援朝军队多出其下。此外，援朝战争所调军队，大多先集结于辽左，然后赴朝。因此，蓟辽总督多参与兵员调度事宜。十月二十一日，宋应昌致书郝杰，商讨调兵事宜，“合咨贵部院，烦行各抚院，将蓟镇南兵五千、山海关火器手三千，谷燧、骆尚志共一千六百名，辽镇七千，先募家丁三千，蓟镇再选北兵五千，保定选精兵五千，宣府、大同各选精兵八千，俱马步各半，各

---

① 《明神宗实录》卷二百五十二，万历二十年九月丙戌，第4702页。

② 《经略复国要编》卷一《移蓟辽总督军门咨》（二十八日），第27页。

③ 《经略复国要编》卷三《报蓟辽郝总督书》（二十八日），第65页。

择委谋勇知倭副参一员、游击一员，统领各兵，俱给安家银五两，以上各兵俱遵照部文，限期速赴辽东，听候调遣，毋容迟误，希将起程日期咨来查考”①。

（三）顾养谦

万历二十一年（1593）正月，明朝政府升兵部右侍郎顾养谦本部左侍郎，兼都察院右佥都御史总督蓟辽保定。② 是年六月己亥，征倭归兵以赏犒不至鼓噪，总督顾养谦题参游击吴天赏等。③ 后援朝战争第一阶段结束，大军撤回。十二月，顾养谦兼任经略。在封贡之议中，顾养谦力主和议，“疏上，与朝议不合，遂求去，荐孙公矿自代”④。

（四）孙矿

万历二十二年（1594）七月，孙矿代顾养谦为蓟辽总督。孙矿任职期间，恰逢援朝战争之和议期，故孙矿之职责主要是参与和议。

（五）邢玠

详见本章第三节，兹不赘述。

由上可见，在援朝御倭战争前后，蓟辽总督作为北部沿海的重要文官，从多个方面参与了北部海防整饬及援朝御倭战争事宜，而且在中日“和议”期间，一度兼任朝鲜经略，负责朝鲜“善后”事宜，在当时起了重要作用。后来，朝鲜战争再度爆发，邢玠以蓟辽总督身份带兵入朝作战，并最终取胜。

总体而言，援朝御倭战争爆发后，北部沿海形势骤然紧张，本非专为防海而设的沿海诸省督抚也参与到当地海防建设中来，并起了主导作用。这一时期，海防事宜在他们的日常行政中占据了很重要的地位，他们积极招募兵员、部署沿海防御、筹措粮饷、修建海防设施等，在一定程度上改变了长久以来北部沿海海防废弛的局面，切实加强了北部沿海的防御力量。

第三节　宋应昌、邢玠对北部海防的经营

援朝御倭战争时期，明朝政府曾先后两次派遣军队入朝作战，宋应昌、邢玠

---

① 《经略复国要编》卷二《移蓟辽总督军门咨》（二十一日），第 41 页。

② 《明神宗实录》卷二百五十六，万历二十一年正月丁丑，第 4760 页。

③ 《明神宗实录》卷二百六十一，万历二十一年六月己亥，第 4844 页。

④ （明）申时行：《赐闲堂集》卷二十七《资善大夫都察院右都御史兼兵部侍郎顾公偕配封淑人李氏合葬墓志铭》，《四库全书存目丛书》集部第 134 册，第 558 页。

分别担任了援朝御倭战争前期、后期的统帅。他们在指挥援朝御倭战争的同时，对于国内尤其是北部沿海地区的海防也做了一些部署。这些海防部署的实施，在一定程度上提高了北部沿海海防实力，不但确保了北部海疆的安宁，也为援朝御倭战争的顺利进行提供了坚实的保障。

一、援朝御倭战争前期宋应昌对北部海防的经营

宋应昌（1536～1606），字思文，号桐岗，浙江会稽人，嘉靖四十四年（1565）考中进士，后出任山东按察使、山东巡抚等职。万历二十年（1592）五月，日军入侵朝鲜，攻陷王京，朝鲜国王李昖逃奔义州，并向明朝求救。是年七月，明朝政府派副总兵祖承训率师援朝，却全军覆没，举朝震动。八月，明朝政府任命宋应昌为兵部右侍郎，经略蓟辽、山东、保定等处防海御倭军务，率兵援朝。本节拟结合宋应昌所撰《经略复国要编》（内含“其在经略任内及事后疏奏、文移、檄牍、函札，旁及各部题奏、朝鲜谢咨”①），对其在入朝前后对于北部沿海海防的经营与部署加以考察。

（一）对中、朝海疆形势的认识

明朝政府之所以选派宋应昌担任援朝御倭战争统帅，与其在山东巡抚任内对山东海疆的整饬及其对整个中国海疆形势的清醒认识密不可分。宋应昌早在巡抚山东时，即已看到山东作为屏藩京师的海防重地，“江淮外控，辽海内环”，一旦出现变故，势必酿成大祸。于是，他派遣将吏，“访先臣汤信国之故智与吾所成海图，出而商度、品处焉”，并力图根据当时的海上形势作出区画、部署。但这在当时非但不为人理解，而且导致不少流言蜚语。不过，当这些流言蜚语传至京师时，恰逢朝鲜战争爆发，“二、三巨公不以流言罪余，而讶余之识先一饭也”，力请于朝，于是朝廷始任命宋应昌为援朝统帅②。由上可见，早在任山东巡抚期

---

① 《经略复国要编提要》，《经略复国要编》前附，第2页。

② 宋应昌：《经略复国要编》卷首《华夷沿海图序》，第7页。此外，该书附录所附黄汝亨撰《经略朝鲜蓟辽保定山东等处兵部左侍郎都察院右都御史宋公行状》中记载了宋应昌在任山东巡抚时期对山东海防的经营，指出：“念山以东北卫神京而青登莱则屏翰东海，国初，沿海设有营卫、巡司，法制颇详，而承平日久，当事者置不问，有如世庙时登海中倭，何以待耶？于是巡视三府，一意整饬，乃题海防事宜五事。一、设专官以备责成；二、加职衔以资弹压；三、增营房以恤士卒；四、撤防海以俾实用；五、复海汛以消奸宄。又题海防要略，大意谓：倭奴情形已著，春汛可虞，进选将、练兵、积粟三策。仍亲历海口修险隘、筑营堡、督造军器、火药分拨沿海官兵。画策设防，众犹谓公迂阔情事。亡何，升大理卿，而倭奴攻陷朝鲜之报至矣。”由上可见，宋应昌在任山东巡抚时期，就已经看到当地海防废弛的状况，认为如果不积极加强海防建设，不足以应对可能出现的海患。为此，他采取了以上诸种措施来加强当地海防，具有一定的先见之明。第313、314页。

间，宋应昌即已对当地海防形势有了较为清醒的认识，并主张加强北部海防。

就任援朝御倭战争经略后，宋应昌始终关注时局及北部海疆的形势。宋应昌对这次日军入侵朝鲜，在宏观大局上有着较为清醒的认识。他指出："倭奴者，舍吴楚沃壤，偏凶威于丽国，岂真左计失当哉？狡算得无以我明甸服幽燕，北虏绕右胁而抚其背，吾将盘左腹而扼其吭也。不而，世宗朝犯江南，获子女玉帛何限？胡今规规侵吾荒服也哉？"① 可见，宋应昌已经看到，此次日本野心非常大，它不贪子女玉帛，而是挥兵直入战略位置重要的朝鲜，其意在明朝疆土的目的一目了然，因此应当做好充分的准备。此外，宋应昌还从季风、洋流等方面描述了未侵朝前及侵入朝鲜后日本可能入侵中国的路线，认为：

> 由萨摩州开洋，历五岛，越琉球而南犯，过南沙入大江，则瓜仪常镇矣；洋山而北，则太仓矣；洋山以南，则临观钱塘矣；过韭山海闸门，而犯温州也；循舟山之南，而犯定海也、象山也、昌国也、台州也；正南，则广东也；稍西，则福建也；由大洋而西北入犯，则淮扬登莱矣；正北入犯，则天津辽阳矣，惟风所使。倭听命于帆，而倭不能自命也。昔人以彼寇江南为便、寇江北为弗便，此正从五岛一路筹之耳。今时则不然，审舆图、谙海势矣！洋愈大，则水波愈恶。岛之宽隘不等，或不能多藏舟。以故大犯江南，非倭之利也。由对马岛入釜山以寇朝鲜，则晨发夕至，跂足可望焉。朝鲜介居海中，自辽海、旅顺，山势直趋东南，如人吐舌。然南北长四千里，穷岛之尽为千里者几五。济州岛与吾狼山海门相对，障绝日本不得直渡东保蓟辽者，丽国之力也。东西广可二千余里，全罗、庆尚则又彼国之门户也。日本欲犯吾四镇，必转全罗地角。……壮哉天险！外护神京，金汤之固不至此矣。若全、庆失守，是亡朝鲜。已亡朝鲜，陆路可犯辽。然不足虑……水路则洛东、汉水、临津、晴川、大定、大同、鸭绿诸江分舟四出，挠吾四镇沿海岛寨，兵力何以处分？②

在此，宋应昌仔细分析了季风、洋流、海洋地理等因素对日本入侵中国路线的影响。他认为，在日军未侵入朝鲜之时，限于各种条件，日军入侵中国长江以北不甚便利。所以，以前的倭患大都发生在东南沿海，江北相对较少，北部沿海地区则更少。不过，日军一旦占有了朝鲜，那么形势就会随之而变。他们可以朝鲜为

---

① 《经略复国要编》卷首《华夷沿海图序》，第 7 页。

② 《经略复国要编》卷首《华夷沿海图序》，第 7～8 页。

踏板，随时侵袭北部海域，甚至危及京畿一带，而我方则会疲于应付，陷入全面被动。因此，朝鲜成为确保北部海疆稳定和京畿安全的关键地区。所以，为确保本国安宁，必须要对朝鲜防务做出周密部署。从宋应昌分析、预计的日本前后入侵路线的变化来看，丰臣秀吉侵华之心已昭然若揭。所以，宋应昌主张只有在朝鲜战场上重创日本，才能从根本上保证中国的国防安全，他指出，"辽东，中国门户也。朝鲜，中国藩篱也。关白狡雄，垂涎内地，特假道朝鲜为捷径，而不于此时一大惩创，彼将益无忌惮矣。故援朝鲜实以安中国也，非若舍己田而耘人之田者比也"①。由上可见，宋应昌对这场涉及东北亚三国的战争所关系的利害关系还是把握得非常清楚的。

宋应昌职衔全称为兵部右侍郎，经略蓟辽、山东、保定等处防海御倭军务，其职责分为两个方面，一为经营北部沿海海防，一为率兵入朝作战。而且，一开始负责本国防御是其根本任务，即其所谓的"巡历海口，修戢防御，职如此尽矣"②。因此，他一就任经略，即关注本国的海防状况和海防形势。他指出，日本占领朝鲜后，势必"诡计狂谋，专图内犯辽左、畿辅，外藩与之比邻，山海关、天津等处，畿辅水陆门户，俱系要地"③，认为辽左、山海关、天津等处为京师辅弼，应加以重视。

十月十二日，宋应昌在所上《经略海防事宜疏》中，对北部沿海的海防形势，再次加以分析，指出："蓟辽一带，人习虏而不习倭，知备边而不知备海。一朝报急，在在空虚。而防守艰难更甚于御虏。何者？虏志在金帛，而倭且夺朝鲜、据土地也。虏技止骑射而倭且舞利刀、施鸟铳也。虏聚众而谋，捉马而起，谍者即走报。而倭且潜伏海岛，出入无时，侦探苦于舟楫也。长城连亘、墩堡星罗，依山设险以为备，而沿海茫茫一望无际，防守拙于屯戍也。夫以御倭难于御虏，如此而各地尚可泄泄然不严为分布？倘猝然倭至，将何御之？"④ 此处，宋应昌从"倭"与"虏"的对比入手，以大家所熟知的北虏问题为切入点，徐徐剖析倭寇问题。他指出北边一带由于连年战争，将士跟"虏"接触较多，朝廷对于虏患也较为重视，几乎将全部兵力用于备边，所以大家对于"虏"还是比较熟悉的，但是倭寇自永乐年间辽东望海埚一战被刘江打败几至全军覆没后，百余年来

① 《经略复国要编》卷七《辩杨给事论疏》（十七日），第159页。
② 《经略复国要编》卷三《报赵张二相公书》（三十日），第67页。
③ 《经略复国要编》卷一《初奉经略请敕疏》，第20页。
④ 《经略复国要编》卷二《经略海防事宜疏》（十二日），第31页。

几乎从未到过辽东、北直隶沿海。因此，大家对倭寇几乎一无所知。实际上，倭患远胜于虏患，必须要严加防守，才能确保万全。同时，他还对北部沿海的海防局势，做了统一考虑。认为："夫以倭奴既有入犯之谋，则我当严为自固之策。有如将领不备，兵甲不完，器械不利，防范未周，修守不设，兵势难以奋扬。内治尚犹单薄，倘倭中有谲诈者，知我情形，以大众缀臣师于辽左，以偏师轻舟分袭各海口，臣恐各地方官必不能保其万全。"① 由上可见，宋应昌重视朝鲜与中国北部海防的一体性，认为不能因为战场在朝鲜，就放松对倭寇的警惕，而且海防不同于边防，修守设防均非常难，敌军可以随意出袭，让人防不胜防。所以，需要加强对北部海防的布置。

是日，他在《议设蓟辽保定山东等镇兵将防守险要疏》中，再次从战略大局出发论及北部海防形势：

> 臣闻之军志云：先为不可胜，以待敌之可胜。无恃其不来，恃有以待之。盖先事预计之说也。蓟、保拱护神京，为畿辅左掖。而山海以迄天津为海口巨冲，该镇兵将专务防虏，嘉隆间北虏窃犯，恒不能支。今又非其时矣，防倭甚于防虏，守海急于守边，使非设将增兵，多方分布，而倭驾轻舟乘风汛出入波涛，一时千里，循海而西，惟其所向将何为备御之计？将领牵制于旧闻，动辄以防虏藉口，彼此依违两相观望，何以责成？此臣所以捧心而惧，蒿目而图，日夜不遑宁处者。今蓟、保二镇议设协守以控重兵，议设游守以相犄角，而以该镇总兵节制之，事权既复归一，调度自不阻挠，声势联络，血脉贯通，诚深得海防今日要务。惟是辽左自鸭绿江以至山海关，其海口延长更纡回于二镇，东逼朝鲜、北临虏穴，其兵力防范又牵制于一叫。在山东沿海以及天津，在在皆称险要。而登莱各海岛处处皆宜设防，其增将添兵更不宜缓于蓟、保二镇也。②

在此处，宋应昌从战略防御的角度分析北部海防面临的问题，他认为在整饬海防时，要本着"无恃其不来"的态度，从各方面做好充分的准备。既然要做准备，那就要从面临的客观形势出发，北部沿海一带，尤其是山海关至鸭绿江及山东沿海地近朝鲜，很容易遭到日军的骚扰，而一旦遭到日军骚扰，就很可能影响京畿稳定。因此，不管是蓟辽还是山东均需做好准备。

---

① 《经略复国要编》卷二《经略海防事宜疏》（十二日），第 31 ~ 32 页。

② 《经略复国要编》卷二《议设蓟辽保定山东等镇兵将防守险要疏》（十二日），第 35 页。

应当说，宋应昌对北部海疆形势的认识是较为具体、客观的，其突出表现就是他针对不同的情形设置不同的策略。十月二十五日，他在《报张相公书》中提到："昨检地图，清野之策行之辽左甚利。且大兵鳞集，势不可来。第天津、登莱，城临瀚海，居民稠密，一时卒至，恐难收敛，为足虑耳。"① 在此，宋应昌看到了北部沿海区域的内部差异，在人烟稀少的辽左，可用坚壁清野之法，躲避、抵御日军的侵袭，而人烟稠密的天津、登莱一带，则此法不可行，应当采用其他措施。虽然此处并未谈及他打算在天津、登莱采用何种策略，以抗击日军的突袭。但是，其对于北部沿海地区海防部署应该因地制宜、分类处理的思路还是非常正确的。

是日，他在写给赵志皋、张位、石星的书信中，再次提及天津、登莱地位的重要性及面临的危险，说道："蓟镇海口幸郝制府、李抚院与某同心为之料理。惟天津、登莱一带，对峙朝鲜，较诸处尤为紧要。而当事谓倭不犯，将所设兵议撤。近据辽报，倭舰盈千，劫粮储积，欲过东莱抢杀。万一扬帆而来，无以应之，罪将谁诿？此某不得不预达于尊台也。"② 在此，宋应昌指出北部沿海的天津、登莱一带，与朝鲜一衣带水，军事位置非常重要。因此，应当设立重兵把守，以保万全。而当事者认为"倭不犯"而撤其兵，是显然错误的。笔者认为，宋应昌在书信中表达的意思，并非是因害怕这些地区将来遭遇侵袭而推卸责任，而是力图通过对天津、登莱危急形势的剖析来唤醒当权者的注意。为此，他也试图做一些准备，打算"泊战艘于旅顺诸岛，且招集岛民互为声援，则天津、登莱诸要害处似可无虞"③。

宋应昌对北部沿海海防形势的认识，随着战争形势的发展而日渐加深，他不断根据形势的变化，适时的调整战略。如万历二十一年（1593）正月初十日，他在写给山东巡抚的信中，就针对当时的形势，剖析山东面临的境况。他指出："本部已于二十年十二月十三等日，牌行李提督统率大兵渡江，直入朝鲜平壤等处进剿。倘倭奴知我大兵俱集辽左。不得志于此，冀侥幸于彼，乘虚入犯。而青、登、莱与朝鲜对峙，东风渐起一帆可达。其沿海防御，诚宜早为计。"④ 在此，他指出，在大军已经入朝作战的情况下，日军很可能会采取避实击虚的战

① 《经略复国要编》卷二《报张相公书》（二十五日），第47页。
② 《经略复国要编》卷二《报赵张二政府及石司马书》（二十五日），第48页。
③ 《经略复国要编》卷三《报石司马书》（十三日），第53页。
④ 《经略复国要编》卷五《咨山东抚院》（初十日），第97页。

术，突然入犯山东，所以山东半岛应加强防御，以防敌军乘虚入犯。

平壤战役之后，宋应昌根据多方探得的消息，对战场形势加以剖析。五月十八日，宋应昌在给李如松等人的檄文中说道，“据参军郑文彬等禀称，关白初意建都朝鲜，睥睨辽蓟，以三十万犯浙直，三十万犯闽广，以窥中原。今见平壤兵败，始有惧心。……降倭供报，关白所谋非独止取朝鲜，实欲建都王京，窥犯内地。行长等因平壤之败乞哀归国，非出本心，乃为脱身之计”，可见他对丰臣秀吉的野心有所了解，对其“乞和”之举也心存怀疑。在此处，宋应昌不无担心地指出必须要乘此机会重创敌人，鼓舞将士对日军“大加挫衂，方见忠猷”，倘若一旦日军逃走，“万一入犯中国，复抢朝鲜，皆我等纵虎自贻其患也”①。由此可见，宋应昌能根据战场形势变化，决定采取何种战略战术，并把本国防御放到重要地位。

五月十九日，宋应昌致书内阁及兵部大员，详细论述了其入朝后对于朝鲜自然地理环境的亲身见闻和相关认识，以及朝鲜与中国北部沿海区域在地缘上的密切关系，并据此提出自己对援朝御倭战争的看法，兹录于下：

> 兹身历其境，兼详考图帖、细询译者，始知本国幅员东西二千里，南北四千里，盖地从正北长白山发脉，故南北最长。釜山镇偏在东南隅，与对马岛正面，故日本兵马易于入侵朝鲜。若全罗一道直吐正南，与中国苏常相对。如日本欲犯登莱、天津，必须乘东北风湾转此嘴，又候东南风，然后能达。大海巨洋，波涛险恶，安能如意？若不至朝鲜，登莱、天津实未易犯。故天护神京，亘此一国于东南、西北之间。使日本凶夷不得逞志中华者，天险限之也。关白奸雄，熟察此，故舍浙直闽广，竟图朝鲜。盖朝鲜与蓟保山东相拒只是西南一海，并无旱路间隔。其中由南而北、自东及西，若尚州之洛东、王京之汉水、开城之临津、安州之清川、定州之大定、平壤之大同、义州之鸭绿诸江俱系大川，俱通西北海面。陆行则有辽左一路以抵山海，而水行则有七路可达天津、山东等处。若得顺风，三五日即达，无甚难者。故此奴一得朝鲜据为巢穴，分投入犯，特易易尔。吾御于陆，而水路难支。吾御于水，而陆路不免，三境动摇、京辅震慑，其患有不可胜言者。故关白之图朝鲜，实所以图中国，而我兵之救朝鲜，实所以保中国，非若救乡邻斗者

① 《经略复国要编》卷八《檄李提督刘赞画刘綎三协将》（十八日），第179～180页。

比也。[①]

宋应昌从地理、水文、气候等方面，对朝鲜与中国北部沿海地区“一衣带水”的地缘关系做了详尽的分析，论述准确、具体、到位。他进而指出，丰臣秀吉之所以舍弃入侵经济富庶的江南地区而致力于侵占朝鲜，显然也是认识到朝鲜与中国地缘关系的重要性，明白若想侵入中国核心的京畿地区，就必须先占领朝鲜，然后以朝鲜为踏板，分兵而入。所以，丰臣秀吉的野心和朝鲜战场的战争形势均不容忽视。笔者认为，其上书的本意即为告知掌权者，朝鲜战场的形势与中国北部沿海乃至整个沿海地区均密不可分，让他们认识到“保朝鲜若保中国，必不敢草率完事”。也就是说，要想从根本上确保中国北部沿海的海防安全、稳定京畿地区，就必须要充分保证朝鲜的安全，不给日军以入侵的可乘之机。

因对北部沿海地理形势有着准确的认识，所以在援朝御倭战争第一阶段胜利后，宋应昌秉持“事贵有终，谋当虑远”之见，力主在朝鲜留驻合适的兵力，以防日军卷土重来。他在写给内阁、兵部的书信中曾说：“倭谋叵测，彼欲乘虚而动，实未尝忘也。如留兵数少，防御不足，倘有疏虞，所费更大，纵有后悔亦无及矣。”[②] 他在写给兵部尚书石星的书信中说道：“倭奴事机未见下落，遽尔尽撤，设有他虞所关非细，故不敢耳。必欲撤回，须俟倭尽归巢，封事已定，方可渐次行之。”[③] 与此同时，他对中国沿海的防御也有所担心，指出：“事势二三年方可宁静，今日姑与封号，不过为一时羁縻之计，中国沿海之防何可一日玩弛?”[④] 十一月初一日，宋应昌就朝鲜留兵一事上疏万历皇帝，他在剖析了当时的形势后，指出留兵实属必要，说道：“屡奉明旨，赦不穷追，欲臣全师以退。臣实计无所出，惟思逐倭海上、留兵防守一节差可行耳。夫朝鲜为我中国吃紧藩篱，朝鲜失守，非但蓟辽保东从此多事，而畿辅亦受震惊。此海内有识之士所共知者……”[⑤] 由上可见，宋应昌对于留兵朝鲜一事的态度是坚决的，诚如黄汝亨所述，“大司马遂有撤兵议，公奋髯力争曰：‘吾官可去，兵必不可撤’。因上《慎留撤酌经权疏》”[⑥]。

---

① 《经略复国要编》卷八《报三相公并石司马书》（十九日），第 180 页。

② 《经略复国要编》卷十一《报王相公并石司马书》（十二日），第 232 页。

③ 《经略复国要编》卷十一《报石司马书》（二十五日），第 243 页。

④ 《经略复国要编》卷十一《报石司马书》（二十九日），第 244 页。

⑤ 《经略复国要编》卷十二《直陈东征艰苦并请罢官疏》（十一月初一日），第 247 页。

⑥ （明）黄汝亨：《寓林集》卷十七《经略朝鲜蓟辽保定山东等处兵部左侍郎都察院右都御史宋公行状》，《经略复国要编》附录，第 315 页。

万历二十一年（1593）十月二十一日，宋应昌上《辞免恩荫并陈一得疏》，疏中在立足于维护本国海防安全的基础上，详细分析了战后朝鲜形势以及可能出现的问题，展现出他对东北亚局势的清醒认识。兹录于下：

> 守全庆之要地为易，守中国之沿海为难。保朝鲜于既得为易，攻朝鲜于再破为难。朝廷沛然下一封号羁縻之为易，跨海而尽戮之为难。封之而果三年效顺，中国之防已密，封疆之臣力能制其死命，然后下廷臣而议贡可也。……臣虽陋劣，私心窃虑岛夷有以窥陛下之深浅也。……我之沿海不问所以练兵、积饷者，何如？……有谓勿为朝鲜代戍而止增兵戍我辽阳者，夫倭有朝鲜，所犯岂止辽阳哉？犯辽阳若击蛇尾，然策之下者也。……一朝列旗帜于鸭绿江上，晨发一师焉寇天津，夕发一师焉犯山海，游兵出没于登莱、徐淮之间，臣见日苦多事矣。……今之以代戍朝鲜为非者，不睹全局之势，而滞见一隅耳。①

宋应昌首先分析朝鲜战争善后相关事宜的难易程度，认为留兵“代戍”以防日军再次侵袭，实为明智之举。进而，他又从反方面加以论述，指出倘若不留兵朝鲜，日军很可能再次入侵。一旦日军再次入侵，朝鲜势必覆亡。朝鲜一旦为日本所据，则中国北部将永无宁日。

此外，宋应昌在战争前后对蓟镇、辽东、山东、朝鲜等地山川地理做了细致考察，并绘成一图。他曾如是描述绘制该图之经过：“臣奉命经略之初，倭患孔炽、畿辅戒严，而属国望援甚急，臣以为居重斯能驭轻，安内方可攘外，随历天津、蓟镇以及辽东，乃山东又臣旧抚之区，是以四镇海防筹划咨询颇详，具题责成司道将领修举而绘图……臣自入其（按：朝鲜）疆即为讲究，凡足之所履、目之所睹，图之所载，与士人之所陈说者，无不与赞画员外刘黄裳考求商议，始得其真，于是并四镇合朝鲜东西南北之海总为一图，分四镇附朝鲜水陆险要及山川来历各为一说。”②

由上可见，早在援朝御倭战争爆发之前，宋应昌已经对北部沿海海防形势有着清醒的认识，提出应当加强山东沿海防御。在战争爆发后，他又随时关注着形势的发展，并能因形势变化而调整战略。战争第一阶段结束后，他又从总体局势出发，主张留重兵于朝鲜，以加强朝鲜防御，巩固中国北部海疆。

---

① 《经略复国要编》卷十四《辞免恩荫并陈一得疏》（十月二十一日），第 285 ~ 286 页。
② 《经略复国要编》卷十三《恭进海图倭物疏》（二十日），第 277 ~ 278 页。

（二）查勘北部沿海海防设施、职官

北部海防前线、尤其是辽东、北直隶沿海地区，自从望海埚之役及嘉靖抗倭胜利后，几乎未遇兵戈，出现了“人心习于治安，玩愒已极”的情况。当援朝御倭战争爆发之际，北部海防体系已然窳败不堪。鉴于这种情况，宋应昌认为，如果“不大破拘攣之见，则国事终无可济之理”。于是，他在接受任命后，立即计划前往蓟辽一带，“如天津、宝坻、山海关、鸭绿江等处关隘、海口，相度地势，设立将兵，分派信地”①，亲自查阅海防状况，以敦促当地加强防御。因此，他于九月二十六日“辞朝领敕”后，立即起程赶赴辽阳，“先为经理”。与此同时，他又移文顺天、保定巡抚，要求他们“将天津、宝坻一带防海事宜，督率该管衙门，各照信地，预先查议、整办”，以等待他的巡历查阅，不得迟延。②

九月二十六日，他移文蓟州、密云、天津、永平四道，要求甄别海防正官之贤愚，考查他们是否能够胜任本职，该檄文说道：“照得沿海州县地方，俱有通倭海口。其调度防御吃紧，全在正官。若非甄别，倘有不堪，缓急何赖？牌行各道，即查所属州县掌印、署印官，某才识老练，堪以防御。某才力绵薄，应该改委。作速查明，分别贤否，据实呈详本部并督抚衙门，以凭会议处分施行。”③ 显然，宋应昌意识到地方海防官员的“贤愚”，直接关系到当地的海防安全。若不加以甄别、调换，根本不可能从根本上改变海防落后的面貌。他在二十七日给蓟辽总督和山东、顺天、保定、辽东四位巡抚的咨文中，又一次提到“沿海司道有司、大小将领，有不相宜者，令行题请更易以定，俱令久任”④。显然，他主张提早更易不合适的人选，倘若一旦确定下来，就要用人不疑，不能再随便更换，以确保政令、军令的持续性。

九月二十六日，他还移文兵部，要求兵部派遣职方司主事袁黄到天津、宝坻、山海关等地，武库司主事刘黄裳到辽东海口、鸭绿江等地，会同新设立的备倭海防道官员，共同查议、落实以下事宜：

> 沿边一带紧要海口，倭船可以入犯去处，相度地里若干，每三里筑墩一座。上设房屋数间，可容二十人者，即拨该州县弓兵、民壮各十名，轮班瞭守。又每一里设轰雷炮二座，每炮一座拨防口民兵一队守之，内选伶俐有胆

① 《经略复国要编》卷一《初奉经略请敕疏》，第20页。
② 《经略复国要编》卷一《论救郭御史疏》（二十四日），第22页。
③ 《经略复国要编》卷一《檄蓟州密云天津永平四道》（二十六日），22~23页。
④ 《经略复国要编》卷一《移蓟辽总督并山东顺天保定辽东四抚院咨》（二十七日），第25页。

略者六人，加倍给与行粮，以二人远哨、二人司火、二人拽线。其搬取砖石垒砌，余兵并力为之。倘能用心安防火炮如法，得取首级百颗，便将五十颗给赏放炮六人均分，余五十颗重兵分用。仍相度地势高下，高则炮宜平，低则炮宜高，务对贼船击打，不使落空。点放药信，尤宜察其远近，审时度势迟疾，不令虚发可也。守炮民兵六人，遇晚同在兵房内宿，余兵俱各照旧在海口邻近村镇店中安歇。①

由上可见，宋应昌虽然并未亲身到这些地方查勘，但他对当地海防的部署还是比较全面具体的，涉及了沿边一带可能会遭到倭寇入侵的海口的防御情况。其所提及的具体措施细致而微，其中既包括了海口处墩台的位置、墩台规模、兵力配置、日常行动，又详细规定了墩台兵员的职守，同时对于如何点放墩台火炮也有规定。就总体来看，整个措施全面、到位。宋应昌在无法分身的情况下，要求兵部派遣袁黄、刘黄裳到这些地区加以考察，可见他对沿海海防要区是相当重视的。

九月二十七日，他在给蓟辽总督和山东、顺天、保定、辽东四位巡抚的咨文中，请他们督促各道查勘当地海防的部署：

山东青、登、莱沿海一带营镇兵马，合先设备。……烦行各道会同总兵官即查，自某处起至某处止系隶某镇道管辖，分布某营南北陆兵若干，作何挑选、操练、防守，应建敌台几座，应设烽墩几处，内用台兵、烽军若干，作何守瞭。传烽要害处所，安置大小火炮若干，车辆若干。近岸空地挑掘坑堑险害，如铁蒺藜、钉排之类各若干。近洋摆列水寨，应用战哨船只若干，共用水兵若干，军火器械若干。水陆官兵数有不敷，作何增募。各道行月粮料作何储蓄，以便接济，使士饱马肥而无匮乏，据险设害而无渗漏。逐一分拨调度，计议停妥。先行画图贴说希由，咨送本部，以凭酌议奏进。……各该镇道自有地方专责，各为保守，俱以一倭不入为功。②

由上可见，宋应昌对北部沿海地区海防部署的查勘是非常细致的，从将领的驻防区域到兵员的部署、训练，从防守设施的建立、武器的配备、船只的应用，到最基本的粮饷问题等等，均加以过问，基本涵盖了战争防守所涉及的各个重要方面。

---

① 《经略复国要编》卷一《移本部咨》（二十六日），第23页。
② 《经略复国要编》卷一《移蓟辽总督并山东顺天保定辽东四抚院咨》（二十七日），第24～25页。

九月二十八日，他再次移檄天津、永平、山东、辽东各兵巡、分守等十二道，要求各道详查以下事宜："查该道所属沿海地方，地界延袤计若干里，中间大海口几处，小海口几处，各容泊倭船若干只，其大小海口有无设兵防守。某处系紧要地方，应增置或船若干、或兵若干，应设何官管守。其沿海处所，要见某处水深若干，倭船可到。某处系沙滩或有焦石，倭船难至，应否设备。该地方原有马步军兵若干，有无堪用、足用，如不堪、不足，应否召募、添补，募兵钱粮应动何项银两，该道作速议报以凭施行。"① 这次他从宏观、微观两个方面提出了对海防布置的要求，认为我方既需要从总体上对整个北部沿海海防情况，如海口数量、大小、防守现状等，有一个较为准确的把握。同时，对于一些具体的情况，如某处海口的水文、自然状况，兵员配置等也要尽力了解清楚，并根据调查的详细情况，相应做出应对。此外，他还对于防守所用的墩台做了一定的规定，"不必拘以三里、五里，凡遇高阜宜于土者，以土筑。在山宜于石者，以石砌。若海水出没沙滩咸卤处所，宜于木者，以木建。务使各墩高大坚固，堪以瞭望。盖房数间，堪以栖宿"②，主张墩台设置应当因地制宜，不要拘泥于常规，在该设立的地方均要设立，以加强防御力量。

同日，他又移咨蓟辽总督，会商辽东、京畿一带海防事宜。他指出：

> 保、蓟切近神京，修守贵密。往昔，专务防虏尚虑不支。矧今复有倭患，诚宜设将以一事权，增兵以资战守，为今日海防吃紧重务也。顾辽左自鸭绿江以至山海关，其海口延长，更迂回于二镇。东逼朝鲜，北临虏穴。其兵力防范又牵制于一时，若不照蓟、保事例设将增兵，则沿海空虚何能守御？而将领辈必彼此依违，两相观望，调度复难责成。况辽为蓟门左掖，使修守诚设则声势自联。倭犯辽，则保、蓟可以扼其前。倭犯蓟，则辽兵可以蹑其尾。此辽东议将增兵所不容少缓也。③

宋应昌首先从地理格局上论述了蓟、辽、保定一带的海防形势，认为该地区地近京畿，战略地位重要，需要加强防御。同时，他指出三者之间互相依存、相互应援，应从总体上对其加以把握、协调。因此，他在咨文中说道，"合咨贵部院烦为会同该镇抚院并行总兵官" 备查："辽东海口自鸭绿江以至山海关延袤共计若

---

① 《经略复国要编》卷一《檄天津永平山东辽东各兵巡分守等十二道》（二十八日），第25页。

② 《经略复国要编》卷一《檄天津永平山东辽东各兵巡分守等十二道》（二十八日），第26页。

③ 《经略复国要编》卷一《移蓟辽总督军门咨》（二十八日），第27页。

干里，中间海口某处紧要系适中地方，应否添设协守，或左或右。某处紧要，应否添设游击，其余某处紧要，应否添设守备，应否俱照蓟、保事例，兵马作何增募，钱粮作何区处，屯扎处所作何修建，俱从长计议停妥。”① 宋应昌希望他们在对蓟辽一带海疆状况做出清楚调查的同时，对当地海防也作出相应部署。

次日，他移咨山东巡抚，提出对山东海防的一些部署措施：

> 合咨贵院，烦照来文内事理，备查登莱沿海一带直接天津地方中间，海口某处紧要系适中去处，该镇旧无总兵，应否添设备倭总兵一员。或协守一员，或左或右。某处紧要，应否添设游击。其余某处紧要，应否添设守备，应否比照蓟镇事例，兵马作何召募，钱粮作何区处，屯扎作何修建。在登如长山、沙门、古城、徐福等岛，在莱如黑山、鼋矶、黄城、灵山等岛，其间可设水陆等寨。在蓟、辽南北兵势不能调，作何屯守。果否应用新募沙兵及青州各府长枪、民壮填戍，与诸凡未尽御倭事宜，从长计处停妥。②

此处，宋应昌关心的是山东沿海区域重要海口的布防情况，以及防倭职官、将领的配备问题。此外，对于山东沿海海岛的防御也是他的关注点。同时，他还提出了任用沙兵和招募民兵的设想。

十月二十一日，宋应昌在给天津道的檄文中说道：天津地理位置较为重要，我“原议亲诣天津地方，历查海口”，且已行至香河，无奈朝鲜军情紧急，只得赶赴前线。该道“素称文武具备”，想必“料理必周，计处必预”。因此，对于天津一带的海防，需要“除本部遍历宝坻等处诸海口，直趋山海关适中调度外”，还需要本道会同赞画刘员外，“亲诣盐山、静海、沧州等处，直至宝坻一带紧要海口，备行查勘，应该设防备御，该道从长议处，务保万全”③。尽管由于军情紧急，宋应昌并未实现其“诣天津地方，历查海口”的设想，但是其对天津一带的海防仍是较为重视的，并拟定了宝坻以北由其亲自查勘，宝坻以南则由天津道会同兵部刘黄裳员外共同查勘的巡视计划。

由上可见，宋应昌任职后，非常注重对于沿海海防具体情况的查勘，他不但亲身奔赴沿海考察，而且派刘黄裳、袁黄等人踏勘沿海状况。同时，他还不断催促沿海抚、道将所辖沿海地区的具体情况详细考察并告知。通过查勘沿海防御，

---

① 《经略复国要编》卷一《移蓟辽总督军门咨》（二十八日），第 27 页。
② 《经略复国要编》卷一《移山东抚院咨》（二十九日），第 27 页。
③ 《经略复国要编》卷二《檄天津兵备道》（二十一日），第 40 页。

宋应昌对于当时北部沿海海防的具体情况有了一个深入了解，这有助于他针对具体情况作出调整。

（三）海防部署

十月十二日，宋应昌在《经略海防事宜疏》中指出，朝鲜战场形势日渐危急，北部沿海海防尤其是蓟辽一带尚存在诸多问题，特别是海防与边防的矛盾亟待解决。他认为由于过去长时间内虏患严重、倭患较轻，将士们大都侧重边防，对海防并未给予足够的重视。在这种情况下，要加强海防建设，迫切需要沿海地方官员、将领的大力配合，如其所说，“计处筹画在臣，而着实修举在各司道、将领”，因此需要“令该镇总督及蓟辽、保定、山东巡抚诸臣，责成各沿海司道将领等官，务以御倭即如御虏、防海即如防边……中间或宜彼不宜此，利昔不利今，许令呈报，各尽其才，以便会集裁议。如有漫不经心，徒事虚文粉饰，致误军机者，听臣指名参究”①。他希望北部沿海督抚大员们对海防引起重视，并加强对属下相关官员的督促。同时，宋应昌也表达了自己为切实加强海防建设，勇于任事、绝不姑息的态度，如若贻误军机，“指名参究”。

十月十四日，宋应昌移咨辽东巡抚，指出日军入侵朝鲜，犯我藩篱，气焰嚣张，现在又“远图近攻”，狡诈莫测，因此应当格外重视，需从以下几个方面做好准备：

> 所有辽东各沿海地方，相应申饬严备，以便战守。为此合咨贵院，烦为会同该镇总兵官即便分拨兵马，应防虏者竟令防虏，应防倭者竟令防倭。慎守海口，远加哨探。多备军火、精利器械，听本部至日，相度区处。倘令必欲入犯，总兵官即督率各将领，坚壁清野，相机截杀。固不许贪趋小利，轻犯其锋，亦不许依违观望，致滋延蔓。紧防险要，务保万全。②

宋应昌认为辽东地区向来虏患较重，将士对虏寇较为熟稔，对其危害也有了解，但大家对倭寇却缺乏必要的了解和认识，对其危害也可能估计不够。总之，“倭、虏皆为巨患，边、海尽属要冲”，一定要处理好防倭与防虏的关系。至于如何防倭，宋应昌主张一方面需要做好必要的具体准备，如防守海口、派遣哨探、储备军火等。同时，他还主张需在战略、战术上保持清醒头脑，倘若一旦遭遇日军侵袭，尽量以积极防御为主，不要轻易冒险出击，以免陷入被动局面。宋应昌为了

---

① 《经略复国要编》卷二《经略海防事宜疏》（十二日），第31～32页。

② 《经略复国要编》卷二《移辽东抚院咨》（十四日），第36页。

确保海口防御能有效地落实，要求“将分拨过将领、并防守海口各缘由，咨报查考”。

十月二十一日，他移咨辽东巡抚，指出现在日军占据朝鲜，“为谋叵测”，近日又“兼约请和，陈兵益备”，其中必有文章。紧接着，他又说到了自己的担心之处，一怕各将领贪取零贼小功，轻易“开端惹衅”，二则担心中国人“以探听为名，乱入朝鲜，致漏军情大事”。因此，宋应昌希望辽东巡抚能够会同辽东镇总兵，转行沿海一带将领等官：“列兵严加防守，静以待之。除应差哨探外，其余人等并不许假托为由，乱入外国。俟本部至日，相机区处，如有贪趋小利，致误大机，因而开端惹衅者，定以军法从事。”① 可见，宋应昌在未至朝鲜之前，其对日态度是谨慎的，因此，在当时他对于北部沿海尤其是与朝鲜接壤的辽东一带海防的要求也是以防御为主，“静以待之”。

十一月十五日，宋应昌上《议题水战陆战疏》，疏中对天津道副使梁云龙所报有关天津等地具体海防事宜，做了较为细致的思考，并在此基础上，以天津沿海地区为例，详细论述了北部沿海地区在遭遇倭寇突然入侵时应采取的战略战术及其他相关问题，兹录于下：

两船交战，其避敌必贵藏身，而布帷、竹架、楼橹森列，则所以障也。其破敌必资利器，而劲弓、锐矢、火药、火箭、三眼枪、快枪、鸟铳、长枪、飞镖、标枪、钩刀、佛郎机等物，则所以攻也。其大将军神炮、虎蹲炮、灭虏炮、百子铳等器，则临急所用也。以若长技，要在豫备。备御既周，遇警接战，或依港澳、或傍沙洲、或据岛屿、或乘风潮，或截其经行、或断其取水，或荡其巢穴，务使我居其利，而彼居其害，我当其顺，而彼当其逆，我处其胜，而彼处其负。在善将者指麾而运用之耳。破之于海，斯为上策。不得已而野战，则口岸又其要矣。盖沿海地面虽无处不当防，然港有礁石、有泥淖、有洼陷，其所湾泊、登入之口亦鲜。如天津一带，极冲大沽口，次冲起口，并驴驹、双沟、唐巨河、郑家沟等十余处，则沿海可知也。要害之口，吾今布有兵马，设有敌台，安有大将军、灭虏等炮，伏有铁蒺藜、钉排等物。而又港口横铁索，水底置木椿，彼方鼓枻而来，我则扼险以待，彼方逆浪而来，我则静饱以待，彼方蓦地而来，我则相机以待，彼方跳跃而来，我则坑陷以待，自可溃其众、覆其舟、歼其渠魁。藉令登岸，彼即

① 《经略复国要编》卷二《移辽东抚院咨》（二十一日），第 39 ~ 40 页。

善抢，然而滨海人家稀少，行四五十里尚无所掠，尚难得食。此时犹圉圉之鱼、绥绥之狐，我则坚壁清野以困之，严阵整旅以遏之，奋勇直前以挫之，飞骑劲弩以蹑之，宁有不得志哉？其巨镇大村人烟辏集去处，一时虽难建重楼敌台，然而间有地势险隘可以藏兵、可以屯聚者，则多集丁壮、多置木栅、多备炮石、多挑壕堑以便协御。其附近城郭者，悉令居民委积于城，临急移入城中。倭即善攻，然城郭完固，效死以守而大兵溃其围，亦不得逞。既不得城而据，则必择村而居。然倭性贪，必散出劫掠，吾则可以零劓。彼掠得衣物负重而行，吾则可以截杀。夜喜淫饮多醉卧，吾则可以夜击。所谓陆战当如是矣。……相度天津滨海去处，自大沽口至郑家沟止一百八十里，而防海军士不下二万余人，若当春汛之时，兵士齐到，稍加盐菜，量起工筑。每兵一名占地二步横挑沟堑，即以堑土筑为墙垣，堑阔四丈、墙阔二丈，堑深一丈，则墙高二丈。三万军士一月可完。堑之险深与汤池无异，墙之岩峻与长城不殊。渐起墩台、渐增垛口，可以哨望、可以备御，所谓一劳永逸者，非耶？但沙土难筑，潮水易侵，未敢为必然之画，俟来春试之而后可为也。①

由上可见，宋应昌的布置非常谨慎严密，具体可概括为四条。其一，提高战船战斗力，力图歼敌于海。他主张给战船配备各种先进武器，以提高其战斗能力。同时，在具体战争中，要尽可能地占据各种有利条件，力争歼敌于海。其二，甄别沿海口岸状况，严加防备。在海域歼敌未获成功的情况下，就需要考虑口岸歼敌。他认为限于海口自然条件等因素，并非所有沿海地区都是倭寇的攻击点。因此，需要详细甄别、考察，确定易遭攻击之口岸，以便集中兵力，对于这些易遭攻击的口岸，从全方位加以防备，尽量不给敌人以登岸的机会，实现口岸歼敌。其三，坚壁清野，严阵以待。倘若敌军登陆成功，沿海地旷人稀，我方可以使用“坚壁清野”之策，使敌军纵然能够登岸数十里，却劫掠无所获，这时定然陷入饥困交加的窘迫境地。如此，沿海防守军队则严阵以待，以逸待劳，势必处于有利地位。其四，严防城镇、相机歼敌。倘若沿海附近有城郭、巨镇大村等，那么就很难实现坚壁清野。这时，有城郭者，应当将居民、财产等转入城中，以城池为载体严加防御。无城郭者，亦可据险防守。附近兵员，则趁日军懈怠时相机而动，不时加以骚扰、袭击，让其疲于奔命。这四条措施，层层递进，步步为营。

① 《经略复国要编》卷三《议题水战陆战疏》（十五日），第56～57页。

基本上将同日军在海上遭遇到日军登陆后的各种情况都考虑周全，并针对不同情况做了不同的部署。这样，就能在海域、口岸、沿海地区组织起纵深防御体系，避免突然临敌时因惊慌失措而陷入不利境地。按照这个方略，北部沿海地区一旦遇敌，可以在多个层面上歼敌，以确保克敌制胜。

十一月十六日，宋应昌移咨山东巡抚，指出日军入侵朝鲜，实则力图入犯中国，山东地处海防要冲，可是据报“海丰以至青州唐头寨一二百里，皆无重兵”，倘若日军进犯，则势必如“入无人之境”，后果不堪设想。他提出：

> 各海口自辽以达山东，处处皆冲、在在当备。本部旧抚东省，曾于济青登莱等处设兵不下四五万，分拨防守，颇为桑土之计。今据天津道呈称防海无兵，则本部前所设军兵，未知散归何处？……合咨贵院烦查本部昔抚东省时布设海防各兵今归何处？如已议撤，则近日倭报频仍，各海口不可不严为修守，议将何兵分拨？如未撤防，或天津道闻见未的，则将各军籍名在册整束团练，加谨防守。……倘倭奴声东击西，突犯登莱等处，亦未可必是，宜亟为预处者。仍希咨回查考。①

由上可见，宋应昌显然对于梁云龙所报山东北部沿海地区无兵把守的状况颇为震惊。因此，他特意提醒山东巡抚要谨防日军突袭，并建议应该严密把守重要海口，以保万全。

宋应昌入朝鲜后，仍对北部沿海的海防安全较为关心。如万历二十一年（1593）二月三十日，他移檄天津、永平、辽海、山东等十三道，指出：“今二月将终，春汛届期，所据沿海地方相应再行申饬，札仰本道官吏查照节行事理，即便严行将领有司等官，将应该分布兵马、应置军火器械，瞭望墩台、哨探渔船，上紧设备。无警，时加稽查。有警，并力拒堵。务使倭奴进无所掠，大遭剉衂。”②

由上可见，宋应昌对于北部沿海辽东、天津、山东一带海防，大致做了一番细致入微的指示和部署，非常有见地，有利于完善当地防御。

（四）调兵遣将

援朝御倭战争开始后，北部沿海兵员、将领都不是很充足，为此，宋应昌采取了各种措施，积极招募、调拨兵员，并在沿海要害地区部署将领。

---

① 《经略复国要编》卷三《移山东孙巡抚咨》（十六日），第57～58页。

② 《经略复国要编》卷六《檄天津永平山东辽海等十三道》（三十日），第136页。

1. 招募军队、民壮

九月二十七日，宋应昌移檄蓟镇海防等五道，指出“沿海居民以鱼盐为业，惯习波涛，鱼舟轻捷，足堪哨探”，要求各道“查沿海贩盐、捕鱼土著居民，召募有无情愿、渔舟能否拘集、堪否御敌”，倘若这些人“果肯应募”，则相应官员需要查清“工食应给若干，船价应给若干，应委何官管理、训练，与生理有无相妨，或用器械听候给发”等，而后上报、实施。①

九月二十八日，他再次移檄天津、永平、山东、辽东各兵巡、分守等十二道，其中谈及兵员招募之事，他说道，“哨探夷情，水、陆二路俱当设备”，因此，除兵部承诺予以配备的叭、喇、唬、沙等船外，天津、蓟州、永平、辽海各道，还应该按照本道所辖信地，“水路雇募渔船，陆路派拨马快，分别远近安置”②。所招募、派拨的船、马，则听候各部院派遣官吏管理。

十月十二日，宋应昌在上疏中提到招募沿海民壮事宜。他说：“该镇所议沿海州县挑选子弟兵一节，固为地方计，但畿东地窄民少，不无妨业骚动，惟遵照近行责成有司选练壮快，以原有工食给之，如原无工食与名数减少者，许从宜议请，量为增编。如海滨所设墩铺，即以各该兵壮派守，不必另派乡兵，另议工食，重滋无益劳费，庶乎事体妥便，人情相安。凡近海城堡险隘应修筑者，明春量停边工摘拨军夫赴役，并各州县酌派民夫以协助之，使在在完固，尤为保障良图。”③ 他主张在不干预民众正常生产、生活的情况下，招募沿海民壮，酌情给予“工食”，这样既可解决海防设施修建中的劳役问题，同时又可将其派驻沿海墩铺，缓解兵员危机。

万历二十一年（1593）正月初三日，宋应昌在上报内阁辅臣的书信中，提到山东的兵员招募情况，指出：“若设兵一节，某细查往牍曾已具题，大约以青、登、莱三府周围滨海延袤虽二千余里，总之登州、文登、即墨三营尽之矣。故除三营摆拨官兵一万六千五百余外，又恐不继。于各道保甲中挑选壮丁，军卫中挑选余丁，矿洞中挑选枪手，约有五六余万。如果教演有法，皆属精兵。……有警则聚为兵，无事则散为民，似无不可。今之军兵，岂有出于保甲、军余之外者乎？”④ 显然，宋应昌认为山东已经几乎无军可调，迫切需要招募、选拔民兵，以

① 《经略复国要编》卷一《檄蓟镇海防等五道》（二十七日），第23页。
② 《经略复国要编》卷一《檄天津永平山东辽东各兵巡分守等十二道》（二十八日），第26页。
③ 《经略复国要编》卷二《议设蓟辽保定山东等镇兵将防守险要疏》（十二日），第34页。
④ 《经略复国要编》卷五《报赵张二相公石司马书》（初三日），第87～88页。

辅助防海事宜。

2. 调遣军队

十月初八日，宋应昌移咨蓟辽总督，商讨遣还防海军队事宜。其中提到兵部赞画主事袁黄所说之事：

> 旧沿海卫所守备甚密，若宝坻之梁城所，乃建自五代时，而国初因之也。居住日久，生聚甚繁。嘉靖二十九年，将正军四百余名，尽数拨入振武营。三十八年，又将余丁四百余名抽戍石塘岭，而海上空无人矣。今宜以此军复还守海，而振武、石塘等处缺人，别募军补之。盖海上地薄水咸，新募者不能居，而梁城土著之军，其田产在此，坟庐在此，渔盐之业在此，故其所狎居而乐处者也。然不独梁城，凡天津等卫抽补者，各宜照此行之为便。

袁黄此言道出了北部沿海部分地区军备废弛、无人驻守的现状，并提出调换军队以加强海防的建议。对于这一建议，宋应昌等人表示赞同，他指出，“倭、虏俱称劲敌，边海尽系要防。故国初因地置所设军，甚有深意。惟是海无倭患，防守遂弛。而嘉靖年间，复以北虏大举入犯，遂将本所军人议调。今倭寇方肆跳梁，海防最为吃紧，且欲募兵增守之时”，认为倘若招募远方之人来戍守海疆的话，恐怕他们水土不服，反生诸多不便。因此不如“以本军守本地”，这样既无“调遣之劳”，又有“乐业之利”。倘若一旦遇警，那么人人“自为家战”，势必士气高涨、以一敌百。[①] 在他的主持下，天津沿海一带原先奉调防虏的卫所军士，陆续返回沿海家乡，北部沿海军事力量得到加强。

除此之外，在援朝御倭战争期间，明朝政府从全国各地抽调兵力，远赴朝鲜作战，“调兵转饷遍天下”。有时，这些兵员并未直接奔赴朝鲜，而是暂时聚集在北部沿海海防重地，如天津、辽东等地，以备调遣，他们在某种程度上暂时充当了这些地方的海防兵员。如十月二十二日，宋应昌在发给保定总兵的檄文中说：“保镇原调精兵五千，责领原管将官统领，速赴永平地方暂住，操练防海。……候本部不时征调，赴辽征剿倭奴”[②]，即为其中一例。再如，十月二十五日，宋应昌在给兵部的咨文中提出：“游击宋大斌所部三千新兵，如果精练，一面催调兑马应用。如或未堪战阵，不妨仍留天津，责令训练成熟，听候续遣”。[③] 此处，虽

---

① 《经略复国要编》卷二《移蓟辽总督军门咨》（初八日），第 29 ~ 30 页。

② 《经略复国要编》卷二《檄保定倪总兵》（二十二日），第 42 页。

③ 《经略复国要编》卷二《移本部咨》（二十五日），第 46 页。

然其本意是将天津作为训练未熟兵马以资朝鲜战场调遣的军事基地。但是，这些军队的聚集和训练，客观上还是加强了天津的海防力量。不过总体而言，宋应昌并不依赖这些奉调军队的暂时屯守，更不赞成将有些奉调兵力改做沿海戍守兵力。如十一月初九日，他在给石星的信中，说道："客兵志在征剿，胡肯为人守土？刘綎兵五千，杨文兵一千，俱系不佞咨请征倭者，且属远来，何乃一请留守天津，一请留守通州？"① 他认为应当按照军队的特点，以及战场形势的需要合理安排兵员。

在调兵中，宋应昌主张应将兵力置于最需要防守的险要地区，在不大规模增加兵员数量的前提下，通过优化兵员的配置，最大程度上发挥兵员的作用。如在山东，他在万历二十一年（1593）正月初三日写给内阁、兵部的信中提出，"东省八道，除武德、青州、海防三道，其五道系腹里稍缓，或量移其兵以协助防海，亦一时救燃之计"。② 认为应当以情势的缓急，来确定兵员的部署。正月初十日，他再次移咨山东巡抚，强调兵备问题，希望山东巡抚能够"行沿海各道，将原设军壮、乡兵，并议留班军，滨海地方原少者，量行加增。原无者，酌量分布，多寡不均者，量行裒益。务先事预防，有备无患"③。

3. 设置将领

十月十二日，宋应昌移书兵部尚书石星，讨论北部沿海海防要地命将事宜，主张设立副将，以专门防海。其中，他认为王少卿提议的"于天津卫特设总兵官一员，兼管山东地方"，想法虽然不错，但仍不尽合理。问题在于，一旦设立专门的防海总兵，那么蓟辽、保定、山东等四镇总兵官，就有可能推诿自己的海防责任。因此，不如"于各镇中再设副将一员，夫有副将可听调遣，有正将可使总摄。四镇分任，力不独支……而副将之设，不可不急急也"④。

十月十二日，宋应昌上《议设蓟辽、保定、山东等镇兵将防守险要疏》，系统地提出了对于北部防海兵力的具体部署和职官设置，兹录于下：

> 倭患报急，海防正殷，必处置得宜，斯备御攸赖。今议河大、河间、沈阳、天津等五营姑免赴边，权留防海。应将昌镇右车营及山东营春秋两班，俱听暂改蓟镇西路，通融分布、修防，量为代助。……山海路军兵，原守冲

① 《经略复国要编》卷三《报石司马书》（初九日），第52页。
② 《经略复国要编》卷五《报赵张二相公石司马书》（初三日），第88页。
③ 《经略复国要编》卷五《咨山东抚院》（初十日），第97页。
④ 《经略复国要编》卷二《报石司马疏》（十二日），第32页。

关，难兼防海。该镇酌议已明，无容别议。其海防总兵固应添设，但自山海以至天津，濒海七百余里。自天津以至山东，延袤二千有奇。不惟地方辽阔，经理难周，而事关三镇，遥制匪便。且事权既各相等，意见未免异同。若有牵缠，不免诿误。今图便计，合照该镇所议，添设海防协守副总兵一员，再设游击二员，与吴惟忠共三员。再添守备四员，仍募南北兵一万五千，并近募兵士共一万八千，分为四营、三游击、四守备，以三游击各领三千，一吴惟忠南兵三千驻于乐亭，一新添游击一员驻于海洋，一再添南兵一营驻于宝坻北塘。一新添守备四员各领兵一千五百，一驻于南塘，一驻于丰润黑洋河，俱听北塘游击节制。一驻于陈家庄，一驻于山海南口，俱听海洋游击节制，各控要冲分布防守，以协守统领三千驻于适中常家庄等处，而游击、守备悉听节制，俾其居中调度。每遇汛期，或东或西、孰缓孰急，听相机往来督备合力防援，俱属蓟镇总兵节制，即为密、蓟、永三道防倭主兵，既便专督分防，而沿海声势联络守望相资，庶免掣襟露肘，顾此失彼之患。如倭警告急，则防边标营兵马及三路台操南兵，皆可酌调策应。如虏情吃紧，则防海军兵俱可协同堵截。是总兵责任既专，事权归一，而审料机宜调遣从便，诚于地方有裨，似尤愈于另设总兵也。其天津新设游击，亦改设协守副总兵，即领新兵三千及统辖河大等营悉如蓟镇例分布防御，并属保镇总兵节制，听天津道监督之，则两镇犄角相成似更妥便。在天津道兵备副使梁云龙、密云道兵备副使王见宾各呈详大略谓：草头、水道二沽实连一处，并属天津、密云二道，密云路远防守颇难，天津切近兼摄甚易。况密云兵寡而天津兵多乎，议欲以两道公共之班军守公共之海口，而以天津新设副总兵兼摄之，诚为一举两得。①

在这个兵员部署方略中，宋应昌在立足于整个北部海疆的基础上，对北直隶北部的海防作出了部署，尤其是对于沿海将领设置做了安排，他尽管仍然不主张设立防海总兵，但却主张设立蓟镇海防副总兵和天津海防副总兵，专门负责蓟镇、天津海防事宜。同时，他还力主在蓟镇设立游击三员、守备四员。这样，就在北直隶北部沿海地区，形成了守备领兵屯驻、游击节制守备、副总兵节制游击，蓟镇总兵、保定总兵分别节制蓟镇防海副总兵、天津防海副总兵的体制。所设将领层层节制，权责明确，有助于协调防御。

① 《经略复国要编》卷二《议设蓟辽保定山东等镇兵将防守险要疏》（十二日），第33~34页。

由上可见，宋应昌通过招募、调集，增加了北部沿海的兵员数额，加强了当地海防力量；同时，通过积极部署海防将领，控扼了北部沿海重要地区。兵员数额的增加和将领的部署，使得北部沿海海防力量大为增强。

（四）加强海岛防御

在北部海域，岛屿众多，其中不乏可居人、可泊船者。所以，加强岛屿防御，对于扼守渤海门户、拱卫京畿具有重要意义。因此，宋应昌非常重视海岛防御。

十一月十三日，宋应昌在《报石司马书》中说道："十三日具疏，欲泊战艘于旅顺诸岛，且招集岛民互为声援，则天津、登莱诸要害处，似可无虞。疏已早发，暮间求得岛图，更为明著专此呈览，仍望转致二政府一观，庶御倭长策在目中也。"① 是日，宋应昌上《议处海防战守事宜疏》，疏中指出当务之急有两个，一为调集兵马以图进剿，一为修守海防以严内治。而对于后者来说，实施、完善海岛防御至关重要。其大略如下：

> 战守二者利害相关。……言守则天津、登莱、蓟、密、永、辽为最。然不宜拘寻常之见，必控扼险要方为万全之谋。则今日议调军兵、议防海岛为不可缓。……今天津、蓟门止于海防，乃辽东则防守征剿兼之矣。……至于今议防海者，皆以天津、大沽等处为首称似矣。但臣近至辽地细加查访，辽东旅顺口与山东蓬莱诸山对峙，相去五百余里，中有海岛一十七处，棋布星罗、彼此接望，诚天造地设横亘其间，而凡登莱北海、天津东海、蓟门南海胥赖此险为门户也。况岛中俱可藏兵泊船，而各岛居民筑室耕田，尽成家业。诚一鼓舞召集，择其忠勇为人推信者，每岛一人，量给冠带或名色把总，令其统率精壮者为兵。复将调来沙兵七千名、沙船二百只，应天船兵九百五十名，沙唬船八十只、兵一千五百三十五名分布各岛，仍给以将军等大炮，令官兵与民兵不时出海远哨，如有倭犯情形则举放号炮，岛岛相传，昼则每岛举烟数十道冲突海天，夜则举火数十炬照耀海面。倭奴见之，知我为有备耶，则不敢深入。疑我为虚设耶，则我兵实在诸岛。战船绕其后，内地防守扼其前，而彼且腹背受敌矣。是今日之防诸岛者，即以防天津也。况登莱东南复有成山、静海诸岛，素称险阻。旅顺之东遥接朝鲜之界，足为声援。若天津等处海口将新议战船催儹员外郎张新督造速完，各令分布则表里

① 《经略复国要编》卷三《报石司马书》（十三日），第53页。

严密，此动彼随，诚为要务。①

宋应昌首先对北部沿海地区形势做了总体的分析，认为天津、登莱、蓟辽等地战略地位最为重要，时人议论防海也多以天津为“首称”。紧接着，宋应昌从北部海域的地理形势出发，指出渤海内部星罗棋布的海岛为防御天津等军事要塞提供了非常好的条件，需要加以整饬。然后，他提出了海岛防御的具体措施，在海岛兵员部署上，需将本地招募与外兵调入结合起来。不时派兵出海哨探，以获取最新军情。同时，还要完善军情传递渠道，以“烟”、“火”传递信号。如此，则日军不来则已，倘若一旦轻率冒进，则必然会陷入明军在海岛与陆地的前后夹击之中。

（五）加强区内协防

北部沿海地区隶属三省，平日不相统属，难以协调调度。但是整个北部沿海地区，从地理上讲却是一个完整的单元，辽东半岛与山东半岛扼守渤海海峡，与天津形成拱卫京畿的三大柱石。其实，明朝政府任命宋应昌为经略，一开始的目的，就是让他协调处理三省海防事宜。为此，宋应昌就职后一直积极强调三省联防的重要性。

九月二十七日，他在给蓟辽总督和山东、顺天、保定、辽东四位巡抚的咨文中，针对山东的临清、德州二仓做了专门的部署，他认为“临、德二州，仓庾财富之地，尤倭之所垂涎者。然界虽属于山东，壤实切于畿辅，仍听贵院调度、防御”。他同时提出：“如倭犯蓟、保等处，辽东水陆官兵，不待调遣，随贼所在，飞驰应援。”②

十月十二日，宋应昌在奏疏中谈及北部海防形势，认为环渤海诸省直，地理接壤，尤其是在面临海上威胁之际，应当彼此配合，统一协调防御。他说道：“且辽左以及山海，山海以及天津，天津以及山东，地壤相接，势若率然。有如修守诚设，则戒备自严。倭犯辽，则蓟兵可以扼其前。倭犯蓟，则辽兵可以蹑其尾。倭犯山东，则蓟、保可以遥其声援，而辽兵可以直渡朝鲜，捣其巢穴，兵连势合，权一事专，战守有此动彼应之机，调度无左牵右顾之虑。臣故谓辽左、山东增设不宜缓于蓟保，分布不宜迟于时刻也。”③ 宋应昌认为北部沿海诸省，在军

① 《经略复国要编》卷三《议处海防战守事宜疏》（十三日），第 53 ~ 54 页。

② 《经略复国要编》卷一《移蓟辽总督并山东顺天保定辽东四抚院咨》（二十七日），第 25 页。

③ 《经略复国要编》卷二《议设蓟辽保定山东等镇兵将防守险要疏》（十二日），第 36 页。

事上已经处于一个密不可分的体系中，不能再各自为战，应当对其加以统筹协调，创建一个合理的应机体制。这一机制要做到配合灵活，牵一发而动全身，倘若日军入犯辽东一带，则蓟镇兵马可以迎头堵截，以确保皇陵和京城安全，倘日军敢于孤军深入，侵犯蓟镇一带，则辽兵可以断其归路，如果日军入犯山东，则蓟、辽均可出兵，多方夹击。按照这一规划，就可在北部沿海区域形成一个反应灵活的协防体系，能够有效地抗击日军的进犯。

（六）筹备武器

宋应昌认为，日军不但狡诈而且强悍，我方若非士马精强、兵器坚利，恐怕很难御敌。因此，宋应昌力主训练“一字阵法”，该阵法基本布置为“用兵一万，当造车三百六十辆，火炮七万二千个，弩弓二万七千张，毡牌各二千面，弩箭百万枝，火药、铅子难以数计”。[①] 其意图为，以该“一字阵法”练兵一万，倘若蓟镇有急可援蓟镇，辽左有急可援辽左，若形势需要、时机合适，还可用于朝鲜战场。

九月二十七日，他又移檄天津、永平、辽东等六道，指出当今倭患叵测，防备应当周全，“本部制有一字车、火炮、弩牌等项，俱为破倭长技”，应该预先制造，以备缓急。并牌行各道，立即督促匠人制造：“车六十辆，押阵大炮一千六百七十个，一字小炮一万个，小信炮三百三十三个，弩弓一万二千张，毡牌、竹牌各三百三十三面，弩箭六十万支。仍多备火药、铅子。”为了确保所造武器的质量，他要求文到三日内，各道先派精巧木匠、火药匠、生熟铁匠各二名赶赴兵部，“听候面谕式样，传令各匠如法制造”。而后，各道派遣官吏，将“各役姓名凿于本器之上”，以备兵部日后“取用稽覈（核）”[②]。

九月二十八日，他再次移檄天津、永平、山东、辽东各兵巡、分守等十二道，提及海防武器问题：

> 一、中国长技，惟制火器为先。倭奴入犯以不容登岸为上，各该地方原设有车载大将军、虎蹲、灭虏、涌珠、马腿、鸟嘴、佛郎机、三眼等项铳炮，俱称神器。仍查先年颁降若干，节年续置若干，新造若干，曾否通完。该道酌量何者堪备堪用，何者不堪分布。各边海口遍行设备，如不足用，速行制造，慎勿迟延误事。

---

① 《经略复国要编》卷一《初奉经略请敕疏》，第20页。

② 《经略复国要编》卷一《檄天津永平辽东等六道》（二十七日），第24页。

前件　限文到五日内呈报

一、盔甲、弓箭、枪刀、棍棒等类，该地方近日必然设备坚利。及本部已经差官到江南置买筤筅、长枪，俟解到分发外，但倭奴长技惟鸟嘴能击二层。又有利刀纵横舞掠，今该作何障蔽以破鸟铳，用何架隔以敌利刀。近闻给絮作被、坚木为棍二法可用，该道酌量试验。

前件　限文到十日内呈报

一、攻守必用偏厢鹿角为能蔽御，该道于海口及分拨防守军兵，酌量大小、多寡之数动支应用钱粮，多多制造，分拨防御。

前件　限文到五日内呈报①

在这篇檄文中，宋应昌从敌我、攻守两个方面谈及武器事宜。他认为中国之长技在于火器，为防止日军登岸，应当在海口处安置各式火器。同时，对于已经经过戚继光等抗倭将领证明有效的武器，如筤筅、长枪等也应广泛部署。他还针对日军的长处及作战特点，做出积极应对，如针对日军的“鸟嘴”、“利刀”，提出用“给絮作被”、“坚木为棍”之法破除。此外，他还主张在沿海海口多布置“鹿角”等障碍物以阻止日军登陆。

九月二十九日，他移檄天津、辽东等八道，要求各道“即行所属州县并卫所，动支官银打造铁蒺藜。州县以守城甲兵，卫所以见在军士，每名给与四十个，每十个串成一串，总用长绳系之。盖倭奴率皆跣足，听临时撒地刺戳”②。此处的铁蒺藜也是宋应昌建议使用的防守利器。是日，他还移檄蓟州、永平、宁前、海盖等五道，要求他们选差廉干官员，动支马价银，“买硝四万五千觔，硫磺一万五千觔，其班猫朝脑或芝麻楷、茄子楷、檾麻楷，照方措办够用，随买随运解至辽东，听候应用”③。

十月十四日，宋应昌移檄辽东镇张总兵说道，近日来日军入侵朝鲜，攻城略地，并“谋欲西犯”，形势已经非常危急。辽东镇曾经多次报急，但却始终并未“言及兵马器械作何备御”。所以，该镇总兵应当细查：“兵马果否精强，有无足用。各样火器，如虎蹲、涌珠、马腿、鸟嘴、佛郎机、三眼铳及车载大将军等炮，见在各若干、又新制及旧造堪用可称神器不在前炮之数者各若干。大兵并

① 《经略复国要编》卷一《檄天津永平山东辽东各兵巡分守等十二道》（二十八日），第26页。
② 《经略复国要编》卷一《檄天津辽东等八道》（二十九日），第28页。
③ 《经略复国要编》卷一《檄蓟州永平宁前海盖等五道》（二十九日），第28页。

集，前项火炮有无足用、堪用，倘不堪、不足，多设炉冶，分投打造。其铅子、火药，亦必酌量多寡，及时置造。如无堪动钱粮，即动马价银两，毋得迟延。”①显然，宋应昌认为要想克敌制胜，必须要知彼知己，而这首先就需要对自己的情况有充分的了解。因此，在这篇檄文中，他要求辽东总兵要详查属下的兵、马情况，并对应查勘内容做了细致入微的规定，如各式火器、铅子、火药等储备情况。他同时指出，倘若大炮、火药等不敷使用，应该加紧制造。该檄文的主要目的在于催促查勘己方兵马器械是否完备，倘不完备，即督促制造。

援朝御倭战争中，宋应昌从国内征兵、征武器时，也会顾及本国的国防安全。如十月二十一日，他在给刘、袁二赞画的檄文中说到，“先年，永平道叶兵备置造轻车佛郎机、大将军等项火器，分发建昌等六营路应用，最称近利。……酌量本地防御倭虏，量留一半”②。宋应昌认识到先进火器在海防、边防中的重要作用，所以既从北部沿海征发以在朝鲜战场御敌，同时又适当加以存留，以备北部边防及沿海海防之用。

这一时期，宋应昌在北部沿海筹备了大量的武器，这些武器既有适于近战的冷兵器，也有适宜于防御的火器。而且，在武器筹备过程中，他还针对日军作战的具体特点，适时地调整武器供应。同时，对于所造武器的质量，他也非常重视。通过其积极筹措，北部沿海武器供应大为充足，并支援了援朝御倭战争。

（七）筹措船只

对于海防来说，船只是必不可少的。而北部沿海由于长期承平，卫所、巡检司也不组织出海巡逻，加之海运废止，存留船只已经非常有限。为加强海上防御力量和哨探军情，宋应昌积极筹措船只。

九月二十八日，他移檄天津、永平、山东、辽东各兵巡、分守等十二道，提出要准备充足的船只，“哨探夷情，水陆二路俱当设备，除叭、喇、唬、沙等船俟本部募造完日分发外，今议天津、密云、蓟州、永平、辽海各道，俱照该道所辖信地，水路雇募渔船，陆路派拨马快，分别远近，安置船马，听候各部院委官飞报，昼夜传递，违者以军法治罪”③。宋应昌认为船只在哨探军情中非常重要，因此在正规船只不敷使用的情况下，他力主雇募渔船以侦探敌情。

① 《经略复国要编》卷二《檄辽东张总兵》（十四日），第37页。
② 《经略复国要编》卷二《檄永平道》（二十一日），第42页。
③ 《经略复国要编》卷一《檄天津、永平、山东、辽东各兵巡分守等十二道》（二十八日），第26页。

十一月十五日，宋应昌在《议题水战、陆战疏》中再次提及战船事宜，说道："臣巡历海口，阅视战船，复与工部督造员外郎张新等面相商确，再三筹画其大小船只数目、水陆战守机宜，与该道所议询谋佥同，照得海之所恃以冲敌者在巨舰，所恃以侦探者在哨艘，如沙船、唬船、八桨、十桨等船，轻利便捷，可以哨探，亦可以转战。今调来浙直沙船计四十只、唬船计一百只，而工部委官开厂再造八桨、十桨等船五六十只，则亦足用。惟所谓巨舰者，首号福船，次则仓船，南来皆无，似应多造，然福船重大，非近百人不能撑驾，一遇风急，遽难转移，只应造十五只，仓船造八十只可也。"① 由上可见，宋应昌已经对在水战中各种船只的功用有了很深的了解，在此基础上便可结合北部沿海海防的现实需要量身打造。

总体而言，援朝御倭战争伊始，北部沿海尤其是辽东、北直隶沿海一带的海防相当孱弱，诚如兵部所言"（按：宋应昌）时以经略虚衔，原为料理海防，未拟经略朝鲜。与各督抚、司道皆专力备虏，未遑备倭"②。宋应昌履任后，对其进行了全方位的整饬。首先，他时刻关注北部沿海及朝鲜的海防形势，这样就使得他能按照形势的发展适时地调整海防部署。其次，他深谙明朝政府官场利弊，对于当时北部海防废弛已久的状况也有深刻了解，为此他或亲自或委派亲信踏勘海防，以了解真实情况，并督促海防建设。再次，他上任后积极招募、调集兵员，部署将领，并多方筹措武器、船只，此举直接加强了北部沿海的海防力量。最后，他还积极部署具体海防事宜，在一定程度上完善了北部沿海的海防布局。对此，黄汝亨在为其所撰《行状》中有所评价："然是时，经略创设，部署未定，一切甲兵、糗粮、车器仓卒未备，公从空中劈画，事事皆办。奏以大将军李如松为提督，移檄四镇，修墩堡、益戍兵，督造军火器械分布海口。又奏添协守副总兵二员，游击若干员、守备若干员。募南北兵一万五千，添募北兵一万二千，加南兵二千，各相地要害分驻，南北控扼，节制有差，延袤三千里，首尾络应，有身臂指使之势。"③ 应当说，宋应昌在援朝御倭战争初期对于北部沿海海防的经营在很大程度上改变了当地海防废弛的现状，加强了当地海防力量。

---

① 《经略复国要编》卷三《议题水战、陆战疏》（十五日），第56页。

② 《经略复国要编》后附《兵部一本查核东征功次，仰乞圣明酌行赏罚，以昭国是、以励人心事》，第293页。

③ （明）黄汝亨：《寓林集》卷十七《经略朝鲜蓟辽保定山东等处兵部左侍郎都察院右都御史宋公行状》，《经略复国要编》附录，第314页。

二、援朝御倭战争后期邢玠对北部海防的经营

邢玠（1540～1612），字搢伯，号崑田，山东益都（今山东青州）人，隆庆五年（1571）中进士，出任密云县令，后以政绩卓著调任御史，先后出巡甘肃、陕西等地。万历初年，历任甘肃布政使、大同巡抚，主持边防多年，积累了丰富的军事经验，累功进南京兵部右侍郎。西南播州战事起，被授云贵总督，他坚持“剿勘并用”、“以剿促抚”，兵不血刃地解决了播州事变，大大提高了自己的威望。后朝鲜战争再度爆发，他出任兵部尚书兼都察院右副都御史、总督蓟辽、保定军务兼理粮道经略御倭，全面负责援朝御倭战争，运筹帷幄，策划调度，历时四年，终于取得胜利。本处拟就邢玠在援朝御倭战争中对北部沿海海防的经营作初步的探讨。

（一）对朝鲜及北部沿海海防形势的认识

朝鲜战争再度爆发后，形势非常紧张，据《明史纪事本末》记载：“七月倭夺梁山、三浪，遂入庆州，侵闲山。夜袭恭山岛，统制元均风靡，遂失闲山要害。闲山岛在朝鲜西海口，右障南原，为全罗外藩。一失守则沿海无备，天津、登莱皆可扬帆而至。”① 在这种情况下，不但朝鲜全境，中国北部沿海区域也处于战争威胁之下。邢玠对丰臣秀吉的侵略野心非常清楚，因此，他在指挥援朝御倭战争时，对于朝鲜及中国北部海防形势都较为留意，他把朝鲜战场和中国北部沿海作为一个整体加以认识，如朝鲜之闲山岛，邢玠认为：“闲山岛水兵，朝鲜内地所恃以障西南半壁，此而失守，贼自西南沿海而下，若南海、若济川。折而向北，若全罗、若忠清、若王京、若黄海，又王京之汉江、江华。折而正西，若登莱、若天津，再北则平壤之大同江，再东北则义州之鸭绿江，皆通一水，皆可扬帆而来。”② 可见，邢玠充分认识到闲山岛军事地位的重要性，认为闲山岛若是失守，势必会引起一系列连锁反应，不但朝鲜沿海地区，甚至中国北部沿海的登莱、天津一带也会受到直接威胁。为此，他提前做出部署，在建议从全国各地抽调兵力支援的同时，指出“如闲山岛不守，则势逼登莱，山东抚臣亦当移驻登莱，督兵督运，防守内地并接济朝鲜”③。

---

① 《明史纪事本末》卷六十二《援朝鲜》，第973页。

② 《经略御倭奏议》卷二《催发水陆官兵本折粮饷疏》，《中国文献珍本丛书》《御倭史料汇编》（四），第107～108页。

③ 《经略御倭奏议》卷二《催发水陆官兵本折粮饷疏》，《御倭史料汇编》（四），第115页。

邢玠在战略部署上始终保持着大局观，既着眼于朝鲜战场的基本需要，同时又能顾及本国海防的要求，如他在入朝不久后的调兵疏中即曾指出，“倭奴多半依水，闲山一岛为全罗、登莱、天津咽喉屏翰之地”，认为此处水军虽相对较强，但是仍不够用，于是倡言调发浙江水兵三千，吴淞、福建兵船各一千。① 其调兵的目的即在于扼守闲山岛，以阻止日军越此而入侵登莱、天津。

此外，作为东征统帅，邢玠对于朝鲜战况及其与中国北部沿海海防的关系有着较为清晰的了解，他非常清楚朝鲜战场的这种急迫局势下双方休戚与共的关系，也很明了自己肩负的责任，所以他才着意加重和巩固自己的地位。如战争后期，来自朝中各方掣肘不断增加，丁应泰又卷入进来，查勘东征战绩。丁应泰的查勘，存在诸多不合理之处，导致人人自危、军心动摇。邢玠对其加以弹劾，疏中如是说道：“当大敌压境之时，（按：丁应泰）倡为减兵、减饷之说……官兵见逼倭奴至海南一线，再一减撤，则战守两难，必然卷甲北徙。……使狡倭乘虚长驱，留守官兵将无噍类，朝鲜立陷矣。朝鲜陷，则以日本之强盛，加以八道之兵粮，如虎而翼，必据鸭绿以窥辽东，据黄海以窥登莱、淮扬，天津岌岌则陵京震惊，皇上得安枕乎”?② 他力图通过分析可能出现的严峻形势，使万历皇帝认识到，若不约束丁应泰，一旦军心动摇，后果不堪设想。在此，邢玠之所以要加强自己的权威，是因为他认识到中朝双方在地缘上、政治上那种不可分割的关系，若是自己受到掣肘，非但会影响到明军在朝鲜战场上的战绩，而且会最终贻害本国海防。

援朝御倭战争取胜后，邢玠力主留兵善后。面对朝中的不同意见，他再次以朝鲜与中国北部沿海地区的紧密关系为计，详加剖析：“盖统论形势，登莱、淮扬且置无论。朝鲜者，外垣也。辽东，大门也。蓟、保，二门也。京师，堂奥也。垣坏自然及门，门坏自然及堂。地有缓急，害关唇齿，特先后之间耳。今岁之朝鲜，如初砌之墙垣，根脚尚未定，非厚其覆盖，一雨而倾矣。而堂奥门庭凭何屏障?”③ 邢玠以墙垣、门庭关系比喻朝中之间的战略地理关系，颇中肯綮，形象地说明了二者互相依存、密不可分的关系和留兵朝鲜的必要性。

由上可见，邢玠对于朝鲜及中国北部沿海的海防形势有着非常清醒的认

---

① 《经略御倭奏议》卷二《增调宣大蓟辽兵马觅调闽海商船疏》，《御倭史料汇编》（四），第76页。

② 《经略御倭奏议》卷六《奏辩东征始末疏》，《御倭史料汇编》（五），第115～116页。

③ 《经略御倭奏议》卷九《酌议留兵粮饷疏》，《御倭史料汇编》（五），第243～244页。

识，他看了双方休戚与共的关系，因此在部署战略、指挥战争时力图做到兼顾双方。

（二）御敌于外的战略方针

邢玠面对朝鲜战场上捉襟见肘的兵员危机，在洞悉日本侵略意图的情况下，认为“御之内地，不若击之外洋”，力主将大量军队开赴朝鲜战场，于域外歼敌，不给敌军以侵入北部沿海的机会，他曾说道：

> 此时所急者，在水兵不得到、不得多也。故以今之时势计，论守则须再得一万，战则须再得二万，方可济事。今考之各省防汛之期，以三、四、五月为大汛，以八、九、十月为小汛。沿海如闽广浙直恒视其风之从来，以为犯之向背。故其国开洋而行也，风自西北则犯大小琉球，风自正北则犯广东高肇，风自东北则犯福建台温，风自正东则犯浙直，风自东南则犯淮扬、登莱，风自正南则犯辽阳、天津。此其势不由己，非若江河川渎之可以计程而计向者比也。今贼既倾国并力以入朝鲜，则广福浙直之间，必不能分兵他往。则各省之防，似亦未急于朝鲜之累卵，与夫登莱、旅顺、天津剥肤之灾也。藉使彼以游兵扬帆东南，亦是虚声喝我耳。①

邢玠认为就战争形势而论，虽然东南沿海曾屡遭倭寇侵扰，但是此时日军大规模入侵尚缺乏必要的条件，且受制于风向与洋流，因此这些地区并非是最危险的。当时最重要的是朝鲜战场，这才真正关系着中国东部沿海地区的安危。此外，与朝鲜毗邻的北部沿海，也面临着真正的威胁。因此需要按照形势的轻重缓急，合理做出部署，他认为：“为今之计，须得急调浙直、淮安、闽广舟师一二万，由近而远，陆续自外洋，以抵朝鲜。至于南京根本重地，固不宜调兵，然在操江已有江防水兵，而兵部新召水兵一枝，不过春秋二次出镇江之东防汛而已，传闻南本兵以供亿不给，亦欲撤散，其实空闲无用者。即使倭寇东南，然犹有京营重兵，与夫新召陆兵及狼山等处水兵，尽可防守。此宜亟借三千，即以原任本营坐营今任兴都留守黄冲霄，量改参将统领，星夜前来，其视闽浙尤近且便也。”② 在邢玠的兵员部署中，他首先将自己认为受战争威胁最小的东南沿海水兵陆续调往朝鲜，在兵员仍不敷用的情况下，将南京新招募的水兵也调入朝鲜。这看似冒险，实则有他的道理，与邢玠对当时北部沿海海防及朝鲜战争形势的认识是吻合

① 《经略御倭奏议》卷二《催发水陆官兵本折粮饷疏》，《御倭史料汇编》（四），第 110 ~ 111 页。
② 《经略御倭奏议》卷二《催发水陆官兵本折粮饷疏》，《御倭史料汇编》（四），第 111 ~ 112 页。

的。在他看来，只有按照先顾朝鲜，后及北方，最后南方的兵员部署，才能真正达到“扼于朝鲜，而天津、登莱、淮扬一带，亦可恃以无恐”的目的。

其实，邢玠对于兵员的安排，在他给万历皇帝的上疏中曾作出一个较为精辟的解释，从中也可见其战略观与海防观，兹录于下：“治水者，源头一篑之力，固胜于下流九篑之功也。夫大调水兵于要地，人见以为难、见以为费。然事在危急，不得不破格一处，不然则兵力不支，朝鲜必没，朝鲜没而再图也，岂□□□□费之难而已乎？况我之重兵见在外国，即不为朝鲜援，独不自为援耶？”① 邢玠以治水为喻，形象地解释了自己为何“不顾”本国海防兵员紧张的现状，而坚持将能够调用的大量军队调往朝鲜。其主张是要从源头上解决问题，抓住整个战场的核心大局，力图通过国内兵员的大量“为朝鲜援”，最终实现“自援”的目的。而且，邢玠认为先朝鲜后东南，也是出于“坐地而觅”远胜于“数千里而求，求之且不得应急”的考虑。在调拨当地兵员赴朝鲜作战的同时，他也力主将被调处兵力随时增补，“令京省召补，以充前数，以备本地之需”。不过，兵部认为邢玠的建议过于大胆，“倭奴声东击西、明伏暗发，最为奸狡。观其夜袭朝鲜，足得制人之计。而舣舟若待，安知无内犯牵制之谋乎？……中国之径，旅顺吃紧，而天津、登莱最宜先防。浙之东西，江之南北，襟喉财货之乡。留京根本重地，其防范尤万万不可少”②，认为东南沿海兵力也有不足之处，应当酌量改变。

闲山岛失守后，邢玠仔细分析了朝鲜战场的形势，并结合本国的海防状况，再次提出自己的见解和调兵建议。他认为：

王京东南一面则庆尚之贼，西南一面则全罗之贼。吾之陆兵虽屡请屡给，然多不得到。使合前后调集之众，或可稍敷分布。但水路正西则江华，西北则平壤之黄州，再北则加山、安州，再西北则义州之鸭绿。倭奴遵海而北，皆可以入此，不以水兵防守江口，彼以一半从陆牵制于南，以一半由水抄入于北，而吾兵又围其中矣。自此，倏忽而旅顺、而天津，顺风扬帆可到。此王京以上紧要水口，不可无重兵以防，盖少半为朝鲜，多半为扼往山东、天津之路也。臣先已虑此，故不得已而急请闽直之水兵，又万不得已而请南京之水兵，非不知南京为根本重地，而福建、吴淞亦倭犯之要冲也。但

① 《经略御倭奏议》卷二《催发水陆官兵本折粮饷疏》，《御倭史料汇编》（四），第113～114页。
② 《经略御倭奏议》卷二《催发水陆官兵本折粮饷疏》，《御倭史料汇编》（四），第117页。

> 倭奴既并力于朝鲜，势必不能一蹴突犯东南。且御之于下流，不若御之于上流之易为力。……故臣谓今日之守，当先以一万水兵防朝鲜之江华等口，以五千作战兵，以三千防旅顺，以三千防天津，而登莱、淮扬则以该省见在水兵，再一整顿，深哨远探，以防不测。其南京、浙江、闽广似为稍缓。①

邢玠认为在我方水、陆兵员均不敷布置的情况下，战场形势将会变得非常被动。而一旦陷入被动局面，那么整个战争形势就会急转而下，援朝明军很可能会在朝鲜陷入日军包围中。那就不再是援朝鲜的问题，因为日军一旦掌握主动权，势必会分兵入犯旅顺、天津、登莱等地，北部沿海海防将会受到很大威胁。所以，他指出之所以将大量看似当地必须的水兵调往朝鲜，从根本上说是为本国海防做准备，只有从源头上打败日军，才能彻底解决威胁。笔者认为：邢玠基本上将朝鲜及中国东部沿海，按照距离朝鲜战场的远近，分为“极重要”、“重要”、“次重要”、“一般”、“不重要”五个档次。其中，“极重要”者，指的是朝鲜战场诸要塞；“重要”者，指北部沿海各省直海防诸要塞，如旅顺、天津、登莱等处；“次重要”者，指淮扬一带；“一般”者，指南京、浙闽一带；“不重要”者，指两广一带。其部署兵力的原则是，按照重要程度，将后三者兵员调入前二者、尤其是朝鲜战场。诚如邢玠在此疏中所说，“伏乞皇上轸念时势最急，水兵最要，敕下兵部，马上差人守催。先调吴淞水兵一千，福建一千及南京三千，星夜兼程前来，以凭分防紧要水路，庶王京之守可坚，而内地尤可恃以无恐矣”②。同时，邢玠建议将万历二十年（1592）时招募“前往天津应援”、后来解散的江北通、海二州沙船、沙兵，“厚加募饷，选将领赴辽海听用”，约计沙船五十只、沙兵一千七百余名。邢玠的这次建议，基本得到赞同。兵部下令催发吴淞、福建水兵各一千，梁天胤江北水兵五千名，浙江、广东水兵各三千名，以期能“分布天津、登莱、旅顺以至江华等处，随地战守”③。

由上可见，邢玠在综合分析中朝两国形势的基础上，认识到朝鲜是中国外部藩篱，若要确保本国海防安全，最好的办法就是“御敌于国门之外”，将大量能征惯战的兵将调至朝鲜战场，在朝鲜痛击日军，不让其有越过朝鲜、入侵内地的机会。

---

① 《经略御倭奏议》卷二《守催闽直水兵并募江北沙兵疏》，《御倭史料汇编》（四），第134～136页。

② 《经略御倭奏议》卷二《守催闽直水兵并募江北沙兵疏》，《御倭史料汇编》（四），137页。

③ 《经略御倭奏议》卷二《守催闽直水兵并募江北沙兵疏》，《御倭史料汇编》（四），第140～142页。

（三）部署本国海防

邢玠在朝鲜策划战略进攻时，也在关注着本国的海防安全，他认为朝鲜与中国东部沿海的军事行动应该是一体的，必须要综合考虑，以保万全。他曾说：

> 倭性极狡，用兵最工，倘见吾大势逼临，力不能支，而以舟师抄入内地，以攻吾所必救，则未雨之防，不可不备。且转眼春汛，东南风多，正西可犯山东之成山等处，少西南则文登、即墨、灵山、安东、日照诸城，势皆震动。西北则登莱，再北则旅顺。由登莱遵南岸而西，则自王河营、王徐寨、皂河寨、渔儿浦、塘头寨，以及于天津，皆所可犯也，皆所当防也。由旅顺遵北岸而西，则金、复之望海窝、青米罡，宁前之铁山洋、芝麻湾，顺天之山海、永平、卢龙、滦州、宝坻以及于天津，亦皆可犯也，皆所当防也。①

邢玠认识到日军用兵狡诈，惯于避实捣虚，而中国东北部沿海地区海岸线非常漫长，兵防不足，一旦日军在朝鲜打不开局面，而又顺风顺水的话，难免会侵入中国北部沿海，以牵制明军在朝鲜的兵力。在此，邢玠把日军可能的进攻方向，做了详尽的描述。这些地方基本在山东以北，毗邻朝鲜，直接关乎京畿地带的安全。因此，邢玠对此事也较为重视，他下令妥善安排北部沿海的海防事宜：

> 将总兵周于德移驻旅顺以防春汛，山东抚按万等题改总兵镇守登莱扼险守要，屯据上游诚为至计。……今周于德既至旅顺，合将前后调集水兵，即令本官就近统领。如倭贼目下果以舟师抄入内地，则本官即以旅顺口为信地，统领天津水兵，相机防剿。如仍屯据朝鲜，与我兵相持，则本官听臣调至闲山等岛，统领各处舟师，为水陆夹攻之举。但旅顺口亦不可无兵防守，且为朝鲜后应，即将调到省直水兵，量拨一枝，留守旅顺，与登莱水兵合营会哨。周于德既调赴朝鲜，则山东总兵李承勋亦宜统帅舟师出汛于长山岛以北，一以守登莱之门户，一以备旅顺之应援，而并壮朝鲜之声势，有急仍听臣调遣。乃若天津为神京门户，亦不可无主将防守。则保定总兵边计尚缓，暂令带领所部官兵移驻天津，以固内地，且为旅顺、登莱声援，于计尤便。……分布防守，庶保万全。②

邢玠将周于德安排至旅顺统兵，可谓一举两得。如果日军入侵中国北部沿海，则

---

① 《经略御倭奏议》卷四《申饬五镇沿海春汛疏》，《御倭史料汇编》（四），第185～187页。

② 《经略御倭奏议》卷四《申饬五镇沿海春汛疏》，《御倭史料汇编》（四），第187～191页。

周于德可以以旅顺为战略基地，出兵策应天津等处。假如日军仍然在朝鲜活动，并未骚扰中国北部沿海区域，那么，他就可将周于德调入朝鲜战场，以缓解朝鲜的兵员和将领缺乏问题。假如情况为后者，周于德一旦调入朝鲜，则应迅速妥善安排旅顺善后事宜，尽快调集兵力填补，确保不致出现兵力部署的空缺。与此同时，再将山东总兵李承勋调往长山岛以北，一则在守卫登莱的同时，能够兼顾旅顺。二则于山东、辽东半岛之间驻以重兵，既可以确保京畿安全，又可以壮朝鲜之声势。同时，为保万全，再将保定总兵移驻天津，兼为旅顺、登莱之援兵。如此，则朝鲜战场成为北部沿海海防的第一道防线。驻扎旅顺、登莱的军队，在防卫北部海疆的同时，间接支援朝鲜战场，成为第二道防线。移驻天津的保定总兵所率军队，又成为旅顺、登莱的援军，是为第三道防线。三道防线既层层设防，环环相扣，相互之间又能策应。由此可见，邢玠在对日军作战意图烂熟于心的基础上，对我国东部沿海“准战争区”辽东、天津、山东等地防御，作了周密而灵活的部署，建立起纵深防御体系。这个防御体系以朝鲜战场为核心，各边防重镇互成犄角之势，应激灵活，“牵一发而动全身”，既可攻、又可守，在中国东部沿海构筑起一道北起辽东、南至山东的安全防线，既拱卫了京畿，又确保了援朝战争物资供应通道的畅通。

在朝鲜战场兵力部署基本完备的情况下，邢玠对于北部沿海的常备军事设施及常备兵力也提出了要求，他要求兵部移文天津、保定、山东、顺天、辽东各巡抚衙门，“严行各该兵备将领及沿海州县卫所掌印等官，各严中烽堠，整顿兵船，加紧隄备”。同时，又要求各海防兵备道要不时巡历下属沿海地方，“遇警，视地方缓急，督率官兵往来应援，勿致踈虞”，按照既定的兵力部署规划，“添设兵将，分布防守”，以保万全。① 同时，对于抗拒阻挠者则加以弹劾，如原先邢玠以海防、海运、修舡三事令天津兵备副使许守恩查议，许守恩却迁延不应，并言：“天津不必防，海运必不可行，造舡必不可用”，邢玠弹劾其“阻挠误事”，许守恩被逮捕②。

邢玠既对处于北部海防前线的旅顺、登莱、天津等地兵员、将领做稳妥的部署，同时还对处于后方的宣大、蓟镇等地兵员加以调整。万历二十五年（1597）十月，他上疏请招募南北军兵九千名，分为三营，添设协守副总兵一员、游击二

① 《经略御倭奏议》卷四《申饬五镇沿海春汛疏》，《御倭史料汇编》（四），第190~191页。

② 《明神宗实录》卷三百十四，万历二十五年九月辛亥，第5876页。

员，“各统领三千，控驻密、蓟、永三道海隅要害之中，分布防御”①。他在《催发续调兵马疏》中提出：宣大，“征宣大东征兵马，已该督臣题议，尽数召补，纵不备虏而倭平无日，即预储数千以备续用，未为不可。合移文该督抚，每镇各于数内挑选二千，闻调即发”。如蓟镇，“另募兵六千为防海专兵，若倭奴并力釜山，亦可那助东援”。是疏中还指出“至如天津抚镇，许其号召精壮，倘内地无事，不拘水陆，听其取道策应”。显然，邢玠此疏是为加强朝鲜兵力而上，其核心思想是调整北部重镇的兵力部署，以便腾出兵力以援朝鲜。这从他的后续言论中可看出：“查蓟镇原无防海专兵，难以如数尽调。况新设六千以北兵为步，止可防守信地，未可置之战阵。合无将六千之内，以三千行顺天抚臣差官赴浙改召南兵，即付副总兵吴广统领前来进剿，而以三千仍留防海，庶两地皆得实用，亦是权变济急之法。至于宣大听调兵马，如数督发。……其天津新设水陆官兵，亦应行抚镇将见有者，以一半留防本地，以一半督发前来，听候督发进征。”② 邢玠在此疏中力主宣大、蓟镇、天津等地均应做好充分的兵员准备，以为援朝战场供应。不过，其中三地又有不同。宣大镇毗邻蒙古诸部，离海较远，受到的海防威胁较小，其兵员准备是为直赴援朝战场做准备的；蓟镇虽负有防御蒙古、捍卫陵京重任，然其东南濒临渤海内部，虽说所受海上威胁不大，但威胁也确实存在。所以邢玠要求其设立“防海专兵”，以三千准备赴朝作战，以三千专留防海，攻守兼备。天津为海防重地，战略位置较为重要，既是援朝御倭战争的后勤、兵员供应基地，也是皇陵和京城门户，在兵防部署上需攻防兼备，在全国兵力吃紧的情况下，邢玠令其“号召精壮”自主招募军队，也是出于攻、防两方面的考虑，即如兵部回覆所说“应督发出洋者，即便督发，应留防要害者，随宜留防”。

援朝御倭战争胜利后，邢玠力主留兵朝鲜，目的在于使朝鲜“亟图绸缪，一二年后，殚力自完”③。这样朝鲜不但可以自保，中国也可借“屏蔽”。不过，直到最终撤兵之际，邢玠仍对其缺乏足够信心，认为该国“疮痍者未起，流离者未复。积弱之后，卒难自强。其君臣上下，尚未见有振拔自立之实”④。不过，限于各方面条件，“中国之力量止此，臣等之力量亦止此”。于是，邢玠开始考虑本国在援朝御倭战争之后的海防问题。他在上疏中说道：“往时以倭寇东南，闽广浙

① 《经略御倭奏议》卷十《海防散兵节饷叙录劳臣疏》，《御倭史料汇编》（五），第524页。
② 《经略御倭奏议》卷四《催发续调兵马疏》，《御倭史料汇编》（四），第228～235页。
③ 《明神宗实录》卷三百三十五，万历二十七年五月壬戌，第6213页。
④ 《经略御倭奏议》卷十《会议东师撤留疏》，《御倭史料汇编》（五），第439页。

直立镇设防，至今四时不懈。今朝鲜开此衅端，畿辅相为唇齿，则今日之辽左、津、登、淮扬，犹夫东南之闽广浙直也。中国固不能为外藩常守，独不当为内地预计哉？故臣等愚以为，若辽之镇江、旅顺，山东之登莱，南直之淮扬，北直之天津，应否酌量设兵预防，一如东南故事。待二三年后，朝鲜之元气全复，再另议撤。此内地之防，不可不预。”① 邢玠主张于北部沿海要塞，如旅顺、登莱、天津、淮扬等地立镇设防，以备不虞。这是在鉴于朝鲜缺乏足够国力抗击日军可能侵袭的前提下，提前做出的防御性措施。当然，他也看到了其中的困难，即经历援朝御倭战争后，明朝政府已经是“内帑缺乏，公私告匮”，在这种情况下，再于北部沿海各处设镇添兵，谈何容易！于是请求万历皇帝召集九卿科道诸臣会议此事。

由上可见，邢玠虽然主张“御敌于国门之外”，但对中国尤其是北部沿海的海防部署还是较为在意的，他力主加强旅顺、登莱等地的海防力量。这样，即使偶有日军侵入内地，也完全可以应付。

（四）倡议设立天津巡抚

详见本章第四节，兹不赘述。

（五）将北部沿海海防与朝鲜战事纳为一体

朝鲜战事涉及三国，战场形势的变化与三国息息相关。尤其是随着战争程度的进一步加深，中国北部沿海地区所受威胁也日益加重。邢玠既是援朝统帅，同时也是蓟辽总督，因此他需要在经略朝鲜战争的同时，也负责本国海防事宜。这就需要综合考虑各方面因素，以整合战争资源。

蔚山之役后，邢玠主张将军队分为东、中、西三路和水路，以便分进合击。其中，他在分析朝鲜沿海水路形势后，认为：朝鲜西北海道迂绕数千里之长，且风涛叵测，如果仅以一员大将统领，一旦遇到情况，势必会顾前失后，首尾不能相顾。因此，应当将水兵分为上、下二路，以便相互配合。具体部署为：“以鸭绿以西为下路，属总兵周于德管辖，统南京水兵二千二百与天津一带水兵，驻扎旅顺，以控内地。鸭绿以南为上路，改总兵陈璘统领，季金、张良相、沈茂、福日昇、梁天胤等营于群山岛、珍岛等处住泊。”② 这样，邢玠在水军部署中，将中国北部沿海的旅顺、天津一带，与朝鲜西海岸诸要塞、岛屿并为一体，前者“专

---

① 《经略御倭奏议》卷十《会议东师撤留疏》，《御倭史料汇编》（五），第441～442页。

② 《经略御倭奏议》卷四《议三路屯守疏》，《御倭史料汇编》（四），第278～279页。

司防御，仍听令调”，实则主要以照顾中国北部海防安全为主，兼能策应朝鲜战场，后者则“专司征剿”，主要负责朝鲜海战。上、下二路水军，既要做到相互策应，灵活应机，迅速实现攻防转换。同时，还要与陆路三支军队做好战略配合。为此，邢玠对部署后的上、下二路水军，提出了相当严格的具体要求，如必须将水路大将、偏将打算在哪个岛屿停泊？水军驻扎于沿海哪些州县？军队需要在哪一处水路战守冲要处扼守等情况详细议论，然后报知。

援朝御倭战争胜利后，邢玠在处理善后事宜时，也充分考虑到朝鲜与中国北部海域的战略一体性，并为此做了一定的部署。他指出，“山东登莱青等处，辽东旅顺一带，北直天津等处，各有大海口岸，一水直接朝鲜义州、黄海、全庆、釜山等道地方，形势联络，去日本对马岛不远，皆倭奴入犯门户。恐以无警因而懈怠，致弛海防，亦通行各镇道并咨各该抚臣，一体戒备”①。

由上可见，邢玠在指挥援朝御倭战争时，将本国海防纳入其整体战略中，实现了中朝双方的协同防御。这样一方面可以尽可能地通过在朝鲜战场上抗击敌人，阻断日军入侵的路线。同时，不断加强的北部沿海海防力量也可以作为朝鲜战场的后盾，在危急时刻可以直接入朝作战。

（六）安排朝鲜善后事宜

援朝御倭战争胜利后，鉴于战争第一阶段结束后，明朝政府将绝大多数军队仓促撤归国内，以至于后来面对日军卷土重来猝不及防的教训，为保证朝鲜安全，巩固胜利果实，邢玠提出了自己的设想。这些善后事宜，处处以防范日军再次侵袭为目的，力图使朝鲜恢复振兴、自强自立，并最终确保中国北部海防安全。善后措施包括以下几点。

1. 选拔将领

邢玠认为朝鲜镇守将领的选择，须为“谋勇威望素著者”，他在会同朝鲜经理、保定巡抚、山东巡抚共同商议后，认为山东总兵李承勋为合适人选。李承勋此人，“一腔韬略，百练才猷。赤胆信于千万人，部曲咸称夫死士。素志不染锱铢利，地方共道其福星”，更重要的是其“两守东徼，在在增壁垒之光”，在援朝御倭战争期间镇守登莱一带，有捍卫海防之功，而且他对于朝鲜情形也有所了解。加之，其镇守之地登州与朝鲜一衣带水，“朝帆夕棹，便达辽阳，无滞道

---

① 《经略御倭奏议》卷九《春汛分布海防疏》，《御倭史料汇编》（五），第386~387页。

途”①，成为最佳人选。

与此同时，邢玠等人还根据当时的情形对北部海防官员做了一定的调整。因朝鲜善后事宜紧急，李承勋“不必候代”，速赴朝鲜。其遗留下的山东海防总兵一缺，由原任提督天津、登莱、旅顺等处总兵官周于德接任。周于德所任原官，即以“岛氛既销，内地熄警，海防提督衙门即当议罢”为由而宣布罢斥。邢玠等人之所以选择周于德出任山东总兵，主要也是因其在战争期间，直接负责北部沿海海防事宜，谙熟海事，且能尽职尽责，故“镇东土尤便”，实为“因地酌材，因材器使”②。

2. 留兵戍守

援朝御倭战争胜利后，基于维护朝鲜国防安全和本国北部边防、海防的考虑，邢玠主张妥善安置善后事宜，指出倘若留兵过少，则“日本唾手以取朝鲜，以日本之富强，加以八道之兵食，虎视鸭绿，一苇而过辽左。辽兵有限，撤而防倭，是以地与虏，留而防虏，是以地与倭。辽左不可弃，势必征兵，非假以岁月不可。恐兵未出东关，倭已渡西江，彼时征兵四出，其费可胜言哉？蓟门舟师全无，倭由旅顺北岸，一苇可渡山海。倘水陆并发，畿辅之民不习兵革，边塞之兵各有信地，皇上想此光景何如？蓟辽不可缓视，则朝鲜未可遽忘，成功未可轻弃”③。他认为朝鲜留兵事宜关系甚重，如果处置不当，则会前功尽弃。倘若日军再次卷土重来，势必直接威胁中国北部边防、海防重地，甚至动摇京畿。因此，他主张留兵应当“不多不少”，撤兵应当“若急若缓”。因此，邢玠初步打算当年留兵二万五千，等春汛过后撤五千，明年春汛过后撤五千，秋汛过后再撤五千。等到后年，朝鲜形势稳定下来，朝鲜国力也已经基本恢复，等当年春汛过后一并撤还。其根本目的在于，“果倭奴远遁，海氛全消，朝鲜振衰起弱，足自为守，如期撤还……倘有意外之虞，宁为过慎之计”④。

同时，针对明朝政府上下希望尽早撤兵，以节约饷银、缓和国力的情绪，邢玠解释道：“天下事有省而实费、费而实省者。当时东倭发难，始而征兵不多，继而留兵太少。一时虽省，然养成燎原之势，无裨战守之策。而迁延七年，沿海

① 《经略御倭奏议》卷六《善后大将疏》，《御倭史料汇编》（五），第155页。
② 《经略御倭奏议》卷六《善后大将疏》，《御倭史料汇编》（五），第155～160页。
③ 《经略御倭奏议》卷六《酌议留兵粮饷疏》，《御倭史料汇编》（五），第245～246页。
④ 《经略御倭奏议》卷十《会题撤兵疏》，《御倭史料汇编》（五），第421～426页。

之备，所需不赀。不知费乎？省乎？"① 邢玠认为朝鲜问题事关重大，援朝御倭不但显示朝廷"字小之义"，且直接关乎本国的国防安全。一旦战事再现，明朝政府即使出于自保，也须出兵援助。既然如此，那就应该吸取援朝御倭战争第一阶段的教训，趁日军战败退兵之际，妥善处理善后事宜，以便彻底解决朝鲜问题。一时的留兵驻守，虽然会耗费军饷，但与长期战争的耗费比起来，还是划算的。邢玠留兵之策可概括为"无恃其不来，恃吾有以待之"。

事实证明，邢玠留兵戍守的策略是正确的，自日军退兵至明军退兵的两年内，驻守明军历经三汛，毫无动静，援朝御倭之战收获全功，诚如邢玠所谓"不特字小之仁度越千古，而东南半壁赖以晏然"②。

3. 厉行海禁

援朝御倭战争结束后，为确保海疆安宁，不生外交事端，邢玠等人主张在朝鲜及中国北部海域实行海禁。他在奏疏中说道，"看得倭奴自丧败之后，虽经节行沿海防守各将，严禁日本、朝鲜、中国之人，不许近岸下海，往来私渡，致启衅端。但有，即行擒拿，斩首示众"③。

由上可见，邢玠吸取了援朝御倭战争第一阶段明朝政府仓促撤兵以致日军卷土重来的教训，对朝鲜善后事宜做了周密部署，同时希望通过厉行海禁以避免事端。其实，其留兵朝鲜的根本目的，还是在于通过协助朝鲜戍守，逐步加强该国的军事实力，使其最终能够自强且能屏藩中国。

总体而言，邢玠在担任援朝御倭战争统帅期间，不仅在朝鲜战场上亲自指挥、调度歼敌事宜，而且对本国海防形势密切关注。他对朝鲜战场及中国北部海疆形势有着清醒的认识，秉持"御敌于国门之外"的方针，将大量军队调至朝鲜，力图歼敌于国外。而且，他对中国北部沿海的海防事宜也比较关注，亲自下令协调山东、辽东等地的兵防。同时，为加强整个北部海防的协调调度，他还力主设立天津巡抚。此外，他能善始善终，在战争结束后，力主在朝鲜留驻重兵，以防敌人反扑。

宋应昌、邢玠在担任援朝御倭战争统帅期间，既在朝鲜战场上综合调度，御敌作战，同时对于国内尤其北部沿海海防事宜也高度关注。为此，他们采取了诸多措

① 《经略御倭奏议》卷六《酌议留兵粮饷疏》，《御倭史料汇编》（五），第248页。
② 《经略御倭奏议》卷十《会议东师撤留疏》，《御倭史料汇编》（五），第435页。
③ 《经略御倭奏议》卷九《春汛分布海防疏》，《御倭史料汇编》（五），第384页。

施，要么亲自踏勘海防事宜，要么调兵遣将、议设职官。经过他们的经营，这一时期，北部沿海海防力量大增，在沿海重要地区一般均有官兵驻防。其实，北部沿海海防与朝鲜战争是并行不悖、相辅相成的。北部沿海海防实力的增长，为援朝御倭战争的顺利进行提供了坚实的后盾，明军在朝鲜战场上的克敌制胜，遏制了日军的侵略气焰，阻断了其入侵北部沿海乃至京畿地带的路径。在这两位东征统帅的经营之下，援朝御倭战争取得了胜利，北部沿海海防力量也得以提升。

第四节　明朝政府对北部海防的调整

援朝御倭战争期间，明朝政府在兵力部署、职官设置上，对北部沿海地区海防做了一些调整。通过调兵、募兵，明朝政府在北部沿海的要害地区，部署了大量兵力。通过设置各级文武海防官员，明朝政府加强了对北部沿海海防力量的协调调度，形成了文武相维、上下有序且又权责明确、指挥得力的战时指挥体制。

一、调整兵力部署

援朝御倭战争爆发后，北部沿海地区因与朝鲜距离较近，直接面临着严重的海上威胁。为拱卫京畿，防止日军入犯，明朝政府在北部沿海的山东、天津及北直隶北部地区部署了大量军队，增强了当地的海防力量。

（一）北直隶

1. 调拨战船、军队赴天津

援朝御倭战争开始后，为加强北部沿海军事力量，明朝政府从东南沿海、附近边镇调拨大量战船、军队。万历二十年（1592）六月，抚臣宋仕、按臣刘士忠等条陈防倭事宜，指出“天津逼近海口”，建议“遮洋海船四百余只尽数留用”以充战艘，朝廷同意①。此外，这一时期，有大臣主张招募江南沙兵，如杨允恭献策召募江南沙船，指出“沙兵聚为精锐，退为故业，路途三千，一月能至”，兵科都给事中许弘纲也赞同，并上奏，是年八月，朝廷同意，“召募沙船沙兵，差风力御史一员去”②。是年九月，浙江巡抚常居敬就调拨船只、军士一事上疏，指出“奉旨调取防倭战船，浙船大者重滞且尖底木椗，难以涉海，惟有沙、唬二

① 《明神宗实录》卷二百四十九，万历二十年六月甲午，第4632页。

② 《明神宗实录》卷二百五十一，万历二十年八月辛亥，第4683～4684页。

船可由内河抵天津，随即调取八十只，哨官五员、捕舵兵士、杂流共一千五百有奇，随船军火器械三千六百余件，药铅子六千余斤，行粮安家船租银共支过八千二百余两，原任坐营都司吴天赏熟于海务、把总韩光张良相才俱可用，委领各船赴天津听候调遣”①；应天巡抚刘应麒上疏指出：“所属四营选得沙船、唬船六十只，捕柁等工九百五十名，长枪一万一千枝，委把总陈天泽等管押，计日至天津听用”②。

除此之外，明朝政府还调集大量士兵赶赴天津。万历二十年（1592）十月，浙江参将杨文率军平定宁夏之乱凯旋，浙江巡抚常居敬言：“今宁贼既克，自应撤还，但蓟北需兵甚急，浙中汛候已过，应就近调充御倭防海之用，乞行蓟镇军门安插信地，预借粮饷”，朝廷同意③。又据《明神宗实录》记载，万历二十年七月，直隶巡按御史刘士忠上言，指出所调兵士众多，既“占民屋、夺民食”，又水土不服、饮食不便，且“南北兵争窝互斗汹汹”，主张将“调到二万三千人，选五千与南兵六百习水战，余仍归保、河操练，每日可省行粮三百六十两，即以造战船、备巡哨，有警水兵挎击，不数日保河兵可悉调至”④，由此可见，短短数月间天津兵力大增，其中既有周边军镇的军队，也有南兵。

援朝御倭战争第一阶段结束后，明朝政府对朝鲜战场和北部沿海的防御有所轻视，不过这一时期，天津的兵力仍然很多。万历二十二年（1594）七月，巡按直隶御史张允升上奏指出，“天津邻近畿辅，当漕运冲，而倭氛未靖，亟为备御，宜将河间等卫防边官军宽其修筑，内选精锐合守舡南兵三千之数，分配各船札营，南北兼练，与陆营兵三千相犄角，遇警水陆夹攻可挫贼锋，而武清、杨村等沿河地方增立保甲、墪堡以捍盗贼”，朝廷同意。⑤

2. 在京师附近设立备倭二营

万历二十六年（1598）四月，明朝政府在京师附近设立备倭二营。据《明神宗实录》记载：万历二十六年四月辛巳，“兵部题覆京营总协陈良弼条上新设备倭两营事宜，一议照战军营例，每营军选共给寺马八百匹，择殷实精武艺者领养练习，以资战斗。一议调神枢、神机两营轻车三百八辆，付备倭营训习，以备缓

① 《明神宗实录》卷二百五十二，万历二十年九月癸酉，第 4695 页。
② 《明神宗实录》卷二百五十二，万历二十年九月丙子，第 4698 页。
③ 《明神宗实录》卷二百五十三，万历二十年十月丁亥，第 4703 页。
④ 《明神宗实录》卷二百五十，万历二十年七月壬戌，第 4650 页。
⑤ 《明神宗实录》卷二百七十五，万历二十二年七月壬午，第 5090 页。

急。一议札付太仆寺，每年量动京营子粒银二千两给两营，为春秋操赏、置办金鼓旗帜之用”，此二营之设“原以护卫都城为根本计耳”，辖有兵士一万人。[①] 由此可见，在万历二十六年四月前，明朝政府即已在京师附近设立备倭两营，以护卫都城。

3. 驻兵宝坻、丰润、乐亭间

这一时期，明朝政府在北直隶北部一带也部署了不少兵员。如万历二十年(1592) 六月，兵部覆题：“宝坻、丰润为蓟镇沿海适中地方，游击吴惟忠堪领南兵驻札，从之”[②]。

此外，这一时期，在宝坻县海口塘儿上，顺天巡抚屯兵五百人驻守。对此，明季天津巡抚李邦华在踏勘海防时曾有论述，“越日北行，沿海沙碛弥漫不毛，日午抵塘儿上，是为宝坻县，属蓟镇河水入海之所，形势与大沽无异，有津民侨寓此地曰郑登云者来见……登云为言，先是倭躏朝鲜，中国戒严，顺天抚臣李颐曾屯兵五百，后苦无水，兵不食咸，时云父郑杰为军门千总，乃请自领乡兵戍守，而前兵遂撤，久之倭平，乡兵亦散”[③]。由上可见，援朝御倭战争期间，顺天巡抚李颐一度曾在宝坻海口屯兵五百，后因驻守兵士水土不服，方改为由乡兵驻守。援朝御倭战争胜利后，乡兵亦被裁撤。

除此之外，在乐亭县海口，明朝政府也大量驻扎军队。据光绪《乐亭县志》记载：“沿海要口：东自昌黎沙崖口至野猪口二十五里，次冲……自野猪口至胡林口八里，次冲：明万历中曾派河南车营官军三千员名，于此三口防守。自胡林口至小滦河口十七里，缓冲……自小滦河口至宽水口数里，次冲，宽水口与夹河滩相连，或云即宽水口，缓冲……自夹河滩至滦河口数里，极冲：……以上三口，明万历中曾派建昌车营官军九百七十二员名防守。自滦河口至囤子河口二十五里，缓冲……自囤子河至韭菜沟十里，次冲，自韭菜沟至清河口八里，极冲……自清河口至高糜河口八里，缓冲，自高糜河而西凡四十里，接蚕沙口入滦州界：以上四口，明万历中曾派遵化辎重营官军一千七百三十一员名防守”[④]，由上可见，这一时期，仅乐亭海口即驻兵五千七百余名。

---

① 《明神宗实录》卷三百二十一，万历二十六年四月辛巳，第5976页。

② 《明神宗实录》卷二百四十九，万历二十年六月乙巳，第4639页。

③ （明）李邦华：《文水李忠肃先生集》卷三《抚津荼言》，《踏勘海防乞敕修明事宜疏》，《四库禁毁书丛刊》集部第81册，第107页。

④ 光绪《乐亭县志》卷十四《武备·海防》，第406～407页。

4. 设天津海防营

早在永乐时期，明朝政府即已设立天津海防营。后该营一度调往别处。援朝御倭战争时期，明朝政府再度募集众多兵员，在天津设立海防营，驻扎葛沽。对此，余继登在《新建天津葛沽镇兵营记》中有详细介绍：

万历壬辰，倭入朝鲜，破其国、走其名王，杀掳其民人，据其城邑，狡焉有内讧之势。议者谓：津门咽喉要地，倭乘汛飏帆，则患首津门，津门被患则畿内恇扰。大司马竭心而谋，博采群议，乃征诸近卫兵屯海上，又奏遣大将、京卿各一人，募内地少年子弟可为兵者得数千人练习之，以益壮军势。时倭不犯东北者百数十年，屯守不设，营垒尽废，宿兵于斥卤之地，又盛夏瘴热，霪雨日侵，众无所栖息，疫疠时作，人情大扰，巡按侍御刘公疏言其状，乃得罢遣诸卫兵，独留募兵三千余人，统以偏帅以备不虞。于是巡抚大中丞刘公、备兵副宪梁公、郡守刘公惩前虑后，议于天津近地创立营堡，屯诸募卒，而推择予邑侯刘君俾经理其事，守乃由天津而东，往来海畔，览其形势，周视审度，得地于所谓葛沽者，东去海、西去津门，大约各五十里，地既适中，而形复高敞。①

又据李邦华《抚津荼言》记载：

戊戌、己亥间，倭寇朝鲜，中土犹为震动，曾设一副将，领水、陆官兵五千，艨艟毕具，防守兹土，名曰海防营。自倭患既息，前兵半撤而副将亦罢，今仅除都司矣②。

又据毕自严《饷抚疏草》卷一《防兵尽改屯兵海滏单虚可虑疏》记载：

津门之有海防营，原以防海而备倭也。先年设水、陆二营，共五千人。其后倭平撤去，仅存一营，共二千五百人。③

由上可见，天津海防营设水、陆二营，共有兵员五千人，以副总兵统领，后一度裁为三千人，援朝御倭战争胜利后，再度加以裁撤，余二千五百人。

5. 设北直隶海防三营

万历二十五年（1597）十月，明朝政府在北直隶北部的沿海地区设立海防三

---

① （明）余继登：《淡然轩集》卷五《杂著》，《新建天津葛沽镇兵营记》，清文渊阁四库全书补配文津阁四库全书本。

② 《文水李忠肃先生集》卷三《抚津荼言》，《归并水营疏》，第134页。

③ （明）毕自严：《饷抚疏草》卷一《防兵尽改屯兵海滏单虚可虑疏》，《四库禁毁书丛刊》史部第75册，第48页。

营。据邢玠《经略御倭奏议》卷十《海防散兵节饷叙录劳臣疏》记载："先该职等于万历二十五年十月内，因岛倭倡乱内地可虞，酌议题请，增募南北军兵九千，分为三营。添设协守副总兵一员，游击二员，各统领三千，控驻密、蓟、永三道海隅要害之中，分布防御。"① 由此可见，此三营设于万历二十五年十月，由协守副总兵一员、游击二员统领，驻扎密云、蓟州、永平三道海隅要害之中。

该疏还记载了上述海防三营的具体设兵、设官情况，兹录于下：

西路海防营：密云道属西路海防营，参将陈夔统领，原募南北哨旗队兵二千九百九十四名，并中军千把总等官十员，又镇守衙门续发通丁一百六名，共计官兵三千一百一十员名。

中路海防营：蓟州道属中路海防营，原系副总兵吴广统领。于二十六年六月内奉文调赴东征，呈委中路南兵营参将楼必迪署管。原募南北哨旗队兵二千九百一十八名，又中军千总六员，共计官兵二千九百二十四员名。

东路海防营：永平道属东路海防营，游击李自芳统领，原募南北兵士二千九百十五名，并中军千把总等官十员，又镇守标下续发通丁一百五名，共计官兵丁三千一百一十员名。

其中，中路海防营下辖若干水军，以及唬船二十只。上述海防三营之兵，均曾奉调东征。据战后清点三营兵马时统计：西路"内除奉调东征及逃故、汰革官兵一千二百三员名，实在官兵一千九百七员名"，中路"内除奉调东征及逃故、汰革等项官兵一千六十五员名，仍有实在官兵一千八百五十五名"，东路"内除奉调东征并逃故、汰革回南官兵一千二百九十九员名，实有见在官兵丁一千八百一十一员名"。② 由此可见，上述海防三营之设，不但加强了北直隶北部沿海地区的防御力量，而且支援了朝鲜战场。

此外，这一时期，天津以南至山东地区的海防力量也有所加强。明朝末年，天津巡抚李邦华在踏勘沿海防御时曾说："至于大沽之南，起草头沽尽郑家沟，中间海舟可泊者，惟起口、幸家铺两地耳，虽远邻山东之海丰，而实皆沧州之境内。往关白之役，墩台鳞次，经理极备。"③ 可见，当时明朝政府在这一地区也曾修建墩台，部署防御。

① 《经略御倭奏议》卷十《海防散兵节饷叙录劳臣疏》，《御倭史料汇编》（五），第524页。
② 《经略御倭奏议》卷十《海防散兵节饷叙录劳臣疏》，《御倭史料汇编》（五），第511~521页。
③ 《文水李忠肃先生集》卷三《抚津荼言》，《踏勘海防乞敕修明事宜疏》，第109页。

（二）山东

援朝御倭战争开始后，明朝政府及山东地方大员立即着手加强山东沿海的海防力量。早在万历二十年（1592）六月丙午，山东抚、按即已上奏，请求“于保甲军余中简选壮丁分拨防守，乞留民屯屯粮银四万并事例班价给饷”，得到朝廷同意。[①] 此外，这一时期，明朝政府不断调兵遣将，对山东半岛东、南、北部沿海地区海防力量做了很大调整。兹列如下。

1. 建登州府为重镇

援朝御倭战争期间，日军侵入朝鲜，朝鲜形势骤然紧张。登州与朝鲜隔海相望，若遇顺风，倭寇很可能漂洋而至，即如徐绩所谓“明季倭犯朝鲜，登州外接重洋，距朝鲜不远，故御倭之制为特备”[②]。因此，为加强山东沿海防御，明朝政府着力建设登州镇。

关于这一时期登州地区兵员状况，据道光《重修蓬莱县志》记载：

> 万历二十一年，因倭寇朝鲜，调集南北水陆官兵防海，登遂为重镇，与诸边等。分中、后二营，中营设把总一员、哨官二员，军四百名、家丁三名，马三匹，屯种长山岛。后营设把总一员，哨官四员，军六百八十六名，马三百六十二匹，屯种濒海荒地。分团操营为二，团操左营仍以中军领之，设哨官五员，增兵六百四名，马一百六匹。团操右营，设把总一员、哨官五员，兵五百八十名，马一百六匹，设副总兵统领之。
>
> 二十五年，设总兵署都督佥事。四十六年，加兼海运，凡济青濒海州县悉隶焉。
>
> 二十八年，又增设团操中营，设把总一员、哨官四员，兵七百八十九名，马五匹。团操前营，设把总一员、哨官四员，兵七百二十六名。裁总兵，设副总兵。[③]

此外，又据光绪《增修登州府志》记载：

> （万历二十一年）改文登营为守备府，设守备一员、中军一员、哨官二员。[④]

由上可见，自万历二十一年（1593）至万历二十八年（1600），明朝政府对登州

---

① 《明神宗实录》卷二百四十九，万历二十年六月丙午，第4639页。

② 光绪《蓬莱县续志》卷三《艺文志上·记》，徐绩《蓬莱阁阅水操记》，第486页。

③ 道光《重修蓬莱县志》卷四《武备·营制》，第55页。

④ 光绪《增修登州府志》卷十二《军垒》，第127页。

地区兵力做了很大调整，陆续添设六营，辖将官若干、军士三千七百八十五名，将登州营把总升格为守备，以重其事权。同时，在登州设立海防总兵，统领山东沿海兵马，登州作为山东海防重心的地位得到进一步巩固与加强。

2. 增兵莱州府

援朝御倭战争期间，明朝政府还在莱州地区不断增兵设将。这一时期，莱州府兵力的增强主要表现在以下几个方面。

（1）设莱州营

关于莱州营之创设，据乾隆《莱州府志》记载：

> 莱州营：在府城内。明万历二十五年，以倭警创，设参将一员统领全营……设把总六员分掌六营，各有署一所，每营哨官五员，共三十员，各营房一所，马步兵三千名。二十六年，以都司管参将事。二十九年，以游击管参将事。三十年二月，知府龙文明以倭寇屡警，议请添水寨一营，在三山下，设把总一员、哨官二员，沙船十三只、唬船六只，水兵四百一十八名。
>
> 九月裁减营员，止存把总五员，哨官十二员，兵三千四百余名。①

由上可见，莱州营的规模较大，由参将总领该营事务，共辖有水、陆七营，水陆官兵近四千人。

（2）提高即墨营的地位

即墨营设于永乐二年（1404），宣德八年（1433）移置县北，设把总二员。援朝御倭战争开始后，朝廷着意提高该营的地位。据乾隆《莱州府志》记载：

> 即墨营：万历二十一年，因倭寇屡警，改设守备一员、中军一员、哨官四员，兵丁九百十九名。②

援朝御倭战争时期，明朝政府之所以将把总改为守备，旨在提高该营的地位，以加强其控御能力。

（3）设王徐营

关于王徐营之设，据乾隆《莱州府志》记载：

> 万历二十一年，因倭警特设，守备一员、中军一员、哨官三员，兵五百名。

---

① 乾隆《莱州府志》卷五《兵防》，第93页。
② 乾隆《莱州府志》卷五《兵防》，第93页。

三十一年裁，并胶即营。①

王徐营设立后，“策应信地则莱州卫，本寨备御一所，马停寨、皂河、马埠、塘头四寨，马停镇，东良，柴葫，海仓，鱼儿铺，高家港六巡司等处”②，其策应范围东起莱州卫、西至高家港巡检司，可控御山东北部海疆。

（4）设潍县营

关于潍县营之设，据乾隆《莱州府志》记载：

潍县营：在潍县城内，万历二十五年因朝鲜及倭警，特设游击一员、中军守备一员、把总五员、哨官二十二员，兵三千名，以防北海，未几裁。③

潍县地近渤海内部，“海滨一带皆产盐地，地高水浅，海船不能入口，故有海无防”④，因地理环境所限，其面临的海上威胁并不重。明朝政府本着有备无患的原则设营于此，可见其对于当地海防准备得非常充分和周密。

3. 添兵青州

这一时期，明朝政府在青州设立守备、游击等官，并添加该地兵员。万历二十三年（1595）六月，设青州守备一员。据《明神宗实录》记载：“甲辰，诏设青州守备一员，团练民兵、弹压濒海剧盗，从抚臣郑汝璧请也。”⑤ 可见，该守备设立之初，主要是团练民兵、防御海疆。青州守备设立后，辖有青州马步快壮九百七十四名。

后来，随着援朝御倭战争形势的发展，至万历二十五年，增兵四千余名，改设游击一员，将守备移置安东卫。⑥

据咸丰《青州府志》记载：

顺治元年，青州府设城守营，仍明旧制：明万历间设守备一员，中军指挥一员，把总四员，春秋二汛赴海巡防，后增官兵至一千七百员名。⑦

该书还记载：

青州营设自明季，其兵丁于青州道属州县抽调团练快手五十名，民壮九百二十四名，自备马五十匹，又募主兵五百一十八名，自备马五十匹，共兵一千四百九十二名、马一百匹，守备一员、中军指挥一员，把总四员，俱于

① 乾隆《莱州府志》卷五《兵防》，第 94 页。
② 《由庚堂集》卷二十四《条议防海六事疏》，第 635 页。
③ 乾隆《莱州府志》卷五《兵防》，第 94 页。
④ 乾隆《潍县志》卷一《山川·海》，第 34 页。
⑤ 《明神宗实录》卷二百八十六，万历二十三年六月甲辰，第 5298 页。
⑥ 《明神宗实录》卷四百八，万历三十三年四月丙午，第 7605 页。
⑦ 咸丰《青州府志》卷二十九《兵防考》，第 547 页。

> 卫弁内遴委，所辖青州一营、青州、安东二卫、莒州、诸城二所、塘头、石臼二寨、沿海高家港、南龙湾等五巡司。春秋二汛赴海巡防，后又增添官兵至一千七百六名。①

由上可见，在援朝御倭战争期间，青州府的兵力显著增强，一度达到数千人。

与此同时，青州府其他地区的兵力也有所增强。如乐安县塘头寨，据《明神宗实录》记载：万历二十五年（1597）七月甲辰，山东巡抚张允济提出："青州塘头寨西接天津，中有大海口、洱河等处最为要害，原设官军单弱可虞，议调乐安、寿光二县乡兵各二百，共原军五百名合操防守"，得到朝廷同意。这样，在塘头寨驻有乡兵和正兵共九百名。②

此外，这一时期，山东半岛还聚集了大量南兵，如万历二十一年（1593）二月，经略宋应昌以"倭奴结聚王京"请添兵马，兵部议"以南兵备登莱者往援"，得到朝廷同意③。据此可见，当时山东登莱等处也调拨到大量南兵。此外，山东官员及其他官员，还经常上疏请求留班军防海，如万历二十年（1592）十一月，礼科左给事中曲迁乔上言指出，"山东北联畿辅，南接徐淮，西通运道，东临大海，最为防倭要害，欲免春季班军以备防守，添留武德参游以资弹压及增土兵、整器械、浚城池、训武艺，皆绸缪至计"。兵部表示赞同，并请"行京营、戎政及蓟镇、山东督抚衙门区画以闻"，诏可④。

（三）辽东

有明一代，辽东始终是军事重镇，明朝政府在此屯驻了大量兵力。尤其是援朝御倭战争开始后，辽东因地处战场前沿，成为兵员中转站，此时，明朝政府更加着意于加强辽东军事实力，先后数次调拨兵员。

万历二十年（1592）十月，兵部因日军欲攻占义州，朝鲜形势危急，唯恐"倭奴声势甚大，辽东兵马不敷"，因此着意加强辽东防御，建议"行浙江抚臣选募义乌、东阳劲兵数千听遣，山西抚臣挑选精兵二千策应，保定抚镇选练达舍、土达万余备援，得旨如议行"⑤。

万历二十四年（1596）九月，兵部再次指出，"辽左之势，倭犯由海，旅顺为

---

① 咸丰《青州府志》卷二十九《兵防考》，第548～549页。
② 《明神宗实录》卷三百十二，万历二十五年七月甲辰，第5841页。
③ 《明神宗实录》卷二百五十七，万历二十一年二月癸卯，第4784页。
④ 《明神宗实录》卷二百五十四，万历二十年十一月辛未，第4725页。
⑤ 《明神宗实录》卷二百五十三，万历二十年十月丁酉，第4708～4709页。

冲，必须添设水兵，陆则南有金、复，东惟鸭绿，地千余里安能无所不防，惟俟朝鲜报警之后，而复州兵将移之金州，金州兵将移之黄骨岛，岫岩设一备御，增五百土兵，九联故址新筑一城，名曰镇江以为备倭之计，从之”。①这一时期，辽南海防地位凸显，明朝政府在旅顺设立游击一名，统领军士一千一百余名。②辽南金、复、海、盖地区兵员的补充和将领的部署，直接加强了当地海防力量。

此外，这一时期，大量援朝军队屯据辽东，他们虽非专为辽东海防而设，但是他们的暂时屯驻，也在一定程度上加强了当地海防力量。

二、调整将领、官员部署

援朝御倭战争期间，北部沿海形势紧张，因此官吏、将领的“才地相宜”便显得尤为重要。这一时期，明朝政府对北部沿海的官员、将领做了一些调整。

万历二十年五月，倭犯朝鲜，辽左戒备，蓟辽总督蹇达揭报，乞将保定总兵倪尚忠移驻天津，总管二镇兵马，从之。③

万历二十年十一月，因兵部上言指出“（张）邦奇被论乞休而才可驱策，晋中宜得镇重之帅弹压之，王保身轻战阵、勇冠戎行，蓟镇防虏、防倭，保骁雄，足备折冲之用”，朝廷下令命山西总兵王保、蓟镇总兵张邦奇互相更调。④

万历二十五年（1597）三月，因吏科给事中戴士衡上疏请查核沿边官吏不谙边务者，于是调登州兵备副使王学谟于兖西，以曹州兵备张世烈补海防道，并调山东巡抚张允济于腹地用。⑤是年九月辛丑，调天津兵备许守恩为易州道，易州道兵备汪应蛟为天津道，“以才地互更也”⑥。

三、设置海防官

（一）朝鲜经略

1. 设立原委

在明代，“经略”一词出现甚早，本非专职官名，具有临时“差遣”的使动

① 《明神宗实录》卷三百二，万历二十四年九月庚申，第5669页。
② 《明神宗实录》卷四百三十三，万历三十五年五月辛未，第8188页。
③ 《明神宗实录》卷二百四十八，万历二十年五月己卯，第4620～4621页。
④ 《明神宗实录》卷二百五十四，万历二十年十一月甲申，第4730页。
⑤ 《明神宗实录》卷三百八，万历二十五年三月乙巳，第5762页。
⑥ 《明神宗实录》卷三百十四，万历二十五年九月辛丑，第5872页。

之意。如洪武元年，“上以湖湘既平，命（徐）达令诸将经略各郡，班师还京”①，即为一例。

经略成为官名，最早出现于援朝御倭战争时期。首任经略即是宋应昌，据《明神宗实录》记载：万历二十年八月乙巳，“命兵部右侍郎宋应昌往保、蓟辽东等处，经略备倭事宜”②，不久明廷铸“经略保、蓟、辽东等处关防”赐之。对此，《明史》也有记载，“天启元年置辽东经略。经略之名，起于万历二十年宋应昌暨后杨镐”③。由此可见，宋应昌是明代首位担任经略者。

这一时期，经略虽已成为正式职官，但仍然具有很强的差遣性质，即因事而设、事定而裁。宋应昌自万历二十年（1592）出任朝鲜经略，至万历二十一年（1593），明朝暂时取得胜利，援朝战争第一阶段结束，总共不到一年时间。④

至于明朝政府设立经略之原因，宋应昌在万历二十年九月二十二日所上《辞经略疏》中有所记述，即为“奉圣旨：倭奴谋犯，督抚各守防虏，地方战备一无所恃，且沿海数百里不相联属，一旦有警，深为可虞，特遣经略，专任责成”⑤。据此，则该经略专为沿海防倭而设，后来随着形势的变化明朝政府方才令其率军入朝作战。

2. 辖区及职权

（1）辖区

至于朝鲜经略的辖区，宋应昌在其《华夷沿海图序》中有所介绍，即“安东而南不在节制内，安东而北散见条置诸疏”⑥；又在《恭进海图倭物疏》中指出“臣奉命经略之初，倭患孔炽，畿辅戒严，而属国望援甚急，臣以为居重斯能驭轻，安内方可攘外，随历天津、蓟镇以及辽东，乃山东又臣旧抚之区，是以四镇海防筹画咨询颇详”⑦。由上可见，其国内海防辖区当为山东安东卫以北，辽东以

① 《明太祖实录》卷十六，洪武元年二月己丑，第219页。

② 《明神宗实录》卷二百五十一，万历二十年八月乙巳，第4681页。《国榷》卷七十六，万历二十年八月乙巳，“以兵部右侍郎宋应昌为总督保定、蓟辽，经略朝鲜”，误。第4682页。宋应昌并未担任蓟辽总督。如据王锡爵所撰《神道碑铭》记载：“诏拜公兵部右侍郎，经略蓟辽、山东、保定等处防海、御倭军务”；黄汝亨所撰《行状》记载亦同。可见，宋应昌虽“经略蓟辽、山东、保定等处”，却未任蓟辽总督，仅是负责上述地区的海防事宜。

③ 《明史》卷七十三《职官志二·都察院·总督巡抚》，第1773页。

④ 后来的杨镐、万世德虽也称为经略、经理，但已非援朝最高指挥官，而是隶属于最高统帅邢玠，且其职责主要在朝鲜战场，已无国内辖区，与宋应昌不可同日而语。

⑤ 《经略复国要编》卷一《辞经略疏》（万历二十年九月二十二日），第21页。

⑥ 《经略复国要编》卷首《图序》，第7页。

⑦ 《经略复国要编》卷十三《恭进海图倭物疏》（二十日），第277页。

南，即黄汝亨为其所撰行状中所说，“诏拜公兵部右侍郎，经略蓟辽、山东、保定等处防海御倭军务”①。

此外，黄汝亨为宋应昌所撰行状名为：《经略朝鲜、蓟辽、保定、山东等处，兵部左侍郎、都察院右都御史宋公行状》②；王锡爵为其所撰神道碑铭名为：《经略朝鲜、蓟辽、保定、山东等处军务，兵部左侍郎、都察院右都御史桐冈宋公神道碑》③。由以上二者之名称可见，宋应昌之辖区当为朝鲜、蓟、辽、保定、山东五处。

（2）职权

该经略之设，本专为防海，并非援朝。后因朝鲜形势日益紧张，明朝政府始命宋应昌率兵援救，即如宋应昌所谓，“皇上先以防御事责臣经略处分，复以征援事命臣筹画料理”④；“初命经略，某谓巡历海口、修戢防御，职如此尽矣。不意甫抵三河，征剿之命一而再、再而三”。⑤ 这与兵部官员在一次上疏中所说“时以经略虚衔，原为料理海防，未拟经略朝鲜”⑥ 颇为吻合。据此，则经略一职本为北部沿海一带山东、北直隶、辽东等地最高专职海防长官。因此，其职权核心最初是为整饬北部沿海防御，以应对可能出现的外敌从海上入侵。

关于这一时期的经略职掌，在明朝政府赐予宋应昌的敕书中有明确记载。该敕书收录于宋应昌的奏疏中，兹录于下：

> 奉敕：兵部右侍郎宋应昌。近因倭奴陷没朝鲜，谋犯中国，叠据李昖之奏报、并我边吏之上闻，事属不恭，罪在不赦，虽曾申饬督抚镇道并添设练兵阅兵诸臣，犹恐御倭、防倭难于兼济，画地分守罔知同心。今特命尔前去蓟辽、保定、山东等处经略防海、御倭军务。尔宜查照该部题准事理，防守要害，修筑墩台，督造战船，多储火炮，鼓舞士气，审察倭情，一应战守、抚剿悉听随宜处置，兵马钱粮随宜调度，司道、将领随宜委遣。应与总兵官计议者从长计议而行，勿执成心，期利国事。镇巡以下悉听节制，文职知府

① 《经略复国要编》附录，黄汝亨：《经略朝鲜、蓟辽、保定、山东等处，兵部左侍郎、都察院右都御史宋公行状》，第 314 页。又据《明神宗实录》卷二百五十一，万历二十年八月乙巳，“命兵部右侍郎宋应昌往保、蓟、辽东等处，经略备倭事宜”，第 4681 页。

② 《经略复国要编》附录，黄汝亨：《经略朝鲜、蓟辽、保定、山东等处，兵部左侍郎、都察院右都御史宋公行状》，第 312 页。

③ （明）王锡爵：《王文肃公文集》卷六《经略朝鲜蓟、辽、保定、山东等处军务，兵部左侍郎、都察院右都御史桐冈宋公神道碑》，明万历刻本。

④ 《经略复国要编》卷三《议处海防战守事宜疏》（十三日），第 53 页。

⑤ 《经略复国要编》卷三《报赵张二相公书》（三十日），第 67 页。

⑥ 《经略复国要编》后附《兵部一本查核东征功次仰乞圣明酌行赏罚以昭国是以励人心事》，第 293 页。

以下、武职参将以下有怠玩畏避应拿问者径自拿问，应参治者从重参治，务求将勇兵强，战胜守固。倭奴敢为西犯，大军先挫其锋，如其畏威遁归，亦当严兵慎守，务以一倭不入为功。从前防御事情有处置未妥者，悉听尔计画方略以图善后。敕内开载未尽事宜，悉许便宜区处，应奏请者奏请定夺。事宁之日具奏回部。各镇文武将吏及管粮官分别举劾。尔为重臣，受兹特简，宜竭忠殚虑、耀武宣威，使蠢兹小丑伏斧锧于天朝，蕞尔朝鲜荷帡幪于上国，肤功克树，露布早闻，斯称朕委任之意，尔其钦承之。故敕，钦此。①

由上可见，明朝政府之所以设立经略，乃是因为日军占领朝鲜，给中国东北部沿海地区造成直接威胁。设立经略可以综合调度北部各地军事力量，专理防海御倭事宜。从“务以一倭不入为功”来看，该经略之设，本意专为本国防海，着眼于本国之海防安全。

经略一职本为防海专设，后因朝鲜战场形势日渐紧张，始统兵入朝。因此，宋应昌初任经略的一段时间，整饬沿海防务是其主要职责。这一时期，宋应昌虽然奉敕经略蓟辽、保定、山东军务，然该地原有督、抚，相互之间品级、职权颉颃，且宋应昌之职责专为防海，故只能综合调度，协调指挥。可以说，宋应昌仅为北部海防最高长官，并非该地最高军事长官。因此，笔者认为：宋应昌之海防职权主要体现在两个方面，一协调各地督抚，二指挥相关沿海诸道。关于宋应昌对于北部沿海海防之整顿，在本章第三节中已有详细论述，兹不赘述。

3. 评价

明朝政府设立经略一职，意在使其在北部沿海范围内，统筹规划、综合调度各方力量，切实加强当地海防，以有效地防御可能出现的日军入侵。万历皇帝也说，“经略关系重大，应昌忠勇任事，督抚官毋得阻挠，将领以下一听节制，违者以军法行”②。不过，宋应昌就任该职后，在行使职权时却并不得心应手。

宋应昌就任伊始，即上疏请赐专敕，认为此举可以“俾臣得以专任其事，文武诸臣之中，毋得轻易阻挠牵制。至于将校逗留观望有不用命者，参将而下听臣即得斩首于军中，以肃号令。庶事权既重，功有责成”③。显然，宋应昌对出任经略后可能遇到的困难已经有所估计，并做了一定准备。不久后，宋应昌因遭御史

① 《经略复国要编》卷十三《奏缴支存马价册籍疏》（十二日），第272~273页。
② 《明神宗实录》卷二百五十一，万历二十年八月壬子，第4685页。
③ 《经略复国要编》卷一《初奉经略请敕疏》，第20页。

郭实弹劾，上疏请辞经略。疏中明确言及经略一职之尴尬处境，说道：

> 臣自受命以来，百凡料理，兵难遥制，蓟辽保定以至山东不下数千余里，彼此报警，卒难驱策，此形势之不便也。总督辖抚巡，抚巡辖司道，司道将领以及百执事，血脉流通。今也，骤加经略，宛若赘疣，此事体之不便也。四镇兵马惟蓟辽为盛，使经略分之御倭，则御虏之兵弱，听其御虏则无以御倭，此柄权之不便也。使经略别乞钱粮，选募将士，安能一时云集。即集矣，新募之兵素非练习，一旦驱之临阵与惯战强倭相角，其不格明矣，此兵力之不便也。大都事权一则专，二则分，一则合，二则携。析之为二，是督抚据其实而挠其权，经略假其权而亡其实。臣以为设经略不若重督抚之为愈，况今敌将压境，势若垒卵，臣不为蚤言，皇上不为速断，在督抚则曰已遣经略矣，在臣则曰已辞经略矣，互相推诿，倭奴内犯之计日促，中国逗遛之患日深，万一疏虞，咎将谁任？①

由上可见，宋应昌对经略一职的尴尬处境认识得非常明确。他认为经略一职存在以下不便。其一，辖区过广，难以兼顾。其二，该职为临时所设，缺乏完整的属官体系，指挥不便。其三，无专辖军队，属下兵员或调或募，受制于辖区内各督抚。因此，经略仅为名义上的最高海防长官，实则并无实际权力。所以，他认为不如裁撤经略，加重督抚之权。

应当说，宋应昌看到了问题的本质。经略一职带有很强的差遣性，因事而设、事平而裁，加之品级、职权颉颃，在与北部沿海诸官员、将吏的沟通中很有可能出现协调不畅的情况。即如王锡爵所说："边臣伸缩自由，而经略则空名客寄，俯仰随人。"② 事实证明，在宋应昌担任朝鲜经略期间，确实备受为难，他不得不经常言辞卑下地致书北部沿海各省督抚，商谈调兵、转饷事宜。

援朝御倭战争第一阶段胜利后，宋应昌撤回国内，东征善后等事务归蓟辽总督管理。后来，朝鲜战争再度爆发，蓟辽总督邢玠率兵出征，成为北部海防最高长官。

（二）天津巡抚

1. 设立的背景

援朝御倭战争开始后，天津作为京畿东大门的地位凸显，为确保京畿地带的

---

① 《经略复国要编》卷一《辞经略疏》（万历二十年九月二十二日），第 21 ~ 22 页。

② 《王文肃公文集》卷六《经略朝鲜蓟、辽、保定、山东等处军务，兵部左侍郎、都察院右都御史桐冈宋公神道碑》。

安全，明朝政府一度曾令保定巡抚移驻天津，主持当地海防事宜。万历二十五年(1597)，中日和谈失败，丰臣秀吉卷土重来，朝鲜战局再度紧张。为加强对北部沿海地区海防的总体协调防御，大学士赵志皋、张位、沈一贯及援朝明军统帅邢玠四人均建议设立天津巡抚。

(1) 赵志皋

万历二十五年九月十四日，赵志皋上《请设监军巡抚》一疏，该疏首先分析了朝鲜战场的形势及其对北部沿海的影响，指出：

> 倭之不能北犯中国者，唯恃朝鲜全罗、庆尚二道为我卫耳，倭船从海入犯，必由全、庆二道地角，待反风而后能进，故全、庆乃中国之金汤，而亦朝鲜之门户，全、庆亡，朝鲜必亡，朝鲜一亡，倭奴之入犯必不从陆犯辽、仰攻山海矣，必从水路之东汉、临津、晴川、大定、大同、鸭绿诸江分兵四出，挠我四镇，则我防倭之力分而不胜左右顾矣，此目今之一大患也。使倭奴一据全、庆二道，又可以待风而为航海计，不独四镇近地可虞，凡东南沿海，皆时时有切近之忧，不若平时二汛之期易于防守矣，此目今又一大患也。①

赵志皋首先分析了朝鲜战场的形势，认为朝鲜半岛南部的全罗、庆尚为战场之关键，因此应当屯驻重兵以防御。同时，他还认为应当做最坏的打算，倘若全、庆陷落，朝鲜灭亡，那么中国沿海地区也不免遭受战火，所以应加强北部沿海的军事防御。至于中国沿海尤其是北部沿海地区应当如何防御，他认为应当设立巡抚以综合调度：

> 天津系畿辅门庭，至山海关仅八百余里，而登莱为中原襟带，南至淮安运河口三千余里，又山以东、江以北之藩蔽也。承平以来，沿海卫所单弱，处处滨海、在在宜防。万一倭奴乘虚而入，内无控扼、外无声援，中州、畿辅不无震动。天津虽迩蓟镇，山东原有巡抚，终难遥制，莫若添设备倭抚臣一员，弹压天津、登莱。据险练兵，因而留屯，无警周巡，有警策应，而衙门略近天津，以示特重根本，则南可以防中原，北可以壮神京，东障海岛，而山海、鸭绿等处声息易达，此实内防之最不可缺者。②

赵志皋认为就北部沿海地区而言，登莱、天津二地最为重要，一旦日军进占此二地，则京畿动摇、中原扰攘，因此要严防此二处。若要实现有效防御，则需设立

---

① (明) 赵志皋：《内阁奏题稿》卷六《请设监军抚臣》，《续修四库全书》第479册，第81页。
② 《内阁奏题稿》卷六《请设监军抚臣》，第81页。

天津巡抚，以综合调度北部沿海军事力量，实现内部的协调、策应。

（2）张位

在朝鲜战场上，南原、全州陷落后，战争形势一度处于不利境地，“该国官民纷纷逃散，渐遗空城，不惟不助我兵、不供我食，且将仓粮烧毁，绝军咽喉，反戈内向，萧墙变起”①。在这种情况下，不但朝鲜难以固守，若在朝日军乘机西犯，中国北部沿海也处在危急之中。此时，张位上《条陈御倭七事疏》，提出了对当前御倭形势的认识和建议，其中之一即为设置天津巡抚，他说道：

> 今倭兵西向之处，天津一门户，登莱二门户，淮阳三门户，南京四门户，浙江五门户，福建六门户，广东七门户，皆当预为防守者。前三门户在北，势近，后四门户在南，势远，今倭兵倾国而来，其意在北，宜抽调在南四处之兵前来应援。请于天津近便地方，特设海防巡抚一员，总兵一员，各给敕书，专治海上事务，续调水兵俱属管领，听其相险分布，以备战守。仍令山东、保定巡抚协力防御，毋分彼此。其天津、登莱、辽海兵道皆属统辖，滨海军卫有司及各官兵俱听调遣，俾其增设险隘、盖造墩营、缮治战船、督护粮运、训练土兵、安排火器、料理屯田，北援辽东、旅顺，南控登莱、淮扬，声势连络，大振军威，此第一首务也。②

张位将东部沿海要地划分为七，并按照距离朝鲜战场和京畿地带的远近提出布防建议，主张抽调在南四者之兵力援助在北三者，同时设立天津巡抚以综合协调此事。

（3）沈一贯

沈一贯也看到了北部沿海地区的战略重要性，他在《请设天津登莱巡抚疏》中，提出了自己对于北部沿海海防的建议，他指出：

> 为天津登莱计者，但曰催督保定、山东巡抚各移驻本地，慎加防守。臣愚以为，事权宜一不宜分，天津与登莱同是一海，不得分而为两，兵气宜扬不宜抑，攻战与防守本是一事，亦不得分而为两。若事权诿而不一，兵气顿而不扬，终至于虚縻空费。③

显然，沈一贯看到了对于援朝御倭而言，北部沿海的山东、天津、辽东是一个有

---

① 《明经世文编》卷四百八，张位《条陈御倭七事疏》，第4436～4437页。

② 《明经世文编》卷四百八，张位《条陈御倭七事疏》，第4437页。

③ （明）沈一贯：《敬事草》卷二《请设天津登莱巡抚疏》，《续修四库全书》第479册，第176页。

机的整体，应当通盘考虑，综合协调，以便整合内部力量，更好地部署防御。因此，他不赞同仅将保定、山东巡抚移驻天津、登莱，而是主张应当统一事权。为此，他建议：

以臣之愚，使两巡抚分为之，不如使一巡抚专其事，而权易行使，徒自守而不言战，不若使之索倭而战，以救朝鲜而守自固。请于天津、登莱沿海居中处所，设立一巡抚，率总兵、兵备、参游，总辖海道，北接辽东，南接淮安，臂指相使，首尾相应，多调浙直闽广惯战舟师相度机宜，进剿釜山、闲山及对马等贼，与经理之师相为犄角，救援朝鲜，且以护送海运往饷辽东、朝鲜之兵。傥若倭犯中国，则从海中邀击，与在镇官兵夹剿，其保定、山东巡抚则令其处置粮饷、器械，不时接济，各军卫有司官员俱听新设巡抚随宜调用，一体举劾，而本官仍听蓟辽总督节制。①

沈一贯认为，设立天津、登莱巡抚，主持北部沿海海防，对于策应朝鲜战场和拱卫京畿、安定中原均有很大好处，他指出：

如此有五便焉，天津畿辅门户，登莱中土藩篱，重兵厚防以战为守，其守益固，一也。朝鲜自闲山一失，倭无忌惮而并力进兵矣，今我师在海而尾其后，绝其饷夹而攻之，腹背受伤必当殄灭，二也。浙直闽广之舟泛泛而来无所栖泊，为将属之山东乎？属之保定乎？属之总督与经理乎？属之山东保定则分，属之总督、经理则远，今令其望天津、登莱以为归，船有所系而安，饷有所出而饱，匮乏则有所请而给，进止则有所禀承节制而肃，南望家乡在迩，其心易以靡，内去中土不遥，其需易以继，北拱京师甚近，其情易以达，三也。欲饷朝鲜，则舳舻衔尾，费可大减，又以舟师相翼而行，无盗贼之虞，四也。苍福沙民等船，有能仗义出奇者，地近势便，令其就此受成，捷则为之代题，海内趋功名愿报效之人可四面而集，为助当多，五也。②

据本章第六节可见，沈一贯非常重视水战，他主张设立天津、登莱巡抚，主要是为加强北部沿海军事力量尤其是水军实力，他综合分析了设立天津巡抚的诸多益处，认为该巡抚设立后可以有效地调度沿海水军，既可以转饷朝鲜、辽东，保证大军后勤，又可以配合朝鲜战场，最终能够确保北部沿海的安全。

---

① 《敬事草》卷二《请设天津登莱巡抚疏》，《续修四库全书》第479册，第177页。

② 《敬事草》卷二《请设天津登莱巡抚疏》，《续修四库全书》第479册，第177页。

（4）邢玠

在朝鲜战场上，闲山岛失守后，朝鲜西南屏障不复存在，形势迅速急转而下。倘若日军仅仅在陆地上发动攻势，那么战火仍在朝鲜境内，危害还不是很大。假如日军从水路派兵，四处出击，那么几乎“无处不通”，中国北部沿海地区难逃战火。为此，邢玠在上疏中详细分析了战争形势：

> 倘再一扬帆西北，则直达天津，震惊陵京。正东则登莱，东南则淮扬，皆切剥肤之患。而南京，而浙江，而闽，而广，虽均为倭犯之冲，然倭必不能有此余力，远犯东南。故今日海防之要，天津、登莱最急，淮扬次之，南京、浙江、闽广似尚无事。①

邢玠认为以天津、登莱为防御重心的北部沿海海防区与朝鲜一衣带水，日军转瞬即至，是面临战争威胁最大的区域。况且，此地区位于东部沿海，负有拱卫京畿的重任，应当加以重视。这一区域在军事建制上属于蓟辽总督辖区，而身为蓟辽总督的邢玠，远在异域，存在诸多不便，诚如邢玠所言：

> 天津、登莱皆臣节制之地也，水陆兵马、本折粮饷，臣总督经略悉听调度，名义岂不甚便？但臣无论督兵少完将出异国，即在辽阳，文移一行，在天津往返四千余，登莱往返六七千海道。辽人不识水性，船只引导、风色顺逆皆难昼夜兼行、应变济急。况海兵、海船非两三抚臣专责，臣索之以所有，尚以为各守信地，况索之以所无？往来会议便是两三月。地方文武，臣即绳以三尺，然非查覈（核）的确，难于草草。一查又是两三月。当水火及身之时，能当几次耽延乎？②

邢玠认为蓟辽总督节制天津、登莱，虽然在名义上有很大的方便，但限于当时的交通等条件，实际上并不可行。他主要着眼于行政效率问题，认为假如自己仍旧节制此二地，那么自己身处异域，遇事必须通过“文移往返”，一次即需数月时间，况且一次未必就能解决问题。而战场形势瞬息万变，“一着不慎，满盘皆输”，倘若其身在朝鲜，又直接指挥天津、登莱等处海防事宜，势必无暇顾及，最终误事。同时，他又修改了以前提出的移换巡抚驻地的主张，认为随着战争形势的发展，此举也有局限性，他说：

> 即移保定抚臣于天津，移山东抚臣于登莱。然保镇总六府之机务，山东

① 《经略御倭奏议》卷二《请设天津巡抚督饷大臣疏》，《御倭史料汇编》（四），第177～178页。
② 《经略御倭奏议》卷二《请设天津巡抚督饷大臣疏》，《御倭史料汇编》（四），第178～179页。

抚全省之军民，各有防虏、防矿、防盗之责。令各偏处一隅，专理海防，不特有防庶政，且东自为东，津自为津，其机原不相联，其势亦不能相使，而欲其南联北应、西控东援，则不免于掣肘之患。合无于天津地方专设经理海防巡抚一员。①

邢玠看到了移动抚臣驻地并不能从根本上解决问题，而且有可能会导致新的不便，一则会影响抚臣原先的政务，打乱以前的行政部署，有可能引发新的政治、军事、社会问题。二则，即使移驻成功，天津、登莱仍是各自为政，很难实现相互之间的配合、应援，难以建立起有效的战略协调机制。因此，不如于天津设立专门的海防巡抚，综合处理北部海防具体事宜及对援朝战场的战略策应。邢玠之所以倡议设立天津巡抚，首先是随着朝鲜战场形势的日渐恶化，中国北部沿海的旅顺、天津、登莱等地面临着严重的战争威胁。其次，他身为蓟辽总督，既要负责北部沿海海防事宜，又要经略援朝御倭战争，不但分身乏术，而且限于交通等条件，在行政运转上已经不可能实现，必须舍弃一方，而专顾一方，方能成功。再次，随着朝鲜战争的爆发，中国北部海防形势，已经出现了一体化的趋势，即不再是以前各省“各守信地”了，而是面临着统一的任务，那就是实现各省之间的战略应援和协调，最终达到“拱卫京畿”的战略目的。这便是邢玠倡议设立天津巡抚的背景。

以上四人均看到了朝鲜战场与中国北部沿海地区休戚与共的关系，并能根据朝鲜战场的形势变化，做出积极反应。他们主张将北部沿海作为一个整体通盘考虑，打破各省具体负责、各自为政的旧规，设立天津巡抚以整合北部沿海的军事力量，内可以确保北部沿海的安全，外可以策应朝鲜战场。

2. 辖区及职掌

(1) 管辖范围

作为专职海防巡抚，天津巡抚没有固定的陆地辖区②，其辖区主要是北部沿海。对于其辖区赵志皋等人也有界定。

赵志皋主张：该巡抚“弹压天津、登莱。……无警周巡，有警策应，而衙门略近天津”③。

---

① 《经略御倭奏议》卷二《请设天津巡抚督饷大臣疏》，《御倭史料汇编》(四)，第179页。

② 靳润成：《明朝总督巡抚辖区研究》，第37页。笔者认为，天津巡抚没有固定的陆地辖区是指没有传统行政意义上的辖区，即不负责该地的具体行政事务，如钱粮征收、刑名等，就军事统辖来说，其对于沿海天津、登莱等地的军事力量仍具有一定的统辖关系。

③ 《内阁奏题稿》卷六《请设监军抚臣》，第81页。

张位主张："于天津近便地方，特设海防巡抚一员……专治海上事务……其天津、登莱、辽海兵道皆属统辖，滨海军卫有司及各官兵俱听调遣。"①

沈一贯主张："于天津、登莱沿海居中处所，设立一巡抚，率总兵、兵备、参游，总辖海道，北接辽东，南接淮安，臂指相使、首尾相应。"②

对此，兵部官员也有认识，"查得海防抚镇之责任，驻札原无定所，自旅顺至登莱皆其信地，旅顺而北、登莱而南，皆得策应"③。首任天津巡抚万世德也曾说："钦奉玺书职掌海务，而海壖延亘绵长。"④

因此，可以说天津巡抚的管辖范围为北起旅顺、南至登莱的广大沿海地区，即环渤海周边省直。此外，对于旅顺以北、登莱以南的沿海地区，该职也负有策应之责。

（2）统辖关系

关于天津巡抚的下上统辖关系，沈一贯、邢玠等人有所界定。

张位主张："其天津、登莱、辽海兵道皆属统辖，滨海军卫有司及各官兵俱听调遣。"⑤

沈一贯提出："率总兵、兵备、参游，总辖海道……而本官仍听蓟辽总督节制。"⑥

邢玠主张："凡天津、登莱、旅顺等处舟师战艘、粮饷运船，悉听总辖。……此抚臣仍听臣节制，以便调遣。"⑦

由上可见，天津巡抚受蓟辽总督节制，下辖北部沿海诸兵备道及卫所官员。

（3）职掌⑧

关于天津巡抚的职掌，以上数人也均有所界定，兹录于下。

①赵志皋

赵志皋主张，新设立的天津巡抚职权为：

弹压天津、登莱。据险练兵，因而留屯，无警周巡，有警策应，而衙门

① 《明经世文编》卷四百八，张位《条陈御倭七事疏》，第4437页。

② 《敬事草》卷二《请设天津登莱巡抚疏》，《续修四库全书》第479册，第177页。

③ 《明神宗实录》卷三百一十九，万历二十六年二月丁巳，第5931页。

④ 《明神宗实录》卷三百二十二，万历二十六年五月乙酉，第5979页。

⑤ 《明经世文编》卷四百八，张位《条陈御倭七事疏》，第4437页。

⑥ 《敬事草》卷二《请设天津登莱巡抚疏》，《续修四库全书》第479册，第177页。

⑦ 《经略御倭奏议》卷二《请设天津巡抚督饷大臣疏》，《御倭史料汇编》（四），第180～181页。

⑧ 本处所谓的"职掌"主要是朝廷对于天津巡抚职掌的规定，至于万世德、汪应蛟二人在天津巡抚任上的作为，详见本章第二节。

略近天津，以示特重根本，则南可以防中原，北可以壮神京，东障海岛，而山海、鸭绿等处声息易达，此实内防之最不可缺者。[①]

赵志皋主张，该巡抚应该主要负责练兵等军事事宜，并应时常巡历北部沿海要地，遇警策应出击。同时，该巡抚应驻扎于天津附近，这样可以更好地拱卫京畿，并与山东、辽东声息相通。

②张位

张位主张，新设立的天津巡抚职权为：

专治海上事务，续调水兵俱属管领，听其相险分布，以备战守。仍令山东、保定巡抚协力防御，毋分彼此。其天津、登莱、辽海兵道皆属统辖，滨海军卫有司及各官兵俱听调遣，俾其增设险隘、盖造墩营、缮治战船、督护粮运、训练土兵、安排火器、料理屯田，北援辽东、旅顺，南控登莱、淮扬，声势连络，大振军威，此第一首务也。[②]

张位认为，该巡抚主要负责统领北部沿海军事力量，尤其是水军，并根据战场形势变化做好战略部署，还需负责“增设险隘、盖造墩营、缮治战船、督护粮运、训练土兵、安排火器、料理屯田”等具体事宜，同时还需与周边督、抚精诚合作。

③沈一贯

沈一贯主张，新设立的天津巡抚职权为：

率总兵、兵备、参游，总辖海道，北接辽东，南接淮安，臂指相使、首尾相应，多调浙直闽广惯战舟师相度机宜，进剿釜山、闲山及对马岛等贼，与经理之师相为犄角，救援朝鲜，且护送海运往饷辽东、朝鲜之兵。傥若倭犯中国，则从海中邀击，与在镇官兵夹剿，其保定、山东巡抚则令其处置粮饷、器械，不时接济各军卫，有司官员俱听新设巡抚随宜调用，一体举劾，而本官仍听蓟辽总督节制。[③]

沈一贯主张该巡抚职权为：统辖北部沿海军事力量，指挥水军策应朝鲜战场，防御北部沿海可能出现的日军入侵，并护送粮饷。

④邢玠

邢玠主张，天津巡抚的人选应当为“文武兼资，熟练海务者”，朝廷须给予

---

① 《内阁奏题稿》卷六《请设监军抚臣》，第 81 页。

② 《明经世文编》卷四百八，张位《条陈御倭七事疏》，第 4437 页。

③ 《敬事草》卷二《请设天津登莱巡抚疏》，《续修四库全书》第 479 册，第 177 页。

专敕，其具体职掌，当为以下：

> 凡天津、登莱、旅顺等处舟师战艘、粮饷运船，悉听总辖。某处水兵作何训练、添募？某处粮船作何修造、调觅？倭犯在近，作何堵截？倭犯在远，作何应援？旅顺安兵一枝，以扼之于门户，为登莱外藩。天津设一枝，以守之于堂奥，为陵京外藩。仍设正兵、奇兵各一枝，听入援朝鲜。如臣等并力倭奴，水陆夹攻，则抚臣总集舟师，由旅顺出洋合兵共击。仍合天津、登莱、旅顺联络哨会，而使首尾常自盘旋，南为淮扬之扼塞，东为朝鲜之犄角。一以运道无虞，一以倭见舟师有备，则贼全罗西南一带，无所不备，无所不寡，彼陆地之兵亦自单薄，而进退两顾，自难持久。此抚臣仍听臣节制，以便调遣。则内而京畿，外而辽左、朝鲜如添一砥柱，门户堂奥皆可保守。浙直、闽广之船，酌量抽募，听新设抚臣应径行者径行，应奏请者奏请。①

从上文可见，邢玠主张新设立的天津巡抚必须要由熟悉海务者担任，其主要职责为：（1）总领北部沿海水师。其中，包括训练、招募军队，修造、调觅运粮船只；（2）配合朝鲜战场作战。其中，既包括从军事上配合朝鲜战场的军事活动，也包括从后勤兵员上做好援朝准备；（3）负责援朝御倭战争期间北部沿海的海防事宜，如处理几个沿海要塞之间的战略配合、协防，负责南北之间的兵力协调，如抽调闽广兵力等。

此外，邢玠认为查勘将领也是其职责。如浙江管领水兵、原任游击沈茂自称“平生涉历山林川泽，陆地决斗似稍优于水战”，兵部也认可其自我评价，但因未经兵部面试，　时难以改任。恰逢邢玠奏请“讨南将　、二员置之标下，以待不时之需”，沈茂正是其人选。这时，沈茂正好也“奉文取用，顺领兵船”，路经天津。于是，兵部要求天津巡抚，“俟沈茂督兵到镇之日，再加面试。果无长于楼船，而长于陆技，即改从陆用之。责令星夜驰赴经略标下，听拨陆兵管领应得职衔”②。

综上所述，天津巡抚的职责当为，统领北部沿海军事力量，综合调度北部沿海水军，负责诸如增设沿海险隘、工事、修理战船、整顿武器装备、训练兵士等具体事务，以确保北部海疆稳定，并积极策应朝鲜战场。这一时期的天津巡抚，

---

① 《经略御倭奏议》卷二《请设天津巡抚督饷大臣疏》，《御倭史料汇编》（四），第 180 ~ 181 页。

② 《经略御倭奏议》卷四《催发续调兵马疏》，《御倭史料汇编》（四），第 241 页。

实为因战争形势需要而设立的军事性巡抚，即后世所谓之“防抚”，该巡抚以军事职能为主，没有自己固定的行政辖区，其军事辖区与周边巡抚行政辖区多有重叠之处，如其下辖的天津隶属于保定巡抚，下辖的登莱属于山东巡抚，旅顺则属于辽东巡抚。

（三）北部沿海诸总兵、副总兵

援朝御倭战争时期，明朝政府在北部沿海地区设立了诸多总兵、副总兵，其中有的是暂时的，有的则一直延续到明末，有的是从总体上负责北部沿海军事，有的则单独负责某一省或某一地区。这些总兵、副总兵的设立，对于当时北部海防建设及援朝御倭战争均起了一定的作用。

1. 天津海防副总兵

天津总兵之设，与援朝御倭战争密切相关。万历二十年（1592）五月，日军入侵朝鲜，北部沿海局势紧张起来。数日后，蓟辽总督蹇达上奏，“乞将保定总兵倪尚忠移驻天津，总管二镇兵马”①，朝廷同意。

此后的一段时间内，倪尚忠以保定总兵驻扎天津，负责天津海防事宜。

是年十一月，朝廷下令“以镇守保定总兵倪尚忠为中军都督府佥书”②，倪尚忠调离天津。

数日后，朝廷下令“以提督京城巡捕、署都督佥事宋三省充协守保镇、天津海防副总兵官”③。这是天津海防副总兵设立之始。不过，这一时期的天津仍为保定镇的一部分，其长官宋三省为协守保定副总兵。

这一时期，宋三省尽管仍为保定副总兵，但是其职权已经有了相当大的独立性。是年十二月，朝廷铸“协守保镇天津海防副总兵”④ 关防，可见这时的天津海防副总兵虽属保定镇，但是事实上已经成为镇守天津的最高军事长官，专门负责海防事宜。

不过，该职似乎并没有一直延续下去。万历二十六年（1598），邢玠因天津防海总兵官周于德移镇旅顺以防春汛，而保定“边计尚缓”，于是上奏请求，将“保定总兵倪尚忠暂移天津防御，俟汛毕撤还”，兵部议覆同意。⑤

---

① 《明神宗实录》卷二百四十八，万历二十年五月庚辰，第4620～4621页。
② 《明神宗实录》卷二百五十四，万历二十年十一月丁巳，第4717页。
③ 《明神宗实录》卷二百五十四，万历二十年十一月乙亥，第4726页。
④ 《明神宗实录》卷二百五十五，万历二十年十二月癸卯，第4745页。
⑤ 《经略御倭奏议》卷四《申饬五镇沿海春汛疏》，《御倭史料汇编》（四），第189页。

后来，在万历二十六年（1598）至二十七年（1599）间，天津创设水陆海防营，设副总兵统领[1]，直至援朝御倭战后方才裁革[2]。

由上可见，在天津水陆海防营设置之前，天津海防副总兵一职，时设时断，很不正规。究其原因，笔者认为，主要是这一时期，明朝政府在北部沿海先后所设类似职官太多，且大多驻守天津，所以该职才会因需要而设、不需要而废。后来，天津水陆海防营设立，需要有一个相对固定的职官，于是方才设立防海副总兵一职。

2. 蓟辽山东保定等处防海御倭副总兵

蓟辽山东保定等处防海御倭副总兵一职存在时间不长，据《明神宗实录》记载：万历二十一年（1593）正月，命协守蓟镇副总兵署都督佥事陈璘充统领蓟辽、保定、山东等处防海御倭副总兵[3]，是为该职初设。

是年六月，朝廷下令，“以蓟辽、保定、山东等处防海御倭副总兵、署都督佥事陈璘协守潮漳等处”[4]。

由上可见，蓟辽、山东、保定等处防海御倭副总兵的存在时间当为万历二十一年正月至六月。

3. 提督天津、登莱、旅顺等处防海御倭总兵官

万历二十年（1592）十月壬寅，以提督陕西讨逆军务总兵官李如松充提督蓟辽、保定、山东等处防海御倭总兵官[5]，该职始设。不久后，李如松率军入朝作战[6]，该职出现空缺。

万历二十四年（1596）五月，朝廷敕谕蓟镇总兵王保“以原官充海防御倭总兵”[7]。

当年十月，朝廷下令“蓟州总兵都督同知王保挂印镇守辽东地方”[8]，该职再度空缺。

---

① 《淡然轩集》卷五《杂著》，《新建天津葛沽镇兵营记》。

② 《文水李忠肃先生集》卷三《抚津荼言》，《归并水营疏》，第 134 页。

③ 《明神宗实录》卷二百五十六，万历二十一年正月壬戌，第 4753 页。

④ 《明神宗实录》卷二百六十一，万历二十一年六月庚子，第 4844 页。

⑤ 《明神宗实录》卷二百五十三，万历二十年十月壬寅，第 4711 页。

⑥ 据《明神宗实录》卷二百六十四，万历二十一年九月壬戌记载：“经略宋应昌上言……臣即兼程至辽阳，星夜并督进取之事，而提督李如松于十二月初旬亦至。”第 4910～4911 页。据此则至迟在万历二十年十二月上旬，李如松已经赶赴朝鲜。

⑦ 《明神宗实录》卷二百九十七，万历二十四年五月戊辰，第 5536 页。

⑧ 《明神宗实录》卷三百三，万历二十四年十月癸未，第 5693 页。

万历二十五年（1597）九月，万历皇帝以兵部未推举防海御倭总兵官，传谕内阁，令速推，兵部以见领广兵副总兵陈璘、见领浙兵副总兵周于德、见任广西副总兵侯国弼上请，此数人“皆南将也”，万历皇帝命周于德充提督天津、登莱、旅顺等处防海御倭总兵官。①

万历二十七年（1599）三月乙未，朝廷下令，命征倭总兵麻贵、陈璘、董一元撤回听用，李承勋以原官提督南北水陆官兵充防海御倭总兵官，往朝鲜任事，周于德调镇守山东备倭总兵官。②

此后，李承勋以山东总兵官充任该职，在朝鲜处理善后防御事宜。至万历二十九年（1601）五月，命防海御倭总兵署都督佥事李承勋镇守贵州③，该职撤销。

由上可见，防海御倭总兵官并非严格意义上的固定官职，而是临时而设的具有“差遣”性质的官，担任该职者一般以原官充任，或者是总兵，如王保、李承勋，也可以是副总兵，如周于德。而且，该职曾一度中断，如李如松赴朝后至王保出任期间、王保镇守辽东后至周于德出任期间，均曾空缺。同时，该职之设与援朝御倭战争的形势密切相关。

4. 山东总兵、副总兵

援朝御倭战争爆发后，明朝政府为应对海上威胁，增强了山东等地兵力，设立山东总兵、副总兵。对于万历援朝御倭战争时期山东总兵、副总兵之设，道光《重修蓬莱县志》、光绪《增修登州府志》均有记载，特整理如下。

据道光《重修蓬莱县志》记载：

> 万历二十一年，因倭寇朝鲜，调南北水陆官兵防海，登遂为重镇……设副总兵统领之……
>
> 二十五年，设总兵署都督佥事……
>
> 二十八年，裁总兵仍设副总兵。④

据光绪《增修登州府志》记载：

> 总兵：万历二十五年，登州始设总兵镇守山东等处。
>
> 二十八年裁。
>
> 副总兵：明万历二十一年设，号副将。

---

① 《明神宗实录》卷三百十四，万历二十五年九月戊申，第5875页。
② 《明神宗实录》卷三百三十二，万历二十七年三月乙未，第6148页。
③ 《明神宗实录》卷三百五十九，万历二十九年五月戊戌，第6701页。
④ 道光《重修蓬莱县志》卷四《武备·营制》，第55页。

天启二年裁。①

由上可见，万历二十一年（1593），明朝政府因援朝御倭战争形势紧张，山东处于海防前线，需要加强防守，故设立防海副总兵。万历二十五年（1597），中日和谈失败，双方战事再起，明朝政府又设置镇守山东总兵官，万历二十五年十月，明朝政府铸给镇守山东备倭总兵官关防②。万历二十八年（1600），朝鲜战场彻底平定，明朝政府裁撤山东总兵，改设山东副总兵。

这一时期，担任山东防海副总兵、总兵者，据光绪《增修登州府志》、道光《重修蓬莱县志》记载，有如下数人。

总兵：

李承勋：处州卫同知，二十三年加副总兵兼备倭都司，二十五年升山东总兵，二十七年改提督朝鲜南北水陆官兵。

周于德：临山卫指挥，二十五年提督天津、登莱、旅顺，二十七年改山东总兵。③

副总兵：

杨文：召州海阳卫指挥，二十一年升副将，时倭犯朝鲜，设副将始此。④

由上可见，在这一时期，山东最高海防武官，虽因海防形势之变化，有时为副总兵，有时为总兵，但其设置已经基本稳定下来。

5. 协守辽镇宽奠等处备倭副总兵

万历二十二年（1594）三月，明朝政府下令“以五军营副将马栋为辽东宽奠副总兵”⑤，是为该武官之初设。

两个月后，明朝政府正式“铸给协守辽镇宽奠等处备倭副总兵关防”⑥。

6. 北直隶中路海防营副总兵

万历二十五年（1597）十月，明朝政府在北直隶北部沿海地区设立海防三营。其中在属蓟州道的中路海防营设副总兵一员。后来，万历二十六年（1598）六月，副总兵吴广奉调东征，由中路南兵营参将楼必迪署管⑦。

---

① 光绪《增修登州府志》卷三十六《武秩上》，第346～347页。

② 《明神宗实录》卷三百十五，万历二十五年十月甲戌，第5886～5887页。

③ 光绪《增修登州府志》卷三十六《武秩上》，第346页。

④ 道光《重修蓬莱县志》卷六《官制·武秩》，第92页。

⑤ 《明神宗实录》卷二百七十一，万历二十二年三月壬寅，第5038页。

⑥ 《明神宗实录》卷二百七十三，万历二十二年五月丁亥，第5063页。

⑦ 《经略御倭奏议》卷十《海防散兵节饷叙录劳臣疏》，《御倭史料汇编》（五），第516页。

（四）北部沿海诸海防游击、参将等

1. 山东

（1）莱州参将

万历二十五年，以倭警创设莱州营，设参将一员统领。①

（2）青州守备（游击）

万历二十三年（1595）六月，青州设守备一员。②

万历二十五年，青州增兵四千余名，改设游击一员，将守备移置安东卫。③

（3）济宁备倭游击

万历二十六年（1598）正月，于济宁设备倭游击一员。据《明神宗实录》记载，"乙卯，初设备倭游击一员于济宁州地方，听河道总督、山东抚镇节制，以济宁乃运道咽喉，宜防倭侵犯，从河道尚书杨一魁之请也"④。可见，该备倭游击之设，主要为防卫运河。

2. 北直隶海防营参将（游击）

万历二十五年十月，明朝政府在北直隶北部的沿海地区设立海防三营。其中，属密云道的西路海防营设参将一员，属永平道的东路海防营设游击一员。⑤

3. 辽东

（1）镇江游击

万历二十四年（1596）九月庚申，兵部建议增强辽南地区军事防御力量，在"九联故址"新筑一城，"名曰镇江"⑥，朝廷同意。

十月己巳，改长酋堡备御为游击，移驻镇江城，以河南巡抚标下游击李都填补。⑦

① 乾隆《莱州府志》卷五《兵防》，第93页。

② 据《明神宗实录》卷二百八十六，万历二十三年六月甲辰："诏设青州守备一员，团练民兵、弹压濒海剧盗，从抚臣郑汝璧请也"，第5298页。

③ 《明神宗实录》卷四百八，万历三十三年四月丙午，第7605页。

④ 《明神宗实录》卷三百一十八，万历二十六年正月乙卯，第5929页。

⑤ 《经略御倭奏议》卷十《海防散兵节饷叙录劳臣疏》，《御倭史料汇编》（五），第512、520页。又据邢玠《经略御倭奏议》卷十《海防散兵节饷叙录劳臣疏》记载："先该职等于万历二十五年十月内，因岛倭倡乱内地可虞，酌议题请，增募南北军兵九千，分为三营。添设协守副总兵一员，游击二员，各统领三千，控驻密、蓟、永三道海隅要害之中，分布防御。"《御倭史料汇编》（五），第524页。据此，则东、西二路均为游击。

⑥ 《明神宗实录》卷三百二，万历二十四年九月庚申，第5669页。

⑦ 《明神宗实录》卷三百三，万历二十四年九月己巳，第5677页。

（2）岫岩备御

万历二十四年九月庚申，兵部建议在岫岩设一备御，增五百土兵，朝廷同意。①

（五）北部沿海诸同知

1. 青、登、莱三府海防同知

北部沿海地区海防同知设立时间较晚，山东青、登、莱三府在万历中期。其具体设立时间无从查证。不过，据《明神宗实录》记载：万历二十三年（1595）正月癸未，“铸给青州、莱州、登州各海防同知兼管清军、驿传、盐捕关防”②。据此，则山东沿海三府海防同知的设立时间，当不晚于万历二十三年正月，很可能就在该年正月。

时任山东巡抚郑汝璧所上《专官足饷留军疏》记述了山东地方官员商议设立海防同知的经过及其设想，兹录于下：

> 臣行布、按、都司议称：青、莱、登三府逼近海洋，一切御倭事宜，如修筑城堡、墩台，打造军火、器械，及查理军伍，支放粮饷等项，无专官董理，多致耽废。在各省、直设有海防同知管理，东土似宜仿而行之。但添官必须增费，又属未便。查得三府清军同知，事务颇简，合行改为海防，兼摄清军、盐捕事务，仍给关防，行令专心料理。等因到臣。该臣看得：青、莱、登防海事务，如城堡之缮修，军伍之查补，兵饷之收支，诸务填委，至为烦重。缘佐理府官向无专职，上司文移随便批发，而动致参差，下官承委任意奉行，而每多迟滞。甚有一事方委，而他事复临，一官方查，而别官又理，人无专责，势多耽误。以呼吸之军情、重大之边务，疏螯若此，殊为未便。若照省直事例另设一官，又恐滋费，查得三府同知事务颇简，堪以专摄，合无改为海防同知，兼管清军、盐捕事务，各给关防以便行事，其有克举职业，有裨海防者特加奖荐，不次超擢，如经理无法，怠玩废职者，查参究治，庶官不必添设，而事权既专责，成亦便矣。③

由上可见，设立山东沿海三府海防同知一事，先经山东布、按、都三司商议，而后报知巡抚郑汝璧同意，最后上奏。山东地方官员之所以建议设立海防同知，是

---

① 《明神宗实录》卷三百二，万历二十四年九月庚申，第5669页。
② 《明神宗实录》卷二百八十一，万历二十三年正月癸未，第5191页。
③ 《由庚堂集》卷二十六《专官足饷留军疏》，第655页。

因为万历援朝御倭战争开始后，侵朝日军给北部沿海诸省尤其是山东造成巨大威胁。这样，山东沿海地区亟须完善海防设施，如修筑城堡墩台、打造军火器械，还须整顿军队，如查理军伍，支放粮饷，以便加强海上防备力量。同时，还须为援朝军队提供后勤粮草等供应。此前，山东沿海诸府未设海防同知一职，造成诸多不便。因地，郑汝璧等人提出在不增加官员数目的情况下，将沿海三府同知改为海防同知。此后，海防事务成为其主要职责，原先任务兼理不变。

万历二十四年（1596）十一月丁巳，吏部议覆：海防同知专防海事，不许署府县印缺，从之。[①] 此后，海防同知的职权得到进一步固定与专化。

此后以迄明末，青、登、莱三府海防同知一直设立不废。

2. 天津军储同知

万世德任天津巡抚期间，曾建议设立军储同知，与原先的河间府清军同知，共同处置“出纳钱粮、稽覈兵马”[②] 事宜。

万历二十五年（1597）十二月，明朝政府正式铸给天津专管军储同知关防[③]。

援朝御倭战争胜利后，在汪应蛟的建议下，明朝政府将其裁撤。

由上可见，援朝御倭战争期间，明朝政府在北部沿海地区设立了诸多海防文武官员，其中既有朝鲜经略、天津巡抚等综合管理北部海防的文官，还有具体负责该区或者某省、某地区海防事宜的武官，同时还有负责军事后勤的海防同知、军储同知等。这些职官的设立，适应了当时海防形势的需要，对于北部海防乃至朝鲜战事均起了重要作用。不过，这些职官大多为因事而设、事定而裁，援朝御倭战争胜利后，大多数职官被裁，仅有一小部分职官一直延续下来。

总体而言，援朝御倭战争期间，明朝政府对于北部沿海海防事宜较为重视，一方面通过调兵遣将，增强了当地海防力量。另一方面，通过调整当地职官设置，在北部沿海形成了由朝鲜经略（先为宋应昌，后为蓟辽总督邢玠）控御大局，天津巡抚具体负责海防事务，周边各省督抚及其属下各兵备道等紧密配合的战争指挥机制，使得北部海防体制得到了一次真正临敌实践，这标志着北部海防体制的最终成熟。

---

① 《明神宗实录》卷三百四，万历二十四年十一月丁巳，第 5702 页。

② 《海防奏疏》卷二《酌议海防未尽事宜疏》，第 407 页。

③ 《明神宗实录》卷三百一十七，万历二十五年十二月辛未，第 5906 页。

第五节　北部沿海州县官员对当地海防的部署

在援朝御倭战争期间，北部沿海一些州县、卫所为加强当地海防实力，纷纷修建城池、增筑工事、训练民兵等。此外，这一时期，一些地方官员和地方绅士，对当地海防也提出了一些建议，希望通过提前部署防御以防患于未然。在他们的努力下，北部沿海地区海防实力有所增强。

一、修建城池、敌台

（一）修建城池

援朝御倭战争时期，日军侵入朝鲜，北部沿海尤其是山东沿海，直接面临着战争威胁。为此，地方政府纷纷修筑城池、构建工事，以加强海防实力。

在这一时期，山东沿海一带修建、整修的城池主要有以下数座。

1. 莱州府

即墨县，万历二十四年（1596）至二十五年（1597）间，因“东事孔棘”，山东巡察海道副使王学谟，“虞墨城濒海，倭一朝成汛，扬舲而至，谁御之者，檄下甓之”①，下令修建即墨城。不过，当时该县城并没有直接修好。直到万历二十八年（1600）春，刘应旂出任即墨知县，他上任伊始，“驾单车而观大海，愀然而叹曰：‘沧海之水，倭与我共之，城恶得不甓，甓之此为时矣’”。于是，开始着手修建该城。刘应旂亲自主持该事，“度墉址，料丁壮而分属之，各以丁之多少受工，木石甓垩则地之自出，令曰：一年取材，次年有事于西北，又次年于东南”，三年后该城最终创修完毕②。即墨县城虽最终修成于万历三十一年（1603），不过究其初衷，仍是为备倭而修建；掖县，在壬辰年，因“倭奴阑入朝鲜，势焰张甚，说者谓乘风振楫，瞬息可抵登莱”，导致人心惶惶，于是山东巡察海道副使于仕廉、知府王一言、知县卫三省倡议修筑，不久后此三人先后调离该地，继任者海道副使盛稔、知府龙文明、知县刘蔚继续修筑，动员各方力量，如“问钱谷则量征于州邑，曰是吾所共安危者也；问吏役则取卒于践更，曰是吾所藉城守者也；问工匠则更番于属籍均给稍食，曰是吾所休之平时而庸

① 同治《即墨县志》卷十《艺文·文类中》，周如砥《贺刘邑侯创甓邑城序》，第 228 页。
② 同治《即墨县志》卷十《艺文·文类中》，周如砥《贺刘邑侯创甓邑城序》，第 228～229 页。

之一日者也。又各捐岁俸为众庶倡，而郡搢绅士氓靡不捐资以佐者”①，前后历时三年，最终将其修葺一新。修成后的掖县城，规模有所扩大，“凡周九里有奇，围一千四百七十六丈九尺，高三丈五尺，城头阔二丈，埤垷高五尺、厚尺”②。而且，对城外、城门也有修整，“城之下周池成渊，其广七尺，池之外缭以郭垣，栅之其围如其城之数，其重门皆被以铁门，内外又别有周庐以资巡警”③。同时，其外还有防御工事，“添设敌台十一台，率可容十许人”④。胶州，万历二十五年（1597），知州杨位令巡检申万金，展东北隅基址，修理完固。⑤

2. 登州府

黄县，万历二十二年（1594），知县张汇选因倭寇朝鲜，改筑石城，高三丈二尺、顶广二丈五尺，底广三丈，垛口一千二百有六……⑥；福山县，万历十九年（1591），因倭警，知县张所修奉檄，“置垛堞，添设敌台”⑦。

3. 青州府

日照县，该县濒临大海，地理位置险要，“距青阳南趾，面背溟壑不数十里，涛臼、夹仓诸区皆可通艅艎艚艉，实寇要扃，莽茫无扞格，一登壖，即须臾抵隍下”，因此，知县杜一岸立意修筑该城，“举所峙常平子粟羡者千觔，易为垩、为瓴甋，不敛斗斛赋，畚挶绠干诸器胪具，于是树臬鸠工，分徒列曹，立格程奖赴相杵不绝，筑者忘倦，人日三版，刺之不能以寸，经始申月，竣戌月”⑧。经过杜一岸扩建后的日照县城，“砌以砖，高二丈六尺，上阔八尺，增筑瓮城、重门，敌台四座，穿濠深广皆丈”⑨。乐安县，万历二十三年（1595），知县王国冀，以“今倭人匪茹，介在东偏”⑩，于是改筑砖城。

4. 济南府

利津县，万历壬申（按：当为壬辰，1592）寇警，知县周大年“修瓮城四，

---

① 乾隆《掖县志》卷七《艺文·记》，赵燿《修莱城记》，第193～194页。
② 乾隆《掖县志》卷一《城池》，第206页。
③ 乾隆《掖县志》卷七《艺文·记》，周如砥《修莱城记》，第196页。
④ 乾隆《掖县志》卷七《艺文·记》，姜仲轼《修莱城记》，第197页。
⑤ 道光《重修胶州志》卷十三《志二·建置》，第144页。
⑥ 同治《黄县志》卷二《营建志》，第415页。
⑦ 民国《福山县志稿》卷一之一《城池》，第29页。
⑧ 光绪《日照县志》卷十《艺文》，钟羽正《杜侯修城记》，第464～465页。
⑨ 光绪《日照县志》卷二《营建志》，第365页。
⑩ 民国《乐安县志》卷三《建置志·城池》，第39页。

角楼四，敌楼二十座”①。

此外，这一时期，北部沿海地方一些州县还增筑墩台，以加强军事防御力量。据光绪《增修登州府志》记载：“万历间，倭犯朝鲜，增筑敌台二十八。”万历二十四年（1596），总兵李承勋又对水城加以巩固，“甃以砖石，增敌台三”②。如登州府田横寨，“明万历癸巳，因倭警调浙兵戍登，设有城垣”③。据乾隆《掖县志》卷二《海防》记载：“海仓寨巡检司：万历二十五年，增建墩三，曰花儿墩在王徐寨、曰王皇墩在郎子埠、曰禄山墩在禄山。”④ 北直隶盐山县，据乾隆《天津府志》记载：“明万历间，知县李赋秀为建烟墩座于海上，以防倭寇。”⑤

（二）地方官积极安定地方秩序

这一时期，北部沿海许多地方州县官员，为保障一方安宁，在修建城池的同时，还采取其他措施，加强地方防御力量。如掖县知县卫三省，为人强毅敏练，遇事敢为，“属海上多故，饬武备、增斥堠，戒严城守、水陆输輓，皆有条纪”⑥。莱州知府龙文明，在援朝御倭战争期间，一直忙于“海防、御倭，筑城隍、缮楼橹、练水营兵，为豫战守、固藩篱之计”⑦。利津县，万历二十六年（1598）冬十月，“会有国征之役，从海上输刍粟，利津当孔道，于时健儿数千云集汀河，扬言守冻，实谋索饷。居无何且脱巾矣”，时任利津知县冯执中，“单骑抵垒，慰问之，众稍戢，随奉檄给饷，冒雪夜驰者再四，遂解其噪”。⑧ 诸城县，知县杨天民，“会有倭警，上官急令守城，天民但籍名于官，不扰其业，曰：倭讵能突至哉？勿鸟兽骇吾赤子也。”知县颜悦道，万历二十三年（1595）出任诸城知县，“御倭海上，民赖以安”⑨。

（三）加强地方军事实力

这一时期，北部沿海地方州县为加强当地海防实力，还招募乡兵等，并勤加训练。如日照县，知县杜一岸为加强当地海防力量，组织壮丁巡逻，他“属海

---

① 光绪《利津县志》卷二《建置图第二》，第303页。

② 光绪《增修登州府志》卷七《城池》，第74页。

③ 《大清一统志》卷一百三十七《登州府》，《景印文渊阁四库全书》第476册，第695页。

④ 乾隆《掖县志》卷二《海防》，第285页。

⑤ 乾隆《天津府志》卷十五《兵制志》，见天津地方志编修委员会编著：《天津通志（旧志点校卷）》（上），第254页。

⑥ 乾隆《掖县志》卷三《宦迹》，第353页。

⑦ 乾隆《掖县志》卷七《艺文・记》，赵秉忠《重建东莱书院记》，第204页。

⑧ 光绪《利津县志》附录《利津文征・旧县志序》，第476页。

⑨ 乾隆《诸城县志》卷二十八《宦迹录下》，第212页。

警，则复毖守具、绸山高、乘马书，仿内政式为为军令，令丁十二率卒一卒鞮鍪，跗注筈韔，挪阑糗糒幞屣，十二户奉之，月再校习鹳鹅鱼丽法，什伍相俦，千百夫长挺鈹搢铎，丁宁錞于进止起坐，五方常旟，望之如云，俨然敌国矣”[①]；如乐亭县，知县潘敦复，为政宽和，不事催科，“练乡兵、备城守”。[②] 其练乡兵收到了一定的成效，据大学士李廷机记载，“庚寅，潘公来视邑事，行保甲法，无何有烽警，奉檄蒐乘则简保甲丁壮得五千余人，募师训肄”[③]。

（四）支援前线

为援助朝鲜战场，北部沿海地方州县、卫所还不断派兵、运粮支援前线。如胶州所百户谈九畴，万历二十五年（1597）邢玠奉命援朝，“由海运饷军，倭方屯闲山，乃朝鲜西海，扼登莱运道，闻者顾愕，九畴得檄即扬帆督进，直抵大同江，援军赖之成锦山之捷”[④]。再如，胶州人赵俨，“性忠直，负奇才”，援朝御倭战争时期，朝廷令各省举荐将才，赵俨“应举，率兵往援，击寇有功”。[⑤] 莱阳人姜正芳，“少有力，能弓矢及剑。值海上备倭，应登州壮士募，欲杀贼立功名”[⑥]。潍县人刘邦智，万历援朝御倭战争期间以剿倭阵亡[⑦]。

由上可见，北部沿海一些州县、卫所官员，在面临海上威胁之时，大力兴修城池、建筑墩台，训练乡兵，积极稳定社会秩序，这在一定程度上稳定了民心、军心，也加强了当地海防力量。

二、地方官、士绅对海防的建议和整顿

在援朝御倭战争时期，北部沿海一些地方州县官员，为达到“防患于未然”的目的，采取了各种措施积极加强当地海防。由于史料所限，我们已经很难全面考察当时沿海地方州县的海防活动，本处仅以北直隶宝坻县、山东即墨县为例加以探讨，以期能作窥豹之论。

（一）宝坻县

宝坻县位于北直隶境内，靠近天津，濒临渤海，地理位置非常重要。宝坻是

① 光绪《日照县志》卷十《艺文》，赵秉忠《杜侯修城记》，第464页。
② 光绪《乐亭县志》卷七《职官·县职》，第277页。
③ 光绪《乐亭县志》卷十四《武备·营制》，第405页。
④ 道光《重修胶州志》卷二十二《官师》，第212页。
⑤ 道光《重修胶州志》卷二十五《列传五·人物》，第233页。
⑥ 民国《莱阳县志》卷三之二上《艺文》，左懋第《姜烈士正芳传》，第501～502页。
⑦ 乾隆《潍县志》卷四《节烈》，第133页。

北京的门户，“燕京之地，东南滨海，自南而来，则由天津卫、直沽，而宝坻在北，正当其冲。自东而来，则由草头沽，而宝坻在西，亦当其冲”①。援朝御倭战争时期，知县袁黄曾上《防倭初议》、《防倭二议》二疏，对宝坻县的海防做出了周密、完备的防御计划。概括而言，其建议可分为以下八个方面。

1. 议冲缓

袁黄认为，若要有效地防御倭寇，首先需要对倭寇入犯的规律有所了解，如此方能对症下药，设法布防。他指出，倭寇占据朝鲜，则与辽为邻，一旦入侵辽东，则与京畿为邻，因此应加强京畿防御。他指出，倘若倭寇入侵京师，“海口有二，皆在宝坻地方”。因此，宝坻的战略地位非常重要，“今若从水而犯，则必从草头沽，历丁字沽过天津；从陆而犯，则必从水道沽登岸，由梁城所至通州”，因此，位于宝坻的这两处海口非常重要，尤其是草头沽更重要，必须加强防御。为此，他主张：“宜将大直沽即草头沽，两岸各筑敌台一座，其高下悉仿江南御倭之式，夹河对阵，开窝放炮，贼必不敢轻入。其水道沽海口阔里许，宜遍钉木桩，取沿河杨木为之，而横编苇条于上，不过三四潮泥积成滩，贼舟不能泊矣。此胜雄兵数万也。”② 由上可见，袁黄认为草头沽、水道沽二处海口是宝坻海防的重点，守好此二处海口，即可扼制敌人从海上的进攻。因此，需要着重防御此二处海口。为此，他主张设立敌台、安置大炮，同时设置水中障碍，以阻止敌军登岸。应当说，袁黄此举抓住了宝坻海防的关键。

2. 议墩台

袁黄分析了宝坻县附近旧海防墩台的设置状况，指出自黑捱子到关家铺二百二十里内，旧设有十座墩台，分属于丰润、宝坻、沧州三县，统归于梁城所管辖。因此，若想修建这些墩台，就必须要三地合力方能成功。此外，他又针对究竟是“三里”还是“五里”修一座墩台的争议，指出墩台之建不能过分泥于常规，应当具体问题具体分析，务必要切合实际，“墩台主于辽远，如黑捱子至蔡家铺，道里平直，一望无遗，即十里一墩不为少，如避风嘴至大直沽，迂回转换，瞭望难周，即二三里一墩不为多”。此外，他还针对“沿海之土皆疏涣而难固，且潮大则涌入冲击，须用砖包，其费颇大、其成颇迟”，而倭寇已至辽东边境、危险迫在眉睫的状况，指出应“宜先拨军分置各渔船，随洋瞭望”，这样方

① 《宝坻政书》卷十《防倭初议》，第 399 页。
② 《宝坻政书》卷十《防倭二议》，第 401 页。

才不误事。

此外，对于宝坻海口与内陆军镇的联系，袁黄也有所考虑。他指出，宝坻作为海口重镇原与内陆蓟州、密云、京师一带均设有烟墩以传达军情。但是，这些烟墩日久荒废，“惟有基址仅存”，限于经费，难以迅速修建。值此危机时刻，需另辟蹊径，即“各置拨马沿路走报”①，如此方能确保军情畅达。

由此可见，袁黄充分认识到宝坻海口的重要性，所以强调应修建海边墩台，以加强瞭哨，同时布瞭哨于海上，并加强海口与内地的信息传递，以确保军情的通达。

3. 议拨军

袁黄分析了宝坻附近的兵员状况，指出在明朝初年梁城所本设兵千人、军余二千余人，专任防海。所以，当时的海防较为严密，并一度取得过抗击倭寇的胜利。自嘉靖二十九年（1550），因“属夷作逆，鄙边空虚，而天津、梁城之军尽调于边，海口空无人矣”②，其中本所正军调拨振武营、嘉靖三十八年（1559）又将军余垛集，“三丁抽一丁为正、二丁为帮，尽数解石塘岭，而本所空无人矣”③。因此，当援朝御倭战争爆发之时，位置险要的宝坻海口竟乏人守卫。袁黄曾经谈及梁城所的重要地位，“窃谓国家所置之城池，有关系一方之利害者，有关系数十百里之利害者。如宝坻之县之城，则关系一方之利害者，一县令守之足矣。梁城之所之城，则关系数十百里之利害者，盖海贼登岸必由梁城所而入，于此不戒，旦暮间即薄京城矣。是所守者虽一城而所庇者不啻数十百里也”④。为此，袁黄提出了自己的建议：

> 今议者欲募兵三千守海，若即募本处之人，则沿海萧条，寸草不生，人烟断绝，畴来应募？即有一二渔户零居海上，固不烦招募而练之皆兵也。若募别处之人，则水土不服、地利不谙……莫若将先年所拨之军发回本处，尽拘强壮正身应役，疲弱者悉易之。盖诸军在密云则可欺远来之将而冒名顶替，在本所则难欺熟管之官而诬上行私。自三月至八月则防海，自九月至二月则戍边，不但防海有人，而戍边亦得实用，此去两害而得两利也。不足则将近海抽垛之军，悉还本所，而石塘岭所缺之额，另募以充之。盖均一召募

① 《宝坻政书》卷十《防倭二议》，第401页。
② 《宝坻政书》卷十《防倭初议》，第400页。
③ 《宝坻政书》卷十《防倭二议》，第402页。
④ 《宝坻政书》卷十《防倭初议》，第400页。

也，滨海人少、陆地人多，故募人守边则易、募人防海则难，与其别募他兵而风土不习，莫若即以此银募兵守边，而遣本地之人还守本地之险。夫其生长在此，习知地利，而无水土不服之患。室家在此，则有所顾恋而无逃亡勾摄之扰。首领在此，则有所制驭而无冒名私替之虞，田业在此，则又以所得之财为树艺之本，而死守力争必不敢轻弃之于敌矣。①

由上可见，袁黄并不赞同在宝坻海口募兵防海，认为这很难实行，一方面该地人烟稀少，乏人应募。另一方面，即使别处有人应募，也难免会出现水土不服之类状况，“卑职近与李守备带领隶卒十余人至海上，饮咸水无不病呕泻者”，这样势必会影响军队战斗力。为此，袁黄主张将班军发回设防，一方面可以避免“冒名顶替”，另一方面以本地人守本地，可以加强其权责意识。

4. 议舟师

袁黄指出，就防倭而言，御敌于陆不如御敌于海，若要实现御敌于海，则需要加强舟师建设，因此需要招募大量“素居海涯，惯习风潮之士”。为此，他提出具体建议：“责令土著人民等，凡有舡之家，编派字号以备烽堠缓急之用，每家自备弓矢、炮石、器械等项”②；“将沿海渔船编成字号，仍以本地大户之有力者领之，重其责任，优其事权，隆其体貌，严其赏罚，则事逸而功倍矣”③。同时，他还指出海上航行颇重经验，“海舟紧要之人有三，曰火掌者，则专视针。有曰长年者，则专运舵。有曰香公者，则专计时。三人专心协力而行”④，因此需要广泛搜集谙熟航海技艺者。其加强舟师建设的最终目标为：“今诚推顾公通海之议，复祖宗转运之法，仿福船之利，募善水之人，辽东、顺、永及登莱一带互相灌输，有无兼济。既可以巡视海道，又可以懋迁化居，然须熟讲而缓举之，目前恐未可议行也，理合详报。”⑤ 由上可见，袁黄认为水军至关重要，应加以重视，同时强调应该加强对滨海民众的训练，培养、训练出一批精于海上事宜的渔民，既可以将其作为瞭哨巡视海上，又可以使其自给自足，解决一部分生计问题。

---

① 《宝坻政书》卷十《防倭二议》，第402页。
② 《宝坻政书》卷十《防倭初议》，第400页。
③ 《宝坻政书》卷十《防倭二议》，第403页。
④ 《宝坻政书》卷十《防倭二议》，第403页。
⑤ 《宝坻政书》卷十《防倭二议》，第404页。

5. 议救援

援朝御倭战争时期，明朝政府对京城东北地区的战略应援机制作了规划，规定：永平地方有警，则调东四路主、客步兵协守，副总兵统领南北援兵策应截杀；蓟州地方有警，则调中四路主、客步兵协守，副总兵统领南北援兵策应；密云地方有警，则调西四路主、客步兵协守，南北援兵策应。袁黄认为，这一策应体制尽管已经非常具体、到位，但是具体到宝坻地方，实行起来却未必合理，仍有可以斟酌之处。他具体指出：

> 地方有冲缓、道里有远近，似当更为裁酌。如蓟州一镇，原无海，惟丰润有海岸四十里，又系梁城所旧辖，且无口，皆系浅滩、不能泊舡者。永平虽有秦王岛、金山嘴等八口，而其所关系止永平一府，若宝坻水、草二沽皆关系京师利害。故国初设梁城一所巡察于外，而于天津置重兵焉，盖天津无海，必由宝坻之海而入，宝坻之兵不多，必藉天津之兵为援，其地呼吸可通，其势辅车相倚。今近者应援之责而反藉西四路为援，往返八九百里，岂不后时而误事也哉。窃谓：当依祖宗旧制，天津五卫之兵仍守信地，俟宝坻有警，即先至救援，密云四路之兵从后调发，庶地方有济。或以天津、密云分为二道，于事体不便，窃谓国家之事，义切奉公、情同一体，岂得自分彼此。①

由上可见，袁黄认为，在日军占领朝鲜、力图内犯的情况下，宝坻有水、草两处海口，敌军若由此登陆可直达京师，因此宝坻的海防地位尤其重要。在这种情况下，就需要针对形势的轻重缓急合理安排战略战术，所以在京城东北应当重点防御宝坻。而当时，梁城所军队已经全部调离，最近的天津军队也大多为班军，兵力较为空虚。在这种情况下，应当发还天津班军以为宝坻之后援。否则一旦宝坻海口有警，西四路援兵需长途跋涉以驰援，难免“后时而误事”。此外，若要设防天津、策应宝坻，还需天津、密云两处兵备道之间精诚合作。袁黄此议在于强调地方军镇之间应做好战略配合。

6. 议钱粮

袁黄认识到，若要加强宝坻海口防御，就需要增兵，增兵则需添饷，时值国家财政紧迫之际，这就需要多方筹措钱粮。为此，袁黄做了以下工作。首先，力主撤回班军以守海口，他指出“今拨军守海，即用天津、梁城所之旧军，则粮不

---

① 《宝坻政书》卷十《防倭二议》，第404页。

加增而两地有赖。又抽垛之军尽回本所，则粮在石塘岭可以养新募之军，而军回梁城所者皆系余丁，不烦给饩，但令复业，彼即懽然矣”①，建议将班军调回，班军因有屯田，其钱粮自有着落，不烦地方筹措。其次，通过练习渔民等，既可以保证海防，同时渔民自有生计，又可以省却一笔负担。此外，至于筑造墩台、制造武器等，则可以化整为零，让地方“各分信地，各自造之”，这样也可以不耗军费。此外，针对当时财政空虚的状况，袁黄还提出生财之策，即：

> 倘用生之意行生之策，不但可以防海兼亦可以生财。海涯之地凡不生寸草者，即系卤地，可以晒盐，其地最贵。凡生草者，皆可耕植。今本地灶户皆受累逃亡，而煎盐者皆系远方流民。盐一出场，被豪强抑勒，不贱不买，多有亏其工本者，故盐场多荒。至于可耕之地，又皆弃而不业，所以弥目荒芜而生理甚少也，今诚令各军计口授地，贷以工食，闲则煎晒、忙则耕耘，多开沟渠、广植五谷，岂非天地自然之利乎？开耕之利，职已试而有效，其煎盐之法，今将试之，倘果可行，则万金之饷可致也。②

由上可见，袁黄对宝坻钱粮的看法，主要还是开源节流。通过调回班军、训练渔民等节省了军费开支，又通过让军队开垦荒地、经营盐场以生财，扩大了财源。此外，袁黄还主张通过募民屯垦，将民编为保甲以资守御，如他指出，司家坨一带，“本县新募民开荒，数年之后，田熟民聚，遂可编立保甲，以相应援，庶上不费府库之财，下不动官军之力，而地方有赖矣”③。

7. 置器械

袁黄认为，兵器种类甚多，但不同战术所适用的兵器不同。他指出当时海船所配备武器存在一定的问题，“其利于今日海船者无几，火器中惟喷筒、火毬、火药桶三者而已”④。又如火箭，只有在微风的情况下有用，一旦无风则“帆不可焚”，风大则“火亦反熄”，因此用处不大。再如铳炮弓矢，船行海中，随波荡漾，“发去无准，皆虚送于浪中”，此外，枪钯等近距离作战武器作用也不大。袁黄在分析了海战具体情形后，认为：“惟镖枪、钩枪、铙钩三件，舟上风者，以铙钩钩住下风之舟，以钩枪钩人之足，以镖枪镖人之身，胥为有用之器。先年倭乱时，卑职在海中所目击，非虚谈也。以上数件宜量给工费，令各渔舟备之，如

---

① 《宝坻政书》卷十《防倭二议》，第 404 页。
② 《宝坻政书》卷十《防倭二议》，第 405 页。
③ 《宝坻政书》卷十《防倭初议》，第 400 页。
④ 《宝坻政书》卷十《防倭二议》，第 405 页。

是足矣。”① 袁黄结合自己亲身经历，分析了在海战中各种兵器的利弊，提出以镖枪、钩枪、铙钩配备渔舟的设想，应当说具有一定的合理性。

8. 慎选水战将领

袁黄认为，海战与陆战不同，海战受制于风向、海浪等偶然因素，加之战争情况千变万化，所以对于海战官兵功过的考核比较难，难免出现作弊现象，所以慎选海战将领显得尤为必要。袁黄指出：“陆战呼吸生死，非彼即己，势不两立，将士不能作弊。海战则不然，将官惮出大洋而躲避近岛，则托言望贼无踪，或出大洋而遇贼，不战则托言风潮不便，或战败折军，则托言覆溺人死，孰从而查之。有心欲剿贼而风涛为梗，呼之不应、招之不前，则迹疑于玩寇。有力能胜敌而舟小风逆，偶致挫衄，则迹疑于怯懦，有战胜杀敌而船高海阔，不能割取首级，则孰信其有功。是故功罪赏罚，皆所难明。”因此，袁黄认为必须要选择精明果敢的将领，方能确保海战无欺弊，“非主将得人，操练素熟，军心素奋而欲人用命于不赏不罚之间，斯亦难矣”②。

除此之外，袁黄对倭、虏入侵战术做了对比，从若干方面详细分析了倭寇入侵的特点，对于了解倭情具有一定意义。因其并非专论宝坻海防，兹不赘述。

总体而言，援朝御倭战争时期，袁黄针对宝坻具体状况所上二议，几乎涉及了当地海防的各个方面。在其建议中，他虽立足于宝坻，但眼光却较为开阔，将宝坻与天津及周边军镇密切联系起来，力图在它们中间建立起相互配合的密切关系。同时，他对于一些具体问题，如海口布防、海战武器等也做出部署安排。应当说，袁黄是当时难得的有识之士，其对于宝坻海防的建议是较为周到、全面的。

（二）即墨县

即墨县位于山东半岛东南部，南濒黄海，海防地位非常重要。万历初年，即墨知县许铤曾说：该县“其地三面濒海，右伏马鞍，北至灵峰，二劳拱其南，天柱维其东，形胜为东方冠”③。援朝御倭战争开始后，邑人周如砥④上书时任知县

---

① 《宝坻政书》卷十《防倭二议》，第405页。

② 《宝坻政书》卷十《防倭二议》，第406页。

③ 同治《即墨县志》卷首《序》，第4页。

④ 据同治《即墨县志》卷九《人物·名臣》记载：“周如砥，字季平，号砺斋，父赋早卒，母于氏殉。抚于伯父母，事之如所生。万历己丑（按：万历十七年，1589年）成进士，选庶吉士，终祭酒，以文章名天下……至桑梓利弊辄昌言无隐。”第136页。

李奎讨论备倭事宜，对当地海防多有擘画。本处主要以周如砥《与李瀛州邑令论备倭书》一文，探讨援朝御倭战争之际，山东沿海地方人士对于当地海防建设的看法。

在是书中，周如砥首先强调了加强即墨海防的必要性，指出“敝邑濒海，倭犯最易，议者徒恃其僻陋，谓必不以我为虞，又或谓山陵原陆，非倭所便，皆左也。而虑其必至者，又大都束赀秣马，为临事逃遁之计”①，认为即墨系山东海上要冲，战略位置非常重要，但是在当地民众中一部分人缺乏海防意识，麻痹大意，另有一部分人则消极逃避，丧失信心，他们都缺乏坚守城池、抗击倭寇的信心和策略，这让人非常忧虑。为此，周如砥致书即墨知县李奎，提出如下建议。

1. 固城池

周如砥认为，城池是防御的关键，其坚固与否直接关乎地方安危。他针对即墨县城状况指出，若欲在短期内将疮痍之城修复完备，实属难度较大，但若将原有之城墙加固却可做到。为此，他主张及时将即墨县城加固，并提出了具体方法：“今畚锸且浃旬矣，乡官之督促未尝不勤，而以彼里閈戚识，易为宽假，东门之晢，谁则任之？生以为，倭寇果至，四位父母必且分四面而议守，将来之守人当其一面，则今日之修宜人任其一面，各修汛地，其修必固且力专而易为功，以上役下，下必不敢自爱其力，且日少而功自倍，如是而城池之险足凭也。”② 周如砥认为若由乡官负责督修城池，效果可能并不尽如人意，因为乡官来自民间，与民众颇为熟稔，难免会顾及面子，有所徇私维护。所以，他主张由县级长官亲自出面监督城墙修筑，通过以上临下的监督方式，确保城墙修筑的质量和速度。

2. 选强壮

周如砥认为，兵贵精而不贵多，而即墨县当前所征壮丁，则是“逐户而验之”，其实并无必要。而且征发壮丁多，所需钱粮就多，“今库无余财，固无所以养此属者，即有之，亦安能以有限之财，供此无用之冗?”因此，他主张：“为今之计，似宜于点验之时，择其强干骁勇者，勒为一籍，而量给衣食、安其室家，令之分番守护，公私两得。一旦有急，然后按籍而尽召之，其老弱不堪者，罢之可也。”③ 周如砥此举，既能充分选拔精壮者，壮大防御力量，同时又不过分耗费

① 同治《即墨县志》卷十《文类上》，周如砥《与李瀛州邑令论备倭书》，第193页。
② 同治《即墨县志》卷十《文类上》，周如砥《与李瀛州邑令论备倭书》，第193页。
③ 同治《即墨县志》卷十《文类上》，周如砥《与李瀛州邑令论备倭书》，第193页。

财力，还可以避免扰民，可谓一举数得。

3. 留富室

周如砥认为富室大族是当地的人望所在，他们的举动对于人心有导向作用。倘若一旦遭遇危险，富室大族纷纷逃亡，那么“虽有强壮，必且怀携二之心，且城池非强壮不守，强壮非富室弗供”，因此应当设法“留富室”。为此，他主张：“宜遍召上户，移之城内，财力合则保障完，耳目聚则备御周，所谓同舟而遇风，虽胡越相援如左右手，人纵不皆忠义，其有不自为者乎？”① 周如砥主张将富室大族移居城内以维系人心，并试图通过富室的财力来支持城防建设，实为有远见之举。

4. 聚货贿

周如砥认为重赏之下必有勇夫，若能以奖赏激励将士、民壮守城抗敌，势必会收到很好的效果。但在当地财政匮乏的情况下，只能是“以即墨之财，供即墨之用”，即向富室募捐。他指出：“我仪揆之，有如寇至，城万分一不守，人不能保其躯命室家，其能有财货乎？是则，分财之半而身获全、室获安，人之所甚愿也。君侯试为簿书，备书乡宦、富室之名，如缘簿之例，听其任意多寡，注名于下，刻期收入，以为工食犒将之需，生虽贫当为诸公先之矣。非生之过且矫也，不幸而倭至此，可以得乡兵之死力，幸而不致损，此无伤也。”② 周如砥的意图是通过自己带头、知县提倡，鼓励县内乡宦、富室踊跃捐献财物，以此财物作为奖赏、犒劳守城乡兵的经费，以刺激军士、民壮守城的积极性。

5. 严法令

周如砥认为人聚则乱，兵不斩不齐。因此，他主张应当趁日军尚未入侵之际，提前做好部署，严格执行法令。为此，他建议：“每一父母统几富室，每一富室统几壮丁，各有纪律，整而不乱，而明示之法，有犯无赦。彼兵既怀吾恩，自不敢不奉吾法，庶其有济也。”③ 周如砥建议由官员统领富户、壮丁，分别防守。同时，还主张严行法令，以确保军纪。

由上可见，周如砥具有较强的忧患意识，他能未雨绸缪，针对朝鲜战场的形势和即墨县的海防状况，从多个方面提出了一套较为切合实际的建议，实属难能

① 同治《即墨县志》卷十《文类上》，周如砥《与李瀛州邑令论备倭书》，第 193 页。
② 同治《即墨县志》卷十《文类上》，周如砥《与李瀛州邑令论备倭书》，第 193 页。
③ 同治《即墨县志》卷十《文类上》，周如砥《与李瀛州邑令论备倭书》，第 193 页。

可贵。除此之外，周如砥对于即墨附近的兵员部署也提出了自己的建议。如援朝御倭战争开始后，时任山东巡抚郑汝璧等人曾提出将即墨营改驻胶州，以防护山东南部海域。对此，周如砥持反对意见，并撰《驳迁即墨营于胶州议》阐述己见。其中提出三条反对意见。

其一，即墨营建营已逾二百年，根基深厚，一旦迁移，当地军民生活必然会受到影响。周如砥指出："其营有城有池，比于郡县，城内外诸军子子孙孙聚而为族，公则衙庭场署，私则室庐园囿，居然千室之邑。近虽荒瘠，人情重迁，无论非人情，以此千余之众，一旦移之无城郭、无室庐之地，安所置之？赁寓则有资斧之虑、杂居之扰，露处则有祁寒之怨、暑雨之嗟。"① 显然，周如砥认为，即墨营建营二百年来，在当地已经形成了一个不大不小的聚居点。若要大规模迁徙，实有诸多不便，难免影响军心。

其二，即墨地理形势之重并不亚于胶州，因此不能舍此就彼。周如砥认为，胶州之形势未必就比即墨更重要。他指出："即墨东、南二面环海，东四十里、南三十里，当其倭在朝鲜，非独登为冲，即墨亦然，以其皆海之西岸也。今倭在釜山，非独胶为冲，即墨复然，以其皆海之北岸也。乃或以山东海防，第一胶州为急者，此盖见胶州海潮抵其南门之故，不知胶州故所城也。试观凡卫所之城，有不开门对海者乎？何必胶州也？倭之犯东莱数矣，以今实录所纪、父老所述，如宁海、如大嵩、如灵山，诸受倭之处难以遍数，非必皆海潮及门之处也。况夫大海泛舟，惟风所泊，倭之内侵，岂择对岸？"② 由上可见，周如砥并不认为胶州的地理形势险于即墨，因此，他强烈反对时人因认为胶州地位较重、而欲将即墨营迁至其地的要求。

其三，设营于即墨有助于控御、策应周边卫所。他认为诸多人倡议迁该营于胶州，主要是没有认识到设营于即墨的优势。为此，他指出：

若夫谓驻即墨营为不可，则所未晓营之地势最高，而于诸卫所之道里最均。地势高，故可以俯视诸海壖缓急出兵，如高屋之建瓴，水道里均，故可以朝发而夕至，不者，亦不出三日之外。今以地势之卑者与高者较，以道里之不均者与均者较，将安所取衷乎？夫胶与诸卫所列而数之为七者也，而即墨营以一总之，彼其分遣瞭视总统大众随其后，是即墨营者，可以胶、可以

① 同治《即墨县志》卷十《文类中》，周如砥《驳迁即墨营于胶州议》，第250页。
② 同治《即墨县志》卷十《文类中》，周如砥《驳迁即墨营于胶州议》，第250页。

> 灵、可以鳌山诸处，谓之以一而制七。如以胶而已矣，谓之顾一而忘六，今将使兵宿胶州而西控安东、东援即墨、北应登莱乎？安东者，隶青州，有兵备道之民快在焉，累年团操，粮饷不赀，此似无藉胶州之为援也。登有备倭，莱黄之间有王徐，皆可无虞。惟是营兵既移，即墨城虚无人焉，与其以移去之兵，归而援即墨，何如以不移之兵，待而援胶州乎？便不十，不易器，利不百，不变法。想夫祖宗时，所遣经营此地者，其人皆出百战之余，按视亦已审矣。故虽卫青大将，累疏固争求移于登州不可得，向不得移之登，今独可移之胶耶？①

显然，周如砥认为即墨更适合设营，一方面该营地势较高，有助于瞭望敌情，能提前防御敌人对近海的侵扰。另一方面，从较大范围来看，即墨营可控御山东南海之险，因其位置居中，“东北至文登营四百里，西南至安东卫四百里”，因此可以及时策应周边，而胶州则不具备这一地理优越性。

周如砥立足于即墨县一地，提出了一系列海防措施，应当说有其合理性，不过，周如砥毕竟以本地为重，难以摆脱地方本位，其反对迁即墨营于胶州之说，虽看似合情合理，其实还是主要为即墨防御着想。

总体而言，在援朝御倭战争期间，面对可能出现的外敌从海上入侵，北部濒海州县、尤其是山东沿海大多兴修城池，有些州县还修建了墩台、并招募乡兵，以加强防御。在这一时期，山东即墨县、北直隶宝坻县，一与朝鲜隔海相望、一为京城海上门户，当地地方官及绅士，对该县海防提出了一些建议。应当说，这些海防建议既顺应了当时的形势需要，又立足于地方实际，具有很高的价值。

第六节　朝臣对北部海防的建议

援朝御倭战争时期，朝中大臣及地方官员针对当时的海防形势，纷纷提出建议，倡议加强北部沿海地区的海防建设。这些官员，既有在朝中主政者，也有籍贯在北部沿海者，又有在北部沿海省份任职者。由于其出发点各不相同，他们的建议也各有侧重，本节主要选取主政廷臣、北部沿海籍贯大臣及任职于此地者为例，对其海防建议加以评介。

---

① 同治《即墨县志》卷十《文类中》，周如砥《驳迁即墨营于胶州议》，第250页。

一、内阁大臣对当时海防的建议——以沈一贯、张位为例

（一）沈一贯

沈一贯，字肩吾，号蛟门，浙江鄞县人。隆庆二年（1568）中进士，后选庶吉士，授检讨，充日讲官。万历二十二年（1594），由礼部尚书入阁。沈一贯在阁初期，正是援朝御倭战争时期。作为内阁辅臣，沈一贯参与了明朝政府关于援朝御倭战争的诸多讨论，并提出了一些建议。其关于北部海防的建议，归纳起来主要有以下三条。

1. 设登莱巡抚

详见本章第四节，兹不赘述。

2. 加强水军建设

沈一贯生长于浙江沿海，对于海上事宜颇为熟稔，他在分析了当时的战争形势后，力主加强水军建设。他认为发展水军有以下便利，指出：

> 臣生长海上，颇知倭情，倭长于陆，吾长于水，与倭战于水则得算在我，其胜十九，与倭战于陆，则或胜或负尚未可知。盖我船大而倭船小，我能抢风使帆，而彼非正风不能使帆，我火器多而彼火器寡，我能以船为家而彼特以船为寓，此臣所谓长短难易之别也。从海道戍朝鲜则近而巧，从陆道戍朝鲜则远而拙，在北之师不得不从北发，今既发矣而饷不能继，又不可多发，不多发又不胜，故曰拙计。一船之载可三四百人，少不下一二百人，可以多载师又可以多载粮，故曰巧计。从陆而行日不过百里，远而争利又法所忌，故曰拙计。乘风随潮瞬息千里，易进、易退，朝去夕还，故曰巧计。此臣所谓远近巧拙之别也。今难且短、远且拙者且不惮为之，而易且长、近且巧者乃置不为，则有遗策矣。①

沈一贯在综合对比明军与日军的特点以及水军与陆军长短处的基础上，认为“倭长于陆，吾长于水”，因而就与日军作战而言，建设一支强大的水军对明朝更为有利，这样可以以己之长击彼之短。此外，就援救朝鲜而言，水军也比陆军更为实用。首先，由辽东渡鸭绿江赶赴朝鲜，其路程较之以水军从天津等地赶赴朝鲜，要远且费力。其次，船只既可以载运将士，还可以载运粮食，一举两得。再次，朝鲜三面环水，水军大有用武之地。明朝水军可以灵活策应朝鲜战场，“调

---

① 《敬事草》卷二《请设天津登莱巡抚疏》，《续修四库全书》第479册，第176～177页。

浙直闽广惯战舟师，相度机宜进剿釜山、闲山及对马等贼，与经理之师相为犄角，救援朝鲜且以护送海运往饷辽东、朝鲜之兵。傥若倭犯中国，则从海中邀击，与在镇官兵夹剿”①，水军既能支援朝鲜战场，又可巩固本国海防。

3. 筹备粮饷

援朝御倭战争期间，明朝政府调兵转饷遍及天下，使得国库空虚。尤其是北部沿海的山东等地，因屯兵众多，财政尤其匮乏，“廑廑裁自给，而司农之所以奏京师饷九边者，悉仰之江南。该省甫一防海，辄告不足，求盈于内帑，借资于两浙”②。作为阁臣，沈一贯需要全盘考虑，综合协调调度。为此，他主张在山东垦田以增加该省财政收入。他以历史上“管仲霸齐”的事情为例，论述在山东实行屯田的可行性，并提出自己的具体主张：

> 该省六府大氐（抵）地广民稀，而迤东海上尤多抛荒……宜令巡抚得自选廉干官员，将该省荒芜地土逐一查核顷亩的数，多方招致能畊之民，如江西、浙江、福建、山西及徽、池等处，不问远近，凡愿入籍者悉许报名，择便官为之正疆定界，署置安插，辨其衍沃原隰之宜，以生五谷六蓄之利。必严辑土人而告戒之，毋阻、毋争，凡抛荒租逋一切蠲贷与之更始，或听和买或听分种，其新籍之民则为之编户排年，为里为甲，循阡履亩、劝耕劝织，禁绝苛暴、罢免追呼，止奢僭以养其淳朴之性，兴礼让以厚其亲睦之俗。以钱谷为市，使轻民无所觊觎，贪吏无所渔猎，或又听其寄学应举，量增解额以作兴之。听其试武科、充吏役、纳粟官以荣进之，毋籍为兵以骇其心，毋重其课以竭其财，有恩造于新附，而无侵损于土著，务令相安、相信、相生、相养。既有余力，又为之淘浚沟渠、内接漕流，以轻其车马负担之力，使四方辐辏于其间，米多价平则鸣吠相应，不烦远输而获利已多，海渠交通则商贾坌来，鱼盐四出而其利益广，不出数年可称天府，即不能如齐桓雄九合之师，而本地自称富庶，亦足以省司农请发之烦，免百姓加派之苦，纾九重东顾之忧，增环海长城之重矣。③

由上可见，沈一贯主张首先清查山东、尤其是半岛沿海地区的抛荒田亩，而后多方招徕无地之民前来耕种，并且提供一定的支持，“一切蠲贷与之更始”，将其编

① 《敬事草》卷二《请设天津登莱巡抚疏》，《续修四库全书》第479册，第177页。
② 《敬事草》卷三《垦田东省疏》，《续修四库全书》第479册，第185页。
③ 《敬事草》卷三《垦田东省疏》，《续修四库全书》第479册，第186页。

为里甲以入籍，承认其合法地位，同时禁绝土著对其歧视。此外，对于新入籍者，政府在科举考试、地方吏员选拔等方面均为其提供一些机会，以提高其积极性。同时，沈一贯还力主改善山东境内水道交通，以促进商品经济的发展。

同时，沈一贯也看到了在山东实行垦田可能会碰到的一些困难，即"有司安循常而惮改作，居民席世业而患分授"，并提出应对策略：

> 宜专责巡抚之担任，而令巡按以时稽察之，且重司道之选，如近日杨镐之在辽东，霍鹏之在肃州，皆以垦田闻，岂乏其人？可令召举而用之以为率，且精有司之选，如先年申其学、赵蛟、杨果辈，皆勤敏精干、治邑如家者，岂乏其人？宜不限科贡异流而器使之以为长，又且明劝惩之典，有绩则加官久任以优之，一有朘削不廉或溺职不举，如锄苗之莠不时尽法以处之，又且锄豪右之梗，若有造作流言破败成事，可令搜捕，时处重典。不必别立农官，就府县见职可以责任，不许别请钱粮，就本省仓库可以通融。①

沈一贯看到了可能存在的问题，即地方官员因循守旧，不愿改革，当地民众怕外来者侵犯其利益，横加阻挠。因此，他试图采取一些措施以改变，即通过不断强调地方官员、如巡抚等的职守，并按才能选拔相应官员、如各道等，派遣巡按以加强稽查、敦促工作，对负责此事的官员实行严格的奖惩措施等，以此来敦促各级地方官员积极促成此事。同时，对于地方豪右横加阻挠的事情，沈一贯主张绝不姑息，一旦出现他们"有造作流言破败成事"的事情，可搜捕处刑。

总体而言，沈一贯着眼于海防大局，从海防设官、军队建置、后勤供应三个方面提出了自己的建议，这些建议基本上抓住了问题的关键，也大多得到了具体实施，如明朝政府于万历二十五年（1597）设天津巡抚，对当时的北部海防建设起了很大的作用。

（二）张位

张位，字明成，新建人。隆庆二年（1568）进士，改庶吉士，授翰林院编修。万历二十年（1592）四月入阁。其在阁时期，正是援朝御倭战争时期。作为内阁大学士，张位也对当时的北部海防提出了一系列建议。

1. 划分军事防区

张位主张对于北部地区应当按照防倭、防虏的不同，划分为不同的战区，并提出了具体的计划："今闻倭势甚凶，海防宜备。请以边防及海防分为四镇，如

---

① 《敬事草》卷三《垦田东省疏》，《续修四库全书》第479册，第186～187页。

东则蓟辽保昌为一镇，专以防虏；山海至登莱为一镇，专以防倭；西则宣大、山西一镇；陕西延宁甘固一镇，如故。四镇除戍卒照旧外，各练精兵三万，每营三千人、车三百辆。每镇各联列十营，择谋臣、猛将统之，御虏、防倭不啻足矣。”① 显然，张位主张应当提高对北部海防的重视，将海防与边防等量齐观，在登莱至山海关设立一镇，北边其余地方设立三镇，各镇各练精兵，统以猛将、谋臣，使沿海地区与蓟辽、宣大、延宁等北边诸镇联成一体，这样可以协调防虏与御倭的关系，加强各镇之间的协同防御。

2. 设置专职官员

为加强北部沿海的军事协调，促进地区内部的协同防御，张位主张设置专职官员，以便事有专责。为此，他指出：

> 若东事，当设总督重臣，北自山海南至山东地方，抚臣以下俱听节制，济宁以北，漕河以东，悉属统辖。仍设总兵一员，驻札适中处所，偏裨将领分守海口，一如边口规模，即以顺天巡按御史兼巡视之事，急宜查视海口要害，联墩犄角多为沟涧之险，多备火药之器，分兵画地，多方备之。②

张位主张在山海关以南、山东以北设立总督，全面统辖环渤海诸省，专职防海。同时，设立总兵一员，驻扎北部沿海适中地方，统领偏裨将校分守诸处紧要海口，并以顺天巡按负责巡视、监察。

3. 加强地方防御

正统以后，北部海疆形势趋于平静，北部海防力量逐步削弱，当地民众的海防意识也日渐淡漠。张位对此非常担忧，他从北部沿海的现状出发，主张应加强北部沿海民众的海防实践能力，他指出：

> 南方海船摇荡，北人眩瞀难堪，有船无人，空费可惜，止宜多造渔船，并募渔户，无事时听其生理，有事时资其哨探。凡遇村堡人稠，则教以团练乡兵，人自为守，坚璧（壁）清野，毋赍盗粮。再行朝鲜谋举义兵四起，教攻击之法，助以火药之具，待至鸭绿江边，彼我前后夹攻，东方之所当定者止此矣。③

张位从北部沿海地区的具体情况出发，建议多造渔船，招募渔户，平时任其自谋

① 《明经世文编》卷四百八，张位《议边备疏》，第4433页。
② 《明经世文编》卷四百八，张位《议边备疏》，第4434页。
③ 《明经世文编》卷四百八，张位《议边备疏》，第4434页。

生理，不费国家钱粮，一旦海防形势危急，可将其作为海防前哨。同时，他还主张加强地方民众的防御能力，在人烟稠密之处发展团练、乡兵，若遇战事，也可以保护地方。

后来，随着援朝御倭战争的发展，张位对于北部海防的认识也在不断变化。尤其是战争后期，明军在朝鲜战场上形势一度不利，南原、全州接连丢失，使得北部沿海形势也日渐危急，“不但朝鲜难以保守，恐强倭乘此西犯，不数日可至天津”①。为此，张位上《条陈御倭七事疏》，详细阐述了他对于北部海防以及朝鲜防御的看法，兹将其中与北部海防相关者归纳如下。

（1）重点防御北部沿海

张位认为，日军占领朝鲜后，北部沿海再无藩篱可言，京畿地带也将直接暴露在敌人的威胁之下。因此，必须要分清主次关系，合理部署海防力量，以应对可能出现的威胁。他指出：

> 今倭兵西向之处，天津一门户，登莱二门户，淮阳（扬）三门户，南京四门户，浙江五门户，福建六门户，广东七门户，皆当预为防守者。前三门户在北势近，后四门户在南势远，今倭兵倾国而来，其意在北，宜抽调在南四处之兵前来应援。②

他分析了日军占领朝鲜后的形势，按照距离朝鲜的远近及日军进犯的可能性大小，将中国东、南沿海划分为七个区域，主张重点加强前三处，即天津、登莱、淮扬，具体策略为抽调后四处“不急之处”之兵以应援前三处地方，这样可以更好地整合、利用沿海海防军事力量。

（2）设官

张位认为若要确保京畿地带安全，就需要加强北部沿海如天津、登莱等处的海防力量，并抽调南方兵力以应援。因此，在北部沿海设立专职海防文、武官员，统一指挥沿海兵力就显得很有必要。所以，他主张设立天津巡抚和总兵，指出：

> 请于天津近便地方，特设海防巡抚一员、总兵一员，各给敕书，专治海上事务，续调水兵俱属管领，听其相险分布，以备战守。仍令山东、保定巡抚协力防御，毋分彼此。其天津、登莱、辽海兵道皆属统辖，滨海军卫有司及各官兵俱听调遣，俾其增设险隘、盖造墩营、缮治战船、督护粮运、训练

① 《明经世文编》卷四百八，张位《条陈御倭七事疏》，第4437页。
② 《明经世文编》卷四百八，张位《条陈御倭七事疏》，第4437页。

> 土兵、安排火器、料理屯田，北援辽东、旅顺，南控登莱、淮扬，声势连络，大振军威，此第一首务也。①

张位主张在天津附近设立巡抚、总兵，统领北部沿海诸兵备道以及滨海卫所、军营等，专门负责海防事宜。同时，又令山东、保定巡抚全力配合。这样，在北部沿海可以形成海防巡抚、总兵全力负责，沿海当地巡抚紧密配合的协同防御机制，既能做到权责明确，又使得事有专责，避免推诿误事。

除此之外，针对当时军饷筹集、转运的诸多困难，张位主张设立专职大臣负责此事，以重其权、专其责。为此，他指出：

> 今督臣羽檄纷纷，惟以告饷为急，若大军齐集，师徒众多，则其所需刍粮尤广，此不可省之费，亦不易集之务也，乃今以部属郎官任之，势虽行于各省，意难达于部院，官卑力薄，掣肘奚胜？亟宜特设才望大臣一员，专理边海、东征粮饷，多方讲求足食之策、搬运之方，庶事权崇重，运量不难，此目前要紧一着也。②

显然，张位认识到军饷问题对于东征及北部海防至关重要，有兵不可无饷，但若要筹集饷银，则需与中央部院、沿海各省沟通交涉，而仅“以部属郎官”任督饷大臣，其地位较低，很难实现有效地协调、沟通。因此，他主张设立专职官员，以“才望大臣”任之，这样可以畅通其与部院及各省的关系，减少掣肘，提高军饷筹集的效率。

（3）悬爵赏

张位主张在沿海形势危急的情况下，应当不拘小节和成规，多方搜罗、发掘人才，尽可能地扩大自己的力量。为此，他建议：

> 今罢闲、罪废将士，岂无抱才自惜、思以功自赎者乎？士民之中，岂无天生英杰、扼腕自负，欲以建功名于世者乎？诚宜下令，有罢闲、罪废将士，能自率家丁出身赴敌者，但有功之日一体升赏，罢闲者用、有罪者贷、功高者一并优叙。傥能自备粮饷不费国给，更视差等加旌。又下令天下，不拘文武士商人等，如有能自出智力，潜诣日本擒斩关猷（酋）者，许以封侯，能擒斩清正、行长及在倭有名头目者，授以都督锦衣所等官。③

---

① 《明经世文编》卷四百八，张位《条陈御倭七事疏》，第 4437 页。
② 《明经世文编》卷四百八，张位《条陈御倭七事疏》，第 4438 页。
③ 《明经世文编》卷四百八，张位《条陈御倭七事疏》，第 4437 页。

由上可见，张位认识到部分罢闲、罪废将士并非没有能力，因此不能因其偶犯小过就弃置不用。他主张起用这些将士，认为起用他们、为其提供将功折罪的机会，可以充分调动其积极性。此外，他还鼓励普通民众参与到抗倭活动中来。张位此举，旨在最大可能地调动官民的积极性，以配合朝廷的抗倭战事。

（4）准备武器、船只

张位在分析了日军战术、武器的基础上，提出明军应当针对日军战术，配备合适的武器，以增强军队战斗力。他指出：

> 倭之长技，惟刀与鸟铳二者，旧闻破倭利器，筤筅最善，夹以枪棍，前展大旗，亟宜多造教习。至若臣昔年为西征事所奏轻车、皮牌、纸甲、床子弩、千里城等器，已曾奉旨行于京营、九边，必有知之，曾经缮就者，宜查式给送。此外，水陆火器等项炮、枪、弓箭及部库所收硝黄见贮若干，俱即查数应用，若有不足，急为储峙，皆不可缺者也。①

此外，他还看到战船对于海防、海战的重要性，因此倡议从南方调取海船，屯集天津、登莱，以备急用。他指出：

> 所取南船宜速令赴登莱、天津二处候用，或繇外洋、或繇内河，各从其便。昨闻闽中海市，商船五六百金可买一只，用六万金可买百只，每船即募彼地惯熟操战者百人，每人安家银五两，每千余金可得一船，为船百只，可得万人，并行粮等件，所费十五、六万足矣，即令闽中巡抚议处，所能办也。②

由上可见，张位认为若要在对倭战争中占得先机，就需要针对其战术特点做周密的准备。为此，他主张在御倭军队中配备筤筅等克敌武器。同时，其他一些武器，如火器等也要配备齐全。此外，他还认识到若要“防患于未然”，就势必要加强海上防御，因此他主张多方募集船只、水军，并将其屯聚于天津、登莱地区，以备急用。

总体而言，张位对于北部海防的诸多建议较为全面，他既考虑到海防战区划分、海防官员设置等宏观问题。同时，还主张鼓励民众加强地方防御、起用废弃将领，对于军队的武器、船只配备等也提出了具体建议。应当说，张位的海防建议，在一定程度上适应了北部海防形势的需要，是值得肯定的。

---

① 《明经世文编》卷四百八，张位《条陈御倭七事疏》，第 4437 ~ 4438 页。

② 《明经世文编》卷四百八，张位《条陈御倭七事疏》，第 4438 页。

二、北部沿海籍贯官员对当地海防的看法——以冯琦为例

冯琦，字用韫，山东临朐人。万历五年（1577）考中进士，改庶吉士，授翰林院编修。因修《大明会典》，进侍讲，充日讲官，历庶子。后进少詹事，掌翰林院事，迁礼部右侍郎，后改吏部。援朝御倭战争爆发之际，冯琦正在朝中任官，不过出于为家乡安全的考虑，冯琦致书援朝御倭战争统帅邢玠，是为《东省防倭议》，提出了他对于山东海防尤其是青州海防部署的建议。

首先，冯琦在综合考虑辽东、山东地理形势、日军入侵特点的基础上，对当时的海防形势做了一个估计。他认为，倘若日军入侵，则“非辽左则天津，非天津则登莱”，因此，辽左、天津、登莱应为防御重点，其中登莱尤为重要，他指出：

> 犯辽左则难入也，犯天津暂扰而易定，犯登莱则易入且难定，中国之祸未有已也。辽左皆军卫，又岁当虏，城有可守，野无可掠，今四方有事，皆调辽左兵，彼所入即我精兵处，无论能战守必有余，我能自坚，彼将坐困，故曰犯辽左难入。天津畿辅重地，为国咽喉，一有缓急，远迩大震，然进可攻可掠，而退无巢穴以自守，各边之兵，远者十日，近者五日，一呼立集，平原广野，以骑蹙步，万矢齐发，我用其长，彼无所据，一战而胜立可芟夷，故曰犯天津暂扰而易定。倭水战不及南兵者，舟不如也，陆战不及边兵者，骑不如也。若出于无水兵、无边兵之处，彼捣其一虚，而我违其两长，腹里州县城既不坚，人无固志，郡城自守不足，安能救人？各城披靡，则郡城亦难孤立，北震邦畿、西梗运道，游兵杂沓，道路不通，须我南北兵集，彼已自立窟穴，我反劳彼反逸，我反为客彼反为主，我反致于人彼反致人，故曰犯登莱则易入且难定也。①

冯琦认为，一旦日军入犯，辽东、天津、登莱是其主攻方向，紧接着他又从辽东、天津、登莱三地具体情形及日军战术特点入手，指出日军入犯登莱的危害最大，“易入且难定，中国之祸未有已也”，认为重点加强对山东沿海的防御，很有现实必要性。

此外，他在对山东的具体防御状况做了分析后，提出应当建青州为重镇。他首先指出青州地理位置的重要性：

---

① （明）冯琦：《宗伯集》卷二十六《东省防倭议》，《四库禁毁书丛刊》集部第15册，第337页。

齐之所以称四塞者，何也？东面海、西南面山也，惟正北一面绾毂其口，北自牛山南至穆陵，万山绵亘二百里不绝，山势西起泰山，南接蒙山，钩连至郡城北始尽，故青州者海山之间一大都会也。登莱负海，险在郡东，青州负山，险在郡西，山东海面二千七百里，处处可登，出于登则莱不能救，出于莱则登不能救，南而诸城、日照、北而乐安、寿光，则直出于青之境内，而反抄登莱之后，盖登莱可捍外不可卫内，若外控登莱内护省直、扼山海而居其会，则惟青州为重。①

冯琦综合分析了青、登、莱三府的地理形势，认为设防于登莱“可捍外不可卫内”，一旦日军越过登莱，抄入内地，从青州南、北入侵，就会长驱直入，置重兵屯驻的登莱于无用之地。而青州一地，襟山带海，地理形势非常重要，倘若建其为重镇，则既可以应援登莱，又可以控扼山东内部，起到“外控登莱内护省直、扼山海而居其会”的作用，可以从总体上控御山东的海防形势。

同时，他又从明朝和日本双方具体情况出发，论述了防御青州的现实必要性。他认为，就日本方面来说：

倭入朝鲜且战且前，守如处女，忽如脱兔，此非进掠之兵而据地之兵，非浪战之兵而有前后着之兵也，有如彼知我空中国兵赴辽左，而潜以水军乘风渡海，处处无备，登莱两郡城不可知，其他州县望风瓦解，必将望名城以为归，青素无蓄积，一年耕不足一年之用，若使闭城坐食，加以四方避乱之众，不出一月立困矣。②

另一方面，就青州战略地位而言：

倭至登莱，我失大海之险一矣，至青州，我失群山之险二矣。过此以往，更无险阻，我无地不可忧，而彼反可战、可守、可进、可退，外倚海为门户，西包河山以自固，而以北向，一面与中国争衡，我即以信臣精卒带甲十万临之，未易岁月定也……我诚以重兵居要地，阻群山以扼之、清野固垒以老之，宜有可胜之理。故青州守，则我东面以扼倭，青州不守则倭北面以扼我。然则，青州者，天下大胜大败之机也，就我畿辅论，则天津急于登莱，就彼盘踞论，则登莱便于天津，就彼进犯论，则登莱急于青州，就我控

---

① 《宗伯集》卷二十六《东省防倭议》，第 337 ~ 338 页。
② 《宗伯集》卷二十六《东省防倭议》，第 338 页。

扼论，则青州重于登莱。①

在冯琦看来，青州将是明朝与日本爆发战争后双方交战的一个胶着点。他认为，就日军在朝鲜战场之表现而言，这些日军并非以前的烧杀劫掠之徒，而是攻城略地的精锐部队。因此，当他们占领朝鲜后，势必会发动对中国的进攻。而日军一旦入犯，肯定会避开重兵防御的辽东，而趋向兵力空虚的山东半岛。日军一旦登岸，山东半岛上除去登州、莱州二城外，其他城池均难以抵御，必然会望风归附。此时，地处鲁中的青州便会直接暴露于日军面前。而就山东形势而言，守住青州就可以凭借其山海之险有效地遏制住日军前进的步伐，倘若一旦青州失守，那么山东境内山海之险丧失殆尽，日军可以长驱直入，明朝就会陷入全面被动。因此，双方谁能占据青州，即获得了战争的主动权。

为了在可能出现的明朝与日本战争中占得先机，冯琦主张建设青州为重镇，并提出了建设青州兵镇及加强山东海防的一些具体措施。概括而言，主要有以下几点。

（一）训练军队、设置将领

冯琦指出若要加强海防，则必须增兵、设将，对此，他提出了一些具体的建议，指出：

其最要当先定南北兵将水陆所宜，水战宜用南兵，陆战宜用边兵，然客兵不可多得，不可久恃，终当训练土兵，第以彼为师，习其技能耳。今海上水兵二三千人，而边兵无一人，边将无一人，岂以海上数舟便可恃为长城耶？今人皆谓南兵习倭，夫南人不见倭已三十年，当时壮夫今皆已老，此时所募精壮乃是当时未生之人，其习倭事恐与北人无大相远，而风气终不如西北边之劲。海滨用之可耳，至于城守陆战而亦用南将、南兵，恐非完策。郡城宜设参将一员，诸城、乐安宜设守备二员，皆择边将威望素著者坐名上请，随带家丁，参将二百人、守备一百人，各给双粮，稍从优厚。一遇有事，外可仗其勇敢以当军锋，内可藉为牙兵以镇内乱，无事即以其技艺教练土兵。海上水兵增至一万，以南兵教之，陆兵每郡增至五千，以边兵教之。至于本省班军赴京边做工，先该中丞郑公奏留海上防守，部覆以海氛未急未见允行，今当尽数留用，譬如人家有盗合使臧获在门庭防御，而反令从容洒

① 《宗伯集》卷二十六《东省防倭议》，第338～339页。

扫，缓急失宜，且方借兵于各处，而本处之兵乃令远赴供役，恐非计也。①

冯琦认为就御倭而言，边兵、南兵最为适合。不过，具体到山东的实际情况来说，则边兵根本没有，南兵也为数不多。即使从外调入，他们均非土著，也“不可久恃”。而且，他认为自嘉靖倭乱之后，南方也已将近三十年无御倭战事，因此，不应迷信于招募南兵。与此同时，北方边境战事频仍，边兵、边将战斗力较强，因此可以招募边兵以资城守。此外，他倡议训练当地兵士，主张以南兵教习水军、边兵教习陆兵。同时，他还主张设置武官，在青州府城设立参将，诸城、乐安设立守备，均由边将出任，各带随身家丁，既可镇压内乱，又可防御外侮。此外，他也主张留班军以防海，这样可以增加山东沿海的海防兵力。

（二）严格实行奖惩措施

冯琦认识到，若想真正达到防御周全的目的，就必须要施行严格的奖惩措施，即定“海上战守功罪”。对此，他具体指出：

比见部议赏格备矣，然详于战而未及守，今宜先定至海上守城之令，倭至城下，守城者守三日当小捷，六日当中捷，十日当大捷，文武官破格超擢，赏延于世，士民量其时日，以为蠲免分数。海防抚臣先阅定某城坚瑕可守几时，如在限外失陷者稍薄其罪，限内者以军法从事。各处修城，宜图实效，不得粉饰目前。守城与修城员役同论功罪、行赏罚，守城居十之七，修城居十之三。②

冯琦主张将守城纳入奖惩制度中，按照城池具体状况设置城守时间标准，对在规定期限内失陷者予以处罚，守御时间长者则加以奖赏。同时，冯琦要求城池修建要重实用，而非粉饰，并将修城者纳入到赏罚体系中，与守城者一同赏罚。冯琦力图通过严格的赏罚措施，明确守城官军的权责意识，以激励其坚守城池。

（三）组织乡村防御

冯琦认识到，一旦发生战争，普通民众势必会首当其冲。因此，必须要加强他们的防御意识和防御策略，他主张：

乡居之民每乡立约长，择一乡有才识者充之，先将近地避兵之处相度停妥，一闻海上烽举，声势逼近，约长率百姓近城者入城，近山者入山，裹粮自随。不能携带者，缓即先行窖藏，急则即至焚毁，宁弃沟壑必无以粮资

① 《宗伯集》卷二十六《东省防倭议》，第339～340页。

② 《宗伯集》卷二十六《东省防倭议》，第340页。

敌，宁窜山谷必无以民资敌也。我之于倭，兵力十不当一，器械十不当一，奋勇直前、死不反踵百不当一，惟有以城相拒、以粮相蔽，或可冀耳。①

冯琦主张设立约长，由“有才谋”之人充任，以其作为乡民防御的组织者。如此，则一旦遭遇倭警，约长就可以有效地组织乡民撤退，贯彻“坚壁清野”战术，以减少人员、钱粮损失，并避免资敌。

此外，冯琦还主张训练乡兵，以加强民间防御力量，他指出：“齐民喜技击，好结聚。各乡之中，有能聚数十人以卫其乡者，以名闻于官，量给米谷为犒赏，其首事者，视其才略可用，训练稍精，亦可量畀冠带以劝之，事急则征发，以守城应敌。”② 冯琦认为训练乡兵，既可以防御乡里，一旦遇到战事，还可协助守城，而且乡兵均来源于当地，不用过多耗费国家钱粮，可谓一举两得。

（四）筹备钱粮

冯琦认为“凡用兵必先积饷”，因此，他主张在防御中应当注重筹备钱粮，并提出了几条措施：

1. 奏留钱粮

冯琦认为，当时的山东困敝已极，很难通过增加赋税来扩大当地政府的财政收入，因此，他建议“当奏留东三府钱粮，一半运粮赴朝鲜接济，一半留海上修战守之具，如山、陕二省钱粮皆留备边，近日畿内诸郡亦皆留之”③，力图通过截留上缴国家的钱粮，来接济朝鲜，并稳固当地守备。

2. 开捐纳赎罪

冯琦还主张通过开捐纳、赎罪来扩展财源，他说道：“量加鸿胪武职虚衔，罢闲士夫得复职，闲住致仕及量增服色品级，徒流以下皆以本色赎罪，以此类推广，必有应者。”④ 当然，冯琦也认识到通过捐纳、赎罪以扩大财源之策仅为权宜之计，并不值得称道，即“鬻爵、赎罪本非美政，而古人遇急皆为之，甚至榷酒、酤算车舟而不肯一槩加于地亩，则以数者之害比之加赋犹浅耳”⑤，他认为，与其加重民众负担，造成地方社会动荡，不如从权暂开捐纳、赎罪。由此可见，其力主开捐纳、赎罪之本意在于节省民力。

① 《宗伯集》卷二十六《东省防倭议》，第 340 页。
② 《宗伯集》卷七十四《答王兵宪》，《四库禁毁书丛刊》集部第 16 册，第 203 页。
③ 《宗伯集》卷二十六《东省防倭议》，《四库禁毁书丛刊》集部第 15 册，第 340 页。
④ 《宗伯集》卷二十六《东省防倭议》，第 341 页。
⑤ 《宗伯集》卷二十六《东省防倭议》，第 341 ~ 342 页。

3. 鼓励预纳钱粮

援朝御倭战争时期，山东财政吃紧，而战争形势却日趋紧张。因此，冯琦主张鼓励民众预纳钱粮，“富足之家，有预纳钱粮者，一年至二年量减一分，三年减二分，多者照年数多寡酌量递减”①，希望通过降低征税标准的措施，鼓励富足之家预纳钱粮，以解燃眉之急。

4. 令沿海地方以本色上纳钱粮

冯琦指出：“民以粮易钱，以钱易银，由县输郡，郡输省，省输京师，轮输之费已三矣。一旦有事，又从藩司发银到府到县籴买，无论徒劳牛马、徒费民力，收之纳粮之时价省而得粮多，收之籴粮之时价费而得粮少，又往返费时日，则何若即收本色而贮之仓，夫纳本色民所甚便也，若充军饷，亦以本色、折色相兼支给，军亦称便，此则民不必贸粟纳粮，官不必发银籴谷，上下往返所省必多。”② 他认识到百姓在交纳钱粮时需要以粮换钱、以钱换银，这样折耗很大，而且负担也会在无形中加重，加之中间转运程序太多，对于政府和百姓来讲均不方便。因此，他力主山东沿海百姓直接交纳粮食充作军饷，如此，利国、利军、利民，一举三得。

5. 买粮以自补

这一时期，山东灾害频仍，当地民众生活困窘。为此，冯琦指出：“本省之粮已发海运，今秋谷豆所收又薄，明春之民必多枵腹，今宜设法召商买近地之粮以自补，非但备倭兼以备饥，预图则省，临用则难。”③ 面对内忧外患的形势，他力主购买临近地区的粮食以自补，这样既可以备倭，也可以缓解当地饥荒。

6. 鼓励士大夫捐钱

冯琦认识到，自援朝御倭战争爆发以来，山东等地均已加征钱粮，百姓困敝已极，很难再继续加征，而当地官绅富户手中却有不少银钱、粮食。因此，他认为鼓励富户慷慨捐赠，而后由朝廷对其加以褒奖，这不失为一条路子。他指出：“至于修城等项，费用浩大，官帑不能遍给，宜仿救荒事例，有士夫百姓尚义捐赀以佐军兴及修城之用者，如所捐数多，地方官以名闻，官照何洛文、穆文熙事例题请旌表。”④ 显然，他认为此举之实行，使富户乐于交纳，朝廷则给予其虚

---

① 《宗伯集》卷二十六《东省防倭议》，第 341 页。
② 《宗伯集》卷二十六《东省防倭议》，第 341 页。
③ 《宗伯集》卷二十六《东省防倭议》，第 341 页。
④ 《宗伯集》卷二十六《东省防倭议》，第 342 页。

名，如此一举两得。

冯琦之所以力主采取各种措施扩大财政收入，满足军事需要，并改善当地财政状况，主要是因为他认识到山东困敝已极，民不堪命，纷纷逃亡，在这种情况下，一旦日军入侵山东，“倭奴倘以小惠诱此离心，众心之城既离，数仞之墙何守”？① 因此，他主张通过以上途径广开财源，这样既能提供海防兵士所用粮饷，同时也可减轻当地民众的负担，避免发生内乱。

总体而言，在援朝御倭战争之际，冯琦对于北部海防尤其是山东海防建设提出的诸多看法，有一定的价值。首先，他立足于山东，对山东一省的海防形势分析得较为透彻，其建青州为重镇的主张及围绕这一主张提出的若干具体建议，应当说有一定的合理性。此外，他对于筹措军饷的各种主张和建议，考虑得非常周到、全面，值得肯定。不过，冯琦作为山东青州府人，其在提出建议时，往往自觉、不自觉地会较多地考虑到自己的家乡。对此，明人已经有所评论，据黄景昉《国史唯疑》卷十记载：“冯文敏琦策倭云：倭繇辽左入成擒耳，繇天津入暂扰而即定，若繇登莱登岸而西散掠郡邑间，反客为主，中国忧自此始矣。（按：冯，北海人，自为桑梓虑耳，吾未见津运咽喉可暂梗塞其间者也。倭亦卒无所入）”②，认为冯琦对当时的山东战略地位估计太高。笔者认为，冯琦的海防建议，虽不能说完全是为家乡考虑，但确实将山东海防提到一个非常高的地位，是以山东为本位考虑的。

三、在北部沿海任职官员对海防的看法——以王士性为例

王士性，字恒叔，号元白道人，浙江临海人。万历五年（1577）进士，曾任确山知县、广西参议、云南澜沧兵备副使、南京鸿胪寺卿等职。万历二十年（1592），王士性出任山东粮储道左参政，此时恰逢援朝御倭战争开始。因此，王士性在任职期间，对于山东地区的海防状况做了较为深入的了解，并提出了自己的看法。其对于援朝御倭战争期间山东海防的看法，主要体现在《广志绎》一书中。

在是书中，王士性首先分析了山东的海防地理形势，指出山东是京师门户，

---

① 《宗伯集》卷二十六《东省防倭议》，第 342～343 页。

② （明）黄景昉：《国史唯疑》卷十，《续修四库全书》第 432 册，第 158 页。

"论京师则登州乃大门，而天津二门也"①，因此，防御山东尤其是登州，对于保障京畿地带的海上安全有着重要意义。而后，王士性又指出了当时山东海防存在的一些具体问题，他认为山东海防过于注重登州防御，而对其他地区尤其是山东南部，并没有给予应有的重视，"山东备倭府立于登州，癸巳、甲午间，倭方得志朝鲜，东人设备往往于是。余谓客曰：'此非山东之所谓备倭也。'曰：'祖宗不建府于登乎？'曰：'登州备倭之设，祖宗盖为京师，非为山东也。海上艨艟大舰乘风而来，仅可抵登郡东面而止，过此而入海套，则大舰无顺风直达之便，欲泊而待风，则岸浅多礁石，难系缆。"② 由上可见，王士性认为过于注重登州防御对于山东一省海防并没有太大的实际意义。为此，他在具体分析山东海防形势后，主张加强山东南部防御，他指出：

曰："然则山东备何地乎？"曰："以山东筹之，则登乃山东东北一隅，犹人家之有后水门也，尚有前堂在。倭从釜山、对马岛乘东风而来，正对淮口，然淮有督储部府，尚宿重兵，在倭不遽登岸也。其登必从安东、日照，此数百里无兵。然中国之殷瘠夷险，倭必有乡导预知之，而泰山香税，外国所艳闻也，则必驰泰安州。既则济宁商店咸在城外，倭必觊之而走济宁。又进则临清大贾所必觊也，而驰临清。掠劫既饱，然后入省城，此山东大厅堂，而倭所必由之道也。不备前门，而备后门乎？"③

王士性认为对于山东一省而言，登州僻处东北一隅，而山东南部地区则正对釜山、对马等地。因此，倘若日军一旦发动侵袭，势必从釜山、对马出发，直趋兵力薄弱的日照、安东卫，而后以当地人为向导，劫掠泰山香税、济宁商店、临清商贾，而后进入省城。因此，假若不加强山东南部沿海地区防御，一旦日军入侵此地，很可能会长驱直入，占领山东。

为此，王士性针对山东的海防局面，提出了自己的意见，他认为：

曰："然则当何备之？"曰："总府立登州，既祖法不可改，当从倭汛议，以关中防秋例处之。登州至安东，惟胶州为中，南北救援，咸相去五六百里。今遇汛时，当调登州总戎驻胶州，以南援安东、日照、安丘、诸城一带，而北仍不失救援，随遣随发。而调临清参戎于登州坐镇之，如总督出花

① （明）王士性：《广志绎》卷之三《山东》，北京：中华书局2006年版，第245页。
② 《广志绎》卷之三《山东》，第245页。
③ 《广志绎》卷之三《山东》，第245页。

> 马池，巡抚出固原例。汛毕，仍归本镇，是于备京师、山东，经权两不失也。”曰：“临清不有粮艘巨万当护乎?”曰：“此非倭所欲也，据临清以绝粮道，丘文庄为中原不逞者言。倭隔海，止利在掠金耳。”曰：“何以知倭不入登、莱也?”曰：“登海浅，水行二十里皆淖途，前所云多礁，船不得泊。即起岸，而登州地旷人稀，鲜富室，若清野待之，一望萧索，四五日必回舟，而大舟必漂去，又无渔船、客船可拏用之，故倭不走登州也。”曰：“登遂可无备乎?”曰：“不在今日也，倘倭得朝鲜，则登与旅顺口相对一岸，不用乘风，不须巨舰，只艬艞舴艋，一夜而渡，抵岸方知，此时难防又特甚焉，则非今日之比。故备寇者须知我险，须知彼情，难刻舟以求剑也。”后入与郑中丞言之，设安东备倭。①

由上可见，王士性并不认为山东海防重点备御登州是合理的，他建议将山东南部的胶州设为海防重镇，山东防海总兵遇汛期移驻胶州，而以临清参将移驻登州，这样既可以防御山东南部海域，又可以兼顾登州，可谓一举两得。

笔者认为，王士性对山东海防的建议有其合理性，一方面，他看到了登州对于拱卫京畿的作用，在建议中也曾说道山东防海总兵驻登州“祖法不可改”，并提出了移驻临清参将的权宜之计。另一方面，他对山东本地海防的认识也较为深刻，看到了山东南部尤其是日照、安东卫一带兵力空虚的现实，并力主加强该地防御。这些都是正确的。不过，其对于日军入侵山东的侵略意图的认识似乎并不准确，他认为假如日军入侵势必舍弃登州，主要因为登州“登州地旷人稀，鲜富室”，而会从日照直趋泰山、济宁、临清一带，以掠夺财富。其实，丰臣秀吉之所以不入侵富庶的江南地区，而是直入朝鲜，其侵略野心是非常大的，他妄图以朝鲜为踏板，“一超直入大明国，欲易吾朝之风俗于四百余州，施帝都政化于亿万斯年”②，其真实目的在于夺取北京，即如冯琦所言“非进掠之兵而据地之兵，非浪战之兵而有前后着之兵也”③，因此日军一旦入侵，不太可能为区区数万泰山香税而长途奔涉于鲁中地区的崇山峻岭之间。所以，王士性所持“倭隔海止利在掠金耳”的认识是错误的。

不过，总体而言，王士性主张加强山东南部海域的防御是有必要的，这点也

---

① 《广志绎》卷之三《山东》，第245~246页。

② 吴晗辑：《朝鲜李朝实录中的中国史料》上编卷二十五《宣祖昭敬大王实录一》宣祖二十四年（万历十九年）三月丁酉，第1534页。

③ 《宗伯集》卷二十六《东省防倭议》，《四库禁毁书丛刊》集部第15册，第338页。

为当时的山东巡抚郑汝璧所接受。但是相较于山东南部海域而言，登莱地区的防御更为重要，日军一旦占领朝鲜，势必长驱直入，穿过登莱、旅顺之间的狭长海域，直逼京津地区。因此，若要通盘考虑北部沿海的海防状况，还是应当着意加强登莱地区防御。王士性之所以刻意强调加强山东南部防御，主要是因其当时正在山东为官，因此考虑问题难免会更偏重于山东当地的安全。

综上而论，在援朝御倭战争期间，面对严重的海上威胁，朝廷中枢官员、北部沿海籍贯官员以及任职于北部沿海地区的官员们纷纷倡言，提出自己对于北部海防的建议。应当说，其出发点均是为了维护北部海疆的海防安全，这是值得肯定的。不过，由于出发点不同，他们的建议各有侧重性。以沈一贯、张位为代表的朝廷中枢官员，他们需要着眼于整个大局，朝鲜战场、北部沿海乃至东南沿海均为其考虑范围，因此他们的建议往往总括性较强，其具体建议也较为全面。对于山东青州人冯琦来说，他虽在中央为官，但却并非主政中枢，其对于山东海防的建议，虽也合情合理，但难免会以桑梓为本位。对于当时正在山东为官的王士性而言，其对当时北部海防的一些认识也有偏颇之处，他对此时入侵朝鲜的日军缺乏正确的认识，认为他们与嘉靖时期入犯东南沿海的倭寇并无本质区别，因此过于注重对山东某些地区的防御，如经济较为富庶的运河区域等。其实，就当时的形势而言，重点防御登莱，扼守京畿门户是正确的。

第七节　援朝御倭战争后廷臣对于朝鲜善后事宜的争论
——以北部海防安全为中心的考察

援朝御倭战争结束后，朝中大臣们围绕是否应在朝鲜留兵防守，以及本国北部海疆应当如何防御等，产生了各种争论，万历皇帝为此召集九卿科道官员会议讨论此事。这些争论虽然看问题的角度等等不一，关注点也不尽相同，但是其核心问题却基本上是一致的，那就是如何在确保朝鲜安全的同时，有效地巩固中国北部沿海地区的海防。邢玠所上《会议东师撤留疏》中保留了廷臣们关于“东师撤留”一事会议讨论的全貌，本节即以此为基础，探讨一下廷臣们在对朝鲜善后问题争论背后，对本国海防安全有着怎样的考虑。

一、会议的背景

援朝御倭战争结束后，邢玠等人为确保朝鲜及中国北部海防安全、防止日军再次卷土重来，曾上疏朝廷，要求留兵、供饷，并计划使所留之兵历经两年时间、防过三汛，如果无事，则徐徐撤回，得到明朝政府的认可。两年过后，邢玠再次上疏朝廷提及撤兵事宜，说道："自倭退，至今两年三汛，毫无动静，由是而振旅还师，岂不称完局哉?"提议撤兵。不过这时，兵部态度却出现了游移，原先要求邢玠等人"于立夏前后尽撤，粮亦停止"，后来却又让他与朝鲜君臣详细议论，如果确属"倭奴远遁，海氛全消，朝鲜振衰起弱，足为自守"，则如期撤还。其实，这是一个非常难以断定的问题，牵涉到诸多不确定因素。对此，邢玠提出了自己的看法：

> 谓倭且不来者，臣等未敢尽信也。……臣等能驱倭之去，而不能使倭之不来。能扫釜山以与朝鲜，而不能保朝鲜能防日本，能驱朝鲜釜山之倭，而不能驱日本对马之倭。此中国之力量止此，臣等之力量亦止此。……往时以倭寇东南，闽广浙直立镇设防，至今四时不懈。今朝鲜开此衅端，畿辅相为唇齿，则今日之辽左、津、登、淮扬，犹夫东南之闽广浙直也。中国固不能为外藩常守，独不当为内地预计哉？故臣等愚以为，若辽之镇江、旅顺，山东之登莱，南直之淮扬，北直之天津，应否酌量设兵预防，一如东南故事。待二三年后，朝鲜之元气全复，再另议撤。此内地之防，不可不预。①

显然，邢玠对是否应当撤兵尤其是撤兵后朝鲜的安全问题，心中并无十足的把握。其之所以提议撤兵，也是限于国力衰弱的无奈之举，即"处饷难，故留兵益难"。其实，撤兵的核心问题是朝鲜究竟能否"振衰起弱"，是否真正有能力自卫。事实上，直到这次会议撤兵之际，邢玠仍对其缺乏足够信心，认为该国"疮痍者未起，流离者未复。积弱之后，卒难自强。其君臣上下，尚未见有振拔自立之实"②。这样，为了切实确保本国的海防安全，邢玠只能另想他法，既然不能做到守在四夷，以"御敌于国门之外"，那只能"退而求其次"，在中国东北部沿海要地设镇布兵，倘若遇变也可迅速防御，不致惊慌失措，以致于危及京畿重地。不过，这时明朝政府财政已经相当困难，基本上"内帑缺乏、公私告匮"，出现了"辽之招募且难，而各处增添之兵，谈何容易"的尴尬局面。面临着留兵则虑"饷之难"、撤兵则虑"患之难"，与"内防无计"的三大困难③，邢玠上疏万历

① 《经略御倭奏议》卷十《会议东师撤留疏》，《御倭史料汇编》（五），第439～442页。
② 《经略御倭奏议》卷十《会议东师撤留疏》，《御倭史料汇编》（五），第439页。
③ 《经略御倭奏议》卷十《会议东师撤留疏》，《御倭史料汇编》（五），第442～443页。

皇帝，请求召集九卿科道会议东师撤留问题。

万历皇帝同意了邢玠的提议，令兵部会集九卿科道商讨该事宜。这时，兵科署科事左给事中桂有根上《题为东师留撤维艰、中外推诿非体，恳乞圣明亟敕当事诸臣据实酌处、免行会议，以彰国纪、以保成功事》一疏，在是疏中，他指出撤留东师一事应当由当事诸臣即邢玠等人，结合国内外具体情形酌情处理，而不应行诸会议。同时，他也针对东师撤留提出了自己的看法，认为：

> 念及于倭奴之再犯，属国之莫支，则难在遽撤。念及于粮饷之告匮，戍士之思归，则难在久留。仿闽广浙直之制，移兵于沿海置守，而念及于帑藏空虚，则难在设防。……关白虽云物故，而清正、行长犹然无恙。少俟彼国事定，我兵撤还，必且偕我叛党，扬帆而北向矣。是倭之必于复来，不待议也。……如虞海外转输之艰，属藩无久戍之理。即目移防于沿海而守内地。窃恐方今会兵剿播，诸省骚然，而浙直之赵古元、唐云峰讹言倡乱，人情犹且汹涌。倘东师一撤，朝鲜不旋踵而折于倭，勿论援救朝鲜以竟七年字小之功。我自为计以调兵增将于辽、津、淮、登之间，更苦于力量之不能兼矣。是撤与防尚可从容以图，不得于中原多故之日，而开一大难之端，又不待议而后可知者也。臣故谓东士且勿议撤，行令户、兵二部议处本年终岁之饷，刻期解赴军前给散，仍奖率将士，益严防守。少待杨酋荡平，逆贼赵古元等潜消屏迹，一如督臣设防于辽、淮之说，则倭来可以渡江保属国，倭退可以移师挫北虏，岂不为长久安宁善后之完策哉？①

由上可见，桂有根认为，可能出现的日军再次入侵的威胁，粮饷不继、军心思归的现实状况，以及由于国力所限导致的在北部沿海仿闽广浙直之例设镇驻防暂时行不通，成为朝鲜善后问题中不可回避的三个问题，是为“三难”。此外，他认为当时国内形势也不是非常稳定，一方面朝廷平定播州战争尚未结束，另一方面浙直一带也有人倡乱。因此，倘若一旦形势有变，朝廷很难调兵遣将。因此，他主张撤兵可以，但不是现在，要等到上述两件事情得到妥善处理后，朝廷有余力可以在北部沿海地区设镇驻防，那时方才可以撤兵。

万历皇帝接到桂有根奏疏后，批示“东边连年用兵，原为藩篱当守。倭既难保不来，朝鲜力又未振。遽议撤兵，孰防后患？这本还着一并会议来说。钦

---

① 《经略御倭奏议》卷十《会议东师撤留疏》，《御倭史料汇编》（五），第446～448页。

此”①，将桂有根此疏也一并放到九卿会议上讨论。

二、会议内容

由兵部主持的这次“会议东师撤留”廷议，有九卿科道官共计十七人参加。他们有的从自己职掌出发，有的从战后局势出发，各抒己见，从不同角度提出了自己的看法。以下分述之。

1. 吏部尚书李戴

> 海外之兵，本以救援朝鲜而出师，自当以恢复朝鲜而振旅。……今该国经兵事已数年，休息已二年，尚未足以待敌，然则该国何时当自强？中国何时得息肩也？……今既不能使朝鲜之自振，又不能必倭奴之不来，而中国又无代人久戍之理。合将我兵撤还五千，仍留一万，暂助防守，以一二年为期。②

同时他还认为，朝鲜本来不为明朝战场留兵提供“银、折色”，但现在战场留兵已逐渐减少，而其国力也已渐次恢复，因此应当于米粟等本色之外，“益以布帛”，以缓解明朝政府的经济压力。此外，他认为朝鲜战乱之后人少地多，朝鲜可以给明朝海外舟师以“可耕之地”，令留守军士屯种，以省军需转运。同时，明朝一方也需严格执行军令，确保中国屯聚之兵，不至骚扰属国。总体而言，李戴在“东师撤留”一事上的意思是，究竟是撤是留，需要“外察倭情与朝鲜之情，内揆我兵力与物力”，在中朝实力、敌我形势之间，找到一个可以结合的平衡点。诚然，其通篇所论并未直接言及本国海防安全，然其并非对本国安全置之度外，否则按其所谓的“以恢复朝鲜而振旅”即可，何必再议留兵呢！其之所以喋喋不休地谈论海外兵员的粮饷、屯种、军纪，不外乎是等朝鲜“以训练稍自振”，这样明朝政府既可从朝鲜撤兵，同时朝鲜也能自防，并兼为我防。

2. 户部尚书陈蕖

> 始，倭发难时，我怦然欲固藩篱，不虞兵拏难解也。为属国远虑，必倭无噍类，方得安枕。倭不灭，兵无撤期。本兵自有石画，本部自难越俎。③

户部尚书陈蕖从户部职责，主要是从粮饷问题谈论兵员撤留。他指出，应看朝鲜

---

① 《经略御倭奏议》卷十《会议东师撤留疏》，《御倭史料汇编》（五），第449页。
② 《经略御倭奏议》卷十《会议东师撤留疏》，《御倭史料汇编》（五），第450～451页。
③ 《经略御倭奏议》卷十《会议东师撤留疏》，《御倭史料汇编》（五），第452～453页。

能出饷若干，方能讨论留兵事宜。总之，其在处理“东师撤留”一事上的基本原则是，“我为彼谋则善矣，能不先为己计乎”？其处理此事，是从户部职责出发，更多考虑到国家财政收入、支出的平衡，以及本国的国力问题。

3. 礼部尚书余继登

余继登认为军机大事关乎国家安危，必须要亲自参与其中，才有发言权。因此，对于倭寇是否会再来？留守兵员是否应该撤？这些问题只有亲自参与指挥战争的邢玠、万世德等人最清楚，应当由他们提出具体建议，即“外决于督臣，内决于枢臣”。但他在“供饷”问题上提出自己的建议，认为供饷一事“必不可者”。他说，“自东事军兴，畿辅、齐鲁之民，岁加饷银数十万，椎骨剥髓，剜肉医疮”，加之虫、旱灾害，虽经赈济，至今“村无人，室无烟”。因之，若是继续驻兵朝鲜的话，需朝鲜出部分军粮，同时“兵士留戍者，无所事事，且伐且屯”，以保自给，不可再“朘贫民之膏血，以转输于藩篱之外”①。

4. 刑部尚书萧大亨

> 防倭设兵，事本重大。撤留难决，议当慎重。……今倭几遁矣，关白死矣，清、行二酋尚在携二，关白遗孤未能自保，计倭未必即能纠众再来。惟朝鲜君臣委靡不振，易为欺凌。对马穷倭，苦难资生，必肆窃掠。……若朝鲜能饬兵以慎防，亦足以自保，奈何不能，而专恃中国以为必救、必防？此留兵之议，不容不讲。然留兵固难，而处饷尤难。……②

萧大亨在分析了日本国内形势后，认为近期内日军不太可能再次大举入侵朝鲜。他虽然寄希望于朝鲜的自强，但也审时度势地指出，朝鲜君臣的萎靡不振，难免招致欺凌，此外对马倭寇穷途末路，也会对其骚扰劫掠。此处，萧大亨并没有明言是否该留兵，但是却强调假如留兵，则一定要有充足的粮饷，户、兵二部需做充分打算。

5. 工部尚书杨一魁

> 自去岁倭退之后，议者皆曰倭必不来，兵可尽撤。不知关酋既死，国中未定，清正、行长二将持不相下，故且置此，以为缓图，其心未必能忘扬帆而北向也。万一夷志欲逞，且觇我师全归，批亢捣虚，朝渡海岛，而夕驰三韩之郊矣。故恃其不来而辄弛戎备者，是不见目睫也。备之于淮、登、天津

---

① 《经略御倭奏议》卷十《会议东师撤留疏》，《御倭史料汇编》（五），第456~457页。
② 《经略御倭奏议》卷十《会议东师撤留疏》，《御倭史料汇编》（五），第458~460页。

而不遗一旅于朝鲜者，是以门庭待敌也。留兵良便，但有兵有饷，兵多则饷苦难支，饷詘则师不宿饱。为今之策，宜酌减防戍之数。量留精兵一万人，统以大将，屯据釜山等处要害。其粮饟刍茭责之该国供办，惟行粮折色与衣甲犒赏之费，则由天朝解发。……至于天津、淮登沿海之兵，亦可再议汰去什之二三，即以所省之额转输朝鲜，而计部持筹之虑，亦少纾矣。是非轻内地而重朝鲜也。盖釜山天险，官兵一万可当十万。守釜山，所以固朝鲜，正所以固吾围也。不然，恐异日倭据朝鲜，与虏纠合侵犯中国。以倭之狡兼虏之强，孰能御之？然后增兵、设防于沿海、沿边之间，计所费较之釜山，不啻什百千万。①

杨一魁认为，虽然丰臣秀吉已死，加藤清正与小西行长不睦，但并不意味着朝鲜已经彻底安全，没有战争威胁了。如果一旦战事重开，我军又全部撤回的话，势必会陷入被动局面，不但朝鲜会迅速沦陷，而且本国北部沿海地区也直接处于敌军威胁之下。因此，在朝鲜留兵防守，以其为中国屏蔽是正确的选择。同时，他也指出，在讨论朝鲜善后事宜中，应当着重谋划留兵所用粮饷问题。可以通过与朝鲜协商，让朝鲜出“粮饟刍茭”，而明朝则出“行粮折色与衣甲犒赏之费”，即由中朝双方共同负担明朝在朝鲜驻军的费用。此外，他还认为可以通过减少本国北部沿海天津、淮登海防兵员的方式，减省本国军费，将节省的军费转输朝鲜，以缓解财政压力。

6. 都察院左都御史温纯

虑倭之来也，故议留兵。虑饷之难也，故议撤兵。尽撤以失我藩篱，未可言也。然兵不在徒留，在实练。留不练之兵，与练而无万全之技，无益也。……今欲议兵，宜先议饷。饷诚足，即仍留万五千不为多。倘饷必不可得，则于万五千中减四之一，而以其三为四营。如宣镇近制威远地雷等炮，练成万全必胜之势。使朝鲜专屯釜山，我犄角于鸭绿、旅顺、全罗，以俟缓急应援。可耕则耕，可渔则渔，目前之利尽归士卒，何有于倭？而我又可以备虏。然其饷，令朝鲜任其四，而我任其六，可也。②

温纯认为，若从本国安全考虑，应当在朝鲜留兵。但留兵不在多而在精，因此应当留精兵，并勤加训练，如此方能“固我藩篱”。同时，他也认识到其中的关键

① 《经略御倭奏议》卷十《会议东师撤留疏》，《御倭史料汇编》（五），第460～464页。

② 《经略御倭奏议》卷十《会议东师撤留疏》，《御倭史料汇编》（五），第464～467页。

问题，即留兵受制于军饷，于是建议将原驻兵减少四分之一，留下之兵分为四营，两营位于朝鲜军事要地釜山，两营设在中国海疆、边疆前线旅顺、鸭绿江，相互成掎角之势，遇事可以互为应援。

7. 通政使司通政范

> 朝鲜为倭所侵，阽危告急，发兵往救，固朝廷字小之仁，亦自为藩篱计耳。……一旦贸然撤兵，日军再犯，势必不支。当是时也，坐视不救，不惟一篑而亏九仞之功，且恐得陇而滋望蜀之患。……似不应惜目前之费，而贻日后之祸。若远之二年，近之一载，绸缪既周，方议撤留，则督抚该科疏中已及之矣。①

范通政使认为明朝援救朝鲜，从根本上讲是为了巩固本国“藩篱”，倘若一旦贸然撤兵，日军再次乘虚而入，难免功亏一篑。因此，他主张不应“惜目前之费，而贻日后之祸”，等再过一两年，朝鲜国力复苏可以自保之时，那时再撤不迟。

8. 大理寺卿郑

> 留兵非难，其难在足食，撤兵非难，其难在复聚。如虑倭之未必不来，又计朝鲜之未必能振，则暂留终岁，处饷解□，乃为此时良策。总之，中国可拯溺救焚于属国有事之时，以固藩篱，而尤当养威蓄锐于四方既平之后，以培根本。至于常胜之道，在安迩以及远，而驭兵之术，实贵精不务多。②

郑大理寺卿也看到撤、留兵员的利弊，指出若为朝鲜安全考虑，应当暂时保留部分精兵，以待朝鲜国力恢复。

9. 史科署科事户科左给事中许子伟

> 愚以为撤兵便。前功已就，吾业有德于朝鲜，万一后患未蠲，吾焉能设权于叵测？天下无无事之国，九边无长靖之境。……今春夏汛歇，倭船未能西北向，一切旗鼓舸舰尽数撤回，分布旅顺、天津等处，统以原将，一以固吾海防，一以为朝鲜声援。辽左残破，行伍量行补实，经理重臣改移别镇巡抚。……至于彼处臣民，苦吾兵将有年，心志常携，耳目难掩，教以图存之道，毋贻凌夺之灾，未必非朝鲜之利也。③

---

① 《经略御倭奏议》卷十《会议东师撤留疏》，《御倭史料汇编》（五），第467～468页。
② 《经略御倭奏议》卷十《会议东师撤留疏》，《御倭史料汇编》（五），第468～469页。
③ 《经略御倭奏议》卷十《会议东师撤留疏》，《御倭史料汇编》（五），第471～472页。

许子伟认为，在援朝御倭战争中，明朝损兵折将，且耗费极大国力，所以应当趁日军撤兵之际，撤回兵马，并将撤回之兵，驻守中国北部沿海的旅顺、天津等处，这样既可以加强本国海防，也可以做为朝鲜支援，对日军形成震慑。加之，明朝兵马长期驻扎朝鲜，对当地多有骚扰，该国百姓也多有怨言。因此，此时撤兵对朝鲜、对明朝均有利。

10. 户科都给事中李应策

撤留东师，所关尤重。往往任之、议之，有相济、相角者。……倭果真败，则生聚、训练，必非旦晚之所能兴。督抚所谓砂踏穷壤供饷不敷，其难枵腹厉兵为卷土重来者，曷敢疑倭果佯败，则欲噬先伏，以舍为取，理所必至。督抚所谓垂恋旧物兼有新恨者，亦曷敢不疑。①

李应策认为，“天下事未有目覩者无凭而耳传者可信，亦未有当局者宜释而傍观者足担。该督抚与朝鲜君臣必自炯然”，因而，他主张应当由亲历朝鲜战事的督抚与朝鲜君臣决定撤留，而不应当付之廷议，以推诿将来可能出现的责任。

11. 户科右给事中姚文蔚

愚谓朝鲜虽我属国，终外夷耳。我出兵救之则可，为彼戍守无已时，则不可。彼以其国为我藩篱则可，我遣兵转饷以为彼之藩篱则不可。……今倭退两年，戍守两年，班师振旅更待何时？而故不肯结此局也。恐他日无复歇手之时矣。夫内地沿海之防置而不讲，独留此孤军于外国，便为了事。是非留防，实撤防也。是非安外，实耗内也。②

姚文蔚认为，朝鲜战事已经结束，因此应当趁机将军队撤回国内，否则千里转饷，为邻国戍守，实属不明智。况且，所留之兵仅万五千人，“狡倭不来则已，来则必以数万计。我孤军远戍异域，果能以一当十否？”由于所留之兵甚少，一旦日军入侵根本无法抵御。加之，长期驻兵海外，粮饷供应困难，一旦粮饷不继，“逾时不给，彼远戍思归之士，情必汹汹，脱巾躁呼必不免也。万一溃乱，谁执其咎？”③，因此应当果断撤兵回国，以加强本国防御。

12. 礼科署科事右给事中杨天民

阃外自有专寄，军机非可遥度。东征之役，总督以身任之者数年于

① 《经略御倭奏议》卷十《会议东师撤留疏》，《御倭史料汇编》（五），第473页。
② 《经略御倭奏议》卷十《会议东师撤留疏》，《御倭史料汇编》（五），第478~480页。
③ 《经略御倭奏议》卷十《会议东师撤留疏》，《御倭史料汇编》（五），第477~478页。

兹……今奈何叙功徼赏之后，独欲以廷议决撤留哉？……如谓军国机宜，当共图长便，不宜互涉推诿，不思以朝鲜之视倭，较中国之视倭，其利害之关系孰切？以廷臣之料敌，较督臣之料敌，其情形之睹闻，孰真？今舍利害切身之朝鲜，而谓其不必查议。移督臣身亲料理之事，而欲廷臣以臆决代之，无乃舛乎！况戍鲜易，安鲜难。留兵易，供饷难。……今日之议，惟当责枢臣与督臣自决，朝廷以赏罚随其后，庶为长便。①

杨天民也不主张以廷议决定是否留兵，他认为一般廷臣对朝鲜事宜并不了解，因此众说纷纭，难以形成正确建议。所以，应当责成枢臣、督抚及朝鲜君臣共同讨论，然后决定撤留。

13. 兵科都给事中侯先春

天鉴圣朝，关酋褫魄。我乘此时全师以归，岂非胜算？而犹豫不决，则春汛秋防，年复一年，又将何时而撤乎？将撤之朝鲜自振之后，则倭去两年，犹然玩愒，恐后之视今，亦犹今之视昔耳。……明知留兵之害而必欲留兵，兵留而又不必予饷，以致溃败决裂，则主兵主饷何所逃责？②

侯先春力主撤兵，他认为"夫朝鲜留戍之兵，仅万五千人耳，非若曩时十余万众，尚不能一大创倭。今此万五千人者，果足以制倭之死命，令倭望风远遁而不来乎？"认为留少数兵马驻守于事无补，而且千里转运对国力消耗甚大，一旦粮饷不继，"而此万五千人者，能枵腹而战乎？即不战能无脱巾而鼓噪乎？"③，因此留少量兵驻守朝鲜并没有实际意义，不如尽快撤归国内。

14. 兵科左给事中桂有根

中国防倭之兵，非徒保全属国，实以固我外藩。如遽可以尽数撤回，则倭遁论功之日，即当将归于朝、兵散于野，成一凯旋盛事，安用议留？始以三二万，既而取必于万六千人哉？但异域不可以久羁，而防守亦难以中止。……乌得以目前倭寇已退，我饷未充，遂一概尽罢耶。如今，转眼秋防易竣、播难将平，我兵相应撤回内地，当作速料理饷银为月行粮费，水兵若干宜于何处安泊，陆兵若干宜于何处屯练。将官仍旧统率，而军门或以旧经略节制于天津、辽阳之间，或令兼摄于蓟辽总督，不必别设抚台，是浙直闽广

---

① 《经略御倭奏议》卷十《会议东师撤留疏》，《御倭史料汇编》（五），第480～483页。
② 《经略御倭奏议》卷十《会议东师撤留疏》，《御倭史料汇编》（五），第485～487页。
③ 《经略御倭奏议》卷十《会议东师撤留疏》，《御倭史料汇编》（五），第483～485页。

之成规，足为登淮津辽制御之全策也。若曰倭既遁归，我亦振旅，似属省便居多。但恐一二年内，岛夷作俑，叛党附和，釜竹全庆可一鼓而折于倭。我纵不及往救朝鲜，独不为沿海防守乎?①

桂有根认为，此时国内形势较之其初次上疏之时已经略有好转，因此，可以将军队撤回国内，驻扎于北部沿海要地，这样既可以加强本国海防力量，又可以为朝鲜提供援助。

15. 刑科都给事中杨应文

前岁釜倭荡尽，恤属之义已终。当其时，国威已振，国体已全，即宜班师振旅矣。今为朝鲜戍守几于两年，倭寇全无声息，于是时也撤兵而归，岂待议哉？……且朝鲜为中国藩篱，今代为朝鲜戍守，则中国反为彼之藩篱矣而可乎？是理当撤也。今我太仓告匮，各边年例无处，内地将至脱巾，不得已那动老库。窘迫如此，顾能飞輓以供朝鲜无乏绝乎？是势不得不撤也。理、势当撤则撤耳，倭来而安所归咎哉？愚谓惟倭之来不可知，则兵尤不可不撤，何也？撤兵之后，倘倭寇朝鲜，则我犹可以审己量力而处，或救或不救，或遥为声援，或设防内地。伸缩进退，举得自由。……何不撤朝鲜之兵，选其精锐以戍辽左，以饷朝鲜者饷辽人。倘倭寇朝鲜，则或可为声援，或可为赴救。倭不再寇，则可以御虏，是撤而不撤，不留而留也。②

杨应文的观点是在日军从朝鲜退兵时，明军援朝御倭的任务即已完成，那时就应当班师回朝。现在，既然明军已经为其戍守两年，更应该立刻撤兵。他针对朝野上下对日军是否卷土重来的疑虑指出，正因为对此不确定，所以更应该撤兵归国。那样，一旦面对新局面，可以灵活决定救或不救以及如何救。同时，他建议将军队撤回国内，将精锐驻扎于辽东，既可以做朝鲜之声援，也可以加强本国军事力量。

16. 工科署科事右给事中张

应留水兵一枝，于王京、平壤左右防守。倭犹牵制顾虑不敢发，即发，亦疑迟在二三年之内。……三年，朝鲜休养士卒，储积刍粮，可以自固。倭奴亦不得复狂逞于九都、神嵩、江海之间。如此，则外国安、藩垣固，水兵始可以尽撤，称完局矣。若夫沿海设兵、预防、善后，当事者固自有石

① 《经略御倭奏议》卷十《会议东师撤留疏》，《御倭史料汇编》（五），第487～489页。

② 《经略御倭奏议》卷十《会议东师撤留疏》，《御倭史料汇编》（五），第489～494页。

画在。[1]

张给事中主张应当留水兵一支驻扎于朝鲜王京、平壤，以对日军造成震慑。同时，朝鲜在此期间，也应当着意于休养生息，以加强国力。如此，两三年后，朝国国力渐趋恢复，可以应对日军入侵，那时明朝才可以撤兵。

17. 河南等道掌道事监察御史周

周御史认为撤兵事宜本不应由廷议讨论，因为，“议撤兵以返则虞倭之复来，议留兵以守则虞饷之难继。议沿海增防，则又虞力之不支”[2]，这三个难题客观地摆在眼前，他指出：

> 惟有内地置防是在可行，合无将议撤之兵挑留一万，于辽左屯驻鸭绿江上下，专设大将统之，总听辽东巡抚节制。名为防倭，实则御虏。在朝鲜藉其声援之助，在辽东赖其捍卫之功。[3]

周御史认为，以上三个难题不可回避，所以目前最为可行且有效的方法是，将朝鲜驻军撤归国内，屯驻于辽东，既可以为本国防虏，又可以作朝鲜声援，以震慑日军。

以上就是这次廷议的具体内容，其中各位大臣众说纷纭，莫衷一是，并没有形成较为一致的意见。对于这次廷议的内容，兵部总结到：

> 奉旨廷议，有谓大兵既撤，恐朝鲜不能自全，仍当留兵以代戍者；有谓留兵粮饷本折，当朝鲜处给其半，不当全仰天朝者；有谓留兵必须转饷，不宜罢中国以事四夷，而当行撤还者；有谓简其精锐量留一万，据守釜山，屯戍兼资以遏贼之来冲者；有谓还屯鸭绿遥张声势，而倭、虏可以兼防者；有谓尽将撤回戍兵，分布登、津、旅顺之间，卫我门庭，固我内地者，有谓百闻不如一见，督抚之经历既久，彼中之情形洞悉必真，仍当令其与该国君臣详议者。其议留者十之二三，议撤者十之六七。而令督抚决事不宜推诿内庭，亦人人言之。总之，议撤、议留，其论虽殊，而为国家兵饷计，与为国家藩篱计，则心无两也。[4]

兵部对于这次廷议的内容，做出了总结，指出：参与廷议的朝臣对于朝鲜兵员撤留一事，意见不一，众说纷纭，“其议留者十之二三，议撤者十之六七”，难以决

① 《经略御倭奏议》卷十《会议东师撤留疏》，《御倭史料汇编》（五），第495～496页。
② 《经略御倭奏议》卷十《会议东师撤留疏》，《御倭史料汇编》（五），第496～497页。
③ 《经略御倭奏议》卷十《会议东师撤留疏》，《御倭史料汇编》（五），第498～499页。
④ 《经略御倭奏议》卷十《会议东师撤留疏》，《御倭史料汇编》（五），第500～502页。

定，但都认为应当由“督抚决事不宜推诿内庭”。对此，兵部提出，“既经会议，不一相应题请，合候命下，移文经略督抚衙门，查照先令题覆会议事理，将原留朝鲜善后水陆兵马、合用粮饷、应否留撤，一一与该国君臣从长计议停妥，勿以灼灼之见不决，而徒滋纷纷之议，勿以目前之计顾惜不言，而致贻后日之悔。俾议得归一，事克有济，无传笑于外夷而流毒于中国，臣等不胜大愿。若夫沿海之防，根本之虑，则俟计定而徐图之。统候明旨，臣等遵奉施行”[①]，请求万历皇帝做出最终决定。对此，万历皇帝两次作出批示：“朕以撤兵省饷，庶可休息。但朝鲜颓靡，声势未振，倘狡倭乘虚复来，岂属国之被深害，亦天朝之弃前功也。尔兵部遵旨悉心酌议，行与经略等官万世德等，博采远虑，详议撤留兵马、费用、粮饷及一切事宜，务要妥当万全来说。毋图思归自便，心持首鼠两端，致贻后悔。如有谋国不忠，在彼无效者，宪典具存，必罪不宥。不论在任、去任，仍行追究重治。尔该部便为马上差人行与他每知道”，“阃外之事，朝廷既不中制，自当忠谋勇任以保成功，何得互相顾望，怀情不尽？大小文武在彼众多，必知利害究竟。你部便上紧行与督抚镇道等官，着他竭诚慱谋从长处置，务求的当远计来说。不许苟且了事，倘贻后悔，责有所归”。[②] 就万历皇帝的批示来看，对于是撤、是留，他也没有明确的看法，只是一味地让当事大臣再仔细探讨。因此可以说，这次会议并未取得一个圆满的结果。

笔者认为，尽管这次大规模的会议并没有最终得出是否撤还明朝驻扎朝鲜兵马的结论。但是，通过这次廷议却明显地可以看出明朝大臣们对援朝御倭战争结束后朝鲜形势的看法。由上可见，在廷议中部分官员认为，日军虽然撤离朝鲜，但是难保其不再来，所以应当留兵戍守，这不但是为朝鲜戍守，而且是稳固本国藩篱。此外，部分官员则认为，尽管日军来与不来难以确定，但是长期戍守国外，兵士思归，且粮饷供应困难，加之国家财政紧张，所以最好撤兵回国。其实，持这种观点的官员，并非认不清当时的形势，他们对于日军之复来也有重重顾虑，但迫于国力渐衰的现状，不得不倾向于如此处理。此外，还有一部分官员，则持折中之论，建议将军队调回国内，或驻扎于辽东、或驻扎于北部沿海，既可以完善本国国防，同时也可以做朝鲜的后盾。

由上可见，这次廷议看似围绕是否在朝鲜留兵开展，其实核心在于关注明朝

---

① 《经略御倭奏议》卷十《会议东师撤留疏》,《御倭史料汇编》(五)，第 505 ~ 506 页。

② 《经略御倭奏议》卷十《会议东师撤留疏》,《御倭史料汇编》(五)，第 508 ~ 510 页。

海防安全，不管其主张是撤是留，均着意于维护北部海防安全。但是，从中也可看出，这一时期，明朝国力已经大为下降，这直接制约了北部海防的发展。援朝御倭战争后，北部沿海海防兵员逐步裁撤，所设专职海防职官也大多被取消，均与此密切相关。

总体而言，万历中期，援朝御倭战争爆发，丰臣秀吉舍弃富庶的明朝东南沿海不入而犯朝鲜，其侵略意图颇为明显，即以朝鲜为踏板进而侵明。明朝君臣认识到救朝鲜即“自救”，两次派遣重兵入援，力图御敌于国门之外。两任援朝御倭战争统帅宋应昌和邢玠，在朝鲜统兵杀敌的同时，对本国海防也做出了安排，尤其是宋应昌在入朝之前对北部海防的安排，非常周到、全面。与此同时，明朝政府及北部沿海地方官员对该地区的海防也做了一些部署，通过积极地调兵遣将、修筑城池、墩台等，加强了当地的海防力量。此外，一些相关大臣、士人还对北部海防提出了一些建议，有些颇具价值。

援朝御倭战争期间，明朝政府在当地原有职官体系的基础上，通过设置一些专职海防官，在北部沿海及朝鲜建立起一个大范围的战区。在这个战区之内，众多职官文武相维、上下有序，形成了由朝鲜经略（后为蓟辽总督）节制北部沿海各抚、镇，抚、镇直接统御各省军事力量的战略指挥体制，组成了一个有机的指挥整体，这标志着明代北部海防战时体制的形成，也标志着明代北部海防体制的成熟。

第六章　万历末至启、祯时期北部海防体制的调整

援朝御倭战争结束后，北部沿海军事力量再度遭到削弱，大批调集、募集的兵员陆续被调走或遣散，一些专职海防官如天津巡抚等也被裁撤。与此同时，偏居东北一隅的女真势力逐步崛起，努尔哈赤历经数十年征战，统一了女真各部，并于万历四十六年（1618），以“七大恨”告天，誓师讨明。后金与明朝战争爆发后，努尔哈赤接连攻取辽东城池，尤其是攻陷辽阳、沈阳和辽南四卫后，直接威胁到北部沿海的登莱、天津等地。熊廷弼出任辽东经略后，提出了“三方布置”方略，并围绕着这一方略，设置登莱巡抚等海防官，试图通过海、陆夹攻，以恢复辽东。不久后，熊廷弼下狱论罪，该方略破产。不过此时，毛文龙却在皮岛站稳脚跟，建立起自登莱至旅顺再至皮岛的“海上长城”，对后金政权的军事行动起到了一定的牵制作用。崇祯初年，毛文龙被袁崇焕所杀，此后东江镇日趋衰落，尤其是孔有德之乱后，叛军将明朝屯聚于登州的大量先进西洋武器及大批能征惯战的士卒带入后金，壮大了后金军队力量，却使明朝北部海防力量遭遇致命打击。此后，在后金（清）军的不断进攻下，东江镇陷落。至此，明朝北部海防体制也已经名存实亡。

第一节　明末北部海防形势

援朝御倭战争对明朝政府的兵力、财力是一次巨大的消耗。由于国力日渐衰弱、财政捉襟见肘，援朝御倭战争结束后不久，明朝政府立即着手裁撤北部沿海的兵力，这直接导致了北部海防的衰落。与此同时，东北的女真族势力渐趋强大，努尔哈赤统一女真各部，以“七大恨”告天，正式与明朝政府开战，不断派兵攻城略地。这一时期，辽南沿海地区、山东北部沿海的登莱地区、北直隶沿海的天津一带均面临着严重的海上威胁。

一、援朝御倭战后北部海防的迅速衰落

援朝御倭战争结束后，朝臣曾就如何善后展开过激烈争论，邢玠等人也曾力主建设沿海重镇，以防御可能出现的倭患。不过，限于当时的国力，这些建议并未得到采纳。此后，北部海防迅速衰落，大量调集的兵力纷纷撤回，所设职官也相继被裁撤。

就山东而言，如青州，在援朝御倭战争期间，兵力一度超过四千人，战争结束后，明朝政府裁撤青州兵员，“除旧额壮快外，在青州官兵止六百七十余名，在安东石臼营止七百五十余名”。于是万历三十三年（1605）四月，山东抚、按上言，“宜裁游击而存原设之守备，俾兼摄安东石臼事务，平时则并集青州，随营训练，讯（汛）期则拨兵防海，以千总统之。至于游击既裁，则中军可无用，而两营既并，千总亦各裁其一，所省弃粮悉免编派。其新兵共一千四百余名，犹属过多，若老弱必汰，事故不补，限以三年裁去七百余名，止存六百名，亦足防御。下兵部覆议，游击员缺免推，安东守备何式即移驻青州。余如拟”①，不但裁撤驻扎青州的众多兵员，而且裁撤游击，改设守备。再如登州，在战争期间，该地将士云集，俨然成为海防重镇。战争结束后，明朝政府大力裁撤该地军队。首先，将镇守登州的山东防海总兵官裁撤，改为防海副总兵。其次，大量裁撤登州水兵，据《明神宗实录》记载，万历四十六年（1618）十一月，兵部覆议“山东登郡孤悬海上，比邻倭奴，特设水兵以防春秋二汛，后因汰减，兵止一千八百余名，船止八十余只”②。在莱州，万历二十五年（1597）因倭警设莱州营，兵额达三千名，并设参将一员，把总六员，哨官三十员。万历三十年（1602）二月，知府龙文明因倭寇屡警，又奏准在三山岛添设莱州水军一营，设把总一员，哨官二员，沙船十三只，唬船六只，水兵四百一十八名。但同年九月，山东就对莱州营进行了裁并，止存把总五员，哨官十二员，兵三千四百余名。③ 再如山东潍县，万历二十五年，“因朝鲜及倭警，特设游击一员、中军守备一员、把总五员、哨官二十二员，兵三千名，以防北海，未几裁”④。

在北直隶，天津本设有海防营官兵五千名，战争结束后，明朝政府也对其加

① 《明神宗实录》卷四百八，万历三十三年四月丙午，第 7605 ~ 7606 页。
② 《明神宗实录》卷五百七十六，万历四十六年十一月庚寅，第 10894 页。
③ 乾隆《莱州府志》卷五《兵防》，第 93 页。
④ 乾隆《莱州府志》卷五《兵防》，第 93 页。

以裁减，对此，明末天津巡抚李邦华曾说道，“戊戌、己亥间，倭寇朝鲜，中土犹为震动，曾设一副将，领水、陆官兵五千，艨艟毕具，防守兹土，名曰海防营。自倭患既息，前兵半撤而副将亦罢，今仅除都司矣”①。再如北直隶北部蓟州、密云、永平三道沿海一带，万历二十五年（1597），明朝政府曾在此设海防三营，辖兵员九千余人，至万历二十八年（1600）即已裁撤②。

在辽东，援朝御倭战争期间，辽南海防地位凸显，明朝政府一度派遣防海御倭总兵官周于德驻扎旅顺，并在旅顺驻兵一千一百余名，以游击领之，每年耗费饷银二万六千八百，由山东与北直隶分摊。战争结束后，山东官员因“倭事已宁，设防不急而渡海戍守风涛可虞”，提议“宜裁兵强半分配内地，存兵少半专备辽东，改游击为守备，听辽镇节制，其半饷九千六百专归直隶”，对此保定巡抚并不赞同，针锋相对地指出，“旅顺之兵北防辽左，南防登莱，饷数原与北直均分，即登莱无事撤还防兵，而旅顺之饷安得使北直独受之?”双方僵持不下，最后“遂辍旅顺防兵”③。

由上可见，在援朝御倭战争胜利后不久，明朝政府即已着手裁撤北部沿海的防御力量，虽然这在一定程度上缓解了国家财政危机，但是同时也造成了当地的兵员不足，在承平时期，这一弊端并未明确显露，但随着努尔哈赤的崛起，北部沿海面临的海上威胁日益加重。

二、女真势力崛起后对北部海防的威胁

（一）万历四十六年至天启元年

万历四十六年（1618），即后金天命三年四月十三日，努尔哈赤以“七大恨”告天，誓师讨明，明清战争正式拉开帷幕。此后的数年内，努尔哈赤率军不断征伐明朝，取得了一系列胜利。

万历四十六年四月，努尔哈赤率军攻取抚顺，明军守将抚顺游击李永芳投降，“抚顺、东州、马根单三城及台堡寨共五百余悉下”④。是年七月，他领兵攻取清河，守将邹储贤、张旆战死，“中军千把总韩天锡、何良有等二十员，兵民

---

① （明）李邦华：《文水李忠肃先生集》卷三《抚津苶言》，《归并水营疏》，《四库禁毁书丛刊》集部第81册，第134页。

② 《明神宗实录》卷三百四十七，万历二十八年五月庚申，第6481页。

③ 《明神宗实录》卷四百三十三，万历三十五年五月辛未，第8188页。

④ 《清太祖实录》卷五，天命三年四月癸卯，北京：中华书局1986年版，第71页。

共约万人皆陷没”①。

抚顺陷落，在明朝政府内引起很大震动，万历四十六年（1618）闰四月，大学士方从哲推荐杨镐为辽东经略②，以稳定辽东形势。一个月后，明朝政府正式任命杨镐为兵部左侍郎兼右佥都御史经略辽东③。杨镐出任辽东经略后，力图通过策划一次“大举”，一举剿灭女真势力。为此，他调集了蓟门、宣大、山西、山东等地及朝鲜的大量军队增援辽东。万历四十七年（1619）初，杨镐正式发动了萨尔浒战役，在这场战争中，他将明军分为四路，从东、西、南、北四面出击，直扑赫图阿拉。努尔哈赤则在分析双方形势的基础上，决定采取“凭尔几路来，我只一路去”④ 的战略方针，集中优势兵力对其各个击破。在这场战争中，明军遭遇惨败，四路大军仅存一路。经过萨尔浒之战，明朝三路丧师，损兵折将，军事实力大为削弱。相比之下，女真军队却并未受到大的损失，该战以后，后金兵力大幅增强，据李民寏《建州闻见录》记载：后金以前有长甲军八万铁骑，步卒六万余名，今则长甲军十万余骑，短甲军亦不下其数⑤。此后，明清战争形势逐渐逆转，女真转为主动，明朝陷入被动。

天启元年（1621）三月，后金军队攻取沈阳、辽阳，明朝政府不得不再次退却。辽阳陷落后，守城官吏及军士非死即逃，余者纷纷投降，明朝在辽河以东的统治土崩瓦解，绝大多数地区归顺后金，据记载：

> 辽阳既下，其辽东之三河、东胜、长静、长宁、长定、长安、长胜、长勇、长营、静远、上榆林、十方寺、丁家泊、宋家泊、曾迟、镇西、殷家庄、平定、定远、庆云、古城、永宁、镇彝、清阳、镇北堡、威远、静安、孤山、洒马吉、叆阳、新安、新奠、宽奠、大奠、永奠、长奠、镇江、汤站、凤凰、镇东、镇彝、甜水站、草河、威宁营、奉集堡、穆家堡、武靖营、平鲁堡、虎皮驿、蒲河、懿路、泛河、中固城、鞍山、海州、东昌、耀州、盖州、熊岳、五十寨、复州、永宁监、栾古、石河、金州、盐场、望海埚、红嘴、归服、黄骨岛、岫岩、青台峪、西麦城等河东大小七十余城官民

① 《明神宗实录》卷五百七十二，万历四十六年七月戊申，第 10808 页。
② 《明神宗实录》卷五百六十八，万历四十六年四月戊午，第 10695 页。
③ 《明神宗实录》卷五百六十九，万历四十六年闰四月庚申，第 10702 页。
④ 《明史纪事本末补遗》卷一《辽左兵端》，第 1412 页。
⑤ （清）李民寏：《建州闻见录》，辽宁大学历史系《清初史料丛刊》本 1980 年版，第 42 页。

俱薙发降。[①]

由上可见，辽沈之战对于明朝是一次很大的打击，尤其是辽南沿线的宽奠、凤凰、镇江、岫岩、金州、复州、海州、盖州以及沿海的望海埚、黄骨岛等地的陷落，使辽南沿海屏障丧失殆尽。据《明熹宗实录》记载：辽阳失陷后，山东巡察海道副使陶朗先曾“接渡辽左避难官民”，其中有“原任监司府佐将领等官胡嘉栋、张文达、周义、严正中等共五百九十四员名，毛兵、川兵及援辽登州、旅顺营兵三千八百余名，金复海盖卫所官员及居民男妇共三万四千二百余名，各处商贾二百余名”[②]。这一时期，辽南各地甚至连海边的岛屿也“俱已逃空”，房屋被焚毁。后金军队几乎兵不血刃就占领了辽南各城，甚至连海上的一些岛屿，如广鹿岛、给店岛、石城岛等，也都纳入女真版图，明王朝在辽东半岛的海上防御体系土崩瓦解。

后金军队占领辽南半岛及沿海岛屿后，对明朝构成了严重的海上威胁，他们既可以切断明朝政府从海上对辽东的军事补给线，又可以越海直接进攻山东、天津等地。

（二）天启元年至崇祯二年

天启元年（1621），辽、沈陷落后，明朝政府再度起用熊廷弼为辽东经略。熊廷弼从大局出发，提出“三方布置策”，即“广宁用骑步对垒于河上”，以牵制女真全力，“海上督舟师乘虚入南卫”[③]，是为奇兵，以山海关为大本营，以广宁为重点，天津、登莱为策应，乘机恢复辽南。

不过，熊廷弼与辽东巡抚王化贞不和，二人互相掣肘，影响了战局。不久后熊廷弼因广宁失陷下狱，后被传首九边，“三方布置”战略搁浅。

在熊廷弼策划“三方布置”的同时，是年五月，辽东巡抚王化贞派遣都司毛文龙“招降叛逆，恢复疆土”，毛文龙率二百人沿辽南海岸线东进，一路占领众多沿海岛屿，并乘机收复辽东重镇镇江城，规模越来越大，并在朝鲜附近的皮岛一带逐渐站稳了脚跟，号称东江镇。这一时期，毛文龙及其东江镇成为明军在北部沿海最主要的海上力量。

应当说，这一时期是明清战争期间北部海防最为活跃的一段时间。在熊廷弼

---

① 《清太祖实录》卷七，天命六年三月壬戌，第104～105页。

② 《明熹宗实录》卷十，天启元年五月癸丑，第513～514页。

③ 《明熹宗实录》卷十一，天启元年六月辛未，第543页。

“三方布置”方略提出后，作为配合措施，明朝政府在山东设立了登莱巡抚，综合调度山东沿海海防力量。毛文龙开镇东江后，明朝政府给予了很高的重视，不断增兵派饷，毛文龙也不时出击，骚扰清军后方。当然，毛文龙的骚扰并未取得较大战果，这与明朝的辽东战略有关，有学者指出“明朝的战略家们显然重山海，轻沿海，只把它看成是‘牵制’而不足以‘灭奴’，似乎对恢复全辽并无根本意义”①，但其牵制作用仍不可小觑，毕竟这一时期，女真军队并未径直渡海攻打天津、登莱等地。

（三）崇祯二年至崇祯六年

崇祯二年（1629）五月，蓟辽督师袁崇焕以“犒军”为名诛杀毛文龙，改组东江镇。毛文龙死后，东江群龙无首，陷入混乱状态，“岛弁失主帅，心渐携，益不可用，其后致有叛去者”②。

毛文龙死后不久，东江镇即爆发了刘兴治之乱，消耗了内部实力。

崇祯四年（1631）五月，皇太极首次派兵攻打皮岛。

这一时期，东江局势较为混乱。毛文龙死后，明朝政府并没有给予东江镇应有的重视，由于群龙无首，该镇内部纷争严重，严重削弱了明朝的海上力量。所以说，在这一时期，明朝北部沿海地区开始面临真正的海上威胁，这一威胁既来自于内部的骄兵悍将，也来自于外部的后金政权，不过前者似乎更重一些。

（四）崇祯六年至明亡

崇祯四年（1631），孔有德之乱爆发，叛军一路攻略山东州县，对当地社会造成了巨大危害。尤其是叛军攻陷登州后，将存于此处的西洋新式武器洗劫一空，并于崇祯六年（1633）投降后金。此后，在孔有德的配合下，后金军队攻克旅顺。七年（1634），皮岛将领尚可喜也归顺后金。崇祯十年（1637），清军占领皮岛。此后，东江镇不复存在。

应当说，这一时期，东江镇逐步瓦解带来的恶果开始出现，原属东江镇的骄兵悍将成为明朝海防的主要威胁，他们叛变后，充当了清军进攻北部沿海的急先锋，并最终摧毁了明朝在北部沿海的海防体系。

援朝御倭战争极大地消耗了明朝国力，战争结束后，明朝政府大量裁撤北部沿海的军队，造成了当地海防力量的衰落。同时，努尔哈赤却乘机崛起，成为明

① 孙文良、李治亭、邱莲梅：《明清战争史略》，沈阳：辽宁人民出版社1986年版，第315页。
② 《明史》卷二五九《袁崇焕传》，第6718页。

朝的劲敌。在这一时期，北部沿海海防对象与以前有很大不同，主要围绕明清战争展开，而且海防战略也不似以前，不再一味防守，而是摆出了一副进攻的态势。

第二节　熊廷弼、毛文龙对北部海防的经营

天启元年（1621）三月，沈阳、辽阳相继陷落，后金军队乘胜攻取辽南地区，辽南官吏、士卒大量逃亡。此后，明朝政府任命熊廷弼为辽东经略，全面负责辽东战事。熊廷弼为恢复辽东，提出“三方布置”方略，不久后，却因广宁失陷而下狱论死，该方案破产。与此同时，辽东巡抚王化贞派遣部下毛文龙自辽南沿海恢复疆土，毛文龙一路收复辽南沿海岛屿，最终在皮岛站稳脚跟，成为明朝政府牵制女真势力的一支重要海上力量，被称为“海外长城”①。毛文龙及其东江镇，在这一时期的北部海防中起了非常重要的作用。

一、熊廷弼与“三方布置”方略

熊廷弼，字飞白，号芝冈，湖北江夏人。万历二十五年（1597）举乡试第一，次年成进士。万历三十六年（1608），曾巡按辽东。万历四十七年（1619），明朝政府命其代杨镐经略辽东，不久即陷入党争，被迫辞官。天启元年（1621），辽沈失陷后，明熹宗再度起用熊廷弼经略辽东，全面负责辽东战事。

天启元年六月，熊廷弼到北京后，即提出了“三方布置”方略。据《明熹宗实录》记载，其“三方布置”方略的主要内容是：

> 恢复辽左，须三方布置，广宁用骑步对垒于河上，以形势格之，而缀其全力。海上督舟师乘虚入南卫，以风声下之，而动其人心，奴必反顾而亟归巢穴，则辽阳可复。于是议登莱、天津并设抚镇，山海适中之地特设经略，节制三方，以一事权。②

由上可见，熊廷弼所提出的“三方布置”，其“三方”指的是：其一，以陆地的

---

① 据《明熹宗实录》卷四十二，天启三年十二月壬辰记载：“户科给事中陈良训言：年来东奴西虏，种种鸱张，此皇上食不甘味之事，而臣子共相儆惕之日也。弗言远略，先循实事，夫今日所恃海外长城者，非毛文龙乎？捷音屡报非不蓦号奇锋，第今奴酋再逞，则正文龙乘机捣巢赐履封侯之日矣”，可见在当时，明朝政府内已经有人视毛文龙和东江镇为“海外长城”，第2183页。

② 《明熹宗实录》卷十一，天启元年六月辛未，第543页。

广宁为主，沿三岔河两岸部署马步军，造成积极进攻的态势，吸引女真军队的主力；其二，在登莱、天津地方设立水军策应，形成海上牵制力量，一旦时机成熟，便乘虚而入辽南四卫，迫使女真军队回顾，从而收复辽阳。其三，在山海关设置经略，节制三方，综合调度。同时，为配合“三方布置”方略，还需重点加强天津、登莱地区实力，需“并设抚、镇”。是年八月，为完善这一方略，熊廷弼建议联络朝鲜，他指出“三方建置须联合朝鲜，宜得一智略臣前往该国，督发江上之师，就令权驻义州招募逃附，则我兵与丽兵声势相倚，与登莱音息时通，斯于援助有济。辽阳东四百里为镇江，与朝鲜义州夹鸭绿而居相去仅数里，与辽阳为臂，于南卫为尾，于贼巢为腋，凡朝鲜治兵防奴、辽人逃难避贼、辽将招兵集义、东山矿徒拒贼，上下皆聚于此，斯东南大扼要处，宜亟发敕谕慰劳该国君臣，使尽发八道之兵连营江上以张其势”①，他主张联络朝鲜以作外援，这样就使得“三方布置”方略更为缜密。

明熹宗及朝臣对熊廷弼的“三方布置”方略较为赞同。是年六月，明熹宗升熊廷弼为兵部尚书兼都察院右副都御史，驻扎山海，经略辽东等处军务。② 明熹宗对于熊廷弼寄予厚望，“七月，廷弼将启行，帝特赐麒麟服一，彩币四，宴之郊外，命文武大臣陪饯，异数也。又以京营选锋五千护廷弼行”③。

但是，此时担任辽东巡抚的王化贞却并不十分赞同这一方略。据《明史》记载，王化贞为人刚愎自用，“素不习兵，轻视大敌，好谩语”④。但他却得到朝中阉党的支持，掌握了辽东的实权，辽东战场上大量能征惯战的军队掌握在王化贞手中，熊廷弼虽身为经略，手中其实并无多少兵马。天启元年（1621），王化贞派遣毛文龙率少量军队自辽南海边恢复疆土，取得了突袭镇江的胜利，王化贞视之为“奇功”。对此，熊廷弼大为不满，指出“三方兵力未集，文龙发之太早，致敌恨辽人，屠戮四卫军民殆尽，灰东山之心，寒朝鲜之胆，夺河西之气，乱三方并进之谋，误属国联络之算，目为奇功，乃奇祸耳”⑤。对于辽东经、抚熊廷弼、王化贞二人在“三方布置”方略上的矛盾，《明史纪事本末补遗》卷二《熊王功罪》中有所记载：“时王化贞涖治广宁，与建州兵相逼，而熊廷弼驻山海关。

① 《明熹宗实录》卷十三，天启元年八月庚午，第637页。
② 《明熹宗实录》卷十一，天启元年六月丙子，第550页。
③ 《明史》卷二百五十九《熊廷弼传》，第6696页。
④ 《明史》卷二百五十九《熊廷弼传》，第6698页。
⑤ 《明史》卷二百五十九《熊廷弼传》，第6699页。

廷弼初议三方布置，增登、莱、津门兵，而重兵屯山海关，待各镇兵马大集，登、莱策应齐备，然后三方大举并进。化贞则专意河西，用西虏进取，谓登、津为缓图。会毛文龙镇江之役，化贞气益盛，捷报献俘俱不与经略与闻，廷弼谓其乱三方布置之局，贻辽人杀戮之惨，经、抚益不相能，交诋之章日上”。[①] 熊廷弼的“三方布置”方略立足于奇，试图在经过充分布置的情况下，三方一并发力，一举恢复辽东。因此，毛文龙恢复镇江之举，虽也是难得的一次成功，但却打乱了熊廷弼的战略部署，并招致了女真军队的残酷报复，直接影响了“三方布置”方略的实施，故而熊廷弼多有怨言。此后，熊廷弼与王化贞之间的矛盾进一步加剧。

天启二年（1622）正月，广宁之战爆发。在这次战役中，经、抚不和的恶果展露无疑，明军一败涂地。明熹宗大为震怒，将熊廷弼、王化贞逮捕入狱。至此，“三方布置”方案彻底破产。

应当说，熊廷弼提出的“三方布置”方略，是明朝政府内有识之士第一次看到海上力量在明清战争中的作用，该方略虽然着重于陆地上的广宁一线，但是也看到了天津、登莱乃至朝鲜对于后金的牵制作用，认识到海上力量可以影响甚至左右战局，这是相当先进的。不过，遗憾的是，这一战略并未得到最终实施，这与明末朝政腐败、朝廷内部党争剧烈等因素密不可分。

二、毛文龙与“海上长城”的构建

（一）站稳脚跟

天启元年（1621）五月，辽东巡抚王化贞派标下练兵游击毛文龙，率军丁二百余名，“招降叛逆，恢复疆土”，并许其可“便宜行事”。《明史纪事本末补遗》卷四《毛帅东江》等史书中记载了毛文龙的行军路线：

五月，毛文龙率军由三岔河出发，沿水路而行，先至娘娘宫，后十余日方至猪岛上岸，面临的是“人民尽空，房屋焚毁”的景象。

七月初一日，毛文龙军队在猪岛外“获民舟”，舟子李景先为鹿岛居民，“愿随效用”，毛文龙委其为千总。

七月初四日，毛文龙等人到达鹿岛，李景先先入打探后得知，后金官吏胡可宾等已占据该岛，“搬运牛马粮食，勒取妇女，下令剃发”，于是毛文龙派遣守备

---

① 《明史纪事本末补遗》卷二《熊王功罪》，第 1429～1430 页。

苏其民率领官兵，“进岛驱逐，安抚居民”。

七月初八日，攻取给店岛①。

初九日，到达石城岛，擒获后金岛官何国用，“斩首级三，擒获三十人，并得舟一、铜炮二、铁炮四”②。

然后，毛文龙又收复了鹿岛、长山岛、小长山岛，色利岛、章子留岛、海洋岛、王家岛，最后至朝鲜弥串堡上岸，“招集难民，归者甚众”③。

这时，辽东诸生王一宁因辽城陷落，父子逃亡朝鲜，打算向朝鲜借兵，以“恢复辽左”，朝鲜嘉其忠义，礼送回国，也到石城。二人经过周密计划，决定袭取镇江城。毛文龙先让王一宁至弥串堡，令“镇江避难人民暗通镇江士庶，咸共响应”。次日，镇江城内千总徐景伯让其弟徐六“潜度通款”，并将镇江虚实告知。毛文龙趁镇江守将佟养贞（亦作“真”）调兵二百镇压黄嘴山民众，城内空虚之际，令守备苏其民分兵截其归路，毛文龙则与王一宁亲率新旧家丁、屯民至镇江城外二十里登岸，镇江中军陈良策为内应，内外夹击，一举攻克镇江城。佟养贞父子也在回军途中被毛文龙活捉。④ 镇江之战，毛文龙“袭擒养真及子松年等贼党六十人，收兵万人，旧额兵八百人，南卫震动”⑤。这场战役对于当时的辽南形势产生了较大影响，“文龙率乌合之众二百人，涉海三千里，镇江既复，宽、叆一带城堡相继降，数百里之内望风归附，日扶老携幼至者百余人”⑥。

镇江之捷后，明朝政府上下大为惊喜，明熹宗下令任命毛文龙为副总兵⑦，以示嘉奖。同时，明朝政府也力图以此为契机发动一场大的战役，以恢复辽左，“命登莱巡抚陶朗先发水兵一万，总兵沈有容主之，天津巡抚毕自严调浙水兵八千为后劲，参将管大藩将之，或直抵镇江、或直抵三岔河，皆选四将为副。王化贞挑广宁精兵四万据三岔河与西虏合，相机进取，经略熊廷弼严勒兵将控扼山海，三方协力，务收全胜”。不过，由于经、抚不合，诸路兵马相互观望，这场战役并没有真正展开，“明旨虽督发，竟以经抚、各镇观望不进，坐失机会。迨

① 据（清）计六奇《明季北略》卷二《毛文龙入皮岛》记载：“至给店岛，方三十里，命千总张继善执岛官任光先，安民二百”，北京：中华书局1984年版，第39页。

② 《明史纪事本末补遗》卷四《毛帅东江》，第1449页。

③ 《明季北略》卷三《毛文龙入皮岛》，第38～39页。

④ 《明史纪事本末补遗》卷四《毛帅东江》，第1449～1450页。

⑤ 《明熹宗实录》卷十三，天启元年八月丙子，第653页。

⑥ 《明史纪事本末补遗》卷四《毛帅东江》，第1450页。

⑦ 《明熹宗实录》卷十三，天启元年八月丙子，第654页。

四卫残破，辽人胆寒，而广宁始不可守矣”①。

努尔哈赤对毛文龙袭取镇江颇为震惊，他意识到自己的后方并非绝对稳固。为此，他立即派遣军队进攻镇江。八月，后金兵袭破金州，断绝辽南与登莱、东江“往来之路”。九月，后金军队攻取镇江，“尽屠之”，毛文龙逃入朝鲜。②

毛文龙遁入朝鲜后，后金军队尾随而入，“喝本国，大索文龙”③。不过，朝鲜为明朝附属之国，对毛文龙多有庇护。天启元年（1621）十二月，派去追索毛文龙的后金军队，进至郭山，“逢汉人则无论老幼皆斩之而还”④，于是毛文龙暂时获得了安全。

这一时期，名不见经传的毛文龙突然崭露头角，以二百余人横行辽南地区，不但占领了辽南沿海诸多岛屿，而且能够一举攻克镇江城，并一度造成从海上兴师收复辽南的强大气势，出乎明朝政府和后金政权的意料，引起了二者的注意。明朝政府试图通过毛文龙牵制女真入侵，并恢复辽南，而后金政权则必欲铲除毛文龙，以稳固后方。

（二）构建东江镇

此后，毛文龙着手创建根据地，他积极招募军队、筹集粮饷，以图恢复。次年六月，明朝政府为表彰其功绩，加毛文龙署都督佥事平辽总兵官⑤。

天启二年（1622）八月，毛文龙提出恢复辽左的具体建议，认为：

> 三方布置，昔以广宁为正，登、津为奇，今则山海宜守，登、津较量，则津兵当以应援山海，而登莱峙联旅顺、密迩镇、鲜，且各岛联络其中，欲图恢复必自各岛布置。始查得庙岛、鼍矶岛、皇城岛为登莱之门户，兵将船只之设，谅登莱抚臣自有成算，毋容臣赘。惟是旅顺之险为奴所据，我舟径来不便，旅顺东距三山岛三百里，应以辽兵二千水兵、船六七十号，用经略标下练兵都司陈大韶以旅顺南游营游击职衔居之，从岛入守旅顺，则登津朝鲜之水路通矣。三山岛东距黄鹿岛二百里，以辽兵二千水兵、船五十余号，用经略标下练兵都司王学易以旅顺北游营游击职衔居之，从岛入守金州，仍

① 《明熹宗实录》卷十三，天启元年八月丙子，第654页。

② 《明史纪事本末补遗》卷四《毛帅东江》，第1450页。

③ （清）李肯翊：《燃藜室记述》卷二十一《毛文龙入椴岛》，辽宁大学历史系《清初史料丛刊》本1980年版。

④ 《燃藜室记述》卷二十一《毛文龙入椴岛》。

⑤ 《明熹宗实录》卷二十三，天启二年六月戊辰，第1127页。

令陈大韶应援。唐帝城址尚存，可用先臣马云、叶旺平辽之法守之也。广鹿东距长山岛五十余里，应以辽兵二千水兵、船五十号，用经略札委练兵游击宋鹏举以复州参将职衔居之，从岛入守复州。长山东距石城岛二百余里，应以辽兵二千水兵、船五十号，用经略标下参谋都司刘可绅以海州参将职衔居之。石城相近小松岛，应以辽兵千余水兵、船二十号，用经略札委加衔都司林茂春署盖州备御事入守盖州，即令刘可绅为之应援。石城东距鹿岛二百余里，应以辽兵千人水兵、船二十号，用巡抚札委守备程儆以岫岩备御居之，入守岫岩。鹿岛东距鲜镇、宽、叆二百余里，即用经略札委镇江练兵游击张恩、札委练兵游击署宽奠参将事张继善、札委练兵都司署叆阳守备事尤景和，各率所部乘除于鲜镇宽叆并相机直入奴寨，且分且合，以疲其力，且进且退、且战且守以挫其锋，譬彭越肄楚之法、孙子覇吴之术，虏之逸自劳、合自分，而后臣齐率众营，各凭山险直逼辽城，关上更出师蹙之，臣前揭陈部院谓山海出扼其颈，三岔焚截其腰，东南齐拊其背而蹑其尾，奴固可灭也。况招练辽兵既免安家行粮，又省日月担阁，兼习虏情，而我得一人，贼即失一人，则过虑者谓：辽民藏奸，宜禁海渡，正不知辽将或多通虏，辽民反深忠愤，且拣其壮丁为兵，载其家属过登，安插远处，何奸之有?①

由上可见，毛文龙对于东江镇的海防部署是非常完备的。他分析了明清战争的形势，认为广宁失守后，明军在关外势力已经所剩无几，山海关也仅成为一个防守据点，难以组织起大规模进攻，因此，应当积极发挥海上军队的力量。他指出，在熊廷弼“三方布置”方案中，天津、登莱是两个重要据点，天津距离山海关较近，因此天津应当着重于辅助防守山海关。而登莱距离旅顺、东江距离适中，应当重点加强防御，尤其是对于沿海岛屿的防御更应重视。此外，他又对旅顺以东大海中的岛屿兵员布防做了具体部署，力图建立自旅顺以东，缘辽东半岛东南沿海各岛，直至鹿岛以东的一条弧形海上防线。这条防线东起皮岛，至旅顺而南，接登莱巡抚下辖的庙岛列岛，而后直抵登莱，对后金的后方形成包围之势。有学者认为，“毛文龙布置的这条新防线比熊廷弼的‘三方布置策’又向前迈出了一大步，它是‘三方布置’中对登莱防御的延伸和发展”②，此说有一定的道理。为达到这一目的，毛文龙提出了自己的要求，“乞速给臣饷三十余万，差官刻期

① 《明熹宗实录》卷二十五，天启二年八月己巳，第 1251 ~ 1254 页。

② 孙文良、李治亭、邱莲梅：《明清战争史略》，第 315 页。

押送，并再挑选津、登各处辽丁二万，又募浙江精于火器者万余，各给盔甲器械，分驻各岛，俾图战守，以襄恢复至计，奇正互用、首尾夹攻，岂特奴酋不敢窥山海，即河西不敢轻渡矣”①。

不过，毛文龙的建议并未引起朝廷的足够重视。当月，大学士孙承宗在巡历山海关后说道，“臣之意，欲以及时练兵选将为实著，而以用毛文龙、西虏为虚活之著”②。兵部在讨论了毛文龙的计划后，也认为“文龙灭奴则不足，牵制则有余，朝廷何爱三十万金钱，不以饱海外之义旅而收其一臂之用”③。可见，明朝政府仍着眼于陆战，并没有意识到毛文龙麾下的海上力量对于辽东战场的作用。因此，朝廷对于毛文龙的请兵、请饷，也并不积极配合，以至于天启二年（1622）十月，辽东南路行监军道梁之垣曾在奏疏中说，“毛文龙新旧辽兵虽号四千，多赤身徒手之残疲”④。

明朝政府限于兵力、财力，难以给予东江镇以必要的支援，而辽南海域岛屿连亘，地理位置重要，兵力不敷则难于部署，因此，东江镇的地位、处境日渐尴尬。不过，这一时期，由于后金主要着力进攻山海关附近，加之缺乏战船，难以渡海作战。因此，他们并未对毛文龙发动大规模的海上攻势。反之，毛文龙则利用时机，不时派兵骚扰女真后方，取得了一系列战果。兹列天启二年、三年之数例如下：

> 天启二年八月，毛文龙遣部将陈忠等克樱桃埚、涡站等处，有斩获。
>
> 九月，属将张盘收复金州。
>
> 三年四月，建州兵攻旅顺堡，都司张盘大创之。
>
> 九月，毛文龙奏满浦、昌城之捷。
>
> 闰十月，毛文龙奏凉马佃之捷，又奏牛马大捷，斩级二百三十有奇，生擒四人，获马九十四匹。⑤

就以上战事而言，大多为小规模骚扰战，对于明清战争的大势走向并无太大影响。但是，毛文龙盘踞海岛，控扼辽东半岛东南海域，在客观上仍对后金有一定的牵制作用，至少使得后金军队不敢越海而战，暂时保证了登莱、天津一带的海

① 《明熹宗实录》卷二十五，天启二年八月己巳，第1254页。
② 《明熹宗实录》卷二十五，天启二年八月丙子，第1263页。
③ 《明熹宗实录》卷二十五，天启二年八月丁丑，第1264页。
④ 《明熹宗实录》卷二十七，天启二年十月丙寅，第1342页。
⑤ 《明史纪事本末补遗》卷四《毛帅东江》，第1451～1455页。

上安全。当然，东江镇由毛文龙所创，其稳定主要与毛文龙的个人威望有关。毛文龙死后，东江镇迅速陷入混乱，麾下将领如孔有德等人纷纷投敌，他们的投降对明清战争的走向却起了至关重要的作用。

（三）毛文龙死后的东江镇

崇祯二年（1629）六月，辽东督师袁崇焕诛杀毛文龙，改组东江兵制。此后，东江镇内部群龙无首，纷争不断，形势急转而下。先是出现刘兴治之乱，后来，原毛文龙部下孔有德等人发动叛乱，极大地削弱了东江镇以及山东的海防力量。与此同时，后金政权也不断发动对皮岛等地的进攻。在内忧外患的形势下，东江镇最终陷落，麾下精锐大多投降了后金。

1. 东江内部纷争

崇祯二年五月底，辽东督师袁崇焕以“犒军”为名，前往双岛，约毛文龙“会议灭敌”，将其诱至双岛①。六月初一日，二人初次相见。初二、初三、初四日，二人均相见，商讨东江粮道、营制、分辖事宜，但并未达成统一意见。

初五日，袁崇焕约毛文龙“登岸摆围，较射颁赏”，而后授意随行参将谢尚政传令，令各营兵四面摆围，将毛文龙“随从官百余员俱绕在围内，其兵丁截在营外”，而后突然责问毛文龙，宣示其十二大罪，请尚方剑，令水营游击赵可教、何麟图监斩。毛文龙随从兵将气势汹汹，意图报复，但见袁崇焕兵“益整，势不能犯”②，只得作罢。

紧接着，袁崇焕又改组东江兵制，将东江兵四万八千人分为四协，以副总兵毛承禄、中军徐敷奏、游击刘兴祚、副总兵陈继盛各统领一协，由陈继盛暂领东江诸事务。③

毛文龙被杀对东江镇产生了很大影响，“岛弁失主帅，心渐携，益不可用，其后致有叛去者”④。不久后，皮岛即爆发了刘兴治之乱，皇太极也加强了对皮岛的进攻。

崇祯三年（1630）二月，兵部尚书梁廷栋建议将东江兵调至宁远、锦州，大学士孙承宗也认为“东江原为牵制之用，但据非其地，若移于要害，足成牵

① 《明季北略》卷五《袁崇焕谋杀毛文龙》，第115～116页。

② （明）柏起宗：《东江始末》，《中华野史·明朝卷四》，济南：泰山出版社2000年版，第3978页。

③ 《明史纪事本末补遗》卷四《毛帅东江》，第1462页。

④ 《明史》卷二百五十九《袁崇焕传》，第6718页。

制”[①]。四月，东江舟师聚集南海口，抵觉华岛。这时，刘兴治据皮岛叛乱。

刘兴治之乱爆发绝非偶然。刘兴治之兄刘兴祚在努尔哈赤攻取开原之时被俘，努尔哈赤对其较为喜爱，收为女婿，取名爱塔。但刘兴祚归降是迫于形势，而非诚心归顺。数年后，他以李代桃僵之计，假装被烧死，逃回皮岛，被授为副总兵。崇祯三年（1630）元旦，刘兴祚在青山之战中，“突中流矢死”。毛文龙死后，刘兴治任西协副总兵，“忿兄死未恤，又恐署岛副总兵陈继盛”，于是借口祭奠刘兴祚，请诸将吊唁，趁机“杀继盛，并调兵官王远、督粮经历刘应鹤等十一人……大杀掠”。明朝政府无奈之下，派副总兵周文郁入岛安抚，派督饷户部郎中驻旅顺“谕各将安辑”，刘兴治暂时接受安抚。是年五月，在登莱巡抚孙元化推荐下，明朝政府任命锦州参将黄龙镇守登莱，兼制东江。[②] 东江局势暂时得到稳定。次年三月，刘兴治再次策划叛乱，杀戮不从者，并将参将沈世魁全家杀死。沈世魁侥幸逃脱后，又与党羽合谋，趁夜突入杀死刘兴治。[③] 至此，刘兴治之乱方才彻底结束。

刘兴治之叛，对东江形势产生了一定的影响。崇祯四年（1631）五月，皇太极趁机发动了第一次袭击皮岛的战役。在这次战役中，新上任的东江总兵黄龙派遣副总兵张焘具体指挥这场战役，张焘携带大量精良火器及大批船只，对后金军队造成重大杀伤。其中西洋人公沙的西劳教授明军使用西洋火器，在这场战争中起了至关重要的作用。对于这场战争，崇祯四年八月《兵部题行稿簿》中有详细记载，兹录于下：

> （上缺）张焘禀报：卑职奉文遏御宣川达贼，于十九日未奉申令之前，连日与奴酋攻打，贼死无数。但见□四集，沿海筑墙，屡筑屡攻，屡毁屡修，坚□不去。于十七日，职令西洋统领公沙的西劳等用辽船架西洋神炮，冲其正面。令各官兵尽以三眼鸟枪骑驾三板唬船，四面攻打。而西人以西炮打□□□筑墙。计用神器十九次，约打死贼六七百。官兵□□□□□□□杀伤。至晚鸣金收兵，当夜贼却五十里存扎。二十三日据坐营副总兵沈世魁、参将黄蜚、游击谢太□□□□□□□，回乡难民高四、陈国元等各供称：“小的原□□□□□□□□□□□四日被达子拿在营内与他打□□□□□□□□□□□□。只听得南山炮

① 《崇祯实录》卷三，崇祯三年三月癸未，第84页。

② 《明史纪事本末补遗》卷四《毛帅东江》，第1463～1464页。

③ 《崇祯长编》卷四十五，崇祯四年四月甲寅，第2681～2682页。

响。至二更时候，□□□□□□□□□□□□□□，打死孤山一名，打刺憨牙□□□□□□□□□□□。达子死过千余，被伤达子不知□□□□□□□□□□□……”又据内丁参将龚正□□□□□击朱尚元下差往丽地水清烧盐逃回兵士金汝贵口供：“达子在宣川砍木造船，必要攻岛。二十一日□□□□□死尸一个，闻说往沈阳是个王子。众达子说：‘□□□多达兵，我等尚好回话，打死我王子，我等怎么回话?’”……二十六日据朝鲜兼八道都体参副使中军林庆业呈为驰报事：“六月初四日奴酋潜猘放兵四蓦，诘朝未明，已过宣城。……步骑数万，凭凌冲突。……有张副总前初九日与贼遇战于身弥岛时，贼将一人中丸即死，别置一处而烧尸。贼皆退来进船追击，毙尸成积，以后复大战于宣沙浦，战舰蔽海，连日进击，炮烟四塞，声振（震）天地。贼将一名两腮中丸，颐颔破□，以巾裹结载来宣川，未几亦死。军兵之死者填满□□□尸数日，其余扶伤盈路，不可胜纪，杵卤俱漂、草木浑腥。有沈副总于十二、十九等日连进蛇浦，捐生血战，神炮诸发，虏阵披靡，死伤甚重，当其大战时，渠魁一名先死，其次小将及诸军，处处积尸，焚烧数日，疮痍相望，畏缩奔于八十里之外，不敢复近海岸。但见步步移营，渐次过江。小邦之人不胜忭贺”等情。……当查节次□□有功员役：赞画副总兵张焘、坐营副总兵沈世魁……西客公沙的西劳等大小各官，次第甄别，量赏花红，以示鼓励。……看得奴酋因结连刘贼之计未售，遂尔倡率大举。揆其情势，必欲长驱入岛，虎视登、津，必不肯安心苟退者。幸职敕命初膺，义勇鼓奋。……则此捷为十年以来一战，其出于丽人、岛人之口者，信不诬也。……等因塘报到臣……次日接兵部咨称：辽东巡抚丘禾嘉塘报回乡供说：东奴五月内抢岛，六月初回来，被炮打死两牛鹿、一孤山。又偷船三百名，止回一百。……今辽东先报攻岛，复报败回，往返日期与所杀酋首数目不期而合。……此海外从来一大捷，伏乞圣明敕部优叙。①

由上可见，在这场战役中，后金军队遭遇惨败，兵士死伤无数，且有两牛录、一固山被打死。此外，据逃回的后金兵士供称，尚有一王子阵亡，这在明清战争中是极为少见的。明军在这场战争中之所以能大获全胜，主要应当归功于先进武器的应用。从后金发动这场战争可见，这一时期，后金已经着手解决皮岛问题，虽

① “中央研究院”历史语言研究所：《明清史料》乙编第一本《兵部题行稿簿》，商务印书馆民国二十五年（1936年）版，第64~66页。

然暂时受挫，但却揭开了后金进攻明朝海上力量的序幕。

应当说，毛文龙被杀对于东江镇造成了非常大的影响，从某种意义上甚至可以说，埋下了东江镇覆灭的伏笔。诚然，毛文龙的确有诸多过失，如专横跋扈、冒功冒饷，培植个人势力等，但其驻军海外，牵制女真军队，也是不容忽视的事实。而且，这一时期的东江镇属下多骄兵悍将，他们多为毛文龙亲信，只有毛文龙才能很好地驾驭他们。因此，毛文龙被杀，直接导致了东江镇局势恶化，并对以后的明清战争产生了深远的影响。对此，清人昭梿在《啸亭杂录》中有所评价："文龙守皮岛多年，虽有冒饷、抗据诸状，然其兵马强盛，将士多出其门……使留之以拒大兵，不无少补。崇焕乃不计其大事，冒昧诛之，自失其助，遂使孔定南诸将阴怀二心，反为本朝所用，此明代亡国之大机"①，可谓一语中的。

2. 孔有德之乱

孔有德，辽东盖州卫人。努尔哈赤攻克辽东，孔有德逃亡皮岛，投靠毛文龙，为其部曲，改名毛永诗。毛文龙死后，孔有德投靠当时的登莱巡抚孙元化，被任命为步兵左营参将②。

崇祯四年（1631），皇太极发兵围困大凌河城。明朝政府急调登州兵赴援。孙元化因兵部督催甚急，"迫命参将孔有德等从海上以三千人赴之，有德遭飓风几死"，无法从海路赴援，孙元化又令其从陆路经山海关赴援，"有德不胜怨望"。③ 据《平叛记》记载：

> （孔有德）初无往意，勉强前赴，沿途观望。至闰十一月二十七日次于吴桥。时官兵屡过地方多骚扰，以故民皆闭门。兵无食宿，皆怨。适部卒与生员相争，有德笞之，众遂哗然。（时屯兵新城乡绅王象春庄，白食鸡犬。春子怒，先投其父名帖，复亲讲其兵不法状。有德将兵捆打贯耳，兵遂将庄焚毁，春子潜逃。）次日，千总李应元与其父九成，缚有德于演武场，首倡反谋，有德从之。（九成初为元化市马，马价荡尽，至吴桥适与有德遇，遂

① （清）昭梿：《啸亭杂录》卷十《毛文龙被杀》，中华书局1980年版，第363页。

② 又据毛霦《平叛记》记载："文龙死后，岛中继有陈继盛、刘五之变，部下义子耿仲明、李九成、孔有德等逃散四方。……先是，毛帅文龙镇皮岛，辽人孔有德等归隶麾下。文龙待之甚优，有德等亦乐为文龙用……及袁崇焕出督关门，疑文龙跋扈难制，杀文龙，他将代者于有德等亦仅以老兵置之，有德等既失所依，皆落魄无聊，又心怜文龙无罪横受屠酷，恒怏怏每思投隙而起"，《中国方略丛书》第1辑第8号，台北：成文出版社1968年版，第29～31页。

③ 《明史纪事本末补遗》卷四《毛帅东江》，第1466页。

与应元谋，以为反亦死，不反亦死，不如一逞叛谋益没。）回戈东指，大肆抢掠，所过无遗。①

由上可见，孔有德本无心赴援，一路拖延，“沿途观望”，对明清之战心灰意冷。此外，明朝末年军队纪律败坏，兵士骚扰民间，引起民众反感，“民皆闭门”。士卒无所得食，饥寒交迫，难免心中不满。本来明末军队风气甚恶，哗变时有发生。此时，恰逢新城王氏家族得理不饶人，仅仅因为一只鸡就迫使孔有德将兵丁“捆打贯耳”，于是叛乱发生，援军顿成叛军。

这场看似偶然的叛乱对明末北部海防乃至整个明清战局都产生了深远的影响。吴桥叛乱发生后，孔有德挥军东下，一路攻城略地。毛霦在《平叛记》一书中记载了孔有德叛军攻陷山东济、青、登、莱四府诸州县城池的具体情况，现将其概括如下：

孔有德军自崇祯四年闰十一月二十八日叛于吴桥，次日攻破陵县。

十二月一日，破临邑。

三日，破商河。

四日，破齐东。

五日，围德平，未破。

六日，破青城。

七日，破新城，“吴桥之变，象春之子激之，故焚杀尤惨”。

是月十八日，至莱州，“秋毫无犯而去”。

二十二日，抵登州。

次年正月二日，攻登州城。

三日，破登州。

十三日，破黄县。

十四日，攻福山，未破。

二月三日，至莱州，次日攻城，双方僵持达七个月之久。

二月十日，分兵攻取平度。

五月十五日，破招远。

六月二十五日，犯莱阳，失败。

八月十九日，叛军撤离莱州城，回登州。

① 《平叛记》，第13～14页。

此后，叛军节节败退，八月二十三日，明军复招远。三十日，明军复黄县。九月一日，明军围登州。崇祯六年一月十三日，叛军逃离登州。二十二日，攻旅顺，未克。四月十七日，孔有德降清。

以上就是孔有德叛乱及明朝平叛的过程，其中有几次战役较为重要。

其一，登州之战。崇祯四年（1631）十二月二十二日，叛军抵达登州，驻兵城南密神山。孙元化命标将张焘率辽兵驻扎城外防御，登莱总兵张可大同时发南兵抵抗。这时，登莱巡抚孙元化仍主张招抚，“再四遣人招安，贼不听”。是夜，叛军攻打城西，被守城军以炮击退。崇祯五年（1632）正月初二，双方再战于城东。一开始，南兵与叛军接战，一度占据上风，获得暂时胜利，这时张焘率辽兵“遽引还”，南兵孤立无援，势力不支，被“杀伤殆尽”，张焘部下辽兵半数也投降叛军。初二日夜，张焘部下白天投降叛军者，“复诈来归”，城中士民均言不可，但当事者却同意，于是大量叛军混入城中。中军耿仲明、都司陈光福等“密约内应，是夜举火”，孔有德乘机攻城，从东门杀入，登州陷落，“元化方在城头引刀自刎，不死，为贼拥去。登州道宋光兰、监军道王徵暨府县官皆为贼掳。惟总兵张可大自缢于水城。乡绅张瑶骂贼遇害，妻子皆赴井死。是时尚有旧兵六千人，援兵千人，马三千匹，饷银十万，红衣大炮二十余位，西洋炮三百位，其余火器甲杖不可胜数，皆为贼有。居民男女数十万杀劫淫污，备极惨酷”。①

登州为明代山东海防重心，是登莱巡抚、登莱总兵驻扎之地，辖有众多水军、陆军，同时拥有大量武器、辎重。登州的陷落，从根本上伤害了山东海防的元气，叛军从登州获得七千军士及众多先进火器。

其二，莱州保卫战。孔有德叛军攻陷登州后，不久又进军莱州。登州陷落后，崇祯帝大怒，下令“逮治元化、张焘及道府等官”，任命徐从治为山东巡抚，谢琏为登莱巡抚，以平定叛军，并派遣总兵杨御蕃等率军增援莱州。二月初三日，叛军开始攻打莱州。此后数月内，叛军攻城不下数十次，均遭到守城军士的顽强抵抗。四月十六日，徐从治中炮而死。后来，总督刘宇烈等人主张招抚叛军。七月，登莱巡抚谢琏、莱州知府朱万年等人出城招抚叛军，谢琏等被孔有德扣押，朱万年被杀。崇祯帝又以朱大典为山东巡抚，谢三宾为山东巡按，率军征讨。八月十三日，朱大典等人誓师讨贼，分三路进兵，“中路以关宁总兵金国奇等彝汉丁为前锋、川营总兵邓玘步兵继之，共一万二千人，从灰埠进；南路以昌

① 《平叛记》，第26~28页。

平总兵陈洪范、义勇总兵刘泽清、密云副总兵方登元马步兵六千，从平度进；北路以参将王之富、王武纬等三千人从海庙进；令游击徐元亨、都司路云之率莱阳之师来会战，以牟文绶守新河，并派诸将防守要地，饬州县官率民兵严守城池"①，发动大规模反击。十九日，在沙河大战中，明军一举击溃叛军，莱州围解。②

由上可见，在这场旷日持久的莱州保卫战中，明朝政府从山东乃至辽东战场四处调集兵力，历时七个月终于解莱州之围。

其三，登州再战。莱州之败后，孔有德叛军遁回登州，损伤较重，"贼之遁回登州者亦不及十之三，盖乘机四散逃窜者众耳"③。明军乘胜追击，收复招远、诸城等城。八月三十日，又击破贼军于白马，收复黄县，"贼大奔溃，斩万三千、俘八百，逃散及坠海死者，不下数万，贼始胆落，窜归登州"。九月初一日，明军抵达登州，建筑围墙等工事，开始了长达半年的攻坚过程。期间，明军与叛军数次交战，双方互有杀伤。攻城过程之所以旷日持久，主要是叛军武器精良，叛将李九成等又骁勇善战。如是年十月，明军攻打登州，不克，"城内蓄积尚饶，健贼尤多，红衣大炮一发五六里，我兵多伤。李九成素负骁健，常出搏战，各有胜负"，于是决计长期围困。十一月初三日，明军击杀李九成，使叛军大受打击，"有德等所恃惟九成，九成既死，不复出战，惟日大哭"。崇祯六年（1633）一月，叛军内部马骢、龚正祥、陈朝柱等十四人"密谋设誓，啑血定盟，共拟禽贼以献"，因人告发被杀。此事虽未成，但对叛军也有一定的影响，"事虽不成，然自此日疑其党，无固志矣"。长期围城给叛军带来了很大的困难，至二月，登州城内"乏食已久，杀人为粮，熬人为烛，朝不谋夕"，孔有德、毛承禄分别于十三日、十六日逃走。明军收复登州。④

孔有德之乱，历时一年半之久，对明末北部海防产生了极为消极的影响。首先，叛军攻城略地，对山东各地造成了极大的破坏。其次，孔有德等人携带众多先进武器投靠后金，使得双方海防力量对比发生转换。笔者认为，孔有德之乱之所以发生，与东江镇历来的军纪败坏、军人骄横密切相关。此外，叛乱发生后，文官难以制衡武官，遇事多采用招抚之策，更为武官所看轻，这也助长了叛军的

① 《平叛记》，第276～277页。
② 《平叛记》，第279～282页。
③ 《平叛记》，第283页。
④ 《平叛记》，第289～309页。

气焰。

3. 东江镇覆灭

崇祯六年（1633）五月，孔有德等人渡海抵达镇江，投降后金，带去了大批精壮军士、船只，还有当时最为先进的西洋火器。对此，皇太极非常满意，不久即敕封孔有德为都元帅、耿忠明为总兵官，并传谕赏赐："登州都元帅孔有德、总兵官耿仲明及众官等航海来归，宜先赏给马匹，朕出内厩之马，尔诸贝勒各出上等鞍马一、空马四、约计四十匹。满洲、蒙古、汉人按世职，每十备御出马一，约计百匹，选其良者赏大帅，余马付有德等，按品级散给各官"①，可见其对孔有德等人之重视。

此后不久，皇太极即发动了对旅顺的进攻。崇祯六年（1633）七月，后金向旅顺发动了全面进攻，经过一番激战，七月十日，后金军队占领旅顺。② 后金军占领旅顺，对于明清战争产生了重大影响，此战彻底消除了明朝在辽南沿海地区的势力，解除了后金政权的后顾之忧。同时，后金军队占领旅顺后，既可以渡海进攻皮岛，以彻底清除明朝海上力量，也可以从此渡海威胁登莱、天津。可以说，后金占领旅顺后，掌握了更大的海上主动权。

旅顺失陷后，明军在北部海上变得更加被动，登州至皮岛之间的交通线路被切断，使得皮岛陷入弹尽粮绝、孤立无援的危险境地。

崇祯六年十二月，东江石城都司尚可喜降于建州③，东江镇实力再次遭受重大损失。

崇祯十年（1637），皇太极经过周密准备后，为彻底解决后顾之忧，决定攻取皮岛。是年四月，清军攻克皮岛。④ 对于皮岛之陷，有人评论道："先是，毛文龙守云从岛，建州兵屡攻不下，文龙既以诛死，刘兴治复因忿激作乱，人心益摇。至是，建州兵以辽将为前驱，谙水战，习地利，故所向立下。"⑤

皮岛失陷后，东江镇已经土崩瓦解，不过这时在辽东岛屿中尚有小部余众，"诸岛虽有残卒，不能成军，朝廷亦不置大帅，以登莱总兵遥领之而已。明年夏，

---

① 《清太宗实录》卷十四，天聪七年五月丁酉，第 189 页。

② 对于这场战争的具体过程，孙文良、李治亭、邱莲梅撰《明清战争史略》一书中有详细介绍，兹不赘述，第 333～335 页。

③ 《明史纪事本末补遗》卷四《毛帅东江》，第 1469 页。

④ 对于这场战争的具体过程，孙文良、李治亭、邱莲梅撰《明清战争史略》一书中有详细介绍，兹不赘述，第 345～349 页。

⑤ 《明史纪事本末补遗》卷四《毛帅东江》，第 1470～1471 页。

杨嗣昌决策尽徙其兵民宁、锦，而诸岛一空”①。至此，明朝在北部沿海海岛中的军事力量被彻底清除，北部海防也一蹶不振。

总体而言，在这一时期，明朝北部海防主要围绕辽东战事展开。熊廷弼提出“三方布置”方略，这是明朝政府第一次意识到海上力量对辽东战场的作用。围绕“三方布置”方略，明朝政府做了一系列准备，如设置登莱巡抚，加强天津军事实力等。后来，“三方布置”方略随着熊廷弼的下狱而彻底破产。不过，与此同时，毛文龙在辽南却一路顺利，攻克镇江，并占据皮岛，开辟东江镇。此后，东江镇与旅顺、登州形成了一条新的海上防线，并且不断骚扰后金后方。毛文龙死后，东江镇开始瓦解，出现了多次军人叛乱，尤其是孔有德之乱，不但对于山东沿海州县是一场浩劫，而且将当时最为先进的西洋火器带到后金。此后，配备了西洋火器的后金军队及孔、耿叛军，将明朝苦心经营的东江防线彻底摧毁。应当说，这一时期，不管是熊廷弼的“三方布置”方略还是毛文龙的“海上长城”战略都有很强的进攻性，尤其是前者，其本意就是着眼于从海上发动攻势，以恢复辽南，进而与陆路配合恢复全辽，所以着眼于“攻”而非“守”，这是明末北部沿海海防的新特点。

第三节　登莱巡抚对山东海防的建设

辽阳陷落后，熊廷弼再度出任辽东经略，提出“三方布置”方略，试图多方准备，以恢复辽东。为配合这一战略，明朝政府设立登莱巡抚，以陶朗先担任。此后，该职除去崇祯元年（1628）至三年（1630）曾短暂裁撤外，一直常设不废。历任登莱巡抚对当地海防做了或多或少的整顿。本节拟择其要者加以论述。

一、陶朗先

陶朗先，字元晖，别字开普，浙江秀水人。万历三十四年（1606）进士，历任南京工部都水司主事、登州知府。万历四十六年（1618），任登州海防道。天启元年（1621），明朝政府设登莱巡抚，以陶朗先充任。陶朗先自任登州知府、登州海防道时，即密切关注当地海防，并提出了一些建议，出任登莱巡抚后，又大规模地招兵买马、筹备武器，还积极出兵策应辽东、东江。

---

① 《明史》卷二百七十一《黄龙传》，第6969页。

（一）对登莱海防布局的建议

陶朗先在任登州知府时，就比较关注登莱及辽东形势，他从地缘、历史渊源上对登、辽二地之间的关系做了细致考察，认为登、辽两地休戚与共、密不可分，建议在海防规划中将两地合二为一。他在《登辽原非异域议》一文中，详细论述了合登、辽于一体的诸多益处，并提出了具体建议，体现在军事方面主要就是两地水军合汛，详细措施为：

> 汛哨通则战守相应，而兵食可以互酌也。登辽两境俱设南兵以御倭，初谓其习于水战，与北兵殊耳。然登州营南兵多至二千八百余名，坐糜厚饷二三十年，既不闻与倭夷有束矢之加，亦不闻与辽东效半臂之用，岁费东帑五万六七千金，识者已自嗤之。辽东为一大镇，而所募南水兵止旅顺营五百名耳，以之备哨探，则不必如是之多，以之当折冲，则何至如是之少？倘遇有事，能不调登兵以充之乎？欲调登兵，可以素不识辽路者应之乎？及查登辽防汛，登兵出城五百里至皇城岛为汛地，辽兵出旅顺四百里亦至皇城岛为汛地，则知春秋两汛，两营之兵原未尝不往来水面也。①

陶朗先首先分析了登、辽两地的水军状况，认为登州地区水军较多，但当地太平无事，水兵“坐糜厚饷”。辽东战事较多，但水兵却相对较少，似有捉襟见肘之嫌。由于登、辽二地在地缘上较为临近，一旦辽东战事吃紧，出现兵员紧张，势必从登州调军渡海应援。但是，登、辽两地水军虽然汛地临近，却并未合操训练，一旦受调赴辽，一方面不熟悉海路，难免遇到风险。另一方面，他们与辽东水军相互之间并不熟悉，贸然合在一处，难免会影响相互之间的协作。为此，他主张：“水道既通，谓宜无事则合操以习水战，出汛则更番以轮戍守。或每年于春秋二汛中，先期择抽数日，听登州总兵与旅顺守备轮管一季，于交界处所如皇城岛等处，操演水战，俾指臂之势时时服习，庶临事不至仓皇。”② 陶朗先主张将登州水军与旅顺水军合操训练，轮番戍守，然后由登州总兵和旅顺守备轮流管理。这样可以在合操中加深将官对双方士兵的了解，可以避免临战之际相互不识之尴尬。此外，由于长期承平，山东沿海南兵“不闻水操”已久，水上特长渐渐消失，与当地土兵无异。为加强沿海水军实力，陶朗先力主在沿海招募兵士，勤

---

① （明）陶朗先：《陶中丞遗集》卷下《登辽原非异域议》，《明清史料丛书八种》第 4 册，罗振玉辑《明季辽事丛刊》，北京：北京图书馆出版社 2005 年版，第 78 ~ 79 页。

② 《陶中丞遗集》卷下《登辽原非异域议》，第 79 页。

加训练。他指出：

> 土兵每名月食粮九钱，而南兵每名月食粮有二两一钱者、有一两七八钱者，最少亦不下一两四五钱，则多费饷金无谓也。人谓南兵乘船惯便，北兵乘船股栗，此诚有之，然在习与不习耳。窃见登民专以捕鱼为业，乘潮出洋，目不加瞬，此独非北人乎？况今在唬船充火兵者半系北人，安见北兵之不可以水也？今若南兵时演水操，即酌于战船中兼用一二北兵，以渐教演行之，久久北兵皆知水战，即以土人充水兵，而以北兵之饷饷北人，南兵之在陆营并不习水者，不可散归以省饷乎？①

陶朗先认为南兵之所以精于水战，是因为其经过严格训练，倘若训练废弛，则其水上战斗力也会降低。山东沿海登莱地区的渔民，终日出没海滨，惯习风涛，倘若将其招募，编入南兵中训练，假以时日，也能练成水上技艺。此外，就兵饷而言，南兵所食饷银远高于北人，若大量招募北人代替南兵，则会减轻当地财政负担。

后来，陶朗先升任登州海防道，全面负责登莱地区海防事宜。他一直密切关注辽东战场的变化，很早就提出加强登莱地区水军建设的建议，力图通过水军盘活辽东沿海地区，以牵制女真兵力。具体步骤为：

> 迨辽事方殷，朗先调监登莱，复建议应设水兵三万，日习水战，并听辽东调援。以五千人驻朝鲜境上，与朝鲜合兵，夹鸭绿江而阵，以绝奴连和朝鲜之谋。再以万人分布于镇江、宽奠、叆阳、海盖一带，可陆可水、且战且防，使奴尝怀内顾后户之忧，不得悉力以与我争北关、窥开铁，而余下一万五千以守登海，或轮班而援辽左，与四卫相为犄角。②

由上可见，陶朗先颇有先见之名，他的部署立足于登莱，涵盖辽南、登莱、朝鲜三方，三地互为犄角，遇事可以互相应援。遗憾的是，他的这一建议并未得到认可，“时不能用”。

（二）平定沿海兵变

陶朗先任登州海防道时，青州兵奉调援辽，士兵畏惧，“夺旗作乱，白日杀人，城门昼闭”，山东抚、按令陶朗先兼青州兵备道事平叛。陶朗先“单骑往，

---

① 《陶中丞遗集》卷下《登辽原非异域议》，第 80 页。
② 《明熹宗实录》卷十，天启元年五月癸丑，第 514 页。

执其渠魁，歼之”，迅速平定了这场叛乱[①]。盛枫在《陶中丞传》中描述了这次平叛经过：陶朗先接受委命后，一昼夜行三百里，单骑入叛兵营，“叛兵惊愕，咸顿首乞命，愿隶麾下死”[②]。于是陶朗先下令说，青州兵弱，不足当敌，应当选练：

> 戒郡守具刍粮、舟楫以待。翌日，视操列，方圆二阵皆衔枚不得接语，按籍点阅，设援、留二签，得留签列坛下为方阵，得援签还圆营立故处。初掣，多置留签，森立阶下，众喜得生，青兵留多援少，叛势已孤。掣时，遇渠魁名，缚至阶下，众目遥视，谓其违令接语也，不敢哗。阅毕，令郡属部其众，分札孤远处，其强壮者厚给衣粮，使登舟前发，余以次分驻海口，不两日援兵悉去。[③]

陶朗先有勇有谋，兵不血刃地解决了这场叛乱，既保证了辽东战场的兵员供应，也避免了山东沿海地区的一场战祸。此外，在莱州一场兵变中，叛军“放炮擂鼓，攻入城门，拆毁官廨”，几成大乱，陶朗先“以一令箭缚其戎首杖杀之，兵莫敢哗”[④]，将这场叛乱消弭于始发阶段。

（三）招募兵员

熊廷弼“三方布置”之议起，朝廷设立登莱巡抚，将登莱作为海上进攻的重要据点。在这种进攻的态势下，登莱地区原有的兵员已经不能满足战争形势的需要。明朝政府为完善“三方布置”方案，命令登莱、天津等地招募兵员。关于登莱巡抚所辖兵员状况，陶朗先在《听勘疏》中有所介绍，兹列如下：

> 臣之营垒，除旧兵、淮兵不开外，在登州则有标兵营，选锋左、右二营，强兵中、左、右三营，南、北二游营，成山、皇城、团练、铁骑、川兵营，左右监军道家丁营，辽船千总一营，修船千总一营，军器、盔甲、弓箭、火药等役共一营。在莱州则有招练、潍辽两营，莱前、莱后二营，王徐营，三山营，新女姑营。在青州则有昌乐、塘头、洱河、小清河、涛雒、石臼、安东、颜神各营，又拨添青州旧营兵二百八十三员名。三郡新兵共三十三营，因兵以设将，因将以分营。[⑤]

---

① 《陶中丞遗集》卷上《逮狱候讯疏》，第66页。
② 《陶中丞遗集》附录传三，盛枫《陶中丞传》，第139页。
③ 《陶中丞遗集》附录传三，盛枫《陶中丞传》，第139～140页。
④ 《陶中丞遗集》卷上《逮狱候讯疏》，第66页。
⑤ 《陶中丞遗集》卷上《听勘疏》，第37页。

由上可见，陶朗先在任登莱巡抚的短短时间内，迅速聚集了大量兵员，新招兵额“至三万余”①。这些兵员主要集中于登莱地区，大多分布于山东半岛北侧，山东南部的安东卫一带也有布防。除此之外，当时登州的新增兵力，尚有兵部员外郎尹嘉善招集的团操前营、团操中营，以及陶朗先在登州海防道任内节约旧兵之饷而招募的水左营、水右营四营，约两三千人。此外，登州旧兵尚有六千余人，即：

团操左营六百一十员名，屯操右营五百八十五员名，以上俱土人……登州后营六百九十二员名，屯田中营四百六员名，文登营一千五十九员名，以上俱土军……南陆左营五百三十八员名，南陆右营五百四十员名，水寨中营、水寨前营、水寨后营皆五百一十五员名，以上俱南人……通共南北兵六千一十一员名。②

由上可见，陶朗先在任时期，登州地区所聚兵马非常强大，即如天津巡抚毕自严所谓，“即以登莱、津门相提而论，山东新增水兵以三万计，陆兵以二万计，大约登莱所得将四万许，而旧日额设之兵不与焉”③。陶朗先所筹措的强大兵力，巩固了山东的海防，奠定了策应辽东及毛文龙的雄厚基础。

（四）筹备船只、武器

陶朗先注重登莱军队的船只、武器配备，在任期间，他多方筹集银两，以招募、修造船只，制作武器。在他的操办下，登莱地区的武器、船只得到大量补充，堪称富足。崇祯初年，毕自严在《请注销陶朗先追赔钱粮奏》中指出，陶朗先在登莱所置军需，“十年支用无算”④。在是疏中，毕自严详细开列了陶朗先在登莱等地所置办船只数量及器械的种类、数日，兹列如下：

登莱青三府买造船数及动民屯银买运船改充兵船并雇船共五百二十五只……其置造器械，查得登莱青济四府所置器，以件计者为：炮、铳、刀、枪、叉、斧、钩、镰，长短等枪并縢甲、铁盔、火砖、火球，共十一万七千五百四十有五；以觔计者为：铜钢、熟铁、硝磺、铅铁、火药、麄麻、牛筋、鱼鳔等，共八十三万二千九百九十有一；以根计者：枪、棍、篷、桅

① 《陶中丞遗集》卷上《逮狱候讯疏》，第60页。

② 《陶中丞遗集》卷上《听勘疏》，第28～29页。

③ （明）毕自严：《石隐园藏稿》卷五疏一《犄角最重疏》，《景印文渊阁四库全书》第1293册，第503页。

④ 毕自严：《请注销陶朗先追赔钱粮奏》，见《陶中丞遗集》附，第161页。

等，共四万二千八十有八；以块计者：桑木、弓胎、合文、呈文等纸，共二万一千五百一十有三；以副计者：弓面、撒袋、臂手、生铁，共二万一千五百有十；以枝计者，箭杆、火箭，共五十六万九百七十有四；以罈计者：桐油、江豚油，共二百七十有九；以面计者：牛皮翎、挨牌、旗帜，共一千二百有十；以条计者：鞓带、弓弦等共五万五千四百有十。以上诸项，历年支领过一百二十一万八千四百六十之数，尚存四十四万七千四百有奇，共动银三万九千八百五十两零。①

由上可见，陶朗先在任期间，通过购买、招募、改造等方式，筹集了大量船只，不但满足了本地水军发展的需要，而且还援助了东江地区。此外，他还置办了数量庞大的兵器，这些兵器既有热兵器，也有冷兵器，种类非常齐全，不但保证了当时的军事需要，且为后世所用，直至崇祯初年尚有大量存余。

（五）策应辽东

登莱巡抚之设，本为贯彻熊廷弼“三方布置”方略，从水路出师策应辽东，以恢复辽南四卫。作为首任登莱巡抚，陶朗先的首要任务是派兵出海，以配合进取，即如其所谓“登州设镇原为进剿，即臣官衔，亦云策应缓急”②。陶朗先在任登州海防道及登莱巡抚期间，积极接济辽东难民，并出师增援辽南地区。

1. 接济渡海官民

辽南沦陷后，大量军民渡海南下，奔赴登莱。时任登州海防道的陶朗先积极布置、多方营救，共“接渡辽左避难官民原任监司府佐将领等官胡嘉栋、张文达、周义、严正中等共五百九十四员名，毛兵、川兵及援辽登州、旅顺营兵三千八百余名，金复海盖卫所官员及居民男妇共三万四千二百余名，各处商贾二百余名”③。大量辽民屯聚登莱地区，是一个潜在的不安定因素，倘若安置不当，很有可能会发生变乱。于是，陶朗先将渡海辽民安插属邑，“给旷土使耕”，又招募其中的“无家而犷悍者”为兵，立辽帅以统之，“迄公任，主无丛食之患，客无失次之嗟”④，较为妥善地解决了辽民问题。

2. 援助毛文龙

天启元年（1621），毛文龙率少量军队沿辽南岛屿东进，一举攻克镇江，明

---

① 毕自严：《请注销陶朗先追赔钱粮奏》，见《陶中丞遗集》附，第166~167页。
② 《陶中丞遗集》卷上《听勘疏》，第58页。
③ 《明熹宗实录》卷十，天启元年五月癸丑，第513~514页。
④ 《陶中丞遗集》附录传一，方震孺《陶中丞传》，第130页。

朝政府大受鼓舞，明熹宗令“登莱巡抚陶朗先发水兵一万，总兵沈有容主之，天津巡抚毕自严调浙水兵八千为后劲，参将管大藩将之，或直抵镇江、或直抵三岔河，皆选四将为副。王化贞挑广宁精兵四万，据三岔河与西虏合，相机进取。经略熊廷弼严勒兵将控扼山海，三方协力务收全胜”①。不过，陶朗先对于这次军事策应，似乎并不积极，仅仅派遣辽东副将韩宗功、待罪游击许定国各统兵一千先后策应②。结果，各路援兵都不积极，“经抚各镇，观望不进”③，由于缺乏后援，毛文龙不久后退入朝鲜。

由上可见，陶朗先作为第一任登莱巡抚，对于明末登莱地区的海防建设做出了积极的努力，他在任期间，多方招募兵员、募集船只、打造兵器，增强了登莱地区的海防力量。同时，他还对整个北部海防大局有着清醒的认识，能不断策应辽东战局。可以说，陶朗先在任期间对登莱海防的安排部署，奠定了明末登莱海防的基础。

二、袁可立

袁可立，字礼卿，号节寰，又号闲闲居士，河南睢阳卫军籍。明万历十七年（1589）进士，历任苏州府推官、山西道监察御史等职。袁可立在任登莱巡抚期间，对当地海防做了一些部署。

（一）部署沿海防御

天启二年（1622）十二月，袁可立因地震上疏，就登莱地区的军事部署提出了两个建议。其一，设将领。他认为，“登莱之皇城岛两游击及成山、威海等处俱系紧关冲要，宜添设钦依以重事权”。其二，定边饷。他指出，“登莱水陆分防以二万兵为额，每兵月饷一两五钱，岁计费饷银三十六万，马料、操赏、修船诸费不下数万，新饷四十万留用，尚存见少”。此外，他还请修战舰、备器械，并主张“预筹毛帅之接济，严诘辽人之渡海”。④

（二）策应毛文龙

袁可立在任期间，曾派兵出海策应毛文龙。天启三年（1623）三月，袁可立奏报登州兵出海之期，言“登莱之水师实榆关之犄角，臣与镇道图画者数月，诸

---

① 《明熹宗实录》卷十三，天启元年八月丙子，第 654 页。
② 《明熹宗实录》卷十四，天启元年九月辛丑，第 694 页。
③ 《明熹宗实录》卷十三，天启元年八月丙子，第 654 页。
④ 《明熹宗实录》卷二十九，天启二年十二月癸未，第 1471～1472 页。

凡操练将士、修验船只、合并营伍、简汰官兵稍有次第，乃拔其尤者三千六百人，俾总兵沈有容领之先发，而副将李性忠所带家丁，旧系辽左健士，臣于三月十二日饯而送之，嘱以相机进止，以固榆关、以联毛帅”①。据上可知，为确保榆关安危，袁可立派沈有容、李性忠率兵出海策应。

三、武之望

袁可立卸任后，武之望出任登莱巡抚。在任期间，他对于登莱、东江地区的海防事宜，多有部署。

（一）部署辽南防御

武之望就任后，针对辽南地区的地理环境及风土人情，提出了一套部署建议方案，他指出：“论地势，则旅顺与登州相近，而与东镇差远。论人情，则旅顺与东镇相宜，而与登州稍疎。若欲专属东镇，当令毛帅选将分防于旅顺并各岛之间，若欲专属登州，请罢东兵，令其专守东南，而登镇之兵选将分防一如前例。从前议，则登镇止应设副将一员，驻札登州，与道臣共弹压，外设参游或守备一员驻皇城岛为接济，而抚镇二臣驻札于大海之南，兵马无多缓急难就，似应裁革。从后议，则旅顺口应添设参游或副将一员为主将，而东西诸岛量添守备四五员以为分防协守之助，而镇守时出皇城岛为接济，此两策者，总听斟酌也。”明熹宗诏令户、兵二部确议具覆②。

兵部官员在考核旅顺、登州、东江三地地理形势的基础上，提出了自己的建议，力主将旅顺划归登州，议覆道：

> 事在牵制，则皮岛与旅顺左右特角焉，若论事权之专一，属旅顺于东镇，非不称便，然筑城而毛文龙不能协力，丧师而文龙不能救援，鞭虽长有难及矣。而自登至旅顺，缩言之者曰七里，纾言之者曰千余里。总之，风顺一日夜可达。盖以形势论，旅顺为辽左四卫之咽喉，登莱、天津之门户，无旅顺则东镇之转输无从出海、朝鲜之贡使无繇出途，登莱与虏比邻，亦有不安之势，是旅顺不可不固守也。以调度论，旅顺距东镇远而险，声闻虽可相通，缓急必难相拯。距登莱近而便，兵将易于责成，粮糈易于接济，且挑浚南关非登抚不能任，华夷界口非登镇不能防，是旅顺应属登州必然之画也。

---

① 《明熹宗实录》卷三十二，天启三年三月丁巳，第1671～1672页。

② 《明熹宗实录》卷五十七，天启五年三月乙卯，第2611页。

今已设游击一员专守旅顺，当专属登抚节制，其分岛各官听登抚择人分布咨题授职。南关堡挑浚，听登抚择人严阵架梁，相机兴工，无蹈前辙。①

由上可见，兵部在综合考虑旅顺与登州、东江关系的基础上，认为将旅顺划归登州镇更适合一些。旅顺地缘上更靠近登州，将其划归登州镇，可以有效地整合登州、旅顺二者力量，形成相互策应。

（二）力主严肃整顿登州秩序

明季，登州地区军事地位非常重要，“扼奴酋之潜渡、成津关之犄角、联属国之声气、防内地之奸徒”，对内、对外都有重要意义。因此，加强对登州内部秩序的整顿，以确保当地社会稳定，便显得非常重要。而当时登州地区却存在诸多潜在的不安定因素，即如兵部在议覆武之望奏疏中所说：

此地武弁与杂流最多，非平辽委官则内地差遣，非坐登买米则奉文领银，最可恨者，本以军需为名，而银既到手辄自花销，本以差解为任，而一出都门遂难诘问，开鞘盗银、诱骗商货、强夺民船、违禁私贩，诚有如抚臣所言者。甚则市井狙狯、漏网余孽金紫累累，争衡道府而抗违部提，法令亦不能行。②

在当时，大量闲杂人等屯聚登州，这些人鱼龙混杂，多有作奸犯科之徒，影响了当地的正常秩序，给登莱巡抚的行政带来了很大的障碍。为此，武之望上疏请求整顿。兵部在了解到上述情形后，提出了处理意见：

欲清奸宄，先汰武弁，欲汰武弁，先查虚衔。除海外毛帅部下各官得以便宜行事外，若在登镇仍遵题准事例，督抚委加名色概不许管军、管饷，若系部委札付，非奉钦依额设者，不论副、参、游都俱素服角带，听兵部约束。即有钦依加衔军前效用者，领兵假以体貌服色，事完则一马一伞，不得前呼后随乱人耳目。此历来旧例，非今日特加裁抑也，违者听登抚道参拿申饬。凡自海外而来者，毛帅给以印信批文，备开委干何事及随行人等姓名。至登莱，则登抚与道府得以查识之。不许其招摇市城、宿娼酗酒。……其自登莱而往者，登抚院道给以印信，批文备开委解钱粮等项及随行人等姓名，更严违禁之物，即遇劫遭风务行审实，毋使诈诬以害平民，院道之文东镇查验，毛帅之文登镇查验，如无批照不论官□人等一例重究，海外诸将领若有

① 《明熹宗实录》卷五十八，天启五年四月癸未，第2669～2670页。

② 《明熹宗实录》卷五十七，天启五年三月壬戌，第2625页。

事于登镇，俱听登抚弹压而节制之，年终甄别，另开一款，奉公守法者优荐擢用，恣肆者参治。①

由上可见，兵部已经认识到大量身份不清、来历不明的军人、委官等往来于登莱地区对当地社会秩序、行政管理所造成的危害，因此主张核实其名籍、身份，严查其日常行为，针对其表现给予奖惩，这样可以在一定程度上加强对其管理，避免滋事。

（三）力主节制毛文龙

武之望认为毛文龙专制海外，“糜饷饰功，擅权横恣”，倘若不加节制，势必酿成大祸。因此，他力主“请设重臣一员，居石城、广鹿适中之地，节制两镇，即以驻札之所为界，东属东镇，令专管镇江一路以窥辽阳，西属西镇，令专管旅顺一路以窥海盖，一切调度方略、推用选补，悉秉成于节制之臣，仍再设监督道臣一员，不时查点钱粮稽核功罪”②。武之望力图通过设置重臣节制海上，以钳制毛文龙，并力图恢复辽南四卫。诚然，其出发点是好的，不过在当时的情况下难以实现。

四、李嵩

李嵩，天启五年（1625）十二月戊戌，出任登莱巡抚。③ 李嵩在任期间，不断出兵策应辽东战场，同时策划登州、旅顺布防，并甄别、选拔武官，还要求查核朝鲜贡使，以防奸人混入，对登莱地区的海防做出了一定的贡献。

（一）策应辽东、东江

天启六年（1626）四月，登州镇督发防海兵六百四员名、船二十七只并火药、器械等出海防汛，李嵩针对当时旅顺已经划归东江镇，由毛文龙委官防守，而皇城、鼍矶等岛仍属登州镇防守，“南北分界，制御各异”的状况，在各将起行之日，谆谆告诫，“仍宜声息相联、救援互应”④。

是年五月，宁远巡抚拟调用登州船八十只、兵一千六百名以防守觉华岛，李嵩“日夜图画，不能如数”，后经过多方筹措，方才能派“船五十只、兵七百七

---

① 《明熹宗实录》卷五十七，天启五年三月壬戌，第2625～2627页。
② 《明熹宗实录》卷六十三，天启五年九月辛亥，第2949～2950页。
③ 《明熹宗实录》卷六十六，天启五年十二月戊戌，第3151页。
④ 《明熹宗实录》卷七十，天启六年四月己卯，第3347～3348页。

十四名、统兵官一员，于本月初八日开洋起行，一年换班，为更番防守之制”。①

是年八月，登州总兵杨国栋、海防都司梁汝霖等侦知“奴酋运板片至盖套，督造船只”这一情况后，遣将驾轻舟带火器焚其板片，“擒活夷一名、斩首级一十九颗”，李嵩上疏为二人请功。②

天启七年（1627）二月，李嵩侦知后金兵抵达三岔河东岸，“扬鞭则向关门，鼓楫则通海路”的情况，积极做出部署，“业布置水师分汛以遏奴冲，设疑以乱奴谋，暗袭以牵奴后，伏兵以击奴归”③，以防患于未然。

（二）对登州、旅顺布防

天启七年（1627），后金兵进攻东江、朝鲜等地，二地同时告急，北部沿海形势非常严峻。三月，李嵩在上疏中提出了自己对于山东沿海及辽南地区的防御设想，他指出：

> 青登莱三面濒海，约长二千七百余里，墩台置哨寥寥数人，即使瞭望真确，谁堪控御？宜设游骑一二千名布列沿岸诸口，以登兵裁饷饷之，令无事分队勤练，有事荷戈疾趋。又如挑浚南关，屯旅顺以窥海盖，良称要图，但遥属东镇，声势远隔。然旅顺在东镇则鞭长难及不过赘余，在登镇则衔短易操实为捷键。倘就此处增兵二营，以登莱总镇统之，则于毛帅为犄角之相助，于奴酋为胸胁之横冲。乞将旅顺官兵兼隶登镇听其调遣，辅车之倚胜于秦越万万矣。④

李嵩认为，后金攻打东江、朝鲜，意图南犯，登州应当全力应援，但当时登州地区已经兵力单弱，“力不能援而又不得不援，援之者寡而无益于援，援之者多而又难乎为汛”，因此应当首先加强本地沿海的防御。他针对山东海岸线漫长，防御力量薄弱的现状，主张设立一二千名游骑以巡历海口。这样，他们无事可以巡历瞭哨，遇警可以互相策应。同时，他主张将旅顺划归登州，并添设二营，由登州总兵统领，“于毛帅为犄角之相助，于奴酋为胸胁之横冲”，以便更好地发挥旅顺的战略作用。朝廷议覆，表示同意。

是年四月，登州派兵出援东江、朝鲜，“官兵八千八十九名、计船八十一只，镇臣随四臣开洋去讫，游艇战舰衔尾东渡，而登府遂为之一空矣”，面对这种危

---

① 《明熹宗实录》卷七十一，天启六年五月乙丑，第3455页。
② 《明熹宗实录》卷七十五，天启六年八月辛酉，第3648～3649页。
③ 《明熹宗实录》卷八十一，天启七年二月辛亥，第3936～3937页。
④ 《明熹宗实录》卷八十二，天启七年三月己丑，第4002～4003页。

急形势，李嵩调莱州兵一千防守登州，同时上疏请调船以守登州海域。朝廷议覆，“著各该部即行分派雇觅湖广、扬州船只，赴登以资调度，作速回奏。出汛水兵作何增设，该部并与看议来说”。①

（三）选拔、甄别武官

李嵩注重对官员的选拔、考核。天启六年（1626），李嵩认为登州镇下属水军左右营“责任綦重”，而其长官梁汝霖、袁进二人，“或繇都司佥书、或繇守备，俱系札委，非所重权也”，因此建议将此二人改为实授，“填入俸单，俟俸荐相应循资升转”，兵部同意。② 此外，李嵩认为东江镇属下武官缺乏健全的甄别机制，不利于施行奖惩，建议“令毛帅将所辖将领开送贤否，听登抚再加谘访，一体甄别，庶黜陟不致混淆”③，兵部议覆，表示同意。

（四）谨慎防御

李嵩主张海防要谨慎，为此他提议对由登州经过的朝鲜使臣进行甄别，指出：“朝鲜虽我属国，世怀忠顺，而与倭为邻，倘贡使之来，有奸人杂之，何能辨其真伪？抚臣议立公廨，查照批文、时其廪饩，谨其出入，亦防微杜渐之意也。”④ 兵部表示同意。

五、孙国桢

孙国桢，天启七年（1627）五月任登莱巡抚。⑤ 孙国桢在任期间，对登莱、旅顺、东江地区的海防提出了一些建议。崇祯元年（1628）四月，孙国桢上疏陈述六事，其中主要是针对当地海防。在这则上疏中，他从以下几个方面论述了自己对当地海防的看法。

（一）修旅顺南关

明朝末年，旅顺归登莱巡抚管辖。旅顺濒临渤、黄海，与登州隔海相望，又是登莱至东江镇的中转站，战略地位非常重要。孙国桢看到了这一点，因此力主加强旅顺地区的海防建设，他指出：“旅顺乃登莱门户，与皇城岛相隔一帆风耳，迤北即金复要区，路接辽阳，第形势孤悬，号称难守，唯南关岭一线之路，两边

① 《明熹宗实录》卷八十三，天启七年四月庚申，第 4052 ~ 4053 页。
② 《明熹宗实录》卷七十九，天启六年十二月乙丑，第 3850 页。
③ 《明熹宗实录》卷七十九，天启六年十二月乙丑，第 3850 页。
④ 《明熹宗实录》卷七十九，天启六年十二月乙丑，第 3850 页。
⑤ 《明熹宗实录》卷八十四，天启七年五月甲申，第 4099 页。

相距十五里如葫芦腰，联之则一，截之则两，宜于山岭之上鸠工筑墙，复建敌台，多侦探以为防卫，精选水陆官兵，多造沙唬舡只，统以大将、佐以参游，宿重兵于此，一面训练，一面耕屯，不费内地牛蔟，而又分拨沙唬舡只湾泊南北汛口，闻此地沃壤密迩盖套，可守可屯，陆兵从金复，舟师抵盖套，协力齐奋抵海州牛庄，此恢复之至计。”① 由上可见，孙国桢对旅顺的战略地位非常重视，他力主在旅顺南关修筑城墙、敌台，并派兵驻守，同时为其配备船只、武器，并令士兵屯田以自给，做长期防御的打算。这样可以切实加强辽南防御力量，为恢复辽东做准备。

（二）添设沿海游兵

后金占领辽南地区后，山东沿海直接面临威胁。自援朝御倭战争之后，山东半岛海防兵员数额不断减少，虽经陶朗先等人招募，但招募之人大多屯聚登州一带，且不敷实用。倘若女真一旦渡海而入，沿海防备空虚，难以抵抗。为此，孙国桢建议：“边海一带延袤数百里，迤东折向西南如福山、宁海、靖海、威海、六鳌、成山及黄河营、徐家营处处皆称要害，查登镇水陆官兵隶籍仅五千人，拨置海上历落如晨星丽天，万一有警，此数百里者一瑕无所不瑕，何可不预为之备。请于旧抚臣题裁留汰银六万两，除招兵二千名之外，尽数留登为召募之用，尚可得兵二千人有奇，列为数营棋布要地。”② 由上可见，孙国桢针对当时山东东部沿海地区海防空虚之处过多的现状，积极主张募兵设营，以加强防守。

（三）开发海岛

后金占领辽南后，明朝驻守辽东的大量兵民渡海至登州，他们生活缺乏保障，给当地增加了诸多不安定因素。与此同时，山东沿海诸多岛屿却因乏人耕种而抛荒，为此，孙国桢倡议以辽民开发海岛，指出：“查海岛，如刘公、养马、横岛、长山、黑山、鼋矶、大、小钦岛、南、北皇城等处，尽有膏腴之壤可以荷锸，宜于各岛，相度地势横挟、酌量壤土肥硗，招谕一应汰归辽人，分给开垦，令其比闾而处、合耦而耕，有力者听其自便，无力者官贷牛种，初年免征，次年半征，三年全征，以安流移之众、以省输輓之烦。”③ 孙国桢的这个建议若能实施，既能安置辽南难民，解决当时的燃眉之急，同时又可促进山东沿海岛屿开

---

① 《崇祯长编》卷八，崇祯元年四月丙午，第 420 页。
② 《崇祯长编》卷八，崇祯元年四月丙午，第 421 ~ 422 页。
③ 《崇祯长编》卷八，崇祯元年四月丙午，第 422 ~ 423 页。

发，可谓一举两得。

（四）建议改朝鲜贡道

明朝末年，后金政权不断出兵朝鲜，对朝鲜施加各种压力，力图使其摆脱明朝，倒向后金一方。明朝政府的有识之士对此也不无忧虑。孙国桢主张应对朝鲜保持威慑，为此他建议改朝鲜贡道，指出，“尝稽成化时，朝鲜屡被建人邀劫，因请改贡道由鸭绿江抵前屯入山海，朝议将可之。识者谓：朝鲜贡道自鸦鹘关出辽阳，经广宁过前屯而入山海，迂回三四大镇，盖有深意存焉。若从鸭绿竟抵前屯，路径直捷，恐贻他日之忧，竟寝其议。今辽左沦没，贡使自铁山开洋直抵登州，顺风不过三日程耳，较鸭绿抵前屯更为近便，前屯至京必由山海，犹有雄关铁垒当关莫开之势，今由登入都，平原易地，防守在在疏虞，此甚不足以弹压外国，令其且畏且怀也。计惟有速改贡道，由旅顺越双岛，逾南北汛口，直走觉华入芝麻湾，扣关而入，不失祖宗防微杜渐之意”①。由上可见，孙国桢对于明朝政府为朝鲜所设贡道之深意较为熟稔，那就是让朝鲜使臣经由明朝重兵防御之处入见，以保持天朝上国的强大威慑力，坚定其效忠之心。但是在辽东沦陷后，朝鲜贡使改由登州登陆，经山东而至京师，这些地区设防空虚，毫无威慑力可言，难免为其轻视，很可能会导致其他问题。而由旅顺一线，经山海关而入，则当地兵马颇为强悍，可以对其产生震慑，坚定其与明朝保持一致之心。所以，后一条路线更为合适。

此外，孙国桢对于登莱地区将领任用也较为关注，兵部欲改调登莱总兵杨国栋于浙江，孙国桢对此提出异议，指出“登莱要地十倍于浙，国栋猷略尤宜于东，仍请留任”②。

此后，登莱巡抚一度被裁撤。后崇祯年间，孙元化等人继任登莱巡抚，他也为当地海防做出了一些贡献。但随着毛文龙被杀，东江镇陷入混乱，并因此波及登莱地区。此后，登莱巡抚大多忙于内耗，很难再有整饬海防、以图恢复辽南四卫的雄心壮举。

总体而言，登莱巡抚因熊廷弼“三方布置”方略而设，在设立初期，陶朗先等人通过招募兵员、筹备船只，部署当地海防等，加强了登莱地区的海防力量，并一度策应了辽东战局。毛文龙开镇东江后，登莱巡抚虽在名义上对其有节制之

① 《崇祯长编》卷八，崇祯元年四月丙午，第423～424页。
② 《崇祯长编》卷十，崇祯元年六月壬辰，第542页。

权，但是实际上并没有对其产生多大的影响，而且二者往往有所龃龉，影响了一些军事部署。毛文龙被杀后，东江镇陷入混乱，登莱巡抚主要忙于应对这一时期的内乱，无暇顾及海防建设。

第四节　天津巡抚对北部海防的建设

天启元年（1621），辽阳陷落，辽南四卫及沿海岛屿尽入后金手中。北部沿海的天津、登莱面临的海上威胁进一步加重，明朝政府于当年设立天津巡抚。此后，历任天津巡抚，尤其是首任毕自严及次任李邦华，均在天津海防建设中起过重要作用。本节拟择其要者加以论述。

一、毕自严

毕自严，字景曾，号白阳，山东淄川人。万历二十年（1592）进士，历任苏州府推官、刑部主事、洮岷兵备道、太仆寺卿等职。天启元年（1621），明朝政府设天津巡抚，以毕自严出任。自天启元年五月毕自严到天津至天启二年（1622）八月李邦华莅任，是为毕自严任职第一阶段。天启二年三月，毕自严升任督饷部院，八月毕自严与李邦华完成交接，专任督饷，是为第二阶段。三年（1623）闰十月，督饷部院与天津巡抚合并，毕自严兼管兵饷与军事，至五年（1625）三月升任南京都察院右都御史，这是第三阶段。毕自严在天津任职前后约有五年时间，期间天津镇草创，经制未备，尤其在是任职的第一阶段，毕自严积极招募军队、兴建军事设施等，对当地海防建设有筚路蓝缕之功。

（一）招募军队

毕自严初到天津，面临的是兵员匮乏、营卫不整的局面，“津故置三卫，虽列左右二营，皆春秋分班以供版筑之役，于备御无当也。惟葛沽海防营旧有防倭兵二千，以屯守为名，而陆处无营、水处无舟，旌旗戈甲强半朽敝”①，形势非常不乐观。为此，毕自严多次上疏请求招募军队。天启元年六月，毕自严在上疏中指出：“自五月初三日抵任，今且弥月，因见责任重大、武备空虚，忧心惶惶，朝夕拮据，不啻救焚拯溺。比来，召募壮勇颇多响应，已近二千有余”②，可见，

① 《石隐园藏稿》卷五疏一《抚津事竣疏》，第510页。
② 《石隐园藏稿》卷五疏一《钱粮不继疏》，第501页。

在其到任月余后，募兵已经初见成效。天启二年二月，毕自严再次上疏要求募兵，指出“原议津门用兵三万，今陆兵一万二千，水兵三千二百，宜再募以补前额”①。期间，毕自严还针对兵员招募问题，屡次跟朝廷交涉。如他针对天津兵额过少、招兵饷银不足的问题，在奏疏中说，“即以登莱、津门相提而论，山东新增水兵以三万计，陆兵以二万计，大约登莱所得将四万许，而旧日额设之兵不与焉。津门旧额防海一营不足二千之数，新设水陆二兵，部覆共准一万，何啻邾莒之视齐楚乎？”②

在毕自严的不断交涉与操办下，短短一年内，天津聚集了大量兵员，“计以招募至者，凡得标兵营三千一百余名，正兵营一千九百余名，镇海前、后、奇三营水兵共四千三百余名。”加上陆续从外地征调来的军队，天津的兵员状况得到很大改观，“以征调至者，凡得浙直水兵二千名，淮扬水兵四千六百名，江南水兵一千余名，山东营兵二千名，河南前、后营兵五千名，又有毛兵营兵一千余名，则半系征调半系招募者也。无何，浙直、淮扬、山东、河南毛兵等营俱先后调发广宁、山海、山东应援剿除，而津门新集诸兵已盈水陆万人之数，亦庶几成一队之师矣”。③

此外，毕自严还非常注重兵员质量。在募兵过程中，他注重对应募者素质的考查，他曾说道，“招募解验臣不敢诿诸道府、听之将领，俱令中千等官招集赴臣一一自行简阅，以故安家虽廉而未尝以孱弱者杂之，所省兵部银两至为不赀”。④ 毕自严在招募兵员时亲自把关，确保了所募兵员的素质。

（二）清查逃兵

明季军纪败坏，逃兵现象严重，既损害军力，又影响军心。为此，毕自严着意清查逃军，他指出：“国初省直卫所棋布星列，尺籍伍符遍满宇内，彼岂生而为军哉？佥以领赏为权舆耳。今募兵之逃者，觅正身不得，便已罢手，则何惧而不逃乎？山东、河南新兵俱有籍贯在册、保结在卷，合比照领赏祖军例，逃者即系累其父兄子弟，追索不得，即刷选其精壮者顶补，则各兵知身虽逃有不可终逃者矣。又老弱者另换骁健、物故者一体勾补，宜悉仿祖军之制。顷移河南、山东抚臣将逃兵勾摄，二抚业行提解补伍，且有惧原籍缉捕前来本营投首者，更乞明

---

① 《明熹宗实录》卷十九，天启二年二月庚午，第956页。
② 《石隐园藏稿》卷五疏一《犄角最重疏》，第503页。
③ 《石隐园藏稿》卷五疏一《抚津事竣疏》，第511页。
④ 《石隐园藏稿》卷五疏一《抚津事竣疏》，第511页。

旨再加申饬，以后有脱逃、物故、老弱等项，移咨到日，即严督有司解补，仍申谕两省统兵将领，非土著民不得溷有顶补”[①]，朝廷议覆，表示同意。由上可见，毕自严主张仿照明初卫所之例，若军士逃亡，即“系累其父兄子弟，追索不得，即刷选其精壮者顶补”，让士兵逃无可逃。

（三）训练兵士

毕自严重视对军队的训练，据记载，他“设镇海前、后、奇三营，用戚太保遗法练水军，先习陆战，军大可用”[②]。毕自严训练的军队，军风较好、战斗力颇强。如在广宁陷落后，榆关告急，“羽书夕至，旌旗朝发。时溃卒望尘奔，独公遣戍守官军鼓行而东，无却步者，以是测公节制”[③]。后来，督师孙承宗检阅诸边军马，至天津后，发现将士精锐、部伍整肃，慨叹道：“使九边尽若是，何忧戎马哉？”[④] 对于毕自严训练的军队给予了充分的肯定。

（四）修造战船

天启元年（1621）七月，毕自严上任不久，就上疏朝廷，请求招募船只，“海防建置筹画伊始，修舡创造缓不及事，宜修旧唬舡、哨舡而别募沙舡于太仓，料价则以庐、凤加派未解银两为之，器械、火器各取给于马价二万两。”朝廷同意。[⑤] 是月，他又上疏，“防海资水兵，水兵依战船，无船与无兵同，船不坚与无船同。今三路进师，则辽左之犄角、丑虏之牵制，胥津门舟师是赖。乞敕饷臣即发海运沙船一百四十三只，分给主客官兵以资防海、援辽之用，仍敕该部将修船估价银两速行给发下所司”[⑥]。此外，他还积极建造船只。毕自严在任期间，共“造沙船七十只、唬船二十只”[⑦]。由上可见，毕自严在任期间对船只较为重视，在天津一地修造、调拨了大量船只。

（五）筹备武器

毕自严认为盔甲、器械等武器装备必不可少，所以多方筹措。天启二年（1622）二月，他在上疏中指出，“津兵全无盔甲，赤身露顶何以御敌？近入觐各

---

① 《明熹宗实录》卷十六，天启元年十一月丁卯，第 829 页。

② 《淄川毕少保公年谱》，《北京图书馆藏珍本年谱丛刊》第 55 册，北京：北京图书馆出版社 1999 年版。

③ （明）李邦华：《抚津疏草序》，见毕自严《石隐园藏稿》卷五疏一，第 509 页。

④ （清）朱奎扬、张志奇修，吴廷华纂：乾隆《天津县志》卷十六《名宦志》，乾隆四年（1739）刻本，《天津通志·旧志点校卷（中）》，南开大学出版社 1999 年版，第 176 页。

⑤ 《明熹宗实录》卷十二，天启元年七月庚子，第 585～586 页。

⑥ 《明熹宗实录》卷十二，天启元年七月壬子，第 609 页。

⑦ 《石隐园藏稿》卷五疏一《抚津事竣疏》，第 511 页。

官解到万余，今辽左既以停发，都门自有局造，乞敕部给发津门五千副，以壮军容”[①]。除此之外，他还开设铸造局制造武器。毕自严在《抚津事竣疏》中概述了自己在任期间所做的武器筹备工作，“臣又市物料于四方，征匠役于州县，就各寺庙开立四局以制军器，别设火药自为一局以防水火，所制腰刀、三眼枪、攒竹枪各以数千计，威远大炮以数十计，火药、铅子以数万计，鐼斧、闷棍各以数百计，劲弓、利矢各以数千万计。一切器械之类，俱臣亲自估计制办。又检出津门城楼旧械，择可用者亟为修理。一时主、客之兵各执一艺矣。独是铁盔、铁甲仅造二百副有奇，藤盔、绵甲止造五百副有奇，则以所资工匠颇夥，非可以仓卒办耳。”[②] 由上可见，毕自严在任期间制造了大量各式武器，基本满足了当地军队的需要。

（六）派兵策应辽东

天津巡抚因辽变而设，旨在防海并策应辽东战场，尤其是熊廷弼“三方布置”方略提出后，天津成为重要的一方。天启元年（1621），毛文龙取得镇江大捷，朝廷上下大受鼓舞，明朝政府命“命登莱巡抚陶朗先发水兵一万，总兵沈有容主之，天津巡抚毕自严调浙水兵八千为后劲，参将管大藩将之，或直抵镇江，或直抵三岔河，皆选四将为副”[③]，多方进取，以图恢复。毕自严在斟酌天津兵力的情况下，派遣管大藩领浙水兵二千赴三岔河，听辽东巡抚指挥调度[④]。后来，又因山海关告急，派游击金冠率水兵四千出关赴援，以策应辽东战场。当然，毕自严所派军队，并未起到有效作用，以至于“先所发参将管大藩等水兵二千员名，久抵三岔戍守，后闻遣赴镇江，既未见有斩将夺旗之功，臣续所发游击金冠等水兵四千员名，复在山海阻冻，竟以寒月舟胶，今仅藉为深沟高垒之用”[⑤]。不过，从中仍可看出，在毕自严的悉心经营下，天津地区的水军已经具备了一定实力，可以策应辽东乃至东江地区。

（七）安插辽民

随着辽东战场形势的急转直下，大批辽民涌入关内，其中不少聚集在天津沿海地区，他们成分复杂，且衣食无着，对当地防御构成了潜在的威胁。为此，毕

① 《明熹宗实录》卷十九，天启二年二月庚午，第956页。
② 《石隐园藏稿》卷五疏一《抚津事竣疏》，第511页。
③ 《明熹宗实录》卷十三，天启元年八月丙子，第654页。
④ 《文水李忠肃先生集》卷三《抚津荼言》，《处置逃回兵将复发出海援辽疏》，第123页。
⑤ 《石隐园藏稿》卷五疏一《辞督饷疏》，第506页。

自严主张妥善安置辽民，提出："辽人丛集津门，呼朋引类，若鼓桴而兴贩，则海盖广宁计日而可达，若反面而事夷，则舟中敌国将潜伏而不觉，或探索我之情形，或驰报我之虚实，或作入犯之向导，或藏内应之阴谋，于我最为不利。不若亟行晓谕，凡流寓辽人尽迁真顺广大及河南、山东偏僻州县安插，蚤为曲突徙薪之谋，无贻焦头烂额之患。"① 毕自严认识到大量辽东流民聚居津门，对当地海防构成了严重的威胁。因为这些辽民自关外涌入，难免会有奸细混入，倘若他们与女真勾结，"或探索我之情形，或驰报我之虚实，或作入犯之向导，或藏内应之阴谋"，一旦形势有变，势必会造成严重破坏。因此，只有将其尽快安插于附近各省偏僻州县，化整为零，才能将隐患消弭于无形，且能解决其生计问题，并为当地增加劳动力。这一建议得到兵部的赞同，"新遣冏臣董应举方招集开垦大兴屯政，今此流民一听其分插受廛，不得蚁聚海边争逐什一，以贻不测"，明熹宗也表示同意②。

（八）部署海防

毕自严对天津的海防军事布局较为关注，并做了一定的安排。天启二年（1622）二月，他在上疏中指出，"虏欲犯津，繇右屯北岸而来必经南海口，瞬息可达，查南海口在秦王岛迤东，距山海不满十里，当置水兵一枝以堵截要害"③。他根据对辖区地理形势的了解，预计出敌人可能入侵的路线，并有针对性地提前做出具体部署。

（九）协调将领任用

毕自严对于将领任用颇为关注，当标营都司萧倬因在前任之事被参革职时，毕自严上疏挽留，指出："标营有都司萧倬统之料理两月，士心倾向、营伍改观，今以前任被参革任，补以新升徐镇都，恐兵将不相习而臂指不相为用，况倬有家丁七十余名俱称骁健，若革任，家丁皆掉臂去矣，不若姑令戴罪管事，以使过开树功之门也"④。毕自严认为，萧倬在天津巡抚标营表现较好，"士心倾向、营伍改观"，堪称能员，虽在前任犯有过错，但若因此将其弃之不用，实属可惜，所以最好令其戴罪立功，这样既无亏于国家法度，也能满足天津镇之切实需要。

毕自严在任天津巡抚的第一阶段，兢兢业业，积极招募兵马、置办武器，为

① 《明熹宗实录》卷二十二，天启二年五月庚戌，第1107页。
② 《明熹宗实录》卷二十二，天启二年五月庚戌，第1107页。
③ 《明熹宗实录》卷十九，天启二年二月庚午，第956页。
④ 《明熹宗实录》卷十九，天启二年二月庚午，第956～957页。

天津海防建设打下了非常坚实的基础。正如其继任者李邦华所说，“公至，立规模、定章程、辟戎伍、缮艅艎，水陆拮据，月不啻四十五，日奏请络绎于道，壁垒井井，屹然京东雄镇”①。

天启二年，李邦华莅任天津巡抚。这一时期，毕自严虽仍兼有天津巡抚职衔，但其主要职责已转为督理辽东粮饷，不再过问军政事宜。至天启三年(1623)闰十月，督饷部院与天津巡抚合二为一，毕自严又身兼二职，既负责粮饷，也负责天津军事。这一时期，毕自严对天津海防军事的处置，主要体现在以下两个方面。

1. 力主葛沽海防营屯操分离

毕自严再兼天津巡抚时，天津兵马大量外调，津门兵员空虚。为此，毕自严主张在葛沽海防营实行屯、操分离，他指出：“前任保定抚臣汪应蛟创为屯田之法，人授四亩，岁入八石，共屯田八千亩，通计合营应纳稻谷一万六千石，每石价值三钱……今何时哉？奴氛日竞，渝关剥肤，视昔倭患不啻倍蓰，旧兵不足则议召募，旧饷不足则议加派，时势盖岌岌矣，独此海防营兵株守旧日屯田之议，该营兵饷每岁用银四万五千余两，而稻谷所收不过四千八百两，才及十之一。……各兵既任屯务，自三月至九月，何人不躬耒耜？何日不亲南亩？而操练尽废矣。岂惟操练，并舟楫、旗帜、器械之类半化为乌有矣。虽遇汛期发唬船出海洋哨探，遣步兵登木楼防瞭，直文具耳”，毕自严认为国家花费大量军饷养屯田兵，而屯田兵却专务屯田，不事操练，战斗力大为削弱，而且其一年屯田之收入仅为所耗兵饷十分之一，这是十分不划算的。因此他主张，“屯抚既欲得陆兵，则请以陆兵千人隶焉，并原屯田八千亩及牛只、农具之类及每岁月饷一万一千余两，亦并归焉。听令易其田畴，收其籽粒，若有余力即推广以及，屯抚新垦之田，仍听自置屯兵将领，以新耳目、以便约束，而臣不必过而问焉。海防事重，亟须水兵，则请以水兵一千五百人隶臣，俾臣得以分拨调补，共足水兵二千余人，给以舟楫、分以器械，仍可俨然自成一营，一意操练，而不复以屯田借口，即屯抚亦不必过而问焉”。② 毕自严认为通过使葛沽海防营屯、操分离，既可以增强水军力量，又不至于过分影响屯田，应当说这个建议是较为合理的。不过，这一建议并未得到兵部的认可，兵部认为“陆兵亦当防守，而使水兵独为防，水兵原有屯

① (明)李邦华:《抚津疏草序》，见毕自严《石隐园藏稿》卷五疏一，第509页。

② 《饷抚疏草》卷一《防兵尽改屯兵海滏单虚可虑疏》，第48~49页。

地，而使陆兵代为耕，恐兵心各不相安，且辍防为耕非防海设兵之本意，而水兵又须增募，更非开荒借力之初心，则请还照原题遵奉前旨”①。

2. 精简兵员

这一时期，随着“三方布置”方略的破产，朝廷不再以天津、登莱作为海上进攻的重点。天启四年（1624）六月，明朝政府倡议裁减兵员。在这次裁兵中，明朝政府提出关门、蓟、密、永未可轻减，而通、津、登莱可以“删黜老弱，撙节军需”。为此，毕自严对天津兵马进行了一番整顿，规定了标兵营、正兵营、选锋营、镇海营、内丁营等营兵将额数，“酌定经制，陆为几队，队为几十人，水为几营，营为几沙唬船，船为几哨，哨为几兵，各统以千把总，额数画一，举目瞭然，伍得实兵之用，而老弱不得参饷，有一定之规而浮诡不得匿”②。是年十一月，户部倡议裁减天津饷银一半，于是毕自严再次整顿天津兵马，除申饬逃亡不补外，还实行“点汰”之法，将老弱病残淘汰。这次整顿共在标、正、选、内、镇海五营内淘汰二千余人。③

由上可见，毕自严在第二次任天津巡抚之时，天津的海防军事地位较之其初任时，已经有所下降。这一时期，毕自严主要是在执行朝廷既定政策的基础上，对于天津兵员做了一些整顿，力图在节饷的前提下，保证军队的战斗力。

二、李邦华

李邦华，字孟闇，又字懋明，江西吉水人。万历三十二年（1604）考中进士，曾任泾县知县、易州兵备道等职。天启二年（1622），出任天津巡抚。从天启二年八月初一日与毕自严完成“钦颁关防、符验、旗牌等项”交接，至天启三年（1623）闰十月升任兵部右侍郎，李邦华抚津时间大约两年四个月。在此期间，他承续毕自严草创之基础，广泛招募兵员、训练军队，并亲自勘察海口，相机布防，对天津海防建设做出了较大的贡献，主要体现在以下五个方面。

（一）招募兵员

李邦华就任天津巡抚后，面临着兵员严重不足的情况。尽管其前任毕自严在任职期间，曾大规模地招兵买马，使得天津兵员数额一度接近两万。但是，不久

① 《饷抚疏草》卷一《防兵尽改屯兵海澨单虚可虑疏》，第 53 页。
② 《饷抚疏草》卷二《津兵征调已多营制澄汰已定疏》，第 103、110 页。
③ 《饷抚疏草》卷六《津门新兵归并营伍疏》，第 322 ~ 324 页。

后当地兵马即纷纷外调，“曾不数月，而管大藩奉调以二千出海，金冠奉调以四千出关。今春翟子勋又奉调以三千守山海，盖已数逾九千，而所存止一万矣。昨者，东方猖獗，南北震骇，皇上睠顾齐鲁重地漕运要道，复调津兵五千进剿”[①]。李邦华任职之初，天津兵员仅余五千，远不敷用。对此，李邦华非常担忧，他上疏要求招募军士，指出“伏乞皇上念此津门重镇，即最少亦须陆兵万人，然后可以壮山海之声援，而资神京之拥护，速发帑金五万两，听臣募足五千之数，严加训练以备策应”[②]，力图通过多方招募来解决兵员不足的窘迫。在李邦华的操办下，天津招兵有所起色，天启三年（1623），李邦华在奏疏中说道，“自去岁召募，至今陆兵五千，水兵四千五百”[③]，天津兵员状况得到很大改观。

至李邦华离任时，天津兵员约有二万余人，兹列于下：

正兵营游击周义统领官兵二千五百一十七员名。

毛兵营都司董世贤统领官兵一千八百三十三员名。

河南营都司雍大绶统领官兵二千三百零四员名。

其在标兵营交代册内，实在官兵二千一百七十四员名。

选锋骑营十一月粮册内实在官兵五百四十九员名。

选锋步营十一月粮册内实在官兵五百九十员名。

抚院内丁交代册内实在二百四十员名。

副将内丁交代册内实在八十二员名。

以上选锋骑步内丁四营虽在津城，共仅一千四百六十一员名。

镇海营交代册内实在官兵二千八百五十员名。

江南营交代册内实在官兵五百零六员名。

扬州营交代册内实在官兵二百七十五员名。

以上三营并不屯驻津门，此臣所谓防海之水兵也。

旧兵有海防营，十一月粮册内实在官兵二千三百六十五员名。

左营十一月粮册内，实在军二千六百八十员名。

右营十一月粮册内，实在军二千三百二十员名。

通前总计，津门仅得军兵二万一千一百二十六员名。[④]

---

① 《文水李忠肃先生集》卷三《抚津苶言》，《请饷募兵疏》，第95页。

② 《文水李忠肃先生集》卷三《抚津苶言》，《请饷募兵疏》，第96页。

③ 《文水李忠肃先生集》卷三《抚津苶言》，《催请兵饷疏》，第120页。

④ 《饷抚疏草》卷一《防兵已发重镇顿空疏》，第17～20页。

由上可见，李邦华在任期间，天津兵员总数基本上仍能与毕自严时期的最大数额相持平。可以说，经过李邦华的招募和调度，这一时期天津兵员还是较为充足的。

李邦华在招兵时，重视对兵员的甄别。他针对当时招兵程序不严，以致招募之兵“骗去安家衣装未已也，又拐去器械，本兵既逃未已也，又诱去同伙”的状况，提出了应对措施：

> 置镦教场，每以三、六、九日入营练兵，即行招兵，其来投者先令提镦，而后令报籍，市人、远人一概不收，惟真、顺、保、河四郡始收入伍，一面行文原籍州县取结，第充兵之人多非驯谨，里邻亲族常恐以逃见累，抵死不认者有之，臣再三审实，别令什长同本兵赍文径回本籍，令其里邻亲族眼眼相见，无可推调，然后取州县印结回报，庶本兵将后之逃否虽不可必，而逃尚有籍可稽，终难漏网。①

由上可见，李邦华主张严格执行募兵程序，仔细核查入伍者籍贯等，并令原籍出具甘结，又令什长同该兵回籍由乡里验看，这样可以保证兵员身份的真实性。如此，则招募的兵员一般不敢逃跑，即使逃跑也会被抓。此举确保了所募兵员的稳定性，减少了逃兵现象。

（二）训练士兵

李邦华至天津后，面临着兵员不足、将士懈怠的情况，为提高军队战斗力，以防御天津、支援山海关，他积极着手整顿、训练现存兵士。为此，他提出了诸多建议，概括来讲主要有以下几个方面。

1. 鼓舞士气

李邦华指出，自从辽东战乱以来，东征将士往往一听东征即心悸胆寒，尤其是屯驻天津的兵士，“有言东征者皆哗”，军队士气低迷。他到天津后，立即着手改变这种状况，“每日于解验新兵，必先谕以出关杀贼，愿者方令提镦试力，不愿者不收。自是兵稍稍知臣意所在，因下令营中树一出关杀贼之帜，听愿者立帜下，否则去之。已而，卒无一不立帜下者，臣复限以细思三日，各于册内亲笔花押，已而，卒无一不亲笔押者”②。李邦华在招募新兵时，即告知其主要任务就是出关杀敌，愿者方能应募，否则即予以摈弃。经过其不断强调、宣传，新招募之士兵明了其任务所在，这样就可以避免临敌混乱。

① 《文水李忠肃先生集》卷三《抚津荼言》，《条陈兵政疏》，第101页。
② 《文水李忠肃先生集》卷三《抚津荼言》，《条陈兵政疏》，第98页。

2. 严肃军纪

李邦华认为，自古名将治兵未有不主严者，因此力主从严治军。他认识到“国宪久弛，人情积玩，欲起沉痼之疴，难用温凉之剂”①，主张严肃军纪。他初到天津，即发现当地军队纪律废弛，“查各兵籍贯茫无可考，日日报逃，数数作贼，而水营为甚”，他捕获两人，后又有一自景州阵上逃者，一为劫盗猖首者，“一朝下令悉诛之，其情稍轻者割耳游营，人心始稍稍震悚，知军法之不可以尝试也。”② 此外，他还针对“小大将领束兵无纪，习为偷惰猫鼠之眠”的状况，针锋相对地指出，“使法不行于官，又安望能行于兵，此后中千等官弦辙不更，急则托病解职以求幸免者，臣自有军法从事之简书在”③。由上可见，李邦华看到了当时军纪败坏的现状，主张严格约束将士，以避免临阵退缩、营私舞弊。

3. 重视操练

李邦华认为，兵员只有平日勤于操练，才能有望成为精兵。为此，他重视军士操练，并制定了严格的规章制度，规定：

> 令营中每月以三日合操，以余日分练操。即前所谓布阵列营，令其耳听金鼓，目视旌旗，进退有序，坐作无哗者是也。然而不可以言练也，练之法以火器为一类、弓矢为一类、枪刀杂技为一类，火器有把，弓矢有把，把高不盈五尺，广不盈三尺，非如今之比试故事也。打射期于中鹄，非如今之到把作数也。枪则以对刺而辨高下，刀则以交击而定工拙，又非如今之单用无证也。第火炮、弓矢为长器，枪刀棍锐为短器，长者能施于数十百步之外，而穷于数步之内，短者可用于寻尺之近，而不能及于数丈之远，又必令人习二艺，长短相兼，始以一而教十，继以十而教百。④

由上可见，李邦华的练兵内容较为全面，且非常注重实效。他既让士兵练习“耳听金鼓，目视旌旗”，让士兵做到“进退有据，坐作无哗”，以期能达到令行禁止的目的。同时，他还根据战争的具体需要，有针对性地让士兵分类练习火器、弓矢、枪刀等不同武器，并规定了训练的具体标准及目标，以期能使士兵各有专长，切实提高他们的战斗能力。同时，他还亲自监督训练，“每以三、六、九日赴营中亲简校、行赏罚”。此外，李邦华还针对当时天津镇“营中匪但无精艺之

---

① 《文水李忠肃先生集》卷三《抚津荼言》，《条陈兵政疏》，第99页。
② 《文水李忠肃先生集》卷三《抚津荼言》，《条陈兵政疏》，第99页。
③ 《文水李忠肃先生集》卷三《抚津荼言》，《条陈兵政疏》，第99页。
④ 《文水李忠肃先生集》卷三《抚津荼言》，《条陈兵政疏》，第100页。

兵，亦且无教兵之师，又匪但无教兵之师，亦且无督师之将”的状况，多方招徕、鼓舞，以吸引有经验的兵士、将领。①

（三）规定统军将领权限

1. 重视将领权责

明朝末年，各边巡抚均辖有标兵，总兵也有直辖之兵，均为当地精锐部队。在当时的天津，既有直辖于巡抚的标兵营，也有辖于总兵的正兵营。前者因直辖于巡抚，地位较高，连总兵也不敢轻易指挥调动。李邦华初到天津时曾问及各兵营将领状况，总兵张继先“至标营不能对，但云尚未识面安辨妍媸?”李邦华觉察到这一情况，认为“总兵方仰鼻息于督抚，标兵岂受约束于镇臣，顾使警报一传，大兵齐出，标营亦听总镇调度，其时将不识兵，兵不识将，器手未习，胡能制胜？不几以封疆侥倖耶”，为此他着手改变这一状况，“今将见在津兵均为二营，其一名标营者，以原题中军程九万领之，其一名正营者，以原任游击周义领之，而新改总兵为副将则兼而统之，军前有事，两营闻于副将，副将转闻于臣，臣有行必下于副将，副将复下于两营，其水营亦如之，则标、正无彼此之分，而副将之权益重，上下成臂指之势，而相与之脉亦贯”②。李邦华明确规定标、正二营必须直辖于副总兵，而后由副总兵对巡抚负责，这样可以将总的军事指挥权限定在巡抚、副总兵二人手中，而且明确了上下级统属关系，提高了副总兵的地位和职权，有利于建立起通达顺畅的指挥体系。

2. 限制将领占役兵士

明朝中期以后，军官隐占、役使军士现象较重，不但造成了营伍空虚，而且使军士丧失积极性。李邦华针对这种情况指出，“将领各官有事未必能摧锋陷阵，无事颇习于养尊市重，往往占用兵丁，少者数十，多者百计”，其中难免有“有名无人冒领月糈以润私橐”之事。为此，李邦华着意加以改革。他首先以身作则，巡抚衙门旧例“每日亦用选锋六十人摆围，夜用八人执灯”，李邦华认为，“此六七十人者，闲旷逍遥且倚衙门而生事扰民，害莫大焉”，将其退还各营。同时，在每月三、六、九日，李邦华下营训练时，也“尽屏仪从，相随不过数役”。而后，他又严格限定了将领的仪从，规定“除副总兵所辖者广千人之中拨十人以给事，其参、游定限以廿四人，都司定限以一十六人，守备定限以一十二人，中军千总定限以十人，

① 《文水李忠肃先生集》卷三《抚津荼言》，《条陈兵政疏》，第100页。

② 《文水李忠肃先生集》卷三《抚津荼言》，《条陈兵政疏》，第101～102页。

分司千总定限以八人，皆于兵外召募，不得以兵充数，致空伍额。而每月之初三必掣点各兵一次，以念虚实，其逃故不报者重惩之，时时觉察，即兵有间缺饷无冒支，亦庶于欺罔之故习稍为转移耳。”① 由上可见，李邦华能够以身作则，并严格规定不许将领隐占、役使军士，这样可以在一定程度上改革兵营弊政。

3. 分设营将以免掣肘

李邦华注重调整兵营中的将领设置，以明确权责、统一事权。在这一时期，福建水兵营调至天津后，领兵将官游击侯锐被革职，该营暂由都司杨联璋代领，这时营中还有另一都司覃维阶，二人官位相同，难免互相掣肘，不利于统一事权。李邦华认为，“将留杨而去覃，则覃之钦命方新，且杨实善下亦不乐有此形迹，将主杨而副覃，则杨之事权不一，然覃实可用亦不宜授之闲散”②。于是，他主张将福建营一分为二，杨、覃二都司各辖一营。由于该营原有二守备，再分二都司难免叠床架屋，造成官员繁冗，于是李邦华主张裁去二守备，“有两都司而两守备之缺可裁也，裁两守备而两都司之分弥便也”③。这种灵活处理既没有造成冗官，还可以做到事权专一，避免掣肘。

4. 裁撤冗官

李邦华认为，在军队粮饷非常紧张的情况下，只有裁撤冗官，移养官之费为养兵之用，才是节省之道。为此，他主张裁撤冗官，规定“兵必五百而后设一官，而一切谘谋、赞画、督阵、随营名色尽裁不用”，官省将裁，既可节省开支，同时又有助于事权统一，“事有专责之局，人无跃冶之思”。他以上文所述福建水兵营为例，阐述裁冗官之必要，“闽兵才三千，而把总十员，则官苦大多，多则不能皆贤而无否，既败群之可虞，多则未免广侈而滥费，又糜饷之无数。故臣谓，每营仅可三把总，而此外一应裁去，计裁两守备、四把总，而岁省千金之费，其利犹小。自守备、把总裁而营规一清、营政一肃。”④ 裁撤冗官之举，既有助于做到权责明确，还可以减少冗费。

（四）完善军事后勤

1. 修建营房

李邦华认为，天津镇正处于草创阶段，所募士卒多为乌合之众，根本不识营

---

① 《文水李忠肃先生集》卷三《抚津荼言》，《条陈兵政疏》，第 102 ~ 103 页。
② 《文水李忠肃先生集》卷三《抚津荼言》，《更置闽营裁冗疏》，第 113 页。
③ 《文水李忠肃先生集》卷三《抚津荼言》，《更置闽营裁冗疏》，第 113 页。
④ 《文水李忠肃先生集》卷三《抚津荼言》，《更置闽营裁冗疏》，第 113 ~ 114 页。

伍战阵，因此，很有必要将其集中起来加以训练、管理。与此同时，当地兵民杂处，军队纪律败坏，扰民现象严重。为此，李邦华主张在城外兴建营房。在缺乏经费的情况下，他下令由巡抚衙门的“奔走之役”率先倡导，并设法鼓舞军士参与营建。在他的经营操办下，天津城外兴建了不少营房，“每十房为一连，房住五兵，二房为一什，十房为一队，至于砖石木植采办极艰，臣一一自行督理，而后五六千人之营房、马厩始以两月而粗就，即食锅、水缸皆为经纪”。同时，因营房位于城外，交易不便，他还设立军市，以满足军士的生活需要。兴建营房之举可谓一举两得，一方面，将兵士集中居住，便于平时操练，“今什伍相联，兵将相识，分练合操，举足而是”。另一方面，军士们聚居城外，避免了扰民事件，“不令以无故而窥城阛一步，庶几拣练之施而兵民各适乎”?①。

2. 筹备武器

李邦华认为兵器非常重要，“未有自卫无具，而但以徒抟侈精锐者”，而当时的天津镇正是草创之初，甲杖器械不足，因此应当积极筹备。为此，他从三个方面入手着力营造兵器。其一，在衙门之内，“集诸匠作二百余人，以千总谢有功监造，而躬行督课，每一械先造一式，严督不离顷刻，以精好为主，式成而计工若干、用料若干，较之往例无不一以当二，然后照式制造，不论工而论械，所省无算”；其二，因担心时日所限，仅在衙门内铸造兵器满足不了需要，他“又遣千总程德等直走山西之泽、潞，因其铁炭之廉而鸠工焉”；其三，又悉索“先年备倭之余，一切朽甲、残矢委弃蠹蚀之物，从头整理，寸铁再成利械，败布尽充实用”。在李邦华的悉心操办下，天津镇的军械得到很大改观，“甲仗、弓矢、火药、神器多者逾万，少亦千百，庶几可供一军之需，迟以时日弥见完备，而士卒不苦于空拳矣。”②

（五）部署海防

1. 勘察海防

天启二年（1622）九月，李邦华莅任仅一月，即着手实地勘察辖区内海防状况。在这次实地考察中，李邦华单骑率官兵数人，“沿海躬历”，其具体路径可概括为：

葛沽：自津门出葛沽七十里，地属近郊，民居稠密，鸡犬相闻，形影相

① 《文水李忠肃先生集》卷三《抚津荼言》，《条陈兵政疏》，第98页。
② 《文水李忠肃先生集》卷三《抚津荼言》，《条陈兵政疏》，第99~100页。

望。然道傍累累有阜，问之则昔年备倭所设传烽之具，而今且渐为平陆矣。葛沽故有海防营水陆兵五千，后减为二千五百，顷调发辽阳千名，无一还者，兵势顷弱。

邓善沽：又三十里为邓善沽，有新河，盖由天津运粮赴蓟镇者。

大沽：又二十里为大沽，始称海口，然去海尚十里，臣从小艇出望，水光连天，极目无际，而运艘由此出，鹾艘由此入，杂以渔舟，兼之商贩，稽察盘诘谈何容易？

塘儿上：越日北行，沿海沙碛弥漫不毛，日午抵塘儿上，是为宝坻县属，蓟镇河水入海之所，形势与大沽无异……此地去长安，路仅二百四十里，沟涧无阻，一日夜可达，而未闻一兵之设。臣不觉泚然汗下，嗟防御之疎至此极也……先是倭躏朝鲜，中国戒严，顺天抚臣李颐曾屯兵五百，后苦无水，兵不食咸，时云父郑杰为军门，千总乃请自领乡兵戍守，而前兵遂撤，久之，倭平，乡兵亦散。

蔡家庄：日暮抵蔡家庄。

施家陀：忽睹道傍一木颓然剥蚀，回环熟视，审其地形疑为昔年敌台之遗，及停骖见河，访之果尔……但地属丰润，非臣所得问耳。

黑洋河：过此则为黑洋河，聚落三四集，皆家有百数，盖盐商囤盐运载之所，虽海口相距四五十里，而口外原自可泊，故北路之防定当以此为汛地焉。

望烽：进之而为望烽。即黑洋河所通，而亦有口出海，名曰淋漓河，运艘回空，往往借径以避外海之险。

兔儿陀：又进之则为兔儿陀，地不甚广，而林木蓊翳，屋瓦鳞次，稍可著目，斯为乐亭入界之始。

柏家庄：投止柏家庄，即长芦盐运司所辖之越支场也。

蚕沙口：二十五里为蚕沙口。

刘家河：又十五里为刘家河。

马头营：更前四十里为马头营，有青河营官刘文运领军百名驻防，而永平更番调碾火药，百兵不成防，况更番耶，此与乌有何异？望石、白坨、月坨如在几席间，曩时监军佥事来斯行议可屯兵，今则樵采络绎若履平地，非虚语矣。傍有咸坨，无河而海舟可登，亦一险也。

滦河：又二十里则滦河，河身殊宽，蓟镇诸山之水聚而东注，国初数有倭患骚及内地，要害可知，而今固晏然视乎，臣足迹不及见闻所得实止于此。盖此为滦州地，臣敕书所载，过此则无与耳。①

由上可见，李邦华的海防考察非常周密、全面。在这次考察中，李邦华自天津出发，沿海一路北上，对辖区内沿海地区的地理形势、民俗民情加以细致考察，同时着意于查究当地海防设施的现状、兵员分布及故旧海防遗迹、遗址等。李邦华通过实地踏勘，对天津以北濒海地区的海防状况有了比较清晰的了解，并在与当地民众的交流中，形成了自己对当地海防的看法。他主张在调兵布防的基础上，发动当地民众修复原有墩台，鼓励当地富室募集乡兵以加强防守。同时，他还针对自己职权专注于军事的特点，提出应当由朝廷敕令顺天巡抚加以配合，“滦、乐名虽臣属，而实隶顺天，则事权大轻，鞭长安及马腹，况丰润又隔中路，而统辖各别，则血脉不贯，遥制必嫌越俎，故臣所能者，但有整理舟师出洋会哨，而海岸敌楼烽墩，则须顺天抚臣严行各州县力为修复，庶声息时闻而备御可施乎”②。兵部对其亲历海防的举动给予了较高评价，覆言“津抚不辞劳瘁，亲历海滨，除整理舟楫出洋会哨不烦臣虑矣，其滦、乐、丰、宝数处海防，容咨行顺天巡抚责成州县官亲勘，某处宜修敌台、某处宜添瞭拨，严定日期，令报成事，至乡兵戍守最为良法，在良有司奖谕之耳”，明熹宗命“依议行”。③

对于天津以南沿海地区，李邦华虽未亲自踏勘，但也提出了自己的防御策略，指出“至于大沽之南，起草头沽尽郑家沟，中间海舟可泊者，惟起口、幸家铺两地耳……往关白之役，墩台鳞次，经理极备，今虽什亡其七八，犹有存者，前抚臣曾行修葺，而将官以地在海滨足迹不至聊循故事，少加涂饰……臣一走视浩然长叹，业严加督责，期以竟工之日再行亲验，当可不虞漫应”④。他主张将当地在援朝御倭战争时期所修墩台，重新加以修葺，并拨兵防守。同时，他还力主在沿海要地起口等地驻扎军队，派兵巡哨海上。

2. 加强沿海军事部署

李邦华在对所辖沿海地区进行深入了解的基础上，有针对性地做了一些军事部署。

① 《文水李忠肃先生集》卷三《抚津苯言》，《踏勘海防乞敕修明事宜疏》，第 106 ~ 108 页。
② 《文水李忠肃先生集》卷三《抚津苯言》，《踏勘海防乞敕修明事宜疏》，第 109 页。
③ 《明熹宗实录》卷二十八，天启二年十一月庚申，第 1427 页。
④ 《文水李忠肃先生集》卷三《抚津苯言》，《踏勘海防乞敕修明事宜疏》，第 109 页。

（1）调拨兵力以防海

天启三年（1623）正月，李邦华主张将留驻天津的三千淮兵调至乐亭马头营等地，他指出“大沽以南定非狡寇入犯之路，即哨探万不可少，而重兵亦不必驻。今之所患惟恐旅顺、三岔，一帆破浪，则倏忽而达关前，倏忽而窥津门耳，故与为防于南，无宁防于北。惟是乐亭之马头营、滦州之银行柳，两地相去不过二十里，皆冲衢也，查昔年倭患，此地曾宿大兵，今以三千人驻之，亦非非常之原也，况乎合之，即联艅一口不厌其多，分之又唇齿相依不虞其寡，或以月陀为出入游衍之地，则声灵益鬯于海外，或以秦王岛、姜女坟为上下侦探之所，则呼吸常通于咫尺。南则以三百人会哨于大沽，月必一至而失期者罪，北则以三百人会哨于南海口，兵必咸集而不至者诛，计无便于此者”①。由上可见，李邦华在勘察当地海防的基础上，对辖区内要害地区有了一个非常清楚的了解，他将重兵布防于靠近山海关的乐亭等地，可以有效地防止后金由旅顺、三岔发水兵骚扰。应当说，这一布防还是很有必要的。

（2）整合沿海海防力量

毕自严在任时期，曾招募水兵四千余人，分为镇海前、后、奇三营。其中，奇营有水兵九百人，驻于天津近城十里许，后营有兵千余人，驻近郊四十里许，此二营，“去海近者八十里，远者百余里，于防海之义未尽也”②。正营则驻扎在大沽海口，有兵员千五百人。这一时期，驻扎大沽海口附近的还有援朝御倭战争时期所设海防营，万历年间该营有五千人，“自倭患既息，前兵半撤，而副将亦罢，今仅除都司矣”，已经远不敷用。李邦华认为，这时的形势比援朝御倭战争时期更为紧张，“昔之防倭犹在藩篱之外，且止东南一路，而今之备敌竟在门庭之内，又合东北两途”，所以他认为应当整合沿海水军，做好重点防御。为此，他做出具体安排：

> 当合三营为一营，尽发大沽，严行挑选，谅可得壮丁三千余人，部署既定，勤加训练，而臣为亲覈焉。第各兵兀坐海口，外洋声息何繇得闻？查南北海洋各长三百里有奇，南尽郑家沟而起口为适中，北尽马头营而黑洋河为适中，今淮兵已登马头营矣，必于新兵三千之外，再挑三百，益以旧海防营兵二百合为一军，以驻黑洋河。又将江南营兵五百独为一军以驻起口，往来

① 《文水李忠肃先生集》卷三《抚津荼言》，《分发淮兵疏》，第131页。
② 《文水李忠肃先生集》卷三《抚津荼言》，《归并水营疏》，第134页。

会哨，上下如织，遇有警息，小则领兵追袭，大则传烽转报，而大兵整搠相待，又急则移会海防旧营，即便策应，斯于臂指相承之意、呼吸相通之脉庶几有当，不致星散瓜分，罔相系属，无事而诡冒岁月，有事而观望掉臂也。①

由上可见，李邦华认为，天津巡抚所辖沿海地区可分为四个海防重点，即大沽海口、起口、黑洋河、马头营，并做了相应部署。同时，李邦华对于天津城至大沽海口的沿线地区，也做了一些安排，“自津门以至大沽百二十里，旧皆设有烽墩、烽军，而人烟或疎或密、烽军若有若无，何如将拣汰不尽之兵，量留二三百名，统以一千总官，游哨其间，亦足以备传警而护运艘、缉河盗而安商旅”②，如此，可以防御敌军由大沽登陆攻打天津。

此外，天启三年（1623），太仆寺卿董应举上奏，欲以葛沽海防兵二千为屯兵，以发展军屯，“春以供浚筑，秋以资搬运，洪水暴涨以藉护堤”。李邦华坚决反对，指出“开屯本以济饷，因屯恐致废兵。葛沽津海极冲，虽承平不敢忘备，今方开新镇设抚，臣陈师鞠旅以扼其冲，前抚毕自严尚欲远募南兵，而臣顾遗之，于近二千人仍当留津以资防御，且如寺臣言春借浚筑，秋资搬运，水涨藉护堤，此兵终岁勤劬，何暇操戈执殳？其不容相兼，不待智者而知也”③，显然李邦华并不同意将葛沽海防兵改为屯田军，认为这样做会削弱当地海防力量，得不偿失。不过，兵部并不赞同，仍主张将此处兵员调集屯田。

由上可见，李邦华在任期间，秉承毕自严开创之基，对天津海防进行了全面的整顿和部署。他通过招募兵员、筹备武器，加强了天津海防力量，通过踏勘海防，部署军队，完善了当地海防布局。在此期间，天津海防日臻完善。对于李邦华在任天津巡抚期间的功绩，其同僚毕自严有所论述：“自封疆外陷，烽火内惊，建牙津门以卫都城而援榆塞，余实首事焉，募锐、选劲、治械、剡舟，竭一人之力于匝岁，亦庶几苟完矣。然旅成而未习，谁作其气？器列而未周，谁裕其备？伍立而易虚，谁稽其实？楫治而易敝，谁葺其疎？云锦之奇未众，谁广其畜？露处疲而市处棼，谁为谋居？赏欲厚而罚欲信，谁为旌勇戮悖？以一一缮教之用济夫经始者之未逮也，则公之功巍矣、杰矣。”④

---

① 《文水李忠肃先生集》卷三《抚津荼言》，《归并水营疏》，第 134 ~ 135 页。

② 《文水李忠肃先生集》卷三《抚津荼言》，《归并水营疏》，第 135 页。

③ 《明熹宗实录》卷四十二，天启三年十二月己丑，第 2170 ~ 2171 页。

④ 《石隐园藏稿》卷二《文一》，《贺津抚李懋明擢少司马序》，第 422 页。

三、黄运泰

启、祯年间，就天津海防而言，主要建设于毕自严、李邦华在任期间。此后，随着“三方布置”方案的破产，天津的海防地位有所降低，其职能转向主要负责策应辽东战场。因此，毕自严、李邦华之后的几任巡抚，主要负责筹备、转运粮饷，间或也有人曾对天津海防提出一些建议，以下主要论述黄运泰的政绩。

黄运泰，字仲昇，号际云，万历十七年（1589）进士，历任光禄寺少卿、应天府府丞、太仆寺卿等职。天启五年（1625）六月，升任天津巡抚①。其在任期间，主要侧重于督饷，对天津海防的整饬，仅限于以下两个方面。

（一）协调应援辽东与防守天津之间的关系

天启六年（1626），辽东形势紧张，辽东经略高第“咨调”天津兵三千应援，蓟辽总督王之臣又“牌调”天津兵一千赴军前使用。而当时天津的兵员情况是，旧兵有海防及左、右二营，新兵有镇海水兵营及标、正二营。而此时旧兵中的海防营已改为屯田兵。真定抚臣又打算调旧兵中的左、右二营赴援。所以，当时天津兵力相当匮乏，几于捉襟见肘。为此，黄运泰在斟酌、考虑后提出建议，“今惟有新兵三营，除镇海营水兵二千余名专管海防外，止余标、正二营官兵四千，内以官兵二千九员名、马三百匹委正兵营游击施洪谟率赴经臣应援，以官兵五百三员名、马一百匹委正兵营守备中军李景率赴督臣应援。惟是天津水陆交冲，为漕运必经之地，关鲜百余万粮料发运于斯，标、正两营既调山海，而左、右两营又欲调真定，天津一空万分可虞，请将左营暂留津门，以为城守护运之用”②。黄运泰的建议，既考虑到辽东战场上经略、总督的需要，同时也顾及天津的防御，较为周到。

此外，为节省兵力，黄运泰还建议将津门兵二千一百员名，“分为三班，轮流更番，防守觉华”。不过该建议并未得到兵部同意，兵部仍主张“酌量分为二班，每班须一千五十名，原派船八十只必当凑足”③。

（二）建议操练屯田兵

援朝御倭战争后，天津巡抚汪应蛟曾令海防兵屯田，以解决军饷，“每名给

---

① 《明熹宗实录》卷六十，天启五年六月壬寅，第2854页。
② 《明熹宗实录》卷六十八，天启六年二月丁丑，第3224页。
③ 《明熹宗实录》卷七十，天启六年四月丙子，第3338页。

田四亩，每亩收租稻二石，共收租稻一万六千石，以供陆兵行粮及船只器械之费，此海防以操兼屯之旧制也”①。天启四年（1624），董应举主持屯田事宜，“见各兵久处恬熙，不操不汛，遂令陆兵比旧人增屯二亩，而扣其饷三千六百金为关内运价。次年，复议水兵尽归之屯”②。这样一来，屯军负担大为加重，直接影响了操练，以致于“屯、操两误”。为此，黄运泰上疏，主张“今从长计议，将水陆兵二千名照旧各给田四亩，每名岁扣饷银二两四钱，均当摊派，凑足三千六百两之数，仍充运价。如是则宽其屯力，正可以责其操练，俨然藏一胜兵，祈敕部酌议，永著为令。庶海防兵制复旧，而津门保障有赖矣”③。在黄运泰等人的建议下，“户、兵二部如议具覆。上命即行彼处抚按，永为遵守”④。

除黄运泰外，这一时期，天津巡抚崔尔进、翟凤翀、郑宗周、贺世寿、杜三策、李继贞、冯元飏等人，也对天津军事部署、辽东粮饷等问题，做出过一些努力⑤。

总体而言，随着辽南四卫的陷落及“三方布置”方略的提出，天津海防地位明显提高，第一任巡抚毕自严及第二人巡抚李邦华不断招兵买马、策划海防部署、打造兵器、筹措饷银，对当地海防做了较为周密的部署，初步奠定并巩固了天津海防军事基础。不过，随着辽东战争策略的改变，明朝政府不再把天津作为恢复辽南四卫的重要据点，而是将其作为辽东粮饷供应的中转站，所以后来的天津巡抚便不再重点关注当地的军事建设。

第五节　北部沿海地方州县海防建设
——以青州、胶州、宁海州为例

明朝末年，女真势力崛起，迅速占领辽南地区，扬帆即可直渡渤海海峡，对山东半岛构成了一定的威胁。同时，这一时期，随着辽东形势的不断恶化，大量辽民、败军及亡命之徒渡海而至，他们有的栖息海岛间，“觑隙则登岸掳掠，遇

① 《明熹宗实录》卷七十二，天启六年六月甲午，第3509页。

② 《明熹宗实录》卷七十四，天启六年七月壬辰，第3605～3606页。

③ 《明熹宗实录》卷七十二，天启六年六月甲午，第3509～3510页。又据《明熹宗实录》卷七十四，天启六年七月壬辰记载：“时奴警频仍，有传其造船谋渡者，天津抚臣黄运泰与保定抚臣郭尚友虑各兵因屯而废防汛，合疏议将水陆兵二千名照旧各给田四亩，宽屯力以责操练，水兵仍水、陆兵仍陆”，第3606页。

④ 《明熹宗实录》卷七十四，天启六年七月壬辰，第3606页。

⑤ 陈洁《明代天津巡抚考》一文，对上述数人的政绩有所介绍，较为详备，兹不赘述。南开大学2010届硕士学位论文，第39～48页。

人则扬帆远去”①，严重危害到当地百姓的安全。为此，山东濒海地区一些地方官员、士绅纷纷建议整顿海防，以安定地方社会。

一、赵秉忠对青州海防的建议

赵秉忠，字季卿，号嵧阳，山东益都人（今山东青州）。万历二十六年（1598）考中状元，后出任翰林院修撰、礼部尚书等职。后金崛起后，对北部沿海海防形成了很大威胁，赵秉忠出于桑梓之情，对家乡青州的防御做了一些思考。其对于青州海防的建议，主要体现于其撰写之《青州告文》、《防青议略》中。

在《青州告文》中，赵秉忠首先分析了在明季内忧外患形势下，青州所面临的危急形势以及该地的战略地位，他指出：

> 顷接邸报，见□□渡河羽书报急，诚恐内犯，东省首当其锋。……盖自□□煽祸，人人知登莱与临德二处宜宿重兵，以防冲险，以护运道，以便勤王是矣。而青州海山一大都会，境内如南之诸城、日照，北之乐安、寿光，一切海口皆抄出登莱之后，而登莱不能照管者。且合郡百姓，游食恶少甚多，颜神、瓮口、青石关之间，山险人悍，如往年剧寇刘六、刘七之徒，潜伏不少，万一□由海面抄入青境，抢逼于外，恶少乘机鼓煽于内，腹心一溃，手足支离。临德去青隔远六七百里外，反救不能，即登莱据海，何益哉？况辽左南四卫已尽为□有，我之逃兵、辽民络绎不断，我既可来，来且速，□岂不能别有便计？万一□乘风鼓帆，顷刻可至登，十日可横行东三府，不一月南淮、东济皆其溃决处矣！目下有何兵将足以支撑防御？言之大可寒心！……青州居于东西适中处所，外援登，内护运，中防海，关系至重至大。而人情易虚悬于东西之外，不于腹心处留神，职甚忧之。②

赵秉忠认识到，后金占领辽南四卫之后，山东面临的海上威胁空前加重，而这一时期，朝野上下却多建议于登州、临、德等地加强防御，“以防冲险，以护运道”。诚然，加强登州、临、德等地防御，对于防卫山东意义重大。不过，由于青州地理位置特殊，也不能忽视而应着意加强。因为青州南北濒海，海口众多，易遭海上入侵，且该地民风剽悍，多有不逞之徒，倘若内、外联合，势必造成混

---

① 同治《重修宁海州志》卷二十五《条议》，常康《上山东军门李讳长庚揭》，第545页。

② （明）赵秉忠：《嵧山集》卷二《防青议略·青州告文附》，益都知县李溱清光绪九年（1883）刻本。

乱，影响山东乃至江淮地区的安定。

为此，赵秉忠提出一系列建议，力图加强对于青州的防御，大略如下。

（一）整顿卫所将官

众所周知，在明朝中期以后，卫所制度已经渐趋衰落，除军士大量逃亡外，卫所武官也大多尸位素餐，难以发挥应有的作用。为此，赵秉忠主张加强对当地卫所官员的考核，将其分为若干等级，按照不同的等级委以不同职守，他建议：

本卫武职，指挥、千、百户，不下百余员。本道宜速委本府公同守备，约日赴教场检阅。除残疾老弱不堪委用径自开除外，其余分三等：老成历练、晓畅戎务者为一等，以备督率提调之用；膂力过人、弓马闲熟者为一等，以备攻击战守之用；膂力弓马仅中等、而才智机警能干办者为一等，以备查催攒造之用。检完三日内勒册呈道，本道酌定。除中军管操、管屯见差照旧营办外，其余闲住者依城四面预派信地。每一面指挥二员、千户三员、百户三员，各认就信地，限以到任管事日期，即令条陈料理备办本城某面。一切夫役、器械、灰礶、石子应用之类，十日内俱要设法完备。但能不扰不科早行备完者，除见赏外仍注上考，以备别用。四面派定，庶事有专责也。①

赵秉忠建议，要对当地卫所武官加以考核，将老弱病残者直接开除，然后将现存武官按照技艺分为三等，即老成历练、晓畅戎务者，膂力过人、弓马闲熟者，膂力弓马仅中等、而才智机警能干办者，分别委以不同差使，这样可以做到人尽其才。此外，他还主张将闲住武官按城四面分派汛地，“每一面指挥二员、千户三员、百户三员”，责令其完善城防。

（二）添设兵将

赵秉忠认为青州一地襟山带海，战略位置非常重要，因此应当大量挑选兵将以加强当地防守。为此，他首先建议增兵：

本府额设兵数仅仅千余，且无甲无马，一切弓箭枪铳俱不堪用。公议数非一万不可，即一时难足，亦须拣选五千，用马兵三千、步兵二千。其马兵多者以备应猝东西驰援；其步兵少者续募续补。募法宜分派大小武官，令各招三十名。以所募之强弱为本官之殿最，则精而且习，无假冒私逃之患。至马上鞍屉鞦辔并一切射打家法，须边将另行整理一番、教练一番，方可以济实用也。②

① 《峮山集》卷二《防青议略·青州告文附》。
② 《峮山集》卷二《防青议略·青州告文附》。

他针对青州府兵额较少、不敷防御使用的状况，主张增加马、步兵共五千人，其中马兵二千，既可以用作当地防卫，遇警也可以驰援周边的登州、临、德地区。步兵三千，则主要用于防御当地。同时，他还注重兵员质量，要求严格执行招募程序，令大小武官分头招募，并以所募兵员质量考核其功罪。同时，他还建议用边将教习马兵，以提高马兵战斗力。

此外，他还建议改设将官：

> 本城兵马既多，须用参将一员，总统弹压；守备三员，分统团练。以上俱用西边战将。带有夷汉家丁者，参将二百名，守备各五十名。参将中军用守备，守备中军用本城指挥。本城指挥须检才勇双优，弓马闲熟者用之，方可以备缓急也。①

赵秉忠认为，随着青州兵员的大量聚集，将官也需重新设置。为此，他建议在青州设参将一员，总领当地兵马，设守备三员各统领部分兵马，参将、守备各率领部分家丁共同驻防。此外，参将中军用守备，守备中军用本城指挥，本城指挥也需要“才勇双优”、“弓马闲熟”。

（三）置办武器、购买马匹

赵秉忠认识到精良的武器对战争的重要作用，因此非常注意武器建设，他曾针对火器发表过一番议论，“火器系中国长技，炮一位当兵之千，铳一门当兵之百。城中缙绅有心计者，力能提调指点，试之旷野，列之郊郭，便可以制敌人之死命”②。他对火器威力的认识比较准确，并力主多备火器、弓箭等武器，他建议：

> 战守器具如刀枪、弓箭、大将军、硝黄之类，用数多、制造难，非仓卒可易办者。须计用、计期，预先料理。共计兵五千，每人弓一张，共用弓五千张，每人箭三十枝，共用箭十五万，盔甲姑用三千顶副，威远炮二百位，翼虎炮五百位，大追风枪五百杆，三眼枪五千杆，火箭五万枝。火器、铅弹每炮、每枪以每日五十出算，用若干斤、个，各备一月之需，方不至临渴掘井也。一议速备战守器具物料。威远炮每位用铁三百斤，造成止重一百二十斤，二百位共用铁六万斤。翼虎炮一位用铁百斤，造成止重三四十斤，五百位共用铁五万斤。大追风枪每杆见重十二斤，五百杆共约用粗铁六千斤。三

① 《峨山集》卷二《防青议略·青州告文附》。
② 《峨山集》卷二《防青议略·青州告文附》。

眼枪每杆见重四斤，五千杆共约用粗铁二万斤。以上四项计铁共用十三万六千斤。而盔甲三千顶副并刀所用不与焉。威远炮每放装药一斤四两，五十出共用药六十二斤。翼虎炮每放装药一斤，五十出共用药五十斤。大追风枪每放装药六钱，五十出共用药一斤十两。三眼枪每放三眼，共装药一两，五十出共用药三斤十二两。以上四项各备一月，共用药三千五百二十斤。而一切日日操演零星放打不与焉。此铁料与药料中合用硝黄柳灰等项，并弓矢所用桑木、觔角、翎桦、纮线，其数甚多，非分头买制烧办，仓卒何以措手？此时宜扣算停当，速遣廉干官分头往各产积处所，定限星夜易买前来，以便昼夜攒造，庶不误事，再延恐缓不及用矣！①

由上可见，在赵秉忠对武器置备的建议中，火器占据了很大比重。同时，他还主张配备弓箭、盔甲等冷兵器，以便在临敌之际做好战术配合。此外，赵秉忠对于武器置办的程序也很重视，建议严格把关，以确保武器的质量。他指出：

战守各器无备，固以卒与敌，即有备，不如式堪用，仍与无备同耳。若俟改题边将，至日提调，又恐迟不及事。姑就本城文武官，检其有才有识、净心净手者，速委三二员，分头开局督造。箭以冷端入甲为主，甲以多鏉轻坚刺箭为主，刀以钢把坚匀为主，大小炮铳以内桶光圆火门坐底为主，一切弹子俱去铁用铅紧合铳口为主。但期精坚济用，不必华丽费财。各器俱凿督造某官某匠名字，以便抽查，严行赏罚。如此，庶人人俱知用心，而件件可备实用也。②

他主张选拔督造官，“就本城文武官，检其有才有识、净心净手者，速委三二员，分头开局督造”，让他们具体负责督造事宜，严格按照标准制造武器，秉承“但期精坚济用，不必华丽费财”的原则，同时在所造武器上凿刻官、匠名字，以便通过不断抽查来严行赏罚。

此外，赵秉忠认为要想巩固山东海防，青州府需有充足的兵员及马匹。为此，赵秉忠主张派人购买马匹，以满足军需。他指出：

马以三千匹计，不惟腹里一时难完，即完亦不如边产堪备驰驱。查宣大市口每马止用银七八两或八九两，可易三千匹，共用银二万七千两。合宜急于兵部马价银内请讨三万，委三廉干官员赴市口，公同本地将备等官，速行

① 《峴山集》卷二《防青议略·青州告文附》。

② 《峴山集》卷二《防青议略·青州告文附》。

易买，分运解来。不则本省先凑银遣官易买，俟请银到日另行补完，更不误事也。①

赵秉忠估算青州府所需马匹大约为三千匹，力主派遣廉干官员赶赴宣府、大同等马匹强壮之地购买，以保证马匹质量。

（四）预备粮草

兵马未动，粮草先行，赵秉忠深谙此理，他认为士饱马腾方可杀贼，因此至少要备足一个月的粮草，方能稳定军心。为此，他主张：

兵五千名，每名日食米一升五合，共计一月用米二千二百五十石。马三千匹，每匹日食料二升，一月共用豆一千八百石，日食草十五斤一束，一月共用草九万束。此应另立仓敖预备不动者，而闲常日用之食费不与焉。若不预行料理，临时卒有缓急，一概乱取民间，民必惊扰不安。此时除出示晓谕合郡百姓，积粮搬城自备外，宜先查见存备赈额谷若干石，不足者百计凑处。或令民间本折兼纳，或大小科罚各罪俱令上谷，或徒流以下俱以本色自赎，或富室好义之家有愿行输纳者，立给札冠带以示光荣。此犹恐涓滴不足沃焦釜，望梅不足济实用。念今日海防比往时万分紧急，须明白奏请留东三府钱粮分贮各府，以备军需，此一策也。再奏请户、工二部，开纳事例，即就本府、本县上银支用，各家既免赴京之费，而荣观效尤，上纳必多，年终勒册报部，又一策也。再奏留太山香税，酌量六府调募缓急处所，多寡分用，又一策也。总之民备民用，官备官用，有安之益，无扰之害而粮草不致匮乏矣！②

赵秉忠首先根据青州兵马数额，对所需粮草做了一个预算。而后，他又提出了几项筹粮措施。其一，令青州百姓“积粮搬城自备”；其二，广开财路，在一定范围内，允许纳粮赎罪，并鼓励百姓捐纳；其三，请留东三府钱粮以备军需；其四，奏留泰山香税。应当说，赵秉忠能根据当时的形势，不囿于常规，提出切合实际的建议，实属难能可贵。

（五）修筑城池、加强防御

赵秉忠认为城池是否坚固，与防御效果息息相关。为此，他力主加强青州城的修筑，他指出：

---

① 《峨山集》卷二《防青议略·青州告文附》。

② 《峨山集》卷二《防青议略·青州告文附》。

凡城池必增高、增深方可守御。青城西、北二面，城里半身是土，独有东面墙薄，西南角墙坡，易攻易上。壕内年深土满，失之太浅，壕里口平斜，失之太坡，壕外面地土涌起太高，难于打炮，俱不可不分头料理。但此时登州无警，即行大修，似涉张皇劳民。惟是一切石灰、城砖等项，所用不赀，不可不早行办积，以便闻儆半月星修之用。此时量修四门铁叶拴柱，与壕里口斗峻斩截，高一丈余。西南城墙坡而易上处，用青灰抹平。每项计用工若干、乡夫若干，分遣各面指挥千百户，分头刻期督修报完。城上大小各楼各更房，一切门窗墙垣锁钥，俱行修理坚固，以便收藏战守器具。如是庶紧急工程量修一半，而民力、民心亦不至甚觉警疲也。①

赵秉忠意识到青州城的城防设施已经存在很大缺陷，城西、北两面是土墙，城东墙薄、西南角墙坡，均为防守的薄弱环节。而且，由于年久失修，护城河也因土满而变浅，这也不利于防御。针对当时形势，赵秉忠结合本地情况，建议预先置办石灰、城砖等物资，而后徐图修补，这样既能加强城池建设，又不至于过度消耗民力。

此外，赵秉忠对如何防御城池，也提出了具体建议，他主张：

守城兵夫，每垛应编乡夫二名、兵二名，或夫二、兵一亦可。又虑目下无人，即一夫一兵亦可，有则不妨续增。每垛铡刀一口、大斧一把、闷棍一条。每十垛佛郎机一杆。共三十垛为一号，立一号头。每三十垛下置地炮一个，上用走兔。共九十人为一队，立一队长。每三百垛九百人为一标，择某官公明有调遣者立一标长。某官某地并某人用某器械，扣算明白，即注于点名簿上。每十垛用灯笼　个、水牌　面、水缸三个，磨半大石子三堆、灰礶一百个。少用灯笼，恐我处明而□易窃。用水牌以便计兵夫名姓与各领器具，用缸以备众人吸饮，用大石灰礶以便重击迷目。每垛守兵不必动那，一动便乱，即虞□用众急攻一面。此外宜另设游兵八百、机警指挥四员，派置四面，以便相机合御。此皆当责成各面派定指挥千百户料理，务期旬日之间分派上簿，月点二次。俟其认熟，不妨稀点以安民生。庶事体早备，不至临期仓皇也。②

由上可见，赵秉忠的守城方略是比较具体、完备的。这一方略具体到城池的最小

① 《岻山集》卷二《防青议略·青州告文附》。
② 《岻山集》卷二《防青议略·青州告文附》。

单位——垛，每垛配备一定乡民、士兵和武器。三十垛为一号，立号头。此九十人为一队，设队长。三百垛设一标长。每垛兵、民各自负责一定区域，不可乱动。此外，再设游兵八百，作为机动兵力，派驻城池四面，遇警可以相应增援。

（六）加强里甲防御

赵秉忠认为，原先的里甲巡夜制度非常合理，可以有效地防御盗贼，安定地方秩序。不过，由于承平日久，该制度渐趋废弃，不利于地方防御。他指出，“往日太平时，各城池内处处有里甲牌，各备弓刀等器，昼则挨门轮管，夜则分地巡逻，以防贼盗，以安良善，法至善也。矧今何时，外则□情叵测，遍地奸细，内则旱魃为虐，盗贼生心。而乃里甲混混，夜巡寂寂，殊非事体”①。为此，他建议：

> 合宜重行申饬，凡一切里甲邻佑，名姓实实查点登簿，一切弓刀、麻搭等器，俱期坚壮可备实用。关外城里各巷口紧要处所，俱照往年制造坚致木栅拦（栏），昼开夜锁，以为关防。各地方城上城下，夜间分头传筹、鸣锣吹哨。凡有奸细盗贼，不拘日间夜间，一遇擒获，查明居止处所、远近日期。除邻佑地方一概连坐外，量事大小轻重，文武巡捕官俱酌量究责，以示惩创。如是另行整顿一番，庶气象改观，人心震戢，而奸盗可两防也。②

赵秉忠认识到里甲是社会的基层组织，该组织直接面向广大民众，其能否有效地运转对稳定地方秩序具有重要的意义。因此，若要保证地方安定，一个较为切实、有效的办法，就是加强里甲防御。赵秉忠提出加强里甲防御的具体措施，首先应当查实人口，“凡一切里甲邻佑，名姓实实查点登簿”，这样可以加强对外来人口的稽查，防止危险分子混入。此外，他还主张每一里甲配备一定数量的武器，并在关津要害处设置木栅栏，“昼开夜锁”，以便巡查。同时，他要求里甲要加强夜间盘查力度，严格缉拿奸细、盗贼，如邻近人为盗贼奸细，还要严格追究邻里及相关官员的责任。

（七）严格实施奖惩制度

明朝末年，朝政腐败，文恬武嬉，朝野上下一派颓废之象。赵秉忠认为，若要真正加强青州军事力量，势必要改变这一现象，这就需要在积极倡导、鼓舞的同时，严格执行相关奖惩措施。为此，他主张：

---

① 《崲山集》卷二《防青议略·青州告文附》。

② 《崲山集》卷二《防青议略·青州告文附》。

太平既久，武备全弛，不惟文不屑习，即武夫短后亦每刻画琴书，效颦诗酒，以玩岁月，则何怪乎大小卫弁，不习劳、不耐苦，声容盛而武备衰也。今当□□主忧主辱之时，□□一日不息，普天耻恨一日不消。然非在上先行倡率，在下彼此鼓舞，恐不足以改头换面，而振作一世之威神也。除本道、本府、本县各卫门大小执事人役，各用边服共习武事，并各缙绅结社期许共相保聚、劝化军民效死勿去外，两学生员文艺之外，约会习射，每朔望教官会同较阅，拔其尤者于学田内，间赏弓矢以示鼓舞。各卫官每月射圃亭三次，演射除步箭外，务期各演马上弓箭，以身活发速为主。凡操之日，披甲走射九矢，以六矢为合式，七矢以上者赏，五矢以下者罚。拔其尤者立为提调，以示宠荣。不拘缙绅良家子弟，有膂力过人，豪迈出众者，能于论文之外习学枪棒弓矢，父凡即为寻师教演，第不作狐朋狗党之行，皆足为保身保家之计。有才智机警武艺全熟者，上官即行拔置，以储将选。……

一议功罪赏罚。夫人必知何者为功、何者为罪，而后知所趋避；亦必见功无不赏、罪无不罚，而后知所鼓舞。不然功罪不明白，赏罚不立决，一切幺么小官，谁其生而忠义，生而向上者？及事不办无济急用，然后严行参罚，何救于危亡之万一乎？今当明与立约，凡一切各处大小买办，务期数不短少、期不违误、内不插和、价不冒破者为功，反是者罪。凡一切大小督造，务期件件合式、件件实用，不通同各匠役克落违期者为功，反是者罪。有罪者查确，定行计赃，依律追处，事重者即行拔黄参拿，无得姑息。有功者查明，酌量事件多寡，应纪录者纪录，应奖赏者奖赏，应提升者提升。查一年积劳实有利益者，武官指挥即升守备，千百户即升别用，文官且佐即升卫、府经历，府佐不妨照辽左例，即升府厅。大都人有劳必酬，有功必录。人能半年办一年之事者，不妨即与一年升赏，事集功倍，国家壮群策之利，各官受升赏之利，不其两无负而两受其福哉！不然，赏罚不决，勤惰不分，不肖者益得惯便，贤者久亦灰心，在各官分受其亏，不过一人一官之微，在朝廷独受其损，则及封疆社稷之大。孰得孰失，何利何害，必有能辨之者，是在台基破格必行，以开功名之门，以济国家之急耳。①

由上可见，一方面，赵秉忠主张鼓励当地民众，如州县卫所吏员、缙绅、生员及普通民众等勤练武艺，保家卫国。另一方面，他还主张应该严格执行奖惩制度，

---

① 《岷山集》卷二《防青议略·青州告文附》。

有功必赏、有过必罚，以强化政府的权威，提高行政效率。

（八）劝留富室

赵秉忠认为，富室大族对于维系一地的民心至关重要，因此他多方劝谕，力图将富室留在当地。他曾说道：

> 尔虽多财，亦只一命。携重赀远游，寇盗必且行劫，为钱财以亡身家，其死更速。若是一意保家，当先一意守城，万勿听信人言，轻举轻动。倘或万一举动，律以朝廷法度与道、府、县禁约，定不能自遂其私心也。富家之心不摇，百姓之心自固，青州之城可保矣！①

赵秉忠首先设身处地地从富室自身的利益入手，告诫他们在社会动荡之际携带重赀出行并不安全，很有可能引起盗贼觊觎，招致杀身之祸。紧接着，他又以国家法令的名义，郑重地警告他们不可临敌出逃，违者定当严惩。其目的在于力劝富室留在青州共同御敌，以安定民心。同时，他还指出众人固守的好处，“夫抛家室、去坟墓，若雀之避鹯、鱼之在沼，虽获目前之安，而危形立见。惟是依乡土、守闤闠，若龙不去水、虎不离山，即有风尘之儆，而安形立见。况同居一城之中，众人视若一人之身，众家视若一家之爱，食可推、衣可解，休戚可以相保，守望可以相助，此亦众人一喷即醒、转梦为觉之一时也”②。

（九）严禁乱民

青州地处鲁中地区，西南部群山环绕，多有不逞之徒，他们是导致社会动乱的潜在因素。为此，赵秉忠主张严厉禁制乱民，说道：“闾左无赖子弟，居尝饮赌暴横，乘机发难，望屋持梃，藉以自私自利者不少。如不严行禁制，是戈矛起于肘腋，而接迹于轸毂间也。当即禀白军门，先期榜示，有犯此条即以军法从事。值危时用重典，正在今日，销衅端于其芽，折祸机于其始，庶不至以国予敌也。”③ 赵秉忠能够居安思危，他从青州的具体情形出发，力主严惩乱民。他认为若不禁止乱民，倘若一旦战事爆发，这些乱民定会乘机而起，趁火打劫，甚至与外敌里应外合，届时形势越发不可收拾。因此，他主张用军法惩处乱民，以防微杜渐。

（十）兴学校

赵秉忠认为学校教育不但可以培育人才，而且可以鼓舞人心、弘扬忠义，大

---

① 《崏山集》卷二《防青议略·青州告文附》。

② 《崏山集》卷二《防青议略·青州告文附》。

③ 《崏山集》卷二《防青议略·青州告文附》。

兴学校教育还可以为当地防御提供诸多便利。他指出：

> 诸朋友无论平素诵法孔孟，即汤武之仁义、桓文之节制，未尝不津津道之。一旦闻警，佐急公家，未必无班定远、傅介子其人，或出奇画策、或樽俎折冲，或援桴鼓、立矢石以遏敌人于境外。当事者必且保荐于朝，垂勋名于竹帛。万勿轻出浮言，淆惑群听。学校之心不摇，百姓之心自固，青州之城可保矣！①

赵秉忠此举眼界较高，他认识到文化的重要作用，指出兴建学校可以培养忠义之士。而且，学校中也会藏有颇具智谋的文人，临敌之际，他们很可能会挺身而出，力挽狂澜。此外，学校系维系人心之所，兴学校可以给当地百姓营造一种承平的气氛，鼓励其安住本城。

由上可见，赵秉忠对青州的防御提出了较为全面的建议，既注重选拔武官、招兵买马，又力主修建城池、完善里甲，以加强城池、乡村防御，同时，他还主张严格实施奖惩制度以激励人心，兴学校、留富室以维系人心。应当说，赵秉忠的建议很有远见。

二、王献吉对胶州海防的整饬

王献吉，南直隶华亭人，举人。崇祯三年（1630）至八年（1635）间，任胶州知州。王献吉在胶州知州任内，对当地海防加以巡历、整饬，做出了一定贡献。其整顿海防的活动，主要体现在《知州王献吉城池兵赋利害议》一文中。

崇祯三年（1630），王献吉上任伊始，即巡视胶州城垣设施，勘察兵民利弊。他对当地的海防状况及地理环境有一个较为准确的认识，他指出：

> 胶州形势北则平度，西北则高密，东北则即墨，界壤相错，惟东南一带延袤百五十里，俱是海洋，商舶往来，奸细潜混，最难稽查。迩来，辽之逃民栖住近岛者不少，彼方怀为乐郊之依，此实难为秦越之拒，抚绥迸逐，事在两难。且沿海一带墩台久废，瞭望全疎，卫所但有空名，城池不足守御，而地瘠赋重，荒熟不均，解差烦累，逃移将尽。比他州县邻封接壤互为唇齿者更自不同。②

王献吉看到，就胶州的地理形势而言，其东南靠海，海岸线漫长，而且因商舶往来，

---

① 《峒山集》卷二《防青议略·青州告文附》。

② 康熙《胶州志》卷八《议》，王献吉《知州王献吉城池兵赋利害议》。

鱼龙混杂，存在诸多影响当地海防安全的不安定因素。同时，他也认识到，因辽东局势恶化带来的大量辽民南下，也是一个棘手的问题。与此同时，胶州地区的卫所等却已经形同虚设，城池废圮，军士逃跑，已经不能满足当地海防的基本需要。

因此，他认为要想增强胶州地区的海防力量、完善当地防御，需要从以下几个方面做好准备。

（一）建设城池等防御设施

王献吉指出，胶州城因胶州所旧治而建，规模较小，周围仅四百余丈，且城内较为紧窄，除去州治、儒学及少数官宦宅邸外，几乎没有别的人家，而“士民数千家俱住城外，别无城垣堡关栅，可供启闭”，倘若一旦遭遇战祸，众多居住于城外的居民，“欲收入保则无地可容，欲修捍御则无垣可障”，势必造成大乱。但限于当时的条件，又不能大兴土木，“今欲议恢扩而钱粮何措？砖石何取？且动大众、兴大役，岂捉襟露肘之时所能卒办？”为此，他建议：

> 合无相择要害去处，先立门楼几所，一司启闭，一供瞭望。然后视民居疎密，周以土垣，或联以木栅如鹿角寨之制。一时既可为仓促预备之计，而土垣既设，因而仍之，岁渐增筑，即可成土城。或俟丰熟之岁，物力有余，增砌砖石，则隐然千雉之城即从此基之矣。然人情泄泄，难与虑始，而曲突徙薪之计，多成筑舍道旁之谋。有地方之责，知而不言，谋而不预，何辞瘝旷？但事关创始，佥谋未同，必奉宪檄详加咨询集议，士民允称协吉，然后经营规度，以兴万全之利。①

王献吉认为，重新修建城池并非一日之功，且耗资巨大，尤其是在当时日趋紧张的形势下，重建城池显然是不可能的。为此，他主张采用灵活的变通方式，对外城加以修补、完善，在要害地方设立门楼，城周边设立木栅栏。如此，一旦有事，这种简单的防御设施也可以起到一定的防御作用。倘若承平无事，还可以慢慢修缮，先建土城，再易砖城，最终将胶州建为一座坚城。同时，他还从民情出发，请求上司发布檄文加以号召，以便号召民众、调集民力。

（二）设兵防御

王献吉又从胶州地理环境、海防设施状况及面临的形势等方面，分析了胶州的海防形势，指出：

> 城东三里即是海潮往来之地，自此以南直至灵山卫百五十余里，俱可泊

---

① 康熙《胶州志》卷八《议》，王献吉《知州王献吉城池兵赋利害议》。

船。沿海居民稀少，墩台瞭望久废不讲，近城海口亦止零星数家，既无屯守之备，谁任讥察之责？近有流贼虚传，严遵宪檄拨遣民壮，昼夜巡缉，而海洋寥阔，风帆往来，瞬息难期。又商贾自淮而来，俱取道于此，胶民赖以存济，似难概绝，则讥察防御备宜详慎。①

王献吉认为胶州濒海，且海岸线较长，海口众多，存在不少潜在的海上威胁。当地政府虽曾调拨民壮巡历海口，但“海洋寥阔，风帆往来，瞬息难期”，实际效果并不理想。但倘若一概禁绝海上事宜，则商贾不至，民生堪忧。为此，他主张：

窃议得于近城海口择一营地屯兵数百，既可以弹压海外，又可以策应州城。又于延海一带，三里筑一烟墩，设墩军四人瞭望，使烽火相接，则州之东臂不至单薄，城池虽小亦可藉四封为守矣。查得本州旧有兵千余，今置胶即营，去州百余里，在即墨境上，既非滨海要冲，空置之无用，合无调三四百名屯海口，拨一弁统之，其墩军则灵山卫与本屯，量远近各分信地，拨兵看守，此现兵、现食不必招募设处。②

王献吉主张在胶州沿海近城要地设立兵营，从距海较远的即墨营调拨军士三、四百名驻守，与胶州城互为犄角，一旦遇有战事，二者之间可以迅速互相策应。同时，他还坚持应加强胶州沿海海防设施建设，重新建设烟墩，“每三里筑一烟墩，设墩军四人瞭望”，由灵山卫和胶州海口所设兵营拨付兵丁瞭望，以便随时了解海上形势，防患于未然。

（三）清核地亩以足兵饷、苏民困

王献吉指出，自万历初年知州王琰清查当地田亩以来，至今已逾六十年，早在万历十九年（1591）时，当地已有“开垦者隐匿未报”之说，期间“所开垦者更倍于昔”，这些新垦之田并无税收。天启以降，“东事孔棘，频年加派，皆就现田增加”，于是赋役越来越重，百姓也随之越来越贫困。如此便产生了这样一种情况：

新开成熟者竟食无粮之田，一入富豪之手，据为橐中之物，故种地者不税，包粮者倍败，今乡绅士民目击独肥之势，深恻偏瘠之苦，里老合词且呈求丈，盖欲清隐匿之赋，以苏重税之田，使国家不失正课之额，而百姓不受加派之苦，诚目前第一便利之计也。③

---

① 康熙《胶州志》卷八《议》，王献吉《知州王献吉城池兵赋利害议》。
② 康熙《胶州志》卷八《议》，王献吉《知州王献吉城池兵赋利害议》。
③ 康熙《胶州志》卷八《议》，王献吉《知州王献吉城池兵赋利害议》。

王献吉看到田赋不均造成了巨大危害，豪门富室广占新垦田亩，却并不负担赋役。而不断加重的加派，大量落到平民百姓头上，使得民众生活日益困苦。王献吉履任后，着意于改善这种情况，但也看到了其中存在的困难，“事体丛脞，非令长一人所及，一假胥役，奸弊百出、恩怨交集”①，为此他不断与上级交涉，以期能有所改变。

由上可见，王献吉对胶州地区的海防建议较为全面。他首先进行了一番实地勘察，对当地地理环境及海防现状做了周密的了解，而后有针对性地提出自己的见解。其提出的城池修筑及海防部军建议均为前瞻之举，在当地起了重要作用。崇祯年间，孔有德、李九成叛乱时，叛军“陷平度，诸邑戒严，献吉缮城隍、营壁垒、誓民卒、修战具，贼游骑南涉胶水，知献吉有备而还”②。

三、常康对登莱地区海防的建议

常康，字晋侯，号济苍，山东宁海州人。万历四十年（1612）中举，四十四年（1616）中进士，初任礼部行人司行人，后转任户部清吏司员外郎等职。常康虽历仕于外，却一直心怀桑梓，关注家乡的事情。③ 天启初年，时为礼部行人司行人的常康，致书登莱巡抚陶朗先，对当时的登州海防形势做了细致的剖析，提出了以下几个问题。

（一）议海运

常康指出海道并非山东东部所独有，山东以南淮安可通海道，山东以北天津海道可直通辽阳，而朝廷却独以海运“责之登州”，以至于造成地方萧条，民不聊生，其中文登、宁海尤为严重，出现了一系列问题：

> 始而报渔船不堪矣，继而议造作不能矣，又转而勒令商人向淮安以雇募矣，彼淮安之人，且乘急而肆逗留之计，方且勒掯推阻不前，以致东人箠楚监禁而受比，破家荡产以奔命。夫以公家事也，彼何安其逸，而我独当其劳，彼安坐而反搏重利，我重困而莫之救援，何情法之不均若此也。④

常康看到明朝政府专责登莱地区负责海运饷辽给当地带来了沉重的经济负担，认为这一负担已经超出了当地百姓所能负担的范围，如若不加以改变，很可能会影

① 道光《重修胶州志》卷二十二《列传二·官师》，第213页。
② 道光《重修胶州志》卷二十二《列传二·官师》，第213页。
③ 同治《重修宁海州志》卷十七《仕进》，第435页。
④ 同治《重修宁海州志》卷二十五《条议》，常康《上登莱抚台陶公条议》，第540~541页。

响到地方稳定。为此，他提出具体建议，“合无准请会同饷部，移檄淮抚，令彼处出船，我任雇价；再行青州，凡通海道天津等处，许分运粮饷，庶公务克济，而一方亦免重累也”①。常康建议，一方面由中央出面协调山东与淮安的关系，令淮安出运船，以减少山东雇募船只之负担。另一方面，在山东其他地区如青州等地，分运粮饷，这样可以减轻宁海、文登之负担。

（二）议海氛

常康指出，自从海禁开通之后，宁海州因地处海滨，奸宄聚集，海防形势不容乐观。他说道：

> 自海禁疏通，奸伪乘机生变，有等败残亡命之徒，据岛屿以为生，乘隙射利之辈，又结连以相通。或假商贩而窥探虚实，或结内地而变生叵测，登岸则祸延于沿海之居民，纵舟则警扰斥堠之侦报。甚有居近富势之家，结交远人，结交远人，利其货物，与之通贩，即夹带违禁之物，以溃大防。此其弊端最深。而本州当南北相距之地，不无一二党与，甚有逃租逋赋之民，潜匿其中，官法莫治，深为不便。②

常康认为，随着海禁的疏通，一些奸弊事情也随之而生。在宁海州地区主要有三种情况，其一，一些“败残亡命之徒”盘踞海岛，与内地“射利之辈”相互勾结，经常登岸骚扰居民。其二，沿海富室结交远方之人，通过海外贸易逐利，他们在贸易过程中，往往“夹带违禁之物”，影响了正常的秩序。其三，当地为“南北相距之地”，地理位置重要，交通便利，因此，外地不少逃赋之民潜逃至此，大量流动人口聚集于此，而“官法莫治”，形成了潜在的不安定因素。为此，常康提出了自己的主张，他建议：

> 合无申请明禁，行令各处该管文武衙门，领兵乘船，相机擒捕，驱逐其党与，烧毁其船舍，不许潜藏为患；仍移文其地，会同本省，各将居民归之版籍，编设保甲，申严私贩之禁，间有运船，严责起程日期、登船人数，两下稽查，不致假托为奸，然后遇有可疑之船、可异之人，即严令随在盘拿，勿俾余孽。此靖海氛、安边境，今日之急务也。③

常康主张应当标本兼治，一方面派兵、派船逮捕、驱逐沿海岛屿居民，“不许潜

① 同治《重修宁海州志》卷二十五《条议》，常康《上登莱抚台陶公条议》，第541页。
② 同治《重修宁海州志》卷二十五《条议》，常康《上登莱抚台陶公条议》，第541页。
③ 同治《重修宁海州志》卷二十五《条议》，常康《上登莱抚台陶公条议》，第541页。

藏为患”。另一方面，编订居民版籍，编设保甲，这样可以分清当地居民和外来流动人口。同时，还要厉行“私贩之禁”，对运船起程日期、人数等严格盘查，遇可疑之人随时缉拿。

（三）议征饷、加派

常康认为宁海州地处山东半岛一隅，地瘠民贫，又连年逢灾，地方非常疲敝，“民力已困，而加派重征，调发初烦，转输又迫”，以至于民怨沸腾，地方不安定因素增多，“脱海氛一儆，吾恐脱巾之呼不在海左而在海右矣”。为此，他主张：

> 合无准请暂宽米豆之运，或许江淮并运，或淮西三府通运，在西者径入天津，在东者径入北海，庶粟米不至匮竭，而转输亦不至偏累矣。①

常康力主将以前的海运专倚登莱地区，改为江淮、淮西、登莱并运，这样既可以缓解登莱地区的压力，又可以保证辽东的军粮供应。

（四）议征收

常康指出，征收数额本有一定之规，“锱铢而收，撮总而兑”，间或有些盈余，足为火耗。后世征收钱粮者，往往将火耗作为赋外之赋，以牟取私利，所加数额越来越多，“有以一钱而加六分者，又有一钱而加七分者，甚至一钱而加一者”。除此之外，在征收过程中，贪官污吏层层扒皮，百姓们备受盘剥，“又每里有押票之公差，有包揽之总催，又有保头之主家，种种打发，先言分外之出，而后言正粮之入，此又不知而暗销者也”。为此，他主张：

> 合无申请较定法马，示为一成之数，仍暗差人赴柜抽封秤兑，勘其合否，如有增重，即以侵渔论罪，如此则法严而人难犯。亦必重惩一二贪婪有司，以为墨绶之戒，然后宿弊可革，而侵渔可免也。②

常康认识到在赋税征收中存在诸多弊端，如不加以革除，势必会加重百姓负担，影响地方社会的稳定。因此，他建议制定一套严格的规章制度，对触犯者加以严惩。

此外，常康还针对明季加派过多的现实状况提出了自己的看法，他认为明季朝廷不断加派钱粮，使得奸猾之官吏，“无端而巧作名色，借名而旁为科敛，正粮之无票，止有一单，而杂项之票则难数计，签押票拘、监拶追呼反甚于正额”，使得百姓不堪其扰③，他认为要想从根本上解决这个问题，就需要知人善任，任

① 同治《重修宁海州志》卷二十五《条议》，常康《上登莱抚台陶公条议》，第541页。
② 同治《重修宁海州志》卷二十五《条议》，常康《上登莱抚台陶公条议》，第541～542页。
③ 同治《重修宁海州志》卷二十五《条议》，常康《上登莱抚台陶公条议》，第542页。

用贤明官员及衙役。

（五）严保甲

常康认为，朝廷设立保甲的作用，在于“严编户、杜流移，抑以固保障也”。不过，因承平日久，保甲制度也日渐废弛，以致于有名无实。这就造成了一系列的社会问题，如在当时的宁海州：

> 向来大荒，四方逃窜者多，有越境而就食者，有避差以潜居者，远而千里之外，近而一二百里之间，以迁徙间而姓名根柢无由觉查，或托富室之庄客，匿豪家之肆猃，东西易向，彼此无着；将见彼以有所容而为之招，此以无所禁而听之去。究之，逃民益多，而本处实贻其害，流移虽广，而此无所收之为利，皆由保甲不明、不严，而两失之也。①

常康认为，由于当时灾荒频繁，所以人民流徙较多，这就造成了大量流动人口聚居的情况，他们生活无着，难免会作奸犯科，且由于户籍不辨难以查考，成为影响当地社会治安的重要因素。因此，他主张严格推行保甲制度，加强对当地人口的稽查。为此，他建议：

> 合无请檄申明保甲之法，令编为什伍，注为图籍，设立粉壁，各记其年貌、籍贯、名口，使去之者有稽查为连坐，来之者有盘诘为责罚，由是而承平可以讲义睦邻，有事亦可以御灾捍患，即目前可以杜流移、逃避之端。此久废之法，一整饬之，而大有益于地方者也。②

常康主张将当地民众编为保甲，一方面可以加深对当地居民的了解，既便于赋役征收，又便于稽查百姓。另一方面，将聚居于当地的外来民众编为保甲，可以加强对其控制和管理，以便于其迅速融入当地社会。

就常康上陶朗先之《条议》可见，常康对明季宁海州的形势做了较为全面、周到的分析，并提出了自己的建议。常康认识到，在明与后金战争形势日益紧张的情况下，宁海州所在的登莱地区战略地位凸显，因此，他主要着眼于本地安全，既主张减轻民众负担，又主张加强对民众的控制。其目的在于减轻当地百姓负担，改善民生状况，以从根本上避免内乱。

此外，常康在任职礼部行人司时，曾奉命旌奖衡王府，期间上《上山东军门李讳长庚揭》一书。在该《揭》中，常康向时任山东巡抚李长庚提出自己对山东

① 同治《重修宁海州志》卷二十五《条议》，常康《上登莱抚台陶公条议》，第542页。
② 同治《重修宁海州志》卷二十五《条议》，常康《上登莱抚台陶公条议》，第542～543页。

海防的一些建议，主要有以下几点。

（六）选兵

常康指出，在海防形势日益紧张的情况下，为“足兵”计，当事者往往热衷于“招募”、“征调”兵员，其实这些兵员往往缺乏战斗力，徒费兵饷，“今招募而无用，即画驷之充也，征调而不进，即西江之挽也”。所以，招募、征调兵员并非是加强山东沿海防御力量的万全之策。他分析了山东兵员状况，指出：

> 东土原有营卫、海防、团练、备倭之兵，其人原为见在之数，其费俱为多年之养，何以昔非有加而称强，今非有损而云弱？盖以兵议加添，而行伍之空虚转甚，饷议日增，而就中之坐耗愈多。合无撤户内者而竖之门庭，查包冒者而责之实在，老弱者易之以精壮，无知者加之以训练。无事则一不至有十之费，有事则一可当十之用。①

常康认为山东原有兵力是颇为充足的，但当事者一旦遇事，却往往请求征兵、调兵，这不但没能从根本上加强山东海防兵力，而且还将原有兵员置于闲散状态，徒费兵饷。因此，他主张应当清查山东沿海原有营、卫之兵伍，裁汰老弱病残，代之以年轻精干者，平日勤加训练，以提高其战斗力。这样，可以在不增加兵员数额、不多费兵饷的情况下，切实提高军队的战斗力，从根本上改善山东军队的军势。

（七）选将

常康认为，选将重于选兵。在具体战争中，将领不但要运筹规划，而且要身先士卒，因此好的将领对于军队作战的作用非常大。他在分析了当时山东地区军官素质后，表示了自己的担忧：

> 近日不论韬略，而止论资格，能惠刺者，即市井可以登坛，不贿赂者，虽世职皆归草野，以揭债之人而使之练兵，欲清正而债将何偿？是以止论常例，而不论弓马；如是，兵日玩而将日怯，以此乌合之众，而驱之锋镝，将先望风而逃，以其无世职之顾惜也，兵又弃甲争先，以其徒死之无益也。②

常康指出，选将甚于选兵，但“不论韬略，而止论资格”的选将方式，和以贿赂买官的军队习气，选不出真正有才干的将领。这些通过贿赂得到将领职衔的庸才充斥于行伍间，他们本身并无韬略，终日只知以剥削兵士为能事，难免会导致兵

① 同治《重修宁海州志》卷二十五《条议》，常康《上山东军门李讳长庚揭》，第544页。
② 同治《重修宁海州志》卷二十五《条议》，常康《上山东军门李讳长庚揭》，第544页。

士困顿。他们怯懦畏惧，一临战阵，往往率先逃窜，惑乱军心，很可能导致军队大乱。为此，他主张应注重对将领的选拔，他指出："合无精选世职，然后严核民间精士武艺超群者，与以统之。如是则临难知有功名，平时亦知有祖荫，而一切破冒之弊、朘削之心可因之而自惕也"[①]。常康主张从有家风、操守的军队世职及民间英武之士中选将，以此保证军官的素质。

（八）整顿军风

常康认为，军队的军风、气势，对于保障战争胜利是至关重要的，而当时的山东，由于军伍参差不整，将领良莠不齐，军风并不好。他说道：

> 近则多有人情悻用之徒，健懦相参，猥杂无统，一遇锋镝，畏缩莫前，又不知其当先格斗倡勇陷阵谁也？揣其繇，或以偾帅而徇私以伏单弱之根，或以体统相延而鲜当前之义，欲其士卒之精锐，而疆埸之得实效也，岂可得哉？[②]

常康认为，山东军伍风气不正，根本原因在于军伍兵士鱼龙混杂、将领才行俱差，以致上行下效，使得兵将怯懦畏惧，缺乏士气。为此，他提出建议：

> 合无去其朘削之根，将不许以奢靡相尚，兵不许以常例相循，将之技艺胜而名望重者，即礼节疏略，愈居上考，兵之骁勇甚而屡著绩者，即下卒不妨升擢，如是则赏罚明而赝风息，上下俱以国事为家事，尚何士卒之不振，而将才之不真哉？[③]

常康认为，只有从根本上改变行伍风气颓废的状况，才能提高军队战斗力。而要做到这一点，就必须严格考核兵将，公正赏罚，不拘一格提拔优秀将领、兵士。

（九）对宁海州海防的部署建议

常康首先从地理环境、登莱地区面临的形势等方面分析了当时宁海州面临的海防形势，指出：

> 宁海三面环海，外与倭、虏共一航之水，内有岛夷为窥伺之奸，故以东省大较，则登莱为边海，以登莱大较，则文登、宁海又为关东切近之边海也。况其中之极冲要害处可虞，帆烽燧儆时时见报，近北地摧败逃军、调发官兵、运粮人役、一切亡命，觑隙则登岸掳掠，遇人则扬帆远去，剪除为难，窃发最易。况近日边报，又有截登莱饷道之意，则此地非有重兵防守，

---

① 同治《重修宁海州志》卷二十五《条议》，常康《上山东军门李讳长庚揭》，第544页。

② 同治《重修宁海州志》卷二十五《条议》，常康《上山东军门李讳长庚揭》，第544～545页。

③ 同治《重修宁海州志》卷二十五《条议》，常康《上山东军门李讳长庚揭》，第545页。

其为害不减于海北。①

常康认为就海防地理形势而言，登莱为山东之重，宁海又为登莱之重，“帆烽燧儆时时见报”，因此应当格外重视这一地区的防御。而在当时，当地却存在不少影响海防安全的不稳定因素，如大量辽东败军、从全国各地调集的援辽军士、海运役使人员及不少亡命之徒聚集于此，“觑隙则登岸掳掠，遇人则扬帆远去，剪除为难，窃发最易”，倘若不提前预备，屯以重兵，以备弹压，很可能发生大乱。为此，常康提出了自己的建议：

今当事者，尚欲请兵置器以为固围之计，奈何羽书四至，且选兵征调而为援远之役，将以地肚外置之乎？抑以厝火安之乎？矧今选兵而人如蹈死，即强驱市人入战，亦为中途之星散耳，无论无济实用，求一至其地亦不能也。合无准请暂除大东拣兵之计，留之以为本地之防。庶民不为苦，而事可有备，此两便之道也。②

显然，常康认为当事者过于重视辽东战场，从山东沿海四处调集兵力以赴辽东，而没有对登莱地区尤其是宁海州加以重视。而且，这些调集的兵力多为乌合之众，他们视赴辽作战为“蹈死”之途，无心立功于疆场，甚至大多中途逃散，起不到实际作用。因此，常康主张应当“暂除大东拣兵之计”，将这些兵员留作宁海州本地之防，这样才能更有实效。

（十）地方城池防御

常康指出，地方州县设有守城民壮，“原以护卫地方”，由于承平日久，他们“率为本县听差，日拘票唤人，剥官嚼民，乌知荷戈操备为何事耶”。守城民壮变成州衙差人，城池守御处于懈怠状态。一旦有警，势必难以防守。为此，常康建议到：

合无将各处守城民壮之食工食者，听佐二官督管操练，以备缓急。仍将各卫所京、边两操班军，于见在者具题留守城池，其老弱不堪者，行本卫选各户壮丁顶补，责令贤能武弁管理操演，庶军民协力，无事为坚壁之防，有事为折冲之具，而地方可保无虞矣。③

常康主张从两个方面加强守城力量，其一，将原先“额设”之守城民壮，择其“食

---

① 同治《重修宁海州志》卷二十五《条议》，常康《上山东军门李讳长庚揭》，第545页。
② 同治《重修宁海州志》卷二十五《条议》，常康《上山东军门李讳长庚揭》，第545页。
③ 同治《重修宁海州志》卷二十五《条议》，常康《上山东军门李讳长庚揭》，第545页。

工食”者，由州佐贰官负责操练，以防其懈怠。其二，整顿卫所兵员，题留班军守城防海，同时对于卫所兵员中老弱病残者加以裁汰，而代之以本卫“各户壮丁”，并责贤能将官管领操练，以提高卫所兵员的战斗力。如此，既能加强当地民兵的战斗力，也能提高卫所兵员的素质，不但可以防御城池，一旦遇事，也可冲锋陷阵。

由上可见，常康虽在朝为官，却关心家乡安危。他的这两次上书，抓住了当地海防中的关键问题，其建议全面而周到，涵盖了多个方面。应当说，常康的建议在当时还是非常有见地的。

总体而言，在明朝末年，面对后金占领辽南、试图南下的危急局势，山东一些地方州县官员及籍贯在此地的官员，纷纷提出了自己的建议，这些建议大多立足于当地，而且细致入微、颇具条理，抓住了当地海防的关键问题，有一定的指导意义。

第六节　北部沿海海防职官设置

自努尔哈赤以“七大恨”告天，誓师讨明以来，后金政权便成为明朝政府的首要敌人。为剿灭女真势力，明朝政府在北部沿海诸省调兵遣将的同时，还设立了一系列文武职官，希望通过他们的调度、部署，来整合军事、财政力量，以恢复辽东。由于在这一时期，以辽东、登莱、天津为主的海上战线一度受到明朝政府重视，所以，北部沿海主要是上述地区的许多海防职官陆续设立，并发挥了重要作用。

一、辽东经略（督师）

（一）设置及其沿革

万历四十六年（1618）闰四月庚申，明朝政府因大学士方从哲推荐，任命杨镐为兵部左侍郎兼都察院右佥都御史，经略辽东。① 辽东经略正式设立。该职是明朝政府任命的东北地区最高军政长官，全权负责对女真作战事宜。

不久后，杨镐因在萨尔浒战役中惨败，被逮。万历四十七年（1619）六月癸酉，明朝政府又任命熊廷弼为兵部右侍郎兼都察院右佥都御史，经略辽东②。

泰昌元年（1620）九月乙未，明朝政府初罢熊廷弼。

是年十月，明朝政府以辽东巡抚袁应泰为兵部右侍郎兼都察院右佥都御史，

---

① 《明神宗实录》卷五百六十九，万历四十六年闰四月庚申，第 10702 页。
② 《明神宗实录》卷五百八十三，万历四十七年六月癸酉，第 11103 页。

经略辽东，令其刻期到任，不得疏辞。① 翌年三月，袁应泰因辽、沈战败，丧师失地，于辽阳城内自焚。

天启元年（1621）四月，明朝政府升辽东巡抚薛国用为兵部右侍郎兼都察院右佥都御史，经略辽东。② 不过，薛国用因身体原因，实际上并未担任此职。

天启元年六月，明朝政府再度任用熊廷弼为兵部尚书兼都察院右副都御史，驻扎山海关，经略辽东等处军务。③ 距离上次罢官时隔不到一年，熊廷弼再次出任辽东经略。熊廷弼再任后，提出“三方布置”方案，主张徐图恢复，与辽东巡抚王化贞意见相左，“抚臣主战，廷弼主守”④，结果广宁一战，明军大败，经、抚均被逮。

熊廷弼被逮之后，朝中大臣视“辽东经略”为畏途，纷纷逃避。天启二年（1622）二月，明朝政府任命宣府巡抚解经邦为辽东经略。⑤ 他先后三次上疏请辞，明熹宗大为震怒，“上以经邦托词避难，甚失臣谊，着革职为民，永不叙用”⑥。可见，解经邦虽被任命，却并未赴任。

天启二年三月，明朝政府升兵部左侍郎王在晋为兵部尚书兼都察院右副都御史，经略辽东、蓟镇、天津、登莱等处。⑦ 王在晋经略辽东半年，事功不显。

是年八月，孙承宗建议将王在晋调离，自请出任辽东经略。明熹宗当即同意，令其以原官“督理关城及蓟、辽、天津、登莱各处事务，俟功有，次第即召还朝”⑧。孙承宗在任期间，与阉党发生冲突，备受弹劾，多次上疏请求辞职。

天启五年（1625）十月，明熹宗批准孙承宗回籍养病。命兵部尚书高第，以原官经略辽东、蓟镇、天津、登莱等处军务。⑨ 高第任职后，上疏请求“申明节制”，明熹宗批复：“封疆重权全在经略，文武将吏分别劝惩，一以军法从事，务期扫除积弊，使旌旗改观，法在必行，以称朝廷特简至意”⑩。这一时期，经略职权得到进一步巩固和扩大。天启六年（1626）三月，宁远大捷后，高第迫于辽事

---

① 《明熹宗实录》卷二，泰昌元年十月甲辰，第 76 页。
② 《明熹宗实录》卷九，天启元年四月丙子，第 435 页。
③ 《明熹宗实录》卷十一，天启元年六月丙子，第 550 页。
④ 《明史纪事本末补遗》卷二《熊王功罪》，第 1437 页。
⑤ 《明熹宗实录》卷十九，天启二年二月戊子，第 983 页。
⑥ 《明熹宗实录》卷二十，天启二年三月庚子，第 1001 页。
⑦ 《明熹宗实录》卷二十，天启二年三月甲辰，第 1005 页。
⑧ 《明熹宗实录》卷二十五，天启二年八月庚辰，第 1268 页。
⑨ 《明熹宗实录》卷六十四，天启五年十月庚辰，第 3001 页。
⑩ 《明熹宗实录》卷六十四，天启五年十月戊子，第 3014 页。

的压力，连续两次上疏请求辞职，天启皇帝允其乘驿而归[①]。是年四月，高第被阉党陷害，被革去玉带闲住。[②]

天启六年（1626）三月甲子，明朝政府命蓟辽总督王之臣为兵部尚书兼都察院右副都御史，经略辽东、蓟镇、天津、登莱等处军务。[③] 是年四月，王之臣上疏请辞所加职衔，明熹宗不同意，"朕念切封疆，特改督师出镇，加升尚书，以隆委任，已有旨，着速受事，不必再陈"[④]。王之臣成为继孙承宗之后，又一任辽东督师。这时，辽东经略正式改为督师。

崇祯元年（1628）二月甲辰，明朝政府罢蓟辽督师王之臣，命袁崇焕为兵部尚书兼右副都御史，督师蓟辽、登莱、天津，移驻关门。[⑤]

崇祯四年（1631），明朝政府裁撤蓟辽督师。[⑥]

（二）海防辖区及职权

1. 海防辖区

明朝末年，朝廷在辽东所设之辽东经略（督师），为东北地区最高军事长官，周边军镇尽数隶于其麾下。据《明熹宗实录》所载王在晋职衔为"兵部尚书，兼

---

① 《明熹宗实录》卷六十九，天启六年三月丙午，第 3285 页。

② 《明熹宗实录》卷七十，天启六年四月壬寅，第 3407 页。

③ 《明熹宗实录》卷六十九，天启六年三月甲子，第 3320 页。

④ 《明熹宗实录》卷七十，天启六年四月甲戌，第 3335 页。

⑤ 《崇祯实录》卷一，崇祯元年二月甲辰，第 10 页。据《崇祯长编》卷八，崇祯元年二月甲辰记载："袁崇焕起升兵部尚书兼都察院右副都御史出镇行边，督师蓟辽、登莱、天津等处军务，移驻关门，兼命该省官司敦促上道。"第 404 页。

⑥ 据《明史》卷七十三《职官志二·都察院条附总督巡抚条》记载："天启元年置辽东经略。经略之名，起于万历二十年宋应昌暨后杨镐。至天启元年，又以内阁孙承宗督师经略山海关，称枢辅。崇祯四年并入总督"，第 1773 页。《崇祯长编》卷五十二，崇祯四年十一月壬辰，"承宗上言：国家经制，蓟、辽设两抚，以一总督节制，极得提衡大略，祗缘辽患突发，遂添经略。及臣视师，因易经略为督师，其任与总督同，而不问八郡之官评，独多登、东之节制，于是蓟辽有两人为之督，而蓟、辽两抚俱辖山海，其督师与抚同体，而督师苦于隔抚以督镇道，抚苦于候督师以令镇道，其间反多牵制捍隔之病，臣向言之，今议辽东仍专设巡抚，自中前所以东辖之，不辖关门，其在关门当去督师，径设山海巡抚，以永平一府属之，不辖辽东，其遵化巡抚止以顺天一府属之，不辖永平，仍以蓟辽总督节制三抚，独职其大。至互相应援，则总督为调度，盖关门不可无节钺弹压，而易经、督为巡抚，则料理既亲，弹压亦重，官不增减、权不纷杂，是法之甚便者。帝以所言关切边计，命吏、兵二部酌覆"，第 3040 ~ 3041 页。由上可见，关于裁撤辽东经略（督师）的建议是孙承宗提出的，孙承宗认为在关外设置督师一职，使得机构叠床架屋，指挥并不便利，不若裁撤督师。又据《崇祯长编》卷五十三，崇祯四年闰十一月庚子记载："吏部尚书闵洪学、兵部尚书熊明遇等，疏覆枢辅孙承宗裁督师设巡抚一疏，议以辽东巡抚驻宁远，专管关外九城不辖关门，其关内裁去督师衙门，径设山永巡抚驻山海兼辖永平一府，不辖辽东，顺天巡抚驻遵化，以顺天一府属之，不辖永平，惟蓟辽总督则于关内外无所不辖，令三巡抚悉听节制调度，庶几信地专而操柄一，法无善于此者。"第 3068 ~ 3069 页。据此，则孙承宗的建议，得到户、兵二部的认可。又据《崇祯长编》卷五十三，崇祯四年闰十一月癸丑，"礼科给事中谢玄珧上言，皇上允去辅孙承宗之议不设督师，俾顺、辽二抚悉听蓟督节制，其中尚有未尽机宜则调度应援之当酌也。"第 3098 ~ 3099 页。据此，则崇祯帝同意了孙承宗的建议，不再设辽东督师。

都察院右副都御史，经略辽东、蓟镇、天津、登莱等处”① 来看，辽东、蓟镇、天津、登莱均在其管辖范围之内。因此，上述四镇的沿海地区即为其海防辖区，可以说，整个北部沿海几乎全在其管辖范围内。

2. 职权

辽东经略是努尔哈赤起兵反明后，明朝政府在东北地区设立的战时最高军事长官。该职之设，是为了服务于东北战局，即围绕明清战争展开。出任辽东经略者，可以尽可能地调动北部边疆的军事、财政力量，以确保战争胜利。

就海防职权而言，在不同时期，历任辽东经略权责并不一样。如杨镐及熊廷弼初任经略时，明与后金双方主要围绕陆上争夺，并未牵涉海防事宜。所以，这一时期，该职海防职权并不明显。

袁应泰出任经略后，明熹宗派遣主事方守地捧尚方剑诣辽，赐经略袁应泰。兵部趁机上奏：“自古大将成功，必假之以不御之权，乃得展其筹画。今照蓟、昌、宣大、山西等镇与辽势为唇齿，山东登莱等处海防允相犄角，除事关重大照旧请旨外，遇有警急机宜，不妨移会各总督径行调度，镇道以下抗违误事得不时参奏”，这一建议得到明熹宗的同意。② 此后，辽东经略在理论上拥有了调度、控制北部边疆各镇兵力的权力。不过，这一时期，双方争夺仍主要围绕陆地，所以辽东经略几乎不干预海防事宜。

天启元年（1621），辽、沈相继失守，明朝政府在关外的统治中心不复存在，由于镇守辽阳城的文武官员及将士或逃或死或降，明朝政府在辽河以东的统治，实际上已经全面崩溃，辽阳陷落后，“数日间，金、复、海、盖州卫悉传檄而陷”③。辽南地区的陷落，对明朝震动很大。后金占领辽东半岛及其沿海岛屿，直接威胁到登莱、天津。不久后，熊廷弼再次出任辽东经略，提出“三方布置策”，倡议“以登莱渡海为奇兵”④，这是明清战争中，明朝政府中的有识之士第一次清楚地看到海上力量的重要性。

此后，明朝政府在任命历任辽东经略、督师时，均明确规定其负责经略蓟、辽、天津、登莱军务。

辽东经略是明朝政府为恢复辽东而设的重要文官，其辖区广泛，几乎涵盖了

---

① 《明熹宗实录》卷二十，天启二年三月甲辰，第1005页。
② 《明熹宗实录》卷三，泰昌元年十一月癸卯，第164页。
③ （明）王在晋：《三朝辽事实录》卷四，《四库禁毁书丛刊》史部第70册，第440页。
④ 《陶中丞遗集》卷下附朱一是《陶中丞传二》，第135～136页。

辽东、北直隶、山东数省，其权力较大，可调度周边军事力量、节制周边督抚。在这一时期，该职是东北战区的核心指挥者。可以说，这时围绕辽东战局的数省、镇已经形成一个有机的整体，各处密切联系在一起。经略（督师）是这一整体的指挥核心，总体协调水、陆军事部署。虽然，因时、因地、因人之不同，明末辽东战略侧重点不一，但辽东经略总体控御这一广大地区，区内相关督、抚、镇、道加以配合的战争指挥体制已经形成。

二、天津巡抚

（一）设立及沿革

援朝御倭战争期间，明朝政府为加强北部沿海地区的军事协调、策应能力，整合沿海防御力量，一度于万历二十五年（1597）设立天津巡抚。援朝御倭战争胜利后，明朝政府于万历二十七年（1599）将其裁撤。

明朝与后金战争爆发后，辽东形势急转而下。天启元年（1621）三月，沈阳、辽阳失陷，“河东大小七十余城、官民俱薙发降”①。后金占领辽南地区，可以直接越海威胁天津、登莱，如首任天津巡抚毕自严曾言“金复海盖皆为敌有，计距天津盈盈一水，顺风扬帆两日可到”②，天津面临的海上威胁空前加剧。

是年四月，湖广道御史方震孺上疏陈述目前急务，提出“辽阳不守，海运难行，当并力陆运，督饷侍郎李长庚或回部管事或加敕防守天津”。吏部议覆，“方震孺议请通州、天津各添设巡抚都御史一员……天津旧有督饷抚臣，李长庚撤回协理部事，其新抚另议推补”③。其中已经提及设立天津巡抚事宜。

是月，明朝政府将李长庚撤回管部事。④

是月，兵部尚书崔景荣在上疏中指出：“贼得海盖，则天津登莱俱当隄防，山东抚道诸臣所当时时豫备，粮运陆路艰难，抚臣请将海运繇北岸转饷，此河西命脉所关，督饷部臣已议回部，而新推天津巡抚必兼理粮饷以督海运而后可。”崔景荣主张新设之天津巡抚，需兼理粮饷、海运。明熹宗同意，“升太仆寺少卿毕自严为都察院右佥都御史驻札天津，备兵防海”⑤，天津巡抚再度设立。

① 《清太祖实录》卷七，天命六年三月壬戌，第105页。
② 《石隐园藏稿》卷五《疏一》，《防海方新疏》，第500页。
③ 《明熹宗实录》卷九，天启元年四月甲戌，第425页。
④ 《明熹宗实录》卷九，天启元年四月甲戌，第426页。
⑤ 《明熹宗实录》卷九，天启元年四月丁丑，第437页。

天启元年（1621），熊廷弼提出“三方布置”策略，天津战略地位上升。七月，“寻加天津、登莱二巡抚各赞理征东军务衔，以示犄角”。①

李长庚回部管事后，明朝政府曾在短期内另派人管粮饷。如天启元年十月，明朝政府差户部贵州司主事王仪“管天津辽饷”。② 十二月，升兵部武选司员外郎王弘祖河南按察司副使天津督饷兵备。③ 天启二年（1622）三月，毕自严加户部右侍郎职衔，督理辽东粮饷。④ 毕自严成为督理辽东粮饷。

是年四月，明朝政府升任李邦华为天津巡抚。⑤

天启三年（1623）正月，命铸督理辽饷兼巡抚天津等处关防给毕自严。⑥

这一时期，毕自严与李邦华二人同任天津巡抚，但二人职责有所侧重。毕自严虽兼天津巡抚，但主要负责粮饷事宜⑦，李邦华则主要负责军事事宜。

一地二抚，虽因特殊形势需要，且二人各有侧重，但也有繁冗之嫌。于是，朝廷上下多有调整的建议。

---

① 《明熹宗实录》卷十二，天启元年七月壬戌，第623页。

② 《明熹宗实录》卷十五，天启元年十月庚午，第739页。

③ 《明熹宗实录》卷十七，天启元年十二月辛卯，第870页。

④ 《明熹宗实录》卷二十，天启二年三月乙丑，第1038页。

⑤ 《明熹宗实录》卷二十一，天启二年四月乙亥，第1054页。

⑥ 《明熹宗实录》卷三十，天启三年正月甲辰，第1512页。

⑦ 笔者检阅《明熹宗实录》发现，天启二年六、七月间，《实录》中尚称毕自严为“天津巡抚”，十二月后则称其为“督理辽饷户部右侍郎”（七月至十二月间，实录中并未记载有关毕自严的事情），可见其在十二月后主要负责辽东粮饷事宜。此外，毕自严在所撰《贺津抚李懋明擢少司马序》中说道：“任天下之事易，成天下之事难，乃若任事于始基甫定、经制未备之日，而又疾呼莫应、孤掌独持，此其成为最难，盖始基者非无开创之劳瘁，而当其时必有不容已之势、与不可缓之时，则中外人情知而谅、谅而应者亦或有之。且凭空缔造，必稍与以经始之费，而事无因仍，即草草结构，观者已为丕变。迨前局初奠，节次未调，而昔日之不容稍迟者，此时视为可急、可缓，昔日之与以经费者，此时业已釜洗罄悬，时势万难，而事内之人若诿于无可为以坐视成败，则前功又隳，是以成事之难必倍蓰于作者，而成事者之才猷，亦必倍蓰于作者，则余与李公懋明是已。盖自封疆外陷，烽火内惊，建牙津门以卫都城而援榆塞，余实首事焉，募锐、选劲、治械、剡舟，竭一人之力于匝岁，亦庶几苟完矣。然旅成而未习，谁作其气？器列而未周，谁裕其备？伍立而易虚，谁稽其实？楫治而易敝，谁葺其疎？云锦之奇未众，谁广其畜？露处疲而市处棼，谁为谋居？赏欲厚而罚欲信，谁为旌勇戮悖？以一一缮教之用济夫经始者之未逮也，则公之功巍矣、杰矣。”见毕自严：《石隐园藏稿》卷二《文一》《贺津抚李懋明擢少司马序》，第422页。由上可见，李邦华在任期间，主要是承续了毕自严的未竟之事，着力于当地调兵、募兵、治理军事器械、修造船只等事宜。又据李邦华《到任疏》记载：“于天启二年五月初六日，接得吏部咨为缺官事，天津巡抚升任，员缺，会推臣邦华、尚宝司少卿臣刘策，奉圣旨，李邦华升都察院右佥都御史、巡抚天津等处备兵防海赞理征东军务兼管粮饷，写敕与他，钦此。除臣焚香叩头谢恩外，即于五月十九日，起程赴任。偶值山东郓城、滕县、邹县盗贼蜂起，驿路不通，臣随改繇河南陆路，间关两月，始抵天津。于八月初一日，与升任抚臣毕自严，将钦颁关防、符验、旗牌等项交代到任讫。”可见，八月一日，毕自严与李邦华已经完成了天津巡抚职责的交接。后来，毕自严虽仍称天津巡抚，实则专负责饷运。见《文水李忠肃先生集》卷三《抚津苶言》，第87页。

天启三年（1623）七月己酉，刑科都给事中曾汝召上疏请裁撤冗官，指出“国家自兵兴以来，添设官员不知凡几，冒破钱粮不知凡几……天津去海口百二十里，冒险深入，兵家所忌，奴未必来，我亦不必虑也。惟是锁钥东南以壮声援，隄备亦不可少，而弹丸之地，两建牙钺、广设道府、将官，所费甚多。则督饷部院与天津巡抚宜归并为一，仅留才望道臣二员镇守其间，而分山海总兵一员带兵一万住牧其地，使之日加训练，受成于枢辅，则天津亦可帖然矣”①，倡议将天津巡抚与督饷大臣合二为一。

与此同时，时任天津巡抚李邦华也主张将二者合并。他曾在给友人的信中写道：“弟以为津门斗大，积饷转运数逾百万，则饷部万不可少，而弟之衙门，不过接替。今募兵已罢，接替已完，若现在水陆兵万余，只须饷部代管而足，前者兵政、马政将领等官殊不成章，破费整理，弟今布置各有端绪，兼摄甚易，此不徒为弟脱身计，国家建置，自应如此。”②

天启三年闰十月，明朝政府升李邦华为兵部右侍郎。③ 遗下天津巡抚之缺由督饷大臣毕自严兼管，“时议天津二抚归并为一，邦华升任。诏以巡抚事务著督饷官兼管，自严疏辞，得旨：兵、饷允宜归并，毕自严才足胜任，不必辞”④。

此后，该巡抚由督饷大臣兼任，讫明末未改。

（二）辖区

天启元年（1621），天津巡抚重设之后，有了固定辖区。据天启四年（1624）明熹宗赐给毕自严的敕书中记载：

> 尔仍照新议，兼巡抚天津等处管理防海事务，统辖天津道府所属州县营卫，并沿海武清、宝坻、滦州、乐亭及附隶卫所，凡一切海防军务并地方官评、兵马、盗贼、保甲、城守事宜俱听便宜行事，顺、保巡抚一体预闻，至于钱粮、词讼、额例事规或拖欠未完或卷案未结，仍听顺、保巡抚管理，以免掣肘⑤。

由上可见，天津巡抚的辖区为天津道所属州县即河间府及沿海的武清、宝坻、滦

① 《明熹宗实录》卷三十六，天启三年七月己酉，第 1865～1866 页。

② （明）李邦华：《李忠肃公集》卷五《与郑元岳太常》，道光二十三年（1843）刊本。

③ 《明熹宗实录》卷四十，天启三年闰十月戊戌，第 2071 页。

④ 《明熹宗实录》卷四十，天启三年闰十月辛亥，第 2099 页。

⑤ 《饷抚疏草》卷七《缴敕书》，《四库禁毁书丛刊》史部第 75 册，第 380 页。

州、乐亭和附近卫所。①

不过，笔者认为，本处所谓的辖区与其他省直巡抚不同，该巡抚主要侧重军事，由上文所引史料可看出，天津巡抚主要负责“一切海防军务并地方官评、兵马、盗贼、保甲、城守事宜”，至于“钱粮、词讼、额例事规或拖欠未完或卷案未结”则仍归顺天、保定巡抚处理。如毕自严在《钱粮不继疏》中提及：“省直抚臣俱有原管兵马、额设钱粮，统辖州县甚多，那儹备办亦易，而津门有一于是乎”？② 李邦华在《踏勘海防乞敕修明事宜疏》中也曾说道：“滦、乐名虽臣属，而实隶顺天，则事权大轻，鞭长安及马腹？况丰润又隔中路，而统辖各别，则血脉不贯，遥制必嫌越俎，故臣所能者，但有整理舟师出洋会哨，而海岸敌楼、烽墩，则须顺天抚臣严行各州县力为修复，庶声息时闻而备御可施乎”③。又在《条陈兵政疏》中指出：“蒙皇上拔臣抚治津海，地非郡邑，刑名钱谷之事一毫罔相关涉。”④ 据此可知，天津巡抚虽然有自己的辖区，但是其主要负责辖区内的军事事宜。

三、登莱巡抚

（一）设立背景及沿革

天启元年（1621）六月，辽东经略熊廷弼提出“三方布置”策略，以图恢复辽左，为配合这一战略，他建议，“登莱、天津并设抚镇，山海适中之地特设经略，节制三方以一事权”⑤，此为登莱巡抚设立之由。光绪《增修登州府志》也认为“辽、沈相继覆，熊廷弼建‘三方布置’之议，设登莱巡抚以命朗先”⑥，可见登莱巡抚之设，是为配合熊廷弼“三方布置”方略，是辽东形势大变局的产物。

天启元年六月，明朝政府升原任登州道按察使陶朗先为都察院右佥都御史、

---

① 据毕自严《石隐园藏稿》卷五疏一《瀛海灾伤疏》中记载：“臣所辖河间府十八州县并六卫一所，除河间、吴桥、肃宁三县轻灾不敢槩渎外，其任丘等十五州县并各卫所俱罹旱蝗之厄，灾伤重大，臣滥竽节钺，叨有抚循之责，辄敢冒死上闻，为数百万生民请命”，据此，则河间一府十八州县并六卫一所均属其辖区，《景印文渊阁四库全书》第1293册，第505页。

② 《石隐园藏稿》卷五疏一《钱粮不继疏》，第501页。

③ 《文水李忠肃先生集》卷三《抚津荼言》《踏勘海防乞敕修明事宜疏》，第109页。

④ 《文水李忠肃先生集》卷三《抚津荼言》，《条陈兵政疏》，第97页。

⑤ 《明熹宗实录》卷十一，天启元年六月辛未，第543页。

⑥ 光绪《增修登州府志》卷二十五《文秩一·登莱巡抚》，第251页。

巡抚登莱等处地方，登莱巡抚正式设立。[①] 七月，“寻加天津、登莱二巡抚各赞理征东军务衔，以示犄角，惟辽抚仍照原衔”[②]，登莱巡抚开始赞理征东军务。

对于登莱巡抚的设立，光绪《增修登州府志》也有记载，兹录于下：

> 登莱巡抚：明制，巡抚皆加都御史衔，兼军务者加提督，有总兵地方，加赞理或参赞，所辖多、事重者，加总督。天启元年，设巡抚登莱赞理军务一员，号防抚军门，亦称防院，驻登州，专主调兵、御寇，山东巡抚则筹饷以济之。崇祯二年裁，三年复设。[③]

由上可见，登莱巡抚驻扎于登州，主要负责军事，“专主调兵、御寇”等军事事宜，山东巡抚则处理相关民政事宜，并与其配合。

崇祯初年，登莱巡抚一度被裁撤。对于登莱巡抚被裁撤的时间，史书记载略有不同，主要有以下两种观点。

1. 裁撤于崇祯元年（1628）

明末档案《兵部尚书王洽等为酌裁登莱官兵以节兵饷事题行稿（尾缺）》提及，“崇祯元年十一月二十三日，准兵部咨为裁撤不急抚镇等事。内称：查得登莱约兵五千，今抚、镇一时并裁”[④]。

又据《国榷》记载：崇祯元年九月丙戌，“裁登莱巡抚，罢孙国桢”[⑤]，认为登莱巡抚裁撤于崇祯元年。

又据《明通鉴》记载：崇祯元年七月，（袁崇焕）“又‘请罢宁远及登莱巡抚不设’，上亦报可”[⑥]，也认为该抚裁撤于崇祯元年。

2. 裁撤于崇祯二年（1629）

据光绪《增修登州府志》卷二十五《文秩一》记载：“崇祯二年裁，三年复设。”[⑦] 认为该巡抚裁撤于崇祯二年。

---

① 《明熹宗实录》卷十一，天启元年六月丙子，第550页。不过，据《明熹宗实录》卷十记载，天启元年五月癸丑，兵部议覆言：“至于蹈海寄登者，接渡非难，安插难，而稽查奸宄尤难。除周义水兵原系东省援辽兵数，应归旧伍，其川兵、毛兵归天津、登莱者，如果壮健，登抚即留充营伍，以省召募。领兵之官，亦准登、津留用”，第515～516页。已经提及“登抚”，据此则登莱巡抚之设立当不晚于天启元年五月。

② 《明熹宗实录》卷十二，天启元年七月壬戌，第623页。

③ 光绪《增修登州府志》卷二十五《文秩一·登莱巡抚》，第251页。

④ 《中国明朝档案总汇》第六册，第442《兵部尚书王洽等为酌裁登莱官兵以节兵饷事题行稿（尾缺）》，第96页。

⑤ 《国榷》卷八十九，崇祯元年九月丙戌，第5457页。

⑥ （清）夏燮：《明通鉴》卷八十一《纪八十一》，北京：中华书局1959年版，第3118页。

⑦ 光绪《增修登州府志》卷二十五《文秩一·登莱巡抚》，第251页。

此外，《明史》中对登莱巡抚裁撤时间的记载，前后有所龃龉。据《明史》卷二五九《袁崇焕传》记载："（崇祯元年）及登莱巡抚孙国桢免，崇焕又请罢不设。帝亦报可"[①]；卷二七〇《张可大传》记载："（张可大）崇祯元年出为登莱总兵官。会议裁登莱抚镇，乃命以总兵官视登州副总兵事，而巡抚遂罢不设"[②]，以上二者均认为登莱巡抚裁撤于崇祯元年。但《明史》卷七十三《职官二》中却说："（登莱巡抚）崇祯二年罢。三年复设。"[③] 又明确指出该抚裁撤于崇祯二年。

笔者认为，登莱巡抚的这次裁撤应当以孙国桢去职为准。因为自孙国桢去职后，至后来孙元化出任该职的一段时间内，始终无人担任该抚。孙国桢去职于崇祯元年（1628），所以该职当裁撤于崇祯元年。

崇祯三年（1630）六月癸酉，明朝政府任命"宁前道兵备副使孙元化为右佥都御史巡抚登莱、东江，兼恢金复海盖"[④]，登莱巡抚再次设立。

孔有德之乱后，登莱巡抚又曾短期裁撤，由山东巡抚代管。据《明通鉴》记载："八月甲申，叛贼败于沙河。先是，上命朱大典巡抚山东，救莱州。时谢琏等被执，遂绝抚议，乃罢总督及登莱巡抚皆不设，以大典督师，统主客兵数万及关中劲旅四千八百余人，专任剿贼。"[⑤] 由上可见，自谢琏死、朱大典统兵平叛，至崇祯六年（1633）三月陈应元出任登莱巡抚期间，该抚曾短期被裁，由山东巡抚代管。

自此，登莱巡抚一直存在，直至明亡。

（二）裁撤之争

登莱巡抚本是明朝政府为配合熊廷弼"三方布置"战略而设，但该抚设立后不久，熊廷弼即因广宁失守被下狱论斩，"三方布置"方略也随之破产。这一时期，女真势力一时并未渡海南下，因此朝中多有官员倡议裁撤该抚。

天启三年（1623）七月，刑科都给事中曾汝召上疏请求裁撤登莱等巡抚，指出："国家自兵兴以来，添设官员不知凡几，冒破钱粮不知凡几。登莱海国也，

---

① 《明史》卷二五九《袁崇焕传》，第 6714 页。

② 《明史》卷二七〇《张可大传》，第 6940 页。

③ 《明史》卷七十三《职官二》，第 1779 页。

④ 《国榷》卷九十一，崇祯三年六月癸酉，第 5539 页；（清）查继佐：《罪惟录》帝纪卷之十七：崇祯三年三月，"添设登莱抚、镇，以孙元化、张可大填之"，四部丛刊三编景手稿本。

⑤ 《明通鉴》卷八十三《纪八十三》，第 3181 页。

骇浪惊涛拍天蔽日，奴即凶悍，舍鞍马而争衡于舟楫，虽至愚不为，则登莱巡抚撤之可矣。非轻视登莱也，择一才望道臣镇守，而以骁勇参将佐之。养兵五千，使之日加训练，时行侦探听，调遣于东省抚臣，登莱可保无事矣。”① 曾汝召认为，登莱有海洋天险，女真人长于鞍马、不习舟楫，绝不可能弃长取短，轻易挥师从海上入侵。因之，登莱巡抚并无设立的必要。若要加强登莱防御，可以采用其他手段，如择才望道臣、骁将镇守、多设兵员等。所以，应当裁撤登莱巡抚，以节省费用。

天启三年（1623）九月癸卯，刑科给事中解学龙上疏，请求裁撤登莱巡抚。指出：“登莱巡抚之议，谓是沿海保障耳。然有道臣、有大将，至于指授方略，则该省原有巡抚统之。近日并饷抚于津门，裁监军于东郡，诚枢辅匡时石画。臣亦谓疏盐、登抚两官亟当与招练同行裁革。”② 解学龙认为登莱巡抚是冗官，该地原设有道臣、总兵，他们既可以在小范围内调度兵员，又可以直接负责战事指挥。此外，倘若有重要战略部署的话，山东巡抚也完全可以胜任。因此，应当裁撤该巡抚。

天启三年（1623）十一月乙酉，南京工科给事中徐宪卿，认为“人财两敝，亟宜更张”，倡议裁撤登莱等巡抚，指出：“况津抚以长财屈于短驭，通镇以乌合恣其鸱张，登莱以虚声浪做实着，皆裁之便。裁之而岁可省百万金钱，何惮不为也?”③ 徐宪卿着眼于财政，主张将登莱巡抚等“冗官”裁撤，以缓解财政压力。而且，他也认为登莱着眼于虚，于辽东大势并无多大关系。

天启三年（1623）十二月，户科给事中朱钦相在上疏中主张裁撤登莱巡抚。他说道：

守登莱、天津、守海中诸岛者，虚声也。虚声者，张局布势可以恫喝敌人之一时，而不可以为旷日持久之用，且奴之不能舍骑从舟，以与我争于烟波浩渺之间亦明矣。故津、登之兵只于旧饷中稍为增益、训练以壮声援，其新设多旅断宜尽罢。……自有东事以来，不闻选一名将，惟在在添设文官。近议归并津抚矣，乃登抚亦当并罢。海上往来全视风潮，若风不便利，跬步难前。故闽浙抚臣惟是风顺之月视师海上，谓之防汛，今齐抚独不可仿而行

① 《明熹宗实录》卷三十六，天启三年七月己酉，第1865页。
② 《明熹宗实录》卷三十八，天启三年九月癸卯，第1975页。
③ 《明熹宗实录》卷四十一，天启三年十一月乙酉，第2158页。

之乎?①

朱钦相认为，就整个辽东战略而言，登莱、天津、东江水路只是虚着，只能起到暂时的牵制作用，而不可能从根本上扭转战局。而且，水路并非女真专长，他们不可能造成很大的海上威胁。因此，没有必要专设登莱巡抚，只需山东巡抚在汛期巡历即可。

尽管以上数人从多个方面论述了裁撤登莱巡抚的必要性，但大学士孙承宗却坚决反对裁撤登莱巡抚，他于天启三年（1623）十二月，上疏指出“登抚未可遽裁，登镇仍当早计”，并详细阐述了保留登莱巡抚的理由，说道：

> 登抚之设，原以防贼南下。目今贼无问水之师，即东抚可兼，则登抚原自可省。第向者，东省有事而海上后以扬舲见告，东鞭其有及乎？且两镇并设，三方照应，而不以一抚臣节制之，其兵马钱粮不得问，其斩获捕捉不得问，其调发分防不得问，其信地营制不得问，而独责其传弁流之塘报也？则登抚真可裁矣！然国家真以两镇不可问、不宜问乎？饷不及何以养兵，兵不核何以给饷？关门聚士大夫以驭弁流，而不无虚冒，独两镇为可勿问乎？海上之师所关甚重，一隅之偏师必不若三镇之犄角。登镇与平岛定宜并建，觉华与登镇定宜贯通，静以防守，动以恢复。定□以此为大机，两镇之兵马钱粮调发功罪必不可以不问，则登抚之议当早为裁决。②

显然，孙承宗并不同意裁撤登莱巡抚。他认为山东沿海地区虽然暂时面临的海上威胁并不大，但难保将来不会出现变化。倘若女真势力一旦从海上大举入侵，山东巡抚又鞭长莫及，势必贻误军机。而且，明朝政府为防止女真势力南下，已经在山东沿海及辽东海上岛屿设立登州、东江二镇，这也需要由专门的巡抚节制，以负责协调、调度二镇钱粮、兵马，勘查其斩获、捕捉，总理二镇军队的调发分防，划分其信地营制等。因此，登莱巡抚不可裁撤。孙承宗的建议，得到朝廷的批准，明朝政府批示：“登莱巡抚官料理海上，岂可遽裁？袁可立已有旨，著尽心任事”③。

在孙承宗的建议下，明朝政府认识到登莱巡抚的作用，依旧保留该巡抚。不过，在朝廷之上，关于登莱巡抚是否应该裁撤的议论，却并未终止。天启四年

---

① 《明熹宗实录》卷四十二，天启三年十二月己丑，第2167～2168页。
② 《明熹宗实录》卷四十二，天启三年十二月壬辰，第2178～2179页。
③ 《明熹宗实录》卷四十二，天启三年十二月壬辰，第2183页。

（1624）三月，武之望出任登莱巡抚。武之望与毛文龙不合，二人互相弹劾、掣肘，以至影响战局，于是裁抚、调抚之议又起。

天启五年（1625）二月，礼科给事中李恒茂上疏，建议裁撤通州、登莱、偏沅、屯田四巡抚，其理由如下："自逆酋犯顺以来，海内添巡抚四，曰通、曰登、曰偏、曰屯。通抚改用京左，只觉其安静而不闻有疏虞。登莱隔奴酋二千余里，奴善骑不善舟，轻去巢穴渡海而南断无是理，万一小警，道将饶为，何必烦一巡抚重臣始为愉快？"① 显然，李恒茂认为，登莱远离辽东战场，而后金军队又不善水战，不可能轻率以舟师南下，侵扰山东沿海。因此，山东沿海的海防事宜，仅需一道臣足矣，没有必要专设巡抚。

天启五年（1625）六月己卯，御史高弘图在上疏中反对裁撤登莱巡抚，他认为："登抚宜裁，人以为然。殊不知旅顺危而锁钥加严，辽人多而土著难安，分籍涣党处置得宜，应有专责，留一老成练达、实心干济之抚臣，假之岁月，利赖良多，况闻莲妖遗寇讹言布传，断非登抚卸担之日、国家省官之时也。"② 高弘图从辽东战局的整体角度出发，认为登莱巡抚不可裁撤，他认为登莱巡抚不但控制山东东部沿海，而且还可控御辽南地区，只有在其协调、调度之下，旅顺方能有所保障，而稳固旅顺防御，即可阻断后金从辽南四卫入海犯京师的路线，减轻京畿防御压力。

此外，这一时期，登莱巡抚武之望与东江总兵毛文龙之间的矛盾，也成为当时亟待解决的问题。为此，明朝政府需要对登莱巡抚做些调整。天启五年（1625）十一月甲寅，礼科给事中张惟一在上疏中提到登莱巡抚处置问题，认为"文武不和恐致误事，登抚或裁或调，乞早处分。上命该部上紧从长酌议"③。张惟一看到了武、毛二人矛盾到了不可调和的程度，势必舍弃一人而专用一人。因此，他倡议对登莱巡抚或裁或调，以稳定形势。吏部尚书李宗延等人在讨论后，认为：

> 登抚之设，耑为辽海，声援呼应真若一体，辽海官兵往来既众，则议防奸伪，控制驿骚，讵一道臣所能弹压？此登抚不可裁者一。且裁登抚势必禀成于东抚，东省去登遥远，机事变在呼吸，而文移动经旬时，即移镇近地，

① 《明熹宗实录》卷五十六，天启五年二月乙酉，第 2562 页。
② 《明熹宗实录》卷六十，天启五年六月己卯，第 2788 页。
③ 《明熹宗实录》卷六十五，天启五年十一月甲寅，第 3068 页。

顾此失彼，鞭长不及马腹，此登抚不可裁者二。惟是登抚武之望与镇臣毛文龙形迹既已稍分，精神终难强合，嫌疑之开于二臣者所关小，安危之转于辽海者所关大，合无将抚臣武之望调南京别衙门用，其登抚员缺另行推补。上是之。[①]

李宗延等人从整个辽海战局出发，认为登莱与辽海已经成为一体，尤其是在辽东形势江河日下、大量官兵军民纷纷渡海涌入登莱的情况下，非设登莱巡抚不能稳定当地局势。假如这时裁撤登莱巡抚，那么势必就会加重山东巡抚的负担，并且登州与济南相距千里，很可能会因为文移往返造成战机贻误。所以，不主张裁撤该抚。不过，他们对武之望和毛文龙之间的矛盾，给予了一定关注。出于协调登莱沿海形势的目的，他们建议将武之望调离，然后重新任命登莱巡抚。不久后，武之望去职。

此后，裁撤登莱巡抚之议渐息。崇祯元年（1628），明朝廷裁撤登莱巡抚。关于这次裁撤，《崇祯长编》有所记载：崇祯元年九月戊寅，“督师袁崇焕请裁登莱抚、镇，改设一协镇、一参将、二游击，以为东江应援，有事则以山东抚臣移驻登莱。报可”[②]。《明史》记载为：“（崇祯元年）及登莱巡抚孙国桢免，崇焕又请罢不设。帝亦报可。”[③] 由此可见，以上二者均认为这次裁撤是因袁崇焕上奏，却均未言及袁崇焕请裁登莱巡抚的原因。在笔者所见史料中，也未发现袁崇焕上奏裁撤登莱巡抚的直接原因。不过，在明末档案中却发现了一些端倪，据《兵部尚书王洽等为裁撤登莱官兵以节兵饷事题行稿（尾缺）》记载：

若登莱不当夷冲，而多设官兵……

崇祯元年十一月二十三日准兵部咨，为裁撤不急抚镇等事。……

该臣会同督师尚书袁崇焕看得，登镇旧系副将，原为防海而设。总镇之加则自天启元年始也，今议裁汰，实为省饷济边之至计。……

登莱虽云边海，奴必不能争舟楫之利于溟渤之区。故往时之设重臣、集重兵，夸大之语也。督师以登莱不当夷冲，议裁总兵而止用副总一员……[④]

以上引文虽专述明朝政府裁撤登莱总兵之原委及其善后措施，不过，由于登莱总

① 《明熹宗实录》卷六十五，天启五年十一月甲寅，第3068~3069页。

② 《崇祯长编》卷十三，崇祯元年九月戊寅，第754页。

③ 《明史》卷二五九《袁崇焕传》，第6714页。

④ 《中国明朝档案总汇》第6册，第442《兵部尚书王洽等为酌裁登莱官兵以节兵饷事题行稿（尾缺）》，第93~105页。

兵与登莱巡抚的设立、裁撤均为一体，我们从中仍可大致窥见袁崇焕裁撤登莱巡抚的原因。那就是，袁崇焕认为女真势力绝对不可能越海南下，所以登莱并非战争重点地区，是为“不急抚镇”。而且，登莱抚镇之设，耗费众多军饷。因此，他力主裁撤。

崇祯三年（1630），登莱巡抚再度设立。对于登莱巡抚重设的原因，说法不一。据《罪惟录》记载：“时梁廷栋为枢部，以世龙不受中制，令所善部郎丘嘉禾（按：当为丘禾嘉）监其军，诬世龙坐视三屯不救，承宗争之，廷栋益不悦，故超拜嘉禾为辽抚、而孙元化为登抚，以挠经略。”① 显然，查继佐认为梁廷栋奏请以丘禾嘉为辽抚、孙元化为登抚，是出于对督师孙承宗的忌恨，目的在于使二官牵制、阻挠孙承宗。

此外，清人陈鼎撰《东林列传》卷六《孙承宗传》则记载为：“时梁廷栋为兵部尚书，恶马世龙不受中制，令所善部郎丘禾嘉监其军，诬世龙坐视三屯不救，承宗争之，廷栋益不悦，故超拜禾嘉为辽抚，孙元化亦以言兵超拜登抚，承宗连章求罢，弗许。既而朝议皆欲听其去，以辽委禾嘉，而上不从。”② 由此可见，孙元化之被任命为登莱巡抚，主要因其能“言兵”，并未见有以其牵制孙承宗之意。

茅元仪在《特进荣禄大夫山东防海总兵官右军都督府右都督扶舆张公神道碑》中说道：“盖是时，以兴治之乱，始用宁远兵使孙元化为登抚”③，认为东江刘兴治叛乱后，明朝政府出于稳定东江秩序考虑而重设此官。此外，又据《明史》记载：“刘兴治反东江，遂奉诏还镇。已而四城并复，朝议复设登莱巡抚，以孙元化为之”④；“三年，皮岛副将刘兴治为乱，廷议复设登莱巡抚，遂擢元化右佥都御史任之，驻登州”⑤，也认为刘兴治叛乱是明朝政府重设登莱巡抚的根本原因。

关于登莱巡抚重设之原因，在明末档案中也有所反映。据《兵部尚书梁廷栋等为东省海防隐忧宜早增兵添饷事题行稿》记载：“登镇设抚，原为恢辽，不为

---

① 《罪惟录》列传卷之九上《孙承宗传》。

② （清）陈鼎：《东林列传》卷六《孙承宗传》，《景印文渊阁四库全书》第458册，第246~247页。

③ （明）茅元仪：《石民四十集》卷二十八《特进荣禄大夫山东防海总兵官右军都督府右都督扶舆张公神道碑》，明崇祯刻本。

④ 《明史》卷二七〇《张可大传》，第6940页。

⑤ 《明史》卷二五八《徐从治传附孙元化传》，第6436页。

防海也。迨刘兴治告变，而东抚始急海矣，是以有增兵之议”①；又据《兵部尚书梁廷栋等为登莱巡抚孙元化谢恩委命并陈防御情形事题行稿》记载：孙元化认为：

> 夫为登复抚，实因岛变。以臣抚登，似因岛疏。……
>
> 为照登抚裁而复设，虽因岛变，而大意原为渡旅恢卫。计四卫辽之四卫也，恢卫即恢辽也。②

由上引明代档案可见，登莱巡抚之重设是源于刘兴治之叛乱。

笔者认为，这次登莱巡抚重设之原因当为：崇祯三年（1630）东江刘兴治叛乱，明朝政府为解东顾之忧再设登莱巡抚，而孙元化因能“言兵”而颇得兵部尚书梁廷栋嘉许，于是被任命为该地巡抚。

崇祯五年（1632）四月，山东巡抚徐从治死于登州兵变，明朝政府“擢大典右佥都御史代之，诏驻青州，调度兵食”③。是年七月，登莱巡抚谢琏被擒，朱大典代理登莱巡抚。据《明史》记载：“从治死，琏遂被擒。于是举朝恚愤，逮宇烈下狱，调关外劲卒剿之，罢总督及登莱巡抚不设，专任代从治者朱大典以行。”④

总体而言，登莱巡抚设立后不久，在明朝政府内部就有裁、留两种声音。主裁者认为，后金不可能渡海而下，所以登莱海防并不重要，裁撤该抚可以节省经费。主留者则看到了登莱海防地位的重要性，认为设抚于此，可以节制当地军事力量，还可以趁机恢复辽南。笔者认为，朝臣之所以争论登莱巡抚的撤、留，主要原因是该抚本为配合“三方布置”而设，以恢复辽南为主要目的，即“原为恢辽，不为防海”。后来，随着“三方布置”方案的破产，恢复辽南的可能性越来越小，而后金又一时并未南下，所以才导致了这些争议。

（三）登莱巡抚与东江镇关系

登莱巡抚设立与东江镇之建立几乎同时，由于地域靠近，加之明代“以文制武”的传统，登莱巡抚与东江镇武官集团之间有着紧密的联系，其关系或好或

---

① 《中国明朝档案总汇》第7册，第625《兵部尚书梁廷栋等为东省海防隐忧宜早增兵添饷事题行稿》，第471页。

② 《中国明朝档案总汇》第7册，第626《兵部尚书梁廷栋等为登莱巡抚孙元化谢恩委命并陈防御情形事题行稿》，第478、493页。

③ 《明史》卷二七六《朱大典传》，第7058页。

④ 《明史》卷二五八《徐从治传》，第6435~6436页。

坏，对明末山东沿海战局、辽东形势，乃至明清鼎革大势等均产生了重要影响。登莱巡抚与东江镇的关系，大体可以毛文龙之死为界，划分为前后两个阶段。

1. 毛文龙与登莱巡抚关系

毛文龙与登莱巡抚关系较为复杂，因人之不同而时好时坏。

天启元年（1621）八月，明朝政府因熊廷弼、陶朗先之请，升原任参将王绍勋为镇江副总兵，与毛文龙连师。① 是年九月，镇江复陷。至于镇江陷落的原因，《明史纪事本末补遗》中有所记载："初，文龙克镇江，屯民踊跃来归，后见兵势寡弱，人心颇摇。王绍勋驻兵鹿岛，去镇江百余里，观望不敢进"②，认为王绍勋的观望不前，对于镇江陷落负有很大责任。天启二年（1622）正月，吏科给事中侯震旸上疏论及登莱巡抚与东江镇的关系，指出："登抚陶朗先勒令解任。盖经、抚不和大半由登抚之误，欲居首功，遂忌毛文龙，偏信反覆之王绍勋，不为救而故为摧抑，人心不平全在于此"③，侯震旸认为陶朗先忌妒毛文龙之功，于是偏信王绍勋，对毛文龙牵制摧抑，所以才导致这次失败。由此可见，陶朗先与毛文龙的合作并不顺利。不久后，陶朗先离职。

天启四年（1624）三月，武之望出任登莱巡抚。武之望在任期间，与毛文龙的关系较为紧张，前后多有龃龉。兹以其中较为典型的张攀驻守旅顺事件为例，加以剖析。

天启五年（1625）十月，武之望遣将张攀驻守旅顺，毛文龙则使张继善撤其兵民。④ 对此，武之望非常不满，上疏指出：

> 旅顺之防，原属车领信地，臣建议欲截分彼此、专其所属者，非故与毛帅参商也。极知海外人心不齐终难联络，故欲专其责成、免致争竞推诿云耳。臣疏原欲先尽东镇，且请并行毛帅商确，而部覆不行会议径改属登镇，且定题为游击张攀专来防守，业已到彼任事一月矣。而东镇忽移张继善等四员特来驻防。在张攀势难与争，自应拱手逊避。第今又将兵民载去，不知径撤旅顺之防，而以空堡贻张攀乎，抑暂移别岛避奴酋之冲，而向后复来驻防也。前后并无知会文移。……前日张攀之来，兵部覆疏，初云禀成登抚，又云听毛文龙节制，倘一事而禀成者曰可，节制者曰否，令任事者安所适从，

① 《明熹宗实录》卷十三，天启元年八月甲午，第680页。
② 《明史纪事本末补遗》卷四《毛帅东江》，第1450页。
③ 《明熹宗实录》卷十八，天启二年正月戊申，第914页。
④ 《明史纪事本末补遗》卷四《毛帅东江》，第1457页。

是教之贰也。即两镇移文商量，速以两月计，迟则三四月矣。如此而欲并行禀成、节制之策，其能有济乎？况今海外之患，全在人心不一、法令不行，如曾有功勾虏诱陷，罪恶通天，臣前后疏参不啻舌敝颖秃，而中外置之不问。目前若此，而欲后来诸将禀成、节制于登抚，其谁信乎？而谁肯从之？章下兵部。①

由上可见，兵部是在未知会毛文龙的情况下，直接委派登州将领张攀驻守旅顺。此举引起毛文龙不满，于是遣将张继善等四人，逐走张攀，并将旅顺兵民一并撤离。武之望指出，他本来是打算与东镇毛文龙商议后，再确定旅顺之归属。而朝廷则直接以张攀守旅顺。② 此举出自朝廷，并非其故欲毛文龙“参商”。而后，他认为毛文龙在撤出旅顺军民后，并无“知会文移”，不符合常理。同时，他对于兵部要求张攀既“秉承登抚”又“听毛帅节制”颇为不满，认为这样会使当事将领左右摇摆、无所适从。武之望此疏，意在强调需确立登莱巡抚的权威。就事实而论，毛文龙此举确属不妥，将旅顺兵民撤离一空，于辽南战局并无益处。礼科给事中叶有声即认为，“张攀戍守旅顺，业奉朝命，东镇不宜遣张继善逐之”。不过，朝廷对此事的处理却是轻描淡写，“上曰：两镇兵马应照原分信地各为防守，不必争执”③。

天启五年（1625）十一月，朝廷着意处理武之望与毛文龙之间的矛盾，并将双方以前相互攻讦之文书加以整理，以备裁量。据《明熹宗实录》记载：

先是平辽总兵毛文龙陈海上情弊六款，曰人言宜察，接济宜早，客商宜通，馈遗宜禁，妒忌宜消，功过宜准。内言，游击朱家龙在海外带去银两，及在登冒支饷银共二万六千两，贿嘱在登乡绅营升旅顺副总，臣差官调之以

① 《明熹宗实录》卷六十一，天启五年七月己酉，第2867～2868页。

② 据《明熹宗实录》卷五十八，天启五年四月癸未，“兵部覆登莱巡抚武之望疏，言登镇距三韩一大海，为东镇接济则易，为三方并进则难，向来当事者多侈大其词，以勤庙堂之东顾。抚臣不言防内侵，不言可进战，而以牵制自居，一何料敌审而持议平也。事在牵制，则皮岛与旅顺左右特角焉，若论事权之专一，属旅顺于东镇非不称便，然筑城而毛文龙不能协力，丧师而文龙不能救援，鞭虽长有难及矣。而自登至旅顺，缩言之者曰七（百）里，纾言之者曰千余里，总之风顺一日夜可达。盖以形势论，旅顺为辽左四卫之咽喉，登莱、天津之门户，无旅顺则东镇之转输无从出海，朝鲜之贡使无繇出途，登莱与虏比邻亦有不安之势，是旅顺不可不固守也。以调度论，旅顺距东镇远而险，声闻虽可相通，缓急必难相拯，距登莱近而便，兵将易于责成，粮糈易于接济。且挑浚南关，非登抚不能任，华夷界口非登镇不能防。是旅顺应属登州，必然之画也。今已设游击一员专守旅顺，当专属登抚节制，其分岛各官听登抚择人分布，咨题授职，南关堡挑浚听登抚择人严阵架梁相机兴工，无蹈前辙。……上是之”。第2668～2670页。由此可见，明朝政府将旅顺划归登州镇，是在对形势综合考虑下做出的决策。

③ 《明熹宗实录》卷六十一，天启五年七月丙辰，第2873页。

追其饷，乃惜情面者反为之游扬奖借，保全其首领。臣奉旨招商，而登府胥吏借盘诘以需索，百计阻挠，致众商裹足。近遣员役往登公干，不可问否，少有馈送即收之门下，以为腹心，致机密事务迟误不通。文武一体，谊切同舟，今则不然，或耻己之短，忌人之功，阴挠阳阻，随其簸弄，大抵语多侵登抚。巡抚武之望具疏奏辩，复备陈两镇不和之故。言臣初抚登时，期与文龙同心共济，移书相劝勉，捐资相接济，乃数次文移，杳无一字相应也。既而捐米助张盘，以救水火之民，不惟不以为德，而且以为摇夺矣。曾有功勾虏陷张盘，臣查提以正奸宄之罪，不惟不以为罪，而且以为陈国才嫁祸诬害矣。至七月中，忽移文相继而至。一则铁山失火实有其事，而移文于臣，却谓登官造谤，令臣戒谕之。一则赊欠商货，万口喧腾，而移文于臣，反谓登官挠阻，令臣究治之。一则朱家龙得罪该镇，不知何故乃差官相继锁拿，而又移文于臣，谓家龙以饷银二万余馈送登州士绅及各上司，令臣拘解过海究治之。而屡疏言旅顺事，其言揶揄、诋诬无所不至。臣虽不足惜，独不虑轻朝廷而辱节钺之体耶？至疏揭谆谆以妒忌二字相加遗，臣所妒何功？所忌何事？若原无妒忌之实，而正以不扶同、不欺蔽为妒忌，臣不任受。臣久病愤郁，乞罢臣归里。得旨，封疆任重，当同心共济，文移失体，事属偶然，宜捐去小嫌以图大计。本内事情著该部查议具奏。①

由上可见，武、毛二人矛盾由来已久。先是，武之望计较其任职之初，数次致书毛文龙示好，毛则未加回复，此举实属失礼，武之望已心存不满。其后，双方又因上列诸事龃龉，矛盾日益升级。至旅顺驻防事件，双方矛盾达到顶点，出现不可调解之势。这时，礼科给事中张惟一认为，"文武不和，恐致误事"，建议将登莱巡抚或裁或调。吏部尚书李宗延等人虽认为登莱巡抚不可裁撤，但也认识到"登抚武之望与镇臣毛文龙形迹既已稍分，精神终难强合"，建议将武之望调至南京衙门。②

是年十二月，山东巡抚吕纯如从大局出发，提出正确处理武之望、毛文龙矛盾之策，兹录于下：

封疆有大机宜，朝廷有大纪纲。毛帅者，奴之所忌也，奴忌之，则我护之，此所谓机宜也。登镇者，以节制海帅，非受海帅节制者也。若以同事睚

① 《明熹宗实录》卷六十五，天启五年十一月甲寅，第3066～3068页。
② 《明熹宗实录》卷六十五，天启五年十一月甲寅，第3069页。

> 眦，遽撤之去。则目前之纪纲倒置，而日后之钤束更难矣，此所谓纪纲也。然则宜如何？曰安毛帅以重封疆，优登抚以存纪纲而已。安之之道在厚其兵糈，时其馈遗，不当纵之若骄子，以益张其凌厉之气。优之之道在计其资望，体其成功，而不当置之若奕（弈）棋，以自委其驾驭之柄。要使海内海外晓然，知登抚之去，朝廷自以其资序为迁转，而不关阋墙之口，庶观望肃而体统尊矣。①

由上可见，吕纯如的建议比较周全，既考虑到毛文龙的地位，又考虑到登莱巡抚一职的权威。他认为，就战略地位而言，毛文龙及其东江镇对女真势力确有牵制之功，不容忽视。而从权力关系而言，登莱巡抚又负有节制东江之责，其权威应当维护。在二者出现矛盾的情况下，假如公然庇护毛文龙，那么势必助长骄兵悍将之风，损害登莱巡抚的权威，此风一开，后果不堪设想。因此，妥善处理二者矛盾之策，惟有调武之望以安毛文龙之心，同时，对于武之望的调离，对外则宣称是以正常“资序为迁转”，与二者矛盾无关，以维护武之望的体面与登莱巡抚的权威。

翌日（是月戊寅），兵部在批复毛文龙揭报时提出，“牵制奴酋者，朝鲜也；联属朝鲜者，毛镇也；驾驭毛镇者，登抚也。今日者，抚臣与镇臣不和，以至于镇臣与属国之臣又不和，此奴之利，中国之大不利。……皇上远为照、独为断，抚不能制镇则易抚，镇不能制夷则易镇”。此时，熹宗皇帝尚心存幻想，敕令“登莱巡抚务与江东同心共济”②，希望以此缓解抚、镇之间的矛盾，然二人积怨已深，并非一纸诏书所能调解。

是年十二月，武之望升任南京吏部右侍郎。武之望与毛文龙之间的矛盾，以武之望被“明升暗降”而结束。武之望去职后，对此事仍耿耿于怀。天启六年（1626）五月，他在上疏中公开说：“毛帅在鲜五年，先与旧抚镇不和，继与臣等不和。今又与鲜君臣不和，岂诸臣皆厉世妖孽，而独毛帅为和鸾鸣凤耶？……其跋扈之势与古安、史何异？臣独力撑持，恨不能制其骄蹇，而同朝衿带之士反欲劣处臣以快其心，如朝廷纪纲何？”③ 可见，二者矛盾的根源是，武之望试图节制毛文龙，而毛文龙则骄横跋扈，根本不服从其节制。

---

① 《明熹宗实录》卷六十六，天启五年十二月丁丑，第3117～3118页。
② 《明熹宗实录》卷六十六，天启五年十二月戊寅，第3120～3122页。
③ 《明熹宗实录》卷七十一，天启六年五月甲子，第3453页。

武之望去职后，李嵩继任登莱巡抚。这一时期，登莱巡抚与东江镇关系颇为融洽。如天启七年（1627）四月，毛文龙在上疏中说道，“惟登抚李嵩、总镇杨国栋二臣实相怜矜悯”[①]。李嵩与毛文龙关系之所以改善，乃是因为李嵩与前任不同，采取了较为软弱的迎合毛文龙的策略。李嵩积极为毛文龙请功，如天启七年五月乙未，李嵩上言“奴以十万之众蹂躏东江，毛文龙乃能于狂烽正炽之际，奋敌忾迅扫之威，今解到活夷三名、夷级四百七十七颗、达帽二百九十顶，逐一验视，历历皆真。毛帅之功于是乎不可及矣”[②]。李嵩此疏不无夸大之词，意旨为毛文龙歌功颂德，其得毛文龙之欢心也就很正常了。加之，二人同属阉党，同气连枝，所以自然关系融洽。

天启七年五月，李嵩去职，孙国桢继任。孙国桢任职时间仅一年余，后登莱巡抚被裁撤。不久，毛文龙亦被袁崇焕所杀。

总体而言，上述五任登莱巡抚中，除袁可立、孙国桢史料记载较少外，陶朗先、武之望与毛文龙不谐，李嵩则与毛文龙关系莫逆。其中原因颇为复杂。笔者认为：登莱巡抚与毛文龙之争，归根结底是权力之争，即“以文制武”政策与骄兵悍将之争。按照明朝“以文制武”的惯例，登莱巡抚负有节制东江镇之责。然而，明朝末年形势已经发生变化，朝廷危机四伏，骄兵悍将四起。而此时，登莱巡抚如武之望者，仍全力维护登莱巡抚之权威，并试图控制毛文龙，而毛文龙则拥兵自重，处处挑战其权威，故双方矛盾重重。明朝政府在处理武、毛二人矛盾时，基本上采取了袒护毛文龙的措施，这不但贬损了登莱巡抚的威望，更加助长了毛文龙的嚣张气焰，这在一定程度上埋下了毛文龙日后被诛的伏笔。

2. 毛文龙死后东江镇与登莱巡抚关系

崇祯二年（1629），袁崇焕诛毛文龙。此后，东江镇陷入群龙无首的境地，不久后就爆发了刘兴治之乱。

崇祯三年（1630），明朝政府因刘兴治之乱重设登莱巡抚，以孙元化出任。是年，明朝政府任命黄龙为东江总兵。黄龙之所以能出任东江总兵，与孙元化之推荐密不可分。据《崇祯长编》记载：“登莱巡抚孙元化请以黄龙驻岛、张可大防登，章下兵部，尚书梁廷栋上言曰：‘……查黄龙攻泺功第一，为孙元化素所倚任，请加总兵衔充度辽将军，专以恢复四卫事委之，最为合宜。’……帝谓：

---

① 《明熹宗实录》卷八十三，天启七年四月乙卯，第 4042 页。

② 《明熹宗实录》卷八十四，天启七年五月乙未，第 4121 页。

‘登州营制既定，统领宜一，黄龙准以总兵官专理恢剿，余如议行。’越数日，龙奉命赴皮岛受事。”① 黄龙由孙元化推荐，故与登莱巡抚关系颇为密切。不过，黄龙并非毛文龙直系，与东江镇毛文龙属下关系并不太好。因此，孙元化很难通过节制黄龙来控制东江镇。

崇祯四年（1631），原属毛文龙麾下之孔有德、李九成等人发动叛乱，劫掠山东沿海，并于崇祯六年（1633）投靠后金。

不久后，黄龙战死于旅顺，东江镇也日薄西山。

笔者认为，就登莱巡抚与东江镇关系而言，可以毛文龙被杀分为前后两个阶段。在第一阶段，毛文龙骄横不法，与登莱巡抚关系颇为紧张，但是双方争论的问题都是诸如兵饷、驻防、俘虏之类的具体问题。这一时期，双方关系紧张的原因是，登莱巡抚力图节制毛文龙，但毛文龙却较为骄纵，不服从其节制。在后一阶段，毛文龙死后，东江镇陷入内乱，毛文龙麾下之将领多有投靠登莱巡抚者，看似登莱巡抚可以控制东江镇，实则该巡抚并无力弹压这群骄兵悍将，孔有德之乱使得山东海防力量大受损伤，孔有德、耿仲明、尚可喜等人也纷纷投靠后金。东江镇再无作为，并最终陷没。因此，登莱巡抚与东江镇关系可概括为：毛文龙生前，二者关系看似剑拔弩张，实则较为平静；毛文龙死后，二者关系看似波澜不惊，实则暗流涌动。

（四）辖区

关于登莱巡抚的辖区，史书中并无非常明确的记载。以下仅就笔者所见，加以概括。

据光绪《增修登州府志》卷二十五《文秩一》记载：“天启元年，设巡抚登莱赞理军务一员，号防抚军门，亦称防院，驻登州，专主调兵、御寇，山东巡抚则筹饷以济之。”② 由此可见，登莱巡抚与山东巡抚等巡抚不同，其职责为专主军事，并不负责民事，是专门性的巡抚。因此，从严格意义上讲，登莱巡抚并没有固定的行政意义上的辖区，其军事职权所涵盖之区域，均可称为其辖区。此外，又据光绪《增修登州府志》卷十二《军垒》记载：该巡抚“专辖沿海屯卫，兼辖东江诸岛”③，可见，其军事职权之所及，均可称为其辖区。

---

① 《崇祯长编》卷四十，崇祯三年十一月丁丑，第 2391 ~ 2392 页。

② 光绪《增修登州府志》卷二十五《文秩一·登莱巡抚》，第 251 页。

③ 光绪《增修登州府志》卷十二《军垒》，第 127 页。

此外，据《明熹宗实录》记载：天启元年六月，陶朗先升任都察院右佥都御史，巡抚登、莱等处地方。① 尽管这一表述，只是较为笼统地指其辖区为“登、莱等处”，“等”字含义不明。不过，却表明该抚辖区主要是在登莱。至于该抚设立后辖区的变化，靳润成先生有所论述：

天启二年，辽东巡抚所辖辽东沿海诸岛来属。

七年，山东巡抚所辖青州府来属。②

笔者也赞同这种观点。

四、山永巡抚

崇祯四年（1631）十一月，明朝政府设立山永巡抚。③

山永巡抚之设，主要是因时任督师孙承宗的建议。孙承宗认为辽东、北直隶地区官制紊乱，影响了正常的军事、行政事务，于是建议重新设定。崇祯四年（1632）十一月壬辰，他上疏指出：“国家经制，蓟辽设两抚以一总督节制，极得提衡大略。祇缘辽患突发，遂添经略，及臣视师，因易经略为督师，其任与总督同，而不问八郡之官评，独多登、东之节制，于是蓟辽有两人为之督，而蓟、辽两抚俱辖山海，其督师与抚同体，而督师苦于隔抚以督镇道，抚苦于候督师以令镇道，其间反多牵制、捍隔之病，臣向言之，今议辽东仍专设巡抚，自中前所以东辖之，不辖关门，其在关门，当去督师径设山海巡抚，以永平一府属之，不辖辽东，其遵化巡抚止以顺天一府属之，不辖永平，仍以蓟辽总督节制三抚，独职其大。至互相应援，则总督为调度，盖关门不可无节钺弹压，而易经、督为巡抚，则料理既亲，弹压亦重，官不增减，权不纷杂，是法之甚便者。”④ 后来，崇祯皇帝及朝臣接受了他的建议，裁撤辽东经略，并设山永巡抚。

由上可见，新设立的山永巡抚专辖山海关以西及永平府。

五、登莱总兵、副总兵

援朝御倭战争胜利后，明朝政府调整了北部沿海的职官设置。万历二十八年

---

① 《明熹宗实录》卷十一，天启元年六月丙子，第550页。

② 靳润成：《明朝总督巡抚辖区研究》，第70页。

③ 《国榷》卷九十一，崇祯四年十一月丁酉，“丘禾嘉仍以右佥都御史巡抚山海关、永平”，第5575页；《崇祯长编》卷五十二，崇祯四年十一月戊戌，“丘禾嘉仍以右佥都御史巡抚山、永等处”，第3063页。二者所记时间略有差别，不过均认为丘禾嘉出任该巡抚是在崇祯四年十一月。

④ 《崇祯长编》卷五十二，崇祯四年十一月壬辰，第3040～3041页。

(1600)，明朝政府裁撤山东总兵，改设登莱副总兵。[①] 据光绪《增修登州府志》记载，援朝御倭战争之后，历任登莱副总兵者有如下数人：

戴延春，榆林卫指挥，二十八年任。

韩望东，山阳武进士，三十年任。

杨宗业，蒲州千户所武进士，三十一年任。

吴有孚，山阳人，三十五年任。

彭友德，兴化右屯卫指挥，三十七年任。

王良相，诸城所千户，三十九年任。

姜济美，凤阳右卫佥事，四十四年任。

熊大经，淮安卫指挥，四十六年任。

沈有容，万历四十八年任。[②]

由上可见，援朝御倭战争胜利后，明朝政府裁总兵，设副总兵。此后直至天启初年，登莱副总兵一直是山东半岛的最高海防武官。

天启初年，辽东形势变幻莫测，尤其是辽南地区失陷后，山东半岛面临的海上威胁空前加剧。明朝政府为加强山东沿海防御，再度设立登莱总兵，以重其事权。

关于登莱总兵的设置时间，史书记载有所不同，有两种观点：

其一，天启元年（1621）。据《明熹宗实录》记载，天启元年六月，熊廷弼在提出"三方布置"策略的同时，力主"登莱、天津并设抚镇，山海适中之地特设经略，节制三方以一事权"[③]。

是月，明朝政府铸登莱防海总兵官关防给沈有容。[④]

又据光绪《增修登州府志》记载："天启元年，又设登莱总兵，号总镇。"[⑤]

此外，明代档案《兵部尚书王洽等为酌裁登莱官兵以节兵饷事题行稿（尾缺）》中指出："登镇旧系副将，原为防海而设，总镇之加则自天启元年始。"[⑥]

以上史书均认为登莱地区再度设立总兵的时间是天启元年。

---

① 道光《重修蓬莱县志》卷四《武备·营制》，第55页。

② 光绪《增修登州府志》卷三十六《武秩上》，第346~347页。

③ 《明熹宗实录》卷十一，天启元年六月辛未，第543页。

④ 《明熹宗实录》卷十一，天启元年六月甲戌，第547页。

⑤ 光绪《增修登州府志》卷三十六《武秩上》，第346页。

⑥ 《中国明朝档案总汇》第6册，第442《兵部尚书王洽等为酌裁登莱官兵以节兵饷事题行稿（尾缺）》，第100页。

其二，天启二年（1622）。据道光《重修蓬莱县志》记载："天启二年，仍设总兵"①，认为改设总兵的时间是天启二年。

笔者认为，登莱总兵之设是为配合熊廷弼"三方布置"方略，该方略主要实施于天启元年，因此，该总兵应当设于天启元年。

天启年间至崇祯初历任登莱总兵者，据光绪《增修登州府志》记载，有如下数人：

> 沈有容，天启元年任。
>
> 杨国栋，天启五年任。
>
> 张可大，崇祯元年任。②

崇祯元年（1628），明朝政府再度裁撤登莱总兵，改设副总兵。明朝政府之所以裁撤登州总兵，主要是因为袁崇焕就任督师后，重视宁锦等陆地防线，不再倚重海上力量，故主张裁减登州官兵。这在明代档案中有所反映，据《兵部尚书王洽等为酌裁登莱官兵以节兵饷事题行稿（尾缺）》记载：

> （袁崇焕认为）总兵专征，国朝郑重不轻设，其官不轻与，其人多取之勋世。今则不然，不当设总兵之处设总兵，是以官亵。总兵不当为之事，令总兵以为，是以人亵。极不当亵之官、之人而亵之，安望武功之震？……若登莱不当夷冲，而多设官兵至五千七百六十八员名，岁共支额饷银一十三万三千四百八十两有奇，甚无谓。……臣既承乏督师，且用一帅于江东，东之半壁，惟帅是藉。无论奴贼不舟，即舟已有制之者，必不令虏骑及登莱，焉敢借此事糜此饷、滥此兵，而为人做官计也。故留一协将，领马步一营官兵一千二百三十二员名，为东省弹压，且候调援。留水兵二营，每营官兵一千二百一十九员名，每营设游击一员领之，俱实实精练，以待调用。③

袁崇焕从整个辽东战局的宏观视野出发，认为登莱并非冲要之地，多设官兵徒费兵饷，因此力主精简。

登莱总兵改为副总兵后，原任总兵张可大以副总兵身份继续留任。据《兵部尚书王洽等为酌裁登莱官兵以节兵饷事题行稿（尾缺）》记载：

---

① 道光《重修蓬莱县志》卷四《武备·营制》，第55页。

② 光绪《增修登州府志》卷三十六《武秩上》，第346页。

③ 《中国明朝档案总汇》第6册，第442《兵部尚书王洽等为酌裁登莱官兵以节兵饷事题行稿（尾缺）》，91~94页。

（山东巡抚王从义）今据登州道按察使王廷试呈称，总镇当裁、良将难得，登自杨镇在事，污虐异常，剥削之极，屡兆激噪。本道多方调戢，倖免于祸。若裁于杨国栋在事之日，惟恐其去之不速也。今张可大来代职，为地方请命，极口道破，此镇仁明而咸虚，尽反其所为，三军若解倒悬焉。今闻议裁，合词籲留，本道亦愿为地方留。窃虑处非其分而难之，幸张镇肯降以相从，愿以正而受副将之事，廪役等项俱愿省从于副，此固本官之知机，亦地方之便也。查各边例，亦有行此者，合无俯顺舆情，暂行题留，或念地方相安，即令久任受事，积劳总算，偿以非常，是非为人择官，实为地方留贤也。……蒙批到道，案行到府，该本府覆议得：总镇已裁，应听推选副协以代，第张可大真帅中长子、瀚海干城，且官军遮留如婴儿之恋慈母，欲抚练军士，诚莫如此官者，纵新推副协亦未必如此官者，合无照前详将本官新加廪费等项减去二千五百三十八两七钱八分八厘八毫，仍照设立防海，以副协任事，庶良将不掷于无用之地，而登人之望有赖矣。①

由上可见，登州府、道均建议令张可大留任。对此，山东巡抚王从义、督师袁崇焕表示同意，后经兵部议覆，同意张可大改任登州副总兵②。对于调整后的登莱副总兵职掌，袁崇焕也有自己的看法：“登莱改镇复协，此一协也，控海而因以调停东江，且为镇臣毛文龙用。”③

崇祯四年（1631）十二月，孔有德叛军攻陷登州，张可大自缢。④

崇祯七年（1634），明朝政府将登莱总兵改为镇守山东总兵官，仍驻扎登州，由倪宠出任。这一变化，在朝廷赐予倪宠的敕书中有明确体现：

今特命尔充防海总兵官，镇守山东全省地方，在于登州驻扎。尔须查照该省额设卫所，沿海水陆主客兵马、船只，并京班操军，平时加以训练充实营伍……地方寇盗生发，通行调遣堵截……战守机宜粮料需用，一切地方军务盗情，俱会同该省并登莱巡抚计议停当，不得偏执误事……府州县官各执

---

① 《中国明朝档案总汇》第6册，第442《兵部尚书王治等为酌裁登莱官兵以节兵饷事题行稿（尾缺）》，第96～99页。

② 《中国明朝档案总汇》第6册，第442《兵部尚书王治等为酌裁登莱官兵以节兵饷事题行稿（尾缺）》，第100～102页。

③ 《中国明朝档案总汇》第6册，第442《兵部尚书王治等为酌裁登莱官兵以节兵饷事题行稿（尾缺）》，第103页。

④ 《平叛记》，第27～28页。

> 镇属之礼，应该收保等项，有违调度，许尔参奏。①

据此，则倪宠虽驻守登莱，但其管辖范围与职权已有所扩大，不仅管辖登莱地区，还能统御山东全省军事力量，不仅着眼于海防，还同时防御地方寇盗。

倪宠上任后，针对长久以来登莱总兵、副总兵因形势变化而或设或裁，以致影响军事防御的状况上疏崇祯帝，指出：

> 祖宗朝原于登州设镇，当年俱推举才望勋爵充之，是其地之关系重大可想见也。后因承平既久，中外辄以腹里目之，其地渐轻，遂撤镇守而改偏裨，副将、都司，更置不一。白莲妖大变之后，复设镇守于兹。继因奴势燎原，三方议起，东江开镇，犄角需人，始置巡抚、建大将，组练楼船，相望岛屿，屹然重镇矣。然而，急则设抚镇而开幕府，缓则去节钺而仍偏师。旋复旋裁，几同筑舍，倏轻倏重，庙议无常。卫将吏习知镇守为寓公，军兵亦视其主帅为过客，即镇帅平居自待亦视其官为传舍，以致上下皆无固志，兵将玩愒成风，初不知节制为何名、纪律为何事，训练不讲而媮惰相安，厘斥稍加而反唇相诟，悠悠忽忽，养成一颓废陵夷之象。其来非一日矣。且人情轻视登莱者，莫不曰：奴酋必不肯舍弓马之长而与我争舟楫之利，而议撤镇者，辄以此为口实焉。今孔贼既久居海上，诸叛又惯狎风涛，以奴孽之不忘西窥，兼叛人之从中怂恿，恐海滨正未可安枕而卧，则奴叛之局一日未结，而海上不可一日忘戒严也，审矣。顷荷□□，惩前毖后，改登莱总兵为全省镇守，于防海之外，更责防全省之寇盗，盖有鉴于往岁之妖贼、近日之叛徒，变起仓皇，扑灭非易，良繇将权不重、节制未明，调度难施，酿祸滋大。更弦易辙乃自臣始。伏乞皇上天语申明，此后镇守山东全省即为额设之官，宁使臣奉职不效，谴斥而归，必不可使将吏以过客视其主帅，俾上下皆无固心，法体总归凌替，贻猫鼠之诮，为简书之羞，误身名而并误封疆，故臣蒙所不敢出也。②

由上可见，倪宠认识到明朝政府对登莱总兵或设或裁的游移态度，使得当地将士缺乏恒心，长此以往，不利于当地军事建设。他认为，若想长治久安，就要做到权责明确，而若要实现权责明确，就必须将山东总兵改为“额设之官”。于是，

---

① 《中国明朝档案总汇》第18册，第1452《登莱总兵倪宠为奉简书敬陈循名责实以收安攘之效事奏本》，第121~122页。

② 《中国明朝档案总汇》第18册，第1452《登莱总兵倪宠为奉简书敬陈循名责实以收安攘之效事奏本》，第120~121页。

他上疏请求固定自己的职权：

> 然必其行伍之虚实，臣得而稽查之，士马之强弱，臣得而简阅之，将领之贤否黜陟，臣得预闻而参酌之，斯节制不为虚名而调遣方可应手。合无每年，臣于出汛之暇巡阅各营，以营务之修否，为各官之殿最，其有废事怠职、贪黩著闻者，臣径遵谕题参，决不姑息。此后，抚臣凡参劾武职，臣亦得预闻参酌、列衔会题，庶简练之实效可臻、缓急之一臂可倚，所当遵照。①

在此，倪宠强调了山东总兵应当具备的法定职权，如稽查行伍、检阅士马、黜陟将领等，这有助于确定该武官的权威，做到令行禁止。该疏上奏后，崇祯皇帝表示同意，批复“俱说得是，该部看议，速奏”②。

崇祯十一年（1638），山东总兵官移驻临清，由杨御蕃出任③。山东总兵移驻临清后，给登莱海防造成了一些不便。如崇祯十三年（1640），辽东巡抚方一藻致书登莱巡抚徐人龙，指出“四酋差官调高丽船只、兵丁，令赴旅顺装载奴贼入犯，系孔叛为之筹画，丽人以船只迟重、旅顺海岸多礁不便住泊为词，约刻下开洋，欲竟攻登莱，四酋自率精兵数万直犯蓟、密”④。对此，山东总兵杨御蕃非常担忧，上疏指出：

> 临镇距登千五百里，实有鞭长不及之势，往日丽岛、东江为我藩篱，尚设一抚一镇于登，扼奴门户，今事势如此急迫，若不预备，恐一处瑕而百处坚者皆瑕矣……臣所练鸟枪一千三百杆俱已娴熟，若施之海上，尤为所长。容臣选临兵三五千并战将三四员，率之而东，或能相机截击，少创奴氛。惟带臣自备盔甲而往，若郡县所办者，俱贮临不动。且登为东省所辖之地，兹既高急，义当卷甲急趋，岂甘诿缩自戾？但临镇兵马必得一谙练之将摄理其事，俾臣得竭力一面，精神乃不涣散于西顾。⑤

杨御蕃在分析了登莱地区海防形势后，力主亲率军队赶赴登莱镇守。崇祯帝让兵

---

① 《中国明朝档案总汇》第18册，第1452《登莱总兵倪宠为奉简书敬陈循名责实以收安攘之效事奏本》，第121～122页。

② 《中国明朝档案总汇》第18册，第1452《登莱总兵倪宠为奉简书敬陈循名责实以收安攘之效事奏本》，第123页。

③ 光绪《增修登州府志》卷三十六《武秩上》，第346页。

④ 《中国明朝档案总汇》第35册，第2609《兵部为山东登莱塘报紧急夷情事并调发淮船淮兵备用事题行稿》，第96页。

⑤ 《中国明朝档案总汇》第35册，第2609《兵部为山东登莱塘报紧急夷情事并调发淮船淮兵备用事题行稿》，第99～101页。

部议覆，兵部认为：

> 镇臣杨御蕃议欲卷甲趋登，留一谙练之将摄理镇事，其志诚壮。臣愚以为逆奴垂涎清源非一日矣，臣部增兵开镇，控扼南北之冲，非特以财赋重区，实恐为骄虏几肉。戊寅，屡犯不克，奴志愤坚，毕竟刻刻不能忘情。惟此清源片土，镇臣当枕戈秣厉，时作有事之防。且登镇有抚臣、有水陆营兵九千余在焉。御蕃但当再发鸟枪手一千二百，统以能将赴登，以听抚臣调度。该镇仍当驻练临镇，料理战守。①

兵部在斟酌临清、登莱军事战略地位后，认为杨御蕃应当仍驻守临清，可以派兵增援登莱。

由上可见，崇祯十一年（1638），山东总兵官移驻临清后，其职权不再以海防为重点。

六、东江总兵

天启元年（1621）五月，毛文龙率小股军队，沿辽南海域东进，收复诸多岛屿，一举进克镇江城。天启元年八月，明朝政府任命其为副总兵，以示嘉奖②。

次年六月，明朝政府再加毛文龙署都督佥事平辽总兵官。③ 此后，毛文龙在皮岛逐渐站稳脚跟。据光绪《增修登州府志》记载："毛文龙：仁和人，天启二年（1622）任辽东总兵，挂将军印，驻皮岛，号岛镇。"④

崇祯二年（1629）五、六月间，袁崇焕杀毛文龙，改组东江兵制，将东江兵四万八千人分为四协，以副总兵毛承禄、中军徐敷奏、游击刘兴祚、副总兵陈继盛各统领一协，由陈继盛暂领东江诸事务。⑤ 陈继盛以副总兵领东江事。不久，东江即爆发刘兴治之乱。

崇祯三年（1630），黄龙任东江总兵，驻扎旅顺，崇祯六年（1633）死。

崇祯七年（1634），沈世魁任东江总兵。十年（1637），"皮岛陷，殉难，自此不再置帅"⑥。

---

① 《中国明朝档案总汇》第35册，第2609《兵部为山东登莱塘报紧急夷情事并调发淮船淮兵备用事题行稿》，第104～105页。

② 《明熹宗实录》卷十三，天启元年八月丙子，第654页。

③ 《明熹宗实录》卷二十三，天启二年六月戊辰，第1127页。

④ 光绪《增修登州府志》卷三十六《武秩上》，第347页。

⑤ 《明史纪事本末补遗》卷四《毛帅东江》，第1462页。

⑥ 光绪《增修登州府志》卷三十六《武秩上》，第347页。

崇祯十一年（1638），陈洪范任岛镇，“崇祯十一年，复设岛镇，以洪范任之，驻登州，遥领之而已”①。

崇祯十六年（1643），黄蜚任岛镇，“崇祯十六年，议复皮岛，擢蜚为岛镇”②。

由上可见，东江总兵设自天启二年，毛文龙首任。毛文龙死后，该总兵事实上已经丧失了弹压东江镇的能力。崇祯十年（1637），皮岛失陷后，该总兵名存实亡。

七、天津总兵（副总兵）

天津总兵设立于天启元年（1621）六月。据《明熹宗实录》记载：天启元年六月，熊廷弼提出“三方布置”策略，力主“登莱、天津并设抚镇，山海适中之地特设经略，节制三方以一事权”③，是为天津总兵设立之缘起。

是月辛巳，铸天津总兵官关防给总兵王学书。④

后来，天津总兵一度改为副总兵。李邦华在《条陈兵政疏》中说道：

> 臣今将见在津兵均为二营，其一名标营者，以原题中军程九万领之，其一名正营者，以原任游击周义领之，而新改总兵为副将则兼而统之，军前有事，两营闻于副将，副将转闻于臣，臣有行必下于副将，副将复下于两营，其水营亦如之。⑤

该疏上于天启三年（1623）正月，由疏中“新改总兵为副将则兼而统之”可见，至迟于天启三年正月前，天津总兵已改为副总兵。

此外，又据毕自严《防兵已发重镇顿空疏》记载：

> 臣案行整饬天津兵备山东布政司右参议来斯行、天津副总兵官毛有伦，转行各营将领中千等官，整栅兵马、综理器械，刻日戒行。⑥

由上文毕自严颁布军令的程序来看，天津副总兵当为天津最高军事长官。

---

① 光绪《增修登州府志》卷三十六《武秩上》，第347页。

② 光绪《增修登州府志》卷三十六《武秩上》，第347页。

③ 《明熹宗实录》卷十一，天启元年六月辛未，第543页。李邦华也认为：“臣惟天津一镇之设，原因辽、沈继陷，藩篱䆠薄，盈盈一海实与人共”，见《文水李忠肃先生集》卷三《抚津荼言》，《踏勘海防乞敕修明事宜疏》，第106页。

④ 《明熹宗实录》卷十一，天启元年六月辛巳，第560页。

⑤ 《文水李忠肃先生集》卷三《抚津荼言》，《条陈兵政疏》，第101～102页。

⑥ 《饷抚疏草》卷一《防兵已发重镇顿空疏》，《四库禁毁书丛刊》史部第75册，第16页。

八、登州监军道、招练道

（一）监军道

据《明熹宗实录》记载：天启元年（1621）七月壬寅，“经略熊廷弼请添设各监军道，从之。改邢慎言西路，钱士晋中路，梁之垣南路，仍降胡嘉栋二级监天津军，调杨述程于登莱”①。

据《明史》记载：“监军道：因事不常设。”②

据光绪《增修登州府志》卷二十五《文秩一》记载：“监军道：明天启元年设，即钟楼南旧军器局建公署，国初裁。”③

现据光绪《增修登州府志》记载，将明末担任登州监军道者列表如表 6－1。

表 6－1　　明末登州监军道职官一览表

姓　名	籍　贯	出　身	任职时间	备　注
杨述程（成）	四川富顺	进　士	天启元年	任左监军
佟卜年	辽　阳	进　士	天启元年	任右监军
田一井	安　州	进　士	天启二年任	
张　谷	湖广华容	进　士	天启三年任	
王　徵	陕西泾阳	进　士	天启四年任	
黄孙茂	江　西	进　士	崇祯三年任	刘兴治反，殉难
任　栋	陕　西	选　贡	崇祯十一年任	
宋　颉	南直溧阳	举　人	崇祯十六年任	佥　事

（二）招练道

据《明史》记载：“招练道：山东间设。”④

据顺治《登州府志》卷十二《职官》记载：“招练道：抚院陶朗先题请招集辽人，安置莱州、潍县。”⑤

该道仅有刘国缙一人担任。

① 《明熹宗实录》卷十二，天启元年七月壬寅，第 587 页。
② 《明史》卷七十五《职官志四》，第 1844 页。
③ 光绪《增修登州府志》卷二十五《文秩一》，第 254 页。
④ 《明史》卷七十五《职官志四》，第 1844 页。
⑤ 顺治《登州府志》卷十二《职官志》。

九、金州海防同知

金州海防厅设立于援朝御倭战争胜利之后。关于明朝政府设立金州海防厅的目的，据《明神宗实录》记载：万历三十年（1602）十二月辛卯，辽东巡抚赵楫上言，指出“辽左为蓟镇外藩，而金复海盖乃全辽之腹心……各海口在在可以泊船、登岸，皆倭奴入犯之地也。然惟黄骨岛，东接朝鲜，实辽左之咽喉。旅顺口南对登州，为天津之门户，海口冲要，莫此为甚。倭虽远遁归巢，为谋叵测，增设水陆官兵，诚为善后至计。……金州地方广阔，愚民山野十勾九抗，奸商违禁，私自下海，贩卖私货，夹带逃军，而武官不遵明禁，贪肆无忌，莫敢谁何。宜如山东、闽浙事例，于金州添设海防同知一员，于凡海防哨探、战守机宜同游击并金、复将官商确计议而行，兼理军民一切事务，稽查往来奸商、船只，并覆仓库各项钱粮，悍野官民赖以弹压，水兵、海禁俱有责成矣。兵部覆如议。从之”①。由上可见，金州海防厅之设，主要是为协调、加强辽南沿海地区的海防力量，防备可能出现的海上入侵，此外还兼理当地民政事宜。

此外，陶望龄所撰《新建金州海防厅公署记》记述了该厅设立始末，其中对该厅设立的原委论述颇详，兹录于下：

> 倭既焚巢远遁，天威震垒，喙息不暇，而鲜人怵余焰，数数来言贼状，当事者虑贼狙狡，其来去为飘风，未可弛备。且古者天子有道，守在四夷，未闻为裔夷戍也，远戍非计，玩之则启寇召殃，此在疆吏谨守境、据要害而已。贼舟入朝鲜，浮江扬飙而出，我四镇靡不兵者，譬毒入口则溃肠，蝮螫手足则攻心，故治螫者急系其肢，而御毒者先防于口。登、莱、金、复之峙于海，若斗者舒两臂以扞身也，岛屿络绎，若陈臬以限出入也，合势比力，交铍夹戟而承之，贼即至宜不能入。岁丁酉（按：万历二十五年，1597），以大吏议设游击将军，将千五百人屯旅顺口。癸卯（按：万历三十一年，1603），镇臣复言诸并海郡，皆有海防文吏，用以廉察奸慝、制驭武悍，今旅顺口置戍将无海防官，无以肃军伍、佐筹笇，宜如它郡例，建设同知一员，治金州，系衔济南，诏可。于是西皋王公以材望受命。②

① 《明神宗实录》卷三百七十九，万历三十年十二月辛卯，第7132～7134页。

② （明）陶望龄：《陶文简公集》卷六《新建金州海防厅公署记》，《四库禁毁书丛刊》集部第9册，第339页。

陶望龄首先从东北亚局势入手论述该厅设置之必要，认为“辽始患倭”始于万历壬辰，援朝御倭战争虽然取胜，但并不意味着日本的威胁彻底消失。尤其是日军海上力量颇强，其“来去为飘风”，防御甚难。因此，应该切实加强防备力量，以防患于未然。若要加强防御，需要抓住一些关键地区。而就北部沿海地区来说，登、莱、金、复分处山东半岛和辽东半岛前端，最为海防要害。加强这些地区的防御力量，即可以御敌于国门之外，切实拱卫京畿。若要完善海防措施，具体到辽南地区，就是加强兵力，同时设立海防厅，以文官驻守，以便“廉察奸慝、制驭武悍”。陶望龄以东北亚国际形势变迁为关注点，详细论述了金州海防厅设置始末，较为准确。

接着，他又从辽东形势，辽东与京畿地带、山东的地缘关系，以及辽南地区现实状况等方面，论述明朝廷设置金州海防同知这一亲民官的意义，指出：

> 余惟辽于京师，肩髀也。辽强，则髀厚。自山海而外，属诸广宁，驿道仅缕线，虏出没抄掠，烽堠时举，有馈饟宾旅之虞，而逋卒亡人不能敂关者，辄由海道跳之青齐，夜发昼至，是辽无负海之利，而有其害也。国初时，转粟泛海，岁七十万石，由登莱以达于辽，士饱马腾，事逸而利倍，鼍矶、沙门、半洋诸山浮溟渤而渡，以接旅顺，舟行其间若傍涯岸。盖辽疏于燕而昵迩齐，辽之不能远齐为强，此必然之势也。辽齐为辅车，饬屯戍、治艅艎、合艅会哨，声生势长，徼察精严，奸人裹足，资粮流灌密若内地，收海之利而去其害，于平时犹赖之，况震邻之日云乎哉？予又闻辽地凋耗，单贫甚矣，金、复差远虏，土沃人饶，不幸遐僻无孔迩之怙，民望守令如屏子之于慈亲，朝廷将俾公振恤而生全之，为斯民保障也，式于政不式丁武、张弛缓急之道，登堂而致行之，退食而精思之，固围于无形，销难于未兆，吾窃于居者望焉，区区岛寇疥癣也，厚植其本而图之可也。①

陶望龄认为，就地缘而论，一方面，辽东与京师关系密切，辽东巩固与否，直接关系京畿安危。另一方面，辽东与山东因有海道交通，关系更为密切，因此，有必要合两地之力以加强海防。同时，他结合辽南地区的实际情况，指出辽南较之他处，人口较为密集，经济也较为发达，实有必要设立亲民官以加强管理。金州海防厅的设立，既能巩固辽南地区的统治，又可以将辽东与山东有机地结合在一起，便于从根本上抵御外患、拱卫京畿。

---

① 《陶文简公集》卷六《新建金州海防厅公署记》，第 339～340 页。

明清战争期间，明朝政府对北部沿海的海防职官体系做了一定的调整。尤其是后金占领辽南四卫后，北部海疆面临严重的海上威胁，同时，出任辽东经略的熊廷弼也意识到海上力量的重要性，于是倡议在天津、登莱并设抚、镇，重点建设这两处地方，由其总体控御，摆出了一副从海上进攻的架势。“三方布置”方略破产后，从海路恢复辽东的希望越来越小，于是在朝堂之上便产生了裁、留登莱抚镇的争论，天津巡抚的职权也改为专督辽东军饷。但由于海上威胁始终存在，加之开镇东江的毛文龙也需要其接济和节制，所以该抚裁而复设。总体而言，这一时期的北部海防职官之设，是围绕着辽东战局展开的，其变化与辽东战局及当时的时局密不可分。

援朝御倭战后，明王朝裁撤了北部沿海的一些海防职官和驻军，削弱了当地海防力量。与此同时，女真族逐渐崛起，并与明朝开战。这一时期，围绕着辽东不断变化的形势，明朝政府及北部沿海地方政府采取了一些措施来加强当地防御，并力图通过海上力量协助恢复辽东。为此，明朝政府建立了辽东经略（督师）节制登莱、天津巡抚，并控御东江镇的海防指挥体制。应当说，这一海防指挥体制还是较为合理的。不过，随着明王朝的日益衰落，骄兵悍将不断出现，他们并不遵从这一体制，频频挑战文官权威，使得文武不合。而且，由于缺乏必要的控御，他们经常发动叛乱，尤其是毛文龙死后，东江军人集团接连发动叛乱，不但对山东、辽东海防造成了破坏，甚至在一定程度上影响了明清鼎革的进程。

第七章　明代北部海防体制的得与失

有明一代，北部海防体制经历了一个由建立到巩固、完善，而后走向衰落的过程。这一体制在明朝前期的抗倭斗争中曾起过重要作用，在明后期的万历援朝御倭战争中，也给朝鲜战场提供了坚实的后盾，并稳定了民心。在明末与后金的战争中，也一度牵制了后金力量。但是，这一体制也存在一定的问题，尤其是在政治腐败、国势渐衰的明朝末年，并没有起到其应有的作用，相反却因一场叛乱将北部海防之精锐推向女真政权，并最终葬送了明王朝。其经验与教训值得我们深刻反思。

一、海防之得

明代北部海防体制的建立，对于北部沿海的军事、政治、经济、文化等都产生了一系列作用，在一定程度上既捍卫了海疆的安全，又促进了沿海地区的开发。

（一）形成了完整的体系

有明一代，北部沿海的海防体制经历了一个不断调整和整合的过程，并最终形成了一个较为完整的体系。

在明初，北部沿海海防机构基本上是各自为战，即在倭寇入侵之际，由当地卫所、巡检司组织兵员奋起反抗。在永乐时期，明朝政府已经开始着意加强海防机构之间的内在联系，突出表现就是设置山东备倭都司和沿海海防营。明朝政府通过在山东设立备倭都司，由备倭都司来节制沿海诸卫所，调控内部兵员、组织协调防御。同时，又设立了登州、文登、即墨三大海防营，将沿海卫所精锐调入其中，一旦遇有倭寇入侵，即可迅速驰援，做到了小范围内的综合防御，在一定程度上整合了当地海防力量，有助于应对较大规模的外敌入侵。

正统以后，北部海疆相对比较平静，北部海防体制也没有大幅度的调整。但是，这一时期，明代政治制度却在日臻完善。明朝政府在北部沿海设立诸多督抚、兵备道，督、抚大都统御一省或数省军事力量，兵备道也可节制一府乃至数府军事力量，更加扩大了军事辖区的范围。如此，一旦爆发战事，督抚、兵备道即可整合、统率一府、数府乃至一省、数省的兵员共同对敌。这样就在北部沿海形成了一些范围较大的军事辖区。应当说，这一时期，北部沿海诸多督抚、兵备道的设置，虽非着意于防海，但却在客观上完善了这一地区的海防统御体制。可以说，北部海防体制至此已经基本形成。

在援朝御倭战争期间，日军侵入朝鲜，扬帆可至登莱、天津，北部沿海直接面临着严重的海防威胁。为应对外患，这一时期，明朝政府设立朝鲜经略（后为蓟辽总督兼任），后又设立天津巡抚。这样，在北部沿海就形成了由朝鲜经略（蓟辽总督）通过节制天津巡抚及其他沿海巡抚，以综合统御当地所有军事力量，而后，由天津巡抚专理当地海防，其他沿海巡抚佐理、配合，各巡抚共同节制沿海兵备道及总兵、副总兵的一个战时体制。这个战时体制范围较广，基本涵盖朝鲜及环渤海诸省，体系内部上下有序、文武相维。可以说，这一时期，北部海防战时体制正式形成。

援朝御倭战争胜利后，北部海防建设再度趋于停滞。但是，区域海防体系已经形成，一旦遇有战事，即可迅速组织起来。在明与后金的战争中，明朝政府设置辽东经略（后为督师），该职位高权重，为明朝东北地区与后金作战最高军事长官。明清战争伊始，战争主要在陆地进行，该职并没有过多干预海防。自熊廷弼提出“三方布置”策后，开始重视海上力量。后来，辽东督师职衔即为经略辽东、蓟镇、天津、登莱等处。① 明朝政府的意图在于，以辽东经略（督师）综合统御北部沿海军事力量，海、陆并举，收复辽东。此外，为应对后金占领辽南四卫后海上威胁加重的形势，并配合“三方布置”方略，明朝政府还设置了天津巡抚、登莱巡抚，意在以此加强京畿防御并恢复辽东。尤其是新设置的登莱巡抚，不但需要加强山东半岛防御，并屯兵备战，为恢复辽东做准备，还需要支援、节制盘踞东江镇的毛文龙。虽然在明清战争中，明朝一方一败涂地。但是，其失败的原因是复杂的，主要应当归咎于当时的政治腐败和军事混乱。应当说，这一体制还是比较合理的，它整合了北部沿海及东北地区的军事力量，从海、陆双方完成了对后金的包围。

---

① 《明熹宗实录》卷二十，天启二年三月甲辰，第1005页。

总体而言，北部沿海地理形势较为特殊，山东半岛与辽东半岛合抱形成了一个较为完整的地理单元，这一单元北防虏、东防倭，加之京师所在，内部军事力量错综复杂。仅就海防而言，北部沿海海防体系的形成，有助于实现大范围的协调防御，如山东半岛与辽东半岛是守卫京畿的门户，合防以后可以有效地控制渤海的进出。

（二）抓住了海防的重心

由上可见，北部沿海独特的地理环境，决定了这一地区的海防体系，需要有一定的海防重心。

由于受海洋地理环境所限，北部沿海众多海口大多分布于辽东半岛、山东半岛和北直隶北部永平府一带，其余地区则多为泥沙质海岸，沿海地区较为荒凉，如山东潍县，“海滨一带皆产盐地，地高水浅，海船不能入口，故有海无防”①。此外，山东半岛与辽东半岛隔海相望，中间岛屿连亘，形成了自外进入渤海的一道天然屏障，外敌一般很难自此而入。在这种情况下，海口众多的山东半岛地区及辽东半岛就成为北部海防的重点。

早在洪武时期，朱元璋就在山东半岛南、东、北三侧及辽东半岛南端设置了较为完备的巡检司、卫所体系，在山东半岛自南而上，设立了安东卫、灵山卫、鳌山卫、大嵩卫、宁海卫、成山卫、威海卫、登州卫及若干千户所、巡检司，在辽东半岛南部设立金州、复州、海州、盖州四卫及金州中左千户所，在卫、所、巡检司中间错落分布了一系列墩、堡。这些海防机构、设施的设置，在明代抗倭战争中起了非常重要的作用，取得了多次胜利。永乐时期，明成祖在山东设备倭都司、三大海防营，重点控御山东半岛的东、南、北三个方面，也抓住了当地海防的重心。援朝御倭战争期间、明清战争期间，明朝政府也多次着意于加强山东半岛、辽东半岛的防御。

此外，拱卫京畿是明代北部海防的一个重要任务。自明成祖迁都北京后，北部沿海成为防御京师安全的海防前哨。为切实加强京畿防御，明成祖在环渤海内侧靠近京畿的沿海地区，又设立了若干卫、所、海防营，着重凸显其拱卫京师的重要地位。此后，天津等地开始发展起来。援朝御倭战争爆发后，明朝政府一方面加强山东半岛、辽东半岛的防御，以防止敌军穿越渤海海峡，威胁京畿地带。同时，又重点加强了天津、北直隶北部的防御，设天津巡抚、海防营，在北直隶

① 乾隆《潍县志》卷一《山川·海》，第34页。

设置三大海防营，防止日军一旦突破渤海海峡后，长驱直入登陆天津，威胁京城。在这一时期，天津、登莱、辽南旅顺成为明朝政府着意加强的三个海防据点，加强上述地区的防御，就可以有效地拱卫京畿。明清战争期间，后金政权占领辽南地区后，明朝政府设置天津巡抚、登莱巡抚，一方面是为了积蓄、调度军事力量，乘机收复辽东，另一方面也是为了扼守海上门户，防止后金水军自辽南而上，威胁京畿。

由上可见，明代北部海防体制建设力求在顾及全面的同时突出重点。这一地区的海防有两个重点区域。一个重点区域是该区内黄海沿岸及靠近黄海沿岸的渤海地区如莱州府，这一地区靠近外海，且海口众多，附近居民海洋活动相对较多，容易遭受外地入侵。另一个重点区域就是京畿防御的重要据点，即登莱、旅顺及天津和北直隶北部，登莱与旅顺扼守渤海海峡，天津和北直隶北部则直接拱卫京畿。总体而言，明朝政府对以上地区的海防部署还是比较到位的，尤其是每到关键时刻，均会刻意加强。

（三）维护了北部海疆的安全

客观地说，明代北部沿海海防体制的建立，对于当地抗击倭寇来说，起了很重要的作用。

由本书二、三、四章可见，在洪武、永乐以及后来的嘉靖时期，这一地区遭受了多次倭寇入侵，除去明初沿海海防体制不健全时期以外，大多数倭寇入侵均遭遇当地海防军队的有效抵抗。① 其间，在这一区域还取得了许多次抗倭战争的胜利，尤以刘江指挥的望海埚一战最为著名。在这次战役中，辽东总兵官刘江率领属下官兵，积极部署海防，勤加瞭哨，做好周密部署。等倭寇登岸后，刘江率伏兵尽发，“自辰至酉，擒戮尽绝，生获百十三人、斩首千余级”②。此战使得倭寇元气大伤，“自是倭大惧，百余年间，海上无大侵犯”③。在抗倭史上，一般将该战役与嘉靖时期的“王江泾大捷”相提并论。

再如援朝御倭战争时期，在这场战争中，明朝军队两次远赴朝鲜作战，官兵

---

① 即使是明初洪武年间沿海卫所体系建设尚不健全，但是当地的巡检司等也积极抵御倭寇，如山东宁海州辛汪巡检司，自孙谅任巡检后，“自是，倭人虽不时徜徉波涛中，而不敢登陆者六年”，即为一例。见崔学野：《宁海州文登县辛汪巡检司创立营寨记》，据张云涛：《山东威海发现明初创寨碑》一文中所附该碑照片辨认而得，见《文物》1997年第9期。

② 《明太宗实录》卷二百十三，永乐十七年六月戊子，第2143页。

③ 《明史》卷九十一《兵三》，第2244页。

浴血奋战、勇往直前，朝廷各级官员调兵转饷、忠于职守，最终将日军打败，保障了邻国的安全。明朝军队在朝鲜战场上的胜利，成功地将日军遏制于国门之外，既挽救邻国于水火之中，同时也稳固了本国的藩篱。此外，这一时期，北部沿海天津、登莱、旅顺地区海防的加强，既切实加固了北部沿海重要地区的海防，也为援朝御倭战争提供了兵员和后勤保障。尽管在这场战争中，明王朝国力大伤，“七易岁，再易本兵，四易制府，三易大将”①，但仅就当时的形势与战争实效而言，还是相当成功的。

在明清战争中，明朝政府在一定程度上实施了“三方部署”方略，重点加强天津、登莱地区的防御，虽然这并没有完成预期的设想，即海陆并进收复辽东，但是在客观上却加强了当地的海防力量。后金政权毕竟没有渡海攻取天津、登莱。当然，这很可能与女真人长于鞍马、不习舟楫的生活习惯及战术有关，但在一定程度上恐怕也是出于对两地海防力量的忌惮。此外，毛文龙开镇东江，虽然并未起到多大的实际作用，但是也对后金起了或多或少的牵制作用，而且其麾下也多有各种人才。因此可以说，在明清战争中，明朝政府所部署的北部海防体制还是值得肯定的。

由上可见，明代北部海防体制在抗击倭寇入侵、巩固北部海疆、支援朝鲜战场、拱卫京畿等方面，起了一定的积极作用，这是值得肯定的。

（四）促进了北部沿海地区的开发

洪武时期，北部海防体制开始建立，其中一个明显的标志就是沿海卫所的创设。伴随着这些卫、所的建立，出现了大量的军事移民。一些卫所军士携带家口迁入北部沿海地区，并扎根落户，历经数百年的发展，已成为当地土著，对于当地的开发起了重要作用。

如天津地区，明初原为荒芜之地，“属小直沽，荒旷斥卤之地，初无所隶焉”②，自永乐二年（1404）天津卫设立后，该地逐渐发展起来，至清初康熙年间，“设立仅三百年，其中大小衙门及寺观、宫庙、庵祠、牌坊之丽，洵然壮观，巍然一大都会也”③。天津卫的发展与明代卫所移民密不可分。有学者研究指出：

① 《宗伯集》卷十二《贺大司马邢公平倭奏凯序》，第181页。

② 康熙《天津卫志》卷一《沿革》，天津地方志编修委员会编著：《天津通志（旧志点校卷）》（上），第19页。

③ 康熙《天津卫志》卷首《图说》，天津地方志编修委员会编著：《天津通志（旧志点校卷）》（上），第7页。

自永乐初年以迄明末的二百余年中，该地经历了三次军事移民。第一次是指永乐年间兴建天津三卫的卫所移民，第二次是万历年间明朝政府在天津设立天津海防营和天津水陆海防营，第三次是万历末年到天启初年，为应对女真威胁，明朝政府调外地士兵于津门守备，并招募新兵，组建新的津军。[①] 经过这三次军队移民，天津人口大幅度增长，加之漕运开通后其他人口的涌入，天津逐渐发展起来。

再如山东地区，当地沿海原本较为贫瘠，明朝建立卫所后，大量军事移民迁入，在一定程度上促进了当地的开发。如山东灵山卫，在设卫之前非常荒凉，“洪武以前，灵山一人迹不到之区耳，荆棘充塞，树木丛杂，豺狼之所居，狐狸之所嗥，渔夫、樵子时或出没其间，不过二三深山野人耳。乃忽焉而立为营垒，忽焉而建为城池，阛阓相望，市井嚣繁，俨然一都会也”[②]。卫所军屯，促进了当地的开发，“有明创建卫所，设立屯田，烽烟告警，则民可为兵。外侮不作，则兵即为民。国无虚糜之饷，野无不耕之夫，深得古者寓兵于民之意也。且训练之官皆为世职，则事习而业精，任久而情洽，上下联属，心志齐一，故至今军户之家，犹称协合”[③]。如威海卫，“僻处文登北鄙，山穷水尽，海口冲险”[④]，洪武三十一年（1398）明朝政府创设威海卫等卫所，“议耕、议守、议战，海寇闻风远遁，不敢侧目，以安百万民，无仓卒之惊、无须臾之扰，其用心设法，可谓密矣。斯民也，百谷既成则荷戈于较艺之场，三农将兴则负耒于陇亩之地，名虽曰兵而实非兵，可见我朝文经武纬之治似不专尚乎兵而兼寓乎农矣”[⑤]。再如即墨营，明末即墨人周如砥曾描述了援朝御倭战争时期即墨营的状况，指出：“其营有城有池，比于郡县，城内外诸军子子孙孙聚而为族，公则卫庭场署，私则室庐园囿，居然千室之邑。”[⑥]

清朝初年，在裁卫设县时，将成山卫改为荣成县、大嵩卫改为海阳县。

此外，在辽东地区，明朝政府广设卫所，调集众多兵员驻守。至清后，将其改为府、州、县，这些兵员也融入当地社会。如地处辽南的旅顺口，本来名不见经传，明代在该地驻有水军防海。入清后，清朝继续驻军。此后，该地地位日渐

① 高艳林：《天津人口研究》（1904～1949），天津：天津人民出版社 2002 版，第 5～14 页。
② 乾隆《灵山卫志》卷二《建置志》，第 45 页。
③ 乾隆《灵山卫志》卷二《兵防志》，第 53 页。
④ 乾隆《威海卫志》卷四《食货》，第 448 页。
⑤ 乾隆《威海卫志》卷九《艺文志·记》，胡士文《新设威海卫捕倭屯田军记》，第 475 页。
⑥ 同治《即墨县志》卷十《文类》，周如砥《驳迁即墨营于胶州议》，第 250 页。

重要，逐渐发展成为一个重要的沿海城市。

应当说，明朝政府在北部沿海的驻军，促进了当地的开发，奠定了今天环渤海区域发展的基础。此外，随着沿海地区的开发，当地文化事业也逐渐发展起来。如灵山卫，该卫之学建于正统初年，设有教授。当地官员也较为重视卫学的发展。弘治年间，该卫卫学破败不堪，山东巡察海道赵鹤龄等人重修，“伐木于灵山，采石于崮岭，乃作大成殿、东西庑、戟门、棂星门，以间计者二十有一。棂星门，则以石焉。复作明伦堂、东西斋、讲堂、号房，以间计者二十有三。正殿则肖圣贤之像而藻饰之，东西从祀诸贤则以木主，阶壁门垣黝垩丹漆，以序以整。而学宫之制，视前始备”。对于灵山卫学修建的作用，明人宋汉在《重修灵山卫学记》中曾有一番论述：“灵山昔为屯垒，其俗尚武，人才未闻。近年来，士知尚学，俗渐归雅，非由地之有学、学之有教而然欤？矧夫地灵则人杰，山川閟蓄其灵秀于昔，必将发泄于今。”① 灵山卫学的兴建，促进了当地科举事业的发展。据乾隆《灵山卫志》记载，灵山卫在明代共出过九十五位贡生②。对此，乾隆《灵山卫志》给予了较高的评价：“十室之邑，必有忠信。人材之生，岂以地限？然灵山未建之初，特濒海荒檄之地耳。岑寂荒凉，有木石而无与居，有鹿豕而靡与游，固非藏龙伏凤之所也。迨城垣立、军民设、教化行，始有勃然兴起其间者。语云：十年树木，百年树人，其斯之谓欤？”③

总体而言，明代北部海防体制建设具有很强的积极意义。明朝政府对于北部沿海的军事部署，基本上有效地抗击了外敌入侵，捍卫了海疆安全，并且拱卫了京畿地带。此外，伴随着沿海卫所的设置，大批军事移民迁入当地，他们在沿海地区扎根，世世代代居住于此，促进了沿海地区的开发。这一开发过程在清代继续得到延续，基本上奠定了今天环渤海地区沿海城市的格局。同时，沿海军事力量的加强，给当地民众提供了较为有力的保障，使得他们得以安心从事生产，这也促进了沿海经济的发展。

二、海防之失

当然，明代北部海防体制建设也有一些失误之处。这些失误在当时并未完全

---

① 乾隆《灵山卫志》卷八《艺文志·记》，第 241 ~ 242 页。
② 乾隆《灵山卫志》卷五《选举志》，第 157 ~ 165 页。
③ 乾隆《灵山卫志》卷五《选举志》，第 156 页。

显露，也没有造成非常严重的后果。但是，后来者对此缺乏清醒的认识，更谈不上加以改进，所以最终酿成了严重的后果，带来了惨痛的教训。

（一）缺乏政策的连续性

尽管明朝政府一度较为重视北部海防，但是却缺乏一以贯之的态度，不能持之以恒地重视和加强北部沿海防御。

在明初的洪武、永乐时期，倭患频仍，海防压力较大。明朝政府一度在北部沿海要地广设卫所、巡检司等，建立起较为健全的海防体系，并为此设立专门的海防机构如山东备倭都司、海防营等加以协调、控御。但是，一旦海疆形势归于平静，统治者也就会逐渐停止对当地海防的关注。正统以后，随着当地面临的海上威胁逐渐减弱，明初在北部沿海设置的军事设施如墩台等开始大量废圮，卫所、巡检司等海防机构也因严重缺员而趋于瘫痪、形同虚设。不过，在这一时期，明朝政府却并未对此给予足够的重视，而是听任其衰落。偶有有识之士加以整饬，如戚继光等，也往往是昙花一现、人亡政息。

在援朝御倭战争期间，明朝政府为防御朝鲜战场上的日军从海上侵袭，在派兵入朝作战的同时，又在北部沿海广调兵马，设置专职海防官。同时，北部沿海地方州县也纷纷修建城池、墩台等，一度加强了当地海防。但是在战争结束后，明朝政府又迅速裁撤职官、撤去所调兵马，置北部沿海地区于不顾。以至于二十年后，在面临后金崛起后的威胁时，又再度调兵转饷，耗费国力、民力。而且，在明清战争中，一些朝臣也缺乏战略眼光，如“三方布置”破产后，众多朝臣建议裁撤登莱巡抚，即没有充分认识到当地的重要地位。

因此可以说，明朝政府对于北部沿海地区的海防建设，缺乏政策上的连续性。北部沿海区域海防地位较为特殊，就地理形势而论，该地区东临朝鲜、日本，而且拱卫京畿地带，地理位置非常重要，应当重点防御；但就海防形势而言，有明一代，倭寇始终是最主要的海上威胁，不过，除明初外，倭寇大多活跃于东南沿海，所以北部沿海面临的海上威胁相对较轻，这往往给人造成北部海防建设可以稍微放松的错觉。应当说，明朝统治者对此缺乏清醒的认识，并没有很好地处理好这一对矛盾。所以就导致了明朝政府对北部海防建设在政策上左右摇摆，当海上威胁较重时，朝廷就会刻意加强当地海防建设，而一旦海上威胁减轻，则往往放任其衰落。

（二）缺乏先进的海洋意识

明代处于中国封建社会的后期，自给自足的自然经济仍然占据统治地位。明朝统治者信奉“取财于地，而取法于天。富国之本，在于农桑”① 的信条，坚持以农立国，提倡重农，对此西方学者曾评论道，“（朱元璋）利用其专制权力去严密地管理他的帝国，以使它保持其简单的农业经济。农业生产是国家压倒一切的利益所在，其他经济活动不被认真对待”②。

在这种情况下，明朝统治者缺乏先进的海洋意识，他们认识不到海洋对于一个国家的重要意义，所以明朝统治者基本上实行了较为严厉的海禁政策，禁止民众出海贸易，北部沿海地区本来就较为贫瘠，海禁政策的实行使得沿海地区更加贫困。同时，为避免倭寇侵扰，明朝政府一度在山东沿海实行空岛政策，将大量百姓迁离岛屿、安插内地，结果导致了嘉靖时期大批辽民潜居海岛、为患沿海的事情。此外，明朝政府对于其他海洋事宜也不热心。如山东青州府乐安县，据嘉靖《青州府志》记载：“海：在县东北一百三十里……夫此一海也，在昔则擅利渔盐，而今也，则濒海千里，一望萑荚，岂天地自然之利独盛于昔而啬于今耶？议者乃谓：国家设立盐课，贩禁太严，民不专利，故无所藉赖于海。”③

正是因为明朝统治者缺乏先进的海洋意识，所以在海防建设中缺乏一以贯之的态度。在北部沿海地区，由于面临的海上威胁相对较小，所以在承平时期，明朝政府往往任由当地海防设施废弃，对于在当地所设的一些海防机构和职官，也往往因事而设、事定而裁。遗憾的是，接续明王朝的清朝统治者也没有意识到这一地区的重要战略地位，他们更加忽略对于北部沿海的防御，所以在第一次鸦片战争期间，英军避开重兵防守的广东和福建，一路挥军北上，轻而易举地穿越渤海海峡，视北部海防体系为无物，顺利抵达天津，道光皇帝恐慌之下，只能妥协退让。倘若清朝统治者重视北部海防，在当地置以重兵，紧紧扼守山东半岛与辽东半岛的话，恐怕英军即使要抵达天津，也是要费时费力的。

总体而言，明代北部海防体制建设，可谓是有得有失。其得在于明朝政府通过在北部沿海地区设置27个卫、23个千户所、9个百户所，使得大量军事移民涌入该区域，促进了该地区的开发，为今日环渤海经济带的形成奠定了基础。同时，较为健全的海防体制也基本上捍卫了北部海疆的安全。此外，明代在北部沿海建立的跨省区的综合性高、协调性强的海防体制，也为今天该区域的海防建设

① 《明史》卷七七《食货志一》，第1877页。

② （英）崔瑞德，（美）牟复礼编：《剑桥中国明代史》下卷，杨品泉等译，北京：中国社会科学出版社1992版，第94页。

③ 嘉靖《青州府志》卷六《地理志》。

提供了一些借鉴。其失在于明代海防体制总体说来还是处于保守态势，如海防建设较为功利，海防机构、设施、职官的设置往往是“因事而设”、“事定而裁”，未能持之以恒。此外，明朝中央及地方政府官员大都未能看到海洋对人们经济、社会生活的重要性，而是一味地采取诸如“迁岛民”、“禁出海”等保守措施。这不但不利于海洋开发，也阻碍了海防的开拓性发展。当然，这些失误无疑与中国传统的“以农立国”、“重陆轻海”的观念息息有关。因此，不能单单归咎于明朝统治者。但是，明朝北部海防体制建设过程中的经验与教训皆值得我们认真总结和反思。

附录　明代北部沿海海防大事记

洪武元年　1368 年

正　月　朱元璋建立明朝，定都南京。

洪武二年　1369 年

正　月　倭寇入侵山东海滨郡县，掠民男女而去。

二　月　置莱州卫。

派行人杨载出使日本。

是　年　倭寇入侵辽东，朱元璋命常遇春率师御之，战于本境，倭人败北，由毕利河窜去。（或洪武元年，不确）

洪武三年　1370 年

正　月　朱元璋命山东行省招募水工，于莱州洋海仓运粮渡海以供应北直隶永平卫。

三　月　派莱州府同知赵秩出使日本。

六　月　倭寇入侵山东，转掠温、台、明州傍海之民，入寇福建沿海郡县。福州卫出军捕之，获倭船一十三艘、擒三百余人。

七　月　置水军等二十四卫，每卫辖船五十艘、军士三百五十人。

十二月　升青州卫为青州都卫。

是　年　夹仓镇巡检司移于夹仓镇。

信阳镇巡检司设立。

洪武四年　1371 年

六　月　倭寇入侵胶州，劫掠沿海居民。

七　月　置定辽都卫。

十二月　置诸城守御千户所。

朱元璋下诏:“仍禁濒海民不得私出海。”

是　年　都指挥马云等由登莱渡海,招降故元参政叶廷秀。

置栲栳岛巡检司。

洪武五年　1372 年

三　月　置胶州守御千户所。

是　年　命靖海侯吴祯总舟师数万,由莱转运,饷辽东戍兵。

洪武六年　1373 年

六　月　倭寇入侵即墨、诸城、莱阳等县,沿海居民多被杀掠。朱元璋诏近海诸卫分兵讨捕。

洪武七年　1374 年

正　月　命靖海侯吴祯率领舟师巡海。

六　月　倭寇入侵山东濒海州县,靖海侯吴祯率沿海各卫兵,追捕至琉球大洋,获倭寇人、船,俘送京师。

七　月　倭寇入侵胶州,官军击败之。

倭寇入侵登、莱。

洪武八年　1375 年

四　月　置金州卫。

七　月　倭寇入犯莱州。

九　月　改青州都卫为山东都指挥使司,置青州左、右卫。

十　月　李文忠奏请移永平府抚宁县洋河海口巡检司于兔耳山。

改定辽都卫为辽东都指挥使司。

是　年　置古镇巡检司、逄猛巡检司。

洪武九年　1376 年

十　月　置盖州卫。

十二月　置登州卫。

是　年　置海州卫。

建蓬莱水城。

南龙湾巡检司至迟于此时设立。

设孙夼镇巡检司、杨家店巡检司。

洪武十一年　1378 年

四　月　置宁海卫

洪武十四年　1381 年

九　月　置山海卫、复州卫。

洪武十五年　1382 年

正　月　山东都指挥使司言,“每岁春发舟师出海巡倭,今宜及时发遣。上曰:海道险,勿出兵,但令诸卫严饬军士防御之”。至此,洪武时期大规模的舟师巡海停止。

洪武十七年　1384 年

十　月　朱元璋给往辽东运粮的将士下诏:“海道险远,岛夷出没无常,尔等所部将校毋离部伍,务令整肃以备之。舟回登州,就彼巡捕倭寇,因以立功可也。”

洪武十九年　1386 年

是　年　山东都指挥使司迁往济南。

洪武二十年　1387 年

是　年　置金州中左所。

洪武二十二年　1389 年

十二月　山东都指挥佥事蔺真奏:近者,倭船十二艘由城山洋艾子口登岸,劫掠宁海卫。指挥佥事王镇等御之,杀贼三人、获其器械,赤山寨巡检刘兴又捕杀四人,贼乃遁去。

洪武二十三年 1390 年

四 月 诏滨海卫所每百户置船二艘巡逻海上盗贼,巡检司亦如之。

是 年 设柴胡巡检司、海仓巡检司。

洪武二十四年 1391 年

九 月 置广宁中屯卫、广宁左屯卫。

洪武二十五年 1392 年

八 月 许宁海州莒岛岛民回岛居住。

十一月 乙酉,山东都指挥使周房言于莱州要害之处置八总寨,辖四十八小寨,宁海卫亦宜置五总寨,以备倭夷。

洪武二十六年 1393 年

正 月 置广宁前屯卫、广宁右屯卫。

十 月 宥朝鲜国海寇罪。先是,有寇百余人入金州新市屯劫掠,获其一人张葛买者,乃朝鲜国海州民,诈为倭国人服,辽东都司遣人械至京,上命宥之,遣还其国。

洪武二十七年 1394 年

十 月 辽东有倭夷寇金州,卒入新市,烧屯营、粮饷、杀掠军士而去,诏以沿海卫所将校不加备御,命都督府符下切责之。

是 年 移沙门岛巡检司于朱高山。

洪武二十九年 1396 年

五 月 置开平中屯卫。

九 月 设巡察海右道(即山东巡察海道)、分巡辽海东宁道。

洪武三十年 1397 年

十 月 朱元璋下诏停止海运。

洪武三十一年　1398 年

正　月　先是倭夷尝入寇，百户何福战死，事闻，上命登、莱二卫发兵追捕。

乙酉，倭寇入侵山东宁海州，由白沙海口登岸，劫掠居人，杀镇抚卢智，宁海卫指挥陶铎及其弟钺出兵击之，斩首三十余级，贼败去。钺为流矢所中，伤其右臂。

五　月　丙寅，置安东卫、灵山卫、鳌山卫、大嵩卫、靖海卫、成山卫、威海卫、海阳所、宁津所、奇山所。

是　年　温泉镇巡检司移于九皋海口。

孙夼镇巡检司移于县西北浮栏海口。

建文元年　1399 年

明惠帝朱允炆改元建文。

建文二年　1400 年

是　年　朱棣设梁城所

建文四年　1402 年

七　月　朱棣登基，仍称洪武三十五年。

是　年　设辽东总兵官。

永乐元年　1403 年

明成祖改元永乐。

永乐二年　1404 年

五　月　壬寅，朱棣命清远伯王友充总兵官、都指挥佥事郭义充副总兵，“往海道巡哨，如遇寇贼，就行剿捕”。

七　月　庚戌，命都指挥吕毅充副总兵，协同总兵官清远伯王友巡哨海道。

十一月　己未，设天津卫。

十二月　丙子，设天津左卫。

是　年　设即墨营、天津海防营。

永乐三年　1405 年

三　月　命都指挥同知蔡彬、姜清、冯斌,“统领舟师,缘海备御,遇寇即相机剿捕”。

是　年　设抚宁卫。

永乐四年　1406 年

十　月　平江伯陈瑄督海运至辽东。舟还,值倭于沙门,追击至朝鲜境上,焚其舟,杀溺死者甚众。

十一月　改青州右卫为天津右卫。

是　年　倭寇扬帆于刘公岛,声言攻击百尺崖,而卒击威海,几无噍类。掌印指挥扈宁督率世职及春秋两班操军、乡城门夫、壮丁,力死堵截。三日后,都督徐国公朱□统兵援战,倭寇始息。

设卢龙卫。

永乐六年　1408 年

十二月　甲申,命都指挥李龙、指挥王雄,总率山东官军六千往沙门岛等处巡捕倭寇。

辛卯,命安远伯柳升充总兵官、平江伯陈瑄充副总兵,率舟师缘海巡捕倭寇。

戊戌,命丰城侯李彬充总兵官、都督费瓛充副总兵,“统率官军,自淮安沙门岛缘海地方剿捕倭寇”。

是　年　倭贼袭破宁海卫,杀掠甚惨,又寇成山卫、白峰头寨、罗山寨及大嵩卫之草岛嘴,鳌山卫之羊山寨、阴岛、张家庄以次被掠。入于家庄寨,百户王辅战死。不逾月,入桃花闸寨,百户周盘战死。登州府城和沙门岛一带抄略殆尽。

倭犯靖海卫,指挥佥事郑刚帅百户逆战,败绩。是年,倭寇成山头,掠白峰头、罗山等寨,始置备倭都司。

设山东备倭都司。

永乐七年　1409 年

三　月　总兵官安远伯柳升,率兵至青州海中灵山,遇倭贼交战,大败之,即同平江伯陈瑄追至金州白山岛等处。

九　月　增兵五百于登州卫沙门岛。

是　年　倭寇乐亭县。

设登州营、新桥海口营。

永乐九年　1411 年

三　月　中军都督刘江守辽东，不谨斥堠，致使海寇入寨，杀边军。上怒，遣人斩江首；继而宥之，使图后效。

永乐十一年　1413 年

是　年　命卫青率山东沿海军士以剿倭寇。

永乐十三年　1415 年

七　月　初四日，倭寇入侵旅顺口，尽收天妃娘娘殿宝物，杀伤二万余人，掳掠一百五十余人，尽焚登州战舰而归。

十二月　行在都察院左副都御史李庆等劾奏：近倭贼入旅顺口，都督刘江领军至金川卫，相去甚近，不策应，及明日调兵至，而贼已遁。都指挥周兴巫凯俱不用心提备，致倭寇屡为边患，宜寘之罪。上曰：江等职在守边，致寇如此，罪本难宥，姑记其过，使图后效。

是　年　海运停止。

永乐十四年　1416 年

五　月　丁未，朱棣敕令辽东总兵官都督刘江及各都司缘海卫所“护备及相机剿捕”倭寇。

丁巳，朱棣因直隶金山卫奏“有倭船三十余艘，倭寇约三千余，在海往来”，敕令辽东总兵官都督刘江及各都司缘海卫所，令“护备及相机剿捕”。

六　月　丁卯，命都督同知蔡福充总兵官、指挥庄敬为副，率兵万人于缘海山东巡捕倭寇。

辛酉，敕捕倭总兵官都督同知蔡福等曰：近登州卫奏，有贼船三十三艘，泊靖海卫杨村岛，已敕山东都指挥卫青等帅军往捕，尔即合兵殄灭,勿误事机。

永乐十五年　1417 年

八　月　朱棣敕谕山东、福建等都司,令缘海卫所严整军马,昼夜谨备,遇贼至随机剿捕,误事必杀不赦。

永乐十六年　1418 年

五　月　癸丑,朱棣敕令福建、山东、广东、辽东各都司及总兵官都督刘江,督缘海各卫,悉严兵备。

丙辰,敕山东都司调马步官军八千人,令都督指挥卫青、李凯,"统往缘海剿捕倭寇,有功者奏闻升赏,退避者即斩以狥"。

六　月　辛丑,敕辽东总兵官都督刘江曰:"今倭寇为首者已被擒,其遗孽未获者尚出没不常,尔可相机剿捕,若兵势多寡不敌,则固守城池,慎勿轻战。"

永乐十七年　1419 年

四　月　丙戌,朱棣敕辽东总兵官都督刘江曰:"今朝鲜报倭寇饥困已极,欲寇边,宜令缘海诸卫严谨备之,如有机可乘,即尽力剿捕,无遣(遗)民患。"

六　月　辽东总兵官刘江率军取得望海埚大捷。

六　月　丁丑,朱棣因金山卫奏有倭船九十余艘在海往来,敕山东缘海卫所"严兵备"。

永乐十八年　1420 年

正　月　朱棣敕辽东总兵官广宁伯刘荣(按:即刘江)及山东、浙江、福建滨海诸卫"严兵为备,贼至,则相机剿捕"。

二　月　唐赛儿起义爆发。

三　月　卫青等人在与唐赛儿作战中取得大胜。

宣德五年　1430 年

是　年　设山东巡抚、广宁前屯卫中前所、中后所,宁远卫、宁远中右所、中左所,广宁中屯卫中左所、广宁左屯卫中左所。

宣德九年　1434 年

二　月　移置辛汪寨巡检司于长峰寨,温泉镇巡检司于古峰寨。

宣德十年　1435 年

是　年　设辽东巡抚。

正统元年　1436 年

明英宗改元正统。

正统五年　1440 年

是　年　倭乘风夜突至蓬莱南岸抹直口,劫掠居民。

正统十四年　1449 年

十　月　总督备倭永康侯徐畯,因见“倭寇往来海中,虑其登岸抢掠”,奏请将即墨阴岛社居民迁往陈马庄居住,“验户丁多寡,拨与空间,屯地耕种”。

是　年　设保定巡抚、顺天巡抚。

设密云兵备道。

明英宗征瓦剌,被俘。其弟即位,是为明景帝。

景泰元年(即正统十五年)　1450 年

明景帝改元景泰。

是　年　湖广当阳人李让出任山东海道副使,是为该职有确切人名记载之始。

天顺元年　1457 年

明英宗复辟,改元天顺。

成化元年　1465 年

明宪宗改元成化。

成化二十一年　1485 年

是　年　分守、分巡辽海东宁道，分驻辽阳、广宁。

弘治元年　1488 年

明孝宗改元弘治。

弘治三年　1490 年

十一月　设天津兵备道。

弘治四年　1491 年

六　月　山东按察副使赵鹤龄上言："青、登、莱三府属县，国初设巡检司二十，每司弓兵百人，防御海寇。近分守参议尚絅奏革各司兵三之一，遂缺人防守，请复设便。"奏下巡抚都御史覆勘以为宜，兵部议复从之。

弘治九年　1496 年

是　年　设蓟州兵备道。

弘治十二年　1499 年

是　年　兵部尚书马文升下令在莱州建立山东海道副使署，此后该职驻扎莱州。

正德元年　1506 年

明武宗改元正德。

正德五年　1510 年

刘六、刘七起义爆发。

正德六年　1511 年

是　年　诸城县获倭船：《前志》云：正德初年春月，有风飘一倭船至信阳近岛处，初泊洋内十余日，后登岸，有二十余倭，四散与饷妇夺食，形羸如鬼，皆为耕夫所缚诣县，转解分巡道。

刘六等攻破灵山卫。

正德七年　1512 年

是　年　刘六、刘七义军攻打即墨营，杀伤过半。

设青州兵备道、武定兵备道。

山东巡察海道兼管兵事。

正德十年　1515 年

是　年　倭焚沙门岛及大竹、鼍矶诸岛，火光彻南岸，倭舟至以千计，郡城戒严。

嘉靖元年　1522 年

明世宗改元嘉靖。

嘉靖二十八年　1549 年

二　月　设海州参将。

嘉靖二十九年　1550 年

十二月　设蓟辽总督。

嘉靖三十一年　1552 年

正　月　辽东苑马寺卿从辽阳移驻盖州，兼管金、复、盖三卫“词讼、钱粮”等事务。

是　年　倭众犯靖海卫，靖海卫军官商祖尧等人率众捍御，奋不顾身，倭遂潜退。

倭舟犯日照县、安东卫，卫官率众御之，将其击退。

嘉靖三十二年　1553 年

夏　　　戚继光掌山东备倭都司。

是　年　倭犯江浙，战棹至日照。

嘉靖三十三年　1554 年

正　月　苏松倭掠民舟入海，趋江北，大掠海门、如皋、通州，焚各盐场，至扬州，杀一同知，一千户。有飘入青、徐者，山东大震。

四　月　辽东巡抚江东建议加强辽东防御，并提出八条建议。

改金州备御为金州守备。

是　年　设浙直总督。

嘉靖三十四年　1555 年

五　月　倭五十余人，自山东日照流劫安东卫，至淮安、赣榆。复自赣榆流劫沭阳、桃源等处。至清河阻雨，徐邳官兵分道蹙之，歼于马头镇民家，斩首四十一级。此贼自日照登岸，以数十人流害两省，杀戮千余人，至是始灭。

是　年　倭船阻风，泊威海卫之栲栳岛。官军不能前。几天后，官军持刀出，始获之。

山东巡察海道兼管登州海防，并在登州建官署。

嘉靖三十五年　1556 年

四　月　贼登灵山卫养马岛，官兵讨平之。

是　年　犯海阳所，官兵讨平之。

犯靖海卫、文登营，官兵讨平之。

嘉靖三十六年　1557 年

五　月　癸丑，泰州倭转掠扬州、山东及徐州，官兵御之，皆溃。

嘉靖三十九年　1560 年

是　年　设永平兵备道。

嘉靖四十一年　1562 年

三　月　辽东行太仆寺卿兼领兵备事。

五　月　设宁前兵备道。

是　年　山东巡察海道移驻登州，演变为登州海防道。

嘉靖四十二年　1563 年

五　月　辽东苑马寺卿奉敕兼山东按察司衔，整饬兵备。

嘉靖四十四年　1565 年

是　年　辽东行太仆寺卿改兼兵备佥事，监督海州、西平、东昌等处兵务，移驻西平堡。

嘉靖四十五年　1566 年

五　月　将辽东定边右卫改驻于凤凰城。

嘉靖年间

海贼王宪武造房五十三座，踞而有之，御史蓝玉督汛兵逐之，丈耕其地。

隆庆元年　1567 年

明穆宗改元隆庆。

隆庆二年　1568 年

是　年　驻守登州的山东巡察海道兼莱州兵备。

隆庆五年　1571 年

九　月　山东守臣建议解决辽民潜住山东半岛沿海岛屿的问题，提出七条建议。

万历八年　1580 年

九　月　裁革辽东行太仆寺少卿及本寺主簿。

万历十三年　1585 年

十一月　初加辽东苑马寺卿山东按察使衔。

万历十四年　1586 年

九　月　设复州参将。
　　　　设盖州备御。

万历二十年　1592 年

五　月　丰臣秀吉命日军入侵朝鲜。
　　　　蓟辽总督蹇达建议保定总兵倪尚忠移驻天津，总管二镇兵马，得到朝廷同意。

八　月　明朝政府任命宋应昌为兵部右侍郎，经略蓟辽、山东、保定等处防海御倭军务，率兵援朝。

十　月　以提督陕西讨逆军务总兵官李如松充提督蓟辽、保定、山东等处防海御倭总兵官。

十一月　命山西总兵王保、蓟镇总兵张邦奇互相更调。
　　　　以提督京城巡捕、署都督佥事宋三省充协守保镇、天津海防副总兵官。

万历二十一年　1593 年

正　月　命协守蓟镇副总兵署都督佥事陈璘充统领蓟辽、保定、山东等处防海御倭副总兵。

是　年　因日军入侵朝鲜，明朝政府调集南北水陆官兵防海，登州遂为重镇，与诸边等。
　　　　改文登营、即墨营、登州营把总为守备。
　　　　设王徐营。
　　　　设山东防海副总兵。

万历二十二年　1594 年

三　月　明朝政府设辽东宽奠副总兵，以五军营副将马栋充任。

万历二十三年　1595 年

正　月　设青州、莱州、登州三府海防同知。

六　月　设青州守备。

万历二十四年　1596 年

五　月　明朝政府敕谕蓟镇总兵王保以原官充海防御倭总兵。

九　月　设岫岩备御。

筑镇江城。

十　月　改长酋堡备御为游击,移驻镇江城,镇江游击设立。

万历二十五年　1597 年

三　月　明朝政府升兵部左侍郎邢玠为兵部尚书兼都察院右副都御史总督蓟辽、保定军务兼理粮饷经略御倭。

调登州兵备副使王学谟于兖西,以曹州兵备张世烈补海防道,并调山东巡抚张允济于腹地用。

四　月　设青州游击,将守备移至安东卫。

六　月　日军再次入侵朝鲜。

九　月　万世德出任首任天津巡抚。

调天津兵备许守恩为易州道,易州道兵备汪应蛟为天津道。

命周于德充提督天津、登莱、旅顺等处防海御倭总兵官。

十　月　设北直隶海防三营,驻扎密云、蓟州、永平三道海隅要害之中。

十二月　明朝政府正式铸给天津专管军储同知关防。

是　年　设山东防海总兵官。

设莱州营、潍县营。

设莱州参将。

万历二十六年　1598 年

正　月　设济宁备倭游击。

四　月　明朝政府在京师附近设立备倭二营。

五　月　因天津巡抚万世德奏请,海盖、天津、武德、青州四兵备道加监军衔。

六　月　汪应蛟继任天津巡抚。

是　年　设天津水陆海防营于葛沽。

万历二十七年　1599 年

三　月　朝廷下令李承勋以原官提督南北水陆官兵充防海御倭总兵官,往朝鲜任事,周于德调镇守山东备倭总兵官。

万历二十八年　1600 年

是　年　明朝政府裁撤北直隶海防三营。

万历三十年　1602 年

二　月　知府龙文明以倭寇屡警,议请添水寨一营,在三山下。
十二月　设金州海防同知。

万历三十一年　1603 年

是年裁王徐营。

万历三十三年　1605 年

四　月　裁青州游击,安东卫守备移驻青州。

万历三十五年　1607 年

五　月　改旅顺游击为守备。

万历四十六年　1618 年

四　月　努尔哈赤以“七大恨”告天,誓师讨明,明清战争爆发。
五　月　明朝政府正式任命杨镐为兵部左侍郎兼右佥都御史经略辽东。

万历四十七年　1619 年

三　月　萨尔浒战役爆发,明军大败。
六　月　明朝政府任命熊廷弼为辽东经略。

泰昌元年　1620 年

明光宗即位不久即死,改是年下半年为泰昌元年。

九　月　明朝政府初罢熊廷弼。

十　月　明朝政府以辽东巡抚袁应泰经略辽东。

天启元年　1621 年

明熹宗改元天启。

三　月　后金军队攻取沈阳、辽阳，辽南丧失殆尽。

四　月　明朝政府升辽东巡抚薛国用经略辽东，薛因身体原因，未赴任。

设天津巡抚。

五　月　辽东巡抚王化贞派毛文龙沿辽南沿海收复疆土。

六　月　熊廷弼再度出任辽东经略，并提出“三方布置”方略。

升登州道按察使陶朗先为都察院右佥都御史巡抚登莱等处地方。

设天津总兵。

七　月　加天津、登莱二巡抚各赞理征东军务衔。

设天津监军道、登莱监军道。

八　月　明朝政府任命毛文龙为副总兵。

天启二年　1622 年

正　月　广宁之战爆发，明军一败涂地，熊廷弼、王化贞下狱。

三　月　明朝政府升兵部左侍郎王在晋为兵部尚书经略辽东。

毕自严加户部右侍郎职衔，督理辽东粮饷。

四　月　明朝政府升李邦华为天津巡抚。

六　月　明朝政府加毛文龙署都督佥事平辽总兵官。

八　月　孙承宗自请出任辽东经略。

毛文龙上疏提出恢复辽左的具体建议。

九　月　天津巡抚李邦华踏勘当地海防。

天启三年　1623 年

闰十月　合并天津巡抚与督饷大臣。

天启五年　1625 年

十　月　明熹宗批准孙承宗回籍养病。命兵部尚书高第，以原官经略辽东、蓟镇、天津、登莱等处军务。

天启六年　1626 年

三　月　命蓟辽总督王之臣为兵部尚书、兼都察院右副都御史，经略辽东、蓟镇、天津、登莱等处军务。

崇祯元年　1628 年

明思宗改元崇祯。

是　年　裁登莱巡抚。

崇祯二年　1629 年

二　月　明朝政府罢蓟辽督师王之臣，命袁崇焕为兵部尚书兼右副都御史，督师蓟辽、登莱、天津。

六　月　蓟辽督师袁崇焕以“犒军”为名诛杀毛文龙。

崇祯三年　1630 年

二　月　刘兴治据皮岛叛乱。

六　月　再设登莱巡抚。

崇祯四年　1631 年

五　　月　皇太极首次派兵攻打皮岛。

闰十一月　孔有德等人于吴桥发动叛乱。

是　　年　罢辽东经略。

崇祯六年　1633 年

五　月　孔有德等人渡海抵达镇江，投降后金。

七　月　后金向旅顺发动了全面进攻，并占领旅顺。

十二月　东江石城都司尚可喜降于后金。

崇祯七年　1634 年

是　年　将登莱总兵改为镇守山东总兵官，仍驻登州。

崇祯十年　1637 年

四　月　清军攻克皮岛。

是　年　裁撤东江总兵一职。

崇祯十一年　1638 年

夏　　　杨嗣昌决策尽徙东江兵民于宁、锦,而诸岛一空。

是　年　镇守山东总兵官移驻临清。

　　　　复设岛镇,以陈洪范任之,驻登州,遥领之而已。

崇祯十七年　1644 年

三　月　崇祯帝吊死于煤山,明朝灭亡。

参考文献

一、古籍

[1] (宋)徐兢:《宣和奉使高丽图经》,《景印文渊阁四库全书》第593册,台湾商务印书馆1986年版。
[2] (元)于钦:《齐乘》,《宋元方志丛刊》第1册,中华书局1990年版。
[3]《明太祖实录》,台北:"中央研究院"历史语言研究所校印,1962年。
[4]《明太宗实录》,台北:"中央研究院"历史语言研究所校印,1962年。
[5]《明宣宗实录》,台北:"中央研究院"历史语言研究所校印,1962年。
[6]《明英宗实录》,台北:"中央研究院"历史语言研究所校印,1962年。
[7]《明宪宗实录》,台北:"中央研究院"历史语言研究所校印,1962年。
[8]《明孝宗实录》,台北:"中央研究院"历史语言研究所校印,1962年。
[9]《明武宗实录》,台北:"中央研究院"历史语言研究所校印,1962年。
[10]《明世宗实录》,台北:"中央研究院"历史语言研究所校印,1962年。
[11]《明神宗实录》,台北:"中央研究院"历史语言研究所校印,1962年。
[12]《明熹宗实录》,台北:"中央研究院"历史语言研究所校印,1962年。
[13]《崇祯实录》,台北:"中央研究院"历史语言研究所校印,1962年。
[14]《崇祯长编》,台北:"中央研究院"历史语言研究所校印,1962年。
[15]《明世宗实录校勘记》,台北:"中央研究院"历史语言研究所校印,1962年。
[16] (清)张廷玉:《御定资治通鉴纲目三编》,《景印文渊阁四库全书》第340册。
[17] (明)李贤:《明一统志》,《景印文渊阁四库全书》第472、473册。
[18] (清)和珅等:《大清一统志》,《景印文渊阁四库全书》第474~483册。

[19]（清）陈鼎:《东林列传》,《景印文渊阁四库全书》第 458 册。
[20]（清）阎若璩:《潜邱札记》,《景印文渊阁四库全书》第 859 册。
[21]（明）薛瑄:《敬轩文集》,《景印文渊阁四库全书》第 1243 册。
[22]（明）王世贞:《弇州山人四部稿》,《景印文渊阁四库全书》第 1281 册。
[23]（明）王世贞:《弇州山人四部续稿》,《景印文渊阁四库全书》第 1283 册。
[24]（明）毕自严:《石隐园藏稿》,《景印文渊阁四库全书》第 1293 册。
[25]（明）李贽:《续藏书》,《四库全书存目丛书》史部第 24 册,齐鲁书社 1996 年版。
[26]（明）田汝成:《辽纪》,《四库全书存目丛书》史部第 49 册。
[27]（明）诸葛元声:《两朝平攘录》,《四库全书存目丛书》史部第 54 册。
[28]（明）王琼:《晋溪本兵敷奏》,《四库全书存目丛书》史部第 59 册。
[29]（明）杨博:《杨襄毅公本兵疏议》,《四库全书存目丛书》史部第 61 册。
[30]（明）顾养谦:《冲庵顾先生抚辽奏议》,《四库全书存目丛书》史部第 62 册。
[31]（明）周孔教:《周中丞疏稿》,《四库全书存目丛书》史部第 64 册。
[32]（明）杨东明:《青琐荩言》,《四库全书存目丛书》史部第 64 册。
[33]（明）张贞观:《掖垣谏草》,《四库全书存目丛书》史部第 64 册。
[34]（明）朱吾弼:《皇明留台奏议》,《四库全书存目丛书》史部第 74 册。
[35]（明）郑若曾、邓钟:《筹海重编》,《四库全书存目丛书》史部第 227 册。
[36]（清）杜臻:《海防述略》,《四库全书存目丛书》史部第 227 册。
[37]（清）姜宸英:《海防总论》,《四库全书存目丛书》史部第 227 册。
[38]（清）黄淳耀:《山左笔谈》,《四库全书存目丛书》史部第 248 册。
[39]（清）顾炎武:《山东考古录》,《四库全书存目丛书》史部第 248 册。
[40]（明）冯应京:《皇明经世实用编》,《四库全书存目丛书》史部第 267 册。
[41]（明）梁梦龙:《海运新考》,《四库全书存目丛书》史部第 274 册。
[42]（明）崔旦:《海运编》,《四库全书存目丛书》史部第 274 册。
[43]（明）钱薇:《承启堂稿》,《四库全书存目丛书》集部第 97 册。
[44]（明）申时行:《赐闲堂集》,《四库全书存目丛书》集部第 134 册。
[45]（清）万斯同:《明史》,《续修四库全书》第 324 ~ 331 册,上海古籍出版社 2002 年版。
[46]（明）何乔远:《名山藏》,《续修四库全书》第 426 册。

[47] (明)佚名:《皇明诏令》,《续修四库全书》第 457 册。
[48] (明)贾三近辑:《皇明两朝疏抄》,《续修四库全书》第 465 册。
[49] (明)吴亮:《万历疏钞》,《续修四库全书》第 468、469 册。
[50] (明)董其昌:《神庙留中奏疏汇要》,《续修四库全书》第 470、471 册。
[51] (明)郑晓:《郑端简公奏议》,《续修四库全书》第 476、477 册。
[52] (明)向笃寿:《小司马奏草》,《续修四库全书》第 478 册。
[53] (明)赵志皋:《内阁奏题稿》,《续修四库全书》第 479 册。
[54] (明)沈一贯:《敬事草》,《续修四库全书》第 479、480 册。
[55] (明)汪应蛟:《海防奏疏》,《续修四库全书》第 480 册。
[56] (明)汪应蛟:《抚畿奏疏》,《续修四库全书》第 480 册。
[57] (明)汪应蛟:《计部奏疏》,《续修四库全书》第 480 册。
[58] (明)邹元标:《邹忠介公奏疏》,《续修四库全书》第 481 册。
[59] (明)叶向高:《续纶扉奏草》,《续修四库全书》第 482 册。
[60] (明)毕自严:《度支奏议》,《续修四库全书》第 483 ~ 490 册。
[61] (明)周宗建:《周忠毅公奏议》,《续修四库全书》第 492 册。
[62] (明)凌义渠:《奏牍》,《续修四库全书》第 493 册。
[63] (明)顾炎武:《肇域志》,《续修四库全书》第 586 ~ 595 册。
[64] (明)方孔炤:《全边略记》,《续修四库全书》第 738 册。
[65] (明)申时行:《大明会典》,《续修四库全书》第 789 ~ 792 册。
[66] (明)赵堂:《军政备例》,《续修四库全书》第 852 册。
[67] (明)沈啓:《南船纪》,《续修四库全书》第 878 册。
[68] (明)李昭祥:《龙江船厂志》,《续修四库全书》第 878 册。
[69] (明)汪应蛟:《中诠》,《续修四库全书》第 941 册。
[70] (明)张萱:《西园闻见录》,《续修四库全书》第 1169 册。
[71] (明)郑汝璧:《由庚堂集》,《续修四库全书》第 1357 册。
[72] (明)左光斗:《左忠毅公集》,《续修四库全书》第 1370 册。
[73] (明)熊廷弼:《按辽疏稿》,《四库禁毁书丛刊》史部第 9 册,北京出版社 2001 年版。
[74] (明)刘效祖:《四镇三关志》,《四库禁毁书丛刊》史部第 10 册。
[75] (明)陈仁锡:《皇明世法录》,《四库禁毁书丛刊》史部第 13 册。
[76] (明)王在晋:《海防纂要》,《四库禁毁书丛刊》史部第 17 册。

[77] (明)徐日久:《骘言》,《四库禁毁书丛刊》史部第 23 册。
[78] (明)蔡方炳:《广治平略》,《四库禁毁书丛刊》史部第 23 册。
[79] (明)徐日久:《五边典则》,《四库禁毁书丛刊》史部第 25 册。
[80] (明)朱国桢:《皇明大事记》,《四库禁毁书丛刊》史部第 28 册。
[81] (明)沈国元:《两朝从信录》,《四库禁毁书丛刊》史部第 29 册。
[82] (明)宋应昌:《经略复国要编》,《四库禁毁书丛刊》史部第 38 册。
[83] (明)颜季亨:《九十九筹》,《四库禁毁书丛刊》史部第 51 册。
[84] (明)吴甡:《柴庵疏集》,《四库禁毁书丛刊》史部第 51 册。
[85] (明)李化龙:《抚辽疏稿》,《四库禁毁书丛刊》史部第 69 册。
[86] (明)蔡士顺:《傃庵野抄》,《四库禁毁书丛刊》史部第 69 册。
[87] (明)王在晋:《三朝辽事实录》,《四库禁毁书丛刊》史部第 70 册。
[88] (明)孙承泽:《山书》,《四库禁毁书丛刊》史部第 71 册。
[89] (明)吴甡:《忆计》,《四库禁毁书丛刊》史部第 71 册。
[90] (明)王世德:《崇祯遗录》,《四库禁毁书丛刊》史部第 72 册。
[91] (明)史惇:《恸余杂记》,《四库禁毁书丛刊》史部第 72 册。
[92] (明)毕自严:《饷抚疏草》,《四库禁毁书丛刊》史部第 75 册。
[93] (明)茅元仪:《武备志》,《四库禁毁书丛刊》子部第 23 册。
[94] (明)冯琦:《宗伯集》,《四库禁毁书丛刊》集部第 15、16 册。
[95] (明)孔贞时:《在鲁斋文集》,《四库禁毁书丛刊》集部第 16 册。
[96] (明)李邦华:《文水李忠肃先生集》,《四库禁毁书丛刊》集部第 81 册。
[97] (明)张鼐:《辽筹》,《四库禁毁书丛刊》集部第 105 册。
[98] (明)熊廷弼:《辽中书牍》,《四库禁毁书丛刊》集部第 122 册。
[99] (明)孙承宗:《高阳集》,《四库禁毁书丛刊》集部第 164 册。
[100] (明)杨师震:《天津仓储考》,见顾炎武:《皇明修文备史》,《北京图书馆古籍珍本丛刊》第 8 册,书目文献出版社 1998 年版。
[101] (明)魏焕:《九边考》,见顾炎武:《皇明修文备史》,《北京图书馆古籍珍本丛刊》第 8 册。
[102] (明)李珲:《朝鲜国备报倭奴情形疏》,见顾炎武《皇明修文备史》,《北京图书馆古籍珍本丛刊》第 8 册。
[103] (明)茅元仪:《督师纪略》,《北京图书馆古籍珍本丛刊》第 9 册。
[104] (明)王士骐:《皇明驭倭录》,《北京图书馆古籍珍本丛刊》第 10 册。

[105] (明)谢杰:《虔台倭纂》,《北京图书馆古籍珍本丛刊》第10册。
[106] (明)郭光复:《倭情考略》,《北京图书馆古籍珍本丛刊》第10册。
[107] (明)黄俣卿:《倭患考原》,《北京图书馆古籍珍本丛刊》第10册。
[108] (明)瞿汝说:《皇明臣略纂闻》,《北京图书馆古籍珍本丛刊》第10册。
[109] (明)郑晓:《吾学编》,《北京图书馆古籍珍本丛刊》第12册。
[110] (明)茅瑞徵:《万历三大征考》,《北京图书馆古籍珍本丛刊》第13册。
[111] (明)茅瑞徵:《东夷考略》,《北京图书馆古籍珍本丛刊》第13册。
[112] (明)曹珖:《闲思往事》,《北京图书馆古籍珍本丛刊》第13册。
[113] (清)佚名:《山东海疆图记》,《北京图书馆古籍珍本丛刊》第22册。
[114] (明)何镗:《修攘通考》,《北京图书馆古籍珍本丛刊》第23册。
[115] (明)劳堪:《宪章类编》,《北京图书馆古籍珍本丛刊》第46册。
[116] (明)张燧:《经世挈要》,《北京图书馆古籍珍本丛刊》第47册。
[117] (明)赵鉴:《天津卫屯垦条款》,《北京图书馆古籍珍本丛刊》第47册。
[118] (明)吕坤:《实政录》,《北京图书馆古籍珍本丛刊》第48册。
[119] (明)刘邦谟,王好善辑:《宝坻政书》,《北京图书馆古籍珍本丛刊》第48册。
[120] (明)邓球:《皇明泳化类编》,《北京图书馆古籍珍本丛刊》第49册。
[121] (明)张学颜:《万历会计录》,《北京图书馆古籍珍本丛刊》第52、53册。
[122] (明)佚名:《海运纪事》,《北京图书馆古籍珍本丛刊》第56册。
[123] (清)沈颐仙:《遗事琐谈》,《明季史料集珍》本,伟文图书出版社有限公司1976年版。
[124] (明)薛三才:《薛恭敏公奏疏》,《明季史料集珍》本,伟文图书出版社有限公司1977年版。
[125] (明)黄省曾:《西洋朝贡典录》,《明清史料汇编》初辑第2册,总第2册,文海出版社1967年版。
[126] (明)逯中立:《两垣奏议》,《明清史料汇编》初辑第4册,总第4册,文海出版社1967年版。
[127] (明)熊廷弼:《经辽疏牍》,《明清史料汇编》第2辑第1、2册,总第9、10册,文海出版社1967年版。
[128] (明)李逊之:《三朝野纪》,《明清史料汇编》第3辑第1、2册,总第17、18册,文海出版社1967年版。

[129] (明)李清:《袁督师斩毛文龙始末》,《明清史料汇编》第3辑第4册,总第20册,文海出版社1967年版。
[130] (明)聋道人:《遇变记略》,《明清史料汇编》第3辑第5册,总第21册,文海出版社1967年版。
[131] (明)许浩:《复斋日记》,《明清史料汇编》第8辑第4册,总第72册,文海出版社1967年版。
[132] (明)九龙真逸:《东莞五忠传》,《明清史料汇编》第8辑第7册,总第75册,文海出版社1967年版。
[133] (明)莫秉清:《傍秋庵文集》,《明清史料汇编》第8辑第8册,总第76册,文海出版社1967年版。
[134] (明)屠隆:《由拳集》,《明代论著丛刊》第3辑,伟文图书出版社有限公司1977年版。
[135] (明)张溥:《七录斋集》,《明代论著丛刊》第3辑,伟文图书出版社有限公司1977年版。
[136] (明)陈子龙:《安雅堂稿》,《明代论著丛刊》第3辑,伟文图书出版社有限公司1977年版。
[137] (明)佚名:《嘉靖东南平倭通录》,徐学聚《国朝典汇》本。
[138] (明)鲍应鳌:《瑞芝山房集》,明崇祯刻本。
[139] (明)陈建:《皇明通纪集要》,明崇祯刻本。
[140] (明)陈全之:《蓬窗日録》,明嘉靖四十四年(1565)刻本。
[141] (明)佚名:《海道经》,清借月山房汇钞本。
[142] (明)陈仁锡:《无梦园初集》,明崇祯六年(1633)刻本。
[143] (明)陈懿典:《陈学士先生初集》,明万历刻本。
[144] (明)程开祜:《筹辽硕画》,民国国立北平图书馆善本丛书景明万历本。
[145] (明)邓士亮:《心月轩稿》,明末刻本。
[146] (明)邓元锡:《皇明书》,明万历刻本。
[147] (明)董应举:《崇相集》,明崇祯刻本。
[148] (明)方应选:《方众甫集》,明万历刻本。
[149] (明)高汝栻:《皇明续纪三朝法传全录》,明崇祯九年(1636)刻本。
[150] (明)过庭训:《本朝分省人物考》,明崇祯刻本。
[151] (明)胡宗宪:《海防图论》,清咸丰长恩书室丛书本。

[152]（明）黄凤翔:《嘉靖大政类编》,明万历刻本。
[153]（明）黄光升:《昭代典则》,明万历二十八年(1600)周曰校万卷楼刻本。
[154]（明）黄克缵:《数马集》,清刻本。
[155]（明）焦竑:《国朝献征录》,明万历四十四年(1616)徐象橒曼山馆刻本。
[156]（明）雷梦麟:《读律琐言》,明嘉靖四十二年(1563)刻本。
[157]（明）李开先:《李中麓闲居集》,明刻本。
[158]（明）茅元仪:《石民四十集》,明崇祯刻本。
[159]（明）沈尧中:《沈氏学弢》,明万历刻本。
[160]（明）王鸣鹤:《登坛必究》,清刻本。
[161]（明）王圻:《续文献通考》,明万历三十年(1602)松江府刻本。
[162]（明）王在晋:《越镌》,明万历三十九年(1611)刻本。
[163]（明）吴之甲:《静悱集》,清乾隆四年(1739)吴重康刻本。
[164]（明）徐象梅:《两浙名贤录》,明天启刻本。
[165]（明）徐肇台:《记政录》,明崇祯刻本。
[166]（明）佚名:《秘阁元龟政要》,明钞本。
[167]（明）佚名:《海运摘抄》,明季辽事丛刊本。
[168]（明）佚名:《嘉靖倭乱备钞》,清钞本。
[169]（明）张辅之:《太仆奏议》,明天启刻本。
[170]（明）张溥:《七录斋诗文合集》,明崇祯九年(1636)刻本。
[171]（明）张世伟:《自广斋集》,明崇祯十一年(1638)刻本。
[172]（明）郑明选:《郑侯升集》,明万历三十一年(1603)郑文震刻本。
[173]（明）周文郁:《边事小纪》,民国玄览堂丛书本。
[174]（明）陶望龄:《陶文简公集》,明万历七年(1579)陶履中刻本。
[175]（明）雷礼:《国朝列卿记》,明万历徐鉴刻本。
[176]（明）毕自肃:《辽东疏稿》,清抄本。
[177]（明）余有丁:《余文敏公文集》,明万历刻本。
[178]（明）佚名:《诸司职掌》,明刻本。
[179]（明）焦竑:《焦氏澹园续集》,明万历三十九年(1611)朱汝鳌刻本。
[180]（清）陈鹤:《明纪》,清同治十年(1871)江苏书局刻本。
[181]（明）余继登:《淡然轩集》,清文渊阁四库全书补配文津阁四库全书本。
[182]（明）王锡爵:《王文肃公文集》,明万历刻本。

[183] (明)黄景昉:《国史唯疑》,清康熙三十年(1691)钞本。
[184] (明)赵秉忠:《嵱山集》,益都知县李溱清光绪九年(1883)刻本。
[185] (明)陈循:《寰宇通志》,《玄览堂丛书续集》本。
[186] (明)万表:《玩鹿亭稿》,明万历万邦孚刻本。
[187] (清)查继佐:《罪惟录》,四部丛刊三编景手稿本。
[188] (清)叶圭绶:《续山东考古录》,清咸丰元年(1851)刻本。
[189] "中央研究院"历史语言研究所:《明清史料》乙编,商务印书馆 1936 年版。
[190] (明)张岱:《石匮书后集》,中华书局 1959 年版。
[191] (明)徐光启:《农政全书》,上海古籍出版社 1979 年版。
[192] (清)计六奇:《明季北略》,中华书局 1981 年版。
[193] (明)王世贞:《弇山堂别集》,中华书局 1985 年版。
[194] (明)毛承斗辑:《东江疏揭塘报节抄》,浙江古籍出版社 1986 年版。
[195] (明)朱长祚:《玉镜新谭》,中华书局 1989 年版。
[196] (明)严从简:《殊域周咨录》,中华书局 1993 年版。
[197] (明)邢玠:《经略御倭奏议》,全国图书馆文献缩微复制中心 2004 年版。
[198] (明)陶朗先:《陶中丞遗集》,《明季辽事丛刊》本,《明清史料丛书八种》第 4 册,北京图书馆出版社 2005 年版。
[199] (明)王士性:《广志绎》,中华书局 2006 年版。
[200] (明)郑若曾:《筹海图编》,中华书局 2007 年版。
[201] (明)陈子龙:《明经世文编》,中华书局 1962 年版。
[202] (清)谈迁:《国榷》,中华书局 1958 年版。
[203] (清)夏燮:《明通鉴》,中华书局 1959 年版。
[204] (清)王鸿绪:《明史稿》,文海出版社 1962 年版。
[205] (清)毛霦:《平叛记》,《中国方略丛书》第 1 辑第 8 号,成文出版社 1968 年版。
[206] (清)张廷玉:《明史》,中华书局 1974 年版。
[207] (清)谷应泰:《明史纪事本末》,中华书局 1977 年版。
[208] (清)李民寏:《建州闻见录》,辽宁大学历史系,《清初史料丛刊》本 1980 年版。
[209] (清)李肯翊:《燃藜室记述》,辽宁大学历史系,《清初史料丛刊》本 1980 年版。

[210] 辽宁省档案馆、辽宁省社会科学院历史研究所:《明代辽东档案汇编》,辽沈书社1985年版。
[211] (清)金梁:《满洲密档选辑》,《台湾文献史料丛刊》,大通书局1987年版。
[212] 中国第一历史档案馆:《雍正朝汉文朱批奏折汇编》,江苏古籍出版社1991年版。
[213] (明)方孝孺著,徐光大校点:《逊志斋集》,宁波出版社1996年版。
[214] (清)《淄川毕少保公年谱》,《北京图书馆藏珍本年谱丛刊》,北京图书馆出版社1999年版。
[215] (明)姜清:《姜氏秘史》,《中华野史·明朝卷一》,泰山出版社2000年版。
[216] (明)柏起宗:《东江始末》,《中华野史·明朝卷四》,泰山出版社2000年版。
[217] 中国第一历史档案馆、辽宁省档案馆:《中国明朝档案总汇》,广西师范大学出版社2001年版。
[218] (明)戚祚国汇纂,高扬文、陶琦主编,李克、郝教苏点校:《戚少保年谱耆编》,中华书局2003年版。
[219] (清)顾祖禹:《读史方舆纪要》,中华书局2007年版。

二、方志

[1] (明)陆釴等纂修:嘉靖《山东通志》,《天一阁藏明代方志选刊续编》第51册,上海书店出版社1990年版。
[2] (清)岳浚、法敏修,杜诏、顾瀛纂:雍正《山东通志》,清雍正七年(1729)修,乾隆元年(1736)刻本,见《景印文渊阁四库全书》第539~541册,台湾商务印书馆出版。
[3] (清)杨士骧等修,孙葆田等纂:宣统《山东通志》,上海古籍出版社1991年版。
[4] (明)杜思修,冯惟讷纂:嘉靖《青州府志》,《天一阁藏明代方志选刊》第41、42册,上海古籍书店1981年版。
[5] (清)陶锦修,王昌学、王柽纂:康熙《青州府志》,清康熙六十年(1721)刻本。

[6] (清)毛承伯修,李图、刘耀椿纂:咸丰《青州府志》,《中国地方志集成·山东府县志辑》第31、32册,凤凰出版社2004年版。
[7] (清)杨士雄修,丁旹纂:康熙《日照县志》,清康熙十二年(1673)刻本。
[8] (清)陈懋修,张庭诗、李堉纂:光绪《日照县志》,《中国地方志集成·山东府县志辑》第58册,凤凰出版社2004年版。
[9] 安东卫街道办事处史志办公室编印:康熙《安东卫志》。
[10] (清)宫懋让修,李文藻等纂:乾隆《诸城县志》,《中国地方志集成·山东府县志辑》第38册,凤凰出版社2004年版。
[11] (清)刘光斗修,朱学海纂:道光《诸城县续志》,《中国地方志集成·山东府县志辑》第38册,凤凰出版社2004年版。
[12] (明)龙文明修,赵燿、董基纂:《重刊万历莱州府志》,1939年赵永厚堂刊本。
[13] (清)严有禧,张桐等纂修:乾隆《莱州府志》,《中国地方志集成·山东府县志辑》第44册,凤凰出版社2004年版。
[14] (清)孙蕴韬修,高国櫆纂:康熙《胶州志》,清康熙十二年(1673)刻本。
[15] (清)周于智修,刘恬纂:乾隆《胶州志》,清乾隆十七年(1752)刻本。
[16] (清)张同声修,李图等纂:道光《重修胶州志》,《中国地方志集成·山东府县志辑》第39册,凤凰出版社2004年版。
[17] (民国)叶钟英修,匡超纂:民国《增修胶志》,《中国地方志集成·山东府县志辑》第42册,凤凰出版社2004年版。
[18] (民国)赵琪修,袁荣叜纂:民国《胶澳志》,见沈云龙主编:《近代中国史料丛刊正编》第31辑,文海出版社1969年版。
[19] (清)苏潜修著,胶南市史志办、胶南市档案馆点校:《灵山卫志校注》,五洲传播出版社2002年版。
[20] (清)黄肇颚撰,即墨市史志办公室点校:《崂山续志》卷九《附载》,山东省地图出版社2008年版。
[21] (清)尤淑孝修,李元正纂:乾隆《即墨县志》,清乾隆二十九年(1764)刻本。
[22] (清)林溥修,周翁鐄纂:同治《即墨县志》,《中国地方志集成·山东府县志辑》第47册,凤凰出版社2004年版。
[23] (清)施润章修,杨奇烈纂:顺治《登州府志》,清康熙三十三年(1694)

刻本。
[24] (清)永泰纂修:乾隆《续登州府志》,清乾隆七年(1742)刻本。
[25] (清)方汝翼、贾瑚修,周悦让、慕荣榦纂:光绪《增修登州府志》,《中国地方志集成·山东府县志辑》第48、49册,凤凰出版社2004年版。
[26] (清)万邦维修,卫元爵、张重润纂:康熙《莱阳县志》,《中国地方志集成·山东府县志辑》第53册,凤凰出版社2004年版。
[27] (民国)梁秉锟修,王丕煦纂:民国《莱阳县志》,《中国地方志集成·山东府县志辑》第53册,凤凰出版社2004年版。
[28] (清)包桂纂修:乾隆《海阳县志》,《中国地方志集成·山东府县志辑》第56册,凤凰出版社2004年版。
[29] (清)王敬勋修,李尔梅、王兆腾纂:光绪《海阳县续志》,《中国地方志集成·山东府县志辑》第56册,凤凰出版社2004年版。
[30] (清)蔡培、欧文修,林汝谟纂:道光《文登县志》,清道光十九年(1839)刻本。
[31] (清)李祖年修,于霖逢纂:光绪《文登县志》,《中国地方志集成·山东府县志辑》第54册,凤凰出版社2004年版。
[32] (明)李光先修,焦希程纂:嘉靖《宁海州志》,《天一阁藏明代方志选刊续编》第57册,上海书店出版社1990年版。
[33] (清)舒孔安修,王厚阶纂:同治《重修宁海州志》,《中国地方志集成·山东府县志辑》第54册,凤凰出版社2004年版。
[34] (清)毕懋第修,郭文大续修,王兆鹏增订:乾隆《威海卫志》,《中国地方志集成·山东府县志辑》第44册,凤凰出版社2004年版。
[35] (清)佚名纂:康熙《靖海卫志》,《中国地方志集成·山东府县志辑》第44册,凤凰出版社2004年版。
[36] (清)李天陟修,岳赓廷纂:道光《荣成县志》,《中国地方志集成·山东府县志辑》第56册,凤凰出版社2004年版。
[37] (民国)宋宪章修,于清泮纂:民国《牟平县志》,《中国地方志集成·山东府县志辑》第55册,凤凰出版社2004年版。
[38] (清)何乐善修,萧劼、王积熙纂:乾隆《福山县志》,《中国地方志集成·山东府县志辑》第51册,凤凰出版社2004年版。
[39] (民国)王陵基修,于宗潼纂:民国《福山县志稿》,《中国地方志集成·山

东府县志辑》第 52 册,凤凰出版社 2004 年版。
[40] (清)王文焘修,张本、葛元昶纂:道光《重修蓬莱县志》,《中国地方志集成·山东府县志辑》第 50 册,凤凰出版社 2004 年版。
[41] (清)郑锡鸿、江瑞采修,王尔植等纂:光绪《蓬莱县续志》,《中国地方志集成·山东府县志辑》第 50 册,凤凰出版社 2004 年版。
[42] (清)袁中立修,毛赞纂:乾隆《黄县志》,清乾隆二十一年(1756)刻本。
[43] (清)尹继美纂修:同治《黄县志》,《中国地方志集成·山东府县志辑》第 49 册,凤凰出版社 2004 年版。
[44] (清)张作砺修,张凤羽纂:顺治《招远县志》,《中国地方志集成·山东府县志辑》第 47 册,凤凰出版社 2004 年版。
[45] (清)陈国器、边象曾修,李荫、路藻纂:道光《招远县续志》,《中国地方志集成·山东府县志辑》第 47 册,凤凰出版社 2004 年版。
[46] (清)张思勉修,于始瞻纂:乾隆《掖县志》,《中国地方志集成·山东府县志辑》第 45、46 册,凤凰出版社 2004 年版。
[47] (清)张彤修,张诩纂:嘉庆《续掖县志》,《中国地方志集成·山东府县志辑》第 45、46 册,凤凰出版社 2004 年版。
[48] (清)魏起鹏修,王续藩纂:光绪《三续掖县志》,《中国地方志集成·山东府县志辑》第 45、46 册,凤凰出版社 2004 年版。
[49] (清)周来邰纂修:乾隆《昌邑县志》,《中国地方志集成·山东府县志辑》第 39 册,凤凰出版社 2004 年版。
[50] (清)陈嘉楷修,韩天衢纂:光绪《昌邑县续志》,《中国地方志集成·山东府县志辑》第 39 册,凤凰出版社 2004 年版。
[51] (清)张耀璧修,王诵芬纂:乾隆《潍县志》,《中国地方志集成·山东府县志辑》第 40 册,凤凰出版社 2004 年版。
[52] (民国)常之英修,刘祖幹纂:民国《潍县志稿》,《中国地方志集成·山东府县志辑》第 40、41 册,凤凰出版社 2004 年版。
[53] (民国)宋宪章修,邹允中、崔亦文纂:民国《寿光县志》,《中国地方志集成·山东府县志辑》第 34 册,凤凰出版社 2004 年版。
[54] (清)张承燮修,法伟堂纂:光绪《益都县图志》,《中国地方志集成·山东府县志辑》第 33 册,凤凰出版社 2004 年版。
[55] (明)孟楠修,蒋奇鏄纂:万历《乐安县志》,"国家图书馆藏明代孤本方志

选”影印本,中华全国图书馆文献缩微复制中心2000年版。
[56] (清)李方膺纂修:雍正《乐安县志》,清雍正十一年(1733)刻本。
[57] (民国)李传煦、陈同善修,王永贞纂:民国《乐安县志》,《中国地方志集成·山东府县志辑》第30册,凤凰出版社2004年版。
[58] (明)郑希侨修,刘继先、崔士伟纂:嘉靖《武定州志》,《天一阁藏明代方志选刊》第44册,上海古籍书店1982年版。
[59] (清)李熙龄修,邹恒纂:咸丰《武定府志》,《中国地方志集成·山东府县志辑》第21、22册,凤凰出版社2004年版。
[60] (清)杨容盛修,杜曮等纂:康熙《滨州志》,清康熙四十年(1701)刻本。
[61] (清)李熙龄纂修:咸丰《滨州志》,《中国地方志集成·山东府县志辑》第37册,凤凰出版社2004年版。
[62] (清)严文典修,任相纂:乾隆《蒲台县志》,《中国地方志集成·山东府县志辑》第28册,凤凰出版社2004年版。
[63] (清)盛赞熙修,余朝棻等纂:光绪《利津县志》,《中国地方志集成·山东府县志辑》第24册,凤凰出版社2004年版。
[64] (民国)王廷彦修,盖尔佶纂:民国《利津县续志》,《中国地方志集成·山东府县志辑》第24册,凤凰出版社2004年版。
[65] (清)联印修,张会一、耿翔仪纂:光绪《沾化县志》,《中国地方志集成·山东府县志辑》第25册,凤凰出版社2004年版。
[66] (清)梁建章修,于清泮纂:民国《沾化续志》,《中国地方志集成·山东府县志辑》第25册,凤凰出版社2004年版。
[67] (民国)侯荫昌修,张方墀纂:民国《无棣县志》,《中国地方志集成·山东府县志辑》第24册,凤凰出版社2004年版。
[68] (清)王道亨修,张庆源纂:乾隆《德州志》,《中国地方志集成·山东府县志辑》第10册,凤凰出版社2004年版。
[69] (明)郜相修,樊深撰:嘉靖《河间府志》,《天一阁明代方志选刊》第1、2册,上海古籍书店1981年版。
[70] (明)杜应芳修,陈士彦纂:万历《河间府志》,明万历间刻本。
[71] (清)杜甲修,黄文莲、胡天游纂:乾隆《河间府新志》,《中国地方志集成·河北府县志辑》第41册,上海书店出版社2006年版。
[72] (清)朱鸾鷟修,钱国寿纂:康熙《盐山县志》,《中国地方志集成·河北府

县志辑》第 43 册，上海书店出版社 2006 年版。

[73]（民国）孙毓琇修，贾恩绂纂：民国《盐山新志》，《中国地方志集成·河北府县志辑》第 43 册，上海书店出版社 2006 年版。

[74]（清）薛柱斗修，高必大纂：康熙《天津卫志》，天津市地方志编修委员会编著：《天津通志·旧志点校》本，南开大学出版社 1999 年版。

[75]（清）李梅宾、程凤文修，吴廷华、汪沆纂：乾隆《天津府志》，《天津通志·旧志点校》本。

[76]（清）沈家本、荣铨修，徐宗亮、蔡启盛纂：光绪《重修天津府志》，《天津通志·旧志点校》本。

[77]（清）朱奎扬、张志奇修，吴廷华等纂：乾隆《天津县志》，《天津通志·旧志点校》本。

[78]（清）吴惠元修，蒋玉虹、俞樾纂：同治《续天津县志》，《天津通志·旧志点校》本。

[79]（民国）高凌雯纂修：民国《天津县新志》，《天津通志·旧志点校》本。

[80]（民国）张江裁纂：民国《杨柳青小志》，《天津通志·旧志点校》本。

[81]（民国）王守恂：民国《天津政俗沿革记》，《天津通志·旧志点校》本。

[82]（民国）高凌雯：民国《志余随笔》，《天津通志·旧志点校》本。

[83]（清）阎甲胤修，马方伸纂：康熙《静海县志》，《中国地方志集成·天津府县志辑》第 5 册，上海书店出版社 2004 年版。

[84]（民国）白凤文修，高毓浵、元殿元纂：民国《静海县志》，《中国地方志集成·天津府县志辑》第 5 册，上海书店出版社 2004 年版。

[85]（清）洪肇楙修，蔡寅斗纂：乾隆《宝坻县志》，《中国地方志集成·天津府县志辑》第 4 册，上海书店出版社 2004 年版。

[86]（民国）仇锡廷等：《蓟县志》，1944 年铅印本。

[87]（清）沈锐纂修：道光《蓟州志》，（台湾）学生书局 1968 年版。

[88]（明）吴傑修，张廷纲、吴祺纂：弘治《永平府志》，《天一阁藏明代方志选刊续编》第 3 册，上海书店 1990 年版。

[89]（清）游智开修，史梦兰纂：光绪《永平府志》，《中国地方志集成·河北府县志辑》第 18、19 册，上海书店出版社 2006 年版。

[90]（清）蔡志修等修，史梦兰纂：光绪《乐亭县志》，《中国地方志集成·河北府县志辑》第 23 册，上海书店出版社 2006 年版。

[91] (民国)袁棻修,张凤翔、刘祖培纂:民国《滦县志》,《中国地方志集成·河北府县志辑》第24册,上海书店出版社2006年版。

[92] (民国)金良骥、汪鸿孙修,张念祖、张锡恩纂:民国《昌黎县志》,《中国地方志集成·河北府县志辑》第20册,上海书店出版社2006年版。

[93] (民国)董天华修,刘应麟、李茂林纂:民国《卢龙县志》,《中国地方志集成·河北府县志辑》第20册,上海书店出版社2006年版。

[94] (清)张上龢修,史梦兰纂:光绪《抚宁县志》,《中国地方志集成·河北府县志辑》第23册,上海书店出版社2006年版。

[95] (明)李辅等撰:嘉靖《全辽志》,见《辽海丛书》第1册,辽沈书社1985年版。

[96] (明)任洛撰:嘉靖《辽东志》,见《辽海丛书》第1册,辽沈书社1985年版。

[97] (民国)章运熺监修,崔正峰、郭春藻编辑:《盖平县乡土志》,1920年版。

三、近人著作

[1] 吴重翰:《明代倭寇犯华史略》,商务印书馆1939年版。

[2] 吴晗:《读史札记》,生活·读书·新知三联书店1956年版。

[3] 陈懋恒:《明代倭寇考略》,人民出版社1957年版。

[4] 王毓铨:《明代的军屯》,中华书局1965年版。

[5] 包遵彭:《中国海军史》,(台湾)中华丛书编审委员会1970年版。

[6] 吴晗辑:《朝鲜李朝实录中的中国史料》,中华书局1980年版。

[7] 郑天挺:《明清史资料》,天津人民出版社1981年版。

[8] 中国社会科学院历史研究所明史研究室:《中国近八十年明史论著目录》,江苏人民出版社1981年版。

[9] 吴廷燮:《明督抚年表》,中华书局1982年版。

[10] 戴裔煊:《明代嘉隆间的倭寇海盗与中国资本主义的萌芽》,中国社会科学出版社1982年版。

[11] 中国科学院海洋研究所海洋地质研究室:《渤海地质》,科学出版社1985年版。

[12] 中国科学院北京天文台主编:《中国地方志联合目录》,中华书局1985年版。

[13] 孙文良、李治亭、邱莲梅:《明清战争史略》,辽宁人民出版社1986年版。

[14] 寿杨宾:《青岛海港史》(古代),人民交通出版社1986年版。

[15] 林仁川:《明末清初私人海上贸易》,华东师范大学出版社 1987 年版。
[16] 李小林、李晟文:《明史研究备览》,天津教育出版社 1988 年版。
[17] 杨旸:《明代辽东都司》,中州古籍出版社 1988 年版。
[18] 孙光圻:《中国古代航海史》,海洋出版社 1989 年版。
[19] 刘谦:《明辽东镇长城及防御考》,文物出版社 1989 年版。
[20] 刘申宁:《中国兵书总目》,国防大学出版社 1990 年版。
[21] 驻闽海军军事编纂室:《福建海防史》,厦门大学出版社 1990 年版。
[22] 李金明、廖大珂:《中国古代海外贸易史》,中国社会科学出版社 1990 年版。
[23] 阎崇年:《戚继光研究论集》,知识出版社 1990 年版。
[24] 马大正:《中国古代边疆政策研究》,中国社会科学出版社 1990 年版。
[25] 张炜、许华:《海权与兴衰》,海洋出版社 1991 年版。
[26]《中国军事史》编写组:《中国军事史》(第一卷《兵器》),解放军出版社 1991 年版。
[27]《中国军事史》编写组:《中国军事史》(第三卷《兵制》),解放军出版社 1991 年版。
[28]《中国军事史》编写组:《中国军事史》(第六卷《兵垒》),解放军出版社 1991 年版。
[29] (英)崔瑞德、(美)牟复礼编,杨品泉等译:《剑桥中国明代史》下卷,中国社会科学出版社 1992 版。
[30] 朱亚非:《明代中外关系史研究》,济南出版社 1993 年版。
[31] 张铁牛、高晓星:《中国古代海军史》,八一出版社 1993 年版。
[32] 王绍曾:《山东文献书目》,齐鲁书社 1993 年版。
[33] 中国大百科全书总编辑委员会《中国地理》编辑委员会:《中国大百科全书·中国地理》,中国大百科全书出版社 1993 年版。
[34]《登州古港史》编委会编:《登州古港史》,人民交通出版社 1994 年版。
[35] 朱亚非:《山东通史》(明清卷),山东人民出版社 1994 年版。
[36] 毛佩琦、王莉:《中国明代军事史》,人民出版社 1995 年版。
[37] 关文发、颜广文:《明代政治制度研究》,中国社会科学出版社 1995 年版。
[38] 靳润成:《明代总督巡抚辖区研究》,天津古籍出版社 1996 年版。
[39] 方志远、杜婉言:《中国政治制度通史》(明代卷),人民出版社 1996 年版。

[40] 南炳文:《明清史蠡测》,天津教育出版社 1996 年版。
[41] 黄鸣奋:《厦门海防文化》,鹭江出版社 1996 年版。
[42] 王颖:《中国海洋地理》,科学出版社 1996 年版。
[43] 李鸿彬:《清朝开国史略》,齐鲁书社 1997 年版。
[44] 曹树基:《中国移民史》(明代),福建人民出版社 1997 年版。
[45] 刘昭祥:《中国军事制度史》(军事组织体制编制卷),大象出版社 1997 年版。
[46] 杨新华、时平:《中华海权与历史文化》,海潮出版社 1997 年版。
[47] 陈尚胜:《"怀夷"与"抑商"——明代海洋力量兴衰研究》,山东人民出版社 1997 年版。
[48] 牛平汉:《明代政区沿革综表》,中国地图出版社 1997 年版。
[49] 郑广南:《中国海盗史》,华南理工大学出版社 1998 年版。
[50] 范中义:《中国军事通史》(明代),军事科学出版社 1998 年版。
[51] 朱亚非:《明清史论稿》,山东友谊出版社 1998 年版。
[52] 李小林:《万历官修本朝正史研究》,南开大学出版社 1999 年版。
[53] 黄顺力:《海洋迷思:中国海洋观的传统与变迁》,江西高校出版社 1999 年版。
[54] 安京:《中国古代海疆史纲》,黑龙江教育出版社 1999 年版。
[55] 万明:《中国融入世界的步履——明与清前期海外政策比较研究》,社会科学文献出版社 2000 年版。
[56] 马大正:《中国边疆经略史》,中州古籍出版社 2000 年版。
[57] 南炳文:《辉煌、曲折与启示——20 世纪中国明史研究回顾》,天津人民出版社 2001 年版。
[58] 肖立军:《明代中后期九边兵制研究》,吉林人民出版社 2001 年版。
[59] 张耀光:《中国边疆地理》(海疆),科学出版社 2001 年版。
[60] 赵毅、栾凡:《20 世纪明史研究综述》,东北师范大学出版社 2002 年版。
[61] 王宏斌:《清代前期海防:思想与制度》,社会科学文献出版社 2002 年版。
[62] 高艳林:《天津人口研究(1404 ~ 1949)》,天津人民出版社 2002 年版。
[63] 张士尊:《明代辽东边疆研究》,吉林人民出版社 2002 年版。
[64] 赵云田:《中国治边机构史》,中国藏学出版社 2002 年版。
[65] 张显清、林金树:《明代政治史》,广西师范大学出版社 2003 年版。

[66] 卢建一:《闽台海防研究》,方志出版社 2003 年版。
[67] 许毓良:《清代台湾海防》,社会科学文献出版社 2003 年版。
[68] 张炜、方堃:《中国海疆通史》,中州古籍出版社 2003 年版。
[69] 吴艳红:《明代充军研究》,社会科学文献出版社 2003 年版。
[70] 李治亭:《东北通史》,中州古籍出版社 2003 年版。
[71] 范中义:《戚继光传》,中华书局 2003 年版。
[72] 范中义、仝晰纲:《明代倭寇史略》,中华书局 2004 年版。
[73] 张彩霞:《海上山东——山东沿海地区的早期现代化历程》,江西高校出版社 2004 年版。
[74] 杨金森、范中义:《中国海防史》,海洋出版社 2005 年版。
[75] 王宏斌:《晚清海防:思想与制度研究》,商务印书馆 2005 年版。
[76] 陈尚胜:《登州港与中韩交流国际学术讨论会论文集》,山东大学出版社 2005 年版。
[77] 杨强:《北洋之利——古代渤黄海区域的海洋经济》,江西高校出版社 2005 年版。
[78] 晁中辰:《明代海禁与海外贸易》,人民出版社 2005 年版。
[79] 王赛时:《山东沿海开发史》,齐鲁书社 2005 年版。
[80] 王赛时:《山东海疆文化研究》,齐鲁书社 2006 年版。
[81] 彭勇:《明代班军制度研究——以京操班军为中心》,中央民族大学出版社 2006 年版。
[82] 刘中民:《中国近代海防思想史论》,中国海洋大学出版社 2006 年版。
[83] 南炳文:《明史新探》,中华书局 2007 年版。
[84] 朱亚非:《古代山东与海外交往史》,中国海洋大学出版社 2007 年版。
[85] (韩)吴一焕:《海路·移民·遗民社会——以明清之际中朝交往为中心》,天津古籍出版社 2007 年版。
[86] 刘凤鸣:《山东半岛与东方海上丝绸之路》,人民出版社 2007 年版。
[87] 黄济显:《鳌山卫古城》,中国文史出版社 2007 年版。
[88] 易泽阳:《明朝中期的海防思想研究》,解放军出版社 2008 年版。
[89] 杨旸:《明代东北疆域研究》,吉林人民出版社 2008 年版。
[90] 孙保田:《旅大文献征存》,大连出版社 2008 年版。
[91] 高新生:《中国海防散论》,辽宁大学出版社 2009 年版。

[92] 樊铧:《政治决策与明代海运》,社会科学文献出版社 2009 年版。
[93] 肖立军:《明代省镇营兵制与地方秩序》,天津古籍出版社 2010 年版。
[94]《广东海防史》编委会:《广东海防史》,中山大学出版社 2010 年版。
[95] 高志超:《刘兴祚事迹考——明清鼎革之际辽东汉人的政治取向》,长江出版社 2010 年版。
[96] 南炳文:《校辑〈万历起居注〉》,天津古籍出版社 2010 年版。
[97] 王宏斌:《晚清海防地理学发展史》,中国社会科学出版社,2012 年。
[98] 张亚红、徐炯明:《宁波明清海防研究》,宁波出版社 2012 年版。
[99] 张建雄:《清代前期广东海防体制研究》,广东人民出版社 2012 年版。
[100] 宋烜:《明代浙江海防研究》,社会科学文献出版社 2013 年版。

四、学位论文

[1] 李新峰:《明代前期兵制研究》,北京大学 1994 届博士学位论文。
[2] 肖立军:《明代中后期军事制度研究》,南开大学 2005 届博士学位论文。
[3] 钟铁军:《明代浙江海防战区地理研究》,北京大学 2006 届博士学位论文。
[4] 赵红:《明清时期的山东海防》,山东大学 2007 届博士学位论文。
[5] 鲁延召:《明清时期广东中路海防地理研究》,暨南大学 2010 届博士学位论文。
[6] 孙献涛:《明代沿海卫所初探》,北京师范大学 1997 届硕士学位论文。
[7] 陶道强:《清代前期广东海防研究》,暨南大学 2003 届硕士学位论文。
[8] 赵红:《晚清山东海防研究》,山东师范大学 2004 届硕士学位论文。
[9] 潘珣祎:《明代抗倭官考》,浙江大学 2004 硕士学位论文。
[10] 高强:《清代山东的海防体系与军事部署》,曲阜师范大学 2007 届硕士学位论文。
[11] 陈晓珊:《明代辽东—山东地缘关系研究——以登辽海道为中心》,中央民族大学 2007 届硕士学位论文。
[12] 邵晴:《明代山东半岛海防建置研究》,中国海洋大学 2007 届硕士学位论文。
[13] 温娜:《山东卫所在清代的变革》,陕西师范大学 2008 届硕士学位论文。
[14] 孙同霞:《明清山东巡检司制度考略》,曲阜师范大学 2008 届硕士学位论文。

[15] 朱光涌:《洪武、永乐时期山东莱州府南部移民研究——兼论卫所制度与沿海地区移民》,中国海洋大学2008届硕士学位论文。

[16] 焦华:《威海地区明代卫所保存现状的调查与研究》,山东大学2009届硕士学位论文。

[17] 王晶晶:《明清至民国时期山东半岛军户家族组织研究——以鳌山卫、灵山卫为中心》,厦门大学2009届硕士学位论文。

[18] 黄友泉:《明代前期福建的海防体系》,厦门大学2009届硕士学位论文。

[19] 陈洁:《明代天津巡抚考》,南开大学2010届硕士学位论文。

[20] 李新成:《明代辽东与山东关系研究》,辽宁师范大学2011届硕士学位论文。

[21] 费双应:《旅顺、威海卫建港与北洋水师》,西北大学2012届硕士学位论文。

[22] 孔德静:《印迹与希冀:明清山东海防建筑遗存研究》,青岛理工大学2012届硕士学位论文。

[23] 薛广平:《明代山东沿海卫所与区域社会发展研究——以胶州湾西海岸地区的灵山卫为例》,中国海洋大学2013届硕士学位论文。

[24] 董健:《明代海防政策与登州海防建设》,中国海洋大学2013届硕士学位论文。

[25] 孙倩倩:《山东沿海卫所研究》,山东建筑大学2013届硕士学位论文。

[26] 喻蓉蓉:《熊廷弼与辽东经略1569～1625》,私立文化大学史学研究所博士论文,1997年12月。

[27] 邱业超:《明代辽东经略制度研究》,台湾"中央大学"2006届博士学位论文。

[28] 叶宗翰:《明代的造船事业——造船发展背景的历史考察》,台湾文化大学史学研究所2006届硕士学位论文。

五、学术论文

[1] 李国祁:《明清两代地方行政中道的功能及其演变》,《"中央研究院"近代史研究所集刊》第三期上册,1973年7月。

[2] 陈文石:《明代卫所的军》,《"中央研究院"史语所集刊》,第四十八本二分,1977年6月。

[3] 王天有:《略论明万历、天启年间的党争对辽东战局的影响》,《历史教学》,1983年第5期。

[4] 曹永和:《试论明太祖的海洋交通政策》,(台湾)《中国海洋发展史论文集》第1辑,1984年。
[5] 戴裔煊:《倭寇与中国》,《学术研究》,1987年第1期。
[6] 顾诚:《卫所制度在清代的变革》,《北京师范大学学报》,1988年第2期。
[7] 顾诚:《明帝国的疆域管理体制》,《历史研究》,1989年第3期。
[8] 顾诚:《谈明代的卫籍》,《北京师范大学学报》,1989年第5期。
[9] 陈尚胜:《明代后期筹海过程考论》,《海交史研究》,1990年第1期。
[10] 苏松柏:《论明成祖因循洪武海禁政策》,《海交史研究》,1990年第1期。
[11] 范中义:《明代海防述略》,《历史研究》,1990年第3期。
[12] 卢苇:《明代海南的"海盗"、兵备和海防》,《暨南学报》,1990年第4期。
[13] 郑克晟:《明朝初年的福建沿海及海防》,《史学月刊》,1991年第1期。
[14] 袁晓春:《山东蓬莱出土明初碗口炮》,《文物》,1991年第1期。
[15] 王莉:《明代营兵制初探》,《北京师范大学学报》,1991年第2期。
[16] 朱亚非:《从历史档案看戚继光在山东的防倭活动》,《历史档案》,1991年第4期。
[17] 陈尚胜:《明代海防与海外贸易——明朝闭关与开放问题的初步研究》,《中外关系史论丛》,1991年第3辑。
[18] 山根幸夫:《明代倭寇问题研究》,邱明译,《黄淮学刊》,1992年第1期。
[19] 徐桂荣、刘正堃:《明代辽东都司诸卫辖所考》,《辽宁大学学报》,1992年第1期。
[20] 史明星:《中国历代海防发展概览》,《军事历史研究》,1992年第4期。
[21] 曲树程:《戚继光在登州》,《山东社会科学》,1992年第4期。
[22] 韩行方、王宇:《明朝末期登莱饷辽海运述略》,《辽宁师范大学学报》,1992年第4期。
[23] 姜守鹏:《熊廷弼、孙承宗、袁崇焕经辽研究》,《东北师范大学学报》,1992年第4期。
[24] 顿贺、罗世恒:《蓬莱明代古桅杆研究》,《武汉造船》,1993年第3期。
[25] 任晓初:《汤和其人与明初海防》,《学术界》,1993年第3期。
[26] 韩行方:《明末旅顺之役及黄龙其人其事》,《辽宁师范大学学报》,1994年第6期。
[27] 邸富生:《试论明朝初年的海防》,《中国边疆史地研究》,1995年第1期。

[28] 朱亚非:《明代援朝战争和议问题新探》,《中国史研究》,1995 年第 2 期。
[29] 黄尊严:《明代山东倭患述略》,《烟台师范学院学报》,1996 年第 3 期。
[30] 靳润成:《明朝天津巡抚及其辖区》,《历史教学》,1996 年第 8 期。
[31] 张云涛:《山东威海发现明初创寨碑》,《文物》,1997 年第 9 期。
[32] 川越泰博:《倭寇、被虏人与明代的海防军》,李三谋译,《中国边疆史地研究》,1998 年第 3 期。
[33] 范金民:《郑和下西洋前后的明代海防》,《"郑和与海洋"学术研讨会论文集》,1998 年。
[34] 魏刚:《明与后金对旅顺的争夺》,《辽宁师范大学学报》,1999 年第 2 期。
[35] 刘德强、徐明轩:《威海卫与国家"置重在海"》,《东岳论丛》,1999 年第 6 期。
[36] 万明:《万历援朝之战与明后期政治态势》,《中国史研究》,2001 年第 2 期。
[37] 黄中青:《明代海防的水寨与游兵——浙闽粤沿海岛屿防卫的建置与解体》,《明史研究丛刊》,2001 年第 1 辑。
[38] 谢忠志:《明代兵备道制度——以文驭武的国策与文人知兵的实练》,《明史研究丛刊》,2002 年第 5 辑。
[39] 吕进贵:《明代的巡检制度——地方基层治安组织及其运作》,《明史研究丛刊》,2002 年第 6 辑。
[40] 高艳林:《明代天津人口与城市性质的变化》,《南开学报》,2002 年第 1 期。
[41] 张士尊:《明代辽东东部山区海岛开发考略》,《辽宁大学学报》,2002 年第 4 期。
[42] 张士尊:《明代辽东都司军政管理体制及其变迁》,《东北师范大学学报》,2002 年第 5 期。
[43] 张金奎:《二十年来明代军制研究回顾》,《中国史研究动态》,2002 年第 10 期。
[44] 董韶军、董韶华、迟金光:《试论蓬莱水城的历史地位与价值》,《北方文物》,2003 年第 1 期。
[45] 王景泽:《明末的"辽人"与"辽军"》,《中国边疆史地研究》,2003 年第 1 期。

［46］樊树志:《万历年间的朝鲜战争》,《复旦学报》,2003 年第 6 期。
［47］杨强:《论明清环渤海区域的海洋发展》,《中国社会经济史研究》,2004 年第 1 期。
［48］魏刚:《明及清前期的旅顺》,《大连大学学报》,2004 年第 1 期。
［49］丁超:《明代安东卫建置年代考》,《历史研究》,2004 年第 2 期。
［50］王日根:《明代海防建设与倭寇、海贼的炽盛》,《中国海洋大学学报》,2004 年第 4 期。
［51］高新生:《中国海防史研究述评》,《军事历史研究》,2005 年第 4 期。
［52］赵红:《论明洪武时期的山东海防》,《烟台大学学报》,2005 年第 4 期。
［53］王赛时:《明代山东的海防体系与军事部署》,《明史研究》第 9 辑,2005 年。
［54］赵红:《李鸿章与山东海防建设》,《泰山学院学报》,2006 年第 5 期。
［55］赵红:《论两次鸦片战争期间山东海防建设》,《鲁东大学学报》,2006 年第 3 期。
［56］赵红:《明代登莱巡抚考论》,《济南大学学报》,2006 年第 6 期。
［57］陈长征:《明朝中后期环渤海地区手工业状况研究》,《广西社会科学》,2006 年第 7 期。
［58］林为楷:《明代的江海联防——长江江海交会水域的建构与备御》,《明史研究丛刊》,2006 年第 14 辑。
［59］赵红:《第一次鸦片战争时期的山东海防——以山东巡抚托浑布的筹海举措为中心》,《齐鲁学刊》,2007 年第 1 期。
［60］王江炜:《文登营与明朝山东半岛海防战略》,《春秋》,2007 年第 1 期。
［61］陈春声:《明代前期潮州海防及其历史影响》(上、下),《中山大学学报》,2007 年第 2、3 期。
［62］黄挺:《明代前期潮州的海防建置与地方控制》,《广东社会科学》,2007 年第 3 期。
［63］袁晓春、顿贺、韦文禧:《蓬莱古桅杆的研究》,《武汉船舶职业技术学院学报》,2007 年第 3 期。
［64］寇润平、朱龙:《登州火炮营及其对华贡献》,《鲁东大学学报》,2007 年第 4 期。
［65］陈波:《明初海运与海防的关系》,《郑和研究》,2007 年第 4 期。

[66] 刘秋增、王耀生:《明清时期山东巡抚群体研究》,《中国地方志》,2007 年第 9 期。
[67] 张士尊:《明代辽东都司与山东行省关系论析》,《东北师范大学学报》,2008 年第 2 期。
[68] 肖立军、张丽红:《明代的天津总兵官》,《历史教学》,2008 年第 2 期。
[69] 迟金光、孙艳艳:《登州港在中国军事史上的地位》,《山东档案》,2008 年第 5 期。
[70] 彭勇:《从〈广志绎〉看王士性对山东海防的思考》,《怀化学院学报》,2008 年第 12 期。
[71] 陈波:《试论明初海运之"运军"》,《中国边疆史地研究》,2009 年第 3 期。
[72] 赵红:《论明成祖的海防政策在山东的实践》,《鲁东大学学报》,2009 年第 4 期。
[73] 赵红:《论明代山东海防与山东沿海社会的发展》,《泰山学院学报》,2009 年第 5 期。
[74] 高新生:《海防的起源和海防概念研究述评》,《中国海洋大学学报》,2010 年第 2 期。
[75] 赵红:《论明代山东海防的特点与得失》,《东方论坛》,2011 年第 5 期。
[76] 赵红:《晚清山东海防建设对山东社会的影响》,《鲁东大学学报》,2012 年第 1 期。
[77] 刘昌龙、张晓林、黄培荣:《明清时期海防的历史嬗变及启示》,《军事历史研究》,2012 年第 2 期。
[78] 郭渊:《〈筹海图编〉与明代海防》,《古代文明》,2012 年第 3 期。
[79] 赵红:《论中法战争中的山东海防》,《兰台世界》,2012 年第 6 期。
[80] 张金奎:《洪武时期山东沿海卫所建置述论》,《明史研究》第 13 辑,2013 年。
[81] 张金奎:《明初海防建设与山东半岛人口的迁移》,《明史研究论丛》第 11 辑,2013 年。
[82] 川越泰博:《明代海防體制の形成について》,中央大學《大學院研究年報》創刊號,一九七一年,頁六九～一八二。
[83] 川越泰博:《明代海防體制の運營構造—創成期を中心に—》,《史學雜誌》,第八一編第六號,一九七二年六月,頁二九～五三。

后　记

呈现在大家面前的这部书，是我在博士学位论文的基础上修改完成的。2008年秋天，我进入南开大学历史学院攻读博士学位，方向为明清史。2009年春天，在与导师商议后，我开始围绕明代北部海防搜集资料，至2011年春天撰成初稿，并于夏天顺利通过答辩。参加工作以后，在师长们的建议下，我又对博士论文进行了一些小的修改，形成了这部书稿。这部书的出版，既是自己多年求学的一个阶段性总结，同是又是诸多师长、朋友鼓励、支持的结果。

在这部书出版之际，首先感谢我的博士生导师李小林教授。在南开读书的三年时间里，李老师在学业、生活上给了我无微不至的关心。老师为人宽厚，学识渊博、治学严谨。在入学之初，她就告诉我说，南开的明清史自郑老时就注重用第一手史料，有一分史料说一分话，做学问要踏实、严谨。在李门问学的三年里，我曾多次与老师探讨学术问题，她每次都是鼓励我畅所欲言，而后再加以点拨。期间，我曾多次上交论文请老师修改，每次拿回论文时发现，老师不但对文章的内容、结构、观点等提出具体建议，而且对我"偶尔"犯的错别字、标点符号误用等"小错误"也都悉心加以修改，令我心中感动。对于我的博士论文，老师更是倾注了大量心血。还记得是在2009年初的一次交谈中，老师说到，明代南、北海防体制有很大不同，学术界主要关注东南沿海，而对北部沿海地区的研究相对薄弱，因此将北部环渤海诸省作为一个区域加以研究很有必要，建议我选这个题目。2010年九月底，我的博士论文开题，一开始我拿不准应该按专题写、还是按时间写，老师在拿到我的开题报告后，思考了整整一个晚上，第二天(国庆节)很早就给我打来电话，在长达一个小时的通话中，老师仔细阐述了按照时间撰写的诸多好处，令我茅塞顿开。在博士论文的最后修改阶段，老师更是费心费神，经常一天给我打几个电话，详谈具体的修改事宜。此外，老师在为人处世上也为我们做出了表率。记得一入学时，老师就跟我说，一个人的学识总归是有限的，让我多向别的老师请教、多跟别人交流，不要只是围着她一个人转。老师为人沉稳谦和,她常常教导我做人要谦虚、低调,踏踏实实做事,不要夸夸其谈。同时,老师在生活上也给予了我无微不至的关怀,每到季节转换的时候,都会在电话中提醒我要注意身体、谨防感冒。可以说,我在南开一点一滴的进步,都是与李老师分不开的。老师的教诲将会使我终身受益。

山东师范大学的朱亚非教授是我的学术启蒙老师。还记得刚读大一的时候,朱老师给我们讲授中国古代史,在课下聊天时,我表露出了对明清史的兴趣,老师给我推荐了《明史纪事本末》、《明通鉴》、《明清史讲义》、《明史》(南炳文、汤纲先生著)等书,让我先打一下基础。后来,大三的时候,我又选朱老师做我的学年论文指导老师,经与老师商议,拟定以《邢玠在平播、援朝战争中军事战略的应用及评价》为题。期间,老师从史料运用到谋篇布局,均给予了精心指导。2004 年,我通过了硕士入学考试,正式投入朱老师门下。在学期间,老师在各个方面对我关爱有加。在学术上,老师不囿于门户之见,鼓励我多思考、多交流,扩大学术视野。同时,为培养我的科研能力,老师还给我提供了一些机会,让我参加了他主持的一些科研项目。我到南开读博后,老师仍一如既往地关心我的发展,经常在电话中嘱咐我,要多跟李老师和其他老师交流,多读书,把精力用在读书上。在博士论文选题和撰写中,老师也提出了不少中肯的意见。可以说,是朱老师将我领入了史学研究的殿堂。此外,还要感谢师母安克骏教授无微不至的关心。

在读博期间,南开大学明清史的各位老师给予了我非常大的帮助和关怀。明史研究室的南炳文先生,为人宽厚、谦和,学问赅博、思维敏锐,对我们这些后辈非常关爱。先生勤于治学,尽管手头工作繁忙,仍经常为我解惑,先生曾跟我说,如有疑问可直接去办公室找他。在学期间,我也"不客气"地多次去先生办公室请教,每次交谈完后先生都将我送到门外。有时,甚至在图书馆碰到先生,我也见缝插针地请教问题,先生总是不厌其烦地加以解答。此外,明史研究室的林延清、何孝荣、高艳林、庞乃明诸先生以及清史研究室杜家骥先生、中国社会史研究中心常建华先生等也给予我诸多关爱。

在 2011 年 5 月底的博士学位论文答辩中,答辩委员会的万明先生、赵毅先生、张兆裕先生、李治安先生,对拙文提出了一些精到的修改意见,使本文增色不少,在此向他们表示感谢。

年届耄耋的安作璋先生对我非常关心,在读博期间经常询问我的学习和生活情况,博士毕业回母校工作后,更是对我关心有加。值此书稿撰成之际,先生又拨冗赐序,奖掖后学之心,令人感动。此外,北京大学的岳庆平先生、赵世瑜先生、中国人民大学的毛佩琦先生、中国社会科学院的定宜庄先生，多年以来一直对我多有帮助、提携，我向他们致以深深的敬意。

此外，我还要感谢我的父母。多年来，他们为我求学付出了艰辛的努力，他们的期盼是我在学术道路上前进的动力！感谢我的妻子王丽亚女士，我们相识于年轻的学生时代，十多年来一起行进在求学的道路上，共同读完了本科、硕士和博士，在这段求学生涯中，她给予了我非常大的支持，如果说我能取得一点成绩的话，与她的辛勤付出是分不开的。

本书是我初入明清史研究领域的作品，尽管我在尽力完成这一课题，但由于主客观原因，书中难免还会存在一些纰漏和不足之处，希望读者不吝赐教！

赵树国

2014 年 6 月 16 日于济南